Rechtfertigender Notstand zur Erhaltung von Arbeitsplätzen?

Schriften zum Strafrecht und Strafprozeßrecht

Herausgegeben von Manfred Maiwald
und Carsten Momsen

Band 129

PETER LANG

Florian Richter

Rechtfertigender Notstand zur Erhaltung von Arbeitsplätzen?

Zur Notstandsfähigkeit des Interesses an der Arbeit

PETER LANG

Bibliografische Information der Deutschen Nationalbibliothek
Die Deutsche Nationalbibliothek verzeichnet diese Publikation in der Deutschen Nationalbibliografie; detaillierte bibliografische Daten sind im Internet über http://dnb.d-nb.de abrufbar.

Zugl.: München, Univ., Diss., 2017

D 19
ISSN 0938-6181
ISBN 978-3-631-77489-2 (Print)
E-ISBN 978-3-631-78087-9 (E-PDF)
E-ISBN 978-3-631-78088-6 (EPUB)
E-ISBN 978-3-631-78089-3 (MOBI)
DOI 10.3726/b15239

Peter Lang – Berlin · Bern · Bruxelles · New York · Oxford · Warszawa · Wien

Diese Publikation wurde begutachtet.

www.peterlang.com

Vorwort

Die vorliegende Arbeit wurde im Oktober 2017 an der Juristischen Fakultät der Ludwig-Maximilians-Universität München als Dissertation angenommen.

Das Vorwort dient aber nicht der Arbeit, die eine von vielen Dissertationen ist; es dient dem Ausdruck der Wertschätzung für all die Menschen, ohne deren überwältigende Hilfe die Fertigstellung dieser Arbeit nicht möglich gewesen wäre.

An allererster Stelle ist hier selbstverständlich meine Doktormutter Frau Professor Petra Wittig zu nennen. Sie füllt den Begriff der „Doktormutter“ in vortrefflichster Weise aus, da ihr Einsatz, ihr Kümmern weit über das Fachliche hinausging. Sie hat mich über so viele Zweifel hinweggetragen und ich werde ihr mein Leben lang in besonderer Weise verbunden bleiben.

Den besonderen Menschen, denen ich an der Professur von Petra Wittig begegnen durfte und die ich glücklicherweise zu meinen Freunden zählen darf, gilt mein herzlicher Dank für den fachlichen Austausch genauso wie für viele Stunden des gemeinsamen Zweifelns und Lachens. Mit Euch durfte ich nicht nur arbeiten, sondern vor allem leben: Georg Köpferl, Dr. Thea Vasilikou, Dr. Andreas Werkmeister, Dr. Joachim Eiden, Sophia Klimanek, Alessandro Giannini, Ansgar Glatt, Johanna Reiter und Christopher Reichelt. Letzterem danke ich darüber hinaus ebenso wie Ann-Kathrin Mayerhofer für die wertvolle Hilfe bei den letzten redaktionellen Arbeiten.

Besonderer Erwähnung bedarf mein Studien- und Promotionsgefährte Dr. Maximilian Utz. Er hat das Ringen um die Fertigstellung dieser Arbeit nicht nur miterlebt, sondern stets verstehen können. Unsere Beziehung während dieser Zeit ging weit über die fachlichen Diskussionen hinaus. Ich danke ihm für all die menschliche Unterstützung.

Schließlich soll an dieser Stelle auch mein ältester Freund Dr. Armin Meier die ihm gebührende Anerkennung erfahren: Aus einer gänzlich anderen Fachdisziplin kommend, hat er mich stets zum Nachdenken und Reflektieren herausgefordert. Sein Kampf um das Verstehenwollen dieser Welt in all ihren Facetten wird mir stets Vorbild bleiben.

Nun gänzlich im Privaten angekommen gilt mein inniger Dank zwei Menschen, ohne die mein Leben in seiner derzeitigen Form samt dieser Arbeit nicht vorstellbar wäre: meiner Ehefrau Susanne und meiner Mutter. Ihr habt mich stets genauso akzeptiert und gemocht, wie ich bin. Ihr habt immer einen liebevollen

Blick auf meine Schwächen und Unzulänglichkeiten bewahrt. Ich danke Euch von ganzem Herzen!

Zuletzt möchte ich Herrn Professor Ulrich Schroth für die zügige Erstellung des Zweitgutachtens danken, ebenso Herrn Professor Armin Engländer für die unkomplizierte Übernahme des Korreferats.

Traunstein im August 2018
Florian Richter

Inhaltsverzeichnis

A. Einleitung

I. Fragestellung und Untersuchungsgegenstand

Die vorliegende Arbeit soll die Frage untersuchen, inwieweit die Begehung von Ordnungswidrigkeiten oder Straftaten gerechtfertigt sein kann, wenn sie dem Ziel des Erhalts von Arbeitsplätzen dient. Dabei kann es einmal um den Fall des Erhalts des eigenen Arbeitsplatzes gehen; dies wird in der Regel Fallgestaltungen betreffen, in denen der Arbeitnehmer zu einem rechtswidrigen Verhalten unter Kündigungsdrohung angewiesen wird; zum anderen kann es Fallgestaltungen geben, in denen auch oder nur fremde Arbeitsplätze erhalten werden sollen, die etwa wegen wirtschaftlicher Schwierigkeiten des Arbeitgebers bedroht sind.

Dagegen wird nicht umfassend untersucht, inwieweit eine Entschuldigung etwa unter dem Aspekt der Unzumutbarkeit normgemäßen Verhaltens in Betracht kommt. Gegenstand der vorliegenden Arbeit ist also allein die Frage einer möglichen Rechtfertigung. Diese Schwerpunktsetzung rechtfertigt sich selbst wiederum dadurch, dass auf Rechtfertigungsebene eine umfassende Lösung für alle Deliktsformen gefunden werden kann; dagegen wird die Unzumutbarkeit normgemäßen Verhaltens überwiegend auf Fahrlässigkeits- und Unterlassungsdelikte beschränkt.

Im Hinblick auf die oben genannte Fragestellung wird die Problematik, inwieweit Weisungen im privatwirtschaftlichen Bereich rechtfertigend (oder entschuldigend) wirken können, ebenfalls nicht in aller Breite erörtert. Diese Thematik ist zwar bisher dogmatisch noch wenig erforscht, böte diesbezüglich also ein reiches Betätigungsfeld; allein: Das Ergebnis wäre mehr als absehbar. Kann die Befolgung einer Weisung, die zu einer Straftat führt, schon im hierarchischen Beamtenverhältnis nicht strafbefreiend wirken, kann sie es im privatwirtschaftlichen Bereich noch weniger.[1] Allerdings lassen sich aus den diesbezüglichen ausdrücklichen Regelungen des öffentlichen Rechts durchaus inhaltliche und systematische Schlüsse ziehen, die in die hiesige Untersuchung einfließen werden.

Reizvoller ist dagegen eine Untersuchung der Frage anhand des rechtfertigenden Notstandes, da das Institut selbst bereits in gewisser Weise ein Kuriosum

---

1 Man möge mir zu Beginn die vereinfachte, pauschalisierte Behandlung der Problematik nachsehen; natürlich gibt es auch Fallgruppen der rechtswidrigen, aber verbindlichen Weisung, insbesondere den rechtswidrigen, aber verbindlichen Befehl im Soldatenrecht.

ist – bietet die Vorschrift rein ihrem Wortlaut nach doch eine Rechtfertigungsmöglichkeit für jegliche Straftat zugunsten jeglichen Erhaltungsinteresses und stellt damit scheinbar die gesamte Rechtsordnung unter „Notrechtsvorbehalt".[2] Warum sollte sich nun nicht auch der Arbeitsplatz im Rahmen dieser Vorschrift als Erhaltungsinteresse durchsetzen können?

Soweit diese Frage bisher in der Literatur erwähnt wird, wird eine Rechtfertigung meist ohne nähere Begründung abgelehnt; allenfalls erfolgen Verweise darauf, dass es nur um ein materielles Interesse gehe; verhungern müsse infolge unserer Sozialsysteme jedenfalls niemand. Zudem könne der Arbeitnehmer Kündigungsschutzklage erheben.[3] Diese Einwände erscheinen zunächst zu bequem, erhoben von Professoren oder Richtern, die eben gerade das haben, worum es zu diskutieren gilt: Arbeit. Und zwar relativ sichere Arbeit. Schon ein kurzes Gedankenspiel ergibt zumindest für den Autor dieser Untersuchung, dass er sich ein Leben ohne Beruf und Arbeit nicht vorstellen möchte – mögen Freizeit und Urlaub gerade in arbeitsreichen Zeiten kurzfristig auch noch so verlockend sein, so erschiene ein Leben, das nur mehr daraus bestehen würde, ein wenig sinnleer. Was darüber hinaus die Beurteilung der hiesigen Fragestellung angeht: Welcher Jurist hat denn in eigener Person schon einmal die Erfahrung gemacht, unter Kündigungsdrohung zu einem rechtswidrigen Verhalten gezwungen zu werden? Dagegen werden ganze Bevölkerungsschichten tatsächlich von der Angst vor Arbeitslosigkeit umgetrieben – auch und gerade im Wohlstandsland Deutschland. Ein Strafrecht, das dem Bürger nicht willkürlich erscheinen und verhaltenssteuernde Kraft entfalten soll, muss auf solche sozialen Realitäten, auf die Bedürfnisse und Wertvorstellungen in einer Gemeinschaft Rücksicht nehmen,[4] es ist „an den Plausibilitätshintergrund seiner Zeit gebunden".[5]

Und trotzdem darf die Gegenseite nicht ausgeblendet werden, schließlich gibt es meist einen individualisierbaren Belasteten, auf dessen Kosten der Arbeitsplatz gerettet würde. Und selbst, wo es scheinbar keinen konkret Betroffenen gibt (wie etwa bei abstrakten Gefährdungsdelikten oder Eingriffen in Rechtsgüter der Allgemeinheit), bleibt doch die Erkenntnis, dass ein Strafrecht bei aller Rücksicht auf die Notlage des Täters nicht seine eigenen Prinzipien preisgeben kann. Es muss sich einer völligen gesellschaftlichen Funktionalisierung verweigern und seine eigenen Wertprinzipien entgegensetzen,[6] sodass sich die oben

---

2 *Küper,* JZ 2005, S. 105.

3 Stellvertretend *Mitsch,* JR 2013, S. 351 (356).

4 *Zippelius,* Rechtsphilosophie, 2011, S. 59.

5 *Pawlik,* in: Zöller/Hilger/Küper u. a. (Hrsg.): FS Wolter, 2013, S. 627 (639).

6 NK/*Hassemer/Neumann,* Vor § 1, Rdnr. 330.

genannten und als bequem bezeichneten Einwände als sachlich vollkommen zutreffend erweisen könnten. Schließlich darf sich das Recht auch nicht jedem gesellschaftlichen Bedürfnis beugen, sondern soll gerade umgekehrt steuernd auf die gesellschaftlichen Realitäten Einfluss nehmen.[7]

Es ist dies der spannende Spagat zwischen der Solidarität mit dem um seinen Arbeitsplatz Kämpfenden und dem Rechtsgüterschutz außenstehender, für die Notlage des Täters völlig unverantwortlicher Personen. Noch schwieriger wird dieser Spagat, wo das individuelle Opfer verschwindet, also scheinbar „nur" das Recht verletzt ist. Wieviel kann das Recht tolerieren, wo muss es sich verweigern? Wie ist der Konflikt zwischen der sozial-faktischen und der normativen Dimension der Frage zu lösen?

Die vorliegende Arbeit versucht nicht, eine umfassende „Rechtfertigungslehre" für das Wirtschaftsstrafrecht zu entwickeln (hierzu sei auf die jüngst von *Späth*[8] veröffentlichte Arbeit verwiesen, die in einigen Teilen dieselben Fragen wie die vorliegende Arbeit untersucht, hier aber freilich aufgrund des umfassenderen Themas weniger in die Tiefe geht); in der vorliegenden Untersuchung soll der Fokus stärker auf der (rechtlichen) Entwicklung des Interesses Arbeit liegen, um dann zu zeigen, wie sich dies in die Anwendung des § 34 StGB einfügen lässt.

II. Veranschaulichende Fälle

Genug der theoretischen Vorrede – mögen folgende Fälle der plastischeren Illustration der Problematik dienen:

Fall 1: Der rumänische Arbeitnehmer A, der kaum Deutsch spricht und über keinerlei Kenntnisse des hiesigen Rechtssystems verfügt, ist gerade erst zur Arbeitssuche nach Deutschland gezogen und hat eine Anstellung als Fahrer bei dem Spediteur S gefunden. Bei S sind neben A noch 15 weitere Kraftfahrer beschäftigt, die allesamt aus (süd-) osteuropäischen Staaten kommen. Ein Betriebsrat wurde bisher nicht gebildet. Bereits zwei Wochen nach Arbeitsbeginn wird A eines Abends von S angewiesen, noch eine letzte Fuhre mit Ware zu einem ca. 50km entfernten Betrieb zu machen. A entgegnet S, dass er seine Lenkzeiten gerade erschöpft habe. Daraufhin erklärt ihm S, wenn er es „verweigere", den Anweisungen seines Vorgesetzten Folge zu leisten, könne er sich nicht vorstellen, wie er ein solches Arbeitsverhältnis weiter fortsetzen solle; er brauche schließlich Arbeitnehmer, auf die er sich verlassen könne.

---

7 *Zippelius*, Rechtsphilosophie, 2011, S. 57 f.

8 *Späth*, Rechtfertigungsgründe im Wirtschaftsstrafrecht, 2016, passim.

Wenn A also nicht fahren wolle, könne er sich morgen seine Papiere und die schriftliche Kündigung holen.

Da A dringend auf die Arbeit angewiesen ist, fügt er sich seinem Schicksal und macht die ca. 45-minütige Fahrt, ohne dass es zu Problemen kommt. Dabei wählt er eine wenig befahrene Nebenstrecke statt der vollen Autobahn. Die Chancen von A, auf dem Arbeitsmarkt eine Anstellung zu finden, sind sehr schlecht, da er über keine abgeschlossene Ausbildung verfügt. Zudem drängen im Moment sehr viele Fahrer auf den Arbeitsmarkt. A weiß, dass S in letzter Zeit mehrere Fahrer „gefeuert" hat, weil sie seinen Anweisungen nicht nachgekommen sind. Er hat eine Frau und drei Kinder zu versorgen, wobei sein Lohn die einzige Einkommensquelle für die Familie ist.

Fall 2: G ist Geschäftsführer und Anteilseigner einer mittelständischen GmbH mit 50 Arbeitnehmern. Infolge einer Wirtschaftsflaute setzt sein Unternehmen im Moment sehr wenige Produkte ab. Wegen des daraus resultierenden Umsatzrückgangs kommt die GmbH in Zahlungsnot; dies liegt aber auch an der schlechten Zahlungsmoral ihrer Kunden, gegen die noch viele offene Forderungen bestehen. Um den Geschäftsbetrieb aufrechterhalten zu können, unterlässt es G kurzerhand für drei Monate, die fälligen Sozialversicherungsbeiträge abzuführen. Tatsächlich steigen die Umsatzzahlen wieder und das Unternehmen kann nach den drei Monaten wieder normal weitergeführt werden. G handelte zumindest auch, um die 50 Arbeitsplätze in der GmbH zu erhalten.

Fall 3: S, die erst kürzlich ihre Ausbildung abgeschlossen hat, ist bei einer Niederlassung der G-GmbH, die nur fünf Mitarbeiter hat, als Sekretärin angestellt. Eines Tages kommt ihr direkter Vorgesetzter, der alleinige Geschäftsführer G, auf sie zu mit einem Bußgeldbescheid in der Hand. G war wegen zu schnellen Fahrens mit einem Firmenwagen „geblitzt" worden, auf dem Foto ist allerdings wegen der heruntergeklappten Sonnenblende der Fahrer nicht klar zu erkennen. G erklärt der S, er werde Einspruch gegen den Bescheid einlegen, weil er sonst wegen seines „prall gefüllten Kontos in Flensburg" seinen Führerschein verliere; sollte es zu einer Verhandlung vor dem Amtsgericht kommen, müsse S aussagen, dass sie gefahren sei. Die Geldbuße werde er ihr selbstverständlich erstatten. S hat diesbezüglich kein gutes Gefühl. Als G dann tatsächlich die Ladung zur Verhandlung vor dem AG bekommt (weil sich ein Polizist sicher ist, einen männlichen Fahrer erkannt zu haben) und S auf ihre Aussage vorbereiten will, erklärt diese ihm, dass sie nicht falsch aussagen möchte. G erklärt ihr, dass ihr dies selbstverständlich frei stehe, aber dass sie dann sofort ihre Sachen packen und ihre Kündigung gleich mitnehmen könne. Er brauche schließlich eine loyale Unterstützung in seinem Vorzimmer. Dann solle sie schauen, wo sie eine neue Stelle finde – zumal er, G, ihr ein Arbeitszeugnis (ihr erstes und einziges) schreiben werde, dass sie so schnell niemand nehme. Da S auf die Einkünfte aus ihrer Arbeit angewiesen ist und sonst keinerlei Vermögen oder Unterstützung hat, fügt sie sich ihrem Schicksal und sagt vor dem AG aus, dass sie den Wagen gesteuert habe; gleichwohl verurteilt das Gericht den G, weil es die Aussage des ebenfalls als Zeugen geladenen Polizisten, der in der Verhandlung den G als damaligen Fahrer identifiziert, für glaubhafter hält und zu der Überzeugung gelangt, dass G damals gefahren ist.

Fall 4: L ist Leiter der Entwicklungsabteilung eines Unternehmens, das u.a. Duftsprays herstellt. Gerade wird dort ein neuer Spray entwickelt, der kurz vor der Markteinführung steht. L ist sich nicht sicher, ob ein bestimmter Inhaltsstoff des Sprays zu Schleimhautreizungen führen kann. Er schildert seine Bedenken dem Vorstand, verbunden mit dem Hinweis, dass weitere Tests sinnvoll wären. Der Vorstand erwidert, dass der Spray unbedingt so schnell wie möglich in den Verkauf gehen müsse (was ohne die Freigabe und entsprechende Unterlagen durch die Entwicklungsabteilung nicht erfolgen kann); das Unternehmen brauche schließlich dringend einen wirtschaftlichen Erfolg, sonst müsste sofort ein Teil der 50 im Betrieb bestehenden Arbeitsplätze abgebaut werden, um Kosten zu sparen. Weiter gibt man L zu verstehen, dass sein Arbeitsplatz als einer der ersten betroffen wäre. Daraufhin gibt L den Spray zum Verkauf frei, ohne weitere Tests bezüglich der möglichen Gesundheitsschädlichkeit anzuordnen oder durchzuführen. Er hofft, dass es schon gut gehen werde, schließlich sei es ja auch nur eine Vermutung, die er habe, die genauso gut falsch sein könne. Zudem möchte er nicht, dass es durch seine „übertriebene Vorsicht" zu einem Arbeitsplatzabbau im Unternehmen kommt. Außerdem befürchtet er, dass man ihm kündigen wird, sofern er die Freigabe nicht erteilt. Tatsächlich wäre es für das Unternehmen äußerst schwierig, L zu ersetzen, weil es am Arbeitsmarkt wenig Personal mit seiner Qualifikation gibt und diese Personengruppe stark umworben ist. L ist alleinstehend und hat dank seines gehobenen Verdienstes erhebliche Ersparnisse. Nachdem der Spray in den Verkauf gelangt ist, kommt es tatsächlich zu teilweise erheblichen Reizungen der Atemwege bei vielen Kunden, die ärztlich behandelt werden müssen.

In den Beispielsfällen wurden jeweils Ordnungswidrigkeiten- oder Straftatbestände erfüllt, allerdings nur aus der Motivation heraus, den Arbeitsplatz zu behalten bzw. Arbeitsplätze zu erhalten.

III. Gang der Untersuchung

Gegenstand der Untersuchung ist also die Frage, ob ein Arbeitnehmer, der Ordnungswidrigkeiten oder Straftaten begeht, um seinen Arbeitsplatz zu erhalten, ebenso wie ein Unternehmer, der seinen Betrieb und damit auch die fremden Arbeitsplätze erhalten möchte, gerechtfertigt sein kann. Dafür ist es zentral, das Interesse am Arbeitsplatz und dessen Wert zu bestimmen. Dies muss selbstverständlich vorrangig anhand der gesetzlichen Regelungen erfolgen. Trotzdem kann das Recht die gesellschaftliche Wirklichkeit nicht völlig unberücksichtigt lassen. Um dieser Tatsache Rechnung zu tragen, soll in einem ersten Abschnitt (B.) die Bedeutung der Arbeit für den Menschen dargestellt werden. Hierzu wird gezeigt, wie sich der Stellenwert von Arbeit, aber auch unsere Einstellung zu ihr im Laufe der Geschichte verändert haben, um schließlich auf ihren heutigen Wert einzugehen. Aber auch die Bedeutung und Folgen ihres Gegenteils, der Arbeitslosigkeit, sollen erläutert werden, ist dies schließlich das Übel, das dem Entlassenen droht. Zuletzt wird dieser einführende Teil, der einen atmosphärischen Hintergrund für den weiteren Gang der Untersuchung bieten soll, auch noch Bezüge der Arbeit zu Allgemeinem Persönlichkeitsrecht und (psychischer) Gesundheit aufzeigen, um klarzustellen, dass Arbeit mehr als ein Vermögensinteresse ist.

Im darauf folgenden Abschnitt (C.) soll das rechtliche Instrumentarium, in das die zu untersuchende Rechtfertigungsfrage eingebettet werden kann, erläutert werden. Hierzu wird zunächst dargestellt, dass und warum allein der Tatsache, dass ein Arbeitnehmer auf eine Weisung seines Arbeitgebers hin handelt, keine rechtfertigende Wirkung zukommen kann. Daher bleibt im Folgenden als einzige Rechtfertigungsmöglichkeit die Regelung des § 34 StGB genauer zu beleuchten. Begonnen wird hier mit einer Bestandsaufnahme bisher entschiedener Fälle. Danach wird die Notstandsregel in ihrem Grundgedanken und ihren Voraussetzungen erläutert, um darauf später für den konkreten Anwendungsfall zurückgreifen zu können. Zuletzt wird in diesem Kapitel das Sonderproblem des Nötigungsnotstandes erörtert, da die Drohung mit dem Arbeitsplatzverlust eben eine solche Notstandssituation darstellt und umstritten ist, ob und unter welchen Voraussetzungen diese Konstellation § 34 StGB unterfällt.

Um klären zu können, welcher Wert und welche Bedeutung Arbeit als Erhaltungsinteresse im Rahmen des § 34 StGB zukommt, wird im dritten größeren Abschnitt (D.) untersucht, welche rechtliche Anerkennung das Interesse „Arbeit" im nationalen und internationalen Recht gefunden hat. Dazu wird insbesondere auch das Völkerrecht herangezogen, in dessen Rahmen die Bedeutung des Themas Arbeit seit Langem anerkannt ist.

Nach diesem Schritt kann schließlich im letzten großen Abschnitt (E.) die konkrete Anwendung der Notstandsregel auf den Fall des drohenden Arbeitsplatzverlustes erfolgen, wo schließlich auch die bisher gegen eine Rechtfertigung vorgebrachten Argumente auf ihre Tragfähigkeit geprüft werden.

Auch wenn die Unzumutbarkeit normgemäßen Verhaltens an sich nicht Gegenstand der Untersuchung ist, soll sie der Vollständigkeit halber wenigstens in einem kurzen Exkurs (F.) angesprochen werden.

Am Ende werden die wichtigsten Ergebnisse und Thesen der Arbeit noch einmal zusammengefasst sowie die einführenden Beispielsfälle abschließend gelöst (G.).

B. Zur Bedeutung der Arbeit für den Menschen

Da sich die vorliegende Arbeit mit der Erhaltung des Rechtsguts „Arbeitsplatz“ beschäftigt, scheint es unverzichtbar, zu untersuchen, welche Bedeutung und welchen sozialen Sinngehalt die Arbeit für den Menschen hat. Nur so ist später eine Gewichtung und Abwägung dieses Rechtsguts möglich. Zu diesem Zweck sollen der geschichtliche Bedeutungswandel der Arbeit – freilich nur kursorisch – dargestellt und anschließend die wichtigsten Aspekte der Bedeutung von Arbeit in der Moderne aufgezeigt werden. Dabei liegt das Augenmerk nicht auf einem umfassenden Arbeitsbegriff,[9] sondern vornehmlich auf einem Begriff, der sich kurzgefasst als Erwerbsarbeit ausdrücken lässt.

I. Das Verständnis von Arbeit im Wandel vergangener Zeiten

1. Antike

In der Antike herrschte gegenüber der (Erwerbs-) Arbeit eine skeptische Einstellung vor.[10] Arbeit verdarb den Charakter und war das Gegenteil von der Muße, was sich schon am griechischen und lateinischen Begriff für die Erwerbsarbeit zeigt: „α-σχολία“ und „neg-otium“, was jeweils Nicht-Muße bedeutet.[11] Erstrebenswerter Lebensinhalt war die Muße, also Zeit, um die eigenen Tugenden zu schulen oder sich der polis oder res publica zu widmen.[12] Die Erwerbsarbeit war nur Mittel zum Zweck, ein notwendiges Übel zur Sicherung des Lebensunterhalts und damit eben zur Ermöglichung der Muße.[13] Sie war primär Sache der

---

9 Es ist ohnehin schwer, einen einheitlichen Arbeitsbegriff zu definieren, da dieser immer stark von sozialen und moralischen Strömungen der jeweiligen Zeit abhängig ist. Die begriffsgeschichtliche Entwicklung des umfassenden Arbeitsbegriffs wäre sicherlich interessant im Hinblick darauf, welche Funktionen „Arbeit“ in den verschiedenen geschichtlichen Epochen und Kulturen hatte; trotzdem würde die Darstellung der Entwicklung in all ihren Facetten hier zu weit führen. Weiterführend verwiesen sei etwa auf *Kocka*, Mehr Last als Lust, 2006, S. 4 ff.

10 *Kocka*, Mehr Last als Lust, 2006, S. 6.

11 *Aßländer*, Bedeutungswandel der Arbeit, 2005, S. 6; *Segbers*, in: Rehm/Ulrich (Hrsg.): Menschenrecht auf Arbeit?, 2009, S. 11 (13).

12 *Aßländer*, Bedeutungswandel der Arbeit, 2005, S. 6.

13 So heißt es etwa bei *Aristoteles*: „Nun ist aber auch das ganze Leben geteilt in Arbeit und Muße und in Krieg und Frieden (...). Man wählt mithin den Krieg um des Friedens willen, die Arbeit der Muße wegen...“ (*Aristoteles*, Politik, 1989, 1333a 30–36).

Sklaven (was sich auch in dem griechischen Wort „δουλεία“ für Arbeit zeigt, das bis auf die Betonung gleich ist mit dem griechischen „δουλειά“ für Sklaverei) bzw. der Einheimischen ohne oder mit eingeschränktem Bürgerstatus.[14] Dass deren Arbeit das Gemeinwesen trug und die Muße ermöglichte, die *Aristoteles* als den einzigen einem freien Bürger angemessenen Zustand ansah, wurde nicht hinterfragt, sondern als naturgegeben angesehen.[15] Die Arbeit war dem Bereich der Notwendigkeit zuzuordnen, man versuchte ihr aber zu entgehen, indem sie auf die Sklaven abgewälzt wurde.[16] Für einen freien Bürger dagegen war Sklavenarbeit, aber auch Lohnarbeit unvorstellbar, weil der Verkauf von Arbeitskraft gegen Lohn mit Zwang und Ehrlosigkeit verbunden wurde.[17] Freiheit bedeutete nämlich zweierlei: Von den Zwängen der Erwerbsarbeit befreit zu sein, also frei von materiellen Sorgen zu sein, aber auch, sich niemand anderem unterordnen zu müssen, wie nicht nur ein Sklave, sondern auch ein Handwerker oder Tagelöhner.[18] Auch letztere waren nur „Knechte der Notwendigkeit“.[19] Auch *Aristoteles* spricht sich gegen die Zuerkennung des Bürgerstatus an Handwerker aus.[20] Immerhin genoss aber die landwirtschaftliche Betätigung ein gewisses Ansehen, weil sie Selbstversorgung und damit Unabhängigkeit ermöglichte.[21]

Dementsprechend hing auch die soziale Anerkennung eines Menschen nicht von seiner Arbeit oder beruflichen Stellung ab, vielmehr war es umgekehrt: Die

---

14 *Nippel*, in: Kocka/Offe (Hrsg.): Geschichte und Zukunft der Arbeit, 2000, S. 54 (59).

15 *Füllsack*, Arbeit, 2009, S. 29.

16 *Arendt*, Vita activa oder Vom tätigen Leben, 1981, S. 78.

17 *Nippel*, in: Kocka/Offe (Hrsg.): Geschichte und Zukunft der Arbeit, 2000, S. 54 (62); *Füllsack*, Arbeit, 2009, S. 29.

18 *Aßländer*, Wirtschaft, 2013, S. 5; exemplarisch sei hier *Xenophon*, Ökonomische Schriften, 1992, S. 47 zitiert: „Denn gerade die sogenannten handwerklichen Fächer sind verrufen und werden verständlicherweise in den Städten sehr verachtet. Denn sie schädigen die Körper der Arbeiter und der Aufseher, weil sie zwingen, zu sitzen und ohne Licht und Luft zu sein, einige sogar den ganzen Tag vor dem Feuer zuzubringen. Sind die Körper erst verweichlicht, dann werden auch die Seelen merklich schwächer. Auch lassen die sogenannten handwerklichen Fächer am wenigsten freie Zeit, sich noch um Freunde und Staat zu kümmern, so daß solche Leute zu schlecht zu sein scheinen, um Freunde zu haben und Verteidiger ihrer Vaterstadt zu sein, und daher ist es in einigen Staaten, besonders aber in denen, die als kriegstüchtig gelten, keinem Bürger erlaubt, in einem handwerklichen Fach zu arbeiten.“

19 *Arendt*, Vita activa oder Vom tätigen Leben, 1981, S. 64.

20 *Aristoteles*, Politik, 1989, 1278a.

21 *Xenophon*, Ökonomische Schriften, 1992, S. 53; *Moser*, Jeder, der will, kann arbeiten, 1993, S. 17.

soziale Stellung des Einzelnen entschied darüber, welche Erwerbstätigkeiten für ihn angemessen waren. Das Sozialprestige erwarb man mit Verdiensten an der polis, indem man verantwortungsvoll in Rechtsprechung und Politik mitwirkte,[22] also durch Tätigkeiten im Dienste der Allgemeinheit ohne eigenes Erwerbsstreben. Die Bürgerpflichten waren wichtiger als die (Erwerbs-) Arbeit, der Mensch vorzugsweise homo politicus.[23] Man kann sogar sagen, dass Arbeit der Gegenbegriff zu Bürgertugend, aber auch zu Bildung war.[24] Erwerbsarbeit war Mühe und Last, aber keinesfalls etwas, womit man sich in der Antike Ansehen verdienen konnte, denn man brachte sich so in eine sklaven-ähnliche Situation.[25] Vielmehr widersprach ein sozialer Aufstieg aufgrund beruflicher Tätigkeit den antiken Vorstellungen von Ehrbarkeit und Moral, denn Erwerbsarbeit und Tugend galten als unvereinbar.[26] Verpönt war vor allem das Erwerbsstreben durch Handel und die aufkommende Geldwirtschaft, denn ein Gewinn konnte nur erwirtschaftet werden, wenn man Güter über ihrem tatsächlichen Wert (dem gerechten Preis) verkaufte; und dies war schließlich nach damaliger Ansicht Betrug am anderen.[27]

Im antiken Rom setzte sich diese Grundeinstellung fort. Auch *Cicero* zählte die Arbeit der Händler, Handwerker und Tagelöhner zu den unwürdigen Berufen, weil eine Werkstatt nichts Freies haben könne und ein Tagelöhner nicht seine Fertigkeit, sondern nur seine Arbeitskraft verkaufe.[28] Ein gewisses Ansehen genoss aber wiederum die Landwirtschaft.[29]

Zwar war in der Antike auch das Nichtstun verpönt, aber eine angemessene Beschäftigung fand der ehrbare Bürger nur in ehrenamtlichen Tätigkeiten für Staat und Gemeinschaft; die Arbeit zum Lebenserhalt, insbesondere die körperliche Arbeit war dagegen sehr negativ besetzt.[30]

---

22 *Aßländer,* Wirtschaft, 2013, S. 4 f.

23 *Gurevič,* Stumme Zeugen des Mittelalters, 1997, S. 33; *Weber,* Wirtschaft und Gesellschaft, 1980, S. 805.

24 *Conze,* in: Brunner/Conze/Koselleck (Hrsg.): Geschichtliche Grundbegriffe, 1994, S. 154 (155).

25 *Nippel,* in: Kocka/Offe (Hrsg.): Geschichte und Zukunft der Arbeit, 2000, S. 54 (61); *Aßländer,* Wirtschaft, 2013, S. 6.

26 *Aßländer,* Wirtschaft, 2013, S. 7.

27 *Aßländer,* Wirtschaft, 2013, S. 8; *Füllsack,* Arbeit, 2009, S. 34 f.

28 *Cicero,* Vom rechten Handeln, 1964, S. 150.

29 *Cicero,* Vom rechten Handeln, 1964, S. 150.

30 *Füllsack,* Arbeit, 2009, S. 30.

2. Mittelalter

Im Mittelalter dagegen wird Arbeit ein für alle Menschen gleiches Schicksal als göttliche Strafe für den Sündenfall des Menschen und Folge der Vertreibung aus dem Paradies,[31] aber auch ein Werkzeug zur Erlösung und zum Heil[32] bzw. eine Fortführung der Schöpfung Gottes, der den Menschen die Erde zum Bearbeiten gegeben hat.[33] Das mittelalterliche Verständnis wird geprägt von den Schriften des Alten und des Neuen Testaments, die die Arbeit positiv darstellen. Das Christentum wertet damit neu und beseitigt die Diffamierung, die körperliche Arbeit in der Antike erfahren hat.[34] Wenn Gott allen die Arbeit auferlegt hat, kann damit nicht mehr die moralische Minderwertigkeit einzelner begründet werden.[35] Die christliche Arbeitsmoral legt Wert auf Fleiß und Strebsamkeit, der Müßiggang und das Leben auf Kosten anderer wird abgelehnt. Der Müßiggang wird zu einer der schlimmsten Sünden überhaupt,[36] schließlich hat Gott selbst das Arbeitsgebot gesprochen: „Sechs Tage sollst du arbeiten und all dein Werk tun" (Ex. 20, 9). Bereits bei *Paulus* heißt es: „Wer nicht arbeiten will, soll auch nicht essen" (2. Thess 3, 10).

Maßgeblichen Einfluss erlangen auch die klösterlichen Gemeinschaften mit ihrem Gebot des „ora et labora" als Form der Askese, was dazu beiträgt, dass Arbeitsfleiß und Disziplin zum Vorbild werden. [37] *Thomas von Aquin* konstatierte folgende Zwecke der Arbeit: Erstens helfe sie dem Menschen, das Lebensnotwendige zu beschaffen; zweitens diene sie dazu, den Müßiggang als Ursache zahlreicher Laster zu vertreiben; drittens helfe sie, durch Kasteiung des Leibes die Fleischeslust zu zügeln; und viertens ermögliche sie es, Almosen zu spenden.[38] Nach wie vor soll die Arbeit aber nicht dem wirtschaftlichen Aufschwung des Einzelnen, sondern vielmehr der Gemeinschaft nutzen (weswegen die Arbeit der

---

31 *van Dülmen,* in: Kocka/Offe (Hrsg.): Geschichte und Zukunft der Arbeit, 2000, S. 80 (81); *Kocka,* Mehr Last als Lust, 2006, S. 6.

32 *Füllsack,* Arbeit, 2009, S. 37; *Gurevič,* Stumme Zeugen des Mittelalters, 1997, S. 35; *Le Goff,* Der Mensch des Mittelalters, 2004, S. 11.

33 *Conze,* in: Brunner/Conze/Koselleck (Hrsg.): Geschichtliche Grundbegriffe, 1994, S. 154 (158); *van Dülmen,* in: Kocka/Offe (Hrsg.): Geschichte und Zukunft der Arbeit, 2000, S. 80 (82); *Moser,* Jeder, der will, kann arbeiten, 1993, S. 22.

34 *Oexle,* in: Kocka/Offe (Hrsg.): Geschichte und Zukunft der Arbeit, 2000, S. 67 (69).

35 *Aßländer,* Wirtschaft, 2013, S. 35.

36 *Gurevič,* Stumme Zeugen des Mittelalters, 1997, S. 33.

37 *Borst,* Alltagsleben im Mittelalter, 1983, S. 340; *Füllsack,* Arbeit, 2009, S. 37.

38 *Borst,* Alltagsleben im Mittelalter, 1983, S. 341; *Aßländer,* Wirtschaft, 2013, S. 36 f.

Bauern durchaus angesehen war, weil sie die Ernährung des Volkes sicherte).[39] Das Anhäufen von Reichtümern wurde als Ziel der Arbeit verurteilt, vielmehr sollte sie dazu dienen, die irdische Existenz des Menschen zu sichern, sowie als Mittel zur Erziehung und Selbstbezähmung gegenüber dem Müßiggang.[40] Arbeit wird also immer noch nicht als Selbstzweck angesehen.[41] Zudem wurde lange Zeit immer noch eine vita contemplativa einer vita activa übergeordnet, sodass insbesondere der Religiöse höher eingestuft wurde als der, der körperlich für sein weltliches Auskommen arbeiten musste.[42] Erst mit der Reformation erfolgte eine zunehmende Gleichstellung von geistlicher und körperlicher Tätigkeit bzw. sogar eine Brandmarkung der rein geistigen Tätigkeit als Müßiggang.[43] Arbeiten sollte ein jeder, gleich ob er bedürftig war oder nicht, denn die Arbeit war Gottes Gebot für alle ohne Ansehen des Standes.[44]

Der soziale Status eines Menschen, seine Rolle, seine Tätigkeiten und Chancen werden aber noch immer durch die ständische Ordnung bestimmt: Die irdische Gesellschaft teilt sich entsprechend der himmlischen Ordnung in drei Stände: die Betenden (oratores), die Ritter (bellatores) und die Bauern (laboratores oder aratores).[45] Dabei hat jeder Mensch innerhalb seines Standes seine Rolle zu erfüllen, denn nur so kann die soziale Ordnung zum Wohle aller aufrechterhalten werden; die Dreiteilung ist also funktional.[46] Dies bedingt natürlich auch, dass ein Wechsel zwischen den Ständen nicht möglich ist, denn jeder Dienst verpflichtet den Menschen, die Vorsehung Gottes zu erfüllen, also die

39 *Aßländer,* Wirtschaft, 2013, S. 36; *Borst,* Alltagsleben im Mittelalter, 1983, S. 341; *Gurevič,* Stumme Zeugen des Mittelalters, 1997, S. 35.

40 *Gurevič,* Stumme Zeugen des Mittelalters, 1997, S. 35.

41 *Aßländer,* Wirtschaft, 2013, S. 37; deshalb ist es auch richtig, wenn *Weber,* Wirtschaft und Gesellschaft, 1980, S. 709 sagt, dass es eine Fabel sei, wenn behauptet würde, dass der Arbeit „z.B. im neuen Testament irgend etwas an neuer Würde hinzugefügt wurde"; trotzdem muss man anerkennen, dass sich der christliche Arbeitsbegriff des Mittelalters grundlegend vom antiken Arbeitsbegriff unterschied.

42 *Moser,* Jeder, der will, kann arbeiten, 1993, S. 25: „Für das Hochmittelalter muß festgehalten werden, daß körperliche Arbeit noch immer verachtet wird […]."

43 *Conze,* in: Brunner/Conze/Koselleck (Hrsg.): Geschichtliche Grundbegriffe, 1994, S. 154 (163); *Moser,* Jeder, der will, kann arbeiten, 1993, S. 26.

44 *Conze,* in: Brunner/Conze/Koselleck (Hrsg.): Geschichtliche Grundbegriffe, 1994, S. 154 (163).

45 *Le Goff,* Der Mensch des Mittelalters, 2004, S. 18; *Gurevič,* Stumme Zeugen des Mittelalters, 1997, S. 217; *Fossier,* Das Leben im Mittelalter, 2008, S. 324.

46 *Oexle,* in: Kocka/Offe (Hrsg.): Geschichte und Zukunft der Arbeit, 2000, S. 67 (72 f.)

Gottgegebene Aufgabe.[47] Damit war auch ein sozialer Aufstieg durch berufliche Tüchtigkeit zunächst nicht möglich und konnte aus dem christlichen Arbeitsbegriff nicht abgeleitet werden.[48]

Auch wenn der Handel zunehmend als eine Notwendigkeit zur Befriedigung der menschlichen Grundbedürfnisse angesehen wird, bleibt ein übermäßiger Reichtum suspekt, weil er stets unter dem Verdacht steht, nicht redlich erworben worden zu sein.[49] Zudem wird das Streben nach übermäßigem Reichtum nach wie vor als verwerflich angesehen, denn Arbeiten und Wirtschaften sollen nur dazu dienen, dass der Einzelne seinen Beitrag zum Gemeinwohl, zum bonum commune beitragen kann.[50] Sich durch Arbeit ein auskömmliches Leben zu schaffen, akzeptiert auch der christliche Arbeitsbegriff der lutherischen Zeit, nicht aber den Inhalt des Lebens in einer Anhäufung von Reichtümern und Wirtschaftsmacht zu sehen.[51]

Im Zuge der zunehmenden Urbanisierung und mit der kommerziellen Revolution ändert sich allerdings die Einstellung zum Gelderwerb. In der Stadt ist es nicht mehr möglich, als Bauer zu leben, viele Leute müssen einen Lohn oder Verkaufserlös als wirtschaftliche Lebensgrundlage erwirtschaften.[52] So bilden sich spezialisierte Handwerksprofessionen heraus, die in den Städten gute Absatzmöglichkeiten finden und sich später auch in Manufakturen als Vorläufer der Fabriken zusammenschließen. Ebenso entwickelt sich der Berufsstand des Kaufmanns, dessen Ziel nicht die Produktion, sondern der Gelderwerb ist. Auch wenn dessen Gewinnstreben zunächst noch skeptisch gesehen wird,[53] werden der materielle Gewinn und das Vermögen längerfristig doch zum Garant für soziales Prestige und ermöglichen die Überwindung sozialer Schranken. Indem sie dem verarmten Adel Geld leihen, umfangreichen Grundbesitz erwerben oder in Ritterfamilien einheiraten, vermischt sich ihr Stand immer mehr mit dem Adelsstand.[54] Gleichzeitig werden als Tugenden eines guten Kaufmanns die

---

47 *Aßländer,* Wirtschaft, 2013, S. 39; *Fossier,* Das Leben im Mittelalter, 2008, S. 324; *Gurevič,* Stumme Zeugen des Mittelalters, 1997, S. 171; *Le Goff,* Der Mensch des Mittelalters, 2004, S. 281f; *Moser,* Jeder, der will, kann arbeiten, 1993, S. 24.

48 *Aßländer,* Wirtschaft, 2013, S. 42; *Conze,* in: Brunner/Conze/Koselleck (Hrsg.): Geschichtliche Grundbegriffe, 1994, S. 154 (165).

49 *Le Goff,* Der Mensch des Mittelalters, 2004, S. 272.

50 *Aßländer,* Wirtschaft, 2013, S. 43.

51 *Conze,* in: Brunner/Conze/Koselleck (Hrsg.): Geschichtliche Grundbegriffe, 1994, S. 154 (166); *Moser,* Jeder, der will, kann arbeiten, 1993, S. 26.

52 *Aßländer,* Wirtschaft, 2013, S. 43 f; *Fossier,* Das Leben im Mittelalter, 2008, S. 328.

53 *Aßländer,* Wirtschaft, 2013, S. 48 f.

54 *Le Goff,* Der Mensch des Mittelalters, 2004, S. 310.

Begriffe „arbeitsam", „eifrig" und „beharrlich" geprägt.[55] Zugleich erscheint dieser Reichtum aber immer noch nicht mit der christlichen Moral vereinbar;[56] es bleibt der Makel des unrechtmäßigen oder zumindest unmoralischen Erwerbs.[57] Mit zunehmender Wandlung der gesellschaftlichen Realitäten – und diese fand gerade in den zunehmend autonomen Städten statt – geht dieser Makel aber immer mehr verloren und die Stimmung schlägt sogar in Bewunderung um.[58] Und mit Gott kommt man schließlich ins Reine, indem man für die Kirche und die Armen spendet und nach seinem Tod etliche Messen lesen lässt.[59] Umgekehrt beginnt auch das bisher eher positiv besetzte Armutsbild sich zu wandeln.[60]

Interessanterweise bildet sich in dieser Zeit bereits eine Unterscheidung zwischen arbeitswilligen (mochten sie arbeitsfähig sein oder nicht) und damit „würdigen" Menschen und vermeintlich arbeitsscheuen und deshalb „unwürdigen" armen Menschen heraus.[61] So wird mit zunehmender Zahl der Bettler in den Städten der angeblich arbeitsunwillige Bettler zum negativen Antityp.[62] Zugleich gilt Armut nicht mehr als gottgewolltes Schicksal, sondern als Ergebnis eigener Fehlleistung und Faulheit; an die Stelle einer bemitleidenswerten Kreatur tritt der sündhafte Schmarotzer, der durch seine Faulheit die Gemeinschaft schädigt.[63] Diese Wahrnehmung läutet die Entwicklung hin zu einer positiveren Wahrnehmung des sozialen Aufstieges durch Arbeit ein.[64] Denn: Deutet Armut

---

55 *Le Goff*, Der Mensch des Mittelalters, 2004, S. 295.

56 *Le Goff*, Der Mensch des Mittelalters, 2004, S. 272.

57 *Aßländer*, Wirtschaft, 2013, S. 49.

58 Dies mag man etwa an folgender Äußerung Marco Polos nachvollziehen: „Nehmen wir an: Ein Mann betreibt wegen seiner Armut ein Handwerk, denn nur so vermag er seinen Lebensunterhalt zu bestreiten. Mit der Zeit kommt er zu Wohlstand und könnte jetzt ohne handwerkliche Tätigkeit ein ehrenhaftes Leben führen. Warum sollte er da zur Arbeit gezwungen werden? Denn offensichtlich sind die Götter dem tüchtigen Manne wohlgesinnt. Alles, was aber der Mensch gegen den göttlichen Willen verfügt, ist unstatthaft und ungerecht." (*Marco Polo*, Il Milione, 1983, S. 247).

59 *Le Goff*, Der Mensch des Mittelalters, 2004, S. 306.

60 *Füllsack*, Arbeit, 2009, S. 42.

61 *Füllsack*, Arbeit, 2009, S. 43; *Oexle*, in: Kocka/Offe (Hrsg.): Geschichte und Zukunft der Arbeit, 2000, S. 67 (77, 79).

62 *Oexle*, in: Kocka/Offe (Hrsg.): Geschichte und Zukunft der Arbeit, 2000, S. 67 (78); *Sachße/Tennstedt*, Geschichte der Armenfürsorge in Deutschland, (1980), S. 35.

63 *Aßländer*, Wirtschaft, 2013, S. 55; *Conze*, in: Brunner/Conze/Koselleck (Hrsg.): Geschichtliche Grundbegriffe, 1994, S. 154 (164).

64 *Aßländer*, Wirtschaft, 2013, S. 57.

auf Faulheit hin, können beruflicher Erfolg und berufliche Tüchtigkeit nur das Gegenteil bedeuten.

Insgesamt ist es damit gegen Ende des Mittelalters zumindest in den Städten soweit, dass Arbeit und beruflicher Erfolg das feudale Ständesystem durchlässig machen und ein Aufstieg möglich ist. Zudem gerät das feudale Ständesystem aus dem Gleichgewicht, weil die oberen Stände ihren Pflichten (etwa zur Versorgung der Untergebenen) nicht mehr nachkommen, sondern allein ihre Privilegien ausnutzen. Damit sehen sich aber auch die unteren Stände nicht mehr zum Gehorsam gezwungen, was etwa zu den Bauernaufständen in ganz Europa führt.[65]

Die Großunternehmen, die mittlerweile von reichen Kaufleuten gegründet worden sind und in denen Lohnarbeiter beschäftigt werden, sind bereits Vorboten einer neuen sozio-ökonomischen Ordnung, des Kapitalismus.[66]

3. Aufklärung und die klassischen Ökonomen

Eine wichtige Bedingung für ein gewandeltes Arbeitsverständnis in der Neuzeit ist der Wegfall der Feudalordnung in Folge des Bedeutungsverlusts der Vorherrschaft vor allem des kirchlichen Ordnungsdenkens, der insbesondere durch die Bauernaufstände und Glaubenskriege des 15., 16. und 17. Jahrhunderts befeuert wurde.[67] Der Status des Einzelnen in der bürgerlichen Ordnung und sein gesellschaftliches Fortkommen bestimmen sich nicht mehr durch Geburtsrechte oder traditionelle Privilegien, sondern vielmehr durch sein individuelles Können und ökonomisches Geschick.[68] Erfolg ist also nicht mehr schicksalsbestimmt, sondern das Ergebnis persönlicher Tüchtigkeit.

Prägenden Einfluss haben daneben v.a. die Schriften der Aufklärer und der frühen Nationalökonomen mit ihrer geradezu empathischen Aufwertung der Arbeit als Quelle von Reichtum und Zivilität bzw. als Kern menschlicher Existenz und Selbstverwirklichung.[69]

Der aufgeklärte Mensch versteht die Gesellschaft nun als Versammlung von Natur aus freier und gleicher Menschen, die sich selbst eine Ordnung des Zusammenlebens geben.[70] Der Mensch spielt keine passive Rolle mehr in der

65 *Aßländer*, Wirtschaft, 2013, S. 53 f.

66 *Le Goff*, Der Mensch des Mittelalters, 2004, S. 310 f.

67 *Aßländer*, Wirtschaft, 2013, S. 59.

68 *Aßländer*, Bedeutungswandel der Arbeit, 2005, S. 19.

69 *Kocka*, Mehr Last als Lust, 2006, S. 7.

70 Dies wird beispielsweise deutlich bei *Hobbes*, Leviathan, 1980, S. 118 ff. oder *Rousseau*, Der Gesellschaftsvertrag oder Die Grundsätze des Staatsrechts, 1971, S. 16 ff.

Welt; vielmehr ist seine Vernunft das Mittel, um selbst seine Welt aktiv zu gestalten.[71] Individualismus und Liberalismus finden Eingang in das politische und gesellschaftliche Denken der Aufklärung.[72]

Auch wenn die Erde zunächst allen Menschen gemeinsam gehört, ist für *John Locke* die Arbeit das Mittel und die Legitimation für den einzelnen Menschen, sich Eigentum zu schaffen, wird also zu einem gesellschaftlichen Grundbegriff.[73] Denn die Arbeit seines Körpers und das Werk seiner Hände, seien sein eigen. Wenn er also mit seiner Arbeit einem Gegenstand etwas hinzufüge, werde dieser Gegenstand zu seinem Eigentum.[74] Der Bürger ist nunmehr nicht nur in der Lage, durch Arbeit Eigentum zu erwerben und Reichtum zu schaffen, sondern es ist sogar sein gutes Recht. Armut oder Reichtum sind nicht mehr allein ein von Gott gegebenes Schicksal.

Die Arbeit ist im 18. Jahrhundert nicht mehr nur Mittel zur Bekämpfung der Armut und des Müßiggangs, sondern Garant für Glück und Reichtum bzw. sogar Kern menschlicher Selbstverwirklichung.[75] Der Gegensatz zur Arbeit ist nicht mehr die Armut, sondern die Arbeitslosigkeit, denn ein solcher Zustand verwehrt es dem Menschen, ganz Mensch zu sein und am Gemeinwohl mitzuwirken.[76]

Maßgeblichen Einfluss hat aber insbesondere der deutsche Idealismus,[77] der unsere Vorstellung von Arbeit und Beruf bis heute entscheidend prägt. *Immanuel Kant* etwa dreht das Denken der Antike um.[78] Muße ist vergeudete Zeit, Arbeit wird zum Lebenssinn: „Je mehr wir beschäftigt sind, je mehr fühlen wir, dass wir leben, und desto mehr sind wir uns unseres Lebens bewusst. In der Muße fühlen wir nicht allein, dass uns das Leben so vorbeistreicht, sondern wir fühlen auch sogar eine Leblosigkeit."[79] Allerdings verkennt *Kant* nicht die Mühsal der (Erwerbs-) Arbeit. Sie gehöre zu den Beschwerlichkeiten, die sich

---

71 *Aßländer,* Wirtschaft, 2013, S. 59.

72 *Aßländer,* Wirtschaft, 2013, S. 61.

73 *Kocka,* Mehr Last als Lust, 2006, S. 7.

74 *Locke,* Über die Regierung, 1992, S. 22.

75 *Kocka,* APuZ B21 2001, S. 8.

76 *van Dülmen,* in: Kocka/Offe (Hrsg.): Geschichte und Zukunft der Arbeit, 2000, S. 80 (82).

77 Dazu ausführlich *Krause,* Die Lehre von der Arbeit in der Philosophie des Deutschen Idealismus und ihre Bedeutung für das Recht, 1965, passim.

78 Ausführlich zum Begriff der Arbeit bei Kant *Krause,* Die Lehre von der Arbeit in der Philosophie des Deutschen Idealismus und ihre Bedeutung für das Recht, 1965, S. 37 ff.

79 *Kant,* Eine Vorlesung über Ethik, 1990, S. 173.

der Mensch zu ertragen und zu erdulden angewöhnen müsse.[80] Trotz dieser Geringschätzung für die Erwerbsarbeit erblickt *Kant* in ihr den Endzweck des Menschen.[81] Sie sei immerhin eine zweckmäßige Beschäftigung, die eine Absicht verfolge – im Gegensatz zu Spiel und Vergnügen.[82] Das Spiel sei auch Beschäftigung, aber eine ohne Zweck; und ohne Zweck beschäftigt zu sein, sei noch ärger, als gar nicht beschäftigt zu sein.[83] Oder zugespitzt: Der Mensch könne ohne Arbeit niemals glücklich sein.[84] Allerdings ist der Arbeitsbegriff bei *Kant* nicht auf Erwerbsarbeit beschränkt. So bedeutet etwa auch die Aufklärung Arbeit für den Menschen: „Es ist also für jeden einzelnen Menschen schwer, sich aus der ihm beinahe zur Natur gewordenen Unmündigkeit herauszuarbeiten. […] Daher gibt es nur wenige, denen es gelungen ist, durch eigene Bearbeitung ihres Geistes sich aus der Unmündigkeit herauszuwickeln und dennoch einen sicheren Gang zu tun."[85] Arbeit ist also eine zweckgebundene Tätigkeit, die einen höheren Sinn verfolgt. Und das Musterbeispiel für solch eine sinnvolle Tätigkeit ist in der Regel Erwerbsarbeit.

Auch bei *Johann Gottlieb Fichte* wird die Bedeutung der Arbeit gestärkt, indem er sie zur sittlichen Pflicht erhebt.[86] Noch größeren Einfluss auf das heutige Verständnis von Arbeit und Beruf hat aber die Philosophie *Hegels*.[87] Er erkennt zutreffend, dass die soziale Situation im frühen 19. Jahrhundert durch zwei Gruppen von Menschen geprägt wird: Die „Herren", die die Macht haben, andere für sich arbeiten zu lassen, und sich daher dem Müßiggang, dem bloßen Konsumieren hingeben können, und die „Knechte", die eben diese Arbeit für die Herren verrichten müssen. Die „Herren" sind destruktiv, sie verzerren die Dinge dieser Welt, bringen aber keine neuen hervor. Ihr Selbstbewusstsein ziehen sie aus der Anerkennung der Knechte.[88] Die „Knechte" dagegen bearbeiten die Welt. Diese steht ihnen als Objekt gegenüber und bietet ihnen in der Arbeit

80 *Kant,* Eine Vorlesung über Ethik, 1990, S. 188.

81 *Schneider,* VVdStRL 43 (1985), S. 7 (10 f.).

82 *Kant,* Eine Vorlesung über Ethik, 1990, S. 188.

83 *Kant,* Eine Vorlesung über Ethik, 1990, S. 188 f.

84 *Kant,* Eine Vorlesung über Ethik, 1990, S. 189.

85 *Kant,* Was ist Aufklärung?, 1999, S. 21 (ursprünglich erschienen in der Berlinischen Monatsschrift vom Dezember 1784, S. 481 [482]).

86 *Krause,* Die Lehre von der Arbeit in der Philosophie des Deutschen Idealismus und ihre Bedeutung für das Recht, 1965, S. 177.

87 Dazu ausführlich *Krause,* Die Lehre von der Arbeit in der Philosophie des Deutschen Idealismus und ihre Bedeutung für das Recht, 1965, S. 203 ff.

88 *Hegel,* Phänomenologie des Geistes, 1988; Nachdruck 2011, S. 132 ff.

Widerstand. An ihr können sich die Arbeiter selbst als Subjekt wahrnehmen und ein Bewusstsein für ihre Selbstständigkeit, also Selbstbewusstsein entwickeln:[89] „Die Wahrheit des selbstständigen Bewusstseins ist demnach das knechtische Bewusstsein".[90] Arbeit wird zum „vornehmsten Ausdruck menschlicher Selbstverwirklichung" (auch wenn sich dies maßgeblich auf die Arbeit der Bildung bezieht).[91]

Neben der Aufklärung ist die zweite wichtige geistesgeschichtliche Determinante für das sich ändernde Arbeitsverständnis das Denken der frühen Wirtschaftsökonomen: Der Mensch wird immer mehr zum ökonomischen Subjekt, das zur Arbeit gezwungen ist, um seine Bedürfnisse zu befriedigen. So beschreibt *John Stuart Mill* den Menschen als Wesen, das nach größtmöglichem Reichtum bei geringstem Arbeitsaufwand trachtet.[92] Umgekehrt gilt auch nur noch der arbeitende Mensch als wertvolles Mitglied der Gemeinschaft. Arbeit wird zur ersten Bürgerpflicht, Armut ist ein Zeichen mangelnden Arbeitswillens und ein Verbrechen an der Gemeinschaft.[93]

Insbesondere *Adam Smith* betont den Wert produktiver menschlicher Arbeit als Quelle des nationalen Wohlstandes, weil die Arbeit der wichtigste Produktionsfaktor sei. Handwerker etwa führten produktive Arbeit aus, weil sie einem Gegenstand einen Wert hinzufügten, so also einen eigenen Wert mit ihrer Arbeit produzierten; dagegen sei die Arbeit etwa von Geistlichen, Juristen, Ärzten oder Gelehrten keine produktive, da sie keinen eigenen, neuen Wert schaffe, nichts hervorbringe.[94] Damit wird die Einstellung gegenüber den verschiedenen Tätigkeiten, die noch in der Antike vorherrschte, völlig umgekehrt. Aus diesem wirtschaftswissenschaftlichen Verständnis von Arbeit waren Mühsal, Pein und Verachtung geschwunden, Arbeit wurde zur grenzenlos dynamischen Kraft, die Reichtum und Luxus schafft.[95] Damit einher geht ein Verständnis, das Arbeit

---

89 *Hegel*, Phänomenologie des Geistes, 1988; Nachdruck 2011, S. 134 ff.

90 *Hegel*, Phänomenologie des Geistes, 1988; Nachdruck 2011, S. 134.

91 *Schneider*, VVdStRL 43 (1985), S. 7 (11).

92 Zitiert nach *Aßländer*, Bedeutungswandel der Arbeit, 2005, S. 22.

93 *Aßländer*, Bedeutungswandel der Arbeit, 2005, S. 22; dies kommt etwa auch in folgendem Zitat Rousseaus zum Ausdruck: „Ob reich oder arm, stark oder schwach – jeder müßig gehende Bürger ist ein Betrüger." (*Rousseau*, Emile oder über die Erziehung, 2004, S. 411).

94 *Smith*, Untersuchung über Wesen und Ursachen des Reichtums der Völker, 2012, S. 363 ff.

95 *Kocka*, Mehr Last als Lust, 2006, S. 8.

nicht lediglich als Pflicht, sondern vielmehr als natürliches Recht des Menschen begreift.[96]

Dabei gehen die Ökonomen aber immer noch davon aus, dass durch den ökonomischen Fortschritt (bei *Smith* vor allem durch die Arbeitsteilung) der Wohlstand für alle Bevölkerungsteile erhöht werde, es geht also um einen „sozialen Wohlstand".[97] Zudem ist eine gewisse Ambivalenz der Arbeit noch nicht gänzlich geschwunden, denn die frühen Ökonomen sind sich der Tatsache bewusst, dass es verschiedene Arten von Arbeit gibt, u.a. gelernte und ungelernte, hochwertige und gemeine Tätigkeiten, die geeignet sind, die sie Ausübenden auf-, aber auch abzuwerten und damit soziale Ungleichheit zu fördern.[98] Trotzdem dominiert etwa bei *Smith* noch der Glaube, dass sich der Gegensatz von Arbeit und Kapital harmonisch auflösen lasse, weil der „Kapitalist" auch dem Arbeiter einen gewissen Wohlstand zukommen lassen werde, damit dieser motivierter und produktiver arbeite.[99]

Arbeit wird in der neuen Ordnung des Ökonomismus ein handelbares Gut, eine Ware. Anbieter und Nachfrager treffen sich auf dem „Arbeitsmarkt" – ein Name, der bis heute geblieben ist. Diese Entwicklung zeigt sich eindrucksvoll in der Arbeitswerttheorie des britischen Wirtschaftswissenschaftlers *David Ricardo*: Der (Tausch-) Wert eines Gutes hängt ab von der Arbeit, die zu seiner Produktion notwendig ist.[100] Der „natürliche" Preis einer Ware ergibt sich also allein aus der Arbeit zu ihrer Herstellung. Obwohl sich gewisse Risiken der „entfesselten Arbeit" bereits abzeichnen, überwiegt bei den liberalen Ökonomen immer noch der Optimismus, dass durch die aufstrebende Ökonomie Wohlstand für alle geschaffen werden könne.[101] Zwar soll die Arbeit durch Maschineneinsatz effizienter werden, trotzdem ist sie der einzig wertschöpfende Faktor, der den Wohlstand für den Einzelnen wie auch für die ganze Nation ermöglichen soll.

---

96 *Conze*, in: Brunner/Conze/Koselleck (Hrsg.): Geschichtliche Grundbegriffe, 1994, S. 154 (176).

97 *Füllsack*, Arbeit, 2009, S. 50.

98 *Kocka*, Mehr Last als Lust, 2006, S. 9.

99 *Conze*, in: Brunner/Conze/Koselleck (Hrsg.): Geschichtliche Grundbegriffe, 1994, S. 154 (180).

100 *Conze*, in: Brunner/Conze/Koselleck (Hrsg.): Geschichtliche Grundbegriffe, 1994, S. 154 (181).

101 *Conze*, in: Brunner/Conze/Koselleck (Hrsg.): Geschichtliche Grundbegriffe, 1994, S. 154 (182).

4. Industrialisierung ab dem 19. Jahrhundert und Neuzeit

Es dauert aber bis ins 19. Jahrhundert hinein, bis sich das marktwirtschaftliche Denken auf breiter Front durchsetzt. Die Industrialisierung wird heute als prägend für unser modernes Verständnis und die tatsächliche Ausgestaltung von Erwerbsarbeit angesehen.[102] Bisher war Arbeit immer in einen anderweitigen Sinnzusammenhang eingebettet, nun wird die Arbeit als Sphäre für sich konstituiert.[103] Zunehmend findet (Erwerbs-) Arbeit in Manufakturen, Fabriken oder Büros statt. Der Ort der Arbeit und die Haus- bzw. Familiensphäre fallen auseinander. Damit entsteht schließlich der „Arbeitsplatz" als eigenständiger Raum der Verrichtung der Erwerbsarbeit.[104] Es geht ideologisch nicht mehr allein darum, zur Arbeit genötigt zu sein, um bestimmte Bedürfnisse erfüllen zu können und dadurch Genuss zu erfahren, sondern die Arbeit soll selbst zum Genuss werden; dies steht freilich nach wie vor im Widerspruch zu den tatsächlichen Erfahrungen der Lohnarbeiter und zum traditionellen Arbeitsverständnis der Mühsal.[105] Es klafft also auch hier noch eine Lücke zwischen der euphorisch-philosophischen Überhöhung der Arbeit als Selbstverwirklichung des Menschen und ihrer tatsächlichen Ausgestaltung durch harte mühsame Arbeit etwa in Fabriken und Manufakturen.[106]

Der Diskurs über Arbeit als konstitutives Element menschlichen Daseins wird trotzdem im 19. Jahrhundert durch *Hegel* und *Marx* noch einmal intensiviert und läuft in nüchternerer Weise noch mindestens bis *Max Weber* weiter.[107] Aus der harten Realität der Arbeit resultiert die v.a. von *Marx* entschieden vorgebrachte Kritik der Arbeit im Kapitalismus als entfremdet und menschenunwürdig. Bereits bei den Nationalökonomen war Arbeit verbunden mit der „sozialen Frage", meinte man doch durch zunehmende Produktivität Wohlstand für alle schaffen zu können. Im aufkommenden Sozialismus und Kommunismus werden dagegen gerade im Hinblick auf diese soziale Frage das Eigentum und dessen ungleiche Verteilung abgelehnt. Das Mittel und der Maßstab sozialer Gerechtigkeit soll vielmehr die Arbeit sein, sie soll einen Anspruch auf einen

---

102 *Kocka,* in: Kocka/Offe (Hrsg.): Geschichte und Zukunft der Arbeit, 2000, S. 476 (479 f.).

103 *Kocka,* in: Kocka/Offe (Hrsg.): Geschichte und Zukunft der Arbeit, 2000, S. 476 (480).

104 *Kocka,* in: Kocka/Offe (Hrsg.): Geschichte und Zukunft der Arbeit, 2000, S. 476 (480).

105 *Conze,* in: Brunner/Conze/Koselleck (Hrsg.): Geschichtliche Grundbegriffe, 1994, S. 154 (190).

106 *Kocka,* Mehr Last als Lust, 2006, S. 19; *Moser,* Jeder, der will, kann arbeiten, 1993, S. 32.

107 *Kocka,* Mehr Last als Lust, 2006, S. 19 f.

Anteil am Eigentum schaffen.[108] Auch wenn zwischen der Ideologie des ökonomischen Liberalismus und der des Sozialismus an anderen Stellen Welten liegen mögen, haben sie doch eines gemeinsam: Arbeit ist – einmal losgelöst von ihrer tatsächlichen Ausgestaltung – etwas durch und durch Positives. Sie ist – in ihrer idealistischsten Sichtweise – Selbstzweck und damit in sich schon Glück oder zumindest ein wesentlicher Schlüssel für den Wohlstand für die ganze Gesellschaft; oder eben – ganz substantiell – überhaupt die Legitimation und Bedingung, an den Gütern eines Volkes teilzuhaben. Hieß es früher bei *Paulus*, wer nicht arbeitet, soll nicht essen, heißt es nun in der deutschen Fassung der „Erklärung der Menschen- und Bürgerrechte" von 1834, dass Arbeit die Schuld des arbeitskräftigen Bürgers gegenüber der Gesellschaft sei und Müßiggang dagegen als Diebstahl gebrandmarkt werden soll.[109]

Marx knüpft an das Arbeitsverständnis von *Hegel* an (kritisiert aber auch dessen einseitig positives Verständnis von Arbeit), indem er davon ausgeht, dass sich der Mensch durch Arbeit als Selbsttätigkeit vergegenständlicht, sich selbst verwirklicht und entäußert;[110] vielmehr noch: Die ganze Weltgeschichte sei nichts anderes als die Erzeugung des Menschen durch die menschliche Arbeit.[111] Der Mensch soll sich nach der Befreiung von der „entfremdeten", fremdbestimmten Arbeit im Kapitalismus als emanzipierter Arbeiter selbstverwirklichen.[112] Dementsprechend kritisiert *Marx* auch, dass die tatsächlich von Menschen verrichtete Arbeit vom automatischen System der Maschinerie übernommen werde, der Mensch zum Handlanger degradiert werde, ein bloßes Zubehör dieser Maschinerie sei.[113] Nach dem revolutionären Umsturz aber sollen die Produktionsmittel sozialisiert, die ausbeutende Klasse beseitigt und die Herrschaft des Proletariats etabliert werden. In einer derartigen Gesellschaft soll Arbeit nicht mehr Mittel zum Leben, sondern selbst das erste Lebensbedürfnis sein.[114] Kurz gefasst

---

108 *Conze,* in: Brunner/Conze/Koselleck (Hrsg.): Geschichtliche Grundbegriffe, 1994, S. 154 (196).

109 *Conze,* in: Brunner/Conze/Koselleck (Hrsg.): Geschichtliche Grundbegriffe, 1994, S. 154 (197).

110 *Marx/Engels,* Werke (MEW), Band 42, 2005, S. 574.

111 *Marx/Engels,* Werke (MEW), Band 42, 2005, S. 546.

112 *Conze,* in: Brunner/Conze/Koselleck (Hrsg.): Geschichtliche Grundbegriffe, 1994, S. 154 (200).

113 *Marx/Engels,* Werke (MEW), Band 23 (= Das Kapital Band 1), 2008, S. 402; *Marx/Engels,* Werke (MEW), Band 42, 2005, S. 584 f.

114 *Marx/Engels,* Werke (MEW), Band 19, 1989, S. 21.

kann man mit *Conze*[115] sagen, dass die Wesensbestimmung des Menschen durch Arbeit noch nie vorher so umfassend und konsequent durchgeführt worden ist wie bei *Marx*: Durch die Arbeit überwindet der Mensch seine bloße Möglichkeitsform und vollzieht die Einheit von menschlicher Existenz und menschlichem Wesen.

Vor dem Hintergrund der ideologisch überhöhten, tatsächlich aber mühsamen, mitunter entwürdigenden Arbeit entwickelt sich auf breiter Basis die sozialistische Arbeitsbewegung mit ihrer Forderung nach Aufwertung und Humanisierung der Arbeit sowie auf Einbeziehung und Teilhabe der Arbeiter als Bürger.[116]

Die Sozialistische Arbeiterpartei formulierte in ihrem Gothaer Programm[117] 1875: „Die Arbeit ist die Quelle allen Reichtums und aller Kultur, und da allgemein nutzbringende Arbeit nur durch die Gesellschaft möglich ist, so gehört der Gesellschaft, das heißt allen ihren Gliedern, das gesamte Arbeitsprodukt, bei allgemeiner Arbeitspflicht, nach gleichem Recht, jedem nach seinen vernunftgemäßen Bedürfnissen."[118]

Ab 1880 taucht schließlich der Begriff der „Arbeitslosigkeit" erstmals in Lexika und den sozialen Diskursen auf, zuvor ist eher die Rede von Armut gewesen.[119]

Selbst ein ausgesprochener Kritiker des Sozialismus, *Lorenz von Stein*, attestiert der Arbeit in Hegel'scher Tradition, dass sie die Betätigung der freien Selbstbestimmung der Persönlichkeit in der Natur und damit die lebendige Verwirklichung der persönlichen Freiheit sei. Sie sei das wirkliche Werden der Freiheit der Menschen; darum sei sie absolut notwendig und in diesem Sinne der Mensch zur Arbeit geschaffen.[120] Sogar konservativ-liberale Gegner des Sozialismus sprechen von der „Ehre der Arbeit": Wenn es nun einmal unabänderlich sei, dass es eine kleine besitzende Klasse gebe und die große Mehrheit im Schweiße ihres Angesichts schaffen müsse, sei dem einfachen Arbeiter doch ein

---

115 *Conze,* in: Brunner/Conze/Koselleck (Hrsg.): Geschichtliche Grundbegriffe, 1994, S. 154 (203).

116 *Kocka,* Mehr Last als Lust, 2006, S. 20.

117 Das von Marx stark kritisiert wurde, vgl. *Marx/Engels,* Werke (MEW), Band 19, 1989, S. 13–32.

118 Verfügbar unter https://www.marxists.org/deutsch/geschichte/deutsch/spd/1875/gotha.htm (abgerufen am 13.12.2016).

119 *Kocka,* APuZ B21 2001, S. 8 (10).

120 Zitiert nach *Conze,* in: Brunner/Conze/Koselleck (Hrsg.): Geschichtliche Grundbegriffe, 1994, S. 154 (206).

gesundes und ehrenwertes Leben beschieden, wenn er seinen Platz in der Gesellschaft kräftig behaupte und die Ehre der Arbeit lebhaft empfinde.[121] Auch wenn der Mensch in der mühseligen Arbeiterklasse gefangen ist und Arbeit nicht als Mittel angesehen wird, die Klassen zu überwinden, so ist sie doch zumindest das Mittel, das innerhalb der unabänderlichen Gegebenheiten das noch bestmögliche Leben ermöglicht, sofern man nur die „Ehre der Arbeit" empfindet.

Im deutschen Kaiserreich verliert der Arbeitsbegriff teilweise an theoretischem Gehalt und wird pragmatisch im Rahmen der Sozialpolitik gehandhabt,[122] die ihren Höhepunkt unter *Bismarck* erreicht. Freilich geht es hier weniger um eine Aufwertung der Arbeiterschaft, als vielmehr um Machterhalt und Verhinderung sozialer Unruhen und Umstürze: „Mein Gedanke war, die arbeitenden Klassen zu gewinnen, oder soll ich sagen zu bestechen, den Staat als soziale Einrichtung anzusehen, die ihretwegen besteht und für ihr Wohl sorgen möchte."[123]

Für *Max Weber* sind zwei Punkte zentral für das moderne Arbeitsverständnis, die auch im Titel seines berühmten Werkes „Die protestantische Ethik und der Geist des Kapitalismus" zum Ausdruck kommen. Im modernen Kapitalismus werde eine sittlich indifferente Geschäftstüchtigkeit zu einer ethisch gefärbten Maxime der Lebensführung. Die Verletzung dieser „Geschäftsklugheit" sei nicht lediglich eine geschäftliche Torheit, sondern eine Art von Pflichtvergessenheit.[124] Gelderwerb sei Resultat und Ausdruck der Tüchtigkeit im Beruf und diese Tüchtigkeit habe einen starken Moralbezug.[125] Für die *ursprüngliche* Herausbildung des Kapitalismus sei wichtig gewesen, dass Arbeit als moralische Pflicht empfunden werde. Der Einzelne solle eine Verpflichtung gegenüber dem Inhalt seiner beruflichen Tätigkeit empfinden, gleichviel worin sie bestehe.[126] Die „Ethik" des modernen Kapitalismus sei der Erwerb von Geld und immer mehr Geld, unter strengster Vermeidung alles unbefangenen Genießens. Der Mensch werde so auf das Erwerben als Zweck seines Lebens bezogen, das Erwerben sei nicht mehr lediglich Mittel zur Befriedigung anderer materieller Bedürfnisse.[127] Hinzu kommt aber, dass sich dieser Geist des Kapitalismus besonders gut dort entfalten könne, wo er auf eine das ganze Leben durchdringende und regelnde

---

121 *Treitschke,* Preuß. Jbb. 34 (1875), S. 67.

122 *Conze,* in: Brunner/Conze/Koselleck (Hrsg.): Geschichtliche Grundbegriffe, 1994, S. 154 (209).

123 *Bismarck,* Gesammelte Werke (Friedrichsruher Ausgabe), Band 9, 1926, S. 195 f.

124 *Weber,* Die protestantische Ethik und der Geist des Kapitalismus, 2013, S. 76 f.

125 *Weber,* Die protestantische Ethik und der Geist des Kapitalismus, 2013, S. 78.

126 *Weber,* Die protestantische Ethik und der Geist des Kapitalismus, 2013, S. 78.

127 *Weber,* Die protestantische Ethik und der Geist des Kapitalismus, 2013, S. 78.

Frömmigkeit treffe, welche *Weber* insbesondere bei den protestantischen Kirchen (und hier nochmals besonders bei den Calvinisten) sieht.[128] Nach puritanistischem Verständnis sei der Mensch lediglich Verwalter der ihm durch Gottes Gnade zugewendeten Güter; dann habe er aber auch die Pflicht, den Besitz Gottes zu erhalten oder sogar zu vermehren.[129] Auch der Reiche müsse in seinem Beruf arbeiten und so Gottes Vorsehung erfüllen.[130] Zeitvergeudung sei prinzipiell die schwerste aller Sünden.[131] Da die Arbeit von Gott vorgeschriebener Selbstzweck des Lebens überhaupt sei, gelte der paulinische Satz („Wer nicht arbeitet, soll nicht essen.") bedingungslos und sei Arbeitsunlust ein Symptom fehlenden Gnadenstandes.[132] Die Nützlichkeit und damit Gottesgefälligkeit eines Berufes richte sich auch nach der privatwirtschaftlichen „Profitlichkeit": Wenn Gott einem der Seinigen eine Gewinnchance zeige, habe er seine Absichten dabei. Und es sei Aufgabe des gläubigen Christen, diesem Ruf zu folgen und sich die Chance zunutze zu machen.[133] Eine Kapitalbildung – und damit ein Zeichen von Gottesgefälligkeit – erfolge aber zugleich durch den asketischen Sparzwang des Puritanismus, der jeden ungezwungenen Genuss verurteilt.[134] Freilich habe der Kapitalismus diese rein religiösen Wurzeln längst abgelegt, entstanden sei daraus ein spezifisch bürgerliches Berufsethos: „Mit dem Bewußtsein, in Gottes voller Gnade zu stehen und von ihm sichtbar gesegnet zu werden, vermochte der bürgerliche Unternehmer, wenn er sich innerhalb der Schranken formaler Korrektheit hielt, sein sittlicher Wandel untadelig und der Gebrauch, den er von seinem Reichtum machte, kein anstößiger war, seinen Erwerbsinteressen zu folgen und sollte dies tun. Die Macht der religiösen Askese stellte ihm überdies nüchterne, gewissenhafte, ungemein arbeitsfähige und an der Arbeit als gottgewolltem Lebenszweck klebende Arbeiter zur Verfügung. Sie gab ihm dazu die beruhigende Versicherung, daß die ungleiche Verteilung der Güter dieser Welt ganz spezielles Werk von Gottes Vorsehung sei, der mit diesen Unterschieden ebenso wie mit der nur partikulären Gnade seine geheimen, uns unbekannten Ziele verfolge."[135] Nach *Weber* erschuf die protestantische Askese einen psychologischen Antrieb des Arbeiters, weil er seine Arbeit im Sinne seines Berufs als

128 *Weber*, Die protestantische Ethik und der Geist des Kapitalismus, 2013, S. 71.
129 *Weber*, Die protestantische Ethik und der Geist des Kapitalismus, 2013, S. 192 f.
130 *Weber*, Die protestantische Ethik und der Geist des Kapitalismus, 2013, S. 185.
131 *Weber*, Die protestantische Ethik und der Geist des Kapitalismus, 2013, S. 183.
132 *Weber*, Die protestantische Ethik und der Geist des Kapitalismus, 2013, S. 184.
133 *Weber*, Die protestantische Ethik und der Geist des Kapitalismus, 2013, S. 187.
134 *Weber*, Die protestantische Ethik und der Geist des Kapitalismus, 2013, S. 193 f.
135 *Weber*, Die protestantische Ethik und der Geist des Kapitalismus, 2013, S. 197 f.

vorzüglichstes, ja letztlich oft als einziges Mittel ansah, sich seines Gnadenstandes bewusst zu werden.[136] Für den modernen Kapitalismus konstatiert *Weber*: „Der Puritaner *wollte* Berufsmensch sein, wir *müssen* es sein."[137]

Auch wenn es sich nach heutigem Forschungsstand bei *Webers* Aussagen um eine „ebenso große wie fragwürdige Erzählung"[138] handelt oder seine These sogar als „hübsch, aber historisch falsch"[139] bezeichnet wird, ändert die Fragwürdigkeit der Begründung doch nichts an der Richtigkeit der Beobachtung des tatsächlich vorhandenen Berufsethos.

Somit handelt es sich bei *Webers* Werk doch um einen Beleg dafür, dass die bürgerliche Stilisierung der Arbeit als Tugend und Pflicht auch zu Beginn des 20. Jahrhunderts anhält und ein bürgerliches Berufsethos vorherrscht, das „Beruf" an „Berufung" knüpft und sich damit von Arbeit als bloßem Mittel zum Broterwerb abgrenzt.[140]

Zugleich kämpft aber die sozialistische Arbeiterbewegung mit dem Arbeitsbegriff nach wie vor gegen die angeblichen Flaneure, Faulenzer und Schmarotzer der Oberschicht an.[141] Auch hier lässt sich also erkennen, dass die Erwerbsarbeit i.S.e. Berufes positiv besetzt ist, auch und gerade, indem sie als Gegensatz zur Faulheit gesehen wird.

Dass Arbeit auch im Nationalsozialismus ideologisch (aber auch rassistisch) überhöht wurde, versteht sich beinahe von selbst. Hier wird das Idealbild der Arbeit insbesondere zur (Rassen-) Differenzierung herangezogen: Der nordische Mensch betreibe Arbeit aus ideellen Gründen, der Jude dagegen nur wegen ihrer Notwendigkeit, aus purem Egoismus.[142] Und ein Überbleibsel aus dieser Zeit haben wir bis heute: den Tag der Arbeit, der als gesetzlicher Feiertag erst durch die Nazis eingeführt wurde.[143] Auch das ist eine interessante Gegebenheit, sind doch die allermeisten unserer Feiertage religiös bedingt. Der Tag der

---

136 *Weber*, Die protestantische Ethik und der Geist des Kapitalismus, 2013, S. 199.

137 *Weber*, Die protestantische Ethik und der Geist des Kapitalismus, 2013, S. 200.

138 *Kaesler*, Max Weber, 2011, S. 59.

139 *Steinert*, Max Webers unwiderlegbare Fehlkonstruktionen, 2010, S. 20.

140 Auch wenn dies etwa von Friedrich Nietzsche oder Max Scheler als bloße Verschleierung scharf kritisiert wurde (dazu *Conze*, in: Brunner/Conze/Koselleck (Hrsg.): Geschichtliche Grundbegriffe, 1994, S. 154 (212)), ändert das doch nichts daran, dass dieses Ethos prägend blieb.

141 *Kocka*, Mehr Last als Lust, 2006, S. 21.

142 *Conze*, in: Brunner/Conze/Koselleck (Hrsg.): Geschichtliche Grundbegriffe, 1994, S. 154 (214 f.).

143 Auch wenn es schon derartige Bestrebungen zur Zeit der Weimarer Republik gab.

Arbeit gehört zu den wenigen weltlichen Feiertagen, wie etwa der Tag der deutschen Einheit. Auch das drückt den Stellenwert der Arbeit in unserer modernen Gesellschaft aus.

Auch in der modernen Soziallehre der katholischen Kirche nimmt Arbeit eine wichtige Stellung ein. Betont wird die moralische Pflicht des Menschen zur Arbeit gegenüber dem Nächsten, aber ebenso die Pflicht, dem Auftrag Gottes zur Bearbeitung der Welt nachzukommen.[144] Der Mensch ist als Person Subjekt der Arbeit. Diese Subjektivität verleiht der Arbeit ihre Würde. Unabhängig von ihrem objektiven Wert, ist die Arbeit Ausdruck der Person.[145] Daher steht die Arbeit auch weit über allen anderen Produktionsfaktoren, insbesondere dem Kapital.[146] Gleichwohl wird auch ihre schlichte Notwendigkeit, etwa um eine Familie zu gründen oder zum Gemeinwohl der Menschheitsfamilie beizutragen, anerkannt.[147]

Nicht zu unterschätzen ist auch die Tatsache, dass der moderne Sozialstaat auf der Erwerbsarbeit fußt: Die Kranken-, Unfall- und Rentenversicherung der Bismarck'schen Ära richteten sich an die Erwerbstätigen, nicht die Armen.[148] Steuern und Verpflichtungen, umgekehrt aber auch Transferzahlungen und Anrechte waren maßgeblich an den Status geknüpft, den der einzelne im sozialen System der Arbeit einnahm. Die Erwerbsarbeit wurde damit zum zentralen Faktor, der über Inklusion und Exklusion aus dem sozialen System und gesellschaftliche Zugehörigkeit entschied.[149]

Damit sind die zentralen Elemente der „Arbeitsgesellschaft" oder besser noch: Leistungsgesellschaft, wie wir sie auch heute noch haben, genannt: Eine Gesellschaft, deren wirtschaftliche Leistungskraft, sozialer Zusammenhalt, kulturelle Orientierung und politische Steuerung in entscheidender Weise auf Erwerbsarbeit beruhen. Die Arbeit ist zentraler Pfeiler der Architektur einer ganzen Gesellschaftsordnung.[150]

---

144 Päpstlicher Rat für Gerechtigkeit und Frieden (Hrsg.), Kompendium der Soziallehre der Kirche, 2006, S. 209 f.

145 Päpstlicher Rat für Gerechtigkeit und Frieden (Hrsg.), Kompendium der Soziallehre der Kirche, 2006, S. 207 f.

146 Päpstlicher Rat für Gerechtigkeit und Frieden (Hrsg.), Kompendium der Soziallehre der Kirche, 2006, S. 210.

147 Päpstlicher Rat für Gerechtigkeit und Frieden (Hrsg.), Kompendium der Soziallehre der Kirche, 2006, S. 217.

148 *Kocka,* Mehr Last als Lust, 2006, S. 23.

149 *Kocka,* Mehr Last als Lust, 2006, S. 23.

150 *Moser,* Jeder, der will, kann arbeiten, 1993, S. 38; *Kocka,* Mehr Last als Lust, 2006, S. 23.

5. Zusammenfassung

Über die Jahrhunderte haben sich also Sinn und Zweck der Arbeit stark gewandelt. War Arbeit in der Antike noch ein notwendiges Übel, um sich lebensnotwendige Güter beschaffen zu können, so hatte sie sich im Mittelalter immerhin schon zu einer von Gott gegebenen Aufgabe entwickelt. So oder so wird die Arbeit aber als Übel oder Strafe (wenn auch als eine von Gott gegebene) wahrgenommen, ist also noch eher negativ besetzt. Erst in der bürgerlichen Gesellschaft, geprägt durch den Wegfall der Feudalordnung und das Gedankengut der Aufklärung und der frühen Ökonomen, wird Arbeit zunehmend positiv wahrgenommen. Sie ist – bei aller Last – ein Mittel für den Menschen, um über sich selbst hinauszuwachsen.[151] Sie eröffnet jedermann neue Chancen auf sozialen Aufstieg, innere Erfüllung und nicht zuletzt materiellen Wohlstand. Hatte *John Locke* aus dem Einsatz von Arbeitskraft noch Besitzansprüche gefolgert und *Adam Smith* in der Arbeit die Quelle des Wohlstands der Nationen gesehen, wurde Arbeit bei *Marx* im Anschluss an *Hegel* schließlich als die Quelle der Menschlichkeit überhaupt propagiert.[152] Selbst innerhalb des Produktionsprozesses wird Arbeit zum wichtigsten Produktionsfaktor, bei *Ricardo* ist sie gar der einzige Wertfaktor.[153] Damit wird bei allen genannten Autoren deutlich, dass Arbeit die produktivste, die eigentlich weltbildende Fähigkeit des Menschen darstellt.[154]

Dies ändert nichts daran, dass für den Großteil der damaligen Menschen die euphorisch-theoretische Überhöhung des Arbeitsbegriffes nicht nachvollziehbar ist; für sie besteht die Realität aus harter körperlicher und oft monotoner Arbeit, die notwendige Mühsal zum Leben, aber kaum Selbstverwirklichung ist. Trotzdem ist es dieser philosophisch überhöhte Begriff, der von nun an die gesellschaftliche Wahrnehmung von Arbeit prägt. Die Neuzeit prägt der Aufstieg und „Sieg des animal laborans".[155] Bezeichnend ist aber auch die Umkehrung: Der Arbeitslose wird zum Sünder, zum Faulenzer und Taugenichts.

151 *van Dülmen,* in: Kocka/Offe (Hrsg.): Geschichte und Zukunft der Arbeit, 2000, S. 80 (82).

152 *Arendt,* Vita activa oder Vom tätigen Leben, 1981, S. 92.

153 *Wannenwetsch,* in: Kodalle (Hrsg.): Arbeit und Lebenssinn, 2001, S. 77 (83).

154 *Arendt,* Vita activa oder Vom tätigen Leben, 1981, S. 92.

155 *Arendt,* Vita activa oder Vom tätigen Leben, 1981, S. 312 ff.

II. Das Verständnis und der Wert von Arbeit heutzutage

Vieles vom Begriffsverständnis der Arbeit aus dem 19. und 20. Jahrhundert ist uns bis heute erhalten geblieben. Dies zeigt sich schon daran, dass typische Eigenschaften des erfolgreichen Arbeitnehmers als bürgerliche Tugenden gelten: Ehrgeiz, Fleiß, Pünktlichkeit. Unser Alltag wird von der Arbeit her definiert: Erwerbsarbeit strukturiert den Tag, die Wochen und die Lebensjahre; und Freizeit ist die Zeit, in der man nicht arbeitet.[156]

Arbeit dient nach wie vor der materiellen Existenzsicherung. Sie dient aber auch der Sinnstiftung, der Entfaltung der eigenen Persönlichkeit und der Erlangung von Selbstwertgefühl. Sie bedeutet Teilhabe am gesellschaftlichen Leben und soziale Anerkennung. Und zuletzt würden weder unsere Volkswirtschaft noch unser Sozialstaat ohne sie funktionieren.[157] Der Beruf und damit Erwerbsarbeit ist die „zentrale gesellschaftliche Institution".[158]

Sucht man heute nach Definitionen von Arbeit, steht meist die ökonomische Perspektive im Vordergrund: Arbeit sei jede auf ein wirtschaftliches Ziel gerichtete Tätigkeit, unabhängig davon, ob geistige oder körperliche Kräfte eingesetzt werden; das Ziel könne reine Bedarfsdeckung oder Einkommensmaximierung sein.[159] Allerdings finden sich auch weitergehende Ansätze: „Arbeit als weitgehend selbstbestimmte kreative Tätigkeit, in der Menschen nicht nur Zweckdienliches herstellen, sondern sich selbst verwirklichen, d.h. sich als fähig, kompetent, stark, erfinderisch, erfolgreich personal bestätigt finden; Arbeit als gesellschaftlich organisierte, je schon durch Herrschaftsstrukturen vorgeprägte, d.h. meist fremdbestimmte Tätigkeit, die Menschen ausüben müssen, um ihre Existenz zu sichern."[160] Hier kommt wieder einmal der ambivalente Charakter der Arbeit zum Ausdruck. *Werner Becker* betont etwa, dass zwei Aspekte der Arbeit von jeher vorrangig seien: Arbeit diene einmal dem Lebensunterhalt (wir arbeiten, um unser täglich Brot zu verdienen); zum anderen diene sie der gesellschaftlichen Anerkennung, indem sie uns einen sozialen Status, eine Position in der Gesellschaft gebe.[161] Zugleich stellt er fest, dass sich die gesellschaftliche

---

156 *Mutz,* in: Kodalle (Hrsg.): Arbeit und Lebenssinn, 2001, S. 109 (112 f.).

157 *Kocher/Groskreutz/Nassibi u. a.,* Das Recht auf eine selbstbestimmte Erwerbsbiografie, 2013, S. 66 f; *Prast,* in: Rehm/Ulrich (Hrsg.): Menschenrecht auf Arbeit?, 2009, S. 39; *Wieland,* VVdStRL 59 (2000), S. 13 (31).

158 *Pitschas,* Berufsfreiheit und Berufslenkung, 1983, S. 32.

159 Nachweise bei *Moser,* Jeder, der will, kann arbeiten, 1993, S. 44.

160 *Vilmar/Kißler,* Arbeitswelt, 1982, S. 18.

161 *Becker,* in: Kodalle (Hrsg.): Arbeit und Lebenssinn, 2001, S. 127.

Wahrnehmung v.a. auf den Einkommensaspekt fokussiere, da es gerade in unserem wirtschaftlichen System moralisch überzeugender erscheine, wenn auf die Notwendigkeit der Befriedigung eines echten physischen Bedürfnisses verwiesen werde, statt auf ein vermeintliches „Luxus-Problem" wie den sozialen Status.[162]

Hannah Arendt weist auf einen bedeutenden Unterschied zwischen arbeiten und herstellen hin:[163] Arbeiten sei ein lebenslanger Kampf als unendliche Wiederholung in dem immer wiederkehrenden Kreise, den der biologische Lebensprozess dem Organismus vorschreibe und dessen Mühe und Plage erst mit dem Tod ein Ende finde.[164] Arbeit gehöre in das Reich der Notwendigkeit und Freiheit beginne erst dort, wo das durch Not und äußere Zweckmäßigkeiten bestimmte Arbeiten aufhöre.[165] Dieser Plagerei stellt sie das Herstellen gegenüber: Hier würden Dinge geschaffen, die der vorhandenen Dingwelt eingefügt werden könnten, und nur aus dem Herstellen könnten symbolische Ressourcen für das Individuum gewonnen werden.[166] Die philosophische Überhöhung der Arbeit hänge damit zusammen, dass der Arbeit bestimmte positive Fähigkeiten zugesprochen würden, die eigentlich nur das Herstellen besitze.[167]

Richtig an dieser Differenzierung ist einmal mehr, dass Arbeit zwar immer einen Zwangscharakter hat: arbeiten um zu leben; dies ändert aber nichts an der nun einmal faktisch vorhandenen Wertschätzung der Arbeit in unserer heutigen Gesellschaft. Und diese gesamtgesellschaftliche Wertung wirkt wiederum zurück auf das Individuum. Arbeit ist eben zum Wert an sich geworden. Zweifellos gibt es aber Arbeiten, in denen der Mensch sich besser selbstverwirklichen kann als in anderen.

Auch die zunehmende Technisierung und Globalisierung, die zu einer strukturellen Veränderung der Arbeit führen, bedeuten noch lange kein Ende der Arbeitsgesellschaft.[168] Allerdings verschiebt sich der Akzent von der körperlichen hin zur geistigen Arbeit. Zudem lässt sich beobachten, dass Arbeit nicht mehr lebenslange Tätigkeit im erlernten Beruf meint, sondern immer mehr Flexibilität der Menschen verlangt, was befreiend, aber auch verunsichernd wirken kann. Und nicht zuletzt verschmelzen die seit der Industrialisierung zunehmend

---

162 *Becker,* in: Kodalle (Hrsg.): Arbeit und Lebenssinn, 2001, S. 127.
163 *Arendt,* Vita activa oder Vom tätigen Leben, 1981, S. 90 ff.
164 *Arendt,* Vita activa oder Vom tätigen Leben, 1981, S. 90.
165 *Arendt,* Vita activa oder Vom tätigen Leben, 1981, S. 95.
166 *Arendt,* Vita activa oder Vom tätigen Leben, 1981, S. 90.
167 *Arendt,* Vita activa oder Vom tätigen Leben, 1981, S. 93.
168 *Rohbeck,* in: Kodalle (Hrsg.): Arbeit und Lebenssinn, 2001, S. 135.

getrennten örtlichen Sphären von Arbeit und Nichtarbeit durch die modernen Kommunikationsmittel wieder zunehmend.[169] Diese strukturellen Veränderungen lassen den gesellschaftlichen Stellenwert von Arbeit derzeit aber noch unberührt. Erwerbsarbeit ermöglicht den Menschen nach wie vor Teilhabe am öffentlichen Leben, sie können sich von Abhängigkeiten befreien, erfüllende Betätigung, soziale Anerkennung und Wohlstand erfahren. Wer arbeitet, nimmt am öffentlichen Leben teil, wer arbeitslos ist, ist davon ausgeschlossen.[170] Arbeit ist ein bedeutender Sozialisationsfaktor: Die Arbeit und der Beruf werden zum Dreh- und Angelpunkt sozialer Integration und Interaktion.[171]

Damit ist vorläufig auch wissenschaftlichen Utopien, die weg von einer Arbeits-, hin zu einer Tätigkeitsgesellschaft wollen, in der ehrenamtliche Tätigkeiten oder Bürgerarbeit eine sinnvolle und anerkennenswerte Tätigkeit jenseits der Erwerbsarbeit bilden,[172] eine Absage erteilt. Im Gegenteil, auch in der jüngeren Vergangenheit finden sich nach wie vor Stellungnahmen, die die überragende Bedeutung der Arbeit betonen und sich gegen eine Substituierbarkeit der Arbeit aussprechen, wie etwa der Philosoph *Günther Anders*: Er warnt vor der Gefahr der maschinellen Rationalisierung, die die Menschen als homines fabros liquidiere. Arbeit werde das Privileg einer von Tag zu Tag schmaler werdenden Elite. Den meisten drohe aber eine Existenz ohne Arbeit, was *Anders* als „höllisches Dasein" bezeichnet, weil die Menschen um eine der stärksten, wichtigsten und beliebtesten Lüste, nämlich um die „voluptas laborandi" gebracht würden.[173] Man muss weder *Anders* Ausgangsthese, dass die Arbeit schwindet, teilen, noch seine Euphorie bezüglich der Arbeit. Aber die Kernaussage scheint doch zutreffend zu sein: Das menschliche Leben ist immer auch auf Arbeit bezogen und diese Beziehung ist nicht leicht zu ersetzen. Auch in pragmatischerer Hinsicht ist von einer „Universalisierung des Erwerbsbürgers" die Rede: Mehr denn je hingen heute der persönliche Unterhalt und Wohlstand, Sozialschutz im Zuge

---

169 *Rohbeck*, in: Kodalle (Hrsg.): Arbeit und Lebenssinn, 2001, S. 135 (136 f.).

170 *Rohbeck*, in: Kodalle (Hrsg.): Arbeit und Lebenssinn, 2001, S. 135 (143); vgl. auch *Eichenhofer*, in: Däubler/Zimmer (Hrsg.): FS Lörcher, 2013, S. 203 (207): „Arbeit ist die Basis des Lebens einer Erwerbsgesellschaft. Erwerbsarbeit ist also die gesellschaftliche Regel und Arbeitslosigkeit daher ein soziales Risiko."

171 *Pitschas*, Berufsfreiheit und Berufslenkung, 1983, S. 36.

172 *Kocka*, in: Kocka/Offe (Hrsg.): Geschichte und Zukunft der Arbeit, 2000, S. 476 (485).

173 *Anders*, Die Antiquiertheit des Menschen, Band 2, 2013, S. 27; er schreibt weiter, dass die Freizeit zum Fluch werden wird und dass es in Abwandlung des Fluches in Gen. 3, 14 heißen wird: „Auf deinem Hintern sollst du sitzen und TV anglotzen dein Leben lang!" (*Anders*, Die Antiquiertheit des Menschen, Band 2, 2013, S. 28).

von Krankheit, Alter und Arbeitslosigkeit, gleichberechtigte Bürgerschaft und Selbstwertgefühl von der Eingliederung in die Erwerbsgesellschaft ab.[174]

Und selbst wenn die normative Überhöhung der Erwerbsarbeit aufgebrochen sein sollte, die Erwerbszentrierung langsam zurückgeht,[175] so lässt sich doch auch eine umgekehrte Tendenz erkennen: Individualisierungsprozesse und nachhaltige Unsicherheiten in der Arbeitswelt führen zu einem Anstieg der Arbeitsorientierung. Je knapper Erwerbsarbeit wird und je mehr Arbeitsplatzrisiken die Lebensplanung beeinflussen, desto stärker orientieren sich die Menschen an der Erwerbsarbeit. Schließlich brauchen Menschen zuallererst einmal ein Erwerbseinkommen – dann können sie sich überlegen, wie sie ihr Leben damit gestalten.[176]

Hinzukommt, dass die soziale Frage wieder auf der Tagesordnung steht; Ungleichheiten nehmen zu und damit einhergehend wird teilweise Verunsicherung als dominante gesellschaftliche Grundstimmung diagnostiziert.[177] Immer häufiger ist von prekärer Beschäftigung die Rede.[178] Auch wenn sich rein tatsächlich ein Großteil der Bevölkerung noch in geschützter Beschäftigung befinden mag, treibt doch auch diesen Teil die Angst vor Statusverlust um („allgemeine gesellschaftliche Arbeitsplatzunsicherheit"[179]). Es sind Arbeiter und Angestellte mit unregelmäßigen Beschäftigungs- und Lebensverhältnissen unterhalb der eigenen Klasse, deren bloße Präsenz die Festangestellten diszipliniert. Diese Konkurrenz sorgt dafür, dass die Festangestellten ihr Privileg verteidigen.[180] Dazu gehört auch, dass Ressentiments gegen die vermeintlich faule, unterlegene Schicht bedient werden. Die soziale Frage wird in ein Mentalitätsproblem umgedeutet.[181] Das ist wiederum ein Mittel des einzelnen, sich von der allgemeinen Arbeitsplatzunsicherheit zu distanzieren: Der Verlust des Arbeitsplatzes eines anderen liegt an dessen persönlichem Versagen. Mich kann es also nicht treffen, da ich motiviert und pflichtbewusst bin.[182]

---

174 *Senghaas-Knobloch,* APuZ 2011, S. 24 (25).

175 So etwa *Mutz,* in: Kodalle (Hrsg.): Arbeit und Lebenssinn, 2001, S. 109 (110).

176 *Mutz,* in: Kodalle (Hrsg.): Arbeit und Lebenssinn, 2001, S. 109 (110).

177 *Dörre,* APuZ 33–34/2008, S. 3.

178 Diese Veränderung fordert nach *Körner,* Das internationale Menschenrecht auf Arbeit, 2004, S. 11 auch zu einem neuen Blick auf das sog. Recht auf Arbeit heraus (dazu unter V.).

179 *Mohr,* Erwerbslosigkeit, Arbeitsplatzunsicherheit und psychische Befindlichkeit, 1997, S. 148.

180 *Dörre,* APuZ 33–34/2008, S. 3 (5).

181 *Dörre,* APuZ 33–34/2008, S. 3 (6).

182 *Baumann,* Selbst- und Fremdbilder von Arbeitslosigkeit, 2010, S. 54.

Auch diese Verunsicherung zeigt: Die Erwerbsarbeit entscheidet über das soziale Ansehen, den Rang, die Stellung, die ein Mensch in der Gesellschaft genießt, und seine Chancen. Einen ähnlich starken Einfluss hat sonst nur noch die Herkunft. Letztere kann man schwerlich selbst beeinflussen; die Arbeit, die man ausübt, dagegen schon. Und so gilt in unserer Gesellschaft immer noch das alte Sprichwort: Jeder ist seines eigenen Glückes Schmied. Das bedeutet konkreter: Der Erfolg in der Arbeit hängt nur vom Einsatz und der Leistungsbereitschaft des Einzelnen ab – hat er also keinen Erfolg oder ist er gar arbeitslos, hat er dies selbst verschuldet. Gerade dieser Gedanke prägt bis heute eine breite Meinung unserer modernen Industriegesellschaft.[183] Erwerbsarbeit wird zu *dem* Kriterium, um sozialen Erfolg zu messen. Sie ist zentrale Voraussetzung sozialer Anerkennung und damit für Selbstwert, persönliche Identität und gesellschaftliche Teilhabe von allergrößter Bedeutung.[184] Nach wie vor ist Arbeit „für den Menschen ein Mittel zur Vervollkommnung der Individualität wie auch der Betätigung seiner Gesellschaftswirklichkeit; sie ist Grundlage allen menschlichen Lebens, weil sie zur Selbstverwirklichung führt."[185]

Andere Tätigkeiten (also Arbeit in einem weiteren Sinne) wie Hausarbeit, Kindererziehung, ehrenamtliche Tätigkeiten oder gar Hobbies treten demgegenüber zurück. Denn: Erwerbsarbeit schafft individuelles Einkommen und gesellschaftlichen Reichtum, deswegen gilt sie als individuell und gesellschaftlich höherwertig als andere Tätigkeiten, die „nur" Lebenssinn stiften.[186]

Und selbst wenn man ihr keinen Wert in sich selbst zugestehen möchte, so muss man doch wenigstens anerkennen, dass sie schon seit Langem etwas ermöglicht, was als Inbegriff von Leben gilt: Dies kann der Erwerb von Eigentum sein wie im älteren Bürgertum (John Locke), der Erwerb von Reichtum im Neubürgertum (Adam Smith) oder aber Freizeit, Urlaub und Konsummöglichkeiten wie im Konsumbürgertum unserer heutigen Zeit.[187]

---

183 Selbst Politiker machen vor dieser Sichtweise nicht halt. So gab etwa Kurt Beck (SPD!) bei einer Wahlkampfveranstaltung 2006 einem arbeitslosen Hartz IV-Empfänger den Tipp, er solle sich waschen und rasieren, dann finde er in drei Wochen einen Job (siehe etwa http://www.spiegel.de/politik/deutschland/kurt-becks-arbeitslosen-schelte-waschen-und-rasieren-dann-kriegen-sie-auch-einen-job-a-454389.html; abgerufen am 13.12.2016).

184 *Kocka,* APuZ B21 2001, S. 8 (11).

185 *Pitschas,* Berufsfreiheit und Berufslenkung, 1983, S. 33.

186 *Mutz,* in: Kodalle (Hrsg.): Arbeit und Lebenssinn, 2001, S. 109 (113).

187 *Wannenwetsch,* in: Kodalle (Hrsg.): Arbeit und Lebenssinn, 2001, S. 77 (78).

III. Die Bedeutung der Arbeitslosigkeit

Man kann die Medaille aber natürlich auch von der anderen Seite betrachten und fragen, was Arbeitslosigkeit im Gegensatz zum Innehaben einer Erwerbsarbeit für den Menschen bedeutet. In erster Linie ist hier sicherlich der Verlust der Einkommensquelle „Arbeit" zu nennen. Ein geregeltes Einkommen gibt dem Menschen materielle Sicherheit und Handlungsräume. Fällt es weg und kann nicht anderweitig kompensiert werden, kommt es zu Einschränkungen im Lebensstil, was von Einschränkungen bei der Freizeitgestaltung und Teilhabe am öffentlichen Leben bis hin zu schlechterer medizinischer Versorgung reichen kann. Deswegen ist es kaum verwunderlich, dass es etwa eine starke Korrelation zwischen der finanziellen Situation und psychischem Leiden gibt.[188] Zugleich gilt in unserer nach wie vor arbeits-zentrierten Gesellschaft der Verlust des Arbeitsplatzes auch als Verlust des sozialen Status; wer arbeitslos wird, scheidet nach seinem Empfinden wie auch nach der Einschätzung seiner Umwelt aus dem normalen Gesellschaftsverband aus.[189] Erwerbstätigkeit gilt als soziale Norm; wer die Norm nicht erfüllt, wird ausgegrenzt.[190] Arbeitslosigkeit wird daher sogar bezeichnet als „ein Anschlag auf die körperliche und seelisch-geistige Integrität".[191] „Sie ist Raub und Enteignung der Fähigkeiten und Eigenschaften, die [...] in einem mühsamen und aufwendigen Bildungsprozess erworben wurden und die – von ihrer gesellschaftlichen Bestätigungsmöglichkeit abgeschnitten – in Gefahr sind, zu verrotten und schwere Persönlichkeitsstörungen hervorzurufen."[192] Diese Erkenntnis hat auch schon Eingang in die verfassungsgerichtliche Rechtsprechung gefunden: „Arbeitslosigkeit führt die Betroffenen häufig in existentielle Bedrängnis. Mit dem Verlust der wirtschaftlichen Lebensgrundlage können Beeinträchtigungen des Selbstwertgefühls und der Persönlichkeit einhergehen (vgl. BVerfGE 84, 133 [155]). Die Erfahrung, nicht gebraucht zu werden, kann in einer Gesellschaft, die den Wert des Einzelnen in hohem Maße an seiner beruflichen Leistung mißt, zu schweren seelischen Belastungen führen. Das gilt in besonderem Maße bei Langzeitarbeitslosen, die schwer zu vermitteln sind und deswegen besonders geringe Aussicht auf einen Arbeitsplatz haben."[193]

---

188 *Paul/Batinic,* Journal of Organizational Behavior 2010, S. 45 (56).

189 *Becker,* in: Kodalle (Hrsg.): Arbeit und Lebenssinn, 2001, S. 127 (129); *Rohbeck,* in: Kodalle (Hrsg.): Arbeit und Lebenssinn, 2001, S. 135 (143).

190 *Körner,* Das internationale Menschenrecht auf Arbeit, 2004, S. 12; *Wank,* Das Recht auf Arbeit im Verfassungsrecht und im Arbeitsrecht, 1980, S. 22.

191 *Negt,* Arbeit und menschliche Würde, 2002, S. 10.

192 *Negt,* Arbeit und menschliche Würde, 2002, S. 10.

193 BVerfGE 100, 271 (287 f.).

Glücklicherweise geht es Deutschland volkswirtschaftlich relativ gut und wir sind weit entfernt von den Arbeitslosenraten etwa südeuropäischer Länder. Trotzdem kämpfen auch in Deutschland Millionen Menschen mit Arbeitslosigkeit und es gibt bestimmte Bevölkerungsgruppen, die besonders von Arbeitslosigkeit betroffen sind.[194]

Interessant in diesem Zusammenhang ist auch die Tatsache, dass bereits die potentielle Arbeitslosigkeit (oder allgemeine gesellschaftliche Arbeitsplatzunsicherheit) ausreicht, um ganze gesellschaftliche Schichten zu verunsichern,[195] aber auch bei den einzelnen in Arbeit befindlichen Beschäftigten zu signifikanten psychischen Beeinträchtigungen[196] und zu einer Disziplinierung und Verteidigung des Privilegs „Arbeitsplatz" führt.[197]

Die Sozialpsychologin *Marie Jahoda* hat sich eingehend mit der Bedeutung von Arbeit und den Folgen von Arbeitslosigkeit auseinandergesetzt.[198] Sie beschreibt (neben der manifesten Funktion des Gelderwerbs) folgende fünf (latenten) Funktionen der Arbeit, die menschliche Grundbedürfnisse abdecken und sich damit positiv auf die psychische Gesundheit und die soziale Integration auswirken:

- Dauerhafte zeitliche Strukturierung des Alltags;
- Erweiterung des sozialen Horizonts über das enge Umfeld von Familie, Freunden und Bekannten hinaus;
- Einbindung in eine kollektive Zweck- und Sinnstruktur;
- Statuszuweisung und soziale Identitätsbildung;
- Zwang zur regelmäßigen Betätigung (Aktivierung).[199]

---

194 *Prast,* in: Rehm/Ulrich (Hrsg.): Menschenrecht auf Arbeit?, 2009, S. 39 (42 ff.) nennt etwa Jugendliche, Ältere, „Hartz IV-Empfänger", Schwerbehinderte und Menschen mit Migrationshintergrund.

195 *Burzan,* APuZ 33–34/2008, S. 6 (6 ff.).

196 Vgl. dazu *Mohr,* Erwerbslosigkeit, Arbeitsplatzunsicherheit und psychische Befindlichkeit, 1997, S. 131 ff.

197 *Dörre,* APuZ 33–34/2008, S. 3 (5).

198 Hierbei ist v.a. die berühmte, zusammen mit ihrem Mann und Hans Zeisel durchgeführte Studie zu den Arbeitslosen von Marienthal zu nennen, *Jahoda/Lazarsfeld/Zeisel,* Die Arbeitslosen von Marienthal, 2009, passim.

199 *Jahoda,* Wieviel Arbeit braucht der Mensch?, 1983, S. 99; diese Ergebnisse sind zwar nicht gänzlich unumstritten, wurden aber z.B. von *Paul/Batinic,* Journal of Organizational Behavior 2010, S. 45 durch Untersuchungen einer repräsentativen Gruppe aus der deutschen Bevölkerung weitestgehend bestätigt.

Fehlen sie bzw. der Zugang zu ihnen, wirkt sich dies nachteilig auf die psychische Gesundheit aus. Die oben genannten Funktionen lassen sich zwar auch durch andere gesellschaftliche Institutionen oder Angebote substituieren (z.B. Religion, politische oder Freizeitaktivitäten), aber nirgends finden sie sich so gebündelt und konzentriert wie in der Arbeit.[200] Dementsprechend überrascht es nicht, dass zwischenzeitlich anhand einer Untersuchung einer repräsentativen deutschen Bevölkerungsgruppe nachgewiesen werden konnte, dass diese Funktionen im Sinne von menschlichen Grundbedürfnissen bei Erwerbstätigen wesentlich besser abgedeckt sind als bei Nichterwerbstätigen (wie z.B. Studierenden, Hausfrauen oder Rentnern) oder gar bei Arbeitslosen.[201] Dies gilt selbst für einfache und unpopuläre Tätigkeiten.[202] Was die Statuszuweisung und Identitätsbildung angeht, zeigte sich allerdings, dass Erwerbstätige nicht wesentlich besser abschnitten als Studierende oder Rentner; vielmehr schnitten umgekehrt Arbeitslose besonders schlecht ab.[203] Zudem haben Arbeitslose Defizite im Vergleich zu Beschäftigten, was Zeitstrukturierung, soziale Kontakte, Zweck- und Sinnstruktur und Aktivierung angeht.[204]

Dagegen ließ sich nicht nachweisen, dass die genannten latenten Funktionen von Arbeit wichtiger für den Menschen und seine psychische Gesundheit wären als die manifeste Funktion des Einkommenserwerbs (aber immerhin in etwa gleich wichtig).[205]

Schuhmacher[206] schlüsselt die Bedeutung und die Funktionen der Arbeit noch etwas weiter auf:

- Sicherung der materiellen Existenzgrundlage durch Erwirtschaftung eines Einkommens;
- Formung der Persönlichkeit;
- Strukturierung der Zeit (auch der Freizeit);
- Arbeit leistet einen wichtigen Beitrag zur Entwicklung von Identität und Selbstwertgefühl, indem sie dem einzelnen vermittelt, die notwendigen Fähigkeiten zur Ausführung einer bestimmten Tätigkeit zu besitzen;

---

200 *Jahoda,* Wieviel Arbeit braucht der Mensch?, 1983, S. 99 f; *Kieselbach/Beelmann,* in: Hollederer/Brand (Hrsg.): Arbeitslosigkeit, Gesundheit und Krankheit, 2006, S. 13.
201 *Paul/Batinic,* Journal of Organizational Behavior 2010, S. 45 (53 ff.).
202 *Paul/Batinic,* Journal of Organizational Behavior 2010, S. 45 (56).
203 *Paul/Batinic,* Journal of Organizational Behavior 2010, S. 45 (55).
204 *Paul/Batinic,* Journal of Organizational Behavior 2010, S. 45 (53 ff.).
205 *Paul/Batinic,* Journal of Organizational Behavior 2010, S. 45 (59).
206 *Schumacher,* Arbeitslosigkeit und psychische Gesundheit, 1986, S. 19 ff.

- Umwelt- und Innenstabilisierung der Person, indem ein Handlungssystem aufgebaut wird, das von außen gestützt relativ stabil ist und bei erfolgreicher Anwendung Rückwirkung auf die innere Sicherheit der Person und des psychischen Lebens hat;
- Vermittlung eines Gefühls von Handlungskompetenz durch die Aneignung von Kenntnissen und die Bewältigung von Arbeitsaufgaben;
- Arbeit und Beruf bestimmen weitgehend das soziale Ansehen einer Person und damit auch die Bewertung dieser Person;
- sozialintegrative Funktion, indem Arbeit das Verhalten stabilisiert und das weitere soziale Umfeld strukturiert;
- Der Arbeitsplatz ist eines der wichtigsten sozialen Kontakt- und Interaktionsfelder, hier werden kooperative Fähigkeiten entwickelt, der Einzelne wird einbezogen in die soziale Realität der Gesellschaft;
- Soziale Anerkennung und Wertschätzung durch die Herstellung von Gütern oder die Erbringung von Dienstleistungen.

Es sei zwar auch nach *Schumacher* realitätsferne Romantik, zu behaupten, dass bei jedem Arbeitsplatz all diese Funktionen, die weit über das bloß Materielle hinausgehen, verwirklicht wären; trotzdem werde die Arbeitslosigkeit viel belastender erlebt als eine Arbeit, die viele der oben genannten Entfaltungsmöglichkeiten nicht zulasse.[207] Erwartungsgemäß leiden denn auch die Personen unter einem Arbeitsplatzverlust besonders, die in ihrer Arbeit die eben beschriebenen Funktionen in hohem Maße verwirklicht sehen,[208] etwa weil sie ein attraktives Einkommen erzielen oder ihr Beruf ein hohes Sozialprestige besitzt.[209]

Von *Jahodas* Arbeit ausgehend hat *Warr* ein Modell entwickelt, in dem er zunächst neun, später zwölf Umweltfaktoren („vitamins") aufführt, die essentiell für psychische Gesundheit sind und die für Arbeitslose nicht in ausreichendem Maße verfügbar sind. Die ursprünglichen neun Faktoren waren:[210]

---

207 *Schumacher,* Arbeitslosigkeit und psychische Gesundheit, 1986, S. 21; bestätigt von *Paul/Batinic,* Journal of Organizational Behavior 2010, S. 45 (56); in der Rechtsliteratur aufgegriffen von *Wank,* Das Recht auf Arbeit im Verfassungsrecht und im Arbeitsrecht, 1980, S. 20.

208 *Kieselbach/Beelmann,* in: Hollederer/Brand (Hrsg.): Arbeitslosigkeit, Gesundheit und Krankheit, 2006, S. 13 (17).

209 *Paul/Hassel/Moser,* in: Hollederer/Brand (Hrsg.): Arbeitslosigkeit, Gesundheit und Krankheit, 2006, S. 35 (38); siehe auch *Paul/Batinic,* Journal of Organizational Behavior 2010, S. 45 (58).

210 *Warr,* Work, unemployment and mental health, 1987, S. 212 ff.

- Möglichkeit zur Kontrolle der eigenen Lebensbedingungen;
- Möglichkeit, die eigenen Fähigkeiten zu entwickeln und anzuwenden;
- externe Zielvorgaben, die aktivierend und motivierend wirken;
- Abwechslung und die Chance, neue Erfahrungen zu machen;
- Vorhersehbarkeit und Durchschaubarkeit von Ereignissen;
- Verfügbarkeit ausreichender finanzieller Ressourcen;
- physische Sicherheit;
- soziale Kontakte;
- eine soziale Position, die Selbstachtung und Anerkennung durch andere begünstigt.

Zusätzlich nahm *Warr* 2007 folgende drei Faktoren auf:[211]

- unterstützende Betreuung durch eine übergeordnete Person;
- persönliche Entwicklungsperspektiven;
- Erfahrung von gleicher und fairer Behandlung.

Diese Untersuchungen geben zutreffend Aufschluss über die vielfältigen Funktionen, die Arbeit erfüllt, und deren Fehlen Arbeitslose beeinträchtigt.

Neben diesen Modellen muss ein Aspekt besonders betont werden: die Stigmatisierung der Arbeitslosen.[212] In arbeitszentrierten Gesellschaften gibt es nur wenige Beschäftigungen, die ein niedrigeres Sozialprestige aufweisen als der Status des Arbeitslosen.[213] Dabei ist das Risiko sozialer Exklusion in Ländern mit hoher Arbeitslosigkeit deutlich niedriger als in solchen mit geringer Arbeitslosigkeit.[214] In der heutigen Gesellschaft ist die Idee, dass Arbeitslosigkeit von persönlichen Qualitäten und der Einstellung zur Arbeit abhängt, immer noch stark verbreitet.[215] Daher verwundert es nicht, dass sich Arbeitslose sehr oft von anderen Menschen beurteilt und abgewertet fühlen,[216] was dann auch zu einem negativen Selbstbild führen kann. Die Stigma-Theorie geht im Wesentlichen

---

211 *Warr*, Work, happiness, and unhappiness, 2007, S. 114, 128 ff.

212 *Wank*, Das Recht auf Arbeit im Verfassungsrecht und im Arbeitsrecht, 1980, S. 22.

213 *Kieselbach/Beelmann*, in: Hollederer/Brand (Hrsg.): Arbeitslosigkeit, Gesundheit und Krankheit, 2006, S. 13 (19).

214 *Kieselbach/Beelmann*, in: Hollederer/Brand (Hrsg.): Arbeitslosigkeit, Gesundheit und Krankheit, 2006, S. 13 (19).

215 *Starrin/Rantakeisu/Forsberg u. a.*, in: Kieselbach (Hrsg.): Youth unemployment and health, 2000, S. 35 (36).

216 *Starrin/Rantakeisu/Forsberg u. a.*, in: Kieselbach (Hrsg.): Youth unemployment and health, 2000, S. 35 (37).

auf den Labeling-Ansatz[217] zurück, nach dem abweichendes Verhalten Ergebnis eines Zuschreibungs- oder Definitionsprozesses durch die Gesellschaft ist und nicht die Eigenschaft einer Person betrifft.[218] Stigmatisierung bedeutet demnach, dass bestimmten Personen oder Personengruppen aufgrund gesellschaftlicher Definition ein bestimmtes, makelbehaftetes Merkmal zugeschrieben wird, insbesondere weil eine Person die normativen Erwartungen, die an sie gestellt werden, nicht erfüllt.[219] Bei der Zuschreibung des einzelnen Merkmals bleibt es dabei aber nicht, es werden dem Betroffenen darüber hinaus in generalisierender Weise weitere negative Merkmale zugeschrieben.[220] Bei arbeitslosen Menschen können solche weiteren Merkmale etwa Faulheit, Arbeitsunwille oder Selbstverschulden sein.[221] Die Stigmatisierung wirkt sich negativ auf den Rang (Status) in der Gesellschaft aus und macht es den Betroffenen schwer, bestimmte soziale Positionen zu erreichen, bzw. schreibt den unterlegenen Status in der Gesellschaft fest.[222]

Die Statuszuweisung ist auch eine der fünf latenten Funktionen der Arbeit nach *Jahoda*. Der Abfall des gesellschaftlichen Status konnte in empirischen Studien neben dem finanziellen Druck und dem Wegfall sozialer Kontakte als maßgeblicher Indikator für psychisches Leiden nachgewiesen werden.[223] Allerdings führten die Autoren der Studie den schlechteren Status nicht auf die fehlende Arbeit an sich, sondern auf die gesellschaftliche Stigmatisierung der Arbeitslosigkeit zurück.[224] Freilich sind Ausmaß und Umfang der negativen Auswirkungen auf den einzelnen von vielerlei Faktoren abhängig. *Mohr*[225] nennt und unterscheidet etwa folgende Faktoren:

- Äußere Personenmerkmale:
  - Alter
  - Geschlecht

217 Welcher dem Juristen aus der Kriminologie bekannt sein dürfte.

218 *Baumann,* Selbst- und Fremdbilder von Arbeitslosigkeit, 2010, S. 89.

219 *Baumann,* Selbst- und Fremdbilder von Arbeitslosigkeit, 2010, S. 89.

220 *Baumann,* Selbst- und Fremdbilder von Arbeitslosigkeit, 2010, S. 90.

221 *Baumann,* Selbst- und Fremdbilder von Arbeitslosigkeit, 2010, S. 90; *Schumacher,* Arbeitslosigkeit und psychische Gesundheit, 1986, S. 93 ff.

222 *Starrin/Rantakeisu/Forsberg u. a.,* in: Kieselbach (Hrsg.): Youth unemployment and health, 2000, S. 35 (37).

223 *Paul/Batinic,* Journal of Organizational Behavior 2010, S. 45 (56 f.).

224 *Paul/Batinic,* Journal of Organizational Behavior 2010, S. 45 (59).

225 *Mohr,* Erwerbslosigkeit, Arbeitsplatzunsicherheit und psychische Befindlichkeit, 1997, S. 19 f.

    - o Soziale Schicht
    - o Familiärer Status
- Psychische (innere) Personenmerkmale:
    - o Arbeits- und Berufsorientierung
    - o Arbeits- und Qualifikationsniveau
    - o Persönliches Aktivitätsniveau
    - o Kontrollierbarkeit und Vorhersehbarkeit
    - o Ursachenattribution
    - o Selbstwertgefühl
    - o Persönliche „Verwundbarkeit" und Stressbelastbarkeit
    - o Frühere Erfahrungen mit Arbeitslosigkeit
    - o Gesundheitszustand
- Situationsmerkmale:
    - o Höhe der lokalen Arbeitslosenrate
    - o Angebot und Inanspruchnahme von Bildungs- und Qualifikationsmöglichkeiten
    - o Angebot und Inanspruchnahme von Beratung und Betreuung
    - o Finanzielle Situation
    - o Dauer der Arbeitslosigkeit
    - o Soziale Unterstützung
    - o Soziale Absicherung

In welcher Weise sich diese Faktoren auswirken, ist allerdings umstritten.[226] So wird beispielsweise einerseits vertreten, dass junge Menschen wegen ihrer sensiblen Entwicklungsphase besonders hart von Arbeitslosigkeit getroffen würden; anderseits wird aber auch vertreten, dass Arbeitslose mittleren Alters besonders gravierend betroffen wären; und nach nochmals anderer Ansicht steigen die negativen Auswirkungen von Arbeitslosigkeit mit dem Lebensalter.[227] Daneben gibt es aber auch kaum strittige Faktoren. So dürfte etwa weitgehend anerkannt sein, dass die negativen Folgen der Arbeitslosigkeit umso größer sind, je länger sie

226 Vgl. dazu die Diskussion m.w.N. bei *Baumann*, Selbst- und Fremdbilder von Arbeitslosigkeit, 2010, S. 113 ff.

227 Weitere Nachweise dazu bei *Baumann*, Selbst- und Fremdbilder von Arbeitslosigkeit, 2010, S. 115 f.

dauert.[228] Diese Faktoren werden später noch Bedeutung erlangen, wenn es um die Individualisierung des Interesses „Arbeit" geht.

Damit deutet sich also bereits an, dass es zu kurz greifen würde, Arbeit und Arbeitslosigkeit auf ein reines „Geld haben oder nicht haben" zu reduzieren. Und selbst bei Reduzierung auf das rein monetäre Interesse sollte berücksichtigt werden, dass auch in einem ausgeprägten Sozialstaat wie Deutschland im Falle langdauernder Arbeitslosigkeit nur das Existenzminimum gesichert wird. Dies mag zwar dazu führen, dass in Deutschland niemand verhungern oder erfrieren muss, eine soziale Ausgrenzung kann es dennoch nicht verhindern: Hartz IV ermöglicht keine Ausgaben für Bildungsangebote, kulturelle Veranstaltungen oder andere Freizeitmöglichkeiten. Es ermöglicht ein Überleben – über die Qualität dieses Lebens ist damit allerdings noch nichts gesagt.[229]

Hierbei wurden bisher nur die individuellen Folgen der Arbeitslosigkeit angesprochen. Arbeitslosigkeit in größerem Maße kann aber auch gravierende Auswirkungen auf das gesamtgesellschaftliche System haben, etwa weil die Funktionsfähigkeit der sozialen Sicherungssysteme beeinträchtigt wird oder die Zustimmung für das politische System schwindet.[230] Da es in der vorliegenden Arbeit aber um einen personalen Konflikt gehen wird, sind vor allem die individuellen Auswirkungen für den einzelnen Arbeitnehmer im Blick zu behalten.

IV. Arbeit als reines Vermögensinteresse?

Würde man Arbeit auf ein Vermögensinteresse beschränken, wäre das bereits eine erste Weichenstellung für die vorliegende Untersuchung, da reine Vermögensinteressen strafrechtlich nicht besonders schutzwürdig sein sollen.[231] Wie aber die obigen Erwägungen schon andeuten, scheint das Interesse an Arbeit und an einem Arbeitsplatz für viele Menschen über das reine Erwirtschaften einer materiellen Lebensgrundlage hinauszugehen. „Arbeit ist mehr als

---

228 *Kroll/Lampert,* GBE kompakt 2012, S. 1 (4); *Paul/Moser,* Journal of Vocational Behavior 2009, S. 264 (278 f.); *Weber/Hörmann/Heipertz,* Deutsches Ärzteblatt 2007, S. 2957 (A2958).

229 Hier geht es nicht um eine Diskussion, ob die Sätze der Grundsicherung angemessen oder verfassungskonform sind (dazu BVerfGE 125, 175); die Feststellung soll einzig und allein einer allzu leichtfertigen Meinung, dass Arbeitslosigkeit in unserem modernen Sozialstaat keine echte finanzielle Bedrohung sei, entgegengesetzt werden.

230 *Wank,* Das Recht auf Arbeit im Verfassungsrecht und im Arbeitsrecht, 1980, S. 24 f.

231 Vgl. etwa *Köhler,* Strafrecht. Allgemeiner Teil, 1997, S. 290; NK/*Neumann,* § 34, Rdnr. 102.

Broterwerb allein, ist mehr als nur eine feste Anstellung oder eine Beschäftigung im Erwerbsleben, ist auch mehr als die Sicherung des Lebensunterhaltes. Arbeit ist zugleich eine Quelle von Selbstwertgefühl, von Selbstbestätigung, von innerer Zufriedenheit, auch von Sozialprestige."[232]

Der folgende Abschnitt soll aufzeigen, dass sich Arbeit auch im rechtlichen Kontext nicht auf ein reines Vermögensinteresse beschränkt. Als Schlaglicht mag insoweit die Allgemeine Erklärung der Menschenrechte vom 10.12.1948 dienen, die in Art. 23 ein Recht auf Arbeit vorsieht;[233] und das obwohl sie in Art. 25 ohnehin jedermann einen Anspruch auf einen Lebensstandard einräumt, der ihm und seiner Familie Gesundheit und Wohl gewährleistet (insb. Nahrung, Kleidung, Wohnung und ärztliche Versorgung), das materielle Grundbedürfnis also abgedeckt wäre. Dies allein deutet schon darauf hin, dass es einen Unterschied gibt zwischen der Versorgung mit einem materiellen Existenzminimum und einem Recht auf Arbeit, das es dem einzelnen ermöglicht, durch seiner Hände Arbeit ein sinnhaftes Leben in menschlicher Würde zu führen.[234]

Zwei Bezüge der Arbeit zu anderen Rechten bzw. Rechtsgütern scheinen besonders erwähnenswert, wenn man über das Interesse Arbeit spricht: Zum einen ist schon mehrfach angeklungen, dass Arbeit sehr viel mit Selbstentfaltung und -darstellung zu tun hat; rechtlich gesehen sind das Aspekte des Allgemeinen Persönlichkeitsrechts. Zum anderen hat Arbeit bzw. Arbeitslosigkeit auch Auswirkungen auf die körperliche und psychische Gesundheit des Menschen. Diese beiden Gesichtspunkte sollen einleitend noch etwas genauer beleuchtet werden.

1. Der Bezug zum Allgemeinen Persönlichkeitsrecht

a) Das Allgemeine Persönlichkeitsrecht – ein erster Annäherungsversuch

Otto von Gierke hat das Persönlichkeitsrecht bereits früh definiert als den „von der Rechtsordnung gewährleisteten allgemeinen Anspruch, als Person zu gelten".[235] Mittlerweile ist unter dem Namen „Allgemeines Persönlichkeitsrecht" ein umfassender Schutz der Achtung und Entfaltung der Persönlichkeit[236] „zum

232 *Herzog,* in: Hanau/Heither/Kühling (Hrsg.): FS Dieterich, 1999, S. 1, der es deswegen „nur allzugut" versteht, warum es für die meisten Menschen wichtig ist, „in Arbeit zu stehen".

233 Dazu ausführlicher unten D. II. 2.

234 *Tomuschat,* in: Rosas/Helgesen/Gomien (Hrsg.): Human Rights in a Changing East-West Perspective, 1990, S. 174 (182).

235 *Gierke,* Deutsches Privatrecht, 1895, S. 703.

236 BGHZ 13, 334.

festen Bestandteil unserer Privatrechtsordnung geworden".[237] Im Bereich des öffentlichen Rechts garantiert Art 2 Abs. 1 GG: „Jeder hat das Recht auf die freie Entfaltung seiner Persönlichkeit [...]." Daraus wird in Verbindung mit Art. 1 Abs. 1 GG das Allgemeine Persönlichkeitsrecht als eigenes Grundrecht abgeleitet.[238] Auch das privatrechtliche Allgemeine Persönlichkeitsrecht findet dort seine Grundlage,[239] weil man es als Ausfluss der Schutzpflicht eben dieses Grundrechts ansehen kann.[240] Wesentlicher Zweck des Rechts ist es, den Einzelnen vor der Gefährdung seiner immateriellen Integrität und Selbstbestimmung zu schützen, ihm einen „autonomen Bereich eigener Lebensgestaltung zuzugestehen, in dem er seine Individualität unter Ausschluss anderer entwickeln und wahrnehmen"[241] kann.[242]

Das Allgemeine Persönlichkeitsrecht bezieht sich auf den Begriff „Person". Dieser wiederum leitet sich von lat. persona (Rolle, Maske des Schauspielers) ab und ist eine Bezeichnung für den Menschen als Individuum, als lebendes Wesen und für das tatsächliche Dasein und die Beschaffenheit des Menschen.[243] Der Begriff kann für das äußere Ansehen, die Figur, Statur eines Einzelwesens oder für das Einzelwesen selbst nach seiner äußerlichen Erscheinung und dem sinnlichen Eindruck, sowie das selbstständige, selbstbewusste und vernünftige Einzelwesen nach seiner Eigentümlichkeit stehen.[244] Im philosophischen Kontext bedeutet Persönlichkeit den wesentlichen, wertvollen, unabhängigen Kern und Mittelpunkt des Menschen.[245]

---

237 BVerfGE 34, 269 (281); MüKo-BGB/*Rixecker*, Anhang zu § 12 Das Allgemeine Persönlichkeitsrecht, Rdnr. 1.

238 Grundlage ist also primär Art. 2 Abs. 1 GG, auch wenn es maßgeblich von seinem Menschenwürdebezug beeinflusst wird, vgl. etwa *Jarass/Pieroth*, GG, Art. 2 Rdnr. 36; v. Münch/Kunig/*Kunig*, Art. 2 GG, Rdnr. 30; Sachs/*Murswiek*, Art. 2 GG, Rdnr. 63.

239 Palandt/*Sprau*, § 823, Rdnr. 84; MüKo-BGB/*Rixecker*, Anhang zu § 12 Das Allgemeine Persönlichkeitsrecht, Rdnr. 2; s. auch Jauernig/*Teichmann*, § 823 BGB, Rdnr. 65.

240 Dreier/*Dreier*, Art. 2 I GG, Rdnr. 94; v. Münch/Kunig/*Kunig*, Art. 2 GG, Rdnr. 31; BGH NJW 2004, 762 (763).

241 BGHZ 131, 332 (337).

242 MüKo-BGB/*Rixecker*, Anhang zu § 12 Das Allgemeine Persönlichkeitsrecht, Rdnr. 2.

243 http://www.philosophie-woerterbuch.de/ Stichwort „Person" (abgerufen am 13.12.2016).

244 *Grimm/Grimm*, Deutsches Wörterbuch, 1999, Stichwort "Person".

245 *Thees*, Das Arbeitnehmer-Persönlichkeitsrecht als Leitidee des Arbeitsrechts, 1995, S. 25.

Auch wenn im rechtlichen Kontext vielfältige Definitionsansätze für das Allgemeine Persönlichkeitsrecht bestehen,[246] lässt sich der konkrete Inhalt des Allgemeinen Persönlichkeitsrechts daraus nicht ableiten,[247] er muss vielmehr durch eine Gesamtschau der betroffenen rechtlichen und sittlichen Normen sowie einer Güter- und Interessenabwägung im Einzelfall geklärt werden.[248]

Dem entspricht die Charakterisierung des Allgemeinen Persönlichkeitsrechts im Privatrecht als sog. Rahmenrecht,[249] was bedeutet, dass seine Reichweite nicht absolut feststeht, sondern erst durch eine Abwägung der widerstreitenden grundrechtlich geschützten Belange bestimmt werden muss, bei der die besonderen Umstände des Einzelfalls sowie die betroffenen Grundrechte und auch Gewährleistungen der Europäischen Menschenrechtskonvention interpretationsleitend zu berücksichtigen sind.[250]

Immerhin aber lassen sich noch zwei Schutzrichtungen unterscheiden:[251] In statischer Hinsicht bedeutet das Allgemeine Persönlichkeitsrecht das Recht, in Ruhe gelassen zu werden.[252] In dynamischer Hinsicht meint es das Selbstbestimmungsrecht auf freie Entfaltungsmöglichkeit und aktive Entschließungs- und Handlungsfreiheit.[253] Es muss also um die Gewährleistung von äußerer und innerer Autonomie gehen, die nicht allein äußere Freiheit voraussetzt, sondern auch die innere Autonomie gewährleistet, sodass der Einzelne entscheiden kann, wie er leben, welche Person er sein und auf welche Weise er sein persönliches Wohl anstreben will.[254] Um dies zu gewährleisten bedarf es nicht primär der abwehrrechtlichen Dimension des Grundrechts, sondern vielmehr seiner leistungsrechtlichen Schutzgehalte, damit die freie Entfaltung der Persönlichkeit

---

246 Dazu etwa *Hubmann,* Das Persönlichkeitsrecht, 1967, S. 9 ff.

247 Der zivilrechtliche Schutz ist nicht „sozialtypisch offenkundig", vgl. *Larenz/Canaris,* Lehrbuch des Schuldrechts, 1994, § 80 I 1.

248 *Thees,* Das Arbeitnehmer-Persönlichkeitsrecht als Leitidee des Arbeitsrechts, 1995, S. 27.

249 Vgl. z.B. Palandt/*Sprau,* § 823, Rdnr. 95; BGH NJW 2010, 2728.

250 BVerfGE 120, 180 (200 f.); BGH NJW 2012, 767 (769); 2010, 2728; 2004, 762 (764).

251 Palandt/*Sprau,* § 823, Rdnr. 86; ähnlich Dreier/*Dreier,* Art. 2 I GG, Rdnr. 70 für das verfassungsrechtliche Allgemeine Persönlichkeitsrecht: Selbstentfaltung durch Abschirmung eines privaten Bereichs einerseits und durch nach außen gerichtete Selbstdarstellung andererseits.

252 Siehe etwa BGHZ 106, 229; kurzer Überblick bei Jauernig/*Teichmann,* § 823 BGB, Rdnr. 74 ff.

253 Vgl. BGHZ 26, 349 – Herrenreiter.

254 *Britz,* Freie Entfaltung durch Selbstdarstellung, 2007, S. 7 ff.

gegen nichtstaatliche Eingriffe geschützt wird.[255] Dementsprechend wird das (verfassungsrechtliche) Allgemeine Persönlichkeitsrecht vor allem für die Auslegung des Privatrechts bedeutsam.[256]

Die Ausgestaltung der Persönlichkeit ist ein kommunikativer Akt im Zusammenspiel mit anderen: Erst im Kontakt mit anderen Menschen kann das Individuum eine eigenbestimmte Persönlichkeit entwickeln, indem diese dem eigenen Lebensentwurf Anerkennung zollen, konstruktiv zu dessen Änderung anregen oder konträre Lebenspläne vorleben.[257] Wie oben bereits angesprochen wurde, vollzieht sich diese Ausbildung der Persönlichkeit durch Selbsterfahrung, aber auch durch deren gesellschaftliche Reflexion und Anerkennung maßgeblich in der Arbeit. Die menschliche Arbeit bildet einen Teil der Persönlichkeit.[258] Und die Ausbildung dieser Persönlichkeit setzt eben auch voraus, dass sich der Mensch einer Tätigkeit widmet, die für ihn Lebensaufgabe und Lebensgrundlage ist und durch die er zugleich seinen Beitrag zur gesellschaftlichen Gesamtleistung erbringt.[259]

Dem genauen Inhalt und den besonderen Ausprägungen des Allgemeinen Persönlichkeitsrechts soll hier nicht weiter nachgegangen werden. An dieser Stelle genügt es, aufzuzeigen, dass sich Berührungspunkte mit und Bezüge zur Arbeit zeigen.

b) Bezüge des Allgemeinen Persönlichkeitsrechts zur Arbeit

Das Allgemeine Persönlichkeitsrecht ist – wenngleich als Rahmenrecht angesehen – ein „sonstiges Recht" i.S.d. § 823 Abs. 1 BGB[260] und damit prinzipiell durch das Deliktsrecht auch im beruflichen Kontext geschützt. Darüber hinaus sieht das BGB die wirtschaftliche Wertschätzung von Personen und Unternehmen (sog. Geschäftsehre) als besonders sensibel an und schützt sie über § 823 BGB hinaus in § 824 BGB:[261] Wer der Wahrheit zuwider eine Tatsache behauptet oder verbreitet, die geeignet ist, den Kredit eines anderen zu gefährden oder

255 *Britz,* Freie Entfaltung durch Selbstdarstellung, 2007, S. 32; v. Münch/Kunig/*Kunig,* Art. 2 GG, Rdnr. 40; Sachs/*Murswiek,* Art. 2 GG, Rdnr. 59.

256 v. Münch/Kunig/*Kunig,* Art. 2 GG, Rdnr. 40.

257 *Britz,* Freie Entfaltung durch Selbstdarstellung, 2007, S. 14.

258 *Gamillscheg,* Die Grundrechte im Arbeitsrecht, 1989, S. 48.

259 BVerfGE 7, 377 (397); 50, 290 (362); ähnlich BVerfGE 110, 226 (251).

260 Vgl. nur etwa Palandt/*Sprau,* § 823, Rdnr. 19, 83 ff; Jauernig/*Teichmann,* § 823 BGB, Rdnr. 65.

261 Insbesondere bei fahrlässigen Angriffen auf die Geschäftsehre, vgl. BGH NJW 1963, 1871 (1872).

sonstige Nachteile für dessen Erwerb oder Fortkommen herbeizuführen, hat dem anderen den daraus entstehenden Schaden auch dann zu ersetzen, wenn er die Unwahrheit zwar nicht kennt, aber kennen muss. Damit zeigt der historische Gesetzgeber, dass er dem Ehrschutz im geschäftlichen (beruflichen) Bereich einen besonderen Stellenwert zumisst. Für diese Feststellung kommt es auch nicht darauf an, ob man als Schutzgut des § 824 BGB das Allgemeine Persönlichkeitsrecht oder den Schutz von Vermögensinteressen in Form der Kredit- und Geschäftswürdigkeit ansieht.[262] Entscheidend ist allein die Wertung des Gesetzgebers, den geschäftlichen Bereich gegenüber dem sonstigen privaten Bereich in seinem Schutz herauszuheben. Dies lässt darauf schließen, dass diesem Bereich für die Lebensführung des einzelnen eine besondere Bedeutung zukommt.

Wie oben bereits angesprochen enthält das Allgemeine Persönlichkeitsrecht auch einen dynamischen Aspekt, nämlich die Persönlichkeitsentfaltung. Dieser resultiert aus dem Bild des Menschen als eines eigenverantwortlich handelnden, seine Umwelt gestaltenden, seine Kenntnisse, Fähigkeiten und Ideen anwendenden und fortentwickelnden Wesens.[263] Der Mensch entfaltet sich aber ganz wesentlich in seinem Beruf und seiner Arbeit. Für weite Kreise der Arbeitnehmerschaft ist das Arbeitsverhältnis nicht nur materielle Lebensgrundlage, sondern die Arbeit auch Lebensaufgabe und Sinngebung der individuellen Existenz, die den sozialen Geltungsanspruch gegenüber der Umwelt mitbestimmt. Die Arbeit ist nicht lediglich ein Beitrag zur Erwirtschaftung des Sozialprodukts, „sondern auch unentrinnbarer Schauplatz menschlicher Selbstverwirklichung".[264] Diese – gesellschaftlich gewünschte – Überhöhung der Arbeit erfordert es, die Entfaltung und Entwicklung der Persönlichkeit des Arbeitnehmers zu fördern.[265]

Ganz deutlich zeigt sich dieser Aspekt bei der Entwicklung des Allgemeinen Beschäftigungsanspruchs. Damit wird das Recht des Arbeitnehmers, in einem bestehenden Arbeitsverhältnis tatsächlich beschäftigt zu werden, bezeichnet.[266] Das BGB kennt keinen solchen geschriebenen Anspruch. Es wurde vielmehr als ausreichend angesehen, dass der Arbeitnehmer im Falle des Annahmeverzugs

262 Zu dieser Diskussion etwa MüKo-BGB/*Wagner*, § 824, Rdnr. 3.

263 *Thees*, Das Arbeitnehmer-Persönlichkeitsrecht als Leitidee des Arbeitsrechts, 1995, S. 54.

264 *Badura*, in: Blumenwitz/Randelzhofer (Hrsg.): FS Berber, 1973, S. 11 (12); ebenso *Häberle*, JZ 1984, S. 345 (350).

265 *Thees*, Das Arbeitnehmer-Persönlichkeitsrecht als Leitidee des Arbeitsrechts, 1995, S. 79.

266 *Weber/Weber*, RdA 2007, S. 344.

durch den Arbeitgeber gem. § 615 BGB seinen Lohnanspruch behält.[267] Dementsprechend nahm man früher auch an, dass es grundsätzlich keinen Anspruch des Arbeitnehmers auf tatsächliche Beschäftigung gäbe.

Dies hat sich aber bereits mit einer Entscheidung des *BAG* vom 10. 11. 1955[268] grundlegend geändert. Darin hat das Gericht eine Beschäftigungspflicht des Arbeitgebers begründet:

> *„Denn das Arbeitsverhältnis ist ein personenrechtliches Gemeinschaftsverhältnis, das nicht nur wie beim Dienstvertrag der selbständig Tätigen oder sonstigen Schuldverhältnissen lediglich einzelne bestimmte Leistungen betrifft, sondern für seinen Geltungsbereich die ganze Person des Arbeitnehmers erfaßt, deshalb wesentlich sein Leben gestaltet und seine Persönlichkeit bestimmt. Die Achtung und Anerkennung des Arbeitnehmers als Mensch beruht auch nicht nur auf dem wirtschaftlichen Wert seiner Leistung (die Höhe des Gehaltes), sondern weitgehend darin, wie er die ihm obliegenden Aufgaben erfüllt. Gerade das gibt ihm im Bereich des Arbeitslebens maßgeblich seine Würde als Mensch. Deshalb muß der Arbeitgeber nicht bloß auf Grund seiner Treupflicht, sondern vor allem auch auf Grund der jedermann aus Art. 1 und 2 GG obliegenden Verpflichtung […] alles unterlassen, was die Würde des Arbeitnehmers und die freie Entfaltung der Persönlichkeit beeinträchtigen kann. Eine solche Beeinträchtigung beider Grundrechtspositionen bedeutet es aber, wenn einem Arbeitnehmer zugemutet wird, nicht nur vorübergehend, sondern womöglich jahrelang sein Gehalt in Empfang zu nehmen, ohne sich in seinem bisherigen Beruf betätigen zu können. Das würde auf einen Zwang zum Nichtstun hinauslaufen und den betroffenen Arbeitnehmer nicht mehr als vollwertiges Glied der Berufsgemeinschaft und der Gesellschaft überhaupt erscheinen lassen. Nicht bloß die Allgemeinheit, sondern auch der größte Teil der ihrer Fähigkeiten und Leistungen bewußten Arbeitnehmer halten es für verächtlich, Lohn in Empfang zu nehmen, der nicht durch entsprechende Leistungen verdient ist. Im übrigen würde auch der Arbeitnehmer, der doch während des bestehenden Arbeitsverhältnisses seine Arbeitskraft nicht einem anderen anbieten darf, gehindert werden, sich weiter beruflich zu betätigen, sich seine beruflichen Fähigkeiten zu erhalten und fortzubilden, d.h. er würde gehindert sein, seine Persönlichkeit zu entfalten. Alles dies gilt insbesondere bei leitenden Angestellten oder anderen Arbeitnehmern mit besonders bedeutsamen Aufgaben, da gerade bei einer langen Befreiung von der Arbeitsleistung der Eindruck hervorgerufen wird, daß die bisherigen Leistungen so minderwertig sind, daß der Arbeitgeber lieber Geld aufwendet als die Leistung in Empfang zu nehmen.“*[269]

Das *BAG* betonte also, dass der Arbeitgeber wegen der jedermann obliegenden Verpflichtungen aus Art. 1 und 2 GG alles unterlassen müsse, was die Würde des

---

267 *Reichold*, in: Richardi/Wlotzke/Wißmann u. a. (Hrsg.): Münchner Handbuch Arbeitsrecht, Bd. 1, 2009, § 84 Rdnr. 4; *Thees*, Das Arbeitnehmer-Persönlichkeitsrecht als Leitidee des Arbeitsrechts, 1995, S. 89.

268 BAGE 2, 221.

269 BAGE 2, 221 (224 f.).

Arbeitnehmers und die freie Entfaltung seiner Persönlichkeit beeinträchtigen könne. Und eine solche Beeinträchtigung sei die Nichtbeschäftigung trotz fortlaufender Lohnzahlung. Die Literatur ist der Rechtsprechung weitestgehend[270] gefolgt, sodass man mit *Däubler* heute festhalten kann: „Alle Welt ist sich heute einig: Jeder Arbeitnehmer hat einen Anspruch auf tatsächliche Beschäftigung, solange das Arbeitsverhältnis besteht."[271]

Rund 30 Jahre später, am 27. 02. 1985, erfolgte die nächste wichtige Entscheidung des *BAG* (GrS)[272], die sich mit dem Anspruch auf Weiterbeschäftigung während des Kündigungsprozesses befasste. Darin schloss sich das Gericht der vorstehend zitierten Entscheidung an, betonte nun aber, dass sich die Beschäftigungspflicht aus dem Arbeitsvertrag ergebe. Anspruchsgrundlage seien die §§ 611, 613 i.V.m. § 242 BGB, wobei die Generalklausel des § 242 BGB durch die Wertentscheidung des Art. 1 und 2 GG ausgefüllt werde.[273] Da das Gericht aber feststellte, dass diese Pflicht nicht bestehe, soweit *überwiegende* schutzwürdige Interessen des Arbeitgebers betroffen seien[274], musste es auch Stellung dazu nehmen, welches Gewicht die Interessen des Arbeitnehmers an der Beschäftigung im Rahmen der vorzunehmenden Interessenabwägung haben:

> *„Auf seiten des Arbeitnehmers besteht das für die Anwendung des allgemeinen Beschäftigungsanspruchs maßgebliche ideelle Interesse, durch Ausübung der vertragsgemäßen Tätigkeit seine Persönlichkeit zu entfalten sowie sich die Achtung und Wertschätzung der Menschen seines Lebenskreises zu erwerben oder zu erhalten, auch während des Kündigungsprozesses ungeschmälert fort. Dabei ist es unerheblich, ob in der kündigungsbedingten Nichtbeschäftigung eine bewußte Ehrenkränkung des Arbeitnehmers liegt. Der allgemeine Persönlichkeitsschutz, dem der Beschäftigungsanspruch dient, beschränkt sich nicht auf den Schutz vor Ehrenkränkungen. Die Selbstachtung des Arbeitnehmers und sein Ansehen in seiner Familie und in seiner sozialen Umwelt leidet, wenn er wegen der Kündigung nicht beschäftigt wird. […] Dagegen ist das materielle, auf die Erlangung des Arbeitsentgelts gerichtete Beschäftigungsinteresse des Arbeitnehmers im allgemeinen hinreichend durch § 615 BGB gesichert. Wird der Arbeitnehmer während des Kündigungsprozesses*

270 Vgl. z.B. *Brox/Rüthers/Henssler,* Arbeitsrecht, 2011, Rdnr. 330; *Löwisch/Caspers/Klumpp,* Arbeitsrecht, 2017, Rdnr. 223; *Preis,* Arbeitsrecht I, 2017, Rdnr. 1416 ff.; *Reichold,* in: Richardi/Wlotzke/Wißmann u. a. (Hrsg.): Münchner Handbuch Arbeitsrecht, Bd. 1, 2009, § 84 Rdnr. 7 f; *Waltermann,* Arbeitsrecht, 2016, Rdnr. 212; abl. aber etwa *Weber/Weber,* RdA 2007, S. 344.

271 *Däubler,* Arbeitsrecht, 2015, Rdnr. 684.

272 BAGE 48, 122; dazu ausführlich *Wank,* in: Richardi/Wlotzke/Wißmann u. a. (Hrsg.): Münchner Handbuch Arbeitsrecht, Bd. 1, 2009, § 99 Rdnr. 67 ff.

273 BAGE 48, 122 (134 f.).

274 BAGE 48, 122 (141).

trotz fortbestehenden Arbeitsverhältnisses nicht beschäftigt, so gerät der Arbeitgeber in Annahmeverzug, so daß er zur Zahlung der vereinbarten Vergütung verpflichtet ist, ohne vom Arbeitnehmer die Nachleistung der Dienste verlangen zu können."[275]

Wiederum wird hier also ein ideelles Interesse des Arbeitnehmers betont, das deutlich von seinem materiellen Interesse (dem durch § 615 BGB Genüge getan ist) getrennt wird.

Unabhängig davon, worin genau man nun die Anspruchsgrundlage für den Beschäftigungsanspruch sehen mag, ergibt sich aus der Rechtsprechung doch deutlich, dass ein Interesse des Arbeitnehmers, das über den Bezug des Lohns hinausgeht, anerkannt wird. Es werden durch das Gericht Aspekte wie Achtung und Wertschätzung des Menschen, seine Selbstachtung oder das Ansehen in der Gesellschaft eingeführt.

Zwar geht es hier um Ansprüche gegenüber dem Arbeitgeber, doch lassen sich die Aussagen zur Bedeutung der Arbeit und der tatsächlichen Beschäftigung zwanglos verallgemeinern. Es soll hier auch noch keine Aussage getroffen werden, wie stark die ideellen Interessen des Arbeitnehmers zu gewichten sind.[276] Festzuhalten bleibt hier aber: Arbeit ist mehr als das finanzielle Interesse an der Lohnzahlung. Wäre dem nicht so, gäbe es keinen Grund neben der Regelung des Annahmeverzugs in § 615 BGB eine Beschäftigungspflicht des Arbeitgebers anzunehmen.[277]

Als letztes Schlaglicht soll eine Ansicht in der Literatur dienen, die den arbeitsrechtlichen Kündigungsschutz nicht wie die h.M. aus Art. 12 Abs. 1 GG, sondern aus dem Allgemeinen Persönlichkeitsrecht ableitet:[278] Das ganze Kündigungsschutzrecht diene der Sicherung und Erhaltung der Freiheit im

---

275 BAGE 48, 122 (154 f.).

276 Nicht verschwiegen bleiben soll, dass das *BAG* das Interesse des Arbeitgebers an der Nichtbeschäftigung während des Kündigungsschutzprozesses als regelmäßig schwerer wiegend ansieht (BAGE 48, 122 [155]).

277 Dementsprechend ist auch die Argumentation von *Wank,* in: Richardi/Wlotzke/Wißmann u. a. (Hrsg.): Münchner Handbuch Arbeitsrecht, Bd. 1, 2009, § 99 Rdnr. 48 ff. widersprüchlich, der meint, dass eine prozessuale Lösung mittels einstweiliger Verfügung ausreichend sei; dabei will er zur Begründung aber gerade nicht auf das immaterielle Interesse, sondern auf den Bestand des Arbeitsverhältnisses und auf die Lohnzahlung abstellen. Warum dies dann aber eine einstweilige Verfügung auf tatsächliche Beschäftigung und nicht lediglich auf (teilweise) Zahlung des Lohns rechtfertigen soll, wird nicht klar.

278 Vgl. insbesondere *Franzen,* in: Krause/Schwarze (Hrsg.): FS Otto, 2008, S. 71 (88 ff.); in der Sache ähnlich *Dorndorf,* ZfA 1989, S. 345 (358 ff.).

bestehenden Arbeitsverhältnis. Eine jederzeit drohende Kündigung entfalte ein enormes Drohungspotential des Arbeitgebers. Damit wären sämtliche Rechte, die das Arbeitsrecht den Arbeitnehmern gewährt, wertlos, da jene ihre Rechte nicht einfordern würden, wenn ihnen deshalb der Arbeitsplatz entzogen werden könnte.[279] Ihre Freiheit am Arbeitsplatz wäre erheblich beeinträchtigt. Es wird – durchaus angemessen – von einer „Nötigungssituation" gesprochen.[280] Hier schließt sich wieder der Kreis zum Thema der Untersuchung, wird doch anerkannt, dass die Kündigung des Arbeitsverhältnisses ein erhebliches Drohungspotential besitzt, schließlich könne die Entlassung gerade in Zeiten hoher Arbeitslosigkeit einen „existenziellen Schaden" bedeuten.[281]

2. Bezug zur Gesundheit

Daneben hat Arbeitslosigkeit definitiv einen Bezug zur Gesundheit. Früher war allerdings unklar, wie er aussah: Führt die Arbeitslosigkeit zu einem erhöhten Krankheitsrisiko (Kausalitätshypothese) oder führt umgekehrt eine bereits bestehende Krankheit zu einem erhöhten Risiko, arbeitslos zu werden (Selektionshypothese)?[282] So tragen gesundheitlich eingeschränkte Arbeitnehmer ein besonders hohes Risiko, entlassen zu werden, bleiben überdurchschnittlich lange arbeitslos und haben geringere Chancen, wieder einen Arbeitsplatz zu finden; der Verlust des Arbeitsplatzes und Arbeitslosigkeit sind umgekehrt wiederum eigenständige Risikofaktoren, die die Entstehung gesundheitlicher Probleme physischer und psychosozialer Art bewirken können.[283] Zwar lassen sich bei Teilgruppen empirisch Verbesserungen der körperlichen Gesundheit in der Anfangsphase der Arbeitslosigkeit beobachten, im längeren Verlauf der Arbeitslosigkeit wird dieser Effekt jedoch durch die Zunahme belastender Faktoren,

279 *Franzen,* in: Krause/Schwarze (Hrsg.): FS Otto, 2008, S. 71 (84); *Gamillscheg,* RdA 2005, S. 79 (82 f.); die Freiheit in einem Arbeitsverhältnis bestimme sich nämlich von ihrem Ende her; eine Krankheit auskurieren oder ein offenes Wort sprechen werde nur, wer sich sicher sein könne, deswegen nicht seinen Arbeitsplatz zu verlieren (*Hromadka,* ZfA 2002, S. 383 (393)).

280 Etwa von *Dorndorf,* ZfA 1989, S. 345 (356).

281 *Dorndorf,* ZfA 1989, S. 345 (357).

282 *Paul/Moser,* Journal of Vocational Behavior 2009, S. 264 (268); *Weber/Hörmann/Heipertz,* Deutsches Ärzteblatt 2007, S. 2957 (2959); *Lange/Lampert,* Bundesgesundheitsbl – Gesundheitsforsch – Gesundheitsschutz 2005, S. 1256.

283 *Kieselbach/Beelmann,* in: Hollederer/Brand (Hrsg.): Arbeitslosigkeit, Gesundheit und Krankheit, 2006, S. 13.

v.a. des psychosozialen Stresses überlagert.[284] In jüngster Zeit deutet aber alles darauf hin, dass die Kausalitätsthese (zumindest auch) richtig, Arbeitslosigkeit also ein bedeutender Risikofaktor für die Gesundheit ist[285] – ohne dass dies die Selektionsthese ausschließen muss.[286] Bestätigt zu werden scheint dies auch durch Untersuchungen, die belegen, dass eine Wiederaufnahme der Arbeit mit einer Verbesserung des seelischen Befindens einhergeht.[287] Nichtsdestotrotz sind Arbeitslosigkeit und Gesundheit zwei Phänomene, die sich wechselseitig beeinflussen[288] und in einen Teufelskreis führen können.[289]

Selbst die bloße Arbeitsplatzunsicherheit kann im Zusammenwirken mit anderen Variablen (z.B. hohes Alter, schlechte Qualifikation) zu psychischen und psychosomatischen Beeinträchtigungen führen.[290]

Hinsichtlich der psychischen Gesundheit ließen sich in zahlreichen Studien erhebliche Unterschiede zwischen Beschäftigten und Arbeitslosen feststellen. Arbeitslose waren wesentlich häufiger von Kopfschmerzen, Schlafstörungen, chronischer Müdigkeit, Reizbarkeit und Aggressionen, depressiven Verstimmungen, Unzufriedenheit mit der aktuellen Lebenssituation, Ängstlichkeit, Hoffnungslosigkeit, Hilflosigkeit, geringem Selbstwertgefühl, Resignation bis hin zu Apathie, geringem Aktivitätsniveau und sozialer Isolation sowie Einsamkeit betroffen.[291] Der Anteil von Personen, die eine behandlungsbedürftige psychische Beeinträchtigung haben, ist nach einer Meta-Studie der Universität Nürnberg-Erlangen aus dem Jahr 2005 bei Arbeitslosen mehr als doppelt so hoch wie bei Erwerbstätigen.[292] Psychische und psychosomatische Erkrankungen können

---

284 *Kieselbach/Beelmann*, in: Hollederer/Brand (Hrsg.): Arbeitslosigkeit, Gesundheit und Krankheit, 2006, S. 13 (14) m.w.N.

285 *Paul/Moser*, Journal of Vocational Behavior 2009, S. 264 (278).

286 *Hollederer*, Praktische Arbeitsmedizin 2008, S. 29.

287 Vgl. etwa *Hollederer*, Praktische Arbeitsmedizin 2008, S. 29 (30); *Murphy/Athanasou*, Journal of Occupational and Organizational Psychology 1999, S. 83 (95 f.); *Weber/Hörmann/Heipertz*, Deutsches Ärzteblatt 2007, S. 2957 (2960).

288 *Kroll/Lampert*, GBE kompakt 2012, S. 1 (6).

289 *Hollederer*, Praktische Arbeitsmedizin 2008, S. 29.

290 *Mohr*, Erwerbslosigkeit, Arbeitsplatzunsicherheit und psychische Befindlichkeit, 1997, S. 189 ff.

291 *Weber/Hörmann/Heipertz*, Deutsches Ärzteblatt 2007, S. 2957 (2960 f.); *Kieselbach/Beelmann*, in: Hollederer/Brand (Hrsg.): Arbeitslosigkeit, Gesundheit und Krankheit, 2006, S. 13 (21) m.w.N.; vgl. auch *Paul/Moser*, Journal of Vocational Behavior 2009, S. 264 (277 f.).

292 *Paul/Hassel/Moser*, in: Hollederer/Brand (Hrsg.): Arbeitslosigkeit, Gesundheit und Krankheit, 2006, S. 35 (42); *Paul/Moser*, Journal of Vocational Behavior 2009, S. 264 (272).

heute als gesicherte Folgen von Arbeitslosigkeit angesehen werden.[293] Aus statistischem Material der Krankenkassen ergibt sich beispielsweise, dass bei Arbeitslosen die jährliche Arbeitsunfähigkeitsdauer wesentlich höher liegt als bei Erwerbstätigen,[294] für das Jahr 2009 beispielsweise knapp doppelt so hoch.[295]

Für die Frage, warum dies so ist, gibt es verschiedene Modelle. Die wichtigsten sind das Stressmodell (Arbeitslosigkeit als starker sozialer Stressor, der zu psychopathologischen Zuständen, aber auch zu physischen Krankheiten führt), die Deprivationsthese *Jahodas* und das ihr verwandte „Vitaminmodell" von *Warr*.[296] Nach den beiden zuletzt genannten Modellen hat Arbeitslosigkeit negative psychosoziale Folgen, weil die Arbeitslosen keinen (oder zumindest nicht ausreichenden) Zugang zu dem, was *Jahoda* etwa als die fünf latenten Funktionen von Arbeit[297] bezeichnet, haben. [298] Funktionen wie Gelderwerb, Zeitstruktur, Sozialkontakte, Status und Identität, regelmäßige Aktivität und Umgebungsfaktoren seien nämlich wesentliche Bedingungen für emotionales Wohlbefinden und psychische Stabilität, die durch Arbeitslosigkeit erheblich beeinträchtigt würden.[299] Zuletzt lässt sich aber auch beobachten, dass Arbeitslose weniger auf ihre Gesundheit achten und sich häufiger gesundheitsriskant verhalten (z.B. Substanz- oder Suchtmittelkonsum) als Erwerbstätige.[300]

Danach geht es arbeitenden Menschen psychisch besser als nichtarbeitenden; auch im Vergleich mit Hausfrauen oder Studenten schneiden die klassisch Erwerbstätigen besser ab. Bei Arbeitslosen kommen darüber hinaus noch weitere belastende Faktoren wie z.B. Stigmatisierung und Unsicherheit über die Zukunft hinzu.[301]

So gibt es neuere Untersuchungen, die darauf hinweisen, dass finanzielle Belastungen in Verbindung mit einem erhöhten Schamgefühl wesentlich zu gesundheitlichen Beeinträchtigungen beitragen können.[302] Dabei sind diese

---

293 *Weber/Hörmann/Heipertz,* Deutsches Ärzteblatt 2007, S. 2957 (2960) mit Nachweisen zu einigen wichtigen Untersuchungen.

294 *Weber/Hörmann/Heipertz,* Deutsches Ärzteblatt 2007, S. 2957 (2961).

295 *Kroll/Lampert,* GBE kompakt 2012, S. 1 (3).

296 *Weber/Hörmann/Heipertz,* Deutsches Ärzteblatt 2007, S. 2957 (2959 f.).

297 Vgl. dazu oben B. III.

298 Siehe vor allem *Paul/Batinic,* Journal of Organizational Behavior 2010, S. 45 (58), dort auch mit weiteren Nachweisen zu internationalen Studien in Australien, England und den USA.

299 *Weber/Hörmann/Heipertz,* Deutsches Ärzteblatt 2007, S. 2957 (2960).

300 *Kroll/Lampert,* GBE kompakt 2012, S. 1 (5) m.w.N.

301 *Paul/Batinic,* Journal of Organizational Behavior 2010, S. 45 (48).

302 *Starrin/Rantakeisu/Forsberg u. a.,* in: Kieselbach (Hrsg.): Youth unemployment and health, 2000, S. 35.

Beeinträchtigungen umso größer, je größer die finanziellen Probleme und Entbehrungen während der Arbeitslosigkeit sind und je mehr Schamerfahrungen die Betroffenen machen.[303] Scham meint dabei das Gefühl, weniger Wert als andere zu haben, insbesondere, wenn sich der Einzelne bewusst wird, dass er einen Makel oder eine Schwäche hat, weil er beispielsweise die Erwartungen anderer nicht erfüllen kann. Es handelt sich also um eine schmerzvolle Erfahrung, die das Individuum macht, wenn sein Stolz oder Selbstbild abgewertet wird. Kein anderes Gefühl scheint so zentral für die Entwicklung der eigenen Identität und des Selbstbildes zu sein wie die Scham.[304] Dementsprechend zeigen Studien, dass Scham im Zusammenhang mit psychischen Erkrankungen wie Depressionen oder Angst steht.[305]

Schließlich lässt sich auch ein Einfluss auf die Sterblichkeit konstatieren.[306] Bei Arbeitslosen zeigt sich eine deutlich erhöhte allgemeine Sterblichkeit, v.a. aufgrund von Herz-Kreislauf-Erkrankungen.[307] Sie sterben statistisch schlichtweg früher als Erwerbstätige.[308]

Dabei ist die individuelle Vulnerabilität von vielerlei Faktoren abhängig. So hängen die psychischen Folgen z.B. davon ab, wie groß die finanziellen Belastungen sind.[309] Je größer die finanziellen und sozialen Ressourcen eines Betroffenen sind, umso besser kann er mit den psychischen Folgen der Arbeitslosigkeit umgehen.[310] Selbstverständlich sind die negativen Auswirkungen auch umso stärker, je länger die Arbeitslosigkeit andauert.[311] Empirische Untersuchungen

---

303 *Starrin/Rantakeisu/Forsberg u. a.,* in: Kieselbach (Hrsg.): Youth unemployment and health, 2000, S. 35 (35 f.).

304 *Starrin/Rantakeisu/Forsberg u. a.,* in: Kieselbach (Hrsg.): Youth unemployment and health, 2000, S. 35 (37).

305 *Starrin/Rantakeisu/Forsberg u. a.,* in: Kieselbach (Hrsg.): Youth unemployment and health, 2000, S. 35 (37).

306 *Kroll/Lampert,* GBE kompakt 2012, S. 1 (2 f.).

307 *Kieselbach/Beelmann,* in: Hollederer/Brand (Hrsg.): Arbeitslosigkeit, Gesundheit und Krankheit, 2006, S. 13 (22 f.).

308 Ausführlich *Grobe,* in: Hollederer/Brand (Hrsg.): Arbeitslosigkeit, Gesundheit und Krankheit, 2006, S. 75 ff.

309 *Kieselbach/Beelmann,* in: Hollederer/Brand (Hrsg.): Arbeitslosigkeit, Gesundheit und Krankheit, 2006, S. 13 (22).

310 *Paul/Hassel/Moser,* in: Hollederer/Brand (Hrsg.): Arbeitslosigkeit, Gesundheit und Krankheit, 2006, S. 35 (38); *Paul/Moser,* Journal of Vocational Behavior 2009, S. 264 (266).

311 *Paul/Moser,* Journal of Vocational Behavior 2009, S. 264 (278 f.); *Weber/Hörmann/Heipertz,* Deutsches Ärzteblatt 2007, S. 2957 (2958); *Kroll/Lampert,* GBE kompakt 2012, S. 1 (4).

haben zudem die Vermutung bestätigt, dass die psychischen Beeinträchtigungen durch Arbeitslosigkeit höher sind in Ländern, die wirtschaftlich schwach entwickelt sind oder in denen es eine ungerechte Einkommensverteilung gibt sowie in Ländern, die nur schwach ausgeprägte soziale Sicherungssysteme für Arbeitslose haben.[312] Weitere Variablen für die individuelle Bewältigung von Arbeitslosigkeit sind neben finanziellen Ressourcen, Dauer der Arbeitslosigkeit und sozialer Unterstützung etwa Lebensalter, Geschlecht, Qualifikation, Persönlichkeitsstruktur, gesundheitliche Beeinträchtigungen oder sonstige Aktivitäten wie Hobbies, Ehrenämter oder Schwarzarbeit.[313]

Nichtsdestotrotz ist Arbeitslosigkeit ein relevanter Risikofaktor für die Gesundheit. Dies bestätigt auch der Gesundheitsbericht für Deutschland (2006), der Arbeitslosigkeit explizit als einen Risikofaktor hinsichtlich Krankheits- und Sterberisiko ausweist.[314]

V. Eine vorläufige Definition für das Arbeitsinteresse

Ziel dieses einführenden Kapitels war es lediglich, dafür zu sensibilisieren, dass Arbeit und das Innehaben eines Arbeitsplatzes für den Menschen eine nicht zu unterschätzende Bedeutung haben, und dass diese Bedeutung über ein reines Vermögensinteresse hinausgeht.

Das Interesse des Arbeitnehmers, um dessen Schutz und Erhalt es in der weiteren Arbeit geht, soll vorläufig folgendermaßen definiert werden, wobei die genaue Dimension des rechtlichen Schutzes noch einem späteren Kapitel vorbehalten bleiben muss:

Der Arbeitsplatz ist die rechtlich geschützte Möglichkeit, sich eine materielle Lebensgrundlage zu erwirtschaften, Fertigkeiten zu entwickeln und zu schulen und darüber hinaus, sich in immaterieller Hinsicht sinnvoll zu betätigen und als vollwertiges Mitglied der Gesellschaft zu erfahren.

Es gibt, wie oben gezeigt, genügend Hinweise darauf, dass Arbeit wichtige psychologisch-stützende Funktionen besitzt, deren Fehlen unmittelbare Auswirkungen auf die Gesundheit des Arbeitnehmers haben kann. Zudem führt das Fehlen von Arbeit (die Arbeitslosigkeit) in unserer Gesellschaft nach wie vor zu einer Stigmatisierung. Dies gibt genügende Hinweise, den Arbeitsplatz auch im rechtlichen Kontext als schutzwürdiges Interesse anzusehen.

---

312 *Paul/Moser,* Journal of Vocational Behavior 2009, S. 264 (278).

313 *Weber/Hörmann/Heipertz,* Deutsches Ärzteblatt 2007, S. 2957 (2958).

314 Robert Koch Institut, Gesundheit in Deutschland, 2006, S. 87.

C. Rechtfertigung des Arbeitnehmers

I. Allgemeines

Ist nun aber die grundlegende Bedeutung des Interesses Arbeit erst einmal aufgezeigt, stellt sich im Folgenden die Frage, in welcher Weise dies rechtlich berücksichtigt werden kann. Für die vorliegende Untersuchung geht die Frage genauer gesagt dahin, ob und wie sich Straftaten, die begangen werden, um Arbeitsplätze zu erhalten, rechtfertigen lassen.

Hier kann gleich zu Beginn schon einmal festgehalten werden, dass Notwehr als Rechtfertigungsgrund von vornherein ausscheidet,[315] weil hier immer Voraussetzung ist, dass sich die Notwehrhandlung gegen den Angreifer richtet. Oder mit anderen Worten: Die weitreichenden Notwehrbefugnisse können nur Eingriffe in Rechtsgüter des Angreifers rechtfertigen.[316] Der Angriff auf den Arbeitsplatz geht in den hier zu untersuchenden Fallgestaltungen aber entweder von einem Vorgesetzten aus, der dem Arbeitnehmer (konkludent) mit einer Entlassung droht, oder die Arbeitsplätze werden schlichtweg von der „Wirtschaftslage" bedroht, was aber schon keinen menschlichen Angriff darstellt. Zudem sind die Straftaten, die der Arbeitnehmer anschließend begeht, in den hier interessierenden Fallgestaltungen gegen Rechtsgüter Dritter oder Kollektivrechtsgüter gerichtet und damit nicht gegen den Angreifer.[317]

Eine Rechtfertigung könnte damit nur unter dem Gesichtspunkt des rechtfertigenden Notstandes in Betracht kommen. Bevor dies erläutert wird, ist aber zumindest kurz auf das Handeln auf Weisung einzugehen, um zu zeigen, dass diesem allein keine rechtfertigende Wirkung zukommen kann, es aber zugleich die Bestätigung liefert, dass das zu untersuchende Problem im Rahmen des rechtfertigenden Notstandes richtig verortet ist.

II. Rechtfertigung wegen Handelns auf Weisung

Wie bereits einleitend festgestellt, soll die Arbeit im Schwerpunkt nicht untersuchen, ob allein die Befolgung einer Weisung des Arbeitgebers für den

---

315 Ein etwas anders gelagertes Problem stellt die Frage dar, ob es auch Angriffe i.S.d. § 32 StGB von juristischen Personen und Verbänden geben kann, ob gegen diese also Notwehr möglich ist; dazu jüngst abl. *Mitsch,* NZWiSt 2015, S. 259 (259 ff.), der auch insofern auf Notstandsregeln zurückgreift.

316 Statt vieler LK/*Rönnau/Hohn,* § 32, Rdnr. 155.

317 Ebenso *Wittig,* Wirtschaftsstrafrecht, 2017, § 7 Rdnr. 9.

Arbeitnehmer rechtfertigend wirken kann. Ein Grund hierfür ist zunächst, dass diese Frage nicht alle Konstellationen der Arbeitsplatzerhaltung abdeckt: Der Betriebsinhaber, der ordnungswidrig oder strafbar handelt, um seinen Betrieb und damit auch fremde Arbeitsplätze zu erhalten, folgt dabei ja keiner Weisung. Zum anderen kann dem Faktum „Weisung“ in privatrechtlichen Verhältnissen schwerlich rechtfertigende Wirkung zukommen, wenn dies sogar im öffentlichen Recht für rechtswidrige Weisungen nur in seltenen Ausnahmekonstellationen der Fall ist;[318] schließlich dürfte es auch hinsichtlich des hiesigen Untersuchungsgegenstandes im Regelfall um Weisungen gehen, deren Rechtswidrigkeit dem Weisungsempfänger bekannt und bewusst ist.

Gleichwohl fordert die Feststellung *Meyers*, dass sowohl die rechtsprinzipielle Fundierung der Rechtsfigur „Handeln auf Weisung“ als auch deren potentielle Erstreckbarkeit auf das Wirtschaftsstrafrecht noch weitgehend ungeklärt sind,[319] zu einer zumindest kurzen Begründung der hiesigen Schwerpunktsetzung heraus.

Weisung meint in diesem Kontext jedes Verlangen eines bestimmten Handelns oder Unterlassens, das mit dem Anspruch auf Gehorsam von einem Vorgesetzten gegenüber einem Untergebenen ausgesprochen wird.[320] Die Frage nach einer Rechtfertigung angewiesenen Verhaltens stellt sich sowohl im Rahmen staatlichen Handelns als auch bei wirtschaftlichen Unternehmungen, genauer gesagt überall dort, wo es hierarchische Machtapparate gibt, in denen die rechtliche und faktische Möglichkeit besteht, mittels Weisung Untergebene als kleine Rädchen im Getriebe in Gang zu setzen.[321] Denn auch hier besteht

---

318 Unklar insoweit aber *Tiedemann,* Wirtschaftsstrafrecht AT, 2014, Rdnr. 312, nach dem die Ausführung einer rechtmäßigen Weisung stets auch gerechtfertigt sein soll; eine Begründung, warum die Weisung die Außenrechtswidrigkeit beseitigen können soll, findet sich dort aber ebenso wenig, wie eine Klärung, wann überhaupt eine Weisung, die zu einem strafrechtswidrigen Erfolg führt, rechtmäßig sein kann. Die in Bezug genommene Fundstelle in BGHSt 55, 157 (163) enthält diesbezüglich nichts Klärendes; gemeint ist wohl BGHSt 54, 148 (163), aber selbst dort geht es nur um eine Weisung, die jedenfalls nach § 134 BGB unwirksam gewesen wäre.

319 *Meyer,* GA 2012, S. 556 (556); siehe aber *Hoyer,* Die strafrechtliche Verantwortlichkeit innerhalb von Weisungsverhältnissen, 1998, passim, der diese Frage stellt und untersucht; dazu auch jüngst *Späth,* Rechtfertigungsgründe im Wirtschaftsstrafrecht, 2016, S. 286 ff.

320 *Meyer,* GA 2012, S. 556 (557).

321 *Hoyer,* Die strafrechtliche Verantwortlichkeit innerhalb von Weisungsverhältnissen, 1998, S. 8. Die Begrifflichkeiten dürften sonst eher von der Figur der mittelbaren Täterschaft kraft organisatorischer Machtapparate bekannt sein. Wenn hier aber eine mittelbare Täterschaft des Hintermanns begründet werden kann, erscheint es

eine Gehorsamspflicht, weil das Verhältnis zwischen Arbeitgeber und Arbeitnehmer als Unterordnungsverhältnis ausgestaltet ist und der Arbeitgeber ein Weisungsrecht gegenüber dem Arbeitnehmer hat. Der Arbeitnehmer kann seine Entscheidungen also nicht allein nach seinem eigenen Richtighalten treffen, sondern muss sich – zumindest in gewissen Grenzen – der Entscheidungsmacht des Arbeitgebers beugen.[322]

Die Weisung hat für den Untergebenen im Wesentlichen drei Funktionen: Sie konkretisiert erstens seine Handlungspflicht im Rahmen des Unterordnungsverhältnisses und gibt ihm bei Handlungen mit Außenwirkung gegenüber Dritten eine Rechtsgrundlage.[323] Zweitens wird die Verantwortlichkeit für das Handeln auf dieser Rechtsgrundlage hinsichtlich Beurteilungsfehlern der Sach- oder Rechtslage auf die höhere Hierarchieebene verlagert.[324] Damit korrespondierend wird der Untergebene drittens von Prüfungspflichten entlastet, sofern die abstrakte Zuständigkeit des Vorgesetzten gegeben ist, die wesentlichen Formvorschriften eingehalten werden und keine offensichtliche Rechtswidrigkeit vorliegt.[325] Dabei ist immer zwischen der Wirksamkeit der Anweisung im *Innenverhältnis* (also ihrer Verbindlichkeit für den Untergebenen) und deren Wirkungen im *Außenverhältnis* (mögliche Rechtfertigung oder Entschuldigung) zu unterscheiden.[326]

Zunächst soll dazu ein Blick ins öffentliche Recht geworfen werden, weil sich hier explizite Regelungen zur Verbindlichkeit einer Weisung im Innenverhältnis und der Verantwortlichkeit des Weisungsunterworfenen im Außenverhältnis finden. Sodann soll die Situation im privatwirtschaftlichen Arbeitsrecht in der gebotenen Kürze beleuchtet werden.

---

zunächst einmal nicht ausgeschlossen, dass dies umgekehrt den Vordermann aus der Strafbarkeit entlassen kann.

322 Dass sich schon rein faktisch Überschneidungen mit öffentlich-rechtlichen Unterordnungsverhältnissen ergeben, mag z.B. eine Aussage des früheren Siemens-Vorstandschefs Heinrich von Pierer in der Süddeutschen Zeitung deutlich machen, die *Meyer*, GA 2012, S. 556 (557) wiedergibt: Nachdem regionale Geschäftsführer gegen dubiose Zahlungen an Politiker protestierten, wurde ihnen entgegnet, dass sie sich jetzt wie Soldaten für das Haus Siemens verhalten und der angeordneten Vorgehensweise im Interesse des Unternehmens Folge leisten müssten (SZ v. Do., den 13.1.2011, S. 15 „Stürme aus Argentinien").

323 *Meyer*, GA 2012, S. 556 (557).

324 *Meyer*, GA 2012, S. 556 (557).

325 *Meyer*, GA 2012, S. 556 (557 f.).

326 *Hoyer*, Die strafrechtliche Verantwortlichkeit innerhalb von Weisungsverhältnissen, 1998, S. 7.

1. Die Situation im öffentlichen Recht

Hier ist für einzelne hierarchische Verhältnisse gesetzlich geregelt, wann eine Weisung (Anordnung im zivilen, Befehl im militärischen Bereich) verbindlich ist und – zumindest teilweise – wie es um die Verantwortlichkeit des Ausführenden steht.

Straffreiheit im Außenverhältnis allein aufgrund der Anweisung kommt überhaupt nur dort in Frage, wo eine im Innenverhältnis verbindliche Anweisung vorliegt.[327] Nur dann stellt sich für den Weisungsunterworfenen das Problem, dass er einerseits zum Gehorsam und zur Befolgung der Weisung verpflichtet ist,[328] andererseits aber – wie jeder andere Staatsbürger auch – keine Straftaten begehen darf.[329] Dass jedenfalls die rechtmäßige dienstliche Weisung einen Rechtfertigungsgrund schafft, ist weithin anerkannt.[330] Umgekehrt kann eine Weisung, die auf die Begehung einer Straftat gerichtet ist, grundsätzlich nicht strafbefreiend wirken. Für das Beamtenrecht ergibt sich dies aus § 63 Abs. 2 S. 4 BBG: Wenn das aufgetragene Verhalten die Würde des Menschen verletzt oder strafbar oder ordnungswidrig ist und dies für den Beamten auch erkennbar ist, ist die Anweisung nicht mehr verbindlich, die Gehorsamspflicht entfällt[331] und es kommt zu keiner Pflichtenkollision zwischen Gehorsamspflicht und dem Gebot des neminem laedere. Für Soldaten regelt § 11 Abs. 2 S. 1 SoldG (ebenso wie § 22 Abs. 1. S. 1 WStG), dass ein Befehl nicht befolgt werden darf (bzw. nach dem WStG nicht verbindlich ist), wenn dadurch eine Straftat begangen würde.[332] Gleiches gilt bei Verstößen gegen die Menschenwürde oder wenn der Befehl nicht zu dienstlichen Zwecken erteilt wird (§ 11 Abs. 1 S. 3 SoldG, § 22 Abs. 1 S. 1 WStG).

Problematisch sind dagegen die Fälle der rechtswidrigen, aber verbindlichen Weisung. Diese Kategorie kann heute als anerkannt gelten.[333] Sie soll hier nur

---

327 *Jescheck/Weigend*, Lehrbuch des Strafrechts, 1996, § 35 II 3; *Küper*, JuS 1987, S. 81 (91); KK-OWiG/*Rengier*, Vor §§ 15, 16, Rdnr. 27.

328 So kommt für einen Beamten oder Soldaten bei Nichtbefolgung ein Dienstvergehen nach § 77 BBG (ebenso § 47 Abs. 1 BeamtStG) bzw. nach § 23 SoldG in Betracht, bei Soldaten sogar eine Straftat nach § 20 Abs. 1 WStG.

329 *Küper*, JuS 1987, S. 81 (91).

330 *Küper*, JuS 1987, S. 81 (91); krit. zu dieser Grundkonzeption *Schumann*, Strafrechtliches Handlungsunrecht und das Prinzip der Selbstverantwortung der Anderen, 1986, S. 36 ff.

331 *Meyer*, GA 2012, S. 556 (556); Battis/*Grigoleit*, § 63 BBG Rdnr. 6.

332 Vgl. auch BGHSt 53, 145 (161); 19, 231 (232).

333 *Lehleiter*, Der rechtswidrige verbindliche Befehl, 1995, S. 82 ff.; *Roxin*, Strafrecht Allgemeiner Teil, Bd. 1, 2006, § 17 Rn. 16; *Lenckner*, in: Küper/Welp (Hrsg.): FS Stree/

kurz angesprochen werden, da eine ausführliche Darstellung im Rahmen dieser Arbeit weder möglich noch erforderlich ist.[334]

Für Soldaten und Vollzugsbeamte ist auch der Befehl bzw. die Anordnung, deren Ausführung zu einem ordnungswidrigen Ergebnis führt, verbindlich.[335] Dies ergibt sich etwa aus § 11 Abs. 2 S. 1 SoldG, § 22 Abs. 1 S. 1 WStG, § 7 Abs. 2 S. 1 UZwG, Art. 104 Abs. 2 S. 1 BayStVollzG, die allesamt bestimmen, dass ein Befehl bzw. eine Anordnung nur dann unverbindlich ist, wenn durch seine bzw. ihre Ausführung eine Straftat begangen würde. Im Umkehrschluss und im Vergleich zu § 63 Abs. 2 S. 4 BBG bedeutet dies, dass Weisungen, die in ein ordnungswidriges Verhalten münden, ausgeführt werden müssen.[336] Zwar ist damit nur die Verbindlichkeit im Innenverhältnis angesprochen; gleichwohl muss der Handelnde auch im Außenverhältnis sanktionslos bleiben, weil er nicht zugleich einerseits dienstrechtlich zur Ausführung und andererseits ordnungswidrigkeitenrechtlich zur Unterlassung verpflichtet sein kann. Der Gesetzgeber hat diesen Wertungswiderspruch zugunsten der Gehorsamspflicht und einer effektiven Verwaltung aufgelöst; dafür wird eine geringfügige Verletzung der Rechtsordnung in Form einer Ordnungswidrigkeit in Kauf genommen.[337] Eine weitere, gesetzlich ausdrücklich geregelte Konstellation betrifft den Fall, dass durch die Ausführung der Anordnung durch einen Beamten eine Straftat oder

---

Wessels, 1993, S. 223 ff.; *Hoyer,* Die strafrechtliche Verantwortlichkeit innerhalb von Weisungsverhältnissen, 1998, S. 9; es gab und gibt aber durchaus Vertreter, die eine solche Konstellation für nicht möglich halten, weil beispielsweise die Verbindlichkeit des Befehls immer zugleich auch dessen Rechtmäßigkeit bedeute, bzw. umgekehrt ein rechtswidriges Verhalten niemals verbindlich aufgetragen werden könne, weil der Staat nicht etwas zugleich gebieten und verbieten könne (so etwa LK[11]/*Spendel,* § 32, Rdnr. 90 ff.; 101 ff.; dagegen z.B. *Roxin,* Strafrecht Allgemeiner Teil, Bd. 1, 2006, § 17 Rn. 17); vgl. dazu auch den Überblick bei *Lehleiter,* Der rechtswidrige verbindliche Befehl, 1995, S. 71 ff.

334 Verwiesen sei an dieser Stelle auf die Arbeiten von *Stratenwerth,* Verantwortung und Gehorsam, 1958.; *Lehleiter,* Der rechtswidrige verbindliche Befehl, 1995.; *Korte,* Das Handeln auf Befehl als Strafausschliessungsgrund, 2004.

335 A.A. aber LK[11]/*Spendel,* § 32, Rdnr. 90 ff.

336 Ganz h.M., vgl. z.B. LK/*Rönnau,* Vor § 32, Rdnr. 297; Schönke/Schröder/*Lenckner/Sternberg-Lieben,* Vorbem. §§ 32 ff., Rdnr. 89; *Jescheck/Weigend,* Lehrbuch des Strafrechts, 1996, § 35 II 2; *Kühl,* Strafrecht. Allgemeiner Teil, 2017, § 9 Rdnr. 118c; *Hoyer,* Die strafrechtliche Verantwortlichkeit innerhalb von Weisungsverhältnissen, 1998, S. 11.

337 *Jescheck/Weigend,* Lehrbuch des Strafrechts, 1996, § 35 II 3; KK-OWiG/*Rengier,* Vor §§ 15, 16, Rdnr. 29.

Ordnungswidrigkeit begangen wird, der Beamte remonstriert hat und nach der Bestätigung der Anordnung durch den Vorgesetzten die Strafbarkeit oder Ordnungswidrigkeit für den ausführenden Beamten nicht erkennbar ist.[338] Dann greift die Ausnahmeregelung des § 63 Abs. 2 S. 4 BBG nicht und es bleibt bei § 63 Abs. 2 S. 3 BBG, der bestimmt, dass die Anordnung verbindlich und der Beamte von eigener Verantwortung befreit ist. Irrt der Beamte also unvermeidbar über die außenrechtliche Unrechtsqualität des aufgetragenen Verhaltens, ist dem Beamten das Verhalten im Innenrechtsverhältnis erlaubt und er ist straf- oder ordnungswidrigkeitenrechtlich nicht verantwortlich.[339] Sieht man den Beamten bei Verbindlichkeit der Weisung mit der h.M.[340] als gerechtfertigt an, führt hier also ausnahmsweise ein unvermeidbarer Verbotsirrtum zu einer Rechtfertigung statt wie sonst zu einer Entschuldigung.[341]

---

338 Zur Kritik an dieser geltenden, aber „einem längst nicht mehr zeitgemäßen obrigkeitsstaatlichen Denken verpflichteten Regelung" (Schönke/Schröder/*Lenckner/Sternberg-Lieben,* Vorbem. §§ 32 ff., Rdnr. 89) vgl. *Lenckner,* in: Küper/Welp (Hrsg.): FS Stree/Wessels, 1993, S. 223 (227 ff.); abl. auch *Roxin,* Strafrecht Allgemeiner Teil, Bd. 1, 2006, § 17 Rdnr. 16.

339 *Hoyer,* Die strafrechtliche Verantwortlichkeit innerhalb von Weisungsverhältnissen, 1998, S. 11; Schönke/Schröder/*Lenckner/Sternberg-Lieben,* Vorbem. §§ 32 ff., Rdnr. 89; *Lenckner,* in: Küper/Welp (Hrsg.): FS Stree/Wessels, 1993, S. 223 (230).

340 Matt/Renzikowski/*Engländer,* Vor §§ 32 ff., Rdnr. 42; *Jescheck/Weigend,* Lehrbuch des Strafrechts, 1996, § 46 I 1; *Kühl,* Strafrecht. Allgemeiner Teil, 2017, § 9 Rdnr. 118d; Schönke/Schröder/*Lenckner/Sternberg-Lieben,* Vorbem. §§ 32 ff., Rdnr. 88; *Roxin,* Strafrecht Allgemeiner Teil, Bd. 1, 2006, § 17 Rdnr. 19; *Stratenwerth,* Verantwortung und Gehorsam, 1958, S. 181 ff.; a.A. etwa *Küper,* JuS 1987, S. 81 (92); NK/*Paeffgen,* Vor §§ 32 ff, Rdnr. 192; LK/*Rönnau,* Vor § 32, Rdnr. 298.

341 *Hoyer,* Die strafrechtliche Verantwortlichkeit innerhalb von Weisungsverhältnissen, 1998, S. 11 unter Bezug auf *Lenckner,* in: Küper/Welp (Hrsg.): FS Stree/Wessels, 1993, S. 223 (230): „Das Strafrecht kann sich seine in anderen Teilen der Rechtsordnung vorgegebenen Rechtfertigungsgründe nicht aussuchen, und es kann sie sich auch nicht nach seinen Belieben zurechtschneiden. Rechtfertigungsgrund ist hier die zum öffentlichen Dienstrecht gehörende ‚verbindliche Weisung', und zwar so, wie sie dort geregelt ist, d.h. einschließlich ihrer Voraussetzungen. Hängt deshalb die Verbindlichkeit einer auf ein strafrechtswidriges Verhalten gerichteten Anordnung nach den einschlägigen Gesetzen vom subjektiven Nichterkennenkönnen der Strafbarkeit ab, so muß das Strafrecht dies agleichfalls als ein Faktum hinnehmen. Auch die daraus sich ergebenden innerstrafrechtlichen Unstimmigkeiten muß das Strafrecht mit sich selbst abmachen, so, wenn die sonst erst bei der Schuld interessierende Frage des subjektiven (Nicht-) Erkennenkönnens hier, weil davon die Verbindlichkeit der Weisung abhängt, bereits über das Vorliegen eines Rechtfertigungsgrundes entscheidet."

Auch bei zweifelhafter Sach- oder Rechtslage kann es sein, dass der Untergebene eine rechtswidrige Weisung befolgen muss, selbst wenn er zuvor remonstriert hat und zu Recht von einer rechtswidrigen Weisung ausgeht. Dies hat seine Grundlage zunächst in dem Grundsatz, dass für die Weisung des zuständigen Vorgesetzten die Vermutung der Rechtmäßigkeit gilt[342] und davon auszugehen ist, dass er sich in dem durch Art. 20 Abs. 3 GG (Bindung an Gesetz und Recht) gesteckten Rahmen halten wird.[343] Es liegt im Wesen der Hierarchie und einer effizienten Verwaltung begründet, dass der Vorgesetzte das letzte Wort haben muss.[344] Mit dessen höherer Machtvollkommenheit soll nämlich grundsätzlich auch eine höhere Sachkompetenz einhergehen.[345] Der Untergebene darf und soll darauf vertrauen, dass der Vorgesetzte auch das Risiko einer Straftat vor Erteilung der Anordnung oder des Befehls sorgfältig geprüft, aber letztlich verneint hat.[346] Durch ein eigenes Prüfungsrecht des Beamten auch nach Bestätigung durch den Vorgesetzten würde sich die Verwaltung durch eine „ständige Binnendiskussion selbst lähmen",[347] Gehorsam und Hierarchie als Ordnungsprinzip staatlicher Verwaltung, die gerade auch auf der Autorität des Vorgesetzten beruhen, würden in Frage gestellt.[348] Deshalb hat diese Kompetenzvermutung, die auch für die „richtige" Gesetzesanwendung gilt, nach *Lenckner*[349] gerade in nicht ganz eindeutigen oder zweifelhaften Fällen maßgebliche Bedeutung. Diese Vermutung hat aber auch Grenzen. Sie muss nämlich dann als widerlegt gelten, wenn es für den Untergebenen nach den ihm bekannten Umständen oder für

342 *Stratenwerth,* Verantwortung und Gehorsam, 1958, S. 52, 99 ff., 165 ff.; *Jescheck/Weigend,* Lehrbuch des Strafrechts, 1996, § 35 II 2; *Lenckner,* in: Küper/Welp (Hrsg.): FS Stree/Wessels, 1993, S. 223 (237).

343 *Jescheck/Weigend,* Lehrbuch des Strafrechts, 1996, § 46 I 3.

344 Schönke/Schröder/*Lenckner/Sternberg-Lieben,* Vorbem. §§ 32 ff., Rdnr. 89; *Roxin,* Strafrecht Allgemeiner Teil, Bd. 1, 2006, § 17 Rdnr. 16; *Lenckner,* in: Küper/Welp (Hrsg.): FS Stree/Wessels, 1993, S. 223 (235 f.).

345 *Lenckner,* in: Küper/Welp (Hrsg.): FS Stree/Wessels, 1993, S. 223 (237); vgl. auch *Bülte,* Vorgesetztenverantwortlichkeit im Strafrecht, 2015, S. 275, 279.

346 *Stratenwerth,* Verantwortung und Gehorsam, 1958, S. 178; *Hoyer,* Die strafrechtliche Verantwortlichkeit innerhalb von Weisungsverhältnissen, 1998, S. 12 f.; *Bülte,* Vorgesetztenverantwortlichkeit im Strafrecht, 2015, S. 278.

347 *Lenckner,* in: Küper/Welp (Hrsg.): FS Stree/Wessels, 1993, S. 223 (236).

348 *Stratenwerth,* Verantwortung und Gehorsam, 1958, S. 178.

349 *Lenckner,* in: Küper/Welp (Hrsg.): FS Stree/Wessels, 1993, S. 223 (237).

jedermann offensichtlich ist, dass die Ausführung des Befehls zu einer Straftat führen wird.[350]

Zuletzt gibt es noch die besonders umstrittenen Fälle der sog. gefährlichen Weisung. Das meint Fälle, in denen die Anweisung nur zivilrechtswidrig oder bei Soldaten nur ordnungswidrig ist, aber die Gefahr einer Fahrlässigkeitsstraftat mit sich bringt.[351] Teilweise wird angenommen, die gefährliche Weisung sei stets verbindlich und der Ausführende damit im Außenverhältnis nach den oben genannten Grundsätzen straffrei.[352] Andere stellen darauf ab, ob der Handlungsunwert einer fahrlässigen Tat angeordnet wurde (was etwa schon bei zu schnellem Fahren vorliegen könne, weil dies typischerweise eine Gefährdung anderer Personen bedeute),[353] wobei zum Teil ein deutlich qualifizierter Sorgfaltsverstoß gefordert wird,[354] und wieder andere differenzieren nach dem Grad der Wahrscheinlichkeit des Eintritts eines strafrechtlichen Erfolges.[355] Teilweise werden diese Kriterien auch kombiniert.[356] Hieran wird immerhin deutlich, dass letztlich zwischen der „Autorität" der Weisung und der Wahrscheinlichkeit eines Erfolgseintritts abgewogen wird.

---

350 *Hoyer,* Die strafrechtliche Verantwortlichkeit innerhalb von Weisungsverhältnissen, 1998, S. 14 unter Bezug auf *Jescheck/Weigend,* Lehrbuch des Strafrechts, 1996, § 35 II 2 b; s. a. *Lenckner,* in: Küper/Welp (Hrsg.): FS Stree/Wessels, 1993, S. 223 (238): „Die Grenze verläuft deshalb […] erst dort, wo die Entscheidung des Vorgesetzten in tatsächlicher oder rechtlicher Hinsicht nicht mehr ‚vertretbar' ist, die ‚Strafbarkeit' usw. des aufgetragenen Verhaltens also ein solches Maß an Evidenz erreicht, daß die fragliche Weisung von einer rechtsstaatlichen Verwaltung nicht mehr verantwortet werden kann." So auch *Roxin,* Strafrecht Allgemeiner Teil, Bd. 1, 2006, § 17 Rdnr. 16.

351 LK/*Rönnau,* Vor § 32, Rdnr. 299; *Roxin,* Strafrecht Allgemeiner Teil, Bd. 1, 2006, § 17 Rdnr. 21; die rechtliche Behandlung solcher Konstellationen wurde von BGHSt 19, 231 (232) offen gelassen.

352 Schölz/*Lingens*[4], § 5 WStG, Rdnr. 4.

353 So etwa LK/*Rönnau,* Vor § 32, Rdnr. 299; NK/*Paeffgen,* Vor §§ 32 ff, Rdnr. 200; LK[11]/*Hirsch,* Vor § 32, Rdnr. 177; KK-OWiG/*Rengier,* Vor §§ 15, 16, Rdnr. 32.

354 Schönke/Schröder/*Lenckner/Sternberg-Lieben,* Vorbem. §§ 32 ff., Rdnr. 90; weitere Nachweise dazu bei *Lehleiter,* Der rechtswidrige verbindliche Befehl, 1995, S. 145 f.

355 *Jescheck/Weigend,* Lehrbuch des Strafrechts, 1996, § 35 II 2 Fn. 13; Schönke/Schröder/*Lenckner/Sternberg-Lieben,* Vorbem. §§ 32 ff., Rdnr. 90; *Roxin,* Strafrecht Allgemeiner Teil, Bd. 1, 2006, § 17 Rn. 21; wobei die Unterschiede der einzelnen Meinungen im Ergebnis nicht besonders groß sind, siehe *Lehleiter,* Der rechtswidrige verbindliche Befehl, 1995, S. 145.

356 So stellt etwa *Lehleiter,* Der rechtswidrige verbindliche Befehl, 1995, S. 146 auf eine konkret gegenwärtige Gefahr ab, bei der eine überwiegende Wahrscheinlichkeit den Erfolgseintritt befürchten lässt.

Zusammenfassend kann man für eine mögliche Rechtfertigung im Außenverhältnis Folgendes festhalten: Eine Rechtfertigung kann nur dann in Betracht kommen, wenn die Weisung oder der Befehl im Innenverhältnis verbindlich sind. Wo die Weisung oder der Befehl schon innenrechtlich nicht befolgt werden dürfen oder zwar befolgt werden dürfen, aber nicht müssen, fehlt es schon an einem Konflikt der Gehorsamspflicht und der allgemeinen Pflicht, keine Straftaten oder Ordnungswidrigkeiten zu begehen.[357] Für die anderen Fallgruppen gilt: Es kollidieren die Gehorsamspflicht des Untergebenen gegenüber dem Vorgesetzten als grundlegendes Ordnungsprinzip jeder Staatstätigkeit und die Gehorsamspflicht gegenüber der Rechtsordnung,[358] genauer gesagt, die Pflicht, Straftaten und Ordnungswidrigkeiten zu unterlassen und damit Unrecht zu vermeiden (*neminem laedere*).[359]

Eine Rechtfertigung ergibt sich dabei aber nicht allein aus der Tatsache der Verbindlichkeit der Anweisung bzw. des Befehls; vielmehr sind die allgemeinen Rechtfertigungsgründe anzuwenden. Und zwar nach richtiger Ansicht die Grundsätze des § 34 StGB[360] und nicht das Institut der rechtfertigenden Pflichtenkollision,[361] weil hier eine Unterlassungspflicht (Unterlassung von Straftaten oder Ordnungswidrigkeiten) mit einer Handlungspflicht kollidiert.[362] Soweit

---

357 *Hoyer*, Die strafrechtliche Verantwortlichkeit innerhalb von Weisungsverhältnissen, 1998, S. 16 f.

358 *Jescheck/Weigend*, Lehrbuch des Strafrechts, 1996, § 35 II 3.

359 *Roxin*, Strafrecht Allgemeiner Teil, Bd. 1, 2006, § 17 Rn. 19.

360 So ausdrücklich *Roxin*, Strafrecht Allgemeiner Teil, Bd. 1, 2006, § 17 Rn. 19 und Fn. 26; KK-OWiG/*Rengier*, Vor §§ 15, 16, Rdnr. 29; ebenso *Meyer*, GA 2012, S. 556 (562 ff.).

361 So aber *Jescheck/Weigend*, Lehrbuch des Strafrechts, 1996, § 35 II 3.

362 Dabei gilt es zunächst aber auch eine gewisse begriffliche Unschärfe zu klären. Man kann nämlich in Anlehnung an *Küper*, JuS 1987, S. 81 (88) eine Pflichtenkollision im engeren Sinne und eine im weiteren Sinne unterscheiden. Die erstere meint Fallgestaltungen, in denen zwei Handlungspflichten kollidieren. Sie sollte gemeint sein, wenn von rechtfertigender Pflichtenkollision die Rede ist. Hier ist der Täter gerechtfertigt, wenn er von zwei Handlungspflichten die höherwertige zulasten der geringerwertigen wählt. Dagegen kollidieren bei der Pflichtenkollision im weiteren Sinne eine Handlungs- und eine Unterlassungspflicht. Diese Konstellation ist nach den Grundsätzen des rechtfertigenden Notstandes zu lösen. Der Unterschied zwischen beiden Kollisionstypen liegt darin begründet, dass der Täter im letzteren Fall durch seine Handlung zur Rettung des einen Rechtsguts aktiv in ein anderes, bisher nicht gefährdetes Rechtsgut eingreift. Bei der Kollision zweier Handlungspflichten dagegen ist das geringerwertige Rechtsgut ohnehin schon verloren, der Täter greift es nicht zusätzlich an, sondern verzichtet nur auf seinen Schutz. Dazu weiterführend *Küper*, JuS 1987, S. 81 (88 ff.); *Neumann*, in: Schünemann/Achenbach/Bottke u. a. (Hrsg.): FS Roxin I, 2001, S. 421 (423 ff.). Wenn man hier also von einer Pflichtenkollision im

z.B. § 63 Abs. 2 S. 3 BBG die strafrechtliche Verantwortlichkeit ausschließt, lässt sich dies als Sonderregelung ansehen, die § 34 StGB vorgeht, und in der der Gesetzgeber die Abwägung zugunsten des funktionierenden Verwaltungsapparates und damit auch zugunsten des Beamten ausgestaltet hat,[363] wenn die Anweisung rechtmäßig war oder der Beamte zumindest nicht erkennen konnte, dass sie es nicht war.[364] Umgekehrt zeigt die Regelung auch, dass die Abwägung zwischen Gehorsam als grundlegendem Ordnungsprinzip staatlicher Tätigkeit und elementaren rechtsstaatlichen Grundsätzen kraft gesetzlicher Anordnung zugunsten letzterer ausgeht, soweit die Begehung von Straftaten (bei Beamten auch von Ordnungswidrigkeiten) oder Verstöße gegen die Menschenwürde in Rede stehen.[365]

Für die Konstellationen, die gesetzlich nicht geregelt sind, muss ebenfalls anhand von § 34 StGB entschieden werden, wie der Konflikt zwischen Gehorsamspflicht und Unrechtsvermeidung aufzulösen ist. Ob der innenrechtlichen Gehorsamspflicht der Vorrang zu geben ist, kann kaum losgelöst vom Umfang der außenrechtlichen Strafrechtswidrigkeit oder Ordnungswidrigkeit des geforderten Verhaltens beurteilt werden. Es muss hier wohl in der Tat auf eine

---

weiteren Sinne sprechen mag, ändert dies doch nichts daran, dass die Grundsätze des Notstandsrechts anwendbar sind.

363 So auch KK-OWiG/*Rengier,* Vor §§ 15, 16, Rdnr. 29 für den Fall des rechtwidrigen, aber verbindlichen Befehls.

364 Freilich setzt dies für das Handeln von Amtsträgern voraus, dass die Notstandsregelungen überhaupt auf staatliches Handeln anwendbar sind. Diese Problematik kann hier nicht weiter verfolgt werden. Ein prinzipielles Hindernis für die hiesige Sicht bedeutete sie jedenfalls nicht, da die h.M. die Anwendbarkeit bejaht, vgl. BGHSt 27, 260 (262); 34, 39 (51 f.); *Roxin,* Strafrecht Allgemeiner Teil, Bd. 1, 2006, § 16 Rdnr. 103; Schönke/Schröder/*Perron,* § 34, Rdnr. 7; Lackner/*Kühl,* § 34, Rdnr. 14; mit Einschränkungen MüKo/*Erb,* § 34, Rdnr. 42 ff..; a.A. etwa NK/*Neumann,* § 34, Rdnr. 113; LK/*Zieschang,* § 34, Rdnr. 7 ff. Soweit dabei die zutreffende Einschränkung gemacht wird, dass ein Rückgriff nur dann möglich ist, wenn es nicht eine speziellere abschließende Regelung für den in Frage stehenden Interessenkonflikt gibt, steht dies der hiesigen Lösung ebenfalls nicht entgegen, sondern bestätigt sie: Für einzelne Gestaltungen wurde die Interessenabwägung in den öffentlich-rechtlichen Bestimmungen der Beamten- oder Soldatengesetze geregelt. Soweit diese Regelungen reichen, ist ein Rückgriff auf § 34 StGB ausgeschlossen. Für Konstellationen, die nicht ausdrücklich geregelt sind, ist ein Rückgriff dagegen möglich (wobei hier die Wertungen der positivgesetzlichen Regelungen zu berücksichtigen sein werden).

365 *Lenckner,* in: Küper/Welp (Hrsg.): FS Stree/Wessels, 1993, S. 223 (237).

Abwägung der widerstreitenden Interessen im Einzelfall ankommen,[366] wobei die Wahrscheinlichkeit der Verwirklichung einer Straftat oder Ordnungswidrigkeit und das Ausmaß der drohenden Rechtsgutsverletzung auf der einen Seite mit dem vermuteten generellen Wissensvorsprung des Vorgesetzten und der drohenden Beeinträchtigung der Funktionsfähigkeit des öffentlichen Dienstes[367] auf der anderen Seite abzuwägen sind.[368] In diese Abwägung ließen sich dann beispielsweise bei der gefährlichen Weisung auch problemlos die Kriterien der evidenten Gefährlichkeit oder der Verdichtung zur konkreten Gefahr berücksichtigen.

Ergibt diese Abwägung, dass die Befolgung der Weisung oder des Befehls die vorrangige Pflicht ist, handelt der Untergebene bereits schon nicht rechtswidrig. Befolgt er die Anweisung, obwohl das nach obiger Abwägung die nachrangige Pflicht gewesen wäre, kann er nicht gerechtfertigt, sondern allenfalls noch entschuldigt sein.[369]

Dabei sollte aber nicht übersehen werden, dass es nicht lediglich um einen Konflikt zwischen „effizienter Verwaltung" und „Einhaltung der Rechtsordnung" geht, sondern dass der Konflikt auch eine „personale" Dimension beinhaltet: Der Konflikt kulminiert nämlich in der Person des die Weisung ausführenden Amtsträgers. Er ist es, der einerseits der Gehorsamspflicht unterliegt, andererseits aber keine Straftaten begehen darf. Im Falle des rechtswidrigen, aber verbindlichen Befehls oder der gefährlichen Weisung drohen ihm einerseits Strafe bei Ausführung der Weisung, andererseits aber auch Disziplinarmaßnahmen oder gar Strafe im Falle des Unterlassens der Ausführung des Befehls oder der Weisung.[370]

---

366 So bereits *Stratenwerth*, Verantwortung und Gehorsam, 1958, S. 167 f.; ihm folgend *Hoyer*, Die strafrechtliche Verantwortlichkeit innerhalb von Weisungsverhältnissen, 1998, S. 17.

367 Mit Recht stellt *Küper*, JuS 1987, S. 81 (92) fest, dass bei Ernstnahme der Abwägungsfrage nicht nur generell auf die Gehorsamspflicht als Ordnungsprinzip abgestellt werden dürfe, sondern auch jeweils die konkrete Wertigkeit des Zwecks der einzelnen Weisung einbezogen werden müsse sowie die Dringlichkeit dieser Zweckverfolgung mit dem konkreten Mittel.

368 *Hoyer*, Die strafrechtliche Verantwortlichkeit innerhalb von Weisungsverhältnissen, 1998, S. 17.

369 *Hoyer*, Die strafrechtliche Verantwortlichkeit innerhalb von Weisungsverhältnissen, 1998, S. 17 f.

370 Vgl. auch *Lehleiter*, Der rechtswidrige verbindliche Befehl, 1995, S. 143 f.; erwähnt wird diese Problematik auch bei *Bülte*, Vorgesetztenverantwortlichkeit im Strafrecht, 2015, S. 395 ff.

Nicht ohne Grund wird diese Konstellation deshalb mit der Konstellation des Nötigungsnotstandes verglichen.[371] In beiden Fällen geht es darum, dass eine Person zur Ausführung eines Verhaltens gezwungen wird, durch das Unrecht gegenüber einem Dritten verwirklicht wird. Der Unterschied ist nur, dass im Falle des rechtswidrigen, aber verbindlichen Befehls der Zwang rechtlicher Natur, im Falle des Nötigungsnotstandes aber faktischer Natur ist.[372]

2. Das Weisungsrecht des privaten Arbeitgebers

Für das Wirtschaftsrecht und das Verhältnis Arbeitgeber – Arbeitnehmer findet sich das Weisungsrecht des Arbeitgebers in § 106 GewO geregelt, auch wenn es seine Grundlage im Arbeitsvertrag hat.[373] Die Vorschrift regelt für alle Arbeitsverhältnisse einheitlich das – auch Direktionsrecht genannte – Weisungsrecht des Arbeitgebers.[374] Mit ihm wird der primär durch den Arbeitsvertrag festgelegte Inhalt der Arbeitsleistung weiter konkretisiert. Es bezweckt also, den Inhalt und die Ausführung der Dienste im Einzelfall zu bestimmen. Dieses Weisungsrecht ist dem Arbeitsverhältnis immanent und führt zu *persönlicher Abhängigkeit*.[375] Soweit der Arbeitgeber die Grenzen des Weisungsrechts einhält, muss der Arbeitnehmer die Weisung befolgen. Andernfalls kann er seinen Lohnanspruch verlieren oder auch (ggf. nach Abmahnung) gekündigt werden.[376]

Allerdings unterliegt das Weisungsrecht, wie bereits angeklungen, Grenzen. Die hier relevante Grenze ist, dass der Arbeitgeber keine Weisungen erteilen darf, die straf- oder anderen öffentlich-rechtlichen Bestimmungen zuwiderlaufen. Dies ergibt sich schon aus den §§ 134, 138 BGB: Eine Weisung, die gegen ein gesetzliches Verbot oder die guten Sitten verstößt, ist nichtig.[377] Deswegen ist eine Weisung, die den Arbeitnehmer dazu anhält, Ordnungswidrigkeiten oder Straftaten zu begehen, unwirksam.[378]

---

371 Etwa von *Heinrich,* Strafrecht – Allgemeiner Teil, 2016, Rdnr. 511; *Lehleiter,* Der rechtswidrige verbindliche Befehl, 1995, S. 182 ff.

372 *Lehleiter,* Der rechtswidrige verbindliche Befehl, 1995, S. 182 f.

373 *Dütz/Thüsing,* Arbeitsrecht, 2016, Rdnr. 63; ErfK/*Preis,* § 611 BGB, Rdnr. 233; *Waltermann,* Arbeitsrecht, 2016, Rdnr. 101.

374 ErfK/*Preis,* § 106 GewO, Rdnr. 1.

375 Landmann/Rohmer/*Neumann,* § 106 GewO, Rdnr. 7.

376 Tettinger/*Wank,* § 106 GewO, Rdnr. 31; ErfK/*Preis,* § 106 GewO, Rdnr. 1.

377 Tettinger/*Wank,* § 106 GewO, Rdnr. 14; *Waltermann,* Arbeitsrecht, 2016, Rdnr. 101.

378 ErfK/*Preis,* § 106 GewO, Rdnr. 4; *Tiedemann,* Wirtschaftsstrafrecht AT, 2014, Rdnr. 313; Tettinger/*Wank,* § 106 GewO, Rdnr. 17; *Späth,* Rechtfertigungsgründe im Wirtschaftsstrafrecht, 2016, S. 288.

Dass eine solche Weisung im Innenverhältnis unwirksam sein muss, ergibt auch der Vergleich zum oben angesprochenen Beamtenrecht, in dem Weisungsbefugnis und Gehorsam eine noch wichtigere Rolle spielen, um einen funktionierenden Verwaltungsapparat sicherzustellen:[379] Ist eine solche Weisung bereits dort unverbindlich, wenn sie auf die Begehung einer Straftat oder Ordnungswidrigkeit gerichtet ist, muss dies erst recht für die Privatwirtschaft gelten, denn hier fällt das Interesse, das hinter der Gehorsamspflicht steckt (die Funktionstüchtigkeit der Institution Verwaltung einerseits und des Unternehmens andererseits) weniger stark ins Gewicht.

Ist nun aber festgestellt, dass eine solche ordnungs- oder strafrechtswidrige Weisung bereits unverbindlich ist, scheint es auf der Hand zu liegen, dass der Arbeitnehmer, falls er ihr doch nachkommt, allein aus ihr nichts für ihn Entlastendes herleiten kann. Denn einer unwirksamen Weisung muss der Arbeitnehmer nicht nachkommen. Er kann, ebenso wie der Beamte remonstrieren und der Soldat Gegenvorstellung erheben kann, gegen die Anweisung intervenieren, notfalls mittels Feststellungsklage. Auch wenn er sie schlicht nicht befolgt, können ihm formalrechtlich keine Konsequenzen drohen. Bei unzulässigen oder rechtswidrigen Weisungen hat der Arbeitnehmer ein Leistungsverweigerungsrecht, weswegen auch eine Abmahnung oder Kündigung, die auf die Verweigerung der Befolgung der Weisung gestützt wären, unzulässig wären.[380] Formalrechtlich gesehen kann sich damit die rechtswidrige Weisung allein schwerlich als Rechtfertigungsgrund im Außenverhältnis auswirken. Dabei stehen zu bleiben würde aber die Realität verkennen. Vielmehr wird hier im Folgenden noch zu untersuchen sein, welche *faktischen* Konsequenzen bei Verweigerung der Befolgung der (unwirksamen) Weisung drohen und ob diese eine Rechtfertigung nach den allgemeinen Rechtfertigungsgründen zulassen.[381]

---

379 Battis/*Grigoleit*, § 63 BBG Rdnr. 2; LK/*Rönnau*, Vor § 32, Rdnr. 295; *Jescheck/Weigend*, Lehrbuch des Strafrechts, 1996, § 35 II 3: „grundlegendes Ordnungsprinzip jeder Staatstätigkeit".

380 Tettinger/*Wank*, § 106 GewO, Rdnr. 33.

381 So stellt auch *Bülte*, Vorgesetztenverantwortlichkeit im Strafrecht, 2015, S. 811 (allerdings zur Begründung einer Vorgesetztenverantwortlichkeit) fest, dass es für die Steuerung des Verhaltens Untergebener doch mehr auf die tatsächliche Lenkungsmacht ankommt, die von rechtlichen Vorgaben relativ wenig beeinflusst wird und in der Ausübung von psychischem Druck liegen kann, der durch die Autorität des Vorgesetzten oder durch Gruppen- und Konformitätsdruck vermittelt wird und in die Hierarchie eines Verbandes integriert ist; überhaupt wird mit dieser Argumentation (die ja auch der Konzeption einer mittelbaren Täterschaft in Wirtschaftsunternehmen zugrundegelegt wird) meist aber nur in Richtung einer Haftungserweiterung

Selbst in Fällen, in denen nach dem öffentlichen Recht eine rechtswidrige, aber verbindliche Weisung vorliegen könnte (etwa in Fällen einer gefährlichen Weisung), lassen sich die Regelungen des öffentlichen Rechts nicht übertragen, weil die Situation bei privatrechtlichen Unternehmungen nicht hinreichend ähnlich ist: Nach der ursprünglichen Konzeption des Gesetzgebers sollen öffentlich-rechtliche Unternehmen dem Gemeinwohl zugutekommen, privatrechtliche sollen dagegen nur Gewinn für ihren jeweiligen Inhaber abwerfen.[382] Im öffentlichen Recht soll das Vertrauen auf den Bestand rechtlicher Akte grundsätzlich in weiterem Umfang geschützt werden als im Privatrecht, das aus einem gesteigerten Geltungsanspruch solcher Akte öffentlicher Gewalt resultiert.[383] Zudem ist es im öffentlichen Recht für den Untergebenen in weit größerem Maße gerechtfertigt, sich auf die Entscheidung des Übergeordneten zu verlassen, weil angesichts der Bindung an Gesetz und Recht die Richtigkeit der fremden Entscheidung für die öffentliche Verwaltung grundsätzlich vorausgesetzt und vermutet werden darf.[384] Das staatliche Unternehmen ist aber nicht nur an Gesetz und Recht gebunden, es ist vielmehr positiv darauf ausgerichtet, das Recht zu verwirklichen. Die Bindung an das Recht und die Verfolgung des Allgemeinwohls stehen in keinem Spannungsverhältnis zueinander, sondern konkretisieren einander gegenseitig.[385] Dagegen bildet bei privatrechtlichen Unternehmungen die Einhaltung von Gesetz und Recht nicht den inneren Zweck der Tätigkeit. Rechtsbindung und Gewinnorientierung werden zumeist in einem inneren Spannungsverhältnis zueinander stehen. Bei Zweifelsfragen wird eher eine Chancen-/Risikoabwägung stattfinden. Die rechtliche Bindung wird also relativiert, wenn die Gewinnaussichten nur groß genug sind.[386] Damit darf auch der Unterworfene nicht in gleichem Maße auf eine richtige Entscheidung seines Vorgesetzten vertrauen. Zudem wird gerade in privatwirtschaftlichen Unternehmungen nicht

---

argumentiert; wann dagegen umgekehrt der Untergebene aus der Haftung entlassen wird, scheint weniger interessant zu sein bzw. es scheint so klar zu sein, dass dieser verantwortlich bleibt, dass sich die Frage wohl für die meisten Autoren erübrigt.

382 *Hoyer,* Die strafrechtliche Verantwortlichkeit innerhalb von Weisungsverhältnissen, 1998, S. 23; *Späth,* Rechtfertigungsgründe im Wirtschaftsstrafrecht, 2016, S. 291.

383 *Stratenwerth,* Verantwortung und Gehorsam, 1958, S. 49 f.

384 *Stratenwerth,* Verantwortung und Gehorsam, 1958, S. 53.

385 *Hoyer,* Die strafrechtliche Verantwortlichkeit innerhalb von Weisungsverhältnissen, 1998, S. 24.

386 *Hoyer,* Die strafrechtliche Verantwortlichkeit innerhalb von Weisungsverhältnissen, 1998, S. 23f.; die Richtigkeit dieser Vermutung anzweifelnd *Meyer,* GA 2012, S. 556 (572).

immer derjenige die Leitungsbefugnisse haben, der die besten Rechts- oder Fachkenntnisse hat. So vermutet *Hoyer*,[387] dass die Weisungsbefugnis tendenziell eher demjenigen zugeordnet wird, der zur Gewinnmaximierung am ehesten im Stande scheint, und nicht demjenigen, bei dem maximale Rechtskenntnisse und unbedingter Rechtsbefolgungswille vorausgesetzt werden können.

Man muss diese Argumente und diese Kategorisierung für das öffentliche Recht nicht überzeugend finden,[388] um trotzdem anzuerkennen, dass für Soldaten und Beamte nun einmal positivrechtliche Regelungen existieren, die sie strafrechtlich privilegieren. Überzeugen die für ihre Legitimation vorgebrachten Gründe aber im öffentlichen Recht schon nicht, können sie im Privatrecht noch weniger Gültigkeit beanspruchen, denn man kann immerhin anerkennen, dass die weitgehende Gehorsamspflicht in öffentlich-rechtlichen Unternehmungen dem Ziel einer effektiven und funktionierenden Verwaltung dient.[389] Dagegen ist eine privatwirtschaftliche Unternehmung auf Gewinnerzielung angelegt. Im öffentlich-rechtlichen Bereich darf der Weisung also mehr Verbindlichkeit und auch eher rechtfertigende Wirkung im Außenverhältnis zukommen, als der damit generell verfolgte Zweck (eben die funktionstüchtige Verwaltung, um dem Bürger ein funktionsfähiges Gemeinwesen zu gewährleisten) höher zu bewerten ist als das Gewinnstreben Privater.

Eine Rechtfertigung wird deshalb im privatwirtschaftlichen Bereich nur unter erschwerten Voraussetzungen möglich sein. Bei der vorzunehmenden Abwägung kann weder das Interesse an einer funktionstüchtigen Verwaltung berücksichtigt werden noch die (ohnehin fragliche) Vermutung der Rechtmäßigkeit staatlichen Handelns und der Wissensvorsprung des Vorgesetzten.

Trotzdem ist eine Rechtfertigung auch nicht per se auszuschließen, wenn man den Grund einer möglichen Rechtfertigung im Prinzip des rechtfertigenden Notstandes sieht.[390] Dann bleibt nämlich auch Raum für andere Abwägungsfaktoren,

---

387 *Hoyer,* Die strafrechtliche Verantwortlichkeit innerhalb von Weisungsverhältnissen, 1998, S. 26.

388 Siehe etwa Schönke/Schröder/*Lenckner/Sternberg-Lieben,* Vorbem. §§ 32 ff., Rdnr. 89: „Diese einem längst nicht mehr zeitgemäßen obrigkeitsstaatlichen Denken verpflichtete Regelung ist ebenso sach- wie strafrechtlich systemwidrig […].“; ebenso *Kühl,* Strafrecht. Allgemeiner Teil, 2017, § 9 Rdnr. 118c: „Bestimmungen, die einer längst überholten obrigkeitsstaatlichen Tradition verpflichtet sind“; *Roxin,* Strafrecht Allgemeiner Teil, Bd. 1, 2006, § 17 Rdnr. 16: „Sachwidrigkeit“.

389 Vgl. z.B. Battis/*Grigoleit,* § 63 BBG Rdnr. 2; *Bülte,* Vorgesetztenverantwortlichkeit im Strafrecht, 2015, S. 395.

390 So auch *Meyer,* GA 2012, S. 556 (567), nach dem eine Entlastung des Untergebenen nach allgemeinen Grundsätzen über die Irrtumslehre und ggf. den Nötigungsnotstand

die zumindest in Einzelfällen die Abwägung der widerstreitenden Interessen doch zugunsten des Arbeitnehmers ausfallen lassen können. Damit ist zugleich klar, dass eine Analogie zum öffentlichen Recht auch deswegen ausscheidet, weil gar keine Regelungslücke vorliegt: Da der Konflikt auch im öffentlichen Recht ohnehin nach Notstandsregeln zu beurteilen ist,[391] kann in anderen Regelungsbereichen die allgemeine Notstandsvorschrift des § 34 StGB (bzw. § 16 OWiG) angewendet werden.

Diese Tendenz findet sich zusammengefasst auch in einem Beschluss des *BayObLG* vom 21.6.1999 zu einem ordnungswidrigkeitenrechtlichen Verstoß gegen das Fahrpersonalgesetz. Dort führt das Gericht u.a. aus:[392] Dem Fahrpersonalrecht sei ein Rechtsgrundsatz etwa des Inhalts, dass der Fahrer schuldlos handele, wenn er rechtswidrige Weisungen des Unternehmers befolge, fremd.[393] Zugleich verlangt das Gericht – vollkommen zutreffend –, dass zu prüfen sei, ob die Begehung der Ordnungswidrigkeit unter dem Gesichtspunkt des rechtfertigenden Notstandes gerechtfertigt werden könne.[394]

Es gibt also durchaus Anhaltspunkte, in einer solchen Situation des drohenden Arbeitsplatzverlustes eine Rechtfertigung im Rahmen des Notstandes zu prüfen. Indessen kann es aber nur darauf ankommen, die auf Arbeitnehmerseite betroffenen Rechtsgüter in die Abwägung des Notstandes einzubeziehen. Die Weisung als solche kann ein Verhalten nicht rechtmäßig machen. Es können sich nur an ihre Verweigerung Konsequenzen für den Arbeitnehmer knüpfen, die das Recht ernstnehmen und respektieren kann und die dementsprechend in eine Abwägung mit den durch das abgenötigte Verhalten vorgenommenen Rechtsgutsverletzungen eingestellt werden können.

---

gesucht werden müsse, wobei auch den Besonderheiten des konkreten Subordinationsverhältnisses und einer möglichen Reduzierung der Prüfungspflicht Rechnung zu tragen sei; ebenso *Späth*, Rechtfertigungsgründe im Wirtschaftsstrafrecht, 2016, S. 288 f.

391 KK-OWiG/*Rengier*, Vor §§ 15, 16, Rdnr. 29; *Roxin*, Strafrecht Allgemeiner Teil, Bd. 1, 2006, § 17 Rdnr. 19.

392 BayObLG NStZ-RR 1999, 312.

393 Dies heißt dann, dass erst recht keine Rechtfertigung allein aufgrund der Weisung in Betracht kommt.

394 BayObLG NStZ-RR 1999, 312.

3. Zwischenergebnis

Man kann also zusammenfassend mit *Meyer*[395] sagen, dass sich das Handeln auf Befehl weniger als konsistente Rechtsfigur entpuppt, denn vielmehr als ein Phänomen, dem verschiedene Wirkungen auf ganz unterschiedlicher rechtsdogmatischer Basis zugeschrieben werden können. Für die hier interessierende Frage einer Rechtfertigung des Arbeitnehmers wurde schon oben angedeutet, dass das Handeln auf Weisung ein Kriterium ist, das im Rahmen einer Notstandssituation zu berücksichtigen sein könnte. Tatsächlich wird allerdings der Weisung an sich meist keine Bedeutung zukommen, weil sie rechtswidrig und damit unbeachtlich ist;[396] entscheidend ist vielmehr, dass der Arbeitnehmer in eine hierarchische Struktur eingebunden und vom Arbeitgeber abhängig ist, da dieser etwas hat, auf das der Arbeitnehmer angewiesen ist: Arbeit. Und weiterhin ist zu berücksichtigen, dass der Arbeitgeber faktisch über weitreichende Disziplinierungs- und Sanktionsmöglichkeiten verfügt.

III. Rechtfertigender Notstand (§ 34 StGB)

Damit ist auch schon der nächste Prüfungspunkt vorgezeichnet. Es ist zu prüfen, ob der Fall des drohenden Arbeitsplatzverlustes ganz allgemein § 34 StGB unterfallen und die Begehung von Straftaten zum Erhalt des Arbeitsplatzes nach dieser Norm gerechtfertigt werden kann.

1. Bestandsaufnahme

Zunächst sollen die Anhaltspunkte, die die bisherige Rechtsprechung und Literatur für die Lösung dieser Problemlage geben, dargestellt werden.

a) Rechtsprechung

Immerhin gibt es einzelne Urteile, die sich mit der Frage, inwieweit dem Handeln zur Erhaltung des eigenen oder fremden Arbeitsplatzes rechtfertigende Wirkung zukommen kann, beschäftigen.

---

395 *Meyer*, GA 2012, S. 556 (567).

396 Etwas anderes könnte wiederum allenfalls für die gefährliche Weisung gelten, wie etwa im einführenden Fall 4, wo noch nicht klar ist, ob die Anweisung, den Spray für den Verkauf freizugeben, zu einer Verwirklichung des § 229 StGB führen wird.

aa) RG, Urt. v. 23.3.1897 – Rep. 576/97 (Leinenfänger-Fall)

Wenn man nach dem Interesse am Erhalt des eigenen Arbeitsplatzes forscht, stößt man als erstes auf die Leinenfänger-Entscheidung des Reichsgerichts.[397] Hier wird das Interesse am Erhalt des Arbeitsplatzes erstmals explizit strafrechtlich erwähnt, wenn auch nicht auf Rechtfertigungsebene.

In diesem Fall ging es um einen Kutscher, der eine mit zwei Pferden bespannte Droschke führte. Von den beiden Pferden war eines ein sog. Leinenfänger, d.h. es schlug mit dem Schweif über die Fahrleine und drückte diese herunter und an den Körper. Dies war dem Angeklagten bewusst. Bei einer Fahrt fing das Pferd die Leine und der angeklagte Kutscher musste versuchen, die Fahrleine wieder frei zu bekommen. Bei diesem Versuch wurden die Pferde wild und gingen mit der Droschke durch. Dadurch wurde ein an der Seite der Chaussee stehender Schmied umgeworfen und von der Kutsche überrollt, so dass er einen Beinbruch erlitt. Der Kutscher wurde wegen fahrlässiger Körperverletzung angeklagt, aber freigesprochen, weil die Tatsacheninstanz keine pflichtwidrige Unvorsichtigkeit festzustellen vermochte. Das *RG* führte aus, dass für die Fahrlässigkeitsstrafbarkeit auch erforderlich sei, dass die Vornahme der Handlung im gegebenen Falle eine Nichterfüllung desjenigen Maßes von Aufmerksamkeit und von Rücksicht auf das Allgemeinwohl in sich schließe, dessen Prästierung[398] von dem Handelnden billigerweise gefordert werden dürfe.[399]

Die Entscheidung, was aber gefordert werden dürfe, müsse vom Richter aus der Beschaffenheit der konkreten Verhältnisse geschöpft werden. Dabei sei es nicht zu beanstanden, wenn der Richter auch die *persönliche Zwangslage* des Angeklagten in seine Entscheidung miteinbeziehe. So habe der Tatrichter konkret zulässigerweise berücksichtigt, dass der Dienstherr dem Angeklagten das Pferd zur Bespannung der Droschke gegeben hatte, obwohl er wusste, dass es sich um einen Leinenfänger handelte, *der Angeklagte seinem Dienstherrn Gehorsam leisten musste* und bei einer Weigerung die *begründete Besorgnis hatte, seine Stelle und sein Brot zu verlieren.* Es war also zu erwägen, so das *RG*, ob es dem Angeklagten als Pflicht zugemutet werden könne, sich eher dem Befehl seines Dienstherrn zu entziehen und den Verlust seiner Stellung auf sich zu nehmen, als durch Benutzung des ihm zugewiesenen Pferdes zum Fahren bewusster Weise die Möglichkeit der körperlichen Verletzung eines anderen zu setzen.[400]

397 RGSt 30, 25.
398 Prästieren (lat.) meint eine Obliegenheit erfüllen.
399 RGSt 30, 25 (28).
400 RGSt 30, 25 (28).

Diese Erwägung sei aber Sache des Tatrichters; wenn dieser das Interesse, seine Stelle und sein Brot zu erhalten, vorrangig berücksichtige, lasse das jedenfalls einen Rechtsirrtum nicht erkennen.

bb) OLG Hamm, Beschl. v. 28.3.1952 – 1 Ws 71/52

In dem vom *OLG Hamm*[401] entschiedenen Fall kaufte der Betroffene Maschinengußbruch zu einem höheren als dem damals nach den Preisvorschriften zulässigen Höchstpreis und verstieß damit gegen § 15 des damals geltenden WiStG. Er trug vor, er habe keinen Gußbruch zu einem zulässigen Preis erwerben können. Ihm sei nur übrig geblieben, entweder den Überpreis zu zahlen oder seinen Betrieb stillzulegen. Ihm sei dann der Erhalt der Arbeitsplätze wichtiger erschienen als die Einhaltung der Preisbestimmungen.

Das *OLG* führte zum (damals noch übergesetzlichen) Notstand aus, dass sich hier das Interesse an der Einhaltung der Preisvorschriften zur Verhinderung von Preiserhöhungen auf der einen Seite und die Erhaltung der Produktion und damit die Erhaltung der Arbeitsplätze auf der anderen Seite gegenüberstünden. Dass auch die Erhaltung der Arbeitsplätze ein rechtlich geschütztes Gut sei, ergebe sich schon aus den zahlreichen Gesetzesbestimmungen, die zum Schutz der Arbeitsplätze geschaffen worden seien. Bei der Frage, ob dieses Rechtsgut als das höherwertige anzusehen sei, werde es immer auf die Umstände des Einzelfalles ankommen, insbesondere darauf, wie viele Arbeitnehmer von einer Stilllegung des Betriebes betroffen wären. Ginge es um den Erhalt einer Vielzahl von Arbeitsplätzen, sei deren Erhalt als das höherwertige Rechtsgut anzusehen, weil sonst viele Familien in Not geraten könnten und der Wohlfahrt der Allgemeinheit zur Last fallen könnten.[402]

cc) BayObLG, Beschl. v. 19.6.1953 – Beschw(W)Reg. 1 St 24/53

In diesem Fall kaufte der Betroffene Braugerste zu einem höheren als dem nach den Preisvorschriften zulässigen Höchstpreis (§ 5 des Getreidepreisgesetzes – GetrPrG – 1951/52 vom 21. 7. 1951, BGBl. I 451) und beging dadurch eine Ordnungswidrigkeit – ebenfalls um seine Produktion und den Betrieb aufrechtzuerhalten.

Das *BayObLG* führte zunächst aus, dass vorübergehende Gewinneinbußen, welche den Bestand des Betriebes nicht in Frage stellten, hingenommen werden müssten. Ihre Vermeidung sei kein gegenüber der Aufrechterhaltung des

---

401 OLG Hamm NJW 1952, 838.
402 OLG Hamm NJW 1952, 838.

staatlichen Preisgefüges höherwertiges Rechtsgut.[403] Dass die Erhaltung der Produktion und damit die Erhaltung der Arbeitsplätze und die hiermit verbundene, vom Recht zumindest anerkannte Pflicht des Betroffenen zu ihrer Erhaltung ein geschütztes Rechtsgut sei, wurde vom Gericht unter Bezugnahme auf das oben genannte Urteil des *OLG Hamm* ebenfalls anerkannt. Das *BayObLG* sah darin aber weniger ein individuelles Rechtsgut als vielmehr ein Interesse der Allgemeinheit an der Erhaltung der Arbeitsplätze. Denn die Erhaltung der Arbeitsplätze sei jedenfalls dann, wenn nicht genügend gleichwertige andere Arbeitsplätze zur Verfügung stünden, nicht nur das individuelle Rechtsgut einer besonderen Personengruppe, es sei vielmehr ein Rechtsgut der Allgemeinheit. Dafür sprächen auch die Sozialstaatsklauseln in Art. 20 GG, Art. 3 BayVerf. Zudem billige Art. 166 Abs. 2 BayVerf jedermann das Recht zu, sich durch die Arbeit eine auskömmliche Existenz zu schaffen, und Art. 151 Abs. 1 BayVerf unterstelle die gesamte wirtschaftliche Tätigkeit dem Gemeinwohl, insbesondere der Gewährleistung eines menschenwürdigen Daseins für alle und der allmählichen Erhöhung der Lebenshaltung aller Volksschichten. Unabhängig von der Reichweite der einzelnen Vorschriften könne man aus ihnen doch ersehen, dass es sich bei der Erhaltung von Arbeitsplätzen um ein geschütztes Rechtsgut der Allgemeinheit handle. Individualrechtsgüter der Arbeitnehmer und des Arbeitgebers mögen nur bei der Gesamtabwägung mit ins Gewicht fallen. Die Einführung und Durchführung von Vorschriften über die Verhütung von Unfällen, über sonstige Maßnahmen des Arbeitsschutzes, sei es in gesundheitlicher, sozialer oder sittlicher Beziehung, auch von Vorschriften rein wirtschaftlicher Art, wie die Einführung, Änderung oder Aufhebung von Schutzzöllen, seien seit jeher, um die Allgemeinheit zu schützen oder ihr auch nur zu nützen, vom Gesetzgeber im Bewusstsein verfügt worden, dass damit einzelnen Opfer zugemutet werden müssten, die bis zum Verlust von Arbeitsplätzen, ja sogar bis zur Schließung einzelner Betriebe reichen könnten. Sogar den bürgerlich-rechtlichen Ansprüchen, etwa jenen des Urheberrechts, komme zuweilen eine solche Wirkung zu. Es sei nicht einzusehen, warum auf dem Gebiete des Preisrechtes, besonders aber, soweit es ein so wichtiges Gebiet wie die Getreidepreise regele, das Rechtsgut der Allgemeinheit, nicht den Vorrang vor dem Anspruch des einzelnen auf Erhaltung des Betriebes und seiner Arbeitsstelle haben solle. Nur unter diesem Gesichtspunkt lasse sich auch die Auffassung des *OLG Hamm* rechtfertigen, dass es bei der notwendigen Berücksichtigung aller Umstände „insbesondere" darauf ankomme, wie viele Arbeitnehmer von der Stilllegung eines Betriebes betroffen

403 BayObLG NJW 1953, 1602.

würden. Denn sonst sei es in der Tat schwer zu verstehen, wieso der Anspruch einzelner Arbeitnehmer auf ihre Arbeitsstelle, wenn schon auf ihr individuelles Rechtsgut abgestellt würde, weniger schwer wiegen könne als der von anderen, wieso insbesondere dem kleinen Betrieb versagt würde, was dem großen zugestanden wäre.[404]

dd) BGH, Urt. v. 13.3.1975 – 4 StR 28/75

In diesem Urteil[405] ging es um eine Strafbarkeit nach § 223 StGB des für die Produktion Verantwortlichen wegen gesundheitsschädlicher Emissionen eines Betriebes. Es war bei den Anwohnern des Betriebes zu Augentränen, Brennen im Hals, Hustenreiz, Kopfweh, Atem- und Schlafbeschwerden, Brechreiz und Übelkeit gekommen, was auf die Dämpfe, die von der Fabrik abgelassen wurden, zurückzuführen war. Zur Einstellung des Betriebs mit 500 Beschäftigten hielt sich die Werksleitung nicht für befugt.

Der *BGH* führte aus, dass die Körperverletzung der Anwohner im Ergebnis nicht gem. § 34 StGB gerechtfertigt sei. Allerdings sei die Aufrechterhaltung der Produktion und die Sicherung der Arbeitsplätze zunächst ein Rechtsgut i.S.d. § 34 StGB. Anders als durch das Weiterlaufenlassen der Produktion sei dieses Rechtsgut auch nicht zu schützen gewesen, es habe sich also in einer gegenwärtigen, nicht anders abwendbaren Gefahr befunden. Allerdings sei es bei Abwägung der widerstreitenden Interessen nicht gerechtfertigt, die Gesundheitsinteressen der Anwohner aufs Spiel zu setzen. Eine Gesundheitsschädigung könne angesichts der Reihenfolge der in § 34 StGB genannten Rechtsgüter und dem Grade des strafrechtlichen Schutzes nicht gerechtfertigt werden.[406]

ee) OLG Stuttgart, Beschl. v. 28.10.1977 – 3 Ss (5) 834/77

Im Ausgangsurteil hatte das *AG* gegen den Betroffenen, einen selbstständigen Fuhrunternehmer, eine Geldbuße wegen vorsätzlichen Überschreitens der höchstzulässigen täglichen Lenkzeit im Straßenverkehr in Tateinheit mit

---

404 BayObLG NJW 1953, 1602 (1603).

405 Zitiert bei *Dallinger* MDR 1975, 723 f.; die Erwägungen dieses Urteils wurden inhaltlich übereinstimmend übernommen in einer Einstellungsverfügung der StA Mannheim, NJW 1976, 585, 586 bezüglich einer Gewässerverschmutzung.

406 BGH MDR 1975, 723; immerhin aber nahm der BGH einen unvermeidbaren Verbotsirrtum in Form des Erlaubnisirrtums an, weil die Angeklagten davon ausgingen, dass die Anwohner die körperlichen Beeinträchtigungen wegen der sonst drohenden Betriebseinstellung hinnehmen müssten, mithin glaubten, dass ihnen ein Rechtfertigungsgrund zur Seite stünde.

Nichteinhalten der vorgeschriebenen Pausen nach Art. 7 Abs. 1 und 2, 8 Abs. 1 der damals geltenden EWG-Richtlinie Nr. 543/69 i.V.m. § 7a Abs. 1 Nr. 1c FPersG a.F. festgesetzt. Der Betroffene machte mit seiner Rechtsbeschwerde geltend, dass diese Verstöße nach § 16 OWiG gerechtfertigt seien, weil es ihm ohne die fortlaufend begangenen Verstöße nicht möglich sei, seinen Betrieb, aus dem er den Unterhalt für sich, seine Frau und seine beiden Kinder bestreite, aufrechtzuerhalten, wenn er durch die Einhaltung der Lenkzeiten und Pausen Arbeitszeit verliere. Zudem finde er bei Aufgabe seines Berufes mit 53 Jahren als gelernter Küfer weder in diesem Beruf noch als Kraftfahrer einen Arbeitsplatz.

Das *OLG Stuttgart*[407] wies mit seinem Beschluss die Beschwerde zurück und stellte fest, dass die Ordnungswidrigkeiten nicht nach § 16 OWiG gerechtfertigt waren. Zwar könne die Aufrechterhaltung des Fuhrbetriebes eines Einzelnen und damit dessen Möglichkeit, seinen und seiner Angehörigen Lebensunterhalt aus den Betriebseinkünften zu ziehen, ebenso als schutzwürdiges Erhaltungsrechtsgut angesehen werden wie die Aufrechterhaltung der Produktion eines Betriebes und die Sicherung der Arbeitsplätze; jedenfalls aber überwiege das Interesse des Betroffenen an der Weiterführung seines Betriebes das beeinträchtigte Interesse nicht wesentlich: Die Vorschriften über Lenk- und Ruhezeiten dienten einer Erhöhung der Verkehrssicherheit, indem sie vor übermüdeten Kraftfahrern schützten. Leben und Gesundheit der anderen Verkehrsteilnehmer seien regelmäßig höher einzustufen als Eigentum und die eigentumsähnlichen Rechte eines Einzelnen.

Anderes könne allenfalls dann gelten, wenn ein Unternehmer lediglich für einen kurzen Zeitraum und damit vorübergehend – etwa infolge kurzzeitigen krankheitsbedingten Ausfalls eines oder mehrerer Kraftfahrer – gezwungen wäre im Interesse der Aufrechterhaltung der Leistungskapazität des Betriebes in einigen wenigen Fällen die vorgeschriebenen Lenkzeiten zu überschreiten oder überschreiten zu lassen. Liege ein solcher nur vorübergehender Eingriff in die Belange der Allgemeinheit vor, könne bei umfassender Würdigung aller Umstände und bei Berücksichtigung der Besonderheiten des jeweiligen Falles möglicherweise einmal der Rechtfertigungsgrund des § 16 OWiG gegeben sein.[408]

Im Hinblick darauf, dass der Betroffene aber fortlaufend derartige Verstöße beging, könne die Interessenabwägung wegen der Dauer und der damit

---

407 OLG Stuttgart VRS 54 (1978), 288.

408 OLG Stuttgart VRS 54 (1978), 288 (290).

verbundenen besonderen Schwere und Gefährlichkeit des Eingriffs in die Belange der Allgemeinheit nicht zu seinen Gunsten ausfallen.

ff) OLG Oldenburg, Beschl. v. 16.05.1978 – Ss (OWi) 224/78

Das *AG* hatte in seinem Urteil festgestellt, dass der Betroffene entgegen der in der Ausnahmegenehmigung eines Schwertransports erteilten Auflage ohne Beifahrer gefahren war. Es hat deshalb gegen ihn wegen Führens eines LKW unter fahrlässigem Verstoß gegen die in einer Ausnahmegenehmigung erteilten Auflagen eine Geldbuße von 50 DM festgesetzt. Der Betroffene hatte dagegen Beschwerde eingelegt und sich auf Notstand berufen. Die Beschwerde hatte vor dem *OLG Oldenburg*[409] Erfolg; zum Notstand führte das Gericht Folgendes aus:

„Mit der Wendung, die Anweisungen zur Durchführung des Transports seitens der Arbeitgeberfirma seien einer notstandsähnlichen Situation des Bf. nicht gleichzusetzen, wird das *AG* der Bedeutung der von dem Bf. vorgetragenen Einlassung jedoch nicht voll gerecht; diese Ausführungen lassen vielmehr besorgen, dass das *AG* die Bedeutung des § 16 OWiG für die Entscheidung dieses Falles nicht ausreichend erkannt hat. Ersichtlich hat die – im Urteil nicht näher bezeichnete – Arbeitgeberfirma die wirtschaftliche Belastung mit den Aufwendungen für je einen weiteren Arbeitnehmer als Beifahrer des Bf. und einen zweiten gleichzeitig laufenden Schwertransport nicht tragen wollen und stattdessen beide Transporte durch ein zusätzliches Fahrzeug begleiten lassen. Es ist nicht von der Hand zu weisen, dass die Unternehmensleitung sich über Einwendungen und Hinweise eines Arbeitnehmers, die auf die Einhaltung der Auflage, namentlich soweit es sich um den Beifahrer handelte, hinzielten, hinweggesetzt hat oder hinweggesetzt haben würde, falls solche laut geworden wären und dass *ein Beharren auf den Einwendungen mit arbeitsrechtlichen Folgerungen für den Arbeitnehmer verbunden sein könnte.* Dann aber könnten die Voraussetzungen des § 16 I OWiG erfüllt sein. Der *gesicherte Arbeitsplatz* zählt zwar nicht zu denjenigen Rechtsgütern, die diese Vorschrift ausdrücklich aufführt. Er ist aber als „ein anderes Rechtsgut" anzusehen; gerade in einer Zeit der Teilbeschäftigung ist ein gesicherter Arbeitsplatz als ein Rechtsgut zu betrachten, dessen Wert beispielsweise den eines Sacheigentums, also eines in § 16 I OWiG genannten Rechtsguts, häufig weit übersteigen wird. Das AG hatte daher in tatsächlicher Beziehung zu klären, ob der Bf. sich bei einer Weigerung, auf dieser Fahrt gegen die Auflagen zu verstoßen, ernstlichen Besorgnissen um das Bestehen seines Arbeitsplatzes ausgesetzt sah, und gegebenenfalls zwischen der *Gefahr für den*

---

409 OLG Oldenburg NJW 1978, 1869.

Arbeitsplatz und dem *Gewicht der festzustellenden Ordnungswidrigkeit* abzuwägen."[410]

gg) LG Nürnberg-Fürth, Urt. v. 25.06.1987 - 6 O 1233/87

Der Vollständigkeit halber sei hier auch ein Zivilurteil des *LG Nürnberg-Führt*[411] aus dem Jahr 1987 erwähnt, in dem das Gericht im Rahmen eines Schadensersatzanspruches gem. § 823 Abs. 2 BGB i.V.m. dem heutigen § 266a StGB eine Rechtfertigung hinsichtlich des Nichtabführens von Sozialversicherungsbeiträgen verneinte. Das Gericht führte aus, dass der Beklagte zunächst andere Möglichkeiten zur Sicherung der Liquidität hätte ins Auge fassen müssen (z.B. Kürzung der Löhne oder Verhandlungen mit der kreditgebenden Bank). Auch wenn das Ziel der Sicherung von Arbeitsplätzen anerkennenswert sei, sei doch die im öffentlichen Interesse liegende Sicherung der Leistungsfähigkeit der Sozialversicherungsträger ein mindestens ebenso hohes Rechtsgut, weswegen kein Notstand vorliege.[412]

hh) BayObLG, Beschl. v. 29.06.1994 - 3 ObOWi 54/94

Der betroffene war Justitiar eines Vereins und nahm ohne eine entsprechende Erlaubnis zu haben, fremde Rechtsangelegenheiten wahr, verstieß also gegen das Verbot des bis 2008 geltenden § 1 Abs. 1 S. 1 RBerG. Da er dies geschäftsmäßig tat, verwirklichte er den Ordnungswidrigkeitentatbestand des damals geltenden § 8 Abs. 1 Nr. 1 RBerG und wurde entsprechend vom Amtsgericht verurteilt.

Das *BayObLG* hob das Urteil auf,[413] weil es tatrichterliche Feststellungen zu einer etwaigen Rechtfertigung gem. § 16 OWiG vermisste.

Denn der Vorstand des Vereins hatte nach den Feststellungen des AG dem Verurteilten *mit Entlassung gedroht*, wenn er nicht Anträge und Beschwerdeschreiben an das Vormundschaftsgericht entwerfe und in den Auslauf bringe. Insoweit führte das *BayObLG* aus, dass als geschütztes Rechtsgut i.S.v. § 16 OWiG auch die Bewahrung des eigenen Arbeitsplatzes anzusehen sei. Zudem habe der Betroffene den Konflikt auch *nicht durch einen Antrag auf Erteilung einer entsprechenden behördlichen Erlaubnis für sich abwenden können*, da eine entsprechende Erlaubnis nur der Verein, nicht aber der Betroffene selbst habe erlangen können. Grundsätzlich sei also § 16 OWiG anwendbar, jedoch könne das

---

410 OLG Oldenburg NJW 1978, 1869.

411 LG Nürnberg-Fürth NJW 1988, 1856.

412 LG Nürnberg-Fürth NJW 1988, 1856 (1857).

413 BayObLGSt 1994, 108.

Beschwerdegericht die Abwägung der widerstreitenden Interessen nicht selbst vornehmen, das sei ureigenste Aufgabe des Tatrichters. Insoweit habe dieser die betroffenen Rechtsgüter in ihrer Rangfolge zu gewichten und im Rahmen der den Rechtsgütern drohenden Gefahren einerseits die *nicht besonders schwerwiegenden Auswirkungen der vom Betroffenen vorgenommenen Rechtshandlungen*, andererseits aber den Umstand zu berücksichtigen, dass sich die Rechtsgutsbeeinträchtigung nicht in einer einmaligen Handlung erschöpfte habe.[414]

ii) BGH, Beschl. v. 20.11.1996 – 2 StR 323/96

In dem Beschluss des *BGH*[415] ging es um eine unerlaubte Abfallbeseitigung in Form der Beseitigung von verunreinigten Abwässern eines städtischen Schlachthofes. Wegen eines Regenüberlaufbauwerks kam es immer wieder zu Beanstandungen, weil Abwässer, die auch Fett, Jauche, Borsten oder Knochenteile enthielten, ungeklärt in natürliche Gewässer gelangten. Eine sachgerechte Klärung und Beseitigung der Schlachthofabfälle hätte eine umfassende Sanierung des Schlachthofes erforderlich gemacht, die finanziell kaum möglich war, weswegen auch die Schließung des Schlachthofes in Betracht gezogen wurde. Der für den Schlachthof verantwortliche Oberbürgermeister wurde wegen unerlaubten Umgangs mit Abfällen (nunmehr § 326 Abs. 1 Nr. 4 a StGB) verurteilt. In seiner Entscheidung führte der *BGH* u.a. aus, dass das Verhalten des Angeklagten auch nicht dadurch gerechtfertigt sei, dass er mit seinem Handeln möglicherweise die Erhaltung von Arbeitsplätzen beabsichtigte. Kurz und prägnant heißt es: „Ein solches Motiv darf grundsätzlich nicht als Rechtfertigung für unbefugte Abfallbeseitigung herangezogen werden."[416]

jj) BayObLG, Beschl. v. 21.06.1999 – 3 ObOWi 49–99

In dieser Entscheidung[417] ging es darum, dass ein LKW-Fahrer bei einer Verkehrskontrolle ein Dokument, das er nach der Fahrpersonalverordnung hätte mitführen müssen, nicht vorlegen konnte, was eine Ordnungswidrigkeit nach

---

414 BayObLGSt 1994, 108 (115).

415 BGH NStZ 1997, 189.

416 BGH NStZ 1997, 189 (190); dabei beruft sich das Gericht auf *Laufhütte/Möhrenschlager*, ZStW 92 (1980), S. 912 (932), bei denen es aber zur Begründung immerhin heißt, dass der Gesetzgeber bei Schaffung der Regelungen zum Schutz der Umwelt die Auswirkungen auf die Industrie bereits in seine Abwägung miteinbezogen habe. Es müssten also weitere, über die bereits einbezogenen Auswirkungen hinausgehende Gefahrmomente vorliegen, damit § 34 StGB anwendbar sein könne.

417 BayObLG NStZ-RR 1999, 312.

§ 8 Nr. 1 lit. a FPersV i.V.m. § 8 Abs. 1 Nr. 1, Abs. 2 FPerG darstellte. Der Betroffene verteidigte sich damit, dass sich der stellvertretende Betriebsinhaber geweigert habe, ihm die entsprechende Bescheinigung auszustellen. Das *BayObLG* führte Folgendes dazu aus:

„*Ein Rechtsgrundsatz etwa des Inhalts, dass der Fahrer schuldlos handelt, wenn er rechtswidrige Weisungen des Unternehmers befolgt, ist dem Fahrpersonalrecht fremd.* Das Verhalten des Betr. könnte deshalb nur dann gerechtfertigt sein, wenn er die Fahrt aufgrund eines Notstands i.S. des § 16 OWiG durchgeführt hat. Hierfür bieten aber die im angefochtenen Urteil getroffenen Feststellungen keinerlei Anhaltspunkte. Für das weitere Verfahren wird bemerkt: Weigert sich der Unternehmer, selbst eine Bescheinigung i.S.d. § 4 Abs. 1 FPersV auszustellen, wird der Fahrer zunächst zu prüfen haben, ob er vom Personal dieses Unternehmens „einen anderen geeigneten Nachweis" i.S. des § 4 Abs. 1 FPersV erhalten kann. Erst wenn auch diese Möglichkeit ausscheidet, kann sich der Fahrer bei Durchführung der Fahrt ohne die in Rede stehende Bescheinigung dann in einem rechtfertigenden Notstand i.S. des § 16 OWiG befinden, wenn ihm bei Missachtung der entsprechenden Weisung des Unternehmers der *Verlust des Arbeitsplatzes droht.* Denn der Arbeitsplatz ist „ein anderes Rechtsgut" im Sinne dieser Bestimmung […]. Die Annahme eines solchen Notstands setzt aber zunächst die Feststellung voraus, dass der Fahrer im Fall weisungswidrigen Verhaltens *mit der Kündigung ernsthaft zu rechnen hatte.* Zur Prüfung der Frage, ob im Einzelfall eine solche Gefahr bestand, wird regelmäßig der Unternehmer bzw. der verantwortliche Disponent zu hören sein. Zudem wird in der Regel der Sachbearbeiter des zuständigen Gewerbeaufsichtsamtes dazu zu vernehmen sein, ob die bisher durchgeführten Kontrollen des Unternehmens Anhaltspunkte für derartige Praktiken ergeben haben. Schließlich wird sich gegebenenfalls der Tatrichter mit der Frage auseinanderzusetzen haben, aus welchen Gründen es dem Fahrer nicht zumutbar gewesen ist, die rechtswidrige Weisung zu missachten und einen *Kündigungsprozess* oder einen *Arbeitsplatzwechsel* in Kauf zu nehmen. Denn angesichts der erheblichen Bedeutung der Bestimmungen des Fahrpersonalrechts für die Sicherheit des Straßenverkehrs wird die *Beachtung rechtswidriger Weisungen* nur ganz ausnahmsweise durch einen Notstand i.S. des § 16 S. 1 OWiG gerechtfertigt sein."[418]

---

418 BayObLG NStZ-RR 1999, 312.

b) Literatur

Wenn das vorliegende Problem in der Literatur überhaupt angesprochen wird, so erfolgt dies fast ausschließlich im Rahmen des rechtfertigenden Notstandes.

In der Kommentarliteratur zu § 34 StGB wird fast durchgängig betont, dass geschütztes Rechtsgut jedes beliebige Rechtsgut sein könne, das durch die Rechtsordnung in irgendeiner Weise einen gewissen Schutz erfahren habe, und damit auch das Interesse am Erhalt des eigenen Arbeitsplatzes oder fremder Arbeitsplätze.[419] Noch stärker betont wird dies in den Kommentaren zu § 16 OWiG für die Parallelregelung im Ordnungswidrigkeitenrecht.[420] Ähnliche Feststellungen finden sich in den ausführlicheren Strafrechtslehrbüchern zum rechtfertigenden Notstand.[421] Auch in den Wirtschaftsstrafrechtsbüchern (und zum Umweltstrafrecht) wird die Problematik (kurz) aufgegriffen.[422]

Größtenteils wird dabei die bereits oben angeführte Rechtsprechung zitiert, nur teilweise finden sich Ausführungen dazu, warum der Erhalt von Arbeitsplätzen auf jeden Fall ein geschütztes Rechtsgut sein soll. So schreibt etwa *Perron*[423], dass sich dies aus den Vorschriften zum Schutz des Arbeitsplatzes und im Hinblick auf das Sozialstaatsprinzip des GG ergebe. Dieselbe Begründung findet sich auch bei *Kühl*[424], der meint, dass die Sicherheit des Arbeitsplatzes zwar nicht aus einem erst geforderten Grundrecht auf Arbeit abgeleitet werden könne, aber doch aus den Vorschriften zur Erhaltung von Arbeitsplätzen und dem Sozialstaatsprinzip des Art. 20 Abs. 1 GG. Weitere Ausführungen, welche Vorschriften es genau seien, die der Erhaltung von Arbeitsplätzen dienten, finden sich indes bei beiden Autoren nicht.

---

419 LK/*Zieschang*, § 34, Rdnr. 22; MüKo/*Erb*, § 34, Rdnr. 55; Schönke/Schröder/*Perron*, § 34, Rdnr. 9; HK-GS/*Duttge*, § 34 Rn. 4;G/J/W/*Dannecker*, § 34 StGB, Rdnr. 5; *Reichert-Hammer*, Politische Fernziele und Unrecht, 1991, S. 177 f.; *Späth*, Rechtfertigungsgründe im Wirtschaftsstrafrecht, 2016, S. 158; a.A. aber NK/*Neumann*, § 34, Rdnr. 26.

420 *Bohnert*, § 16 OWiG, Rdnr. 3 f; Göhler/*Gürtler*, § 16 OWiG, Rdnr. 4; KK-OWiG/*Rengier*, § 16 OWiG, Rdnr. 5.

421 Vgl. z.B. *Roxin*, Strafrecht Allgemeiner Teil, Bd. 1, 2006, § 16 Rdnr. 12; Kühl, Strafrecht. Allgemeiner Teil, 2017, § 8 Rdnr. 28.

422 Vgl. *Wittig*, Wirtschaftsstrafrecht, 2017, § 7 Rdnr. 3 ff.; Momsen/Grützner/*Rotsch*, 1. Kap B., Rdnr. 63f.; *Saliger*, Umweltstrafrecht, 2012, Rdnr. 261 f.; kaum problematisiert bei *Tiedemann*, Wirtschaftsstrafrecht AT, 2014, Rdnr. 307.

423 Schönke/Schröder/*Perron*, § 34, Rdnr. 9.

424 *Kühl*, Strafrecht. Allgemeiner Teil, 2017, § 8 Rdnr. 28.

Teilweise wird auch vertreten, dass der Erhalt des Arbeitsplatzes nicht von § 34 StGB erfasst sei.[425] Aber selbst von den Autoren, die § 34 StGB prinzipiell als anwendbar erachten, wird meist zugleich festgestellt, dass eine Rechtfertigung nur ganz ausnahmsweise oder in Not- bzw. Katastrophenfällen in Betracht komme, weil es an einem wesentlichen Überwiegen des Interesses oder jedenfalls der Angemessenheit fehle.[426]

c) *Zwischenergebnis*

Nach diesem kurzen Überblick zeigt sich bereits, dass es zwar einerseits unproblematisch erscheint, dass der Erhalt des eigenen oder von fremden Arbeitsplätzen ein schützenswertes Interesse i.S.d. § 34 StGB sein kann; nur teilweise erfolgt eine Differenzierung zwischen einem Allgemeinrechtsgut „Erhaltung eines Betriebes zur Sicherung der Produktion und Arbeitsplätze“ und einem Individualrechtsgut „Erhalt des eigenen Arbeitsplatzes“.[427] Überwiegend wird eine Rechtfertigung im Ergebnis abgelehnt, freilich meist ohne nähere Begründung. Soweit nur pauschal auf ein fehlendes Überwiegen bei der Interessenabwägung abgestellt wird, scheint dies so lange nicht gerechtfertigt, wie nicht der Inhalt und der Stellenwert des Erhaltungsinteresses „Arbeit“ bestimmt ist. Dies ist im strafrechtlichen Kontext bisher kaum geschehen und soll deshalb später in der vorliegenden Arbeit versucht werden.

2. Die Regelung des § 34 StGB

Zunächst erscheint es aber geboten, einen kurzen Überblick über die Norm des § 34 StGB zu geben, bevor diese dann für die hier zu untersuchende Gestaltung angewendet wird. Dies muss freilich in der gebotenen Kürze erfolgen, sodass nicht alle Probleme im Einzelnen und in voller Tiefe abgehandelt werden können. Soweit die einzelnen Merkmale des § 34 StGB zunächst abstrakt erläutert werden, werden auch die abweichenden Meinungen und Probleme dargestellt, die dann für die konkrete Anwendung auf den Fall des Arbeitsplatzverlustes eine Rolle spielen können.

---

425 So v.a. NK/*Neumann*, § 34, Rdnr. 26.

426 *Wittig*, Wirtschaftsstrafrecht, 2017, § 7 Rdnr. 3 f., 7; Momsen/Grützner/*Rotsch*, 1. Kap B., Rdnr. 63 f.; *Saliger*, Umweltstrafrecht, 2012, Rdnr. 262.

427 Grundsätzlich trennen aber z.B. *Wittig*, Wirtschaftsstrafrecht, 2017, § 7 Rdnr. 3 f. einerseits und Rdnr. 7 f. andererseits; ebenso Momsen/Grützner/*Rotsch*, 1. Kap B., Rdnr. 63 und 64.

a) Begriff und ideengeschichtliche Grundlagen

Die Rechtswissenschaft tut sich bis heute schwer, eine befriedigende rechtsphilosophische Legitimation für den rechtfertigenden Notstand zu finden.[428] Eine solch umfassend befriedigende Erklärung wird auch die vorliegende Arbeit nicht leisten können. Sie wird sich darauf beschränken, die Entstehung der heute positivierten Regelung nachzuzeichnen und die bisher gebotenen Begründungsansätze vorzustellen. Freilich griffe es zu kurz, sich auf die Feststellung, dass der Notstand nunmehr in den §§ 34, 35 StGB jedenfalls Gesetzesrecht geworden sei und damit der Untersuchung zugrunde gelegt werden könne, zurückzuziehen. Denn die tiefere Legitimation der Regelung und die sie beherrschenden Prinzipien spielen bei der Anwendung und Auslegung der Vorschrift eine wichtige Rolle.[429] Daher soll zu diesen Punkten auch Stellung genommen werden.

Als „Notstand" lässt sich im rechtlichen Sprachgebrauch ein „Zustand gegenwärtiger Gefahr für berechtigte Interessen, der sich nur durch Verletzung eines anderen abwenden läßt"[430], definieren. Er kennzeichnet sich also dadurch, dass Rechtsgüter in einen unausweichlichen Konflikt miteinander geraten.[431] Von der reinen Notlage unterscheidet er sich dadurch, dass der drohenden Gefahr durch den Eingriff in andere, in aller Regel fremde Interessen begegnet werden kann.[432] Dabei ist die gesetzliche Regelung auf Erhaltungs- wie auf Eingriffsseite

---

428 Vgl. nur das Fazit von *Küper*, JZ 2005, S. 105 (115) in seiner Besprechung zu *Pawliks* Monographie über den rechtfertigenden Notstand: „Auf dem Hintergrund einer Rechtsphilosophie der Freiheit, die sich namentlich *Hegel* verpflichtet weiß, zeigt die Schrift in ihren kritischen Partien mit brillanter Schärfe die Unzulänglichkeit bisheriger rechtsphilosophischer Legitimationsversuche, und man darf sagen, dass sie insoweit die Notrechtskritik *Kants* im Ergebnis bestätigt. Andererseits demonstriert auch *Pawliks* eigenes Legitimationsmodell letztlich die Grenzen einer rechtsphilosophisch-freiheitstheoretischen Legitimierbarkeit des rechtfertigenden Notstandes, die der Autor in der Nachfolge *Hegels* zu überschreiten versucht. Die Intensität seiner Bemühungen erlaubt den Schluss – der selbst ein Erkenntnisgewinn wäre –, dass damit jene Grenzen *überhaupt* erreicht sind."

429 So auch *Kühl*, Strafrecht. Allgemeiner Teil, 2017, § 8 Rdnr. 1; *Meißner*, Die Interessenabwägungsformel in der Vorschrift über den rechtfertigenden Notstand (§ 34 StGB), 1990, S. 133; *Meyer*, GA 2004, S. 356.

430 *Lenckner*, Der rechtfertigende Notstand, 1965, S. 7; *Bernsmann*, "Entschuldigung" durch Notstand, 1989, S. 7; *Maurach/Zipf*, Strafrecht Allgemeiner Teil, TBd. 1, 1992, § 27 Rdnr. 1.

431 *Küper*, JuS 1987, S. 81.

432 *Neumann*, in: Hirsch/Neumann/Seelmann (Hrsg.): Solidariät im Strafrecht, 2013, S. 155 (156).

erstaunlich offen konzipiert, gerechtfertigt werden kann prinzipiell jede beliebige Tat, sofern nur eine Gefahr für ein Rechtsgut besteht.[433] Die gesamte Strafrechtsordnung wird so quasi unter „Notrechtsvorbehalt“ gestellt.[434] Die Notstandsregelungen sind in wesentlich höherem Maße begründungsbedürftig als die Notwehr, geht es doch bei dieser um die Abwehr des seinerseits rechtswidrig angreifenden Täters, während bei jenen in die Rechtsgüter eines völlig unbeteiligten Dritten eingegriffen wird, der mit der Entstehung der Gefahr nichts zu tun hat. Die Rechtfertigung ist also alles andere als selbstverständlich.

Dementsprechend erfuhr der Gedanke einer Rechtfertigung des sich im Notstand befindenden Täters bei *Kant* eine deutliche Ablehnung: Beim Notstand („Notrecht“) gehe es darum, „im Fall der Gefahr des Verlustes meines eigenen Lebens, einem Anderen, der mir nichts zu Leide that, das Leben zu nehmen“,[435] statt wie bei der Notwehr um einen „ungerechten Angreifer auf mein Leben, dem ich durch Beraubung des seinen zuvorkomme“.[436] *Kant* ist der Überzeugung, es könne „keine Noth geben, welche, was Unrecht ist, gesetzmäßig machte“.[437] Ein solches Notrecht wäre, als „Recht, in der Not Unrecht zu tun“, ein Widerspruch in sich und „Zwang ohne Recht“.[438] Die Not, auch in Gestalt einer Gefahr für das eigene Leben, begründe nur ein „Bedürfnis“, sie abzuwenden, nur eine „Neigung“.[439] „Neigung kann aber nicht Grund eines Rechts und eines Gesetzes werden… Neigung und Not daher, sie zu erfüllen, kann kein Recht geben.“[440] Denn „Recht ist also der Inbegriff der Bedingungen, unter denen die Willkür des einen mit der Willkür des anderen nach einem allgemeinen Gesetze der Freiheit zusammen vereinigt werden kann“.[441] Als Rechtspersonen begegnen die Menschen einander bei *Kant* aber nur im Hinblick auf ihre Handlungsfreiheit; die Rechtsgemeinschaft ist keine Solidargemeinschaft der Bedürftigen, sondern eine

---

433 *Küper,* JZ 2005, S. 105; ähnlich *Bernsmann,* "Entschuldigung" durch Notstand, 1989, S. 18.

434 *Küper,* JZ 2005, S. 105.

435 *Kant,* AA VI, MdS, 235. 15–17.

436 *Kant,* AA VI, MdS, 235. 19–20.

437 *Kant,* AA VI, MdS, 236. 06–07.

438 *Küper,* JZ 2005, S. 105 (108); zu Kants Lehre vom Notrecht vgl. auch *Pawlik,* Der rechtfertigende Notstand, 2002, S. 18 ff.

439 *Küper,* JZ 2005, S. 105 (109).

440 *Kant*, Vorlesungsnachschrift Vigilantius, zitiert nach *Küper,* Immanuel Kant und das Brett des Karneades, 1999, S. 62.

441 *Kant,* AA VI, MdS, 230. 24–26.

Selbstschutzgemeinschaft der Handlungsmächtigen.[442] Die Notlage müsse vom Betroffenen ohne Eingriff in die Freiheitssphäre anderer verarbeitet werden.[443]

Jedoch hat *Kant* das Notrecht (zusammen mit der Billigkeit) nur aus der eigentlichen Rechtslehre ausgegliedert,[444] es stellt also kein „Recht in engerer Bedeutung" (ius strictum)[445], sondern nur „Recht im weiteren Sinne" (ius latum)[446] dar,[447] das zu Straflosigkeit (Inpunibilität) führen kann, auch wenn das Handeln dadurch seinen objektiven Unrechtscharakter nicht verliert.[448] Außerdem geht *Kant* immerhin von einer Tugendpflicht aus, dem anderen in der Not beizustehen (eine Pflicht zur Förderung fremder Glückseligkeit).[449] Trotzdem kann der Notstand nach *Kant* kein (echtes) Recht dazu geben, in die Rechtgüter eines Unbeteiligten einzugreifen.[450]

Eine andere Position vertrat dagegen *Hegel* in seinen „Grundlinien der Philosophie des Rechts". Er erkannte ein „Notrecht" im Sinne eines echten Rechts (und nicht als Billigkeit) an und holte es somit von der Ethik oder Moral in das Recht zurück.[451] In § 127 seiner Grundlinien der Philosophie des Rechts behandelt er den Fall, dass das eigene Leben mit dem Eigentum eines anderen kollidiert. Für ihn steht dann „auf der einen Seite die unendliche Verletzung des Daseins und darin die totale Rechtlosigkeit, auf der anderen Seite nur die Verletzung eines einzelnen beschränkten Daseins der Freiheit".[452] Damit wäre es nach *Hegel* z.B. möglich, einen Diebstahl von Brot, um den Hungertod abzuwenden,

---

442 *Kersting,* Wohlgeordnete Freiheit, 2007, S. 98; *Küper,* JZ 2005, S. 105 (108); *Perdomo-Torres,* Die Duldungspflicht im rechtfertigenden Notstand, 2011, S. 20.

443 *Pawlik,* Der rechtfertigende Notstand, 2002, S. 18.

444 Die Billigkeit sei „Recht ohne Zwang", das Notrecht dagegen „Zwang ohne Recht", vgl. *Kant,* AA VI, MdS, 234. 03–05.

445 *Kant,* AA VI, MdS, 233. 34.

446 *Kant,* AA VI, MdS, 234. 01.

447 *Küper,* Immanuel Kant und das Brett des Karneades, 1999, S. 108; *Kühl,* in: Weigend/Küpper (Hrsg.): FS Hirsch, 1999, S. 259 (264).

448 *Kant,* AA VI, MdS, 236. 01–04.

449 *Kant,* AA VI, MdS, 393. 12–394. 12.

450 *Kühl,* in: Eser/Schittenhelm/Schumann (Hrsg.): FS Lenckner, 1998, S. 143 (149); dementsprechend geht auch *Pawlik,* Der rechtfertigende Notstand, 2002, S. 22 f. davon aus, dass es nach *Kant* nur eine Tugendpflicht zur aktiven Hilfe gebe, nicht aber umgekehrt eine Pflicht zur Duldung des Eingriffs eines anderen.

451 *Kühl,* in: Weigend/Küpper (Hrsg.): FS Hirsch, 1999, S. 259 (266).

452 *Hegel,* Grundlinien der Philosophie des Rechts, 1986, S. 240.

zu rechtfertigen.[453] Der im (Lebens-) Notstand Befindliche hätte ein echtes Eingriffsrecht.

Es sind im Grunde genommen diese beiden Grundpositionen, die die Diskussion um die Legitimation einer – auch kodifizierten – Notstandsregel prägten und immer noch prägen.

b) *Jüngere Gesetzgebungsgeschichte*

So war die Diskussion um eine gesetzliche Regelung des Notstandes auch bei Schaffung des Reichsstrafgesetzbuches von 1871 von eben diesen beiden konträren Positionen *Kants* und *Hegels* geprägt; trotzdem folgte das Reichsstrafgesetzbuch zunächst pragmatisch der für jedermann einsichtigen Erkenntnis, „dass Handlungen in Not Nachsicht verdienen und zur Entschuldigung des Täters führen können".[454] In § 54 StGB a.F. enthielt es eine Regelung, die im Wesentlichen dem heutigen § 35 StGB entspricht. In § 52 StGB a.F. war eine spezielle Regelung des Nötigungsnotstandes vorgesehen. Einen allgemeinen rechtfertigenden Notstand kannte das RStGB damit ebenso wenig wie sein Vorläufer, das Preußische Strafgesetzbuch von 1851.[455] Mit dem BGB erhielten die beiden zivilrechtlichen Regelungen des Defensivnotstandes (§ 228 BGB) und des Agressivnotstandes (§ 904 BGB) 1900 Eingang in die Rechtsordnung.[456] Der Notstand war von Anfang an eine höchst umstrittene Materie. Allein bis zum Beginn des zweiten Weltkrieges gibt es ein kaum zu überblickendes Schrifttum,[457] vielfach ist die Rede von einem „jämmerlichen", „verworrenen" Zustand der Notstandslehre.[458] Insgesamt setzte sich aber zunehmend die Erkenntnis durch, dass der Notstand zwar ein einheitliches Phänomen ist, es aber durchaus unterschiedliche Notstandstypen geben kann, sodass nicht alle Notstandsfälle zwingend nur als Rechtfertigungs- oder nur als Entschuldigungsgrund angesehen werden müssen (so aber die sog. Einheitstheorie).[459] Vielmehr könne es – so die

---

453 Weiterführend zu *Hegels* Lehre vom Notrecht *Pawlik,* Der rechtfertigende Notstand, 2002, S. 80 ff.

454 *Kühl,* Strafrecht. Allgemeiner Teil, 2017, § 8 Rdnr. 7.

455 *Neumann,* in: Hirsch/Neumann/Seelmann (Hrsg.): Solidariät im Strafrecht, 2013, S. 155 (157).

456 *Roxin,* Strafrecht Allgemeiner Teil, Bd. 1, 2006, § 16 Rdnr. 1.

457 Das im Rahmen dieser Arbeit aber nicht weiter wiedergegeben werden kann. Insofern sei nur auf *Küper,* JuS 1987, S. 81 verwiesen.

458 Nachweise dazu etwa bei *Bernsmann,* „Entschuldigung" durch Notstand, 1989, S. 16.

459 *Lenckner,* Der rechtfertigende Notstand, 1965, S. 8 f.

sich nun durchsetzende Differenzierungstheorie[460] – Fälle geben, in denen der Notstand rechtfertigend wirke, und Fälle, in denen er lediglich entschuldigend wirke. *Jescheck* formulierte die für die Differenzierungstheorie maßgebliche Frage dahingehend, dass es darauf ankomme, „ob die Rechtsordnung die Notstandshandlung unter Berücksichtigung aller maßgeblichen Gesichtspunkte als sachgerecht billigt oder nur als verzeihlich nachsieht".[461] Nach diesem Maßstab ließen sich die Fälle des rechtfertigenden und des entschuldigenden Notstandes unterscheiden. Dabei wurden die §§ 228, 904 BGB dem rechtfertigenden und § 54 StGB a.F. dem entschuldigenden Notstand zugeordnet.[462]

Dies stellte aber noch immer eine unvollständige Regelung dar, war doch über die §§ 228, 904 BGB nur die Abwehr von Sachgefahren bzw. die Einwirkung auf Sachen erfasst und bei § 54 StGB a.F. der Kreis der Personen, die sich auf den Entschuldigungsgrund berufen konnten, eng begrenzt. Deswegen entwickelte sich schließlich der übergesetzliche rechtfertigende Notstand.[463] Er beruhte auf dem Gedanken, dass der Täter im Falle einer unausweichlichen Kollision widerstreitender Interessen rechtmäßig handelt, wenn er das höherwertige Interesse dem geringerwertigen vorzieht und damit etwas im Ergebnis sozial Nützliches tut.[464] Dieser Rechtfertigungsgrund wurde schließlich 1927 auch durch die Rechtsprechung in RGSt 61, 242 anerkannt. Der Fall betraf einen medizinisch indizierten Schwangerschaftsabbruch. Hinsichtlich der Tötung der Leibesfrucht hätte sich nach § 54 StGB a.F. zwar die Mutter, nicht aber der behandelnde Arzt exkulpieren können. Auch die zivilrechtlichen Notstandsregelungen kamen nicht in Betracht, da es sich bei der Leibesfrucht um keine Sache handelte. Die Anwendung des übergesetzlichen Notstandes war aber nach dem *RG* legitimiert, weil für den Widerstreit von Interessen anerkannt sei, „dass dann, wenn ein Ausgleich nicht anders möglich ist als durch Vernichtung oder Schädigung des einen

---

460 Dazu etwa *Küper*, JuS 1987, S. 81 (82 ff.).

461 So nach wie vor in *Jescheck/Weigend*, Lehrbuch des Strafrechts, 1996, § 33 I 1.

462 *Lenckner*, Der rechtfertigende Notstand, 1965, S. 9; *Maurach/Zipf*, Strafrecht Allgemeiner Teil, TBd. 1, 1992, §§ 27 Rdnr. 8.

463 Von *Küper*, JuS 1987, S. 81 (86) folgendermaßen zusammengefasst: Der übergesetzliche Notstand sei „auf der ‚Eingriffsseite' nicht an die Grenzen der §§ 228, 904 BGB und auf der ‚Erhaltungsseite' nicht an die sachlich-persönlichen Schranken der §§ 52, 54 a.F. gebunden", sondern gestatte „ganz allgemein die Verwirklichung des ‚überwiegenden Interesses' (oder den Schutz des Erhaltungsguts mit rechtlich ‚angemessenen Mitteln')".

464 *Roxin*, Strafrecht Allgemeiner Teil, Bd. 1, 2006, § 16 Rdnr. 3.

der beiden Rechtsgüter, das geringerwertige Gut dem höherwertigen weichen muss, der Eingriff in das geringerwertige also nicht rechtswidrig ist."[465]

Der Gesetzgeber hat diese Entwicklungen dann im Zuge des 2. Strafrechtsreformgesetzes, das 1973 in Kraft getreten ist, kodifiziert. Die Differenzierungstheorie findet sich in der Unterscheidung zwischen § 34 StGB (rechtfertigendem Notstand) und § 35 StGB (entschuldigendem Notstand) wieder. Dabei folgte der Gesetzgeber zum einen dem „Interessenabwägungsprinzip": Dieses modifiziert die reine Güterabwägungstheorie dahingehend, dass nicht allein das abstrakte Rangverhältnis der Rechtsgüter, sondern alle widerstreitenden, schutzwürdigen Interessen in die Abwägung miteinzubeziehen sind.[466] Zum anderen ergänzte er dieses Abwägungsprinzip durch eine Angemessenheitsklausel, die der „Zwecktheorie" entlehnt ist,[467] nach der „Eingriffe in rechtlich geschützte Interessen, welche sich als ein angemessenes Mittel zur Erreichung eines staatlich anerkannten Zwecks darstellen, nicht rechtswidrig seien".[468] Umstritten war die Regelung dabei von Anfang an, äußerte doch etwa *Gallas*[469] 1968 die Befürchtung, dass die Kodifizierung des übergesetzlichen Notstandes die Autorität der Rechtsordnung gefährde.

c) Legitimation des rechtfertigenden Notstandes

Mit der Kodifikation ist aber die Frage nach der tieferen Legitimation der Regelung nicht verschwunden.[470] Sie ist nach wie vor aktuell,[471] bleibt doch das Phänomen, dass der Gefährdete in die Rechtsgüter eines völlig unbeteiligten Dritten eingreifen darf, um die Gefahr von sich abzuwenden, obwohl doch dieser Dritte mit der Gefahr (zumindest meist) gar nichts zu tun hat; damit wird der Dritte zu einem Sonderopfer gezwungen und die Güter- und Freiheitssphären werden

465 RGSt 61, 242 (254); weiterführend zur Zwecktheorie *Lenckner,* Der rechtfertigende Notstand, 1965, S. 70 ff.

466 Vgl. z.B. LK/*Zieschang,* § 34, Rdnr. 3; ausführlich zur Entwicklung der Interessentheorie und m.w.N. *Lenckner,* Der rechtfertigende Notstand, 1965, S. 123 ff.

467 *Küper,* JuS 1987, S. 81 (86); *Roxin,* Strafrecht Allgemeiner Teil, Bd. 1, 2006, § 16 Rdnr. 7; Schönke/Schröder/*Perron,* § 34, Rdnr. 2.

468 So beschrieben in RGSt 61, 253.

469 *Gallas,* ZStW 80 (1968), S. 1 (24).

470 *Küper,* JZ 2005, S. 105.

471 Den jüngsten umfassenden Versuch zu einer rechtsphilosophischen Legitimation hat *Pawlik,* Der rechtfertigende Notstand, 2002 auf der Grundlage der Notrechtslehre von *Hegel* unternommen; weiter kann aus jüngerer Zeit auf *Frisch,* in: Paeffgen (Hrsg.): FS Puppe, 2011, S. 425 verwiesen werden.

zu seinen Lasten verschoben.[472] Der rechtfertigende Notstand führt – im Gegensatz zum entschuldigenden Notstand – zu einer echten Duldungspflicht des Bürgers,[473] diesen Eingriff hinzunehmen.[474] Ihm muss also erklärt werden, weshalb er die Verletzung seiner Rechtsgüter zu dulden hat.[475] Der rechtfertigende Notstand gerät damit in Konflikt mit dem Prinzip, dass der Einzelne innerhalb der ihm rechtlich garantierten Freiheitssphäre über seine Güter autonom und ohne rechtliche Bindungen disponieren kann.[476] Zugleich wird der Grundsatz der Eigenverantwortlichkeit tangiert, demzufolge jeder die Gefahren, die vom Zufall oder von Naturereignissen für seine Güter drohen, selbst zu tragen hat und nicht auf einen anderen abwälzen kann.[477] Insoweit werden die Grenzen der Freiheitssphären zugunsten des in Not Geratenen verschoben.[478] Die Diskussion wird auch nicht leichter durch den Umstand, dass es sich mit *Merkel*[479] um „einen besonders neuralgischen Interferenzbereich zwischen Recht und Moral" handelt.

Soweit der rechtfertigende Notstand teilweise auf das rein formale Prinzip[480] des überwiegenden Interesses zurückgeführt wird, genügt diese Benennung noch nicht, denn dieses Prinzip ist kein sich selbst tragendes Prinzip, die ihm korrespondierende Notstandsbestimmung keine evident richtige Regelung.[481] Damit kommen für die Legitimation der Regelung heute im Wesentlichen zwei

---

472 *Küper*, JZ 2005, S. 105.

473 Es ist also nicht allein das Verhältnis von Staat zu Bürger betroffen (in dem Sinne, dass der Strafrichter den Eingreifenden mangels Schuld nicht bestrafen darf), sondern es ist unmittelbar das Verhältnis der Bürger zueinander betroffen; vgl. *Kühl*, in: Eser/Schittenhelm/Schumann (Hrsg.): FS Lenckner, 1998, S. 143 (149 f.).

474 MüKo/*Erb*, § 34, Rdnr. 1; *Küper*, JZ 2005, S. 105; Schönke/Schröder/*Perron*, § 34, Rdnr. 1; *Roxin*, Strafrecht Allgemeiner Teil, Bd. 1, 2006, § 14 Rdnr. 107 ff.; *Pawlik*, Der rechtfertigende Notstand, 2002, S. 9 ff.

475 *Coninx*, in: Hirsch/Neumann/Seelmann (Hrsg.): Solidariät im Strafrecht, 2013, S. 175 (193).

476 *Lenckner*, Der rechtfertigende Notstand, 1965, S. 112; NK/*Neumann*, § 34, Rdnr. 7; *Kühl*, in: Eser/Schittenhelm/Schumann (Hrsg.): FS Lenckner, 1998, S. 143 (150).

477 *Lenckner*, Der rechtfertigende Notstand, 1965, S. 111; NK/*Neumann*, § 34, Rdnr. 7.

478 *Kühl*, in: Eser/Schittenhelm/Schumann (Hrsg.): FS Lenckner, 1998, S. 143 (157).

479 *Merkel*, in: Albrecht (Hrsg.): Vom unmöglichen Zustand des Strafrechts, 1995, S. 171 (178).

480 *Neumann*, in: Hirsch/Neumann/Seelmann (Hrsg.): Solidariät im Strafrecht, 2013, S. 155 (159) unter Bezugnahme auf *Engländer*, GA 2010, S. 15 (18).

481 *Neumann*, in: Hirsch/Neumann/Seelmann (Hrsg.): Solidariät im Strafrecht, 2013, S. 155 (156).

Prinzipien in Betracht: das Utilitaritäts- und das Solidaritätsprinzip. In jüngster Zeit kommt noch ein weiterer Legitimationsversuch von *Pawlik* auf Basis einer Neuinterpretation von *Hegels* Notrechtslehre hinzu, der von *Neumann*[482] dem Loyalitätsprinzip zugeordnet wird. Diese Ansätze sollen im Folgenden kurz vorgestellt werden.

aa) Utilitaritätsprinzip

Nach dem Utilitaritätsprinzip[483] ist die Inanspruchnahme des Dritten in gewissen Grenzen zur Mehrung des Gesamtnutzens[484] der Gemeinschaft erlaubt.[485] Wenn ein Gut ohnehin verloren sei, sei der Rechtsordnung daran gelegen, aus der bedrohlichen Situation „das Beste zu machen".[486] Das zugrundeliegende „Verrechnungsprinzip" schreibe vor, dass die in einer Notsituation kollidierenden Interessen in ein einziges Konto eingestellt würden, das nicht auf die einzelnen Individuen, sondern auf die Gesamtheit schaue.[487]

Auch wenn diese Erklärung den Charme der Einfachheit und eine gewisse intuitive Plausibilität aufweist[488] und man selbst mit *Hegels* Notrechtslehre begründen könnte, warum ein geringerwertiges Gut für ein höherwertiges

482 *Neumann,* in: Hirsch/Neumann/Seelmann (Hrsg.): Solidariät im Strafrecht, 2013, S. 155 (159); „Loyalität" bedeutet dabei die normativ relevante Verbundenheit des Bürgers mit der Gemeinschaft bzw. dem Staat.

483 Es geht nach *Hruschka,* Strafrecht nach logisch-analytischer Methode, 1987, S. 112 f. auf Vorstellungen zurück, die sich im 18. und 19. Jahrhundert unter dem Namen „Utilitarismus" entwickelt haben. Angeknüpft werden könne an das Bild einer Gesellschaft als Körper, in dem die Einzelpersonen als Glieder dieses einen Körpers erscheinen; dementsprechend gebe es auch keine Interessen der Einzelpersonen, sondern ihre Interessen seien Interessen der Gemeinschaft (dazu *Kühl,* in: Eser/Schittenhelm/Schumann (Hrsg.): FS Lenckner, 1998, S. 143 (153)]); krit. zur begrifflichen Herleitung *Pawlik,* Der rechtfertigende Notstand, 2002, S. 32 ff.

484 Wobei *Merkel,* in: Albrecht (Hrsg.): Vom unmöglichen Zustand des Strafrechts, 1995, S. 171 (187) zu Recht anmerkt, dass es keinen „Gesamtnutzen" gebe, sondern wenn überhaupt nur einen „Gesamtgüterbestand", denn der durch die Notstandstat realisierte „Nutzen" komme nicht der Gesamtheit, sondern „fast allen nicht" zugute.

485 So etwa *Meißner,* Die Interessenabwägungsformel in der Vorschrift über den rechtfertigenden Notstand (§ 34 StGB), 1990, S. 106 ff., 134 ff.; *Hruschka,* Strafrecht nach logisch-analytischer Methode, 1987, S. 112 f.; *Joerden,* GA 1991, S. 411 (414 ff.).

486 *Pawlik,* Der rechtfertigende Notstand, 2002, S. 32.

487 *Hruschka,* Strafrecht nach logisch-analytischer Methode, 1987, S. 113.

488 *Pawlik,* Der rechtfertigende Notstand, 2002, S. 32.

Gut geopfert werden darf,[489] ist doch immer noch nicht die Frage beantwortet, warum überhaupt ein völlig Unbeteiligter für die Beseitigung der Notlage eines anderen herangezogen werden darf – zumindest, soweit man die Rationalität des kollektiven Gesamtnutzens nicht mit Gerechtigkeit gleichsetzen will.[490] Dementsprechend formulierte bereits *Gallas* 1968, dass „in einer freiheitlichen Gesellschaftsordnung aus der Höherwertigkeit des vom Notstandstäter geschützten Rechtsguts nicht ohne weiteres auch schon auf eine entsprechende Duldungspflicht des ohne sein Zutun von der Kollision Betroffenen geschlossen werden darf, daß von diesem die Aufopferung des eigenen geringerwertigen Guts vielmehr nur soweit verlangt werden kann, wie ein solcher Rechtszwang zur Solidarität mit seinem Anspruch auf Selbstbestimmung und Respektierung seiner Person noch vereinbar erscheint".[491]

Die spätere Diskussion (vor der Kodifikation des § 34 StGB) war auf dieser Grundlage geprägt von dem Bemühen, die ältere Güterabwägungstheorie zu überwinden, trotzdem aber das Notstandsproblem in konsequentialistischer Manier (also mit Blick auf die sozialen Folgen) und in kollektivistischer Form zu lösen, damit eine personenübergreifende Verrechnung von Interessen ermöglicht würde.[492] Es entwickelten sich daher die Zwecktheorie[493] (wonach Eingriffe in fremde Güter nicht rechtswidrig seien, wenn sie ein angemessenes Mittel zur Erreichung eines rechtlich anerkannten Zwecks darstellten) und die Interessentheorie[494] (nach der statt Gütern Interessen schlechthin verrechnet würden), wobei die Unterschiede zwischen diesen Theorien marginal sind, da sie beide rein formaler Natur sind und keine Bewertungsmaßstäbe vorgeben.[495] Trotzdem

489 Weil es eben auch unter dem Aspekt der Verwirklichung der Freiheit, der das Recht nach *Hegel* dienen soll, in Qualität und Quantität verschiedene Rechtsgüter gibt, vgl. *Kühl,* in: Eser/Schittenhelm/Schumann (Hrsg.): FS Lenckner, 1998, S. 143 (156).

490 *Kühl,* in: Eser/Schittenhelm/Schumann (Hrsg.): FS Lenckner, 1998, S. 143 (156).

491 *Gallas,* ZStW 80 (1968), S. 1 (23 f.); er lehnt a.a.O. eine Kodifizierung des rechtfertigenden Notstandes gänzlich ab, weil sonst „eine nicht zu unterschätzende Versuchung für den Richter, bei der Beurteilung von Notstandsfällen vermeintlich sozial gebotene Entscheidungen auf Kosten des Freiheitsspielraums der Verletzten und der Autorität der Rechtsordnung zu treffen" bestünde.

492 *Pawlik,* Der rechtfertigende Notstand, 2002, S. 46 f.

493 Dazu weiterführend und m.w.N. *Lenckner,* Der rechtfertigende Notstand, 1965, S. 70 ff.

494 Dazu ausführlich *Lenckner,* Der rechtfertigende Notstand, 1965, S. 123 ff.

495 *Lenckner,* Der rechtfertigende Notstand, 1965, S. 128 f.; *Pawlik,* Der rechtfertigende Notstand, 2002, S. 48; vgl. auch *Merkel,* in: Albrecht (Hrsg.): Vom unmöglichen Zustand des Strafrechts, 1995, S. 171 (188); LK/*Zieschang,* § 34, Rdnr. 2.

übernahm die h.M. die „Gesamtabwägungsthese“, die *Lenckner* in seiner Monographie über den rechtfertigenden Notstand 1965 formulierte.[496] Das Prinzip der Interessenabwägung sei in der Sache selbst begründet[497] und deswegen stelle die Interessenabwägung in § 34 S. 1 StGB den Mittelpunkt der Notstandsvorschrift dar. In diese Abwägung seien alle entscheidungsrelevanten Umstände, alle „positiven und negativen Vorzugstendenzen“[498] einzubeziehen. Die Autonomie des unschuldigen Eingriffsadressaten sei dabei aber nur ein Gesichtspunkt neben anderen.[499]

bb) Solidaritätsprinzip

Wegen umfangreicher Kritik[500] an einer solch utilitaristisch geprägten Begründung sucht die heute h.M. die Legitimation im Solidaritätsprinzip.[501] Solidarität soll dabei zunächst einmal verstanden werden als die Idee einer wechselseitigen und gemeinschaftlichen Verbundenheit zwischen verschiedenen Personen (auch einer Gruppe), die sich durch Verantwortung und Sorge für andere auszeichnet.[502]

Wenn sich schon kein Interesse des Kollektivsubjekts „Gesellschaft“ an einer Gütermaximierung begründen lasse, müsse eben unmittelbar auf die

496 *Lenckner,* Der rechtfertigende Notstand, 1965, S. 123 ff.

497 *Lenckner,* Der rechtfertigende Notstand, 1965, S. 123.

498 *Hubmann,* AcP 155 (1956), S. 85 (123).

499 *Lenckner,* Der rechtfertigende Notstand, 1965, S. 112f.; *Roxin,* Strafrecht Allgemeiner Teil, Bd. 1, 2006, § 16 Rdnr. 46; *Renzikowski,* Notstand und Notwehr, 1994, S. 60 ff.; Schönke/Schröder/*Perron,* § 34, Rdnr. 38; LK/*Zieschang,* § 34, Rdnr. 38.

500 Dazu sogleich unter dd.

501 So etwa *Koch,* ZStW 122 (2010), S. 804 (819 f.) *Kühl,* in: Eser/Schittenhelm/Schumann (Hrsg.): FS Lenckner, 1998, S. 143 (157); *Kühl,* Strafrecht. Allgemeiner Teil, 2017, § 8 Rdnr. 9 f.; *Renzikowski,* Notstand und Notwehr, 1994, S. 188 ff.; *Merkel,* in: Albrecht (Hrsg.): Vom unmöglichen Zustand des Strafrechts, 1995, S. 171 (180 ff.); *Kelker,* Der Nötigungsnotstand, 1993, S. 79, 135, 162; NK/*Neumann,* § 34, Rdnr. 9; MüKo/*Erb,* § 34, Rdnr. 8; Matt/Renzikowski/*Engländer,* § 34, Rdnr. 3; SSW-StGB/*Rosenau,* § 34, Rdnr. 1; SK-StGB/*Günther,* § 34, Rdnr. 11; *Frister,* Strafrecht. Allgemeiner Teil, 2015, Kap. 17 Rdnr. 1; *Wessels/Beulke/Satzger,* Strafrecht Allgemeiner Teil, 2016, Rdnr. 473; *Engländer,* GA 2010, S. 15 (20); *Meyer,* GA 2004, S. 356 (367).

502 *Saliger,* in: Hirsch/Neumann/Seelmann (Hrsg.): Solidariät im Strafrecht, 2013, S. 61 (61); *Pawlik,* Der rechtfertigende Notstand, 2002, S. 60; einen historischen Überblick über Solidarität in Notsituationen gibt *Renzikowski,* in: Hirsch/Neumann/Seelmann (Hrsg.): Solidariät im Strafrecht, 2013, S. 13 ff.

Individualinteressen der betroffenen Personen zurückgegriffen werden:[503] Jedermann habe aus Gründen der Solidarität mit dem in Gefahr Geratenen eine Inanspruchnahme seiner Rechtsgüter durch diesen hinzunehmen.[504] Dabei handle es sich um ein „begründungskräftiges Rechtsprinzip des modernen Staates, das mit dem in der wechselseitigen Abgrenzung individueller Gütersphären wirksamen ‚Autonomieprinzip' konkurriere und es in den Grenzen der Notstandsrechtfertigung verdränge".[505] Das Augenmerk geht also weg von einem Notrecht des Gefährdeten hin zur Begründung einer Notpflicht des Eingriffsadressaten.[506] Dass dies zu einer Einschränkung liberaler Prinzipien führt, zu denen auch der Grundsatz der Eigenverantwortlichkeit[507] gehört, ist klar,[508] da Solidarität doch meist auf ein kollektives Interesse bezogen ist, das erst mittelbar zur Befriedigung individueller Interessen führt, während im Liberalismus unmittelbar das individuelle Interesse und dadurch mittelbar das Gemeinwohl verwirklicht werden soll.[509] Zudem stehen bei einer liberalistischen Rechtskonzeption Unterlassungspflichten im Vordergrund, während das Solidaritätsprinzip Handlungspflichten begründen soll.[510]

Zur Untermauerung dieses Prinzips wird zumeist auf § 323c StGB hingewiesen, der auch von jedermann verlange, in einer Notlage Hilfe zu leisten.[511] Auch wenn der Solidaritätsgedanke auf den ersten Blick über große Plausibilität verfügen mag, wird doch kritisch angemerkt, dass er eine ausreichende Erklärung nur dann wäre, wenn es sich dabei um einen auch sonst anerkannten Rechtsbegriff handeln würde, aus dem sich zwanglos bestimmte freiheitsbeschränkende

503 *Pawlik,* Der rechtfertigende Notstand, 2002, S. 57; *Merkel,* in: Albrecht (Hrsg.): Vom unmöglichen Zustand des Strafrechts, 1995, S. 171 (180).

504 *Kühl,* in: Eser/Schittenhelm/Schumann (Hrsg.): FS Lenckner, 1998, S. 143 (157); *Kühl,* Strafrecht. Allgemeiner Teil, 2017, § 8 Rdnr. 9 f.

505 *Küper,* JZ 2005, S. 105 (107); *Renzikowski,* Notstand und Notwehr, 1994, S. 195 spricht von einer Überlagerung des Autonomieprinzips durch das Solidaritätsprinzip.

506 *Küper,* JZ 2005, S. 105 (107).

507 Der eben auch besagt, dass der drohende Schaden nicht auf einen anderen Unbeteiligten abgewälzt werden darf („casum sentit dominus").

508 *Neumann,* in: Hirsch/Neumann/Seelmann (Hrsg.): Solidariät im Strafrecht, 2013, S. 155 (166).

509 *Saliger,* in: Hirsch/Neumann/Seelmann (Hrsg.): Solidariät im Strafrecht, 2013, S. 61 (62).

510 *Saliger,* in: Hirsch/Neumann/Seelmann (Hrsg.): Solidariät im Strafrecht, 2013, S. 61 (62).

511 *Kühl,* in: Eser/Schittenhelm/Schumann (Hrsg.): FS Lenckner, 1998, S. 143 (157); MüKo/*Erb,* § 34, Rdnr. 8; NK/*Neumann,* § 34, Rdnr. 9.

Pflichten ableiten ließen.[512] *Kühl*[513] monierte daher zunächst noch, dass bisher aber weder die verfassungsrechtliche Verankerung noch die rechtsphilosophische Begründung der Solidarität befriedigend gelungen seien.[514] Eine moralphilosophische Begründung versucht er dann ein Jahr später und findet sie in der Philosophie *Kants*, *Höffes* oder *Habermas*'.[515] Auch dort muss er aber noch die Frage offen lassen, unter welchen Voraussetzungen aus der moralisch verbindlichen solidarischen Hilfeleistungspflicht eine Rechtspflicht, zumal eine (im Falle des § 323c StGB) strafbewehrte werden könne.[516] Gleiches gelte für die Transformation einer moralischen Duldungspflicht zu einer Rechtspflicht.[517] Später führt *Kühl*[518] dann aus, dass Solidarität, um als Rechtsprinzip gelten zu können, mit der Freiheit kompatibel sein müsse, denn schließlich sei Aufgabe des Rechts die Abgrenzung äußerer Freiheitssphären. Dies sei sie aber, wenn sie als freiheitsbezogene Solidarität verstanden werde, die nur punktuell eingreife, wenn für die persönliche Freiheit besonders wichtige Rechtsgüter unterzugehen drohten.[519] Man könne also sagen, Solidarität könne dann rechtliche Pflichten begründen, wenn sie dazu diene, Güter zu schützen, die Freiheit erst ermöglichten. Für die Notstandsregelung wäre das insoweit der Fall, als sie einen Eingriff nur bei wesentlichem Überwiegen des Erhaltungsguts zulasse,[520] sodass also

---

512 *Kühl*, in: Eser/Schittenhelm/Schumann (Hrsg.): FS Lenckner, 1998, S. 143 (157); *Kühl*, in: Weigend/Küpper (Hrsg.): FS Hirsch, 1999, S. 259 (267); *Pawlik*, Der rechtfertigende Notstand, 2002, S. 58.

513 *Kühl*, in: Eser/Schittenhelm/Schumann (Hrsg.): FS Lenckner, 1998, S. 143 (158).

514 Ähnlich *Renzikowski*, Notstand und Notwehr, 1994, S. 197 f., der das Solidaritätsprinzip zunächst für eine nicht weiter deduktiv ableitbare Wertentscheidung hält. *Küper*, JZ 2005, S. 105 (108) moniert, dass – einmal abgesehen von der „Begründungsbedürftigkeit schon der ‚moralischen' Solidaritätspflicht" – noch nicht die Frage nach dem substantiellen Grund für die Rechtsverbindlichkeit einer solchen Pflicht beantwortet sei. Nach *Pawlik*, Der rechtfertigende Notstand, 2002, S. 20f. lässt sich nach *Kant* nicht einmal eine Tugendpflicht zur Duldung von Eingriffen in fremde Rechtsgüter zur Erhaltung der eigenen begründen. *Kant* sehe nur eine Tugendpflicht vor, anderen in der Not aktiv beizustehen.

515 *Kühl*, in: Weigend/Küpper (Hrsg.): FS Hirsch, 1999, S. 259 (267 ff.).

516 *Kühl*, in: Weigend/Küpper (Hrsg.): FS Hirsch, 1999, S. 259 (274).

517 *Kühl*, in: Weigend/Küpper (Hrsg.): FS Hirsch, 1999, S. 259 (276).

518 *Kühl*, in: Hirsch/Neumann/Seelmann (Hrsg.): Solidariät im Strafrecht, 2013, S. 93.

519 *Kühl*, in: Hirsch/Neumann/Seelmann (Hrsg.): Solidariät im Strafrecht, 2013, S. 93 (101).

520 *Kühl*, in: Hirsch/Neumann/Seelmann (Hrsg.): Solidariät im Strafrecht, 2013, S. 93 (101).

davon auszugehen sei, dass das Erhaltungsrechtsgut eine wesentliche Bedeutung für die Freiheitssphäre des Betroffenen habe, im Vergleich zu der die Freiheitsbedeutung des Eingriffsguts wesentlich geringer sei. Daher könne man Solidarität durchaus als Rechtsprinzip sehen,[521] denn sie diene (v.a. in den Vorschriften der §§ 34 und 323c StGB) der Verwirklichung und Sicherung der Freiheit des Opfers einer Gefahr oder eines Unglücksfalles. Zugleich beschränke sie aber auch die Beeinträchtigung der Freiheitssphäre des in Anspruch Genommenen: Nur wo der Eingriff relativ gering bzw. zumutbar sei, dürfe seine Freiheitssphäre beeinträchtigt werden; andernfalls setze sich ihr Schutz durch. Methodisch greift er dazu auf das Prinzip der Verallgemeinerung zurück, nach dem sich eine Rechtspflicht dann begründen lässt, wenn sie verallgemeinerbar und allgemein zustimmungsfähig ist.[522]

Doch wie lässt sich mithilfe dieses Gedankens die Notstandsregelung des § 34 StGB erklären? Ausgehend von dem „Jedermannswissen", selbst einmal in Not geraten zu können, ergebe sich die grundsätzliche Einsicht, dass man sich einem in Not Geratenen nicht verweigern dürfe, wenn nur ein vergleichsweise unverhältnismäßig geringeres Gut aufgeopfert werden müsste als es bei dem in Not Geratenen in Rede stehe.[523] Wer jetzt nicht Solidarität übe, könne auch später, wenn er selbst einmal in Not gerate, nicht mit der Solidarität des anderen rechnen.[524] Deswegen entspreche es der Klugheit, selbst solidarisch zu sein, um in Zukunft ebenfalls Solidarität zu erfahren. Angesprochen ist also der Gedanke der Selbstgesetzgebung: Die Normadressaten würden vernünftigerweise einer entsprechenden Pflicht zustimmen.[525]

Merkel[526] zieht die Philosophie *John Rawls* heran, um die Notstandsregelung philosophisch zu legitimieren:[527] *Rawls* definiert zunächst bestimmte

---

521 Zur verfassungsrechtlichen Verankerung siehe die Nachweise bei *Meyer,* GA 2004, S. 356 (362 f.).

522 *Kühl,* in: Freund/Murmann/Bloy René u. a. (Hrsg.): FS Frisch, 2013, S. 785 (792 ff.), allerdings zur Legitimation des § 323c StGB.

523 *Kühl,* in: Weigend/Küpper (Hrsg.): FS Hirsch, 1999, S. 259 (275); *Frisch,* in: Paeffgen (Hrsg.): FS Puppe, 2011, S. 425 (439); *Engländer,* GA 2010, S. 15 (20).

524 *Pawlik,* Der rechtfertigende Notstand, 2002, S. 71.

525 *Meyer,* GA 2004, S. 356 (365); *Pawlik,* Der rechtfertigende Notstand, 2002, S. 60.

526 *Merkel,* in: Albrecht (Hrsg.): Vom unmöglichen Zustand des Strafrechts, 1995, S. 171 ff.; ebenso *Coninx,* in: Hirsch/Neumann/Seelmann (Hrsg.): Solidariät im Strafrecht, 2013, S. 175 (195ff.); *Meyer,* GA 2004, S. 356 (365 f.).

527 Umfangreiche Kritik an einer Konzeption der „instrumentellen Vernunft" findet sich bei *Pawlik,* Der rechtfertigende Notstand, 2002, S. 69ff.; immerhin räumt auch *Pawlik* a.a.O., S. 75 ein, dass das Bewertungsschema des klugen Eigeninteresses nicht

„Grundgüter",[528] die Grundlage der Verwirklichung jedes nur denkbaren Lebensplans innerhalb einer Gesellschaft sind, z.B. Rechte, Freiheiten, Chancen, Einkommen und Vermögen, aber auch die sozialen Bedingungen der Selbstachtung.[529] Nach *Merkel* lege der fundamentale Status dieser Grundgüter den Schluss nahe, zumindest solche Interessen, die in einem unmittelbaren Zusammenhang mit diesen Grundgütern stünden, einer gewissen Solidaritätsobhut jedes einzelnen gegenüber jedem anderen anzuvertrauen, wie es etwa als Ausprägung auch in § 34 StGB oder § 323c StGB gesehen werden könne.[530] Zwar sei der Mensch im Rawls'schen Urzustand nichts anderes als ein rationaler Egoist, der desinteressiert sei und nicht bereit, seine Interessen für einen anderen aufzuopfern;[531] der „Schleier des Nichtwissens"[532] führe aber dazu, dass kein Vertragspartner im Vorfeld wisse, ob er der Profiteur oder der Belastete der Notstandsregelung sei. Dies erzwinge einen unparteiischen Standpunkt und sei problemlos als rationale wechselseitige „social insurance policy" interpretierbar.[533] Zudem führe eine solche Konzeption des Urzustandes zu einer „Entscheidung unter Unsicherheit".[534] Solidarität wäre nicht Ausdruck einer genuin moralischen Einstellung, sondern Folge einer rational motivierten Kooperation, weil jeder von solch einem System gegenseitiger Mindestsolidarität potentiell profitieren könne, indem die Notstandsbefugnis dazu führe, dass er seine Grundgüter potentiell vermehren könne.[535] Solidarität lässt sich somit als Rechtsprinzip begründen, wenn sich

prinzipiell illegitim sei, sondern für die soziale Durchsetzung einer Norm erforderlich sei, weil diese nur gelinge, wenn die Normadressaten wüssten, dass die betreffende Norm auch das Interesse der einzelnen an der Förderung ihres recht verstandenen Wohls im Auge habe. Trotzdem dürfe der Motivationsgrund nicht mit einem Verpflichtungsgrund verwechselt werden.

528 D.h. Dinge, von denen man annehmen kann, dass sie jeder vernünftige Mensch haben will (*Rawls*, Eine Theorie der Gerechtigkeit, 1979, S. 83).

529 *Rawls*, Eine Theorie der Gerechtigkeit, 1979, S. 111 ff., 479 ff.

530 *Merkel*, in: Albrecht (Hrsg.): Vom unmöglichen Zustand des Strafrechts, 1995, S. 171 (184).

531 *Rawls*, Eine Theorie der Gerechtigkeit, 1979, S. 152.

532 *Rawls*, Eine Theorie der Gerechtigkeit, 1979, S. 159 ff.

533 *Merkel*, in: Albrecht (Hrsg.): Vom unmöglichen Zustand des Strafrechts, 1995, S. 171 (185); *Coninx*, in: Hirsch/Neumann/Seelmann (Hrsg.): Solidariät im Strafrecht, 2013, S. 175 (195).

534 *Rawls*, Eine Theorie der Gerechtigkeit, 1979, S. 133; *Coninx*, in: Hirsch/Neumann/Seelmann (Hrsg.): Solidariät im Strafrecht, 2013, S. 175 (195).

535 *Merkel*, in: Albrecht (Hrsg.): Vom unmöglichen Zustand des Strafrechts, 1995, S. 171 (184 f.). Damit ist zwar auch wieder eine gewisse gesellschaftliche Nützlichkeit angesprochen, doch bezieht sich diese auf die Norm und nicht auf die einzelne

freie und gleiche Menschen hinter dem Schleier des Nichtwissens auf einen entsprechenden Grundsatz einigen würden.[536] Auf diesem Wege könne dann auch die Notstandsregel des § 34 StGB legitimiert werden.

cc) Der Ansatz Pawliks (Loyalitätsprinzip)

Zuletzt hat sich *Pawlik* ausführlich mit dem Legitimationsproblem des rechtfertigenden Notstandes auseinandergesetzt und meint, eine Lösung aus einer Neuinterpretation von *Hegels* Notrechtslehre schöpfen zu können.

Zunächst legt *Pawlik* dar, dass es bei *Hegel* nicht um „Güter" oder „güterbezogene Interessen" gehe, die kollidierten, sondern um eine Kollision der Freiheitsansprüche der beiden Beteiligten;[537] es gehe also darum, zwei Freiheitssphären in Ausgleich zu bringen. Einerseits gelte es dann, in Notstandssituationen die real verfügbaren Freiheitsräume des Gefährdeten zu schützen;[538] andererseits ordnet *Pawlik* den rechtfertigenden Notstand der Sozialstaatsidee zu, wenn er schreibt, dass die Verteilung von Glück und Unglück nicht dem Zufall überlassen bleiben dürfe, sondern in bestimmtem Umfang von der rechtlich verfassten Gesellschaft korrigiert werden solle, wozu die Behörden und Institutionen des modernen Sozialstaates berufen seien.[539] Diesen scheinbaren Konflikt will *Pawlik* auflösen, indem er der Pflicht zur Duldung von Notstandeingriffen einen freiheitssichernden Charakter zuschreibt:[540] „Die Pflicht zur Duldung von Notstandseingriffen hat die Funktion, in einem gewissen Umfang den Schutz gewisser fundamentaler Realbedingungen rechtlicher Freiheit gegen ihren zufälligen Untergang auch dort zu ermöglichen, wo die organisiert-regelhafte Notbekämpfung zu spät käme."[541] Der Notstandspflicht komme mithin ein freiheitsermöglichender, ein quasi-institutioneller Charakter zu.[542] Der Unterschied zur Begründung mit dem

---

Notstandshandlung; und die Gesamtnützlichkeit der Norm hängt nicht von der Nützlichkeit der einzelnen durch sie ermöglichten Handlung ab (*Merkel* a.a.O., S. 186).

536 *Coninx,* in: Hirsch/Neumann/Seelmann (Hrsg.): Solidariät im Strafrecht, 2013, S. 175 (195).

537 *Pawlik,* Der rechtfertigende Notstand, 2002, S. 103.

538 *Pawlik,* Der rechtfertigende Notstand, 2002, S. 24 ff.

539 *Pawlik,* Der rechtfertigende Notstand, 2002, S. 104.

540 *Pawlik,* Der rechtfertigende Notstand, 2002, S. 56 meint nämlich, dass für die kantische wie für jede „altliberale" Rechtsphilosophie die Verabsolutierung des Moments der „negativen Freiheit", der Freiheit, in der eigenen Rechtssphäre nicht gestört zu werden, kennzeichnend sei, den Begriff rechtlicher Freiheit aber nicht genügend ausfülle.

541 *Pawlik,* Der rechtfertigende Notstand, 2002, S. 104.

542 *Pawlik,* Der rechtfertigende Notstand, 2002, S. 104 f.

Solidaritätsprinzip liegt darin,[543] dass *Pawlik* nicht direkt den Mitmenschen in die Verantwortung nehmen will, sondern eine Verpflichtung der Allgemeinheit, der verfassten Gemeinschaft sieht, dem Einzelnen in der Not beizustehen.[544] Der letztlich betroffene Eingriffsadressat werde dann wiederum nur als Repräsentant dieser Allgemeinheit für die Aufgabe, dem einzelnen Betroffenen in der Not beizustehen, herangezogen.[545] Dem Eingriffsadressaten wird die Duldungspflicht also von der Allgemeinheit auferlegt, die ihrerseits wiederum zum Schutz des Gefährdeten verpflichtet ist. Damit wird der Notstand nicht, wie auf der Basis des Solidaritätsprinzips individualistisch, sondern „kollektivistisch" interpretiert[546] und als Dreiecksbeziehung Bürger – Staat – Bürger ausgestaltet.

Neumann[547] ordnet diesen Ansatz dem Loyalitätsprinzip zu, dem ein organizistisches Staatsmodell zugrunde liege, das das Modell eines Staatsvertrages verwirft und den Staat als existentiell vorgegebene Entität ansieht. Das Prinzip der Solidarität zwischen den Bürgern werde durch eine Loyalitätspflicht des Bürgers gegenüber dem Staat ersetzt, das den einzelnen in Notsituationen verpflichten könne, seine Rechtsgüter aufzuopfern. Kombiniert werde es mit einer staatlichen Hilfspflicht gegenüber dem einzelnen in Not Geratenen.[548]

dd) Stellungnahme

Wie kann der rechtfertigende Notstand also überzeugend legitimiert werden?

Der utilitaristische Ansatz vermag die Notstandsbefugnis nicht in ausreichendem Maße zu legitimieren. Selbst wenn man anerkennen muss, dass dieser Ansatz dem heutigen § 34 StGB maßgeblich zugrunde liegt, ist das noch kein Grund, das positive Gesetz als ausreichend materiell legitimiert anzusehen.[549]

---

543 Allerdings ordnet etwa *Meyer*, GA 2004, S. 356 (361) *Pawlik* den Vertretern des Solidaritätsprinzips zu; *Pawlik*, in: Zöller/Hilger/Küper u. a. (Hrsg.): FS Wolter, 2013, S. 627 (631) erwähnt interessanter Weise in dem Beitrag beiläufig Solidarität als den Grundgedanken des § 34 StGB.

544 *Pawlik*, Der rechtfertigende Notstand, 2002, S. 122.

545 *Pawlik*, Der rechtfertigende Notstand, 2002, S. 123.

546 *Neumann*, ZStW 116 (2004), S. 751 (755).

547 *Neumann*, in: Hirsch/Neumann/Seelmann (Hrsg.): Solidariät im Strafrecht, 2013, S. 155 (170 ff.).

548 *Neumann*, in: Hirsch/Neumann/Seelmann (Hrsg.): Solidariät im Strafrecht, 2013, S. 155 (171).

549 *Renzikowski*, Notstand und Notwehr, 1994, S. 41: „Der Hinweis, dass § 34 StGB das Prinzip des überwiegenden Interesses zugrundeliege, reicht jedenfalls nicht aus, da dies gerade der Inhalt des § 34 StGB ist; eine Gesetzesparaphrase kann eine materielle

Zudem dürfte § 34 S. 1 StGB, wenn er eine streng utilitaristische Regelung wäre, kein „wesentliches" Überwiegen verlangen, vielmehr müsste jedes noch so geringe Überwiegen genügen.[550] Ein solches einfaches Überwiegen kann auch nicht richtig sein. Soweit die frühen Vertreter des Prinzips hier Einschränkungen vornehmen wollen, müssen sie sich mit *Pawlik* den Vorwurf der inneren Widersprüchlichkeit gefallen lassen, wenn sie etwa postulieren, dass – trotz des Gedankens der gesellschaftlichen Gütermaximierung – ein jeder gehalten sei, einen ihm drohenden Schaden auf sich zu nehmen und nicht auf andere abzuwälzen.[551]

Soweit argumentiert wird, dass es schließlich die Maxime einer einzelnen Person sei, eines ihrer Güter zu opfern, um ein anderes, wertvolleres zu erhalten, und sich dies auch auf die Gemeinschaft übertragen lassen soll,[552] bleibt völlig offen, warum diese *intra*personale Entscheidungsregel so einfach auf *inter*personale Verhältnisse übertragen werden können soll.[553] Es kommt hier nämlich hinzu, dass in eine völlig fremde Sphäre eingegriffen wird und ein fremder Herrschaftsbereich verletzt wird.[554] Es ist eben nicht mehr so, dass der einzelne autonom entscheiden kann, welches Gut er aufgeben will, sondern ein Unbeteiligter muss einen fremden Eingriff in seinen Autonomiebereich dulden.[555] Diese interpersonale „Verrechnung" ist vor allem für höchstpersönliche Rechtsgüter alles andere als überzeugend.

Begründung nicht ersetzen."; ähnlich *Frisch,* in: Paeffgen (Hrsg.): FS Puppe, 2011, S. 425 (439).

550 *Engländer,* GA 2010, S. 15 (19); *Neumann,* in: Hirsch/Neumann/Seelmann (Hrsg.): Solidariät im Strafrecht, 2013, S. 155 (158); *Merkel,* in: Albrecht (Hrsg.): Vom unmöglichen Zustand des Strafrechts, 1995, S. 171 (190); *Lübbe,* in: Hirsch/Neumann/Seelmann (Hrsg.): Solidariät im Strafrecht, 2013, S. 201 (203).

551 Nachweise dazu bei *Pawlik,* Der rechtfertigende Notstand, 2002, S. 38 f.

552 So z.B. *Meißner,* Die Interessenabwägungsformel in der Vorschrift über den rechtfertigenden Notstand (§ 34 StGB), 1990, S. 164; die gleiche Argumentation findet sich bereits bei *Merkel,* Die Kollision rechtmäßiger Interessen und die Schadensersatzpflicht bei rechtmäßigen Handlungen im Hinblick auf den Entwurf eines bürgerlichen Gesetzbuches für das deutsche Reich in zweiter Lesung, 1895, S. 41 f.

553 *Merkel,* in: Albrecht (Hrsg.): Vom unmöglichen Zustand des Strafrechts, 1995, S. 171 (189); krit. dazu aus philosophischer Sicht *Rawls,* Eine Theorie der Gerechtigkeit, 1979, S. 40 ff.

554 *Lenckner,* Der rechtfertigende Notstand, 1965, S. 127 f.

555 *Küper,* JuS 1987, S. 81 (87).

Zudem gibt es kein Interesse „der Gesellschaft“ oder „der Rechtsordnung“ an einem möglichst hohen Gesamtbestand an Gütern;[556] vielmehr hat grundsätzlich jedes Mitglied dieser Gesellschaft oder Rechtsordnung immer nur ein individuelles Einzelinteresse am Erhalt seiner eigenen Güter.[557] Es gilt, was schon *Kant* ausführte: „Der Nutz vieler giebt ihnen kein Recht gegen einen.“[558] Daher hat auch die Rechtsordnung nicht zur Aufgabe, einen Bestand an Gütern zu maximieren, sondern vielmehr Freiheitsrechte zu garantieren. Die Rechtsordnung ist (grundsätzlich) „eine Gerechtigkeitsordnung und keine Versicherungsordnung“.[559]

Außerdem ist diese Begründung des Notstandes nur auf der Grundlage eines Gesellschaftsmodells denkbar, dass die Individuen lediglich als Glieder des „Gesamtkörpers“ Gesellschaft sieht.[560] Ein solches Menschenbild ist aber weder mit den grundlegenden Wertungen eines modernen liberalen Verfassungsstaates noch mit den fundamentalen Rechtsprinzipien, die dem positiven Recht unseres Staates zugrundliegen, vereinbar. Der Einzelne ist nicht nur dienendes Glied der Gemeinschaft, sondern ein Wert an sich selbst.[561] In einem solchen Staat geht es auch nicht lediglich um den Schutz von Gütern „an sich“, sondern auch um den Schutz der Zuordnung von Gütern zu bestimmten Rechtssubjekten.[562]

---

556 Eindrücklich *Merkel,* in: Albrecht (Hrsg.): Vom unmöglichen Zustand des Strafrechts, 1995, S. 171 (179): „Und wenn der Eigentümer eines 100.000,- DM teuren, soeben qua Notstand auf Kosten einer antiquarisch-klapprigen ‚Ente‘ vor der Zerstörung geretteten Porsches nachträglich aus abergläubischen Erwägungen beschließt, das ‚Unheilsauto‘ zu verschrotten, geht das die Rechtsgemeinschaft nicht nur nichts an; es ist ihr zudem offenkundig egal. Aber auch ob jemand seine höchstpersönlichen Rechtsgüter beeinträchtigt, interessiert die Rechtsgemeinschaft wenig, solange er das frei und eigenverantwortlich tut.“

557 *Renzikowski,* Notstand und Notwehr, 1994, S. 194; *Merkel,* in: Albrecht (Hrsg.): Vom unmöglichen Zustand des Strafrechts, 1995, S. 171 (180).

558 *Kant,* AA XIX, Refelexionen zur Moralphilosophie, 97. 07.

559 So zuerst *Renzikowski,* Notstand und Notwehr, 1994, S. 241; ihm folgend *Pawlik,* Der rechtfertigende Notstand, 2002, S. 43f.; in der Sache ebenso *Coninx,* in: Hirsch/Neumann/Seelmann (Hrsg.): Solidariät im Strafrecht, 2013, S. 175 (190); *Engländer,* GA 2010, S. 15 (20).

560 So auch konsequent *Hruschka,* Strafrecht nach logisch-analytischer Methode, 1987, S. 112, der der utilitaristischen Konzeption *Benthams* folgt.

561 *Neumann,* in: Hirsch/Neumann/Seelmann (Hrsg.): Solidariät im Strafrecht, 2013, S. 155 (163).

562 *Neumann,* in: Hirsch/Neumann/Seelmann (Hrsg.): Solidariät im Strafrecht, 2013, S. 155 (164).

Das legitimatorische Grundproblem können auch weder die Interessentheorie noch die Zwecktheorie lösen, mögen sie auch in Gesetzesform gegossen sein: Als rein formale Prinzipien können sie nicht erklären, warum bei Interessen, die von der Rechtsordnung als Rechtsgüter und mit der Einräumung von subjektiven Rechten geschützt werden, überhaupt eine Abwägung oder Verrechnung zwischen verschiedenen Personen möglich sein soll.[563]

Der Ansatz *Pawliks* scheint hier deutlich plausibler, kann aber trotzdem nicht restlos überzeugen. Zwar unterzieht er die bisher bekannten Legitimationsmodelle einer fundierten und überzeugenden Kritik; man kann sich aber bei seinem selbst entwickelten Lösungsansatz fragen, ob sich ein solch weitgehendes Notstandskonzept wirklich aus der kurzen *Hegel*-Passage zum Notrecht ableiten lässt,[564] zumal der Autor die Einordnung *Hegels* unter das Kapitel der Moralität „korrigiert" und feststellt, dass es richtigerweise in den Abschnitt über die Sittlichkeit gehöre.[565] Außerdem: Ob man nun von einer Kollision von Rechtsgütern oder einer Kollision von Freiheitssphären spricht, es bleibt immer noch die Frage, warum man in die Freiheitssphäre eines anderen eingreifen darf, um seine eigene Freiheit zu bewahren. Gerade von einem liberalistischen Standpunkt aus scheint es eher begründungsbedürftig, warum die Gefahr des Zufalls dem Einzelnen abgenommen wird, als dass sie bei ihm belassen wird.[566] Das Begründungsproblem wird nicht endgültig gelöst, wenn man statt auf eine mitbürgerliche Solidaritätspflicht auf eine staatliche Solidaritätspflicht, für die der einzelne als Repräsentant in Anspruch genommen wird, abstellt. Hier vergrößert sich eher der Begründungsaufwand. Man muss einmal begründen, warum der einzelne die Solidarität des Staates verlangen kann (was angesichts unserer verfassungsstaatlichen Realität als Sozialstaat den einfacheren Teil darstellen dürfte), und vor allem aber muss man begründen, mit welcher Legitimation der Staat auf den Einzelnen, der den Notstandseingriff dulden soll, zugreifen darf.[567] Zumindest

563 *Renzikowski,* Notstand und Notwehr, 1994, S. 200; *Pawlik,* Der rechtfertigende Notstand, 2002, S. 50; *Neumann,* JA 1988, S. 329 (331); *Neumann,* in: Hirsch/Neumann/Seelmann (Hrsg.): Solidariät im Strafrecht, 2013, S. 155 (161).

564 *Roxin,* FAZ v. 09.12.2002, S. 38.

565 *Pawlik,* Der rechtfertigende Notstand, 2002, S. 110 ff.; in der Sache zustimmend aber *Renzikowski,* in: Hirsch/Neumann/Seelmann (Hrsg.): Solidariät im Strafrecht, 2013, S. 13 (30).

566 So auch *Neumann,* ZStW 116 (2004), S. 751 (754) gegen *Pawlik,* Der rechtfertigende Notstand, 2002, S. 122.

567 So auch *Küper,* JZ 2005, S. 105 (115); *Neumann,* in: Hirsch/Neumann/Seelmann (Hrsg.): Solidariät im Strafrecht, 2013, S. 155 (172).

müsste man bei einer solchen Konzeption – und das räumt auch *Pawlik*[568] selbst ein – dem Geschädigten konsequenterweise einen Ersatzanspruch zuerkennen, was § 34 StGB aber gerade nicht tut.[569] Jenseits der positivrechtlichen Regelung ist nach dieser Konzeption aber noch immer unverständlich, warum ein einzelner Bürger unter Aufopferung seiner eigenen Interessen zur Aufgabenerfüllung der Allgemeinheit herangezogen werden können soll. Warum sollte es nicht genügen, wenn er seine allgemeinen staatsbürgerlichen Pflichten (wie etwa Steuern zu zahlen) erfüllt?[570] Der Grund für eine entsprechende Verpflichtung kann dann eigentlich auch wiederum nur im Solidaritätsgedanken gesehen werden: Denn auch ich würde wollen, dass mir der Staat in einer Notlage wirksam hilft und er dazu auf meinen Mitbürger zugreifen darf. Dann muss ich aber umgekehrt auch bereit sein, einen entsprechenden Zugriff auf mich bzw. meine Güter durch den Staat, wegen der Dringlichkeit aber direkt durch meinen Mitbürger vermittelt, zu dulden. Folglich besteht am Ende aber in Wahrheit doch ein Interesse daran, in Notlagen auf den Mitbürger zugreifen zu können. Damit ist man aber wieder bei der Solidaritätstheorie angelangt.

Wegen der genannten Einwände kann nur der Solidaritätsgedanke eine ausreichende Legitimierung leisten. Man kann der Konzeption des vernünftigen oder aufgeklärten Eigeninteresses, mit der er begründet wird, zwar entgegenhalten, dass es für den Betroffenen noch günstiger wäre, den „Trittbrettfahrer" zu geben, also Solidarität in Anspruch zu nehmen, sie aber selbst nur vorzutäuschen; dies auch, weil man immer damit rechnen müsse, dass sich andere entsprechend verhielten, und man nicht ausgebeutet werden möchte.[571] Dieser Einwand greift indes nur durch, wenn man auf die Nützlichkeit der isolierten, einzelnen Handlung abstellt. Würde man stattdessen auf eine längerfristige Nutzenmaximierung abstellen, verliert dieser Einwand an Gewicht. Die Nutzenmaximierung würde sich dann nicht auf die Ebene der Wahl einzelner Handlungsalternativen,

568 *Pawlik,* Der rechtfertigende Notstand, 2002, S. 123.

569 Die Notstandsbefugnis würde dann das Eingriffsgut nicht gänzlich entziehen, sondern dem Eigentümer nur eine bestimmte Duldungspflicht auferlegen, ihn also in seinem Recht, mit der Sache nach Belieben zu verfahren (vgl. auch § 903 BGB), einschränken. Sie wäre – auf einen Eingriff in Eigentumspositionen bezogen – keine Enteignung, sondern eine Inhalts- und Schrankenbestimmung.

570 *Neumann,* in: Hirsch/Neumann/Seelmann (Hrsg.): Solidariät im Strafrecht, 2013, S. 155 (173).

571 So insbesondere *Pawlik,* Der rechtfertigende Notstand, 2002, S. 71 ff. m.w.N.

sondern auf die Ebene der Wahl von generellen Handlungsregeln beziehen.[572] Oder anders ausgedrückt: Es ist zu trennen zwischen einer Normbefolgungs- und einer Normgeltungspräferenz.[573] Der Einzelne mag vielleicht kein Interesse haben, im Einzelfall – wenn er der Belastete ist – einen Notstandseingriff eines anderen dulden zu müssen, also die Regel zu befolgen. Trotzdem wird er ein Interesse haben, dass es eine solche allgemeine Notstandsregel überhaupt gibt und dass diese auch faktisch gilt. Denn würde es diese Regel nicht geben, könnte er auch nie selbst von ihr profitieren und von anderen Solidarität einfordern. Ein Trittbrettfahren wäre von vornherein unmöglich. Die für den Einzelnen vorteilhafteste Option, nämlich eine Notstandsregel, nach der der Einzelne nur berechtigt, aber – im Gegensatz zu allen anderen – nicht verpflichtet wird, besteht faktisch nicht, denn eine solche Regel würde außer ihm niemand akzeptieren, weil kein anderer rein altruistisch an der alleinigen Privilegierung eines anderen interessiert ist.[574] Zudem ist jedem vernünftigen Menschen klar, dass eine solche Regel nicht funktionieren würde, wenn jeder Einzelne die für ihn vorteilhafteste Variante, nämlich den Regelbruch im Falle einer Belastung, wählen würde. Daher bleibt als nächst vorteilhaftere und realisierbare Möglichkeit nur die Einigung auf die allgemeine Notstandsregel, deren Zwang sich der Einzelne unterwirft, um selbst auch von ihr profitieren zu können. Auf lange Sicht ist es also für jeden Menschen gewinnbringender, sich selbst solidarisch zu zeigen und dies nicht nur vorzutäuschen, denn er liefe immer auch Gefahr, dass seine Täuschung entdeckt wird. Dann hätte aber auch der potentielle Nutznießer keine Hilfe zu erwarten. Man kann also das Gemeinschaftsinteresse „Solidarität" aus der Nachhaltigkeit bestimmter individueller Eigeninteressen herleiten: Die Individuen stellen ihren *kurzfristigen* Vorteil hintan, um eine Gemeinschaft zu fördern, die *langfristig* den wechselseitigen individuellen Interessen dienlich ist.[575]

---

572 *Engländer,* JuS 2002, S. 535 (538); *Coninx,* in: Hirsch/Neumann/Seelmann (Hrsg.): Solidariät im Strafrecht, 2013, S. 175 (193 f.); *Baurmann,* Der Markt der Tugend, 1996, S. 326.

573 *Engländer,* Grund und Grenzen der Nothilfe, 2008, S. 94; zu dieser Unterscheidung weiterführend *Hoerster,* Ethik und Interesse, 2003, S. 162 ff, 185 ff.

574 *Engländer,* Grund und Grenzen der Nothilfe, 2008, S. 95; *Hoerster,* Ethik und Interesse, 2003, S. 164; ähnlich *Kühl,* in: Freund/Murmann/Bloy René u. a. (Hrsg.): FS Frisch, 2013, S. 785 (793).

575 *Saliger,* in: Hirsch/Neumann/Seelmann (Hrsg.): Solidariät im Strafrecht, 2013, S. 61 (63); vgl. auch *Kühl,* in: Freund/Murmann/Bloy René u. a. (Hrsg.): FS Frisch, 2013, S. 785 (793): Dahinter stecke die Überlegung, „dass alle Maximen des individuellen Glücksverlangens keine vernünftige Allgemeinheit ergeben".

Dies lässt sich auch mit der Philosophie *John Rawls'* in Einklang bringen: Der „Schleier des Nichtwissens" führt nicht nur dazu, dass der Einzelne im Urzustand nicht weiß, ob er Begünstigter oder Belasteter einer entsprechenden Notstandsregel wäre.[576] Er weiß auch nicht um die Eintrittswahrscheinlichkeit jedes von beiden. Damit wird ihm aber eine Kosten-Nutzen-Analyse unmöglich gemacht, weil er weder weiß, ob er Profiteur oder Belasteter ist, noch mit welcher Wahrscheinlichkeit er eines von beiden ist. Die Beteiligten werden als risikoscheu bestimmt.[577] Sie denken: Ich wähle ein Prinzip, das zu Solidarität verpflichtet, weil ich so entscheide, als ob ich tatsächlich in Not wäre, um sicher zu sein, dass in diesem Fall meine Interessen geschützt werden. Ob ich im realen Leben dagegen tatsächlich einmal in Not gerate, ist für mich unerheblich. Ich nehme hinter dem Schleier des Nichtwissens aber an, dass dies der Fall ist.[578] Jeder Mensch wird in diesem Fall vernünftigerweise von der schlechtesten denkbaren Möglichkeit ausgehen und sich dementsprechend zur Solidarität bekennen, unabhängig davon, ob er später im realen Leben einmal tatsächlich in Not gerät und von der Regel profitiert.[579] Damit wird auch wiederum klar, warum ein Mensch ein Interesse hat, dass es eine Notstandsregelung gibt. Sein Interesse wird hier nur längerfristig, über eine einzelne Situation hinausgehend bestimmt.

Es liegt geradezu im Wesen des Kontraktualismus, dass die vertragliche Übereinkunft vom Einzelnen etwas fordert, das er andernfalls nicht geben würde, er also sein kurzfristig egoistisches Interesse zügeln muss; der Vertrag ist insofern „gewollte Synthese von Freiheitsmaximierung und Freiheitsbeschränkung",[580] ein Akt „vernünftiger Selbstverpflichtung".[581] Dies umso mehr, als für den Normunterworfenen bei Abwägung der Chancen und Risiken der Notstandsregelung ein positiver Saldo verbleibt: Da der Einzelne einen Eingriff nur dulden muss, wenn auf seiner Seite ein geringerwertiges Interesse bedroht ist, er durch

576 *Coninx,* in: Hirsch/Neumann/Seelmann (Hrsg.): Solidariät im Strafrecht, 2013, S. 175 (196).

577 *Coninx,* in: Hirsch/Neumann/Seelmann (Hrsg.): Solidariät im Strafrecht, 2013, S. 175 (196).

578 *Coninx,* Das Solidaritätsprinzip im Lebensnotstand, 2012, S. 112; *Coninx,* in: Hirsch/Neumann/Seelmann (Hrsg.): Solidariät im Strafrecht, 2013, S. 175 (196 f.).

579 *Coninx,* in: Hirsch/Neumann/Seelmann (Hrsg.): Solidariät im Strafrecht, 2013, S. 175 (197).

580 *Saliger,* in: Hirsch/Neumann/Seelmann (Hrsg.): Solidariät im Strafrecht, 2013, S. 61 (62).

581 *Frisch,* in: Paeffgen (Hrsg.): FS Puppe, 2011, S. 425 (439); *Coninx,* in: Hirsch/Neumann/Seelmann (Hrsg.): Solidariät im Strafrecht, 2013, S. 175 (191).

dieselbe Regel aber umgekehrt die Möglichkeit bekommt, seine höherwertigen Interessen zu erhalten, profitiert er insgesamt.[582]

Aber selbst wenn man davon ausgeht, dass ein rationaler Egoist nicht in jedem Einzelfall aufgrund seiner Vernunft bereit wäre, einen Notstandseingriff hinzunehmen, so hindert dies nicht, in legitimer Weise ein solches Postulat der Rechtsordnung aufzustellen. Man könnte dann sagen, dass § 34 StGB „einen ursprünglich ‚utilitaristisch' angesetzten ‚Rechtszwang zur Solidarität' etabliert, den auch der vom Freiheitseingriff Betroffene als gerechte Konfliktlösung einzusehen vermag, solange die damit verbundene Belastung seiner Autonomie verhältnismäßig geringfügig bleibt".[583]

Am Ende dieser Überlegungen zeigt sich, dass das Solidaritätsprinzip durchaus in der Lage ist, eine tragfähige Begründung und ein belastbares Legitimationsmodell für den rechtfertigenden Notstand zu liefern, auch wenn eine solche Verpflichtung des Bürgers alles andere als selbstverständlich ist. Dabei ist „Solidarität" auch geeignet, Rechtspflichten zu legitimieren, nämlich dort, wo das Prinzip freiheitssichernden und -ermöglichenden Charakter hat.[584] Das trifft aber auf die geltende Notstandsregel zu, denn immer muss es sich bei dem Erhaltungsinteresse um ein wesentlich überwiegendes Interesse handeln, das Erhaltungsinteresse muss also für die Ausübung persönlicher Freiheit erheblich wichtiger sein als das beeinträchtigte Eingriffsgut.

Mit *Frisch*[585] wird man dann allerdings auch sagen müssen, dass das Solidaritätsprinzip nicht nur die Legitimation der Notstandsregelung erklären, sondern auch ihre Grenzen bestimmen können muss.[586] Nur wo die Selbstverpflichtung zur Hinnahme der Aufopferung eines relativ begrenzten, reparablen oder ersetzbaren Gutes führt, um einen gravierenden Schaden an hochwertigen Gütern zu verhindern, erscheint sie als unmittelbar vernünftig und einsichtig und damit als legitimierbar. Darauf wird bei der Anwendung der positivrechtlichen Vorschrift

---

582 So auch *Engländer*, GA 2010, S. 15 (20); dies wiederum bezogen auf die allgemeine Regelung; im konkreten Anwendungsfall kann es natürlich sein, dass ein konkretes Individuum nie von der Regelung profitieren wird. Aber ob dies so ist oder nicht, weiß es nicht nur hinter dem „Schleier des Nichtwissens" nicht, sondern schlichtweg als Mensch nicht, da niemand wissen kann, was ihm die Zukunft bringt.

583 *Küper*, JZ 2005, S. 105 (115).

584 *Kühl*, in: Freund/Murmann/Bloy René u. a. (Hrsg.): FS Frisch, 2013, S. 785 (794).

585 *Frisch*, in: Paeffgen (Hrsg.): FS Puppe, 2011, S. 425 (440).

586 Ebenso *Neumann*, in: Hirsch/Neumann/Seelmann (Hrsg.): Solidariät im Strafrecht, 2013, S. 155 (169).

des § 34 StGB noch zurückzukommen sein, deren Voraussetzungen im Folgenden kurz erläutert werden sollen.

d) Die Notstandslage

Die geltende positivrechtliche Regelung des § 34 StGB verlangt zunächst eine gegenwärtige, nicht anders abwendbare Gefahr für Leben, Leib, Freiheit, Ehre, Eigentum oder ein anderes Rechtsgut. Sie ist also gekennzeichnet durch die schon oben bei der Begriffsdefinition angesprochene Interessenkollision: Ein Interesse (das Notstandsgut) ist gegenwärtig in Gefahr und kann nicht anders gerettet werden als durch den Eingriff in ein anderes Interesse (das Eingriffsgut).[587] Das Merkmal der „Nicht-anders-Abwendbarkeit" kennzeichnet also auch schon die Notstandslage.[588] Dabei kann die Gefahr für tätereigene oder -fremde Rechtsgüter drohen (im letzteren Fall ist gemeinhin von Notstandshilfe die Rede).

aa) Das notstandsfähige Gut

Neben den explizit in § 34 S. 1 StGB (beispielhaft) aufgezählten Rechtsgütern soll nach h.M. als zu schützendes Rechtsgut jedes Interesse in Frage kommen, das an irgendeiner Stelle der Rechtsordnung einen Schutz erfährt.[589] Das zu erhaltende Interesse muss also nicht unbedingt strafrechtlich geschützt sein. Wie oben bereits angesprochen[590] wird hierunter meist auch der Erhalt des eigenen oder fremder Arbeitsplätze sowie die Aufrechterhaltung der Produktion subsumiert.

Es finden sich in der Literatur aber auch abweichende Meinungen, die das notstandsfähige Gut enger definieren wollen. Zum einen wird von einer Mindermeinung eine Einschränkung dahingehend vorgeschlagen, dass das Rechtsgut nicht nur generell unter dem Schutz der Rechtsordnung stehen müsse, sondern zudem konkret schutzbedürftig und schutzwürdig sein müsse.[591] Daran könne

---

587 Schönke/Schröder/*Perron,* § 34, Rdnr. 8.

588 *Kühl,* Strafrecht. Allgemeiner Teil, 2017, § 8 Rdnr. 20; MüKo/*Erb,* § 34, Rdnr. 53; Schönke/Schröder/*Perron,* § 34, Rdnr. 8; *Lenckner,* in: Küper (Hrsg.): FS Lackner, 1987, S. 95 f.; a.A. SK-StGB/*Günther,* § 34, Rdnr. 17; LK/*Zieschang,* § 34, Rdnr. 21 (bezieht sich auf Erforderlichkeit der Notstandshandlung).

589 Schönke/Schröder/*Perron,* § 34, Rdnr. 9; LK/*Zieschang,* § 34, Rdnr. 22; MüKo/*Erb,* § 34, Rdnr. 55; Matt/Renzikowski/*Engländer,* § 34, Rdnr. 16; SSW-StGB/*Rosenau,* § 34, Rdnr. 7; *Kühl,* Strafrecht. Allgemeiner Teil, 2017, § 8 Rdnr. 22; *Roxin,* Strafrecht Allgemeiner Teil, Bd. 1, 2006, § 16 Rdnr. 12; KK-OWiG/*Rengier,* § 16 OWiG, Rdnr. 5.

590 Vgl. dazu oben unter 1. b.

591 *Lenckner,* Der rechtfertigende Notstand, 1965, S. 76 ff.; *Wessels/Beulke/Satzger,* Strafrecht Allgemeiner Teil, 2016, Rdnr. 447.

es z.B. bei freiwilliger Preisgabe des Gutes fehlen.[592] Scheidet man es richtigerweise nicht bereits hier aus, wird § 34 StGB jedenfalls an der Interessenabwägung scheitern, sodass sich die Frage im Ergebnis nicht auswirkt.[593]

Eine abweichende Position vertritt auch *Neumann*.[594] Nach ihm ist erforderlich, dass es sich nicht lediglich um ein irgendwie geschütztes rechtliches Interesse, sondern um ein Rechtsgut (wenn auch nicht notwendig um ein strafrechtlich geschütztes) handelt. Andernfalls gebe es kaum ein legitimes Interesse, das nicht den Status eines notstandsfähigen Rechtsguts beanspruchen könne. § 34 StGB werde so zu einem Rechtfertigungsgrund der Wahrnehmung berechtigter Interessen. Rechtliche Solidarität könne aber nur dort eingefordert werden, wo nicht nur die Interessen-, sondern auch die Rechtssphäre des einzelnen betroffen sei.[595] Dementsprechend verneint *Neumann* die Notstandsfähigkeit des Erhalts des eigenen Arbeitsplatzes; das Risiko des Arbeitsplatzverlustes sei in einer Marktwirtschaft als allgemeines Lebensrisiko vom Arbeitnehmer zu tragen. Etwas anderes könne aber dann gelten, wenn der Arbeitnehmer zur Abwehr einer rechtswidrigen Kündigung in Interessen des Arbeitgebers eingreife.[596] Diese konkrete Differenzierung scheint nicht ganz konsistent zu sein: So oder so geht es um den Erhalt des Arbeitsplatzes. Dieser hat nicht eine andere Wertigkeit in Abhängigkeit zu der Person, von der er bedroht wird. Wenn diese Position etwa durch das Kündigungsschutzgesetz eine besondere rechtliche Anerkennung erfahren hat, hängt diese zum Ausdruck gebrachte Wertigkeit nicht davon ab, dass die Position zivilrechtlich nur gegenüber dem Arbeitgeber geschützt ist.[597] Es wäre auch völlig untypisch, dass die Einordnung als notstandsfähiges Rechtsgut davon abhängt, wem gegenüber die Notstandshandlung erfolgen soll. Dies liefe auf eine Art relativen Notstandsguts hinaus. Die Behandlung erfolgt aber einheitlich, eben gerade danach, ob das in Rede stehende Interesse an irgendeiner Stelle der Rechtsordnung irgendjemandem gegenüber eine Anerkennung gefunden hat. Außerdem lässt sich nicht pauschal sagen, dass der Arbeitsplatzverlust zum allgemeinen Lebensrisiko gehöre. Das mag vielleicht für eine Betriebsschließung aufgrund schlechter wirtschaftlicher

---

592 *Lenckner*, Der rechtfertigende Notstand, 1965, S. 76 f.

593 LK/*Zieschang*, § 34, Rdnr. 24, 39; daher ist die Frage mit Schönke/Schröder/*Perron*, § 34, Rdnr. 9 nur von theoretischer Bedeutung.

594 NK/*Neumann*, § 34, Rdnr. 23 ff.

595 NK/*Neumann*, § 34, Rdnr. 23 ff.

596 NK/*Neumann*, § 34, Rdnr. 26.

597 Was wohl das Kriterium zu sein scheint, auf das *Neumann* abstellt, wenn er nur bei Eingriffen in Rechtsgüter des Arbeitgebers eine Notstandsfähigkeit in Erwägung zieht.

Situation gelten; wo aber der Arbeitnehmer etwa gemobbt oder bedroht wird, ist dieses allgemeine Lebensrisiko überschritten. Aber auch viel genereller lässt sich gegen *Neumanns* Differenzierung vorbringen, dass unklar bleibt, nach welchen Kriterien die normative Differenzierung zwischen Interesse einerseits und Rechtsgut andererseits stattfinden soll.[598] Aber nicht nur, dass diese Differenzierung nicht trennscharf möglich ist; es besteht auch kein Bedürfnis dafür, denn der Wertigkeit des zunächst geschützten Interesses wird bei der Interessenabwägung ausreichend Rechnung getragen. Ist das Interesse, zu dessen Erhalt gehandelt werden soll, durch die Rechtsordnung nur sehr schwach ausgestaltet, wird es sich kaum gegen den Eingriff in ein immerhin strafrechtlich geschütztes Rechtsgut durchsetzen können. Es besteht also keine Notwendigkeit, eine solch unsichere Abwägung gleich zu Beginn der Notstandsprüfung durchzuführen, vielmehr sollte hier an der griffigen und leicht zu gebrauchenden Definition festgehalten werden: Das Erhaltungsgut muss nur überhaupt von der Rechtsordnung anerkannt bzw. geschützt sein.

Erb[599] möchte – im Gefolge der herkömmlichen Definition – eine andere (graduelle) Einschränkung vornehmen: Es dürfe nur um die Erhaltung eines vorhandenen Wertebestandes gehen, nicht erfasst sei die Schaffung neuer, zusätzlicher Werte. Der Grundgedanke ist – gerade vor dem Hintergrund des Solidaritätsprinzips – plausibel, wenngleich eine trennscharfe Grenzziehung mitunter schwierig sein kann.[600] Der Arbeitsplatz wäre in seinem Bestand aber doch überwiegend eine bereits jetzt vorhandene Position (nicht lediglich eine Chance auf zukünftige Arbeitsmöglichkeit), sodass diese Einschränkung die hiesige Untersuchung grundsätzlich nicht tangiert.

Köhler[601] vertritt schließlich, dass nur schwere, irreversible Einbußen an personalen oder überpersönlichen Rechtsgütern, also in erster Linie der Lebensnotstand oder die Existenz des Gemeinwesens, zu einer Notstandsbefugnis führen können. Gefahren für das Vermögen könnten nie zu einer Notstandsbefugnis führen, in fremde Personalität einzugreifen (in fremdes Eigentum allenfalls bei Geringfügigkeit).[602] Diese Ansicht ist aber abzulehnen, denn sie läuft der

598 MüKo/*Erb*, § 34, Rdnr. 56.

599 MüKo/*Erb*, § 34, Rdnr. 57.

600 Man denke etwa an Expektanzen: Sind diese nur eine Chance auf eine zukünftige Vermögensmehrung oder bereits bestehendes Vermögen?

601 *Köhler*, Strafrecht. Allgemeiner Teil, 1997, S. 290.

602 Ähnlich NK/*Neumann*, § 34, Rdnr. 27 f., der bei einem Eingriff in fremde Vermögenswerte zum Schutz eigener Vermögenswerte ebenfalls bereits das Vorliegen eines notstandsfähigen Rechtsguts verneinen will.

gesetzlichen Konzeption und dem Wortlaut von § 34 StGB zuwider, wonach grundsätzlich alle Rechtsgüter notstandsfähig sind. Der Blick ist eben nicht allein einseitig auf das Erhaltungsrechtsgut zu richten, sondern es sind Erhaltungs- und Eingriffsgut miteinander abzuwägen.[603] Warum sollte nicht ein Eingriff in das Rechtsgut Vermögen zugunsten eines noch weniger schutzwürdigen und schutzbedürftigen Rechtsgutes erlaubt sein?

Die h.M. behandelt auch die Rechtsgüter der Allgemeinheit als notstandsfähig.[604] Eine Mindermeinung lehnt dies ab,[605] insbesondere weil unter dem Aspekt des Solidaritätsprinzips nicht ersichtlich sei, warum sich ein einzelner zum Sachwalter der Allgemeinheit aufschwingen und den Solidaritätspflichtigen auswählen können soll.[606] Dies erscheint aber nicht zwingend, da sich doch viele Kollektivrechtsgüter auf individuelle Rechtsgüter zurückführen lassen und damit letztlich auch dem Schutz des Individuums dienen.[607] Die Problematik, dass der Notstandstäter den Solidaritätspflichtigen auswählt, stellt sich beim rechtfertigenden Notstand immer. Dass hier keine gänzlich falsche Entscheidung getroffen wird, stellen andere Voraussetzungen, wie etwa die Geeignetheit oder die Erforderlichkeit sicher. Aus diesem Grund verneint die h.M. denn auch die Rechtfertigung, weil und soweit vorrangig staatliche Stellen zur Gefahrabwendung berufen sind.[608] Dies bedeutet für die hiesige Untersuchung, dass prinzipiell auch der Erhalt von (fremden) Arbeitsplätzen, so dies als Kollektivrechtsgut anzusehen wäre,[609] zunächst einmal notstandsfähig wäre.

---

603 Ähnlich KK-OWiG/*Rengier*, § 16 OWiG, Rdnr. 6.

604 LK/*Zieschang*, § 34, Rdnr. 23; MüKo/*Erb*, § 34, Rdnr. 59; Schönke/Schröder/*Perron*, § 34, Rdnr. 10; *Pawlik*, Der rechtfertigende Notstand, 2002, S. 180 f.; *Roxin*, Strafrecht Allgemeiner Teil, Bd. 1, 2006, § 16 Rdnr. 13; *Kaspar*, Strafrecht - Allgemeiner Teil, 2014, Rdnr. 310; OLG Düsseldorf, NJW 2006, 630 f.; grundsätzlich auch NK/*Neumann*, § 34, Rdnr. 22.

605 SK-StGB/*Günther*, § 34, Rdnr. 23; Matt/Renzikowski/*Engländer*, § 34, Rdnr. 17; *Frister*, Strafrecht. Allgemeiner Teil, 2015, Kap. 17 Rdnr. 2.

606 SK-StGB/*Günther*, § 34, Rdnr. 23; Matt/Renzikowski/*Engländer*, § 34, Rdnr. 17.

607 In diesem Sinne differenzierend auch NK/*Neumann*, § 34, Rdnr. 22.

608 Exemplarisch MüKo/*Erb*, § 34, Rdnr. 59: „… müssen insofern aber bei der Interessenabwägung äußerst strenge Maßstäbe und der grundsätzliche Vorrang staatlicher Abhilfemechanismen beachtet werden.“ Ähnlich LK/*Zieschang*, § 34, Rdnr. 23; *Roxin*, Strafrecht Allgemeiner Teil, Bd. 1, 2006, § 16 Rdnr. 13; *Kühl*, Strafrecht. Allgemeiner Teil, 2017, § 8 Rdnr. 27.

609 Dazu näher unter E. I. 6.

bb) Die gegenwärtige Gefahr

Unter einer Gefahr versteht man einen Zustand, in dem aufgrund besonderer Risikofaktoren der Eintritt oder die Intensivierung eines Schadens droht.[610] Es muss also eine gewisse Wahrscheinlichkeit des Schadenseintritts bestehen, wobei die geforderten Grade von „höchstwahrscheinlich" über „nicht unwahrscheinlich" bis hin zu „nicht ganz unwahrscheinlich" reichen.[611] Gegenwärtig ist die Gefahr dann, wenn sich die Wahrscheinlichkeit des Schadenseintritts so verdichtet hat, dass höchstwahrscheinlich oder sicher alsbald mit einem Umschlagen in einen Schaden am Erhaltungsgut zu rechnen ist, sofern nicht sofort Abwehrmaßnahmen getroffen werden.[612] Zu den gegenwärtigen Gefahren werden auch sog. Dauergefahren gezählt, also gefahrdrohende Zustände, die über einen längeren Zeitraum andauern, aber jederzeit in einen Schaden umschlagen können, auch wenn dieser im Einzelfall noch eine Zeit lang auf sich warten lassen mag.[613] Eine ähnliche,[614] nach manchen Autoren auch dieselbe Fallgruppe,[615] meint Fälle, in denen der Schadenseintritt erst nach Ablauf einer gewissen Zeit in der Zukunft zu erwarten ist, gleichwohl aber nur durch sofortiges Handeln abgewendet werden kann. Darunter fällt auch die Drohung mit einer Kündigung. Diese erfolgt zwar erst in der Zukunft, trotzdem muss der Arbeitnehmer das abgenötigte Verhalten sofort ausführen, um den Arbeitsplatzverlust abzuwenden. Eine Einbeziehung dieser Fälle unter den Wortlaut der „gegenwärtigen Gefahr" ist aber angesichts der Ratio des rechtfertigenden Notstandes möglich und sinnvoll: Es geht um die Lösung eines Konfliktes, einer Zwangslage, durch jetzt noch mögliche Erhaltung eines sonst verletzten oder gar verlorenen Rechtsgutes.[616] Bei allen

610 Matt/Renzikowski/*Engländer,* § 34, Rdnr. 10; MüKo/*Erb,* § 34, Rdnr. 60; NK/*Neumann,* § 34, Rdnr. 39; ähnlich LK/*Zieschang,* § 34, Rdnr. 26; Schönke/Schröder/*Perron,* § 34, Rdnr. 12.

611 Überblick bei *Kühl,* Strafrecht. Allgemeiner Teil, 2017, § 8 Rdnr. 39 m.w.N.

612 LK/*Zieschang,* § 34, Rdnr. 36; *Kühl,* Strafrecht. Allgemeiner Teil, 2017, § 8 Rdnr. 62; SSW-StGB/*Rosenau,* § 34, Rdnr. 11; Schönke/Schröder/*Perron,* § 34, Rdnr. 17; BGHSt 48, 255 (259).

613 *Roxin,* Strafrecht Allgemeiner Teil, Bd. 1, 2006, § 16 Rdnr. 21; *Kühl,* Strafrecht. Allgemeiner Teil, 2017, § 8 Rdnr. 65; SSW-StGB/*Rosenau,* § 34, Rdnr. 12; BGHSt 48, 255 (258).; *Krey,* ZRP 1975, S. 97 (98).

614 Schönke/Schröder/*Perron,* § 34, Rdnr. 17; NK/*Neumann,* § 34, Rdnr. 57; MüKo/*Erb,* § 34, Rdnr. 82; *Müller,* JURA 2005, S. 635 (641).

615 So etwa LK/*Zieschang,* § 34, Rdnr. 37; BGHSt 48, 255 (259).

616 *Kühl,* Strafrecht. Allgemeiner Teil, 2017, § 8 Rdnr. 66; NK/*Neumann,* § 34, Rdnr. 57; nach *Joerden,* JR 1999, S. 120 (121) sei der Wortlaut bei Einbeziehung solcher Fälle

Gefahrarten ist das zentrale und übergeordnete Kriterium, ob schon zum jetzigen Zeitpunkt gehandelt werden muss, um die drohende Rechtsgutsverletzung abzuwenden.[617] Die zeitliche Komponente, wann der Schaden eintritt oder eintreten würde, hat nur Indizfunktion: Bei Augenblicks- und Dauergefahren liegt der Eintritt des Schadens ohne sofortiges Handeln nahe; je weiter der Schaden in der Zukunft liegt, desto wahrscheinlicher erscheint es, dass er auch durch ein späteres Handeln noch abgewendet werden kann.[618]

Ob eine solche gegenwärtige Gefahr vorliegt, bestimmt sich nach einer Ansicht aus der ex-ante-Perspektive eines objektiven[619] Beobachters,[620] weil bereits während der Tat feststehen müsse, ob diese rechtswidrig sei oder nicht.[621] Nach a.A.[622] habe eine ex-post-Betrachtung hinsichtlich der Umstände, die Grundlage der Gefahrenprognose wurden, zu gelten, um Anscheinsgefahren auszuscheiden. Das Risiko der Verlaufsprognose selbst soll dann nach überwiegender Ansicht innerhalb dieser Meinung wiederum dem Notstandstäter abgenommen werden, sich also ex ante bestimmen.[623] Die letztgenannte Ansicht ist überzeugender, da dem Eingriffsadressaten, der ein Solidaritätsopfer erbringt, nicht das gesamte Risiko einer Fehlbeurteilung aufgebürdet werden sollte. Wo tatsächlich gar keine Gefahr vorliegt, kann auch nicht seine Solidarität erwartet werden. Die spätere Verlaufsprognose muss man dagegen ex ante bestimmen, weil sich nie sicher vorhersagen lässt, wie sich ein Sachverhalt entwickelt. Für den Notstandstäter

---

in § 34 StGB überschritten, doch handle es sich um eine sinnvolle und zulässige Analogie.

617 MüKo/*Erb*, § 34, Rdnr. 83; LK/*Zieschang*, § 34, Rdnr. 37; NK/*Neumann*, § 34, Rdnr. 56; Schönke/Schröder/*Perron*, § 34, Rdnr. 17; Matt/Renzikowski/*Engländer*, § 34, Rdnr. 15; RGSt 66, 222 (225 f.); BGH NJW 1951, 769.

618 LK/*Zieschang*, § 34, Rdnr. 37; MüKo/*Erb*, § 34, Rdnr. 84.

619 Zu den unterschiedlichen und umstrittenen Maßfiguren dieses objektiven Maßstabes vgl. *Roxin*, Strafrecht Allgemeiner Teil, Bd. 1, 2006, § 16 Rdnr. 16 ff.

620 Dazu umfassend *Schaffstein*, in: Frisch/Schmid (Hrsg.): FS Bruns, 1978, S. 89; ferner *Kühl*, Strafrecht. Allgemeiner Teil, 2017, § 8 Rdnr. 43 ff.; *Roxin*, Strafrecht Allgemeiner Teil, Bd. 1, 2006, § 16 Rdnr. 15; SSW-StGB/*Rosenau*, § 34, Rdnr. 9; *Pawlik*, Der rechtfertigende Notstand, 2002, S. 173; *Wessels/Beulke/Satzger*, Strafrecht Allgemeiner Teil, 2016, Rdnr. 452; BGHSt 48, 255 (259).

621 *Roxin*, Strafrecht Allgemeiner Teil, Bd. 1, 2006, § 16 Rdnr. 15.

622 MüKo/*Erb*, § 34, Rdnr. 65; LK/*Zieschang*, § 34, Rdnr. 27; NK/*Neumann*, § 34, Rdnr. 49f.; SK-StGB/*Günther*, § 34, Rdnr. 21; Schönke/Schröder/*Perron*, § 34, Rdnr. 13.

623 MüKo/*Erb*, § 34, Rdnr. 65, 68; NK/*Neumann*, § 34, Rdnr. 51; SK-StGB/*Günther*, § 34, Rdnr. 21; Matt/Renzikowski/*Engländer*, § 34, Rdnr. 12; Schönke/Schröder/*Perron*, § 34, Rdnr. 13.

ergibt sich dadurch keine unbillige Härte, weil sein Irrtum über das Vorliegen der die gegenwärtige Gefahr begründenden Umstände zumindest den Vorsatz entfallen lässt, wenngleich zuzugeben ist, dass zum einen eine mögliche Fahrlässigkeitsstrafbarkeit bleibt und es zum anderen einen rechtsethischen Unterschied macht, ob der Täter rechtmäßig oder lediglich vorsatzlos handelt.[624]

Schließlich ist es unerheblich, wo die Gefahr herrührt, ob sie also von einem Naturzustand oder einem Menschen ausgeht.[625]

cc) Abweichende restriktive Ansichten

Neben den bereits beim notstandsfähigen Gut vorgeschlagenen Einschränkungen gibt es noch andere Versuche, die Notstandslage restriktiver zu handhaben.

Teilweise sollen etwa geringfügige Bagatellschäden ausgenommen sein,[626] wobei dies dann nicht als absolute Eingriffsschranke, sondern als Ergebnis einer „Abwägung" angesehen wird.[627] Damit handelt es sich dann aber um keine wirkliche Restriktion, sondern nur um ein Kriterium mehr, das in die ohnehin stattfindende umfassende Interessenabwägung eingestellt wird. Der Anwendungsbereich der Notstandsnorm wird trotzdem zunächst einmal eröffnet.

Um eine Restriktion bemüht sich auch *Pawlik*. Auf der Basis seines Notstandsverständnisses ist Voraussetzung für die Eröffnung der Eingriffsbefugnis, dass die Gefahr eines erheblichen Freiheitsverlustes besteht. Die freiheitstheoretische Funktion von Individualrechtsgütern bestehe primär darin, sich handelnd selbst darzustellen, sich eine bestimmte Identität zu geben, kurz: sein Leben zu führen.[628] Erheblich sei der drohende Verlust eines Rechtsguts wiederum dann, wenn er die Fähigkeit des Betroffenen, sich in der sozialen Kommunikation als Individuum darzustellen, in einem nach dem Urteil eines objektiven Dritten nachhaltigen Umfang beeinträchtigen würde. Der Verlust müsse anders ausgedrückt so gewichtig sein, dass er den Betroffenen zu einer nachhaltigen Umstellung seiner Lebensführung nötige.[629] Drohe ein Eigentums- oder Vermögensverlust,

---

624 *Schaffstein*, in: Frisch/Schmid (Hrsg.): FS Bruns, 1978, S. 89 (99).

625 LK/*Zieschang*, § 34, Rdnr. 35; MüKo/*Erb*, § 34, Rdnr. 75; SK-StGB/*Günther*, § 34, Rdnr. 19; NK/*Neumann*, § 34, Rdnr. 52; Matt/Renzikowski/*Engländer*, § 34, Rdnr. 13; *Kühl*, Strafrecht. Allgemeiner Teil, 2017, § 8 Rdnr. 55.

626 SK-StGB/*Günther*, § 34, Rdnr. 18; Schönke/Schröder/*Perron*, § 34, Rdnr. 40; LK[11]/*Hirsch*, § 34, Rdnr. 76.

627 Näher dazu *Pawlik*, Der rechtfertigende Notstand, 2002, S. 153; LK[11]/*Hirsch*, § 34, Rdnr. 76.

628 *Pawlik*, Der rechtfertigende Notstand, 2002, S. 162.

629 *Pawlik*, Der rechtfertigende Notstand, 2002, S. 163.

soll es darauf ankommen, ob dieser Verlust nur durch Vermögensumschichtungen aufgefangen werden kann, die die finanziellen Planungen des Betroffenen nachhaltig in Verwirrung bringen.[630] Auch dieser Ansatz birgt wieder erhebliche Abgrenzungsschwierigkeiten. So kann man sich beispielsweise fragen, wann Vermögensumschichtungen erforderlich sind, die die finanziellen Planungen des Betroffenen nachhaltig in Verwirrung bringen, und wann nur „normale" Umschichtungen erforderlich sind. Für die hier interessierenden Fallgestaltungen kann zudem davon ausgegangen werden, dass der Verlust des Arbeitsplatzes regelmäßig zu einer nachhaltigen Umstellung der Lebensführung nötigt. Und wo es dem gekündigten Arbeitnehmer ohne weiteres möglich ist, zeitnah eine andere Stelle zu finden oder er bequem von Ersparnissen leben kann, sind dies Umstände des Einzelfalls, die in der Interessenabwägung zu verorten sind.

dd) Zwischenergebnis

Der Gesetzgeber hat sich bei Schaffung des § 34 StGB dem Vorschlag von *Gallas*[631], dass die „Gefahr eines erheblichen Schadens" erforderlich sei, bewusst verwehrt. Letztlich kämpfen sämtliche Restriktionsversuche mit Abgrenzungsschwierigkeiten. Man muss anerkennen, dass der Gesetzgeber als Kern der Notstandsregelung die umfassende Interessenabwägung etablieren wollte. Im Gesetzestext findet sich als explizit genanntes Kriterium zur Abwägung der widerstreitenden Interessen auch das „betroffene Rechtsgut". Das zeigt, dass der Gesetzgeber das Gewicht des betroffenen Interesses in der Interessenabwägung verortet wissen wollte.[632] Dies gibt auch Raum für eine flexiblere (und dennoch nicht willkürliche) Lösung, als wenn ein bestimmtes, wie auch immer genau zu bestimmendes Interesse von vornherein rigoros ausgeschieden wird. Für die Beurteilung des notstandsfähigen Guts kommt es auf eine generelle Bestimmung an. Eigentum und Vermögen sind notstandsfähige Güter, unabhängig davon, ob der Betroffene arm oder reich ist. Die konkrete Bedeutung ist dann aber eine Frage der Interessenabwägung. Damit kann hier schon festgehalten werden, dass der Erhalt des eigenen Arbeitsplatzes, aber auch der Erhalt fremder Arbeitsplätze grundsätzlich notstandsfähige Rechtsgüter sind.

---

630 *Pawlik,* Der rechtfertigende Notstand, 2002, S. 163.

631 *Gallas,* ZStW 80 (1968), S. 1 (27).

632 So etwa auch Matt/Renzikowski/*Engländer,* § 34, Rdnr. 10.

e) *Die Notstandshandlung*

Voraussetzung der Notstandshandlung ist zum einen, dass die Gefahr nicht anders abwendbar ist, also zur Gefahrabwendung geeignet und das relativ mildeste Mittel sein muss. Zum anderen muss bei Abwägung der widerstreitenden Interessen das Erhaltungsinteresse das Eingriffsinteresse wesentlich überwiegen.

aa) *Keine andere Abwendbarkeit der Gefahr*

Diese missverständlich formulierte[633] Voraussetzung entspricht der Erforderlichkeit bei § 32 StGB und meint, dass die Notstandshandlung geeignet sein muss, um die drohende Gefahr abzuwenden, und das relativ mildeste Mittel dazu darstellen muss.[634] Beide Voraussetzungen beurteilen sich aus der ex-ante-Sicht eines objektiven Beobachters auf Grundlage der tatsächlich gegebenen Umstände.[635]

Im Rahmen der Geeignetheit sollen dem Unbeteiligten Eingriffsadressaten unnötige und daher sinnlose Opfer erspart werden;[636] deshalb muss die Rettungshandlung zumindest eine Rettungschance für das gefährdete Rechtsgut darstellen.[637] Ungeeignet sind solche Maßnahmen, die nur eine ganz entfernte oder vage Rettungschance bieten[638] oder die die Rettungschance nur ganz unwesentlich erhöhen.[639] Umgekehrt ist aber auch nicht erforderlich, dass die Handlung mit Sicherheit oder auch nur hoher Wahrscheinlichkeit zur Rettung des gefährdeten Interesses führt.[640] Positiv formuliert genügt also, dass die Schadensverhinderung oder -minderung nicht ganz unwahrscheinlich ist.[641] Diese Voraussetzung könnte problematisch werden, wenn es um den Erhalt eines

---

633 *Lenckner,* in: Küper (Hrsg.): FS Lackner, 1987, S. 95 (96).

634 *Kühl,* Strafrecht. Allgemeiner Teil, 2017, § 8 Rdnr. 78; *Lenckner,* in: Küper (Hrsg.): FS Lackner, 1987, S. 95 (97); *Roxin,* Strafrecht Allgemeiner Teil, Bd. 1, 2006, § 16 Rdnr. 23.

635 Matt/Renzikowski/*Engländer,* § 34, Rdnr. 19; MüKo/*Erb,* § 34, Rdnr. 88; Schönke/Schröder/*Perron,* § 34, Rdnr. 18; LK/*Zieschang,* § 34, Rdnr. 50.

636 *Lenckner,* Der rechtfertigende Notstand, 1965, S. 79; *Lenckner,* in: Küper (Hrsg.): FS Lackner, 1987, S. 95 (97).

637 *Kühl,* Strafrecht. Allgemeiner Teil, 2017, § 8 Rdnr. 80.

638 NK/*Neumann,* § 34, Rdnr. 60; *Lenckner,* in: Küper (Hrsg.): FS Lackner, 1987, S. 95 (99).

639 MüKo/*Erb,* § 34, Rdnr. 91.

640 *Roxin,* Strafrecht Allgemeiner Teil, Bd. 1, 2006, § 16 Rdnr. 23; NK/*Neumann,* § 34, Rdnr. 60.

641 Matt/Renzikowski/*Engländer,* § 34, Rdnr. 20; SK-StGB/*Günther,* § 34, Rdnr. 31; *Kühl,* Strafrecht. Allgemeiner Teil, 2017, § 8 Rdnr. 81; *Lenckner,* in: Küper (Hrsg.): FS Lackner, 1987, S. 95 (99); *Kaspar,* Strafrecht - Allgemeiner Teil, 2014, Rdnr. 314.

Unternehmens und damit fremder Arbeitsplätze geht, weil fraglich sein könnte, inwieweit eine konkrete Straftat (etwa eine Bilanzfälschung oder ein Betrug) ein geeignetes Mittel sein kann, um möglicherweise strukturelle wirtschaftliche Probleme abzuwenden. Darauf wird zurückzukommen sein.

Bei dem Erfordernis der Wahl des mildesten Mittels kommt nun das Eingriffsinteresse in den Blick. Stellt die Notstandstat die einzige Möglichkeit dar, das gefährdete Interesse zu retten, steht ihre Erforderlichkeit bereits mit der Geeignetheit fest.[642] Hat der Notstandstäter dagegen mehrere Handlungsalternativen, muss er die wählen, die zu den geringsten Beeinträchtigungen Dritter führt. Milder ist der Eingriff regelmäßig dann, wenn auf ein geringeres Rechtsgut oder auf dasselbe Rechtsgut in geringerem Maße zugegriffen wird.[643]

Im Unterschied zur Notwehr ist der Täter auch verpflichtet, auszuweichen oder staatliche oder private Hilfe zu holen, denn hier geht es nicht um die Verteidigung des Freiheitsraumes gegen einen rechtswidrigen Angreifer, sondern um den Eingriff in Interessen eines nicht verantwortlichen Dritten.[644] Deswegen wird regelmäßig betont, dass es an der Erforderlichkeit fehle, wenn dem Notstandstäter ein geordnetes rechtliches Verfahren zur Behebung der Gefahr zur Verfügung stünde (Gericht, Behörde, Polizei).[645] Etwas anderes kann aber gelten, wenn diese Alternative dem Notstandstäter nur eine unsichere Erfolgschance bieten würde.[646] Auf diesen Punkt wird noch genauer zurückzukommen sein, da dem Arbeitnehmer bei Verlust seines Arbeitsplatzes meist die Kündigungsschutzklage als Rechtsbehelf zur Verfügung steht, um die Kündigung abzuwenden.

bb) Interessenabwägung

Kernstück der geltenden Notstandsregelung ist die Interessenabwägung, bei der alle Umstände zu berücksichtigen sind, die in concreto für den Grad der

---

642 MüKo/*Erb*, § 34, Rdnr. 93; *Lenckner*, in: Küper (Hrsg.): FS Lackner, 1987, S. 95 (97 f.).

643 *Kühl*, Strafrecht. Allgemeiner Teil, 2017, § 8 Rdnr. 90.

644 Matt/Renzikowski/*Engländer*, § 34, Rdnr. 21; *Kühl*, Strafrecht. Allgemeiner Teil, 2017, § 8 Rdnr. 77.

645 LK/*Zieschang*, § 34, Rdnr. 52; Schönke/Schröder/*Perron*, § 34, Rdnr. 20; SSW-StGB/*Rosenau*, § 34, Rdnr. 13; BGHSt 39, 133 (137); 48, 255 (259 f.); gegen einen generellen Vorrang obrigkeitlicher Hilfe aber *Pelz*, NStZ 1995, S. 305 (309); ausführlich dazu auch *Pawlik*, Der rechtfertigende Notstand, 2002, S. 218 ff.

646 *Kühl*, Strafrecht. Allgemeiner Teil, 2017, § 8 Rdnr. 88.

Schutzwürdigkeit von Erhaltungs- und Eingriffsinteresse von Bedeutung sind.[647] Nach diesem umfassenden Gesamtabwägungsprinzip sind alle „positiven und negativen Vorzugstendenzen" zu erfassen.[648] Dabei setzt das Erfordernis des „wesentlichen Überwiegens" der Abwägung eine Grenze: Die Preisgabe (strafrechtlich) geschützter Rechtsgüter kann unter Solidaritätsgesichtspunkten nur dort verlangt werden, wo es für den anderen um wesentlich wichtigere Interessen als für den Solidaritätspflichtigen geht.[649] Aus diesem Grund und wegen des eindeutigen Wortlauts sind die Ansichten, die das „wesentliche Überwiegen" im Sinne eines eindeutigen Überwiegens verstehen wollen[650] oder sogar Gleichwertigkeit der Interessen ausreichen lassen wollen,[651] abzulehnen. Das Gesetz selbst nennt als Abwägungsfaktoren „namentlich" die betroffenen Rechtsgüter und den Grad der ihnen drohenden Gefahren; diese Kriterien sind also nicht abschließend, auch wenn ihnen wichtige Bedeutung zukommt. Die Abwägung beginnt also mit dem abstrakten Rangverhältnis der Rechtsgüter oder Interessen, dem Ausmaß und der Art der drohenden Beeinträchtigung, der Wahrscheinlichkeit des Schadenseintritts und der Größe der Rettungschance.[652] Daneben kann sich noch eine Vielzahl anderer Faktoren auf die Abwägung auswirken, deren abstrakte Darstellung den Rahmen der hiesigen Darstellung sprengen würde und den Schwerpunkt der Arbeit aus den Augen verlieren würde.[653] Vielmehr werden

---

647 MüKo/*Erb*, § 34, Rdnr. 105; LK/*Zieschang*, § 34, Rdnr. 53; NK/*Neumann*, § 34, Rdnr. 68 f.; SK-StGB/*Günther*, § 34, Rdnr. 38; *Roxin*, Strafrecht Allgemeiner Teil, Bd. 1, 2006, § 16 Rdnr. 26.

648 Matt/Renzikowski/*Engländer*, § 34, Rdnr. 23; Schönke/Schröder/*Perron*, § 34, Rdnr. 22; weitere Nachweise auch bei *Meißner*, Die Interessenabwägungsformel in der Vorschrift über den rechtfertigenden Notstand (§ 34 StGB), 1990, S. 22 ff.

649 NK/*Neumann*, § 34, Rdnr. 67; *Kühl*, Strafrecht. Allgemeiner Teil, 2017, § 8 Rdnr. 97; LK/*Zieschang*, § 34, Rdnr. 76; Matt/Renzikowski/*Engländer*, § 34, Rdnr. 23f.; SSW-StGB/*Rosenau*, § 34, Rdnr. 31; *Renzikowski*, Notstand und Notwehr, 1994, S. 240 f.

650 So etwa *Küper*, GA 1983, S. 289 (296); *Roxin*, Strafrecht Allgemeiner Teil, Bd. 1, 2006, § 16 Rdnr. 90; *Roxin*, in: Oehler/Herzberg (Hrsg.): FS Oehler, 1985, S. 181 (184); Schönke/Schröder/*Perron*, § 34, Rdnr. 45; SK-StGB/*Günther*, § 34, Rdnr. 38.

651 So völlig entgegen dem Wortlaut *Delonge*, Die Interessenabwägung nach § 34 StGB und ihr Verhältnis zu den übrigen strafrechtlichen Rechtfertigungsgründen, 1988, S. 167 ff., 178 ff.

652 SSW-StGB/*Rosenau*, § 34, Rdnr. 17; *Wessels/Beulke/Satzger*, Strafrecht Allgemeiner Teil, 2016, Rdnr. 458 f.

653 Verwiesen sei an dieser Stelle nur auf die umfangreichen Kommentierungen bei MüKo/*Erb*, § 34, Rdnr. 110 ff. und LK/*Zieschang*, § 34, Rdnr. 55 ff.

sie später genannt,[654] sofern sie für den konkreten Anwendungsfall von Bedeutung sein können.

cc) *Die Angemessenheitsklausel*

§ 34 S. 2 StGB bestimmt, dass der Täter nur gerechtfertigt ist, soweit die Tat ein angemessenes Mittel ist, um die Gefahr abzuwenden. Es ist höchst umstritten, ob der Klausel neben der umfassenden Interessenabwägung nach S. 1 noch eine eigenständige Bedeutung zukommt.

Nach einer Ansicht hat die Klausel keinen sachlich über die Interessenabwägung nach S. 1 hinausgehenden Inhalt.[655] Teilweise wird ihr dann aber immerhin eine formale Kontrollfunktion zugestanden, indem sie den Anwender zwinge, nach der Interessenabwägung das Ergebnis noch einmal mit Blick auf alle abwägungsrelevanten Gesichtspunkte auf seine Richtigkeit hin zu überprüfen („Kontrollklausel").[656]

Dies sieht auch die a.A. so, betont aber, dass es sich um eine zweite materielle Wertungsstufe handle.[657] Hier sei nämlich der richtige Standort, um „noch einmal einen Moment innezuhalten und sich der Angemessenheit, der Richtigkeit oder gar der Gerechtigkeit zu vergewissern".[658] Dazu sei der Blick auf die Gesamtrechtsordnung und die sie prägenden Prinzipien zu richten. Dabei werden als zu prüfende Gesichtspunkte bzw. Fallgruppen regelmäßig v.a. genannt: das Autonomieprinzip, eine besondere Duldungspflicht des Täters, pflichtwidriges Vorverhalten als Ursache der Gefahr, Verfügbarkeit eines rechtlich geordneten

---

654 Vgl. unten E. IV.

655 LK/*Zieschang*, § 34, Rdnr. 79 ff.; Schönke/Schröder/*Perron*, § 34, Rdnr. 46; SK-StGB/*Günther*, § 34, Rdnr. 50; *Delonge*, Die Interessenabwägung nach § 34 StGB und ihr Verhältnis zu den übrigen strafrechtlichen Rechtfertigungsgründen, 1988, S. 164; *Lenckner*, Der rechtfertigende Notstand, 1965, S. 146 ff.; *Kaspar*, Strafrecht - Allgemeiner Teil, 2014, Rdnr. 328; grundsätzlich auch *Roxin*, Strafrecht Allgemeiner Teil, Bd. 1, 2006, § 16 Rdnr. 91 ff., der aber immerhin eine Funktion sieht: Klarstellung, dass die Menschenwürde einer relativierenden Abwägung unzugänglich ist.

656 So LK/*Zieschang*, § 34, Rdnr. 79; ähnlich wohl auch *Krey*, ZRP 1975, S. 97 (98).

657 So etwa MüKo/*Erb*, § 34, Rdnr. 184; *Meißner*, Die Interessenabwägungsformel in der Vorschrift über den rechtfertigenden Notstand (§ 34 StGB), 1990, S. 212 ff.; NK/*Neumann*, § 34, Rdnr. 117 ff.; SSW-StGB/*Rosenau*, § 34, Rdnr. 32; *Kühl*, Strafrecht. Allgemeiner Teil, 2017, § 8 Rdnr. 166 ff.; *Jescheck/Weigend*, Lehrbuch des Strafrechts, 1996, § 33 IV 3 d; *Renzikowski*, Notstand und Notwehr, 1994, S. 251 ff.; *Wessels/Beulke/Satzger*, Strafrecht Allgemeiner Teil, 2016, Rdnr. 471; *Engländer*, GA 2010, S. 15 (18 f.); *Joerden*, GA 1991, S. 411.

658 *Kühl*, Strafrecht. Allgemeiner Teil, 2017, § 8 Rdnr. 167.

Verfahrens zur Gefahrabwehr.[659] Daneben soll an dieser Stelle auch der richtige Ort für die Thematisierung eines Menschenwürdeverstoßes sein.[660]

Am Ende führen die beiden Ansichten zu keinem unterschiedlichen Ergebnis, da die erste Ansicht die Gesichtspunkte, die die zweite Ansicht im Rahmen der Angemessenheit prüfen möchte, schon bei der Interessenabwägung berücksichtigt hat. Trotzdem besteht ein wichtiger theoretischer Unterschied: Gesteht man der Angemessenheitsklausel eine eigene materielle Wertungsstufe zu, macht man damit auch klar, dass es gewisse Bereiche gibt, die der „grenzenlosen" Abwägung entzogen sind. Auch wenn solche Grenzen zunächst naheliegend erscheinen, lassen sie sich doch nicht überzeugend in die Prüfung des § 34 StGB integrieren. So ist z.B. die Beeinträchtigung des Autonomieprinzips der gesamten Regelung des rechtfertigenden Notstandes bereits immanent. Es wird immer in die Autonomie eines Unbeteiligten eingegriffen. Wie schwer dieser Eingriff ist und ob er dem Solidaritätspflichtigen aufgebürdet werden kann, entscheidet sich dann aber bereits tatsächlich in der Interessenabwägung. Auch die Vorrangigkeit staatlicher, rechtlich geordneter Verfahren wird zumeist bereits bei der Erforderlichkeit der Notstandshandlung angesprochen. Es scheint kaum erklärbar, dass die „Selbsthilfe" einerseits erforderlich, weil das relativ mildeste Mittel, sein und zudem die Interessenabwägung für sich entscheiden können soll, dann aber nicht angemessen sein soll. Dementsprechend ist nicht erklärbar, was die Angemessenheitsklausel – außer eben vielleicht einer formalen Kontrollfunktion – für eine eigenständige materielle Bedeutung haben soll. Aus diesem Grund geht die hiesige Untersuchung davon aus, dass der Angemessenheitsklausel keine über die Interessenabwägung hinausgehende Bedeutung zukommt.

f) Das subjektive Rechtfertigungselement

Zuletzt verlangt § 34 S. 1 StGB, dass der Täter handelt, *um* die Gefahr abzuwenden, d.h. es muss eine intentionale Beziehung zwischen der Handlung und dem Rettungserfolg bestehen.[661] Eine Rechtfertigung kann nur eintreten, wenn auch der Handlungsunwert der Tat, der von der Willensrichtung des Täters abhängt, aufgehoben oder kompensiert wird, wozu es auf die subjektive Einstellung des

659 So die Zusammenfassung bei LK/*Zieschang*, § 34, Rdnr. 80 (die hier nicht erschöpfend wiedergegeben wird).

660 NK/*Neumann*, § 34, Rdnr. 118; *Roxin*, Strafrecht Allgemeiner Teil, Bd. 1, 2006, § 16 Rdnr. 95.

661 NK/*Neumann*, § 34, Rdnr. 106.

Täters ankommt.[662] Erforderlich und ausreichend soll nach der überwiegenden Meinung sein, dass der Täter in Kenntnis der Rechtfertigungslage und in dem Bewusstsein der Wahrung des überwiegenden Interesses handelt.[663] Anders ausgedrückt: Es genügt jede Form von „Rechtfertigungsvorsatz".[664] Er muss dem Täter also nicht gerade (alleine) auf die Rettung ankommen.[665] Aber auch für Autoren, die subjektiv ein Erstreben der Abwendung der Gefahr verlangen („Gefahrabwendungswille"), ist nicht erforderlich, dass der Täter allein oder überwiegend durch die Rettung motiviert war.[666] Es scheint auch tatsächlich schwer vorstellbar, dass ein Täter, der in Kenntnis der Notstandslage handelt, nicht zumindest auch die Abwendung der Gefahr als *ein* Ziel (oder Zwischenziel) will oder zumindest billigend in Kauf nimmt.[667] Der Rettungswille kann also in der Regel aus dem Wissen der Gefahr und um die Rettungsaktion gefolgert werden;[668] eine weitergehende Motivforschung ist nicht erforderlich, um eine das Handlungsunrecht ausreichend kompensierende innere Einstellung des Täters zu begründen.

Ebenfalls nicht erforderlich ist, dass der Täter – wie früher beim übergesetzlichen Notstand[669] – die Sachlage gewissenhaft geprüft hat.[670]

---

662 Zu dieser Begründung des Erfordernisses eines subjektiven Rechtfertigungselementes ausführlich *Frisch*, in: Küper (Hrsg.): FS Lackner, 1987, S. 113 (124 ff.).

663 Matt/Renzikowski/*Engländer*, § 34, Rdnr. 44; MüKo/*Erb*, § 34, Rdnr. 206; *Fischer*, § 34 Rdnr. 27; *Kühl*, Strafrecht. Allgemeiner Teil, 2017, § 8 Rdnr. 183; NK/*Neumann*, § 34, Rdnr. 106; Schönke/Schröder/*Perron*, § 34, Rdnr. 48; *Puppe*, Strafrecht Allgemeiner Teil im Spiegel der Rechtsprechung, 2016, § 13 Rdnr. 30; SSW-StGB/*Rosenau*, § 34, Rdnr. 35; *Roxin*, Strafrecht Allgemeiner Teil, Bd. 1, 2006, § 16 Rdnr. 105.

664 KK-OWiG/*Rengier*, § 16 OWiG, Rdnr. 47.

665 Ausführliche Begründung bei *Frisch*, in: Küper (Hrsg.): FS Lackner, 1987, S. 113 (136 ff.).

666 *Heinrich*, Strafrecht – Allgemeiner Teil, 2016, Rdnr. 432; *Rengier*, Strafrecht, Allgemeiner Teil, 2017, § 19 Rdnr. 63; KK-OWiG/*Rengier*, § 16 OWiG, Rdnr. 48; LK/*Zieschang*, § 34, Rdnr. 47.

667 So bereits *Lenckner*, Der rechtfertigende Notstand, 1965, S. 189 f.

668 Göhler/*Gürtler*, § 16 OWiG, Rdnr. 5.

669 Vgl. z.B. RGSt 62, 137 ff.; BGHSt 2, 111 (114); 3, 7 (12).

670 Ganz h.M., vgl. z.B. Matt/Renzikowski/*Engländer*, § 34, Rdnr. 44; *Lenckner*, Der rechtfertigende Notstand, 1965, S. 200 ff.; MüKo/*Erb*, § 34, Rdnr. 208; NK/*Neumann*, § 34, Rdnr. 110; als noch nicht überholt sieht dieses Erfordernis aber wohl *Heinrich*, Strafrecht – Allgemeiner Teil, 2016, Rdnr. 431 an.

3. Behandlung des Problems als Fall des Nötigungsnotstandes

Die vorstehenden Ausführungen scheinen bereits die Grundlage für die Lösung des konkreten Anwendungsfalles des Erhalts des Arbeitsplatzes zu liefern. Allerdings blieb bisher noch ein Sonderproblem unberücksichtigt: In der vorliegenden Untersuchung soll es vorrangig um die Konstellation gehen, in der der Arbeitnehmer mit der Drohung des Arbeitsplatzverlustes dazu gezwungen wird, eine Straftat (oder Ordnungswidrigkeit) zu begehen. Das betrifft – zumindest nach herkömmlicher Ansicht – aber nicht den regulären Fall des Notstandes, sondern ist eine Konstellation des sog. Nötigungsnotstandes, der daher im Folgenden zu erläutern ist, insbesondere, weil umstritten ist, ob er überhaupt § 34 StGB unterfällt.

Die Konstellation des sog. Nötigungsnotstandes ist dadurch geprägt, dass ein Dritter den Notstandstäter mit der Androhung eines Übels zur Begehung einer Straftat oder Ordnungswidrigkeit zwingt.[671] Der Notstandstäter handelt also, um dieses angedrohte Nötigungsübel von sich abzuwenden.[672]

Genau dies ist der Fall, wenn beispielsweise ein Vorgesetzter seinem angestellten Fahrer „nahelegt" noch eine Fahrt unter Überschreitung der zulässigen Lenkzeiten durchzuführen, weil er sich andernfalls einen neuen Arbeitsplatz suchen müsse. Kann der Arbeitnehmer nun nach § 16 OWiG gerechtfertigt sein, wenn er die Fahrt durchführt, um seinen Arbeitsplatz nicht zu verlieren?

Die rechtliche Einordnung des Nötigungsnotstandes ist seit Langem höchst umstritten. Nach einer Ansicht kann der Nötigungsnotstand nie zu einer Rechtfertigung, sondern immer nur im Rahmen des § 35 StGB (eventuell auch analog) zu einer Entschuldigung führen (dazu unter b). Nach der entgegengesetzten Ansicht ist § 34 StGB ohne Besonderheiten anzuwenden (dazu unter c). Nach einer weiteren Ansicht ist grundsätzlich § 34 StGB anzuwenden, allerdings ist im Rahmen der Interessenabwägung zu berücksichtigen, dass „der Täter auf die Seite des Unrechts tritt" (dazu unter d). Schließlich gibt es auch noch eine Mindermeinung, die einen „Strafunrechtsausschließungsgrund der notstandsähnlichen Lage" annehmen will (siehe unter e).

Der Aufbau der Arbeit zeigt bereits, dass der Verfasser den Nötigungsnotstand prinzipiell dem § 34 StGB zuordnen will. Würde er dagegen unter § 35 StGB gefasst, ergäbe sich ein schnelles Ende der Untersuchung, weil die Erhaltungsgüter in § 35 StGB abschließend aufgezählt sind und der Arbeitsplatz nicht

---

671 *Kelker*, Der Nötigungsnotstand, 1993, S. 29.

672 *Kühl*, Strafrecht. Allgemeiner Teil, 2017, § 8 Rdnr. 127.

darunter fällt.[673] Selbstverständlich soll diese Entscheidung aber im Folgenden begründet werden, auch wenn im Rahmen der vorliegenden Arbeit keine monographische Behandlung allein dieses Problems erfolgen kann und soll.[674]

a) *Historische Entwicklung*

Interessanterweise enthielten ältere deutsche Strafrechtsordnungen im Gegensatz zum geltenden StGB vielfach keine allgemeine Notstandsregel, sondern nur eine explizite Regelung des Nötigungsnotstandes, wie z.B. das Preußische Allgemeine Landrecht vom 05.02.1794 in seinem Zweiten Teil unter dem Zwanzigsten Titel in den §§ 19 bis 21. Auch das Bayerische Strafgesetzbuch von 1813 beschränkte sich in seinem Art. 121 allein auf eine Regelung des Nötigungsnotstandes. In späteren Strafgesetzbüchern fand sich meist immer noch eine explizite Regelung des Nötigungsnotstandes, selbst wenn sie daneben auch eine allgemeine Notstandsregel enthielten.[675]

Das Reichsstrafgesetzbuch von 1871 (RStGB) enthielt schließlich auch eine allgemeine Notstandsregel in seinem § 54 RStGB. Daneben enthielt es aber in § 52 Abs. 1 RStGB folgende Regelung des Nötigungsnotstandes:

„Eine strafbare Handlung ist nicht vorhanden, wenn der Täter durch unwiderstehliche Gewalt oder durch eine Drohung, welche mit einer gegenwärtigen, auf andere Weise nicht abwendbaren Gefahr für Leib oder Leben seiner selbst oder eines Angehörigen verbunden war, zu der Handlung genötigt worden ist."

Unter den früheren Vertretern der Einheitstheorien war strittig, ob die Regelung einen Rechtfertigungs- oder einen Entschuldigungsgrund darstellte, denn der Gesetzestext sprach ja nur davon, dass „eine strafbare Handlung nicht vorhanden" sei. Die überwiegende Auffassung nahm dennoch einen Entschuldigungsgrund an.[676] Das *RG* entschied sich schließlich auch für diese Auffassung, weil die Norm auch die Vernichtung eines höherwertigen Gutes zugunsten eines geringerwertigen umfasse, und dies nie als gerechtfertigt angesehen werden

673 Außer man könnte tatsächlich belastbar begründen, dass der Arbeitsplatzverlust unmittelbar zu Gefahren für die physische und psychische Gesundheit führt.

674 Verwiesen sei insoweit auf die Monographie von *Kelker*, Der Nötigungsnotstand, 1993, passim, aber auch auf die grundlegende Abhandlung von *Küper*, Darf sich der Staat erpressen lassen?, 1986, passim.

675 Einen historischen Überblick dazu gibt *Kelker*, Der Nötigungsnotstand, 1993, S. 14 ff.; Nachweise auch bei *Bernsmann*, "Entschuldigung" durch Notstand, 1989, S. 140.

676 Überblick und weitere Nachweise dazu bei *Kelker*, Der Nötigungsnotstand, 1993, S. S. 18 ff.

könne.[677] Mit Aufkommen der Differenzierungstheorien und der Anerkennung des übergesetzlichen Notstandes durch das *RG* bekam die Diskussion neuen Schwung.[678] Zum Teil wurde weiterhin vertreten, dass § 52 RStGB abschließend den Nötigungsnotstand regle, also nur in den dort erfassten Fällen eine Entschuldigung in Betracht komme.[679] Demgegenüber verstanden andere Autoren § 52 RStGB zwar auch als Entschuldigungsgrund, vertraten aber, dass es daneben Konstellationen geben könne, die unter den rechtfertigenden übergesetzlichen Notstand fallen würden.[680] Schließlich wurde die Differenzierungstheorie bekanntermaßen mit der Einführung der §§ 34, 35 StGB im Jahre 1975 positivrechtlich etabliert. Eine Regelung des Nötigungsnotstandes unterblieb allerdings und so ging und geht der Streit, ob es sich um einen Fall des rechtfertigenden oder nur des entschuldigenden Notstandes handelt, unvermindert weiter.

Historisch lässt sich aus der Gesetzgebungsgeschichte allerdings kein schlagendes Argument für die eine oder die andere Ansicht herleiten. Zwar rühmt sich die Begründung zu E1962 damit, dass durch die neue Regelung nunmehr erkennbar sei, „ob ein Rechtfertigungs- oder ein Entschuldigungsgrund vorliegt".[681] Direkt im nächsten Satz heißt es aber, dass der Entwurf von einer besonderen Regelung des Nötigungsnotstandes absehe, da dieser Fall vom allgemeinen Notstandsbegriff mitumfasst werde. Und weiter: „Die Vorschriften über den Notstand (§§ 39, 40 [heute §§ 34, 35, *Anm. d. Verf.*]) schließen nicht nur die Fälle ein, die in den §§ 52 und 54 StGB geregelt sind, sondern erfassen auch die des bisherigen übergesetzlichen Notstandes."[682] Bei der Begründung des entschuldigenden Notstandes (§ 40 E1962) heißt es: „Die Notstandsregelung des Entwurfs führt dazu, daß Notstandshandlungen nach den §§ 52 und 54 StGB, die im geltenden Recht, soweit nicht besondere rechtfertigende Normen (z.B. §§ 228, 904 BGB) eingreifen, lediglich entschuldigen, künftig dann gerechtfertigt sind, wenn sie zugleich den für den rechtfertigenden Notstand des § 39 vorausgesetzten Erfordernissen entsprechen. […] Eine besondere Regelung des Nötigungsnotstandes im Sinne des § 52 StGB hält der Entwurf für entbehrlich. Soweit unwiderstehliche Gewalt dem Genötigten keine Entschlußfreiheit mehr

677 RGSt 61, 242 (250).

678 Zum Ganzen ausführlich *Kelker,* Der Nötigungsnotstand, 1993, S. 22 f.

679 So z.B. *Mezger,* ZStW 52 (1932), S. 529 (531).

680 Vgl. z.B. *Welzel,* Das deutsche Strafrecht. Eine systematische Darstellung, 1967, S. 174 f.

681 Entwurf eines Strafgesetzbuches (StGB), E1962, Begründung, Deutscher Bundestag, 4. Wahlperiode, Drucksache IV/650, S. 156.

682 Ebd.

lässt, fehlt es schon an einer Handlung im Rechtssinne. Im Übrigen geht die Vorschrift des § 52 StGB in der allgemeinen Notstandsregelung des Entwurfs auf, zumal der Entwurf davon absieht, entgegen § 54 StGB für die Entschuldbarkeit einer Notstandshandlung eine unverschuldete Notlage vorauszusetzen."[683] Der Gesetzgeber des zweiten Strafrechtsreformgesetzes ist dieser Begründung dann aber nicht gänzlich gefolgt. Er beschränkte sich darauf, dass der Fall des Nötigungsnotstandes „von der allgemeinen Notstandsvorschrift mitumfaßt ist".[684] *Horstkotte* äußerte als Vertreter des Justizministeriums, dass die Schulfälle des entschuldigenden Notstandes bekannt seien. Hier ordnete er scheinbar auch den Nötigungsnotstand ein, wenn es heißt: „Von größter praktischer Bedeutung sind die Fälle, in denen der Täter mit Gefahr für Leib und Leben zu einem Verhalten genötigt worden ist."[685] Allerdings führt *Horstkotte* als Beispielsfälle die nationalsozialistischen Gewaltverbrechen an, in denen Leben gegen Leben oder körperliche Unversehrtheit stand. Im Ergebnis verneinte er eine Rechtfertigung damit nur in Fällen, in denen kein erheblicher Wertunterschied zwischen den kollidierenden Gütern bestand.[686]

So lässt also die Begründung zu E1962, an den die heute geltenden Regelungen eng angelehnt sind, mehr darauf schließen, dass seine Verfasser eine Rechtfertigung für möglich hielten. Die späteren Gesetzesberatungen lassen aber umgekehrt eine leichte Tendenz in Richtung Entschuldigung anklingen, wobei dieser Anklang angesichts der in den Blick genommenen Fallgruppe „Leben gegen Leben" auch nicht überbetont werden darf. Hier würde auch bei grundsätzlicher Anwendung des rechtfertigenden Notstandes die Rechtfertigung mangels wesentlichen Überwiegens scheitern. Bereits an dieser Stelle kann man daher festhalten, dass die Gesetzgebungsgeschichte für eine historische Auslegung nicht besonders fruchtbar gemacht werden kann. Im Endergebnis hat der Gesetzgeber die frühere ausdrückliche Regelung des Nötigungsnotstandes gestrichen und die Frage, wie der Nötigungsnotstand richtigerweise zu behandeln sei, Rechtsprechung und Schrifttum zur Klärung überlassen.[687] Deswegen

683 Entwurf eines Strafgesetzbuches (StGB), E1962, Begründung, Deutscher Bundestag, 4. Wahlperiode, Drucksache IV/650, S. 161.

684 Dt. BT, 5. Wahlperiode, Sonderausschuss für die Strafrechtsreform, 82. Sitzung, Horstkotte, S. 1644.

685 Dt. BT, 5. Wahlperiode, Sonderausschuss für die Strafrechtsreform, 92. Sitzung, Horstkotte, S. 1839.

686 *Kelker,* Der Nötigungsnotstand, 1993, S. 27.

687 *Bernsmann,* „Entschuldigung" durch Notstand, 1989, S. 148 kommt zu dem Ergebnis, dass der Nötigungsnotstand zwar im Rahmen der §§ 34, 35 StGB bewältigt werden

wird sich die Diskussion auf andere Argumente zu konzentrieren haben, weswegen die Gesetzgebungsgeschichte auch vorweg dargestellt und nicht im Wege der historischen Auslegung für eine der Ansichten fruchtbar gemacht wurde.

b) Die Entschuldigungs-Lösung

Die früher wohl h.M. will im Nötigungsnotstand nur einen Fall des entschuldigenden Notstandes gem. § 35 StGB sehen,[688] sodass Straffreiheit nur in Frage kommt, wenn das angedrohte Übel in einer Gefahr für Leben, Leib oder Freiheit besteht. Dass eine Rechtfertigung ausscheidet, wird seit *Lenckner* v.a. damit begründet, dass der Täter, „wenn auch gezwungen und daher entschuldigt, auf die Seite des Unrechts" tritt, „was die Rechtsordnung nicht billigen kann, wenn sie nicht auf eine elementare Voraussetzung ihres eigenen Geltungsanspruchs verzichten will".[689] Meist wird dieses Zitat allerdings nur verknappt wiedergegeben, indem nur festgestellt oder besser: behauptet wird, dass der Genötigte auf die Seite des Unrechts trete und sich zum Werkzeug des Täters mache.[690] Weiter begründet wird diese schneidige Formel aber nicht.[691] *Lange*[692] formuliert in ähnlicher Weise: Ein Handeln könne nur dann gerechtfertigt sein, wenn

---

könne, aber doch einiges dafür spreche, dass die Weisheit des alten Rechts (das den Nötigungsnotstand eigens regelte) vom Gesetzgeber unterschätzt worden sei.

688 So nach wie vor z.B. Schönke/Schröder/*Perron,* § 34, Rdnr. 41b; *Wessels/Beulke/Satzger,* Strafrecht Allgemeiner Teil, 2016, Rdnr. 664 f.; *Hassemer,* in: Eser/Schittenhelm/Schumann (Hrsg.): FS Lenckner, 1998, S. 97 (115); *Jescheck/Weigend,* Lehrbuch des Strafrechts, 1996, § 44 II. 3; *Haft,* Strafrecht. Allgemeiner Teil, 2004, S. 104; *Kelker,* Der Nötigungsnotstand, 1993, S. 156 ff.; *Hoffmann-Holland,* Strafrecht. Allgemeiner Teil, 2015, Rdnr. 424; *Meyer,* GA 2004, S. 356 (367 ff.); *Schumann,* Strafrechtliches Handlungsunrecht und das Prinzip der Selbstverantwortung der Anderen, 1986, S. 86; *Jäger,* Examens-Repetitorium Strafrecht Allgemeiner Teil, 2015, Rdnr. 161.

689 *Lenckner,* Der rechtfertigende Notstand, 1965, S. 117; übernommen von Schönke/Schröder/*Perron,* § 34, Rdnr. 41b.

690 So etwa von *Wessels/Beulke/Satzger,* Strafrecht Allgemeiner Teil, 2016, Rdnr. 664a; *Krey/Esser,* Deutsches Strafrecht. Allgemeiner Teil, 2016, Rdnr. 612.

691 Das monieren auch *Kelker,* Der Nötigungsnotstand, 1993, S. 37 und *Pawlik,* Der rechtfertigende Notstand, 2002, S. 300. Zu Recht stellt *Kelker,* Der Nötigungsnotstand, 1993, S. 41 f. fest, dass eine Begründung, warum § 904 BGB in den Nötigungsnotstandsfällen nicht eingreifen solle, meist ganz fehle. So beschränkt sich auch *Lenckner,* Der rechtfertigende Notstand, 1965, S. 117 Fn. 115 auf die Feststellung: „Auch § 904 BGB kann hier, obwohl seine Voraussetzungen dem Wortlaut nach erfüllt sind, nicht gelten."

692 *Lange,* NJW 1978, S. 784 (785).

es dem Unrecht entgegentrete und dabei zwangsläufig Interessen verletze, nicht aber dann, wenn es selbst dem Unrecht nachgebe und damit zu Unrecht werde.

Gemeint ist damit der Gedanke der Rechtsbewährung: Die Geltung der Rechtsordnung könnte beeinträchtigt sein, wenn dem nötigenden Druck des Hintermannes nicht nur faktisch, sondern auch normativ nachgegeben würde und die allgemeine Verbotsnorm für den Bedrohten zurückgenommen würde.[693] Selbst wenn das Handeln des Hintermannes rechtswidrig bleibe, werde diese Wertung durch die Rechtfertigung des Vordermannes in Frage gestellt.[694] Und so werde schließlich das Vertrauen in die Geltungskraft der Rechtsordnung zutiefst erschüttert.[695]

Das wichtigste praktische Argument[696] gegen eine Rechtfertigung ist sicherlich, dass dem Dritten (Notstandspflichtigen) so sein Notwehrrecht genommen werde (sog. Notwehrprobe).[697] Dabei gewinne der Angriff des Hintermanns gerade im Handeln des Genötigten Gestalt. Trotzdem dürfe sich der Dritte im Falle einer Rechtfertigung gegenüber dem rechtswidrigen Angriff des Hintermanns nicht effektiv gegen den unmittelbar Ausführenden verteidigen. Ein etwaiges Notwehrrecht gegenüber dem Hintermann sei dabei wenig effektiv.[698] Der Hintermann hätte es dann in der Hand, durch Einsatz eines genötigten Vordermanns eine effektive Verteidigung des Angegriffenen auszuschalten.[699] In diesem Zusammenhang wird auch betont, dass es einen Unterschied mache, ob die Notstandshandlung daraus resultiere, dass man einer Naturgewalt nachgebe,

693 So die Formulierung von *Neumann*, JA 1988, S. 329 (333).

694 *Neumann*, JA 1988, S. 329 (334).

695 *Wessels/Beulke/Satzger*, Strafrecht Allgemeiner Teil, 2016, Rdnr. 664a.

696 Wobei es sich genau genommen um kein Argument handelt, sondern nur um eine notwendige Konsequenz der eigentlich zu untersuchenden Frage. Man kann ihm insofern mit *Pawlik*, Der rechtfertigende Notstand, 2002, S. 300 Fn. 84 allenfalls den Rang einer „Kontrollüberlegung" einräumen. Dazu passt auch, dass die meisten Vertreter dieser Ansicht dieses „Argument" als sog. Notwehr*probe* kennzeichnen.

697 Schönke/Schröder/*Perron*, § 34, Rdnr. 41b; *Jescheck/Weigend*, Lehrbuch des Strafrechts, 1996, § 44 II. 3; *Hoffmann-Holland*, Strafrecht. Allgemeiner Teil, 2015, Rdnr. 425; diese nicht abzustreitende Konsequenz wird als Vorzug der Entschuldigungslösung auch von Vertretern anderer Ansichten zugestanden, insbesondere von den Autoren vermittelnder Ansichten, vgl. z.B. MüKo/*Erb*, § 34, Rdnr. 146; *Kühl*, Strafrecht. Allgemeiner Teil, 2017, Rdnr. 128.

698 Schönke/Schröder/*Perron*, § 34, Rdnr. 41b; *Wessels/Beulke/Satzger*, Strafrecht Allgemeiner Teil, 2016, Rdnr. 664a.

699 *Wessels/Beulke/Satzger*, Strafrecht Allgemeiner Teil, 2016, Rdnr. 664a.

oder ob man sich eben zum Werkzeug eines Verbrechers machen lasse.[700] Hier gehe es nicht nur um die Verletzung von Rechtsgütern, sondern um einen Angriff auf die Person: Der Angreifer vollziehe nämlich zugleich einen Akt der sozialen und personalen Unterwerfung des Opfers. Von der „normalen" Situation des § 34 StGB unterscheide sich der Nötigungsnotstand daher durch den Faktor „Verletzung der Person des Opfers".[701] Zudem liege ein Unterschied zu Naturereignissen darin, dass dort nur der Träger des Eingriffsgutes für die Erhaltung des gefährdeten Gutes verantwortlich sei; beim Nötigungsnotstand liege die Verantwortlichkeit aber in erster Linie beim nötigenden Hintermann.[702] *Bernsmann* weist darauf hin, dass sich die ohnehin schon unsichere Gefahrenprognose für das zukünftige Handeln eines Menschen erheblich schwieriger gestalte als bei einem Naturereignis.[703]

Selbst wenn man dem unmittelbar handelnden Vordermann einen Anspruch auf mitmenschliche Solidarität zugestehe, so gelte das doch nicht für den Hintermann, der eigentlich den Angriff ausführe.[704] Soweit die Anwendung des § 35 StGB zu unbilligen Ergebnissen führe, weil etwa ein bloßer Vermögenswert durch die Verwirklichung der Drohung beeinträchtigt würde, könne dem durch eine analoge Anwendung von § 35 StGB begegnet werden.[705]

Für das Ordnungswidrigkeitenrecht wird zudem argumentiert, dass es seltsam sei, wenn die zuständige Behörde die Fortsetzung eines abgenötigten, ordnungswidrigen Verhaltens nicht unterbinden dürfte, weil es nicht rechtswidrig sei.[706]

Als Vorteil der Entschuldigungslösung wird schließlich gesehen, dass nicht genötigte Teilnehmer strafbar blieben, weil eine vorsätzliche, rechtswidrige

---

700 So etwa *Lange,* NJW 1978, S. 784 (785); *Schumann,* Strafrechtliches Handlungsunrecht und das Prinzip der Selbstverantwortung der Anderen, 1986, S. 86; *Kelker,* Der Nötigungsnotstand, 1993, S. 150 ff; *Neumann,* JA 1988, S. 329 (334): „Naturereignisse unterliegen nicht der Bewertung durch das Strafrecht."

701 *Neumann,* JA 1988, S. 329 (334), der allerdings für keine reine Entschuldigungs-, sondern eine vermittelnde Lösung votiert.

702 *Neumann,* JA 1988, S. 329 (334).

703 *Bernsmann,* "Entschuldigung" durch Notstand, 1989, S. 142 ff.; allerdings befürwortet *Bernsmann,* "Entschuldigung" durch Notstand, 1989, S. 147 trotzdem eine Rechtfertigung nach § 34 StGB.

704 *Neumann,* JA 1988, S. 329 (333).

705 So *Bünemann/Hömpler,* JURA 2010, S. 184 (87); dieser Ansatz wird auch erwogen von *Kühl,* Strafrecht. Allgemeiner Teil, 2017, § 8 Rdnr. 132; Schönke/Schröder/*Perron,* § 34, Rdnr. 41b; SSW-StGB/*Rosenau,* § 34, Rdnr. 30.

706 *Weber,* ZStW 96 (1984), S. 376 (396 f.).

Haupttat vorläge.[707] Sähe man den Täter dagegen als gerechtfertigt an, ergäben sich nicht nur im Teilnahmebereich, sondern auch bei eigenhändigen Delikten (wie z.B. den Aussagedelikten), bei denen eine mittelbare Täterschaft nicht möglich ist, Strafbarkeitslücken.[708]

Dogmatisch wird das Ergebnis, dass keine Rechtfertigung, sondern allenfalls eine Entschuldigung in Frage komme (also der Ausschluss des § 34 StGB), teilweise in die Interessenabwägung eingebaut,[709] meist aber bei der Angemessenheitsklausel des § 34 S. 2 StGB verortet.[710]

c) Die Rechtfertigungslösung

Als Rechtfertigungslösung soll hier die Ansicht bezeichnet werden, die der Tatsache, dass eine Situation des Nötigungsnotstandes vorliegt, jegliche Relevanz für die Anwendung des § 34 StGB abspricht, mithin § 34 StGB ganz normal wie in „Naturnotstandsfällen" auch anwendet.[711]

---

707 Dieses Argument bringt z.B. *Roxin*, in: Oehler/Herzberg (Hrsg.): FS Oehler, 1985, S. 181 (189) vor, allerdings im Rahmen seiner vermittelnden Ansicht, nach der bei schweren Straftaten nur eine Entschuldigung in Betracht kommen soll. Näher dazu unter d.

708 *Neumann*, JA 1988, S. 329 (335); *Bünemann/Hömpler*, JURA 2010, S. 184 (185).

709 *Müller*, JURA 2005, S. 635 (641); *Lenckner*, Der rechtfertigende Notstand, 1965, S. 117.

710 So z.B. *Wessels/Beulke/Satzger*, Strafrecht Allgemeiner Teil, 2016, Rdnr. 664 f.; *Hoffmann-Holland*, Strafrecht. Allgemeiner Teil, 2015, Rdnr. 425; *Jescheck/Weigend*, Lehrbuch des Strafrechts, 1996, § 44 II 3; *Jäger*, Examens-Repetitorium Strafrecht Allgemeiner Teil, 2015, Rdnr. 161; denn das Sonderproblem, ob § 34 StGB auch den Nötigungsnotstand erfasst, stelle sich ohnehin erst, wenn die Interessenabwägung nicht bereits gegen das Erhaltungsgut ausgeht; zudem werde die Interessenabwägung so nicht noch weiter überfrachtet, vgl. *Brand/Lenk*, JuS 2013, S. 883.

711 So v.a. *Küper*, Darf sich der Staat erpressen lassen?, 1986, S. 67 ff.; *Pawlik*, Der rechtfertigende Notstand, 2002, S. 299 ff.; *Freund*, Strafrecht. Allgemeiner Teil, 2008, § 4 Rdnr. 50 f.; *Delonge*, Die Interessenabwägung nach § 34 StGB und ihr Verhältnis zu den übrigen strafrechtlichen Rechtfertigungsgründen, 1988, S. 133 ff.; *Keller*, Rechtliche Grenzen der Provokation von Straftaten, 1989, S. 308 ff.; *Felber*, Die Rechtswidrigkeit des Angriffs in den Notwehrbestimmungen, 1979, S. 163 f.; *Renzikowski*, Notstand und Notwehr, 1994, S. 65 ff.; *Meißner*, Die Interessenabwägungsformel in der Vorschrift über den rechtfertigenden Notstand (§ 34 StGB), 1990, S. 255; *Joecks*, Strafgesetzbuch, 2014, § 34 Rdnr. 48; Matt/Renzikowski/*Engländer*, § 34, Rdnr. 41; *Kindhäuser*, Strafrecht. Allgemeiner Teil, 2015, § 17 Rdnr. 36; *Jakobs*, Strafrecht, Allgemeiner Teil, 1993, Abschn. 13 Rdnr. 14; *Frister*, Strafrecht. Allgemeiner Teil, 2011, Kap. 17 Rdnr. 20; *Dann*, wistra 2011, S. 127 (132); *Brand/Lenk*, JuS 2013, S. 883 (884 f.); *Krey*, JURA 1979, S. 316 (321 Fn. 33); *Stratenwerth/Kuhlen*, Strafrecht Allgemeiner

Die Vertreter dieser Auffassung weisen zunächst darauf hin, dass es bei grammatischer Auslegung nach dem Wortlaut des § 34 StGB keinen Unterschied mache, wo die Gefahrenquelle herrühre.[712] Nur deswegen habe der Gesetzgeber auf eine eigenständige Regelung des Nötigungsnotstandes verzichten können, weil eben die allgemeinen Notstandsregelungen anwendbar seien.[713] Im gleichen Sinne wird vorgebracht, dass der Genötigte die Solidarität der Mitmenschen unabhängig davon beanspruchen könne, ob seine Interessen durch eine Natur- oder Menschen-gefahr beeinträchtigt zu werden drohen bzw. er in gleicher Weise schutzbedürftig sei.[714]

Insbesondere aber könne dem Genötigten das Unrecht des nötigenden Hintermanns nicht zugerechnet werden, er sei nicht dafür verantwortlich.[715] Es müsse vielmehr zwischen Hintermann und Werkzeug differenziert werden, was etwa bei der mittelbaren Täterschaft oder der actio illicita in causa auch erfolge.[716] Sowohl das Handeln des Genötigten als auch die Schutzminderung des Eingriffsadressaten seien allein durch den Hintermann determiniert, daher genüge es, wenn sein Verhalten rechtswidrig bleibe und er gegebenenfalls als mittelbarer Täter bestraft werden könne.[717] Andernfalls würde man dem Bedrohten eine Einbuße an Rechtsgütern abverlangen, die sich als generalpräventiver

---

Teil, 2011, § 9 Rdnr. 105; grundsätzlich auch *Köhler,* Strafrecht. Allgemeiner Teil, 1997, S. 292 f., der § 34 StGB aber ohnehin sehr restriktiv handhaben will, sodass es auch bei „normaler" Anwendung der Vorschrift auf den Nötigungsnotstand selten zu einer Rechtfertigung kommen wird; prinzipiell auch *Bernsmann,* "Entschuldigung" durch Notstand, 1989, S. 147, der zugleich aber davon spricht, dass sich die Beteiligung am fremden Unrecht auf die Interessenabwägung auswirken könne.

712 *Küper,* Darf sich der Staat erpressen lassen?, 1986, S. 62 f.; *Joecks,* Strafgesetzbuch, 2014, § 34 Rdnr. 48; *Renzikowski,* Notstand und Notwehr, 1994, S. 67; *Krey,* JURA 1979, S. 316 (321 Fn. 33); *Köhler,* Strafrecht. Allgemeiner Teil, 1997, S. 288; *Neumann,* JA 1988, S. 329 (330).

713 *Bernsmann,* "Entschuldigung" durch Notstand, 1989, S. 147.

714 *Küper,* Darf sich der Staat erpressen lassen?, 1986, S. 63; *Kindhäuser,* Strafrecht. Allgemeiner Teil, 2015, § 17 Rdnr. 36; *Jakobs,* Strafrecht, Allgemeiner Teil, 1993, Abschn. 13 Rdnr. 14; *Stratenwerth/Kuhlen,* Strafrecht Allgemeiner Teil, 2011, § 9 Rdnr. 105.

715 Matt/Renzikowski/*Engländer,* § 34, Rdnr. 41; *Renzikowski,* Notstand und Notwehr, 1994, S. 67.

716 *Küper,* Darf sich der Staat erpressen lassen?, 1986, S. 58; *Pawlik,* Der rechtfertigende Notstand, 2002, S. 300 f.

717 *Küper,* Darf sich der Staat erpressen lassen?, 1986, S. 68 f; *Stratenwerth/Kuhlen,* Strafrecht Allgemeiner Teil, 2011, § 9 Rdnr. 105.

Akt dem Erpresser gegenüber darstellen würde.[718] Soweit argumentiert wird, dass eine „abgenötigte“ Notstandshandlung die Rechtsordnung stärker tangiere als eine „reguläre“ Notstandshandlung,[719] könne dies auch nicht überzeugen, da hinsichtlich des Eindrucks auf die Rechtsgemeinschaft als ganze wiederum zwischen dem strafrechtlichen Tun des Nötigenden und dem des Genötigten zu unterscheiden sei.[720] Außerdem dürfe der Einzelne insoweit nicht zur Stärkung der „Geltungskraft der Rechtsordnung“ instrumentalisiert werden.[721]

Dass dem Verletzten das Notwehrrecht nur gegenüber dem Hintermann zustehe, nicht aber gegenüber dem unmittelbar angreifenden Notstandstäter wird dementsprechend zum Teil als angemessen bewertet, denn verantwortlich sei ja der Hintermann, der Genötigte habe weder den rechtswidrigen Zweck, noch die Tat zu verantworten, weil ihm beides aufgezwungen werde.[722] Es sei also nicht einzusehen, warum der Dritte dann dem Genötigten rechtmäßiger Weise Einbußen an dessen Gütern zufügen dürfe und mittelbar auch noch den Eintritt des angedrohten Übels herbeiführen können soll. Mit anderen Worten: Gegenüber dem Genötigten ist nicht zu begründen, warum der Angriff des Hintermanns mit der scharfen Waffe des Notwehrrechts auf seinem Rücken zurückgewiesen werden können soll.[723]

Jakobs möchte die Rechtfertigung zusätzlich durch den Vergleich mit § 323c StGB bekräftigen: „Wenn das Eingriffsopfer nach § 323c StGB oder gar als Garant verpflichtet sein kann, zur Rettung des Werkzeuges aus der Bedrohung durch den mittelbaren Täter das Eingriffsgut anzubieten, darf das Werkzeug sich das Gut auch nehmen.“[724]

---

718 *Delonge*, Die Interessenabwägung nach § 34 StGB und ihr Verhältnis zu den übrigen strafrechtlichen Rechtfertigungsgründen, 1988, S. 134; ähnlich *Küper*, Darf sich der Staat erpressen lassen?, 1986, S. 69.

719 So etwa *Hassemer*, in: Eser/Schittenhelm/Schumann (Hrsg.): FS Lenckner, 1998, S. 97 (115); *Kelker*, Der Nötigungsnotstand, 1993, S. 84 f.

720 *Pawlik*, Der rechtfertigende Notstand, 2002, S. 303.

721 NK/*Neumann*, § 34, Rdnr. 54; *Neumann*, JA 1988, S. 329 (334): „Denn der Genötigte wird zu Recht fragen, warum sich die Rechtsordnung gerade auf seine Kosten bewähren müsse und dürfe, warum er die Konsequenzen eines billigen Heroismus der Rechtsordnung tragen solle.“

722 *Felber*, Die Rechtswidrigkeit des Angriffs in den Notwehrbestimmungen, 1979, S. 163; *Herzberg*, Mittelbare Täterschaft bei rechtmäßig oder unverboten handelndem Werkzeug, 1967, S. 33.

723 *Neumann*, JA 1988, S. 329 (333).

724 *Jakobs*, Strafrecht, Allgemeiner Teil, 1993, Abschn. 13 Rdnr. 14; skeptisch zu diesem Schluss *Küper*, Darf sich der Staat erpressen lassen?, 1986, S. 64 Fn. 124; auch *Frister*,

Nach Ansicht vieler Autoren können aber auch die oben angeführten Argumente der Entschuldigungslösung nicht überzeugen.

Felber[725] weist etwa spitzfindig darauf hin, dass keine Rede davon sein könne, dass der Genötigte auf die Seite des Unrechts trete, vielmehr „werde er auf die Seite des Unrechts getreten". Das Verhalten des Genötigten sei gerade nicht frei.[726]

Warum dann dem Genötigten allein die Last der Rechtsbewährung aufgebürdet werden solle, an ihm ein „Rechtsbewährungsexempel"[727] statuiert werden solle, sei nicht verständlich.[728]

Keller[729] weist schließlich darauf hin, dass auch der Anstifter oder Gehilfe auf die Seite des Unrechts trete – und das sogar freiwillig –, konsequenterweise also auch beim Teilnehmer eine Rechtfertigung ausscheiden müsste. Andere Vertreter der Rechtfertigungslösung ziehen den Vergleich zur mittelbaren Täterschaft:[730] Auch hier könne ein rechtmäßig handelnder Vordermann für die deliktischen Pläne des Hintermanns instrumentalisiert werden. Hier sei aber auch eine gespaltene Rechtswidrigkeitsbeurteilung des Handelns von mittelbarem Täter und Werkzeug anerkannt.

Darüber hinaus soll es praktisch gar keinen großen Unterschied machen, ob dem Dritten ein Notwehrrecht zustünde oder nicht. Denn selbst wenn ihm ein solches zustünde, dürfe er davon nur eingeschränkt und zurückhaltend Gebrauch machen, weil der Notstandstäter zu den „privilegierten Angreifern"[731] zähle, gegenüber denen der Rechtsbewährungsgedanke zurücktrete.[732] Eine

---

Strafrecht. Allgemeiner Teil, 2011, Kap. 17 Rdnr. 19 gibt zu bedenken, dass der Dritte, sähe er tatenlos zu, immerhin wegen unterlassener Hilfeleistung strafbar sei.

725 *Felber*, Die Rechtswidrigkeit des Angriffs in den Notwehrbestimmungen, 1979, S. 164.

726 Matt/Renzikowski/*Engländer*, § 34, Rdnr. 41.

727 *Küper*, Darf sich der Staat erpressen lassen?, 1986, S. 69.

728 NK/*Neumann*, § 34, Rdnr. 54.

729 *Keller*, Rechtliche Grenzen der Provokation von Straftaten, 1989, S. 308 f.

730 So etwa *Pawlik*, Der rechtfertigende Notstand, 2002, S. 300 f.; *Küper*, Darf sich der Staat erpressen lassen?, 1986, S. 68 f.

731 So *Küper*, Darf sich der Staat erpressen lassen?, 1986, S. 72 f., der hier v.a. die Gruppe der schuldlos handelnden Angreifer nennt, gegenüber denen die Notwehrbefugnis aus sozial-ethischen Gründen eingeschränkt ist. Diese Einschränkung dürfe nach ihm aber nicht nur für den Notstandstäter gelten, der unter § 35 StGB fallen würde, sondern für alle Nötigungsnotstandsfälle, weil der Täter hier immer Rücksicht verdiene, weil ihm der Angriff „aufgezwungen" werde.

732 So etwa als Vertreter der Entschuldigungslösung *Wessels/Beulke/Satzger*, Strafrecht Allgemeiner Teil, 2016, Rdnr. 664 f.

andere Ansicht[733] will in diesen Fällen ohnehin den Gedanken des § 228 BGB anwenden. Der Dritte dürfte sich also gegen den rechtswidrigen Angriff auch nur eingeschränkt wehren.[734] Würde man den Genötigten dagegen als nach § 34 StGB gerechtfertigt ansehen, bliebe dem Dritten zwar kein Notwehrrecht, aber trotzdem eine rechtfertigende oder entschuldigende Notstandsbefugnis.[735] *Swoboda*[736] und *Filgut*[737] verweisen ergänzend darauf, dass der Dritte auch insofern nicht schutzbedürftig sei, weil er regelmäßig von einem rechtswidrigen Angriff des Genötigten ausgehe, sich also in einem Erlaubnistatbestandsirrtum befinde und damit nach h.M. allenfalls wegen eines Fahrlässigkeitsdelikts verurteilt werden könne, wenn er den Angriff fahrlässig falsch als rechtswidrig beurteilt hat und sich unter Verletzung des Genötigten zur Wehr gesetzt hat. Selbst wenn dem Dritten die Nötigungssituation bekannt sei und er sich trotzdem für zur Verteidigung berechtigt halte, könne er wegen dieses Erlaubnisirrtums immerhin nach § 17 StGB straflos sein oder zumindest eine Strafmilderung erhalten. Damit stehe er nicht wesentlich schlechter, als wenn man ihm ein Notwehrrecht zubillige, dieses aber für den Fall, dass er die Nötigung kenne, unter dem Aspekt der Gebotenheit einschränke.[738]

Küper[739] argumentiert schließlich, dass es auf eine allgemeine Rechtspflicht, dem Unrecht entgegenzutreten, hinausliefe, wenn man vom Genötigten verlange, dass er dem Druck des Hintermanns nicht (zumindest nicht in rechtmäßiger Weise) nachgeben dürfe.[740]

Oft wird auch betont, dass sich das Recht so oder so nicht bewähren könne, da es immer verletzt werde: Komme der Genötigte der Drohung nach, würden die Interessen des Dritten verletzt, komme er der Drohung dagegen nicht nach, würden bei Realisierung der Drohung eben seine Interessen verletzt. Es werde so

---

733 Vgl. z.B. *Hruschka,* Strafrecht nach logisch-analytischer Methode, 1987, S. 142 f.; *Jakobs,* Strafrecht, Allgemeiner Teil, 1993, Abschn. 12 Rdnr. 18.

734 *Brand/Lenk,* JuS 2013, S. 883 (885).

735 *Delonge,* Die Interessenabwägung nach § 34 StGB und ihr Verhältnis zu den übrigen strafrechtlichen Rechtfertigungsgründen, 1988, S. 135; *Freund,* Strafrecht. Allgemeiner Teil, 2008, § 4 Rdnr. 51.

736 *Swoboda,* JURA 2007, S. 224 (228).

737 *Filgut,* Der Nötigungsnotstand als Rechtfertigungsgrund, 2003, S. 65 ff.

738 *Swoboda,* JURA 2007, S. 224 (228).

739 *Küper,* Darf sich der Staat erpressen lassen?, 1986, S. 63.

740 Ebenso *Renzikowski,* Notstand und Notwehr, 1994, S. 69; *Pawlik,* Der rechtfertigende Notstand, 2002, S. 302.

oder so Unrecht durch den Hintermann verwirklicht, das Recht könne sich also nicht dadurch bewähren, dass es dem Genötigten die Rechtfertigung versage.[741]

Nicht zuletzt blieben wegen der engen Voraussetzungen von § 35 StGB unbillige Härten, sofern man den Nötigungsnotstand allein diesem Regelungsregime unterwerfen würde. Begehe der Genötigte z.B. eine leichte Sachbeschädigung, um eine angedrohte Gefährdung des Lebens einer ihm nicht nahestehenden Person abzuwenden, käme weder Rechtfertigung noch Entschuldigung in Betracht.[742] Im Ordnungswidrigkeitenrecht wäre der Nötigungsnotstand dann (abgesehen von der Bemessung der Geldbuße) vollkommen unbeachtlich, weil das Ordnungswidrigkeitengesetz keinen entschuldigenden Notstand kenne.[743] Zudem würde der Genötigte dem strengeren Irrtumsregime des § 35 Abs. 2 StGB unterworfen, er könnte sich nicht auf einen Erlaubnistatbestandsirrtum berufen.[744]

Umgekehrt ergäben sich bei einer Rechtfertigung auch keine unangemessen großen Strafbarkeitslücken. Werde etwa der im Nötigungsnotstand falsch Aussagende gerechtfertigt, könne der nötigende Hintermann zwar wegen des eigenhändigen Deliktscharakters der §§ 153 ff. StGB nicht als mittelbarer Täter, wohl aber über § 160 StGB bestraft werden.[745]

Zu guter Letzt wird vorgebracht, dass die normale, strenge Anwendung des § 34 StGB zu angemessenen Ergebnissen führe. Schließlich erfüllten die Notstandsvoraussetzungen schon eine wichtige Limitierungsfunktion, weil die Nötigung eine objektiv bestehende, gegenwärtige Gefahr für das Erhaltungsgut darstellen müsse, welches konkret das wesentlich überwiegende Interesse darstellen müsse.[746] Allein die vom psychischen Zwang ausgehende Freiheitsbedrohung reiche dafür nicht aus.[747] Außerdem sei die Erforderlichkeit der Notstandshandlung nur gegeben, wenn der Genötigte keine Notwehr gegen den

---

741 *Küper,* Darf sich der Staat erpressen lassen?, 1986, S. 69 ff.; *Keller,* Rechtliche Grenzen der Provokation von Straftaten, 1989, S. 309 f.; *Delonge,* Die Interessenabwägung nach § 34 StGB und ihr Verhältnis zu den übrigen strafrechtlichen Rechtfertigungsgründen, 1988, S. 134; *Brand/Lenk,* JuS 2013, S. 883 (885).

742 *Rengier,* Strafrecht, Allgemeiner Teil, 2017, § 19 Rdnr. 54; *Frister,* Strafrecht. Allgemeiner Teil, 2011, Kap. 17 Rdnr. 19.

743 LK[11]/*Hirsch,* § 34, Rdnr. 69a; übernommen von LK/*Zieschang,* § 34, Rdnr. 69a.

744 *Bernsmann,* "Entschuldigung" durch Notstand, 1989, S. 147 f.

745 *Brand/Lenk,* JuS 2013, S. 883 (884 Fn. 19).

746 *Küper,* Darf sich der Staat erpressen lassen?, 1986, S. 74 f.; *Stratenwerth/Kuhlen,* Strafrecht Allgemeiner Teil, 2011, § 9 Rdnr. 105.

747 *Küper,* Darf sich der Staat erpressen lassen?, 1986, S. 75.

Nötiger üben könne[748] oder polizeiliche Hilfe nicht erreichen könne.[749] Eine solche Selbsthilfemöglichkeit könne dazu führen, dass das Erhaltungsinteresse nicht mehr wesentlich überwiege.[750] Dass eine Tötung oder erhebliche Körperverletzung nicht durch Notstand gerechtfertigt werden könne, auch wenn der Täter dazu durch Bedrohung mit dem Tode gezwungen worden sei, ergebe sich aus der allgemeinen Regel, dass Menschen nicht dazu verpflichtet sind, erhebliche Beeinträchtigungen der körperlichen Integrität hinzunehmen, um andere zu retten; insoweit bedürfe es keiner Sonderregeln für den Nötigungsnotstand.[751]

d) Vermittelnde Ansichten

Daneben gibt es vermittelnde Ansichten, die sich meist dadurch auszeichnen, dass sie eine Rechtfertigung grundsätzlich für möglich halten, diese aber bei Anwendung des § 34 StGB an relativ hohe Hürden knüpfen. Konstruktiv wird dies meist erreicht, indem das „Handeln auf Seiten des Unrechts" zu Lasten des Erhaltungsrechtsguts in die Interessenabwägung nach § 34 S. 1 StGB eingestellt wird, sodass ein „wesentliches Überwiegen" dieses Erhaltungsgutes deutlich schwieriger wird.[752]

Die Vertreter einer solchen Lösung weisen darauf hin, dass die beiden anderen Meinungen in ihrer Absolutheit nicht überzeugen könnten: Die Entschuldigungslösung ziehe den Kreis der geschützten Rechtsgüter zu eng, während die Rechtfertigungslösung dem Dritten eine zu weitgehende Solidaritätspflicht auferlege.[753]

---

748 *Renzikowski*, Notstand und Notwehr, 1994, S. 67; *Jakobs*, Strafrecht, Allgemeiner Teil, 1993, Abschn. 13 Rdnr. 14; *Küper*, Darf sich der Staat erpressen lassen?, 1986, S. 75.

749 *Delonge*, Die Interessenabwägung nach § 34 StGB und ihr Verhältnis zu den übrigen strafrechtlichen Rechtfertigungsgründen, 1988, S. 135, der hier auf die strenge Prüfung der Wahrscheinlichkeit, die hinter der Gefahr steckt, abstellt.

750 *Renzikowski*, Notstand und Notwehr, 1994, S. 67.

751 *Frister*, Strafrecht. Allgemeiner Teil, 2011, Kap. 17 Rdnr. 20.

752 LK/*Zieschang*, § 34, Rdnr. 69a; *Roxin*, Strafrecht Allgemeiner Teil, Bd. 1, 2006, § 16 Rdnr. 68; *Roxin*, in: Oehler/Herzberg (Hrsg.): FS Oehler, 1985, S. 181 (187 ff.); so nun auch *Kühl*, Strafrecht. Allgemeiner Teil, 2017, § 8 Rdnr. 133a (sowie in Lackner/*Kühl*, § 34, Rdnr. 2), der freilich davon ausgeht, dass sich das Erhaltungsgut im „Normalfall" (abgesehen von Bagatellfällen) nicht mehr durchsetzen könne. Auch *Weber*, JURA 1984, S. 367 (372 f.) sieht das Vorliegen eines Nötigungsnotstandes als einen wichtigen Umstand der Interessenabwägung an und argumentiert mit dem Handeln des Genötigten auf Seiten des Unrechts und der Notwehrprobe.

753 Exemplarisch etwa *Rengier*, Strafrecht, Allgemeiner Teil, 2017, § 19 Rdnr. 54.

Diese Position ist deswegen so populär und zunächst einleuchtend, weil sie keiner der beiden Seiten (Genötigter oder betroffener Dritter) absoluten Vorrang einräumen muss. Ihre Vertreter können so einerseits Solidarität mit dem Genötigten üben, sofern bei diesem besonders wichtige Güter betroffen sind, andererseits aber auch die Autonomie des betroffenen Dritten und das „Rechtsbewährungsinteresse" berücksichtigen.

Praktisch führt dies dazu, dass meist eine Rechtfertigung nur zugelassen wird, wenn der Genötigte handelt, um eine Gefahr für Leben, körperliche Unversehrtheit oder Freiheit von sich abzuwenden,[754] wobei dann oftmals hinsichtlich körperlicher Unversehrtheit und Freiheit eine drohende erhebliche Verletzung verlangt wird.[755] Umgekehrt und konsequent wird dann argumentiert, dass die Interessenabwägung zugunsten des Dritten ausgehe, wo dessen Befugnis zur Verteidigung der eigenen Rechts- und Persönlichkeitssphäre stärker wiege als der Solidaritätsanspruch des Genötigten: Wenn nämlich umgekehrt dem Dritten eine Beeinträchtigung seines Rechtsguts Leben oder eine nicht unerhebliche Beeinträchtigung der Rechtsgüter der körperlichen Unversehrtheit oder der Freiheit drohe.[756]

Bei leichteren Delikten könne eine Rechtfertigung eintreten, ohne dass sich die Rechtsordnung selbst aufgebe, weil das Gesetz bei kleinerer Delinquenz ohnehin vielfach auf seine Durchsetzung verzichte; bei schwereren Delikten könne dagegen um der Geltung der Rechtsordnung willen keine Rechtfertigung eintreten. Zudem müsse dem Dritten in solchen Fällen sein Notwehrrecht verbleiben.[757] Im Ergebnis kommt eine Rechtfertigung also nur bei der Begehung leichterer Straftaten in Betracht, zu denen der Täter durch eine Drohung mit einer Gefahr für Leben, Leib oder Freiheit genötigt worden ist. Die Drohung

---

754 So v.a. LK[11]/*Hirsch,* § 34, Rdnr. 69a; in der 12. Auflage beibehalten von LK/*Zieschang,* § 34, Rdnr. 69a; MüKo/*Erb,* § 34, Rdnr. 147; NK/*Neumann,* § 34, Rdnr. 55a; *Neumann,* JA 1988, S. 329 (335); *Roxin,* Strafrecht Allgemeiner Teil, Bd. 1, 2006, § 16 Rdnr. 68; SSW-StGB/*Rosenau,* § 34, Rdnr. 30; nach *Krey/Esser,* Deutsches Strafrecht. Allgemeiner Teil, 2016, Rdnr. 614 muss eine Gefahr für erhebliche Rechtsgüter bestehen.

755 Z.B. von LK[11]/*Hirsch,* § 34, Rdnr. 69a; LK/*Zieschang,* § 34, Rdnr. 69a.

756 NK/*Neumann,* § 34, Rdnr. 55a; *Neumann,* JA 1988, S. 329 (335); MüKo/*Erb,* § 34, Rdnr. 147; LK[11]/*Hirsch,* § 34, Rdnr. 69a; LK/*Zieschang,* § 34, Rdnr. 69a; *Krey/Esser,* Deutsches Strafrecht. Allgemeiner Teil, 2016, Rdnr. 614; *Rengier,* Strafrecht, Allgemeiner Teil, 2017, § 19 Rdnr. 54; *Kaspar,* Strafrecht - Allgemeiner Teil, 2014, Rdnr. 327; *Krey,* JURA 1979, S. 316 (321 Fn. 33).

757 *Roxin,* in: Oehler/Herzberg (Hrsg.): FS Oehler, 1985, S. 181 (188f.); ebenso *Swoboda,* JURA 2007, S. 224 (228); *Krey,* JURA 1979, S. 316 (321 Fn. 33).

mit einer Eigentumsverletzung beispielsweise könne nie zu einer Rechtfertigung führen.[758]

Umstritten ist innerhalb dieser Ansichten, inwieweit bei einem Eingriff in Kollektivrechtsgüter eine Rechtfertigung in Betracht kommt. *Roxin*[759] bildet etwa den Fall, dass ein Zeuge durch Todesdrohung zu einem Meineid genötigt wird. Hier soll seiner Ansicht nach keine Rechtfertigung in Frage kommen, weil eine zu so schweren Rechtsbeeinträchtigungen führende Tat um der Geltung der Rechtsordnung willen nicht als rechtmäßig angesehen werden könne.[760] *Neumann* scheint dagegen bei einem Eingriff in Kollektivrechtsgüter nie eine Rechtfertigung zulassen zu wollen, weil der Gedanke der Rechtsbewährung hier seine eigentliche Funktion erlange, da die Rechtsordnung nicht nur in ihrer distributiven Funktion, sondern unmittelbar betroffen sei.[761]

e) Die Ansicht Günthers: echter Strafunrechtsausschluss der notstandsähnlichen Lage

Der Vollständigkeit halber soll noch auf die abweichende Ansicht *Günthers* hingewiesen werden, der den Nötigungsnotstand entsprechend seinem Konzept vom Strafunrechtsausschließungsgrund[762] ganz anders behandelt.

Günther vertritt grundsätzlich auch einen dreistufigen Deliktsaufbau,[763] teilt aber die Stufe des Unrechts noch einmal auf. Er geht nicht von einem für alle Rechtsbereiche einheitlichen Begriff der Rechtswidrigkeit aus, sondern etabliert

---

758 LK[11]/*Hirsch*, § 34, Rdnr. 69a; LK/*Zieschang*, § 34, Rdnr. 69a; etwas großzügiger ist man, wenn es um die Begehung einer Ordnungswidrigkeit geht; hier soll das notwendige „Wertgefälle“ auch dann erreicht sein, wenn das Nötigungsmittel nur mittleres Gewicht aufweist, vgl. MüKo/*Erb*, § 34, Rdnr. 147.

759 *Roxin*, Strafrecht Allgemeiner Teil, Bd. 1, 2006, § 16 Rdnr. 69; *Roxin*, in: Oehler/Herzberg (Hrsg.): FS Oehler, 1985, S. 181 (189).

760 *Roxin*, in: Oehler/Herzberg (Hrsg.): FS Oehler, 1985, S. 181 (188 f.); *Neumann*, JA 1988, S. 329 (335) nennt als „pragmatische“ Argumente, dass bei einer Entschuldigung die Strafbarkeit des Hintermanns als Anstifter möglich bleibe und es für den Vordermann unerheblich sei, ob er gerechtfertigt oder entschuldigt sei (v.a. letzteres ist in der Tat sehr pragmatisch gedacht). BGHSt 5, 371 (372) nahm in solch einem Fall ebenfalls nur Entschuldigung an, allerdings erging die Entscheidung vor Einführung der §§ 34, 35 StGB.

761 *Neumann*, JA 1988, S. 329 (335).

762 Entwickelt in *Günther*, Strafrechtswidrigkeit und Strafunrechtsausschluß, 1983, passim.

763 *Günther*, Strafrechtswidrigkeit und Strafunrechtsausschluß, 1983, S. 335.

für das Strafrecht den neuen Begriff der „Strafrechtswidrigkeit".[764] Diese Strafrechtswidrigkeit könne nun entweder aufgrund eines Rechtfertigungsgrundes entfallen, aber auch, wenn der durch den Straftatbestand indizierte Steigerungsgrad, nämlich die Strafwürdigkeit des Unrechts, im jeweiligen Fall fehle.[765] Das Verhalten wird in letzterem Falle zwar immer noch rechtlich missbilligt, es wird aber auf strafrechtliche Sanktionierung verzichtet.

Diese zuletzt genannten Fälle, in denen kein Rechtfertigungsgrund eingreift, aber doch die besondere Strafrechtswidrigkeit fehlt, nennt *Günther* „echte Strafunrechtsausschließungsgründe", weil sie – anders als die allgemeinen Rechtfertigungsgründe – nicht das Unrecht, sondern nur die Strafrechtswidrigkeit ausschließen.[766] Ein solcher echter Strafunrechtsausschließungsgrund sei auch die notstandsähnliche Lage. Sie liege beispielsweise vor, wenn § 34 StGB nicht eingreife, weil geschütztes und beeinträchtigtes Interesse gleichrangig seien oder ersteres letzteres nur unwesentlich überwiege.[767] Aber auch den Nötigungsnotstand unterstellt *Günther* dieser Fallgruppe. Er sieht das als interessengerecht an, weil einerseits klargestellt werde, dass die Rechtsordnung die Begehung der Straftat nicht als rechtmäßig billige (also auch die Geltung der Rechtsordnung nicht in Frage gestellt werde), andererseits beim Genötigten aber nicht erst die Schuld, sondern bereits das strafwürdige Strafunrecht ausgeschlossen werde.[768] Um festzustellen, ob ein solcher echter Strafunrechtsausschließungsgrund der notstandsähnlichen Lage gegeben sei, sei eine umfassende Abwägung durchzuführen, bei der die gleichen Gesichtspunkte wie bei § 34 StGB zu berücksichtigen seien. Insbesondere könne auch der Wert der Geltung der Rechtsordnung miteinbezogen werden, was dazu führen könne, dass sich ein sonst wesentlich überwiegendes Interesse auf Erhaltungsseite nicht mehr durchsetzen könne.[769] Allerdings solle Gleichrangigkeit der Interessen auch genügen. Dem Dritten (Eingriffsadressaten) bliebe durch diese Konstruktion sein Notwehrrecht erhalten, weil die Notstandstat immer noch einen rechtswidrigen Angriff i.S.d. § 32 StGB darstelle.[770]

---

764 *Günther*, Strafrechtswidrigkeit und Strafunrechtsausschluß, 1983, S. 394.
765 *Günther*, Strafrechtswidrigkeit und Strafunrechtsausschluß, 1983, S. 394 f.
766 *Günther*, Strafrechtswidrigkeit und Strafunrechtsausschluß, 1983, S. 395.
767 *Günther*, Strafrechtswidrigkeit und Strafunrechtsausschluß, 1983, S. 336.
768 *Günther*, Strafrechtswidrigkeit und Strafunrechtsausschluß, 1983, S. 336.
769 *Günther*, Strafrechtswidrigkeit und Strafunrechtsausschluß, 1983, S. 336 f.
770 *Günther*, Strafrechtswidrigkeit und Strafunrechtsausschluß, 1983, S. 337.

f) Stellungnahme: uneingeschränkte Rechtfertigung nach § 34 StGB möglich

Vorzugswürdig erscheint es, eine uneingeschränkte Rechtfertigung nach § 34 StGB zuzulassen, also das „Handeln auf Seiten des Unrechts" auch nicht als eigenen Abwägungsfaktor in die Interessenabwägung bei § 34 S. 1 StGB einzustellen.

Gegen die zuletzt vorgestellte Lösung von *Günther* spricht speziell in der hier einschlägigen Fallgruppe, dass die Trennung von Eingriffserlaubnis des Genötigten und Notwehrrecht des Dritten neue Konfliktsituationen mit sich bringt.[771] Oder anders ausgedrückt: Es erscheint vorzugswürdig, den Interessenkonflikt eindeutig zu regeln. Wenn dem Genötigten tatsächlich eine Notstandsbefugnis zur Seite steht, muss der Dritte diesen Eingriff auch dulden. Wenn dem Genötigten diese Befugnis nicht zusteht, kann der Dritte Notwehr üben, weil es sich um einen „echten" rechtswidrigen Angriff handelt, weil der Genötigte – entgegen *Günther* – auch schon gar keine „strafrechtsfreigestellte" Eingriffserlaubnis hat. Man sollte hier die Stufen von Unrecht und Schuld nicht verwischen,[772] denn der Bürger (hier der Genötigte) muss klar wissen, was er von Rechts wegen tun darf und was er unterlassen muss; Erlaubtes und Verbotenes müssen klar getrennt werden.[773] Die Erwägungen der Strafwürdigkeit und -bedürftigkeit sind eigentlich typische Fragen der Verantwortlichkeit und sollten daher auf Ebene der Schuld verortet werden.[774] Auch wenn ein Verhalten rechtmäßig ist, ist damit noch nicht gesagt, ob es billigenswert oder gerade noch tolerabel ist.[775] Da dem Dritten das Notwehrrecht verbleibt, kommt *Günthers* Ansatz weitgehend zu denselben Ergebnissen wie die Entschuldigungstheorie, nimmt aber dafür neue Rechtsunsicherheit durch die Verwischung der Grenzen von Rechtswidrigkeit und Schuld in Kauf.[776] Zudem begründet *Günther* nicht weiter, warum der Täter im Nötigungsnotstand immer rechtswidrig handeln soll, sondern setzt dies voraus.[777]

---

771 Vgl. *Roxin*, in: Oehler/Herzberg (Hrsg.): FS Oehler, 1985, S. 181 (184 f.).

772 Was *Günther* aber tut, auch wenn er formal am dreistufigen Deliktsaufbau festhält; denn der Sache nach kommt die Annahme allgemeiner Rechtswidrigkeit, aber keiner gesteigerten Strafrechtswidrigkeit oftmals zu den gleichen Ergebnissen wie die Entschuldigungslösung (vgl. *Roxin*, in: Oehler/Herzberg (Hrsg.): FS Oehler, 1985, S. 181 [183, 195]).

773 *Roxin*, in: Oehler/Herzberg (Hrsg.): FS Oehler, 1985, S. 181 (195).

774 *Roxin*, in: Oehler/Herzberg (Hrsg.): FS Oehler, 1985, S. 181 (195).

775 *Roxin*, in: Oehler/Herzberg (Hrsg.): FS Oehler, 1985, S. 181 (195).

776 *Kelker*, Der Nötigungsnotstand, 1993, S. 75.

777 *Küper*, Darf sich der Staat erpressen lassen?, 1986, S. 66 Fn. 128.

Aber auch die vermittelnden Ansichten können konstruktiv nicht überzeugen. Sie bringen als Begründung lediglich vor, dass beide Ansichten gute Argumente für sich hätten, die man nicht übergehen könne, und die Lösung daher in einer vermittelnden Position bestehen müsse.[778] Dabei wird zumeist betont, dass die Bewährung der Rechtsordnung eine Rechtfertigung nicht automatisch ausschließe. Gleichwohl soll beim Eingriff in höchstpersönliche Rechtsgüter diesem Aspekt doch wieder so großes Gewicht zukommen, dass das Erhaltungsgut nicht mehr wesentlich überwiegen könne. In diesen Fällen soll dann keine Einzelfallabwägung möglich sein. Es soll einerseits keine pauschalisierte Lösung geben, beim Eingriff in höchstpersönliche Rechtsgüter wird dann aber doch wieder ein Abwägungsergebnis zugunsten des Erhaltungsgutes pauschal abgelehnt.[779] Anders gesagt: Will man das Rechtsbewährungserfordernis nicht abwägungsfest handhaben, dann muss man eine Abwägung in *allen* Fällen zulassen (selbst wenn diese dann in aller Regel zulasten des Erhaltungsgutes ausgehen wird). Die Rechtfertigung prinzipiell zu bejahen, dann aber wieder nach festen Regeln zu begrenzen, lässt sich dogmatisch für § 34 StGB nicht begründen.[780] Warum beispielsweise ein Notstandseingriff, um Eigentums- oder Vermögenswerte zu sichern, generell unzulässig sein soll, wird behauptet, aber nicht weiter begründet. Es spricht nichts dagegen, auch in diesen Fällen die Solidarität des Mitmenschen in Anspruch zu nehmen, wenn diesem ein – im Verhältnis zum gefährdeten Eigentum – nur wesentlich geringeres Übel zugemutet wird.

Soweit beispielsweise von *Neumann* eine Rechtfertigung beim Eingriff in Kollektivrechtsgüter generell abgelehnt wird, weil die Rechtsordnung hier unmittelbar verletzt werde,[781] erscheint es nicht plausibel, warum hier die Interessen des Genötigten auf einmal gar keine Rolle mehr spielen sollten. Zuvor hat *Neumann* noch selbst angeben, dass der Genötigte mit Recht fragen könne, warum sich das Recht ausgerechnet auf seine Kosten bewähren müsse und dürfe;[782] für den Eingriff in Individualrechtsgüter kommt bei ihm im Folgenden als „Korrektiv" die Verletzung der Person hinzu. Genau die gibt es bei einem Eingriff in Kollektivrechtsgüter aber nicht unmittelbar. Wieso sollte nun aber das Recht als solches höher stehen als die Solidarität mit dem Genötigten? Die vermittelnden

778 Exemplarisch MüKo/*Erb*, § 34, Rdnr. 147.
779 *Kelker*, Der Nötigungsnotstand, 1993, S. 58.
780 *Küper*, Darf sich der Staat erpressen lassen?, 1986, S. 65 f.; *Kelker*, Der Nötigungsnotstand, 1993, S. 65.
781 *Neumann*, JA 1988, S. 329 (335).
782 *Neumann*, JA 1988, S. 329 (334).

Ansichten können also schon konstruktiv nicht überzeugen. Sie sind ein Kompromiss, der sich dogmatisch nicht widerspruchslos begründen lässt.

Schließlich kann auch die Entschuldigungslösung nicht überzeugen, mögen einzelne ihrer Argumente noch so plausibel erscheinen. Es wurden bereits bei der Darstellung der Rechtfertigungslösung Argumente erwähnt, die die Argumente der Entschuldigungslösung entkräften. Daher sollen im Folgenden nur noch ergänzende Überlegungen angestellt bzw. noch einmal die wichtigsten Argumente beleuchtet werden.

Gerade die beiden meistgebrauchten Argumente, warum eine „normale" Rechtfertigung ausscheiden müsse, sind zweifelhaft: das Handeln des Täters auf Seiten des Unrechts und das sonst fehlende Notwehrrecht des Dritten.

Die Tragfähigkeit dieser Argumente ist nämlich geringer, als es zunächst den Anschein haben mag. Wie bereits zu Recht betont wurde, kann dem Genötigten das Handeln auf Seiten des Unrechts nicht vorgeworfen werden, weil es ihm aufgezwungen wird und es keinen Grund gibt, dem Genötigten das Verhalten des Nötigers zuzurechnen. Zudem wird die Frage, ob der Täter auf die Seite des Unrechts tritt, ja gerade erst durch die Anwendung des § 34 StGB beantwortet. Auch der „normale" Notstandstäter, der auf der Flucht vor dem Erfrierungstod eine Berghütte aufbricht und die dortigen Speisen verzehrt, verwirklicht zunächst einmal den Tatbestand der Sachbeschädigung, des Hausfriedensbruchs und des Diebstahls. Ob dies aber tatsächlich Unrecht ist, wird erst durch den Ausgang der Abwägung bei § 34 StGB (bzw. § 904 BGB) entschieden. Wer dem Täter die Rechtfertigung versagt, weil dieser auf die Seite des (tatbestandlichen) Unrechts tritt, stellt eine petitio principii auf, weil er bereits voraussetzt, was durch die Abwägung doch erst zu bestimmen wäre.[783]

Dass das Unrecht des nötigenden Hintermannes dem Genötigten nicht zugerechnet wird, steht überdies im Einklang mit der sonstigen Dogmatik des Notstandsrechts, das auf eine Interessenkollision unmittelbar zwischen Eingriffs- und Erhaltungsrechtsgut zugeschnitten ist. So ist etwa anerkannt, dass zwar ein Verschulden der Notstandslage durch den im Notstand Befindlichen

783 Im gleichen Sinne *Renzikowski,* Notstand und Notwehr, 1994, S. 67; auch LK[11]/*Hirsch,* § 34, Rdnr. 69 (wie nun auch LK/*Zieschang,* § 34, Rdnr. 69) führt an, dass der Geltungsanspruch der Rechtsordnung nicht als limitierender Faktor in die Abwägung eingebracht werden dürfe, denn ob er eben im Einzelfall zurücktrete, sei ja gerade durch die Abwägung zu bestimmen. Dazu auch *Delonge,* Die Interessenabwägung nach § 34 StGB und ihr Verhältnis zu den übrigen strafrechtlichen Rechtfertigungsgründen, 1988, S. 134; *Hruschka,* JuS 1979, S. 385 (390 Fn. 17); *Schmidhäuser,* Strafrecht. Allgemeiner Teil, 1982, Kap. 6 Rdnr. 37; *Meier,* JuS 1989, S. 992 (997).

selbst die Notstandsbefugnis begrenzen oder ausschließen kann; dagegen soll ein Verschulden des Notstandshilfe-Täters prinzipiell unbeachtlich sein, weil durch dessen Verschulden die Interessen des in Not Befindlichen nicht reduziert würden.[784] Anders ausgedrückt: Aus dem Verschulden des Retters darf dem Gefährdeten kein Nachteil erwachsen.[785] Auch hier wird deutlich, dass dem in Not Befindlichen das Verschulden einer fremden Person keinen Nachteil bringen soll. Es ist nicht ersichtlich, warum dies dann nicht auch für den nötigenden Hintermann gelten sollte. Einmal mehr zeigt sich: Für die Notstandslage ist die „Schlechtigkeit" dritter Personen irrelevant, der Blick richtig sich allein auf die Kollision der Rechtsgüter.

Die Geltung der Norm wird nicht mehr in Frage gestellt als sonst in Notstandsfällen, weil deutlich wird, dass die Rechtsordnung nicht den Angriff des Hintermanns billigt (dieser bleibt rechtswidrig), sondern einen Interessenkonflikt zugunsten des Genötigten löst, wenn bei diesem ein wesentlich überwiegendes Interesse auf dem Spiel steht. Es wird nicht der Angriff des Hintermanns gebilligt, sondern die Notlage des Genötigten anerkannt. Da dies ein wesentliches Überwiegen des Erhaltungsinteresses voraussetzt, wird zugleich klar, dass sich die Rechtsordnung noch weniger bewähren könnte, wenn sie dem Genötigten zumuten würde, die Realisierung der Gefahr hinzunehmen. In diesem Fall wäre nämlich ein schwererer Bruch der Rechtsordnung zu erwarten.

Die Tatsache, dass dem Dritten das Notwehrrecht genommen wird, ist eine notwendige Folge der Entscheidung für eine Rechtfertigung des Genötigten, aber kein schlagendes Argument dagegen. Dieses Argument müsste sonst generell gegen den rechtfertigenden Notstand vorgebracht werden. Es ist gerade die Eigenheit des Notstandes, dass ein Eingriff in die Interessen eines völlig unbeteiligten Dritten erfolgt, gegen den dieser sich noch nicht einmal wehren darf. M.a.W.: Das ist die ganz normale Konsequenz eines jeden rechtfertigenden Notstandes. In diesem Zusammenhang stimmt auch die Floskel, dass es keinen Unterschied machen könne, ob die Gefahr von einem Menschen oder der Natur herrühre. Soweit argumentiert wird, dass sich der Nötigungsnotstand von den „regulären"[786] Notstandsfällen dadurch unterscheide, dass ein nötigender

---

784 *Kühl*, Strafrecht. Allgemeiner Teil, 2017, § 8 Rdnr. 146; KK-OWiG/*Rengier*, § 16 OWiG, Rdnr. 56; genauer *Küper*, Der „verschuldete" rechtfertigende Notstand, 1983, S. 151 ff.

785 So die Formulierung von *Roxin*, Strafrecht Allgemeiner Teil, Bd. 1, 2006, § 16 Rdnr. 62.

786 Eine solche Formulierung ist ohnehin problematisch, da sie bereits voraussetzt, dass § 34 StGB eigentlich andere Fälle, nämlich nur durch Naturereignisse verursachte Gefahren, erfasse. Dies erscheint aber zumindest begründungsbedürftig, ging der

Hintermann das Geschehen steuere und – bei unterstellter Rechtfertigung des Genötigten – den Dritten zur Duldung seines mittelbaren Eingriffes zwingen könnte, was den Anspruch des Dritten auf Achtung seiner Person und Selbstbestimmung besonders tangiere,[787] kann dies nicht überzeugen. Zunächst einmal scheitert dieses Argument in Fällen, in denen sich die abgenötigte Straftat gegen Rechtsgüter der Allgemeinheit richtet,[788] denn hier gibt es für den einzelnen kein Notwehrrecht.[789] Aber auch in den verbleibenden Fällen kann man sich des Eindrucks nicht erwehren, dass auf Seiten der Rechtfertigungsgegner ein „moralisch ungutes Gefühl" mitschwingt, wenn man dem rechtswidrig agierenden Hintermann gestatten würde, seine Ziele durchzusetzen. Dieses Gefühl überlagert den Blick darauf, dass im Verhältnis Genötigter – Dritter zunächst eine „objektive" Interessenkollision vorliegt. Soweit argumentiert wird, dass der Nötigungsnotstand nicht bloß eine Verletzung der Rechtsgüter des Dritten bewirke, sondern auch einen darüber hinausgehenden Angriff auf die Person als solche, kann dem nicht gefolgt werden. In Wahrheit sind die Situationen, in welchen die Gefahr einmal durch ein Naturereignis und einmal durch einen Menschen ausgelöst wird, vollkommen vergleichbar, was das folgende Beispiel veranschaulichen mag:

Dringt A in die Berghütte des B ein und verzehrt dessen Vorräte, um nicht zu erfrieren und zu verhungern, ist es für die Rechtfertigung vollkommen egal, ob es sich bei B um A's verhassten Nachbarn handelt und A sich freut, dass er B schädigen kann. Dies resultiert daraus, dass in subjektiver Hinsicht die Kenntnis des A von seiner Notstandslage ausreicht, weil er zumindest auch handelt, um

---

Gesetzgeber doch gerade davon aus, dass es einer besonderen Regelung des Nötigungsnotstandes nicht mehr bedürfe, weil dieser von den allgemeinen Regelungen erfasst sei. Auch nahm der Nötigungsnotstand eine Vorreiterrolle bei der Kodifizierung der Notstandsfälle ein (vgl. dazu oben a.), dementsprechend könnte man auch sagen, dass historisch gesehen der Nötigungsnotstand zunächst einmal der „Normalfall" des Notstandes war. Soweit der Begriff im Folgenden weiter verwendet wird, ist dies der besseren Verständlichkeit nach der herkömmlichen Betrachtungsweise geschuldet.

787 *Kelker,* Der Nötigungsnotstand, 1993, S. 128; diese Überlegung findet sich bereits maßgeblich bei *Neumann,* JA 1988, S. 329 (334), der deswegen zwar für keinen generellen Ausschluss, aber für eine Einschränkung der Rechtfertigungsmöglichkeit plädiert.

788 So auch *Krey,* JURA 1979, S. 316 (321 Fn. 33).

789 Ganz h.M., vgl. etwa *Roxin,* Strafrecht Allgemeiner Teil, Bd. 1, 2006, § 15 Rdnr. 36; *Renzikowski,* Notstand und Notwehr, 1994, S. 227; *Engländer,* Grund und Grenzen der Nothilfe, 2008, S. 270 ff. jew. m.w.N.

eben eine objektiv bestehende Notlage abzuwenden.[790] A macht sich daneben „lediglich Möglichkeiten, die nach der Rechtsordnung verbleiben, zu unschönen oder unmoralischen Zwecken zunutze",[791] was aber für eine Strafbarkeit nicht ausreicht.

Trotzdem müsste man hier doch eigentlich ebenso sagen, dass es nicht nur um eine Einbuße von Gütern des B geht, sondern auch um einen Angriff auf seine Person. Seine Autonomie wird auch durch diesen „regulären" Notstandseingriff tangiert. Entschieden zu bestreiten ist nun aber, dass bei einer rechtswidrigen Nötigung durch den Hintermann die Beeinträchtigung der Autonomie noch größer sein soll:

§ 34 StGB ist in seiner gesetzlich positivierten Form auf einen Interessenkonflikt zugeschnitten, bei dem sich das wesentlich überwiegende Interesse durchsetzen soll. Persönliche Motive spielen hierbei keine Rolle. Die überwiegende Meinung vertritt, dass es nur darauf ankommt, dass objektiv die Voraussetzungen des § 34 StGB vorliegen und der Notstandstäter Kenntnis davon hat; auf seine Motive kommt es gerade nicht an.[792] Würde man verlangen, dass der Täter gezielt zur Rettung handeln müsse, liefe dies auf eine Gesinnungsstrafe hinaus[793] und hätte die seltsame Konsequenz, dass das überwiegende Interesse nicht gerettet werden dürfte, wenn der Täter die falsche innere Einstellung aufweise.[794] Wenn es der Dritte aber sogar hinnehmen muss, dass der direkt handelnde Notstandstäter „böse" Motive hat, dann muss er es erst recht hinnehmen, wenn diese „bösen" Motive der Hintermann und nicht der unmittelbar handelnde Vordermann hat. Dagegen mag nun einzuwenden sein, dass eine Berufung auf Notstand ausscheide, wenn der Täter die Notstandslage absichtlich herbeigeführt habe, um den Eingriffsadressaten zu schädigen;[795] zum einen erfolgt ein

790 Vgl. dazu bereits die Nachweise oben 2. f.

791 *Frisch,* in: Küper (Hrsg.): FS Lackner, 1987, S. 113 (137).

792 Stellvertretend etwa *Roxin,* Strafrecht Allgemeiner Teil, Bd. 1, 2006, § 16 Rdnr. 105: Wer einen anderen in einer objektiv von § 34 StGB erfassten Weise rettet, ist auch dann gerechtfertigt, wenn er nicht um der Rettung willen, sondern aus Ruhmsucht oder zur Erlangung einer Belohnung handelt.

793 Matt/Renzikowski/*Engländer,* § 34, Rdnr. 44; MüKo/*Erb,* § 34, Rdnr. 207; *Kühl,* Strafrecht. Allgemeiner Teil, 2017, § 8 Rdnr. 184; *Roxin,* Strafrecht Allgemeiner Teil, Bd. 1, 2006, § 16 Rdnr. 91; *Kaspar,* Strafrecht - Allgemeiner Teil, 2014, Rdnr. 297.

794 NK/*Neumann,* § 34, Rdnr. 108.

795 *Roxin,* Strafrecht Allgemeiner Teil, Bd. 1, 2006, § 16 Rdnr. 62; *Kühl,* Strafrecht. Allgemeiner Teil, 2017, § 8 Rdnr. 142; MüKo/*Erb,* § 34, Rdnr. 141; *Jakobs,* Strafrecht, Allgemeiner Teil, 1993, Abschn. 13 Rdnr. 27.

gänzlicher Ausschluss hier aber nur, sofern die Gefahr wirklich absichtlich und nicht nur sonst vorwerfbar herbeigeführt wurde[796] (entscheidend ist also das gesteigerte Maß an Handlungsunrecht), wovon bei dem genötigten Vordermann keine Rede sein kann. Und zum anderen kann man, sofern man für die absichtliche Herbeiführung der Notstandslage auf den nötigenden Hintermann abstellt, eben gerade keine Begründung dafür finden, warum dessen Verschulden dem Vordermann zugerechnet werden können sollte.

Anders gesagt: Dass durch die Notstandstat zugleich die rechtswidrigen Motive eines Hintermanns verwirklicht werden, muss bei der Beurteilung schlichtweg außen vor bleiben. Dies ist eine Frage, die allein beim Hintermann zu verorten ist, der deshalb auch als mittelbarer Täter verantwortlich ist und bestraft werden kann, die aber nicht allein zulasten des Genötigten beantwortet werden darf.

Einen Unterschied zwischen den „regulären" Notstandsfällen und den Nötigungsnotstandsfällen könnte man nun vielleicht darin sehen, dass letztere meist durch einen längeren Geschehensablauf geprägt sind. Von der Einwirkung des Hintermanns auf den Genötigten bis zu dessen Tatbegehung wird meist mehr Zeit vergehen[797] als in den regulären Fällen, wo die Gefahr mit einem Mal offenbar wird und der Notstandstäter sofort handeln muss.

Auch dies ist aber kein Grund, die Fälle des Nötigungsnotstandes anders zu behandeln. Schließlich ist der Anwendung von § 34 StGB immer die konkrete Tat- und Nötigungssituation zugrunde zu legen. D.h. entweder war die Zeitspanne so kurz, dass eine anderweitige Gefahrabwendung nicht möglich gewesen wäre; dann ist aber kein Unterschied zum regulären Notstand erkennbar. Oder es hätte wegen der langen Zeitspanne eine Möglichkeit gegeben, die Gefahr anders abzuwenden. Dann scheitert die Rechtfertigung – wie auch bei normalen Notstandsfällen, z.B. der Dauergefahr durch den Haustyrannen – an der Erforderlichkeit. Durch die Rechtfertigungsvoraussetzungen des § 34 StGB wird hier bereits eine angemessene Lösung erreicht.

Dass der Hintermann den Genötigten noch zu anderen Taten zwingen könnte, kann entgegen *Kelker*[798] nicht berücksichtigt werden. Denn zu untersuchen ist

---

796 *Kühl,* Strafrecht. Allgemeiner Teil, 2017, § 8 Rdnr. 142; *Bernsmann,* "Entschuldigung" durch Notstand, 1989, S. 395; MüKo/*Erb,* § 34, Rdnr. 142.

797 Dieser Gedanke scheint auch bei *Kelker,* Der Nötigungsnotstand, 1993, S. 156 ff. mitzuschwingen, wenn sie von der erhöhten Gefährlichkeit des Nötigungsnotstandstäters ausgeht, weil der Hintermann diesen beliebig steuern könne.

798 *Kelker,* Der Nötigungsnotstand, 1993, S. 156 ff.; ihr folgend *Meyer,* GA 2004, S. 356 (368 f.).

immer nur die konkret abgenötigte Tat, nicht aber die „hypothetische Breite potentieller Rechtsverletzungen“.[799]

Gerade auch in diesem Zusammenhang ist auf eine Parallele zum Handeln auf Befehl oder Anweisung hinzuweisen: Soweit hier angenommen wird, dass der Ausführende gerechtfertigt und nicht lediglich entschuldigt sei, wird argumentiert, dass es keineswegs so sei, dass Unrecht in Recht verwandelt werde, da es genüge, wenn der Befehlsgeber als mittelbarer Täter hafte.[800] Dies sei gerade sachgerecht, weil so derjenige zur Verantwortung gezogen werde, „der ‚die Hierarchie benutzt‘, und nicht derjenige, der durch sie verpflichtet ist“.[801] Für diese vergleichbare Konstellation scheint weitergehend anerkannt, dass eine Zurechnung des rechtswidrigen Verhaltens des Hintermanns gegenüber dem „armen Befehlsempfänger“ unbillig wäre. Warum soll dann die Frage für den Nötigungsnotstand anders gelöst werden?[802] Gerade in den hier speziell zu untersuchenden Fallgestaltungen besteht zwischen Arbeitgeber und Arbeitnehmer auch ein Hierarchieverhältnis, das der Arbeitgeber ausnutzt.

Letztlich zeigen sämtliche Argumente, dass es schlichtweg um die Grundsatzentscheidung geht, ob man dem „Rechtsbewährungsinteresse“ und der Autonomie des unbeteiligten Dritten oder umgekehrt dem Schutzbedürfnis und Solidaritätsanspruch des Genötigten den Vorzug geben will.[803]

Und für genau diese Kollision, für eben eine solche Interessenkollision ist § 34 StGB zugeschnitten. Insgesamt lässt sich also kein belastbares Argument dafür finden, warum die Gefahr, die von einem drohenden Menschen ausgeht, dogmatisch anders behandelt werden sollte, als eine sonstige Gefahr. Vielmehr können die Besonderheiten des Nötigungsnotstandes dogmatisch stringent bei den einzelnen herkömmlichen Voraussetzungen des § 34 StGB bewältigt werden. Daher geht die weitere Untersuchung davon aus, dass auch in Fällen, in denen der Arbeitgeber den Arbeitnehmer nötigt, Straftaten oder Ordnungswidrigkeiten zu begehen, prinzipiell § 34 StGB bzw. § 16 OWiG unterfallen können.

---

799 So auch *Küper,* GA 1995, S. 138 (141).

800 Exemplarisch *Jescheck/Weigend,* Lehrbuch des Strafrechts, 1996, § 35 II. 3; *Kühl,* Strafrecht. Allgemeiner Teil, 2017, § 9 Rdnr. 118d; Schönke/Schröder/*Lenckner/Sternberg-Lieben,* Vorbem. §§ 32 ff., Rdnr. 89.

801 So ausdrücklich *Kühl,* Strafrecht. Allgemeiner Teil, 2017, § 9 Rdnr. 118d, der aber für den Nötigungsnotstand in § 8 Rdnr. 132 gerade anders argumentiert.

802 *Heinrich,* Strafrecht – Allgemeiner Teil, 2016, Rdnr. 437 und 511 nimmt denn auch konsequent in beiden Fällen nur Entschuldigung an.

803 So auch schon *Küper,* Darf sich der Staat erpressen lassen?, 1986, S. 64 f.

D. Die Kodifizierung des Interesses Arbeit im nationalen und internationalen Kontext als Indikator für dessen rechtlichen Stellenwert

Ist nun das (straf-) rechtliche Korsett für die zu untersuchende Problematik geschnürt, stellt sich in der Folge zentral die Frage nach dem Stellenwert des Interesses Arbeit. Diesen kann man einmal geschichtlich-philosophisch untersuchen; man muss ihn für die vorliegende Arbeit aber v.a. in rechtlicher Hinsicht untersuchen. Denn es geht schließlich darum, die Wertigkeit des Erhaltungsinteresses „Arbeit" im Rahmen des § 34 StGB zu bestimmen. Und diese Bestimmung ist aus den konkreten Vorgaben der (Gesamt-) Rechtsordnung abzuleiten,[804] weshalb im Folgenden die geltende Rechtsordnung daraufhin untersucht wird, wo und in welcher Weise die Bedeutung von Arbeit anerkannt wird.

Bevor später auf die geltende Rechtslage eingegangen wird, soll aber zunächst noch ein kurzer Überblick zum sog. Recht auf Arbeit gegeben werden. Dieses Thema verdient es durchaus, vorab erörtert zu werden, da Wurzeln weit vor unserer aktuellen Rechtsordnung liegen und es kein rein nationalstaatliches Phänomen ist, wie sich schon daran zeigt, dass vom Recht auf Arbeit sowohl in Art. 23 der Allgemeinen Erklärung der Menschenrechte von 1948 als auch in weiteren wichtigen völkerrechtlichen Verträgen die Rede ist, es also durchaus geeignet erscheint, die hohe Bedeutung von Arbeit auch im rechtlichen Kontext aufzuzeigen.

I. Recht auf Arbeit

1. Der mögliche Inhalt eines Rechts auf Arbeit

Der Begriff des Rechts auf Arbeit ist diffus und wird in den verschiedensten Bedeutungen mit verschiedensten Konnotationen verwendet, für die zunächst einmal sensibilisiert werden soll.

Meist wird darunter ein subjektiv-öffentliches Recht auf Bereitstellung eines Arbeitsplatzes im Sinne eines sozialen Teilhaberechts verstanden. Es könnte gegenüber dem Staat oder gegenüber einem privaten Arbeitgeber wirken und

---

804 MüKo/*Erb*, § 34, Rdnr. 111; NK/*Neumann*, § 34, Rdnr. 71; *Koch*, ZStW 122 (2010), S. 804 (820); *Kühl*, Strafrecht. Allgemeiner Teil, 2017, § 8 Rdnr. 113; LK/*Zieschang*, § 34, Rdnr. 56.

wäre auf die Begründung eines konkreten Arbeitsverhältnisses gerichtet.[805] Noch weitergehend könnte man es sogar so verstehen, dass der einzelne nicht nur Anspruch auf irgendeinen Arbeitsplatz hätte, sondern gerade auf einen solchen, der ihm zusagt und seinen persönlichen Fähigkeiten entspricht.[806] Ein solches ist – so viel sei vorweggenommen – unserer Rechts- und Wirtschaftsordnung fremd.[807]

Etwas weiter gefasst könnte man darunter nicht die Bereitstellung eines Arbeitsplatzes, sondern die Gewährleistung gerechter Arbeitsbedingungen und den Erhalt eines einmal gewonnenen Arbeitsplatzes verstehen.[808] Ein so verstandenes Recht auf Arbeit würde partiell durch Gleichheitsrechte, Arbeitsschutzrecht und Kündigungsschutz abgedeckt.

Im internationalen Kontext wird unter das Recht auf Arbeit – zumindest als Teilaspekt – auch das Recht gefasst, eine Arbeit nach seinen eigenen Vorstellungen und Fertigkeiten ohne staatliche Beschränkungen auszuüben (Recht zur Arbeit).[809] Anders ausgedrückt lautet die Definition dahingehend, dass das internationale Recht auf Arbeit jedem Menschen die realistische Chance auf Arbeitsvertragsschluss sowie den behinderungs- und diskriminierungsfreien Zugang zu Arbeit frei von Arbeitszwang sichert.[810] Dies ist in Deutschland unter Art. 12 GG unproblematisch garantiert.

Man kann weiter aber auch einen Anspruch auf staatliche Beschäftigungspolitik darunter verstehen. Der Staat verspricht also lediglich Maßnahmen zu ergreifen, die im Rahmen einer freiheitlichen Rechts- und Werteordnung Arbeitsgelegenheit für die Bürger sicherstellen.[811] Dies wäre aber nicht deckungsgleich mit einem Recht auf Arbeit des einzelnen, vielmehr handelte es sich um

---

805 Zu dieser Begrifflichkeit vgl. etwa M/D/*Scholz*, Art. 12 GG, Rdnr. 53; *Badura*, in: Blumenwitz/Randelzhofer (Hrsg.): FS Berber, 1973, S. 11 (21); *Pitschas*, Berufsfreiheit und Berufslenkung, 1983, S. 423; *Ramm*, in: Ryffel/Schwartländer (Hrsg.): Das Recht des Menschen auf Arbeit, 1983, S. 65 (93 f.); *Wank*, Das Recht auf Arbeit im Verfassungsrecht und im Arbeitsrecht, 1980, S. 11.

806 *Bentele*, Das Recht auf Arbeit, 1949, S. 58; zu den Wurzeln dieses Verständnisses in der Philosophie Fouriers vgl. ebd. S. 117 ff.

807 Vgl. etwa M/D/*Scholz*, Art. 12 GG, Rdnr. 53; *Thiele*, in: Ryffel/Schwartländer (Hrsg.): Das Recht des Menschen auf Arbeit, 1983, S. 97 (97).

808 *Thiele*, in: Ryffel/Schwartländer (Hrsg.): Das Recht des Menschen auf Arbeit, 1983, S. 97 (98).

809 *Tomuschat*, in: Rosas/Helgesen/Gomien (Hrsg.): Human Rights in a Changing East-West Perspective, 1990, S. 174 (183).

810 *Eichenhofer*, in: Däubler/Zimmer (Hrsg.): FS Lörcher, 2013, S. 203 (209).

811 *Bentele*, Das Recht auf Arbeit, 1949, S. 59.

ein „Recht“ der Gemeinschaft auf Vollbeschäftigungspolitik,[812] wobei dann wieder fraglich wäre, ob sich daraus subjektive Ansprüche ergeben oder es sich um rein objektives Recht handelt. Etwas individualistischer könnte man als Inhalt eines Rechts auf Arbeit auch Arbeitsvermittlung und Arbeitsförderung durch staatliche Institutionen verstehen; ein solches Recht würde Arbeitssuchende berechtigen, aber auch zu umfassender Mitwirkung bei der Arbeitsintegration verpflichten.[813] Diesen Weg scheint zumindest dem Grunde nach Art. 29 der EU-Grundrechtecharta zu beschreiten.

Inhaltlich nahe dazu liegt ein Verständnis des Rechts auf Arbeit als bloßes politisches Postulat, das formeller Bestandteil der Verfassung als politische Ziel- oder Zweckbestimmung ist, das für sich allein genommen aber keinen Rechtsgehalt hat, sondern der Ausgestaltung durch Gesetze bedarf. Dies könnte einerseits als wegleitende, ethisch verpflichtende Norm für Regierung und Volk verstanden werden,[814] andererseits aber auch konkret für die Auslegung von Verfassungsrecht und einfachem Recht Bedeutung erlangen.[815]

Einige Autoren legen den Fokus für das Begriffsverständnis stark auf die Ausprägung als Teil des Allgemeinen Persönlichkeitsrecht, das beinhalte, sich nach freier Willensentscheidung und im Rahmen der eigenen Fähigkeiten produktiv, vor allem zwecks Sicherung der eigenen materiellen Lebensexistenz zu betätigen.[816] Damit ist der Begriff ein offener, der nicht ausschließlich auf den Zweck der Verschaffung eines Lebensunterhalts festgelegt ist, was mit der Vielschichtigkeit und Unschärfe des Begriffs der Arbeit korrespondiert.[817] Man könnte insofern auch von einem Recht auf Betätigung der Arbeitskraft sprechen.[818] Dass jeder Deutsche frei ist, sich in einem Beruf seiner Wahl zu betätigen (also ein Recht zur Arbeit), wird durch die Berufsfreiheit des Art. 12 GG geschützt.[819] Und

---

812 *Bentele,* Das Recht auf Arbeit, 1949, S. 74.

813 *Eichenhofer,* in: Däubler/Zimmer (Hrsg.): FS Lörcher, 2013, S. 203 (215).

814 *Bentele,* Das Recht auf Arbeit, 1949, S. 81.

815 *Wank,* Das Recht auf Arbeit im Verfassungsrecht und im Arbeitsrecht, 1980, S. 15.

816 So v.a. *Scholz,* in: Böckenförde/Jekewitz/Ramm (Hrsg.): Soziale Grundrechte, 1981, S. 75 (75), der ein so verstandenes Recht auf Arbeit als aktuelles (Verfassungs-) Recht bezeichnet; ähnlich *Thiele,* in: Ryffel/Schwartländer (Hrsg.): Das Recht des Menschen auf Arbeit, 1983, S. 97 (97); *Leipold,* AuR 19 (1971), S. 161 (165).

817 *Thiele,* in: Ryffel/Schwartländer (Hrsg.): Das Recht des Menschen auf Arbeit, 1983, S. 97 (98).

818 *Ebert,* Das "Recht am Arbeitsplatz", 1990, S. 13.

819 Dazu später mehr unter IV. 1.

dass sich ein Arbeitnehmer *innerhalb* eines bestehenden Arbeitsverhältnisses tatsächlich betätigen darf, ist eine Frage des einfachgesetzlichen Arbeitsrechts.[820]

Sämtliche hier angesprochenen Aspekte eines weit gefassten Rechts auf Arbeit werden im Folgenden von Bedeutung sein. Für die vorliegende Arbeit ist es nicht notwendig, eine umfassende eigene Begriffsdefinition zu wählen. Ziel wird es schließlich sein, herauszuarbeiten, welche dieser Aspekte tatsächlich verwirklicht und geschützt sind – unabhängig davon, wie man es dann bezeichnet. Gleichwohl sind der schillernde Begriff des Rechts auf Arbeit und seine Entwicklung für das zu untersuchende Thema wiederum als Hintergrund für das dann Folgende interessant.

2. Exkurs: Die sog. sozialen Grundrechte

Zunächst soll aber noch ein weiterer Begriff angesprochen werden, der mit dem Recht auf Arbeit untrennbar zusammenhängt: die sog. sozialen Grundrechte.

Das Recht *auf* Arbeit wird nicht nur zu den sog. sozialen Grundrechten gezählt, es wird sogar als deren „Zentrum und Urbild"[821] bzw. als „Prototyp aller sozialen Grundrechte"[822] bezeichnet. Demgegenüber ist das Recht *zu* arbeiten – verstanden als die Freiheit, einen Beruf seiner Wahl aufzunehmen und auszuüben – ein klassisches Freiheitsrecht.

Soziale Grundrechte oder soziale Rechte fristen ein Schattendasein, weil sie entweder als inhaltsleere romantische Worthülsen[823] oder als nicht zu finanzierender Kostenfaktor angesehen werden.[824] Mit ihrer – wie auch immer gearteten Erfüllung – seien mehr Probleme als Chancen verbunden.[825]

Grob gesagt geht es bei sozialen Grundrechten nicht darum, dass staatliche Eingriffe in Freiheit verhindert, also unterlassen werden sollen, sondern darum, dass sie staatliche Aktivität, positives Tun verlangen, das darauf abzielt, günstige Bedingungen für die freie Entfaltung der Persönlichkeit des Einzelnen zu

---

820 Vgl. dazu unter V. 4.

821 *Isensee*, Der Staat 1980, S. 367 (373).

822 *Murswiek*, in: Isensee/Kirchhof (Hrsg.): Handbuch des Staatsrechts, Bd. IX, 2011, § 192 Rdnr. 45.

823 Bzw. „Sozialromantik" oder „Verfassungslyrik" ohne einen in freier Marktwirtschaft durchsetzbaren Gewährleistungsgehalt; ausführlich und kritisch zu dieser Sichtweise *Eichenhofer*, Soziale Menschenrechte im Völker-, europäischen und deutschen Recht, 2012, S. 2 ff.

824 Dies zeigte sich zuletzt etwa wieder bei den Diskussionen im Grundrechtekonvent für die EU-Grundrechtecharta, vgl. Meyer/*Rudolf*, Vorb. Art. 27–38 GRC, Rdnr. 4 ff.

825 So etwa *Pitschas*, in: Ruland/Maydell/Papier (Hrsg.): FS Zacher, 1998, S. 755 (762).

schaffen.[826] Es geht um eine Verbesserung der derzeitigen Lebensverhältnisse, um Partizipation an Gemeinschaftsgütern, die bisher noch nicht Bestandteil der eigenen Freiheitssphäre sind.[827] Der Staat soll also bestimmte Lebensbedingungen, wie etwa Arbeit, Bildung, Wohnung oder soziale Sicherheit, garantieren.

Man ist sich weitgehend einig, dass das deutsche Recht soziale Grundrechte, die dem Individuum subjektive Ansprüche verleihen, grundsätzlich nicht kennt bzw. die Mütter und Väter des Grundgesetzes solche Versprechungen bewusst nicht errichten wollten (vgl. aber als Ausnahme z.B. Art. 6 Abs. 4 und 5 GG).[828] Auch durch Kombination mit dem Sozialstaatsprinzip können der geltenden Verfassung schwerlich „echte“ soziale Grundrechte entnommen werden,[829] denn zum einen obliegt es in diesem Leistungsbereich dem Gesetzgeber, den Leistungsumfang auszugestalten und zu entscheiden, was machbar ist; zum anderen ließen sich solche sozialen Leistungsgehalte nur durch Eingriffe in die Freiheitsrechte anderer Bürger umsetzen (etwa durch Eingriff in die Berufsfreiheit des Arbeitgebers, wenn er gezwungen würde, einen Arbeitsvertrag abzuschließen).[830] So aber fehlen dem Staat schlichtweg die Ressourcen und Möglichkeiten, solche sozialen Rechte umfassend zu garantieren und zu verwirklichen.

Damit ist ihrer Idee inhaltlich aber noch keine Absage erteilt. Es gilt also, die Frage ihrer rechtspraktischen Umsetzung von der Berechtigung und Bedeutung ihrer Idee zu trennen.[831] Die Inhalte und Gedanken sozialer Grundrechte gehen nämlich in anderen „Konstrukten“ auf. Zum einen ist ihre Idee im Sozialstaatsprinzip aufgehoben.[832] So können sie auch für die öffentliche Gewalt

---

826 *Däubler,* in: Iliopoulos-Strangas (Hrsg.): Soziale Grundrechte in Europa nach Lissabon, 2010, S. 111 (115); *Neubeck,* Die Europäische Sozialcharta und deren Protokolle, 2002, S. 30 f.; ähnlich *Murswiek,* in: Isensee/Kirchhof (Hrsg.): Handbuch des Staatsrechts, Bd. IX, 2011, § 192 Rdnr. 2, der sich aber auf Teilhaberechte bezieht.

827 *Murswiek,* in: Isensee/Kirchhof (Hrsg.): Handbuch des Staatsrechts, Bd. IX, 2011, § 192 Rdnr. 23.

828 *Böckenförde,* in: Böckenförde/Jekewitz/Ramm (Hrsg.): Soziale Grundrechte, 1981, S. 7 (10 ff.); *Däubler,* in: Iliopoulos-Strangas (Hrsg.): Soziale Grundrechte in Europa nach Lissabon, 2010, S. 111 (116 f.); *Hufen,* Staatsrecht II, 2016, § 5 Rdnr. 21; *Murswiek,* in: Isensee/Kirchhof (Hrsg.): Handbuch des Staatsrechts, Bd. IX, 2011, § 192 Rdnr. 52.

829 v. Mangoldt/Klein/Stark/*Sommermann,* Art. 20 GG, Rdnr. 138.

830 Eine Zusammenfassung der wichtigsten Einwände findet sich etwa bei *Wank,* Das Recht auf Arbeit im Verfassungsrecht und im Arbeitsrecht, 1980, S. 37 ff.

831 Ähnlich *Heinze,* in: Hanau/Heither/Kühling (Hrsg.): FS Dieterich, 1999, S. 215.

832 *Hufen,* Staatsrecht II, 2016, § 5 Rdnr. 21; *Murswiek,* in: Isensee/Kirchhof (Hrsg.): Handbuch des Staatsrechts, Bd. IX, 2011, § 192 Rdnr. 54.

verbindliche Ziele statuieren;[833] außerdem können ihre inhaltlichen Gewährleistungen – weil so der demokratisch legitimierte Gesetzgeber im Hinblick auf die Konkretisierungsbedürftigkeit sozialer Grundrechte nicht umgangen und der Vorbehalt des Möglichen beachtet werden kann[834] – einfachgesetzlich ausgestaltet werden, wobei man dann der Klarheit halber lieber von sozialen Rechten und nicht von Grundrechten sprechen sollte.[835] Ein gutes Beispiel bildet § 1 SGB I, in dem es heißt, dass das Sozialrecht mittels Sozialhilfen soziale Gerechtigkeit und Sicherheit gestalten soll. Dazu sollen nach § 2 Abs. 1 SGB I die dann im Folgenden genannten sozialen Rechte dienen, die aber unter folgendem Vorbehalt stehen: „Aus ihnen [den sozialen Rechten, *Anm. d. Verf.*] können Ansprüche nur insoweit geltend gemacht oder hergeleitet werden, als deren Voraussetzungen und Inhalt durch die Vorschriften der besonderen Teile dieses Gesetzbuchs im einzelnen bestimmt sind."

Zudem gehen einige Gehalte, die man mit dem Leistungsgedanken der sozialen Grundrechte inhaltlich verbinden kann, in der Schutzpflichtenlehre[836] auf,[837] wonach der Staat verpflichtet sein kann, grundrechtlich geschütztes Verhalten auch gegen Gefährdungen durch (private) Dritte zu schützen, also ebenfalls aktiv werden muss. Auch in der Herleitung des Anspruchs auf Bereitstellung eines Existenzminimums aus der Garantie der Menschenwürde in der Rechtsprechung des *BVerfG*,[838] kann man den Gehalt eines sozialen Grundrechts sehen. Und schließlich sind soziale Rechte auch bei der Anwendung und Auslegung der Gesetze zu berücksichtigen.[839]

Festzuhalten ist jedenfalls, dass eine Absage an die Ausgestaltung als rechtlich verbindliche echte „Grundrechte" nicht der mangelnden Bedeutung der jeweiligen Materie geschuldet ist. Bildung, Arbeit, Wohnung, Krankenversorgung

---

833 *Däubler*, in: Iliopoulos-Strangas (Hrsg.): Soziale Grundrechte in Europa nach Lissabon, 2010, S. 111 (117).

834 *Murswiek*, in: Isensee/Kirchhof (Hrsg.): Handbuch des Staatsrechts, Bd. IX, 2011, § 192 Rdnr. 56 ff.

835 So auch *Däubler*, in: Iliopoulos-Strangas (Hrsg.): Soziale Grundrechte in Europa nach Lissabon, 2010, S. 111 (117); *Heinze*, in: Hanau/Heither/Kühling (Hrsg.): FS Dieterich, 1999, S. 215 (218).

836 Grundlegend BVerfGE 39, 1.

837 Plastisch *Badura*, in: Hanau/Müller/Wiedemann u. a. (Hrsg.): FS Herschel, 1982, S. 21 (22), der die teilhaberechtliche Auslegung der Grundrechte als „Vorgarten" des „juristischen Schlaraffenlandes der sozialen Grundrechte" bezeichnet.

838 BVerfGE 40, 121 (133).

839 *Heinze*, in: Hanau/Heither/Kühling (Hrsg.): FS Dieterich, 1999, S. 215 (220).

etc. betreffen elementarste Bedürfnisse der Menschen. Vielmehr liegt das Problem darin, dass der Staat entsprechende Rechte nicht praktisch umsetzen könnte. Er kann nicht auf dem Papier garantieren, was er in der Realität nicht zu gewährleisten vermag. „Die Unmöglichkeit, soziale Grundrechte mit einklagbarem Anspruchscharakter zu verfassen, ist heute allgemein anerkannt, vermag aber die Wirksamkeit sozialer Rechte und Grundrechte nicht zu tangieren.“[840] Es ist also dieses praktische Problem, das dazu führt, dass sich im Grundgesetz kein Recht auf Arbeit findet, nicht aber eine etwaige Wertung, dass Arbeit nicht wichtig genug sei.[841] Gerade das Völkerrecht liefert wichtige Impulse für die sozialen Rechte, die in der deutschen Diskussion noch zu wenig aufgenommen werden.[842] Dies ist gerade in Deutschland aber sicherlich auch der Tatsache geschuldet, dass – im völkerrechtlichen Vergleich – soziale Rechte hierzulande einfachgesetzlich schon sehr weitgehend ausgestaltet sind. Wenn es aber um eine Wertermittlung des Interesses Arbeit geht, können die internationalen Völkervertragswerke mit ihrer sozialrechtlichen Ausgestaltung trotzdem wichtige Anhaltspunkte liefern, weswegen sie später noch ausführlicher untersucht werden.

3. Geschichtliche Entwicklung

Das Recht auf Arbeit – wie überhaupt die sozialen Grundrechte – wurde insbesondere im 19. Jahrhundert aktuell, als mit der industriellen Revolution die soziale Frage der vielen Arbeiter, die zunehmend verelendeten, zum Gegenstand politischer Auseinandersetzungen wurde.[843] Mögliche schon weiter zurückliegende Wurzeln dieser Entwicklung sollen hier ausgespart bleiben,[844] zumal die

840 *Heinze*, in: Hanau/Heither/Kühling (Hrsg.): FS Dieterich, 1999, S. 215 (219).

841 So auch *Heinze*, in: Hanau/Heither/Kühling (Hrsg.): FS Dieterich, 1999, S. 215 (220) allgemein auf soziale Rechte bezogen.

842 *Eichenhofer*, in: Däubler/Zimmer (Hrsg.): FS Lörcher, 2013, S. 203 (207); *Nußberger*, in: Ennuschat/Geerlings/Mann (Hrsg.): GS Tettinger, 2007, S. 81 (102).

843 *Böckenförde*, in: Böckenförde/Jekewitz/Ramm (Hrsg.): Soziale Grundrechte, 1981, S. 7 (7); *Riedel*, Theorie der Menschenrechtsstandards, 1986, S. 29; nach *Henning*, in: Ryffel/Schwartländer (Hrsg.): Das Recht des Menschen auf Arbeit, 1983, S. 31 (35) steigerte sich die Diskussion um das Recht auf Arbeit immer in Zeiten, in denen Ansätze politischer Neuordnung mit wirtschaftlichen Krisenzeiten, die große Arbeitslosigkeit entstehen oder befürchten ließen, zusammentrafen.

844 Dazu etwa *Klages*, in: Ryffel/Schwartländer (Hrsg.): Das Recht des Menschen auf Arbeit, 1983, S. 13 (13 ff.).

sog. so-zialen Grundrechte in Deutschland kaum auf eine längere verfassungsrechtliche Tradition zurückblicken können.[845]

Nach *Bentele* waren drei Voraussetzungen entscheidend für die Herausbildung des Rechts auf Arbeit im Sinne eines Rechts, das vom einzelnen gegenüber der Gesellschaft geltend gemacht wird, die erst mit der Zeit der französischen Revolution gegeben waren: Die politische Emanzipation des Einzelnen musste soweit fortgeschritten sein, dass der rechtliche Individualismus und die Idee der persönlichen Menschenrechte für die Anerkennung eines Rechtes auf Arbeit und allgemein eines Rechtes auf Existenz eine Grundlage boten. Weiter musste sich das Arbeitslosenproblem stellen, dass also Massen von Lohnarbeitern der Arbeit und des Unterhalts entbehrten, gleichzeitig aber Wert und Würde der Lohnarbeit anerkannt waren. Und zuletzt war die Demokratie notwendige Grundlage für eine solch weitgehende soziale Garantie.[846]

In diesem Zuge wurden die Eigentumstheorien des 17. Jahrhunderts wiederentdeckt, die sich zur Legitimation des Eigentums auf die Arbeit an einer Sache beriefen.[847] Der bedeutende Unterschied war jedoch, dass diese Theorien ursprünglich zur Begründung des Eigentums im Naturzustand herangezogen wurden, nunmehr aber dazu dienten, die Arbeit als Surrogat für das Eigentum zu begründen, um den breiten eigentumslosen Schichten Existenz- und Subsistenzmittel zu gewährleisten.[848] Als Schöpfer des Begriffes „Recht auf Arbeit" gilt *Charles Fourier* mit seiner Schrift „Traité de l'Association domestique-agricole" von 1822.[849] Bereits damals war die Realisierung des Rechts auf Arbeit konzeptionell mit der Schaffung einer neuen gesellschaftlichen Ordnung verbunden.[850] Solch „sozialistische" Forderungen nach Arbeit für alle trafen aber auf den Widerstand des liberalen Bürgertums.[851] So warnte etwa *Alexis de Tocqueville* in der Nationalversammlung von 1848 noch eindringlich davor, dass mit der Anerkennung eines allgemeinen und absoluten Rechts auf Arbeit des Einzelnen der Staat zum Übergang zu Kommunismus und Sozialismus gezwungen

---

845 *Däubler*, in: Iliopoulos-Strangas (Hrsg.): Soziale Grundrechte in Europa nach Lissabon, 2010, S. 111 (118).

846 *Bentele*, Das Recht auf Arbeit, 1949, S. 111.

847 Dazu, insbesondere zu *John Locke*, vgl. bereits oben A. I. 3.

848 *Riedel*, Theorie der Menschenrechtsstandards, 1986, S. 30.

849 *Bentele*, Das Recht auf Arbeit, 1949, S. 117; *Nußberger*, in: Ennuschat/Geerlings/Mann (Hrsg.): GS Tettinger, 2007, S. 81 (83).

850 *Nußberger*, in: Ennuschat/Geerlings/Mann (Hrsg.): GS Tettinger, 2007, S. 81 (83).

851 *Bentele*, Das Recht auf Arbeit, 1949, S. 123.

werde.[852] Zudem ging man in dieser Zeit davon aus, dass es v.a. auf den Schutz des Einzelnen vor dem Staat und des dadurch geschaffenen gesellschaftlichen Freiraumes ankomme.[853] In diesem Kontext könnte auch die Angst, dass mit einem Recht auf Arbeit im Sinne eines Rechts auf Existenzsicherung ein staatlicher Arbeitszwang einhergehe, eine Rolle gespielt haben.[854]

In Deutschland spielte sich dieselbe Diskussion in der Nationalversammlung der Frankfurter Paulskirche ab. Auch hier wurde die Forderung nach einem Recht auf Arbeit durch den volkswirtschaftlichen Ausschuss abgelehnt, da der Staat eine solche Bürgschaft nicht übernehmen könne und außerdem die Arbeiter zur Unmündigkeit herabgewürdigt und in gänzliche Erschlaffung versinken würden.[855] Auch Anträge, einen Zusatz zum Eigentumsartikel aufzunehmen, dass der Staat dem Arbeitslosen Arbeit gewähre, wurden abgelehnt.[856]

Die Diskussion um ein Recht auf Arbeit war damit immer auch schon eine Diskussion um die richtige Wirtschaftsordnung, denn die Liberalisten argumentierten, dass eine wirkungsvolle Garantie dieses Rechts (verstanden als ein Zurverfügungstellen eines konkreten Arbeitsplatzes) ein solches Maß an staatlicher Intervention und dirigistischer Wirtschaftslenkung erfordere, dass die freie Marktwirtschaft darunter ersticken müsse.[857] Für das Denken des Liberalismus, der Freiheit und Initiative des Einzelnen in den Mittelpunkt stellt, konnte es dagegen bei einem Recht zur Arbeit nur um ein klassisches Freiheitsrecht gehen, das vor Zugangsschranken zu Berufen schützt und durch welches das natürliche Recht auf Existenz durch Arbeit zur praktischen Anerkennung und Verwirklichung kommt.[858] Dies korrespondierte mit dem generellen Verständnis der Grundrechte in der Tradition des bürgerlich-liberalen Rechtsstaats: Sie sollten die vorstaatliche Rechts- und Freiheitssphäre des Einzelnen gegen Eingriffe des Staates absichern.

Im deutschen Kaiserreich machte sich *Bismarck* zwar verbal stark für das Recht auf Arbeit und eine entsprechende Verpflichtung des Staates für Arbeit zu

---

852 *Bentele,* Das Recht auf Arbeit, 1949, S. 98; *Nußberger,* in: Ennuschat/Geerlings/Mann (Hrsg.): GS Tettinger, 2007, S. 81 (83).

853 *Henning,* in: Ryffel/Schwartländer (Hrsg.): Das Recht des Menschen auf Arbeit, 1983, S. 31 (39).

854 *Henning,* in: Ryffel/Schwartländer (Hrsg.): Das Recht des Menschen auf Arbeit, 1983, S. 31 (37 f.)

855 *Bentele,* Das Recht auf Arbeit, 1949, S. 147.

856 *Bentele,* Das Recht auf Arbeit, 1949, S. 148 f.

857 *Riedel,* Theorie der Menschenrechtsstandards, 1986, S. 30.

858 *Bentele,* Das Recht auf Arbeit, 1949, S. 96.

sorgen. Indes dürfte *Bismarck* damit wohl auch eher eine Arbeitsbeschaffungspolitik gemeint haben und keine strenge Garantie eines Arbeitsplatzes. Darüber hinaus ging es Bismarck – einmal mehr – darum, den Sozialisten „Wind aus den Segeln zu nehmen", es waren also schlicht machtpolitische Überlegungen.[859]

Verfassungsrechtlich verbürgt war ein echtes Recht auf Arbeit – wirtschaftsideologisch folgerichtig – etwa in der Verfassung der UdSSR von 1936. Art. 118 der Verfassung enthält ein garantiertes Recht auf Beschäftigung mit angemessener Entlohnung, das durch die sozialistische Organisation der Volkswirtschaft gewährleistet werden soll.[860] Ein solches Recht auf Arbeit wurde zum Standard für die Verfassungen der osteuropäischen Staaten.[861]

Auch wenn das Recht auf Arbeit als soziales Grundrecht und damit als soziales Anteilsrecht an den menschlichen Lebensgütern gerade in der sozialistischen Bewegung den klassischen Freiheitsgrundrechten und der Eigentumsgarantie der besitzenden bürgerlichen Klasse gegenübergestellt wurde,[862] sollte man nicht glauben, dass die sozialen Grundrechte und damit auch das Recht auf Arbeit eine rein sozialistische oder kommunistische Errungenschaft wären:[863] Bereits in der Weimarer Reichsverfassung vom 11. August 1919 finden sich soziale „Grundrechte", was dem Bestreben, Liberalismus und Sozialismus ein Stück weit zu versöhnen, geschuldet war; allerdings wurde diesen Grundrechten ein verbindlicher Charakter im Sinne eines Anspruchs des Bürgers abgesprochen.[864] Und so kommt auch in Art. 163 Abs. 2 WRV kein „echtes" Recht auf Arbeit im Sinne eines Anspruchs gegen den Staat oder Private auf Verschaffung eines Arbeitsplatzes zum Ausdruck, sondern vielmehr ein Recht auf Arbeitsbeschaffung im Sinne einer Beschäftigungspolitik und auf Arbeitslosenunterstützung.[865]

---

859 *Bentele,* Das Recht auf Arbeit, 1949, S. 149 f.

860 *Nußberger,* in: Ennuschat/Geerlings/Mann (Hrsg.): GS Tettinger, 2007, S. 81 (83).

861 *Tomuschat,* in: Rosas/Helgesen/Gomien (Hrsg.): Human Rights in a Changing East-West Perspective, 1990, S. 174 (180).

862 *Böckenförde,* in: Böckenförde/Jekewitz/Ramm (Hrsg.): Soziale Grundrechte, 1981, S. 7; zum Recht auf Arbeit im Kollektivismus s. *Bentele,* Das Recht auf Arbeit, 1949, S. 62 ff.

863 So auch *Tomuschat,* in: Rosas/Helgesen/Gomien (Hrsg.): Human Rights in a Changing East-West Perspective, 1990, S. 174 (183); ein kurzer Überblick zu Regelungen in anderen Verfassungen findet sich bei *Nußberger,* in: Ennuschat/Geerlings/Mann (Hrsg.): GS Tettinger, 2007, S. 81 (84 ff.) und *Tomuschat,* in: Rosas/Helgesen/Gomien (Hrsg.): Human Rights in a Changing East-West Perspective, 1990, S. 174 (179 ff.).

864 *Bentele,* Das Recht auf Arbeit, 1949, S. 150.

865 Näher zum Gewährleistungsgehalt der Vorschrift *Breuer,* in: Isensee/Kirchhof (Hrsg.): Handbuch des Staatsrechts, Bd. VIII, 2010, § 170 Rdnr. 6 f.

Auch nach 1945 haben einige Länderverfassungen ein entsprechendes Recht kodifiziert.[866] Dabei wird der in der Weimarer Reichsverfassung nur allgemein zum Ausdruck gebrachte Schutz der Arbeitskraft nun konkret aufgefächert in Bestimmungen über den Schutz von Gesundheit, Würde, Familienleben und kulturelle Ansprüche des Arbeitnehmers sowie über Kinderarbeit, Achtstundentag, Urlaubsanspruch und Arbeitsentgelt.[867] Diesen Bestimmungen wird aber überwiegend ebenso eine anspruchsbegründende Wirkung abgesprochen; vielmehr werden sie als Programmsätze oder Rechtsgrundsätze qualifiziert.[868] Das Grundgesetz kannte (und kennt) demgegenüber keinen vergleichbaren Programmsatz, auch wenn es immer wieder Bestrebungen gab, einen solchen aufzunehmen.[869] Es begnügte sich damit, in Art. 12 GG die Berufsfreiheit zu regeln, will also vor allem vor staatlichen Eingriffen und Beschränkungen in „ein Recht auf Arbeit" schützen, aber kein solches gewähren.[870]

In der sozialistischen Verfassung der DDR in der Fassung vom 7.10.1974 wurde in Art. 24 ein „echtes" Recht auf Arbeit festgeschrieben. Jedem Bürger der DDR wurde darin nicht nur das Recht auf irgendeinen Arbeitsplatz, sondern auch auf dessen freie Wahl entsprechend den gesellschaftlichen Bedürfnissen und der persönlichen Qualifikation garantiert. Mit dem Recht auf einen Arbeitsplatz wurde aber zugleich eine Arbeitspflicht statuiert.[871] Eine solche Garantie

---

866 Vgl. etwa Art. 28 Abs. 2 Hess. Verf.; Art. 45 S. 2 Saarl. Verf.; Art. 49 Abs. 2 Brem. Verf.; eher freiheitsrechtlich formuliert sind Art. 166 Abs. 2 Bayer. Verf. und Art. 53 Abs. 2 Rh.-pf. Verf.; siehe dazu ausf. *Lange,* in: Böckenförde/Jekewitz/Ramm (Hrsg.): Soziale Grundrechte, 1981, S. 49 (55).

867 *Lange,* in: Böckenförde/Jekewitz/Ramm (Hrsg.): Soziale Grundrechte, 1981, S. 49 (55 f.); vgl. z.B. Art. 167 ff. Bayer. Verf.; Art. 30 ff. Hess. Verf.

868 *Lange,* in: Böckenförde/Jekewitz/Ramm (Hrsg.): Soziale Grundrechte, 1981, S. 49 (57); Dreier/*Wieland,* Art. 12 GG, Rdnr. 8.

869 So wurde etwa nach der Wiedervereinigung die Aufnahme einer Staatszielbestimmung diskutiert, aber letztlich verworfen, vgl. dazu *Scholz,* RdA 1993, S. 249 (250 ff.).

870 BAG NJW 1964, 1921; BVerfGE 84, 133 (146 f.).

871 Die Verletzung dieser Pflicht konnte sogar strafrechtlich geahndet werden: In § 249 Abs. 1 StGB-DDR hieß es: „Wer das gesellschaftliche Zusammenleben der Bürger oder die öffentliche Ordnung und Sicherheit beeinträchtigt, indem er sich aus Arbeitsscheu einer geregelten Arbeit entzieht, obwohl er arbeitsfähig ist, wird mit Verurteilung auf Bewährung, Haftstrafe oder mit Freiheitsstrafe bis zu zwei Jahren bestraft." Oft wurden in sozialistischen Staaten auch Tätigkeiten wie die eines Schriftstellers oder Malers nicht als echte Arbeit angesehen, sodass diese Gruppen auch in einem ständigen Sanktionsrisiko lebten (*Tomuschat,* in: Rosas/Helgesen/Gomien (Hrsg.): Human Rights in a Changing East-West Perspective, 1990, S. 174 [184]).

kann aber eben nur in einem sozialistischen System funktionieren, in dem der Staat das Verfügungsrecht über Arbeitsplätze und Arbeitskräfte hat. Darüber hinaus darf bezweifelt werden, ob in der Realität die Menschen tatsächlich einen ihren Fähigkeiten entsprechenden Arbeitsplatz erhielten, enthält doch schon der Wortlaut die Einschränkung „entsprechend den gesellschaftlichen Bedürfnissen".

Abschließend soll auch die Betonung des Rechts auf Arbeit in der modernen Soziallehre der katholischen Kirche nicht unerwähnt bleiben, da es hier breite Bedeutung einnimmt: Menschliche Arbeit ist Teilhabe an der Schöpfung Gottes. Der Mensch ist dazu berufen, schöpferisch tätig zu sein. Arbeit ist damit Dienst an Gott, am Menschen und an der Schöpfung. Durch sie entfaltet der Mensch die in ihm und seiner Welt liegenden Möglichkeiten.[872]

Dem Menschen sei zur Erhaltung seiner Existenz der Erdboden geschenkt.[873] Wer ohne Besitz an ihm ist, muss sich das Lebensnotwendige durch die Arbeit verschaffen können. Die einzige Möglichkeit, sich die zum Lebensunterhalt notwendigen Dinge zu verschaffen, biete für den Proletarier aber der verdiente Arbeitslohn.[874] *Pius XII.* sagte 1941 zum Recht auf Arbeit etwa: „Der persönlichen, von der Natur auferlegten Pflicht zur Arbeit entspricht folgerichtig für einen jeden das natürliche Recht, durch Arbeit sein eigenes Leben und das seiner Kinder zu erhalten; so sehr ist der Befehl der Natur hingeordnet auf die Erhaltung des Menschen. [...] Daraus folgt, dass die Pflicht und das Recht, die Arbeit des Volkes zu organisieren, vor allem den unmittelbar Beteiligten zukommt, nämlich den Arbeitgebern und Arbeitnehmern. Erst wenn diese dann ihre Aufgabe nicht erfüllen oder infolge außerordentlicher Umstände nicht erfüllen können, ist es Sache des Staates, in den Bereich der Arbeit, in deren Teilung und Verteilung sich einzumischen, je nach der Form und dem Mass, die das recht verstandene Allgemeinwohl erfordert."[875] Darin lässt sich das Recht auf Arbeit in seiner Bedeutung als Recht auf Beschäftigungspolitik erkennen. Ein weitergehendes Recht könnte die Kirche auch kaum anerkennen, lehnt sie doch den

872 *Johannes Paul II.*, Enzyklika Laborem Exercens, Nr. 24–27 (Text verfügbar unter http://w2.vatican.va/content/john-paul-ii/de/encyclicals/documents/hf_jp-ii_enc_14091981_laborem-exercens.html; abgerufen am 21.05.2017).

873 *Bentele,* Das Recht auf Arbeit, 1949, S. 85.

874 *Bentele,* Das Recht auf Arbeit, 1949, S. 85 f.

875 Zitiert nach *Bentele,* Das Recht auf Arbeit, 1949, S. 88.

Kommunismus entschieden ab, weil er den Menschen seiner Freiheit beraube und seiner Persönlichkeit jede Würde nehme.[876]

Als überragend wichtiges Dokument darf in diesem Zusammenhang „laborem exercens“, die erste Sozialenzyklika von Papst *Johannes Paul II.* aus dem Jahr 1981 bezeichnet werden.[877] Unter Nr. 6 der Enzyklika heißt es: „Der Mensch soll sich die Erde untertan machen, soll sie beherrschen, da er als ‚Abbild Gottes‘ eine Person ist, das heißt ein subjekthaftes Wesen, das imstande ist, auf geordnete und rationale Weise zu handeln, fähig, über sich zu entscheiden, und auf Selbstverwirklichung ausgerichtet. Als Person ist der Mensch daher Subjekt der Arbeit. [...] Denn es steht außer Zweifel, daß die menschliche Arbeit ihren ethischen Wert hat, der unmittelbar und direkt mit der Tatsache verbunden ist, daß der, welcher sie ausführt, Person ist, ein mit Bewußtsein und Freiheit ausgestattetes Subjekt, das heißt ein Subjekt, das über sich entscheidet.“ Und unter Nr. 9 heißt es: „Die Arbeit ist ein Gut für den Menschen – für sein Menschsein –, weil er durch die Arbeit nicht nur die Natur umwandelt und seinen Bedürfnissen anpaßt, sondern auch sich selbst als Mensch verwirklicht, ja gewissermaßen ‚mehr Mensch wird‘.“

Im vom Päpstlichen Rat für Gerechtigkeit und Frieden 2006 veröffentlichten Kompendium der Soziallehre der Kirche ist der menschlichen Arbeit ein ganzes Kapitel gewidmet. Neben der Forderung bestimmter Rechte für die Arbeitnehmer,[878] befasst sich das Kompendium auch mit dem Recht auf Arbeit. Dazu heißt es, dass die Arbeit ein Grundrecht und ein allgemeines Gut für den Menschen sei, das allen Arbeitsfähigen zur Verfügung stehen müsse.[879] Auch die soziale Dimension der Arbeit wird betont.[880] Arbeitslosigkeit wird als „echter sozialer Notstand“ bezeichnet.[881] Daher sei Vollbeschäftigung ein Pflichtziel für jede

876 So Pius XI. in einem Rundschreiben von 1937, zitiert nach *Bentele,* Das Recht auf Arbeit, 1949, S. 86.

877 Text verfügbar unter http://w2.vatican.va/content/john-paul-ii/de/encyclicals/documents/hf_jp-ii_enc_14091981_laborem-exercens.html; abgerufen am 21.05.2017.

878 Päpstlicher Rat für Gerechtigkeit und Frieden (Hrsg.), Kompendium der Soziallehre der Kirche, 2006, S. 226 ff.

879 Päpstlicher Rat für Gerechtigkeit und Frieden (Hrsg.), Kompendium der Soziallehre der Kirche, 2006, S. 217 f.

880 Päpstlicher Rat für Gerechtigkeit und Frieden (Hrsg.), Kompendium der Soziallehre der Kirche, 2006, S. 209.

881 Päpstlicher Rat für Gerechtigkeit und Frieden (Hrsg.), Kompendium der Soziallehre der Kirche, 2006, S. 217.

auf Gerechtigkeit und Gemeinwohl ausgerichtete wirtschaftliche Ordnung.[882] Zugleich wird die Arbeit als moralische Pflicht gegenüber dem Nächsten (der Familie, der Gesellschaft, der Nation, der Menschenfamilie), aber auch als Fortführung der Weisung des Schöpfers bestimmt.[883]

4. Der „aktuelle" Stand der juristischen Diskussion unter dem Grundgesetz

Die Diskussion um ein Recht auf Arbeit lebte in den siebziger Jahren mit Beginn der Ölkrise angesichts der damals vergleichsweise hohen Arbeitslosenquote noch einmal auf, dürfte aber bereits in den achtziger Jahren zumindest juristisch weitgehend zur Ruhe gekommen sein.[884] Heute kann es als unstreitig anerkannt gelten, dass insbesondere die Berufsfreiheit des Art. 12 GG keinen Anspruch auf Verschaffung eines konkreten Arbeitsplatzes enthält.[885] Sie ist primär ein liberales Abwehrrecht, aber kein soziales Teilhaberecht.[886] Mittlerweile wird das Recht auf Arbeit in diesem Sinne als ein „verfassungspolitisches Fossil aus vergangenen Zeiten"[887] bezeichnet. Richtigerweise muss man eine solche Sichtweise aber tatsächlich auch auf den Aspekt der individuell einklagbaren Arbeitsplatzbereitstellung durch den Staat beschränken.

Die Mütter und Väter des Grundgesetzes haben mit Blick auf die Erfahrungen in der Weimarer Republik die Festschreibung eines Rechts auf Arbeit abgelehnt.[888] Dies dürfte wohl einhellig der Tatsache geschuldet sein, dass in unserer

882 Päpstlicher Rat für Gerechtigkeit und Frieden (Hrsg.), Kompendium der Soziallehre der Kirche, 2006, S. 218.

883 Päpstlicher Rat für Gerechtigkeit und Frieden (Hrsg.), Kompendium der Soziallehre der Kirche, 2006, S. 209 f.

884 Kritisch zu dieser Bedeutungslosigkeit des Rechts auf Arbeit aber *Eichenhofer,* in: Däubler/Zimmer (Hrsg.): FS Lörcher, 2013, S. 203 (206 f.).

885 *Badura,* in: Hanau/Müller/Wiedemann u. a. (Hrsg.): FS Herschel, 1982, S. 21 (34); *Breuer,* in: Isensee/Kirchhof (Hrsg.): Handbuch des Staatsrechts, Bd. VIII, 2010, § 170 Rdnr. 10; *Gamillscheg,* Die Beendigung des Arbeitsverhältnisses, 2001, S. 27; Sachs/*Mann,* Art. 12 GG, Rdnr. 20; v. Mangoldt/Klein/Stark/*Manssen,* Art. 12 GG, Rdnr. 12; *Schneider,* VVdStRL 43 (1985), S. 7 (31); M/D/*Scholz,* Art. 12 GG, Rdnr. 53; Stern/*Dietlein,* § 111, VI 2 a; einen kurzen Überblick zu verfassungsrechtlichen Kodifizierungen anderer Länder gibt *Nußberger,* in: Ennuschat/Geerlings/Mann (Hrsg.): GS Tettinger, 2007, S. 81 (85 ff.).

886 Dreier/*Wieland,* Art. 12 GG, Rdnr. 26.

887 *Depenheuer,* in: Badura/Dreier (Hrsg.): FS 50 Jahre BVerfG, 2001, S. 241 (257).

888 *Nußberger,* in: Ennuschat/Geerlings/Mann (Hrsg.): GS Tettinger, 2007, S. 81 (89).

Wirtschaftsordnung der sozialen Marktwirtschaft ein solches Recht schlichtweg nicht zu verwirklichen ist, weil der Staat kein Verfügungsmonopol über Arbeitsplätze hat.[889] Auch der Faktor Arbeit soll grundsätzlich am Markt durch Angebot und Nachfrage gehandelt werden und nicht durch den Staat zugeteilt werden. Ein staatliches Verfügungsrecht über Arbeitsplätze wäre mit der positiven wie negativen Berufsfreiheit des Art. 12 GG nicht zu vereinbaren; Freizügigkeit, Vertrags-, Eigentums- und Koalitionsfreiheit einschließlich der Tarifautonomie würden damit kollidieren.[890] Zudem müsste das Recht auf Arbeit für jedermann mit der Pflicht zur Arbeit verbunden werden, was mit unserer freiheitstheoretischen Grundrechtsdoktrin kaum vereinbar wäre.[891] Das „Soziale" an unserer Marktwirtschaft soll zwar Härten für Arbeitnehmer, die eine reine freie Marktwirtschaft mit sich bringen würde, abmildern, aber keinesfalls den Arbeitsmarkt außer Kraft setzen.[892] Ein solches Recht auf Arbeit im Sinne eines subjektiven Anspruchs auf Verschaffung eines Arbeitsplatzes ergibt sich insbesondere auch nicht aus Art. 12 GG, der gerade freiheitlich ausgerichtet ist.[893] Selbst die scheinbar eindeutig formulierten Bestimmungen mancher Landesverfassungen können aus diesen Gründen keinen Anspruch auf einen Arbeitsplatz begründen.[894] So hat etwa der *BayVerfGH* den eigentlich eindeutig formulierten Art. 166 Abs. 2 BayVerf als bloßen Programmsatz interpretiert, weil der Staat schlicht nicht imstande sei, jedem einzelnen einen Arbeitsplatz für eine auskömmliche Existenz zu verschaffen.[895] In der Literatur zu Art. 166 Abs. 2 BayVerf wird ebenfalls

---

889 v. Mangoldt/Klein/Stark/*Manssen*, Art. 12 GG, Rdnr. 12; *Tomuschat*, in: Rosas/Helgesen/Gomien (Hrsg.): Human Rights in a Changing East-West Perspective, 1990, S. 174 (175); *Körner*, Das internationale Menschenrecht auf Arbeit, 2004, S. 13; dass dies der maßgebliche Grund ist, wird auch daraus ersichtlich, dass Art. 12 GG (zusammen mit dem Sozialstaatsprinzip und dem Gleichheitsgrundsatz) im Bereich der Ausbildungsplätze ein Teilhaberecht vermitteln kann, soweit es um Ausbildungsstätten geht, die rein faktisch vom Staat betrieben werden, wo der Staat also eine Verfügungsmöglichkeit hat (vgl. z.B. BVerfGE 33, 303 [332 ff.]; 39, 334 [372 ff.]).

890 *Papier*, DVBl. 1984, S. 801 (811); v. Mangoldt/Klein/Stark/*Manssen*, Art. 12 GG, Rdnr. 12.

891 *Nußberger*, in: Ennuschat/Geerlings/Mann (Hrsg.): GS Tettinger, 2007, S. 81 (84).

892 *Zöllner/Loritz/Hergenröder*, Arbeitsrecht, 2015, § 1, Rdnr. 27.

893 M/D/*Scholz*, Art. 12 GG, Rdnr. 53; *Zöllner/Loritz/Hergenröder*, Arbeitsrecht, 2015, § 1, Rdnr. 26; ErfK/*Schmidt*, Art. 12 GG, Rdnr. 5; v. Mangoldt/Klein/Stark/*Manssen*, Art. 12 GG, Rdnr. 12; *Bryde*, NJW 1984, S. 2177 (2184).

894 Zumal das Arbeitsrecht Gesetzgebungsmaterie des Bundes ist, vgl. Art. 72 Abs. 1, 74 Abs. 1 Nr. 12 GG, sodass die Landesgesetzgeber hier keinen Handlungsspielraum hätten, vgl. *Papier*, DVBl. 1984, S. 801 (811).

895 BayVGHE 13, 141 ff.; vgl. auch BayVerfGE 46, 273 (277); 52, 79 (91).

festgestellt, dass die Vorschrift keine subjektiven Rechte vermittle, sondern nur objektiv-rechtlich wirke[896] (wenngleich betont wird, dass der Wert der menschlichen Arbeit als Betätigung in der Bayerischen Verfassung überhaupt hoch eingeschätzt und der Träger der Arbeitskraft, der Mensch, in den Mittelpunkt gerückt werde).[897]

Aus dieser Erkenntnis folgt aber zugleich, dass es auch kein *uneingeschränktes* Recht geben kann, einen einmal erhaltenen Arbeitsplatz zu behalten.[898] Auch das würde Eingriffe in die Wirtschaftsfreiheit und die Berufsfreiheit des Unternehmers beinhalten, die mit dem GG nicht vereinbar sind, da sie wiederum eine staatliche Verfügungsmacht über den Arbeitsplatz voraussetzen würden. An dieser Schnittstelle von Recht auf Arbeit und Recht in der Arbeit[899] zeigt sich aber auch, dass das Recht auf Arbeit nicht gänzlich „tot" ist, denn der trotzdem umfassend gewährleistete Kündigungsschutz des deutschen Arbeitsrechts kann durchaus als „Kehrseite" eines Rechts auf Arbeit gesehen werden.

Zugleich hat sich aber die Überzeugung durchgesetzt, dass die Schaffung von Arbeitsplätzen wegen deren existentieller Bedeutung eine staatliche Verpflichtung darstellt.[900] Man kann dies schlagwortartig wiederum mit einem Recht auf Beschäftigungspolitik beschreiben.[901] Anhaltspunkte dafür, dass sich der Staat um einen hohen Beschäftigungsgrad bemühen soll und muss, ergeben sich aus einer Vielzahl von internationalen Übereinkommen,[902] wie etwa der Europäischen Sozialcharta von 1961, dem Internationalen Pakt über wirtschaftliche,

---

896 Lindner/Möstl/Wolff/*Lindner,* Art. 166 BV, Rdnr. 1; Meder/Brechmann/*Schmidt am Busch,* Art. 166 BV, Rdnr. 3; Dreier/*Wieland,* Art. 12 GG, Rdnr. 30.

897 Meder/Brechmann/*Schmidt am Busch,* Art. 166 BV, Rdnr. 1.

898 BVerfGE 84, 133 (146); M/D/*Scholz,* Art. 12 GG, Rdnr. 53.

899 *Körner,* Das internationale Menschenrecht auf Arbeit, 2004, S. 22.

900 *Bryde,* NJW 1984, S. 2177 (2184); *Körner,* Das internationale Menschenrecht auf Arbeit, 2004, S. 13 f.; v. Mangoldt/Klein/Stark/*Manssen,* Art. 12 GG, Rdnr. 11; für die BayVerf vgl. Lindner/Möstl/Wolff/*Lindner,* Art. 166 BV, Rdnr. 3; Meder/Brechmann/*Schmidt am Busch,* Art. 166 BV, Rdnr. 9, wobei dem Landesgesetzgeber hier weitgehend die Gesetzgebungskompetenz fehlen wird, weil der Bundesgesetzgeber von seiner ihm auf dem Gebiet des Arbeits- und Sozialrechts zustehenden konkurrierenden Gesetzgebungskompetenz (Art. 74 Abs. 1 Nrn. 7, 12 GG) weitestgehend Gebrauch gemacht hat.

901 Wobei hier freilich – wie allgemein bei sozialen Grundrechten – die Justiziabilität problematisch ist, vgl. *Nußberger,* in: Ennuschat/Geerlings/Mann (Hrsg.): GS Tettinger, 2007, S. 81 (90).

902 Die – abgesehen vom EU-Recht – noch immer zu wenig beachtet werden (so zutr. *Körner,* Das internationale Menschenrecht auf Arbeit, 2004, S. 11 f.).

soziale und kulturelle Rechte von 1966, aber auch aus der Europäischen Grundrechtecharta sowie aus dem nationalen (Verfassungs-) Recht, insbesondere aus dem Sozialstaatsprinzip (Art. 20 Abs. 1, 28 Abs. 1 GG) und Art. 109 Abs. 2 GG.[903] Der genaue Inhalt und die Reichweite dieser Verpflichtungen sind daher in der Folge noch zu erörtern.

5. Ein erstes Fazit

Der kurze geschichtliche Abriss hat gezeigt, dass die Diskussion um ein Recht auf Arbeit mit der aufkommenden Industrialisierung, die in den liberalistisch geprägten Wirtschaftsordnungen zu großen Gegensätzen zwischen den besitzenden Schichten und der einfachen Arbeiterschicht führte, virulent wurde. Zugleich kann bereits an dieser Stelle festgehalten werden, dass ein Recht auf Arbeit, das einen Anspruch des Einzelnen auf Verschaffung eines Arbeitsplatzes durch den Staat oder einen Privaten zum Gegenstand hätte, sich in den liberalen Wirtschaftsordnungen nicht durchgesetzt hat und auch nicht verwirklicht werden könnte. Sehr viel öfter haben sich dagegen Ansätze gezeigt, die ein Recht auf Beschäftigungspolitik meinen. Dies ist insbesondere auch das Verständnis, das den im Folgenden zu besprechenden internationalen Verträgen primär zugrunde liegt.[904] Zusätzlich können Forderungen nach Arbeitsvermittlung oder Weiterbildung ebenfalls als Ausprägung eines so verstandenen Rechts auf Arbeit gesehen werden. Diese Aspekte finden sich an etlichen Stellen unserer Rechtsordnung.[905]

Interessant an dieser Stelle ist aber doch jedenfalls, dass der Stellenwert der Arbeit, gerade auch als Pendant zum Eigentum für die nicht besitzenden Klassen, wohl unbestritten ist. „Ein Arbeitsplatz bildet trotz aller sozialstaatlichen Absicherungen und privater Vermögen in der heutigen Gesellschaft die Grundlage der ökonomischen Existenz breiter Schichten der Bevölkerung. Er hat auch in erheblichem Umfang Relevanz für die Persönlichkeitsentfaltung des Einzelnen. Nach dem subjektiven Empfinden vieler und nach den gesellschaftlichen Anschauungen ist ein Arbeitsplatz Grundlage für die Persönlichkeitsbildung und Entfaltung. So kommt es zu einer starken Einwirkung der beruflichen Sphäre auf Identität und Status des Grundrechtsträgers. Arbeitslosigkeit ist für

903 *Papier,* DVBl. 1984, S. 801 (811).
904 *Ashiagbor,* in: Búrca/Witte/Ogertschnig (Hrsg.): Social Rights in Europe, 2005, S. 241.
905 Vgl. dazu etwa bereits den Überblick bei *Scholz,* in: Böckenförde/Jekewitz/Ramm (Hrsg.): Soziale Grundrechte, 1981, S. 75 (78 f.).

den einzelnen nicht nur ein ökonomisches, sondern ein prinzipiell existentielles Problem."[906]

Auch wenn sich bereits ergeben hat, dass sich ein Recht auf Arbeit im Sinne eines Anspruches auf Verschaffung eines Arbeitsplatzes nicht begründen lässt, soll nun weiter untersucht werden, an welcher Stelle und in welcher Weise Arbeit und der Arbeitsplatz in unserer Rechtsordnung Anerkennung erfahren, da sich so Rückschlüsse auf ihren Stellenwert ziehen lassen. Dabei soll ein besonderes Augenmerk auf dem Völkerrecht liegen, da von ihm in jüngerer Zeit mehr Impulse für ein differenziertes Verständnis der mit Arbeit verbundenen Grundwerte menschlichen Daseins ausgehen als vom nationalen Recht.[907]

II. Europäisches und Internationales Recht

1. Völkerrechtliche Konventionen der Internationalen Arbeitsorganisation

An erster Stelle sollen hier die Konventionen der Internationalen Arbeitsorganisation (ILO – International Labour Organization) genannt werden – dies ergibt sich schon zeitgeschichtlich: Die ILO setzte sich schon seit ihrer Gründung 1919[908] mit ihren arbeitsrechtlichen Konventionen für die Wahrung von menschenrechtlichen Standards im Arbeitsverhältnis ein,[909] lange bevor die allgemeinen völkerrechtlichen Konventionen zum Menschenrechtsschutz beschlossen wurden.[910] Die ILO ist damit auch die älteste UN-Sonderorganisation. Allein dies belegt schon die besondere Bedeutung des Lebensbereichs Arbeit. Zudem

---

906 v. Mangoldt/Klein/Stark/*Manssen,* Art. 12 GG, Rdnr. 10.

907 *Eichenhofer,* in: Däubler/Zimmer (Hrsg.): FS Lörcher, 2013, S. 203 (207); *Nußberger,* in: Ennuschat/Geerlings/Mann (Hrsg.): GS Tettinger, 2007, S. 81 (102).

908 Die Gründungsurkunde ist übrigens Teil XIII des Versailler Friedensvertrages, RGBl. 1919, Nr. 140, S. 1269. Dies ist auch nur folgerichtig, da die ILO schon in der Präambel ihrer Verfassung betont, dass Weltfrieden nur auf sozialer Gerechtigkeit aufbauen könne und diese gerade auch in der Arbeit hergestellt werden müsse.

909 Zur Entstehung und Gründung siehe *Böhmert,* Das Recht der ILO und sein Einfluss auf das deutsche Arbeitsrecht im Zeichen der europäischen Integration, 2002, S. 27 ff.; es gibt sogar noch frühere Vorläufer, wie z.B. die auf Initiative von Kaiser Wilhelm II. 1890 einberufene Internationale Arbeiterschutzkonferenz im Jahre 1890, in der etwa *Birk,* ZfA 1991, S. 356 die Geburtsstunde des internationalen Arbeitsrechts sieht.

910 *Drzewicki,* in: Eide/Krause/Rosas (Hrsg.): Economic, Social and Cultural Rights, 1995, S. 169 (170); *Körner,* Das internationale Menschenrecht auf Arbeit, 2004, S. 18; *Nußberger,* RdA 2012, S. 270 (277); *Simma,* in: Ruland/Maydell/Papier (Hrsg.): FS Zacher, 1998, S. 867.

haben die Aktivitäten der ILO maßgeblich spätere internationale Menschenrechtskataloge und -abkommen geprägt.

Die ILO ist (seit ihrer Lösung aus dem Völkerbund 1945) eine Sonderorganisation der UN mit eigener Rechtspersönlichkeit[911] und ist zuständig für die Formulierung und Durchsetzung internationaler Arbeits- und Sozialstandards, die soziale und faire Gestaltung der Globalisierung und die Schaffung von menschenwürdiger Arbeit als zentraler Voraussetzung der Armutsbekämpfung.[912] Seit 1919 wurden dazu 189 Konventionen erlassen.[913] In der Erklärung von Philadelphia von 1948[914] betont die ILO, dass Arbeit keine Ware sei und alle Menschen das Recht haben müssten, materiellen Wohlstand *und* geistige Entwicklung in Freiheit und Würde, in wirtschaftlicher Sicherheit und unter gleich günstigen Bedingungen zu erstreben.[915] Bereits hier wurde also eine Verbindung zwischen Arbeit und menschlicher Würde hergestellt.[916] Auch das gegenwärtige Programm der ILO „Menschenwürdige Arbeit für alle" bringt den Bezug zur Menschenwürde zum Ausdruck und weist den Menschenrechten eine immer größere Bedeutung zu.[917] Diese „decent work agenda" beruht auf vier strategischen Zielen: Schaffung von Arbeitsplätzen, Gewährleistung von Arbeitnehmerrechten, Ausbau sozialer Schutzmechanismen und Förderung des sozialen Dialogs.[918]

Als rechtliche Instrumente[919] stehen ihr insbesondere Übereinkommen und Empfehlungen (vgl. Art. 19 der ILO-Verfassung) zur Verfügung.

---

911 Kurzer Überblick zu ihren Organen und Charakeristika bei *Wisskirchen,* ZfA 2003, S. 691 (695 f.).

912 http://www.ilo.org/global/about-the-ilo/mission-and-objectives/lang--en/index.htm (abgerufen am 21.05.2017).

913 http://www.ilo.org/dyn/normlex/en/f?p=NORMLEXPUB:12000:0::NO::: (abgerufen am 21.05.2017); *Weiss,* in: Schubert (Hrsg.): FS Kempen, 2013, S. 384 (386) bezeichnet dies „zweifellos" als eine „Erfolgsgeschichte, die nun schon mehr als 90 Jahre andauert und deren Bedeutung kaum überschätzt werden kann".

914 Verfügbar unter http://www.ilo.org/wcmsp5/groups/public/---europe/---ro-geneva/---ilo-berlin/documents/normativeinstrument/wcms_193728.pdf (abgerufen am 21.05.2017).

915 Insbesondere unter I. a) und II. a) der Erklärung.

916 *Drzewicki,* in: Eide/Krause/Rosas (Hrsg.): Economic, Social and Cultural Rights, 1995, S. 169 (170).

917 *Weiss,* in: Schubert (Hrsg.): FS Kempen, 2013, S. 384 (385).

918 http://www.ilo.org/berlin/ziele-aufgaben/lang--de/index.htm (abgerufen am 21.05.2017).

919 Zum Begriff *Böhmert,* Das Recht der ILO und sein Einfluss auf das deutsche Arbeitsrecht im Zeichen der europäischen Integration, 2002, S. 61 ff.

Übereinkommen[920] begründen rechtliche Verpflichtungen, wenn sie von den Mitgliedsstaaten ratifiziert werden (Art. 19 Nr. 5 ILO-Verfassung). Diese völkerrechtliche Verpflichtung richtet sich allerdings nur an den Staat als Völkerrechtssubjekt. Empfehlungen[921] bedürfen dagegen nicht der Ratifizierung, sie sind ohnehin nur unverbindliche Empfehlungen für die Politik (Art. 19 Nr. 6 ILO-Verfassung).

Die Einhaltung der Übereinkommen soll durch ein differenziertes Berichtssystem sichergestellt werden, daneben stehen Gewerkschaften und Arbeitgeberverbänden ein Beschwerdeverfahren zum Internationalen Arbeitsamt (Art. 24 ILO-Verfassung) sowie ein Klageverfahren offen (Art. 26 ILO-Verfassung).[922]

a) Relevante Übereinkommen

Schwerpunktmäßig befassen sich die Regelungen der ILO allerdings mit den Rechten von Arbeitnehmern oder anders gesagt: den Rechten in der Arbeit. Es geht etwa um Mindest- oder Höchstalter der Arbeitnehmer, deren Gesundheit, Versicherung oder Löhne oder die Vereinigungsfreiheit und Kollektivverhandlungen. Ein Recht auf Arbeit wird in keinem Regelwerk der ILO statuiert.[923] Trotzdem finden sich auch Regelungen zur Beschäftigungspolitik und zum Bestand des Arbeitsverhältnisses.

An erster Stelle ist hier das Übereinkommen Nr. 122[924] aus dem Jahr 1964 zu nennen, das sich auf die Beschäftigungspolitik bezieht. Darin heißt es unter Bezugnahme auf das Recht auf Arbeit in der Allgemeinen Erklärung der Menschenrechte:

Artikel 1

1. Um das wirtschaftliche Wachstum und die wirtschaftliche Entwicklung anzuregen, den Lebensstandard zu heben, den Arbeitskräftebedarf zu decken sowie die Arbeitslosigkeit und die Unterbeschäftigung zu beseitigen, hat jedes Mitglied als eines der Hauptziele eine aktive Politik festzulegen und zu verfolgen, die dazu bestimmt ist, die volle, produktive und frei gewählte Beschäftigung zu fördern.

---

920 Dazu ausführlich *Böhmert,* Das Recht der ILO und sein Einfluss auf das deutsche Arbeitsrecht im Zeichen der europäischen Integration, 2002, S. 62 ff.

921 Dazu *Böhmert,* Das Recht der ILO und sein Einfluss auf das deutsche Arbeitsrecht im Zeichen der europäischen Integration, 2002, S. 78 ff.

922 *Zimmer,* in: Däubler/Zimmer (Hrsg.): FS Lörcher, 2013, S. 29; ausführlicher zu den verschiedenen „Kontrollmechanismen“ *Böhmert,* Das Recht der ILO und sein Einfluss auf das deutsche Arbeitsrecht im Zeichen der europäischen Integration, 2002, S. 83 ff.

923 *Tomuschat,* in: Rosas/Helgesen/Gomien (Hrsg.): Human Rights in a Changing East-West Perspective, 1990, S. 174 (175).

924 BGBl. 1971 II, S. 57.

2. Diese Politik muß zu gewährleisten suchen,
a) daß für alle Personen, die für eine Arbeit zur Verfügung stehen und Arbeit suchen, eine solche vorhanden ist;
b) daß diese Arbeit so produktiv wie möglich ist;
c) daß die Wahl der Beschäftigung frei ist und jeder Arbeitnehmer alle Möglichkeiten hat, die notwendige Befähigung für eine ihm zusagende Beschäftigung zu erwerben und seine Fertigkeiten und Anlagen bei dieser Beschäftigung zu verwenden, und zwar ohne Rücksicht auf Rasse, Hautfarbe, Geschlecht, Glaubensbekenntnis, politische Meinung, nationale Abstammung oder soziale Herkunft.
3. Diese Politik hat den Stand und die Stufe der wirtschaftlichen Entwicklung sowie die Wechselbeziehungen zwischen Beschäftigungszielen und anderen wirtschaftlichen und sozialen Zielen gebührend zu berücksichtigen und ist mit Methoden zu verfolgen, die den innerstaatlichen Verhältnissen und Gepflogenheiten entsprechen.

Artikel 2
Jedes Mitglied hat mit Methoden, die den innerstaatlichen Verhältnissen entsprechen und soweit es die innerstaatlichen Verhältnisse gestatten,

a) im Rahmen einer koordinierten Wirtschafts- und Sozialpolitik die Maßnahmen zu beschließen und ständig zu überprüfen, die zur Erreichung der in Artikel 1 angegebenen Ziele zu treffen sind;
b) die Schritte zu unternehmen, welche für die Durchführung dieser Maßnahmen notwendig sein können, allenfalls einschließlich der Aufstellung von Programmen.

Mit dem Übereinkommen wird also einerseits klargestellt, dass sich die Staaten zu einer Politik verpflichten, die Arbeitslosigkeit vermeiden und für Vollbeschäftigung sorgen soll; andererseits werden keine konkreten Maßnahmen vorgeschrieben, deren Einhaltung sich kontrollieren ließe.

Weiter gibt es das (von der Empfehlung Nr. 119 aus dem Jahr 1963 ausgehende) Übereinkommen Nr. 158 über die Beendigung des Arbeitsverhältnisses durch den Arbeitgeber von 1982,[925] das allerdings von Deutschland nicht ratifiziert wurde.[926] Es bestimmt im Wesentlichen, dass ein Arbeitsverhältnis nur dann beendet werden darf, wenn ein triftiger Grund hierfür vorliegt (Art. 4 des

925 Deutscher Text verfügbar unter http://www.ilo.org/wcmsp5/groups/public/---ed_norm/---normes/documents/normativeinstrument/wcms_c158_de.htm (abgerufen am 21.05.2017).

926 Die Gründe dafür finden sich zusammengefasst bei *Böhmert,* Das Recht der ILO und sein Einfluss auf das deutsche Arbeitsrecht im Zeichen der europäischen Integration, 2002, S. 228 f.

Übereinkommens), schließt dafür bestimmte Gründe aus, verlangt Rechtsbehelfe, eine Kündigungsfrist und Sozialleistungen.

Das Übereinkommen Nr. 168 über Beschäftigungsförderung und den Schutz gegen Arbeitslosigkeit von 1988[927] wurde von Deutschland bisher ebenfalls nicht ratifiziert. In der Präambel heißt es u.a.: „Die Allgemeine Konferenz der Internationalen Arbeitsorganisation [...] unterstreicht die Bedeutung der Arbeit und der produktiven Beschäftigung in jeder Gesellschaft, nicht nur wegen der Ressourcen, die dadurch für die Gemeinschaft geschaffen werden, sondern auch wegen des Einkommens, das sie den Arbeitnehmern bringen, der sozialen Rolle, die sie ihnen verleihen, und des Gefühls der persönlichen Befriedigung, das sie ihnen verschaffen." Dementsprechend sehen die Art. 7 und 8 des Übereinkommens die Verpflichtung zu einer Politik vor, die die volle, produktive und frei gewählte Beschäftigung fördert (v.a. durch Arbeitsvermittlung, Berufsbildung und Berufsberatung), und dies insbesondere für benachteiligte Gruppen wie behinderte und ältere Arbeitnehmer oder Langzeitarbeitslose.

b) Verbindlichkeit der Übereinkommen und Rechtsfolgen

Bei den ILO-Übereinkommen handelt es sich um völkerrechtliche Verträge.[928] Für die einzelnen Staaten werden sie aber nicht schon mit Unterzeichnung verbindlich, sondern erst wenn sie ratifiziert werden.[929] Die beiden zuletzt genannten Übereinkommen (Nr. 158 und Nr. 168) können daher in Deutschland schon allein deswegen keine Rechtswirkung entfalten, weil sie von Deutschland nie ratifiziert wurden.

Das Übereinkommen Nr. 122 dagegen wurde ratifiziert und bindet Deutschland damit. Fraglich ist aber, was daraus folgt. Das Übereinkommen begründet zunächst einmal nur Rechte und Pflichten zwischen den Staaten, also zwischen den Parteien des völkerrechtlichen Vertrages. Die Staaten müssen ihre Verpflichtungen aus dem Abkommen dann erst innerstaatlich umsetzen, den völkerrechtlichen Rechtsbefehl in nationales Recht „transformieren".[930]

---

927 Deutscher Text verfügbar unter http://www.ilo.org/wcmsp5/groups/public/---ed_norm/---normes/documents/normativeinstrument/wcms_c168_de.htm (abgerufen am 21.05.2017).

928 *Leinemann/Schütz,* ZfA 1994, S. 1 (12).

929 *Zimmer,* in: Däubler/Zimmer (Hrsg.): FS Lörcher, 2013, S. 29 (30).

930 *Verdross/Simma,* Universelles Völkerrecht, 1984, § 849; *Leinemann/Schütz,* ZfA 1994, S. 1 (6 f.).

c) *Exkurs: Zur Geltung und Anwendbarkeit von Völkerrecht im nationalen Recht*

Für die Übereinkommen der ILO, aber auch für die im Folgenden zu besprechenden völkerrechtlichen Verträge stellt sich die Frage, in welcher Weise sie auf die nationale Rechtsordnung einwirken. Die vorliegende Arbeit untersucht schließlich einen Anwendungsfall des § 34 StGB, also rein nationalen Strafrechts. Daher ist zunächst und allgemein zu erläutern, weswegen völkerrechtliche Verträge auch für die Anwendung und Auslegung dieser Vorschrift Bedeutung erlangen können. Nur dann rechtfertigen sich die später noch folgenden Ausführungen zum Völkerrecht.

aa) *Die inländische Geltung völkerrechtlicher Normen*

Prinzipiell dürfte die wohl h.M. in Deutschland davon ausgehen, dass es sich bei Völkerrecht und nationalem Recht um zwei verschiedene Rechtskreise handelt, die sich durch gegenseitige Bezugnahmen, Verweisungen oder Umwandlungen teilweise überschneiden (sog. gemäßigter Dualismus).[931] Dieser Theorie dürfte auch das *BVerfG* anhängen, wenn es ausführt: „Dem Grundgesetz liegt deutlich die klassische Vorstellung zu Grunde, dass es sich bei dem Verhältnis des Völkerrechts zum nationalen Recht um ein Verhältnis zweier unterschiedlicher Rechtskreise handelt und dass die Natur dieses Verhältnisses aus der Sicht des nationalen Rechts nur durch das nationale Recht selbst bestimmt werden kann; dies zeigen die Existenz und der Wortlaut von Art. 25 und Art. 59 Abs. 2 GG."[932]

Damit führt das Völkerrecht zunächst einmal nur zu einer Bindung und Verpflichtung der Staaten als Völkerrechtssubjekte.[933] Gleichwohl müssen die Staaten die ihnen in den völkerrechtlichen Verträgen auferlegten Pflichten im innerstaat-lichen Bereich vollziehen. Wie dies geschieht, bleibt aber dem innerstaatlichen Recht überlassen.[934] Das Grundgesetz sieht dazu zwei Vorschriften vor: Allgemeine Regeln des Völkerrechts sind nach Art. 25 GG Bestandteil des Bundesrechts, gehen den Gesetzen vor und erzeugen Rechte und Pflichten unmittelbar für die Bewohner des Bundesgebietes. Für normale völkerrechtliche

931 *Schweitzer,* Staatsrecht III, 2016, Rdnr. 49; *Geiger,* Grundgesetz und Völkerrecht, 2013, S. 16; dem Theorienstreit zwischen Monismus und Dualismus kommt heute aber kaum mehr praktische Bedeutung zu, vgl. *Geiger,* Grundgesetz und Völkerrecht, 2013, S. 15.

932 BVerfGE 111, 307 (318).

933 *Schweitzer,* Staatsrecht III, 2016, Rdnr. 1016.

934 *Schweitzer,* Staatsrecht III, 2016, Rdnr. 779.

Verträge ist dagegen Art. 59 Abs. 2 S. 1 GG einschlägig: Durch das für völkerrechtliche Verträge gem. Art. 59 Abs. 2 S. 1 GG erforderliche Zustimmungsgesetz wird nicht nur die Exekutive zum Abschluss des völkerrechtlichen Vertrages ermächtigt, sondern der Vertrag erlangt auch Geltung in der nationalen Rechtsordnung.[935] Ob dies nun im Wege einer Transformation des Völkerrechts in nationales Recht erfolgt oder ob das Zustimmungsgesetz nur den innerstaatlichen Vollzug des Völkerrechts anordnet, kann für hiesige Zwecke dahinstehen, da sich für die Untersuchung keine Unterschiede ergeben.[936] Der völkerrechtliche Vertrag erlangt jedenfalls mit seinem gesamten Inhalt Geltung im Rang eines einfachen Bundesgesetzes.[937]

bb) Die unmittelbare Anwendbarkeit völkerrechtlicher Normen

Davon ist richtigerweise nochmals die Frage der *unmittelbaren Anwendbarkeit* durch Rechtsvollzugsorgane zu unterscheiden[938] und nochmals die Frage, ob dem Bürger subjektive Rechte eingeräumt werden sollen.[939] Der einzelne Bürger kann grundsätzlich aus völkerrechtlichen Vorschriften keine Rechte herleiten, es sei denn, die völkerrechtliche Norm ist ausnahmsweise unmittelbar anwendbar (self-executing).[940] Ob eine Norm eines völkerrechtlichen Vertrages in diesem

---

935 *Geiger,* Grundgesetz und Völkerrecht, 2013, S. 163; Sachs/*Streinz,* Art. 59 GG, Rdnr. 59 ff.; *Zimmer,* in: Däubler/Zimmer (Hrsg.): FS Lörcher, 2013, S. 29 (31 f.).

936 Wie wohl generell die Unterschiede zwischen den heute vertretenen Theorien relativ gering sein werden, sodass der Streit regelmäßig keine praktischen Folgen hat (Dreier/*Pernice,* Art. 59 GG, Rdnr. 47); weiterführend zum Streitstand etwa *Geiger,* Grundgesetz und Völkerrecht, 2013, S. 163 ff.; Sachs/*Streinz,* Art. 59 GG, Rdnr. 61 ff.; auch das BVerfG legt sich nicht ganz klar fest, so ist etwa in BVerfGE 111, 307 (316 f.) einerseits die Rede davon, dass das Zustimmungsgesetz den völkerrechtlichen Vertrag ins deutsche Recht „transformiere", andererseits aber auch davon, dass dieses Gesetz „einen entsprechenden Rechtsanwendungsbefehl" erteile.

937 St. Rspr. des *BVerfG,* vgl. BVerfGE 74, 358 (370); 82, 106 (120); 111, 307 (317); *Geiger,* Grundgesetz und Völkerrecht, 2013, S. 168; v. Mangoldt/Klein/Stark/*Kempen,* Art. 59 GG, Rdnr. 95; *Zimmer,* in: Däubler/Zimmer (Hrsg.): FS Lörcher, 2013, S. 29 (32).

938 *Leinemann/Schütz,* ZfA 1994, S. 1 (10); v. Münch/Kunig/*Rojahn,* Art. 59 GG, Rdnr. 37; Sachs/*Streinz,* Art. 59 GG, Rdnr. 67; *Verdross/Simma,* Universelles Völkerrecht, 1984, § 864; *Zimmer,* in: Däubler/Zimmer (Hrsg.): FS Lörcher, 2013, S. 29 (32); *Schweitzer,* Staatsrecht III, 2016, Rdnr. 805 ff. spricht von der Vollzugsfähigkeit.

939 *Geiger,* Grundgesetz und Völkerrecht, 2013, S. 167; v. Mangoldt/Klein/Stark/*Koenig,* Art. 25 GG, Rdnr. 45; Sachs/*Streinz,* Art. 59 GG, Rdnr. 69.

940 *Leinemann/Schütz,* ZfA 1994, S. 1 (7); *Neubeck,* Die Europäische Sozialcharta und deren Protokolle, 2002, S. 162; *Verdross/Simma,* Universelles Völkerrecht, 1984, § 864; *Wisskirchen,* ZfA 2003, S. 691 (697).

Sinne unmittelbar anwendbar ist, ist durch Auslegung dieser Norm und des Zustimmungsgesetzes zu ermitteln. Dafür kommt es insbesondere darauf an, ob eine Norm dazu bestimmt ist, auf einen innerstaatlichen Sachverhalt angewendet zu werden, ohne dass es weiterer Vollzugsakte bedarf, wofür es auf eine genügende Bestimmtheit der Norm ankommt.[941] Auch die Frage, ob die Norm dazu bestimmt ist, dem Einzelnen Rechte und Pflichten einzuräumen, ist durch Auslegung zu bestimmen.[942]

cc) Subjektives und objektives Recht

Ergibt sich bei dieser anzustellenden Auslegung, dass eine Norm des Völkerrechts nicht unmittelbar anwendbar ist, insbesondere nicht dazu bestimmt ist, individuelle Rechte und Pflichten der Bürger zu erzeugen, so mag sie zwar kein subjektiv öffentliches Recht einräumen;[943] gleichwohl ist sie in der Rechtsanwendung nicht bedeutungslos, denn sie ist durch das Zustimmungsgesetz zum geltenden objektiven innerstaatlichen Recht geworden.[944] Dieses objektive Recht bindet den Staat und seine Organe unabhängig davon, ob es dem Bürger subjektive Rechte einräumt.[945] Das bedeutet, dass Verwaltung und Gerichte bei der Auslegung von Gesetzen, unbestimmten Rechtsbegriffen oder Generalklauseln und bei Ermessensentscheidungen im Rahmen methodisch zulässigen Vorgehens diejenige Auslegung oder Entscheidung zu treffen haben, die völkerrechtskonform ist.[946]

Dass Gesetze und sogar die Verfassung selbst völkerrechtsfreundlich auszulegen sind, hat das *BVerfG* hinsichtlich der EMRK in jüngeren Entscheidungen nochmals ausdrücklich festgestellt.[947]

---

941 M/D/*Nettesheim*, Art. 59 GG, Rdnr. 180; *Schweitzer*, Staatsrecht III, 2016, Rdnr. 806; *Zimmer*, in: Däubler/Zimmer (Hrsg.): FS Lörcher, 2013, S. 29 (32).

942 Sachs/*Streinz*, Art. 59 GG, Rdnr. 69.

943 Unter einem subjektiven Recht versteht man ganz allgemein die einem Subjekt durch eine Rechtsnorm zuerkannte Rechtsmacht, zur Verfolgung eigener Interessen von einem anderen ein bestimmtes Tun, Dulden oder Unterlassen fordern zu können. Das subjektiv öffentliche Recht meint dabei die speziell durch öffentliches Recht verliehene Rechtsmacht, vom Staat zur Verfolgung eigener Interessen ein bestimmtes Verhalten verlangen zu können (Definitionen nach *Maurer*, Allgemeines Verwaltungsrecht, 2011, § 8 Rdnr. 2).

944 v. Münch/Kunig/*Rojahn*, Art. 59 GG, Rdnr. 37.

945 *Geiger*, Grundgesetz und Völkerrecht, 2013, S. 166; v. Mangoldt/Klein/Stark/*Koenig*, Art. 25 GG, Rdnr. 47; *Schweitzer*, Staatsrecht III, 2016, Rdnr. 816.

946 *Schweitzer*, Staatsrecht III, 2016, Rdnr. 814.

947 BVerfGE 128, 326 (367); 111, 307 (324).

d) Bedeutung der ILO-Übereinkommen für die Untersuchung

Nach diesen allgemeinen Ausführungen kann nun also die genaue Bedeutung des ILO-Übereinkommens Nr. 122 bestimmt werden.

Die Auslegung fällt bzgl. der unmittelbaren Anwendbarkeit und der Verleihung subjektiver Rechte nicht schwer. Man erkennt schnell, dass das Übereinkommen den Charakter einer politischen Absichtserklärung hat. Die Staaten verpflichten sich zu einer geeigneten Politik, die möglichst für Vollbeschäftigung sorgen soll, abhängig von dem, was im jeweiligen Land möglich ist. Die konkrete Umsetzung bleibt den Nationalstaaten überlassen. Man verpflichtet sich also zu einem Bemühen. Das ist wenig justiziabel. Die Rede ist allein von „Politiken" des Staates bzw. von einer Förderpflicht für eine innerstaatliche Politik,[948] es werden aber keine konkreten Rechte und Pflichten des Einzelnen genannt. Die oben genannten relevanten Bestimmungen sind viel zu vage, um unmittelbar im Verhältnis Bürger zu Staat *angewendet* zu werden. Nach verbreiteter Meinung soll das ohnehin für alle ILO-Übereinkommen gelten.[949] Gleichwohl handelt es sich bei den oben genannten Bestimmungen des Übereinkommens Nr. 122 um in Deutschland unmittelbar *geltendes* objektives Recht. Sie können damit Grundlage für eine völkerrechtskonforme Auslegung einer innerstaatlichen Norm, insbesondere bei unbestimmten Rechtsbegriffen oder Ermessensentscheidungen sein.[950] Bei der Auslegung innerstaatlicher Gesetze haben die Gerichte im Zweifel davon auszugehen, dass der Gesetzgeber seine völkerrechtlichen Verpflichtungen erfüllen will.[951] Am Rande sei hierzu auch angemerkt, dass der *EGMR* auf Ebene des Europarats bereits die Anwendung der ILO-Übereinkommen als Auslegungshilfe praktiziert, indem er sie für die Auslegung der EMRK heranzieht.[952]

Damit ist klar, dass die Ziele und Aufträge der ILO-Übereinkommen, hier insbesondere des Übereinkommens Nr. 122, auch von deutschen Strafgerichten bei der Anwendung des § 34 StGB zu berücksichtigen sind. Die strafrechtliche Vorschrift ist „erstaunlich offen" ausgestaltet, lässt also Raum für viele

---

948 BAG NZA 1998, 1072 (1075) zum ILO-Übereinkommen Nr. 111.

949 *Verdross/Simma,* Universelles Völkerrecht, 1984, § 865; weitere Nachweise bei *Leinemann/Schütz,* ZfA 1994, S. 1 (13); BAGE 75, 171 hat zumindest entschieden, dass das Übereinkommen Nr. 132 nicht unmittelbar anwendbar ist.

950 BAGE 37, 331; *Löwisch/Caspers/Klumpp,* Arbeitsrecht, 2017, Rdnr. 174; *Zimmer,* in: Däubler/Zimmer (Hrsg.): FS Lörcher, 2013, S. 29 (34, 40).

951 *Leinemann/Schütz,* ZfA 1994, S. 1 (16); *Zimmer,* in: Däubler/Zimmer (Hrsg.): FS Lörcher, 2013, S. 29 (40); BVerfG NJW 1987, 2427.

952 Vgl. EGMR NZA 2010, 1425 (1430); EGMR NJW 2007, 41 (44).

Abwägungsfaktoren. Wenn es um die Bestimmung des Gewichts des Erhaltungsinteresses, nämlich der Arbeitsmöglichkeit, geht, kann damit die Bedeutung, die diesem Interesse in völkerrechtlichen Übereinkommen zugesprochen wird, berücksichtigt werden. Es ist wiederum die Schwierigkeit der praktischen Umsetzung, die weitergehende, verbindlichere Regelungen ausschließt - aber nicht die mangelnde Bedeutung der Materie.

2. Recht auf Arbeit als Menschenrechtsmaterie

Es hat sich also gezeigt, dass dem Thema Arbeit auf völkerrechtlicher Ebene schon früh besondere Bedeutung zugeschrieben wurde. Damit war es nur folgerichtig, dass Arbeit schließlich auch offiziell zum Menschenrecht erklärt wurde.

„Das ‚Recht auf Arbeit' mag zuerst Vorstellungen von Utopismus oder Sozialismus erwecken. In Wirklichkeit handelt es sich um nichts weniger als um ein allgemeines Menschenrecht, das jedem Menschen von Natur aus zusteht und in fortschreitendem Masse in den Rechtsordnungen der modernen Staaten seinen positiven Niederschlag findet."[953]

Bentele stellte dies noch vor Verabschiedung der Allgemeinen Erklärung der Menschenrechte vom 10.12.1948 fest, griff damit aber bereits Art. 23 dieser Erklärung voraus:

Artikel 23 der Allgemeinen Erklärung der Menschenrechte

1. Jedermann hat das Recht auf Arbeit, auf freie Berufswahl, auf angemessene und befriedigende Arbeitsbedingungen sowie auf Schutz gegen Arbeitslosigkeit.
2. Alle Menschen haben ohne jede Diskriminierung das Recht auf gleichen Lohn für gleiche Arbeit.
3. Jedermann, der arbeitet, hat das Recht auf gerechte und günstige Entlohnung, die ihm und seiner Familie eine der menschlichen Würde entsprechende Existenz sichert und die, wenn nötig, durch andere soziale Schutzmaßnahmen zu ergänzen ist.
4. Jedermann hat das Recht, zum Schutze seiner Interessen Gewerkschaften zu bilden und solchen beizutreten.

Die Allgemeine Erklärung der Menschenrechte wurde von der Generalversammlung der UN am 10.12.1948 angenommen. Neben bürgerlichen und politischen Rechten fanden auch soziale und kulturelle Menschenrechte Eingang in die Erklärung. Das Recht auf Arbeit trägt zwei damals aufstrebenden Erkenntnissen Rechnung: Zum einen wurde (schon mit Gründung der ILO) klar, dass Arbeit wichtig für den (sozialen) Weltfrieden ist; zum anderen erkannte man

953 *Bentele,* Das Recht auf Arbeit, 1949, S. 5.

zunehmend den personalen Aspekt der Arbeit als Wert an sich, als soziales Bedürfnis und als Mittel zur Selbstverwirklichung und Persönlichkeitsentfaltung.[954] Wegen des damit vorhandenen Bezuges zur Menschenwürde, die jedem Menschen kraft seines Menschseins zukommt, war es nur logisch, Arbeit als Menschenrechtsmaterie anzusehen.[955]

Zwar handelt es sich bei der Erklärung um kein verbindliches Völkerrecht (vgl. auch Art. 38 IGH-Statut),[956] da die Generalversammlung nach der UN-Charta vor allem Empfehlungen abgibt und nach der UN-Charta nur Resolutionen des Sicherheitsrates verbindlich sind (Art. 25 UN-Charta). Dementsprechend sieht die Erklärung auch keine Mittel vor, um die in ihr enthaltenen Gewährleistungen durchzusetzen. Trotzdem kommt der Erklärung ein hoher symbolischer und moralischer Wert zu.[957] Zugleich wird sie regelmäßig als Auslegungshilfe für andere (verbindliche) Völkerrechtsübereinkommen herangezogen.[958] So hat die Erklärung in ihren wesentlichen Bestandteilen nach richtiger Ansicht bereits den Charakter eines allgemeinen Völkerrechtssatzes erlangt,[959] sodass man sich fragen kann, ob sie nicht bereits ohnehin zu Völkergewohnheitsrecht geworden ist.[960] Ihr kommt in einer Formulierung des *BVerfG* Bedeutung als „menschenrechtlichem Minimalstandard" zu.[961] Jedenfalls sind die in der Allgemeinen Menschenrechtserklärung enthaltenen „sozialen" Rechte ohnehin genauer entfaltet

954 *Drzewicki*, in: Eide/Krause/Rosas (Hrsg.): Economic, Social and Cultural Rights, 1995, S. 169.

955 Vgl. *Borrmann*, Der Schutz der Berufsfreiheit im deutschen Verfassungsrecht und im europäischen Gemeinschaftsrecht, 2002, S. 39.

956 Dreier/*Dreier*, Vorb. Art. 1 GG, Rdnr. 25; *Neubeck*, Die Europäische Sozialcharta und deren Protokolle, 2002, S. 107.

957 Dreier/*Dreier*, Vorb. Art. 1 GG, Rdnr. 25.

958 *Körner*, Das internationale Menschenrecht auf Arbeit, 2004, S. 19; *Tomuschat*, in: Rosas/Helgesen/Gomien (Hrsg.): Human Rights in a Changing East-West Perspective, 1990, S. 174 (176), der sogar weiter schreibt: „To some extent, therefore, it has become irrelevant whether the right to work as proclaimed in Article 23 has become a true right within the meaning of international law."

959 *Stern*, in: Ruland/Maydell/Papier (Hrsg.): FS Zacher, 1998, S. 1063 (1068); das *BVerwG* zumindest spricht der Erklärung aber nur programmatischen Inhalt zu und will ihr keine allgemeinen Regeln des Völkerrechts i.S.d. Art. 25 GG entnehmen, vgl. BVerwGE 5, 153 (160 f.); 47, 365 (377 f.).

960 Dreier/*Dreier*, Vorb. Art. 1 GG, Rdnr. 25; bejahend etwa *Verdross/Simma*, Universelles Völkerrecht, 1984, § 1234 ff.; abl. *Ipsen*, Völkerrecht, 2014, § 36 Rdnr. 37.

961 BVerfGE 46, 342 (362); *Stern*, in: Ruland/Maydell/Papier (Hrsg.): FS Zacher, 1998, S. 1063 (1068).

im Internationalen Pakt über wirtschaftliche, soziale und kulturelle Rechte vom 16.12.1966, bei dem es sich um einen tatsächlich für die Vertragsstaaten bindenden Völkerrechtsvertrag handelt.[962]

Erwähnenswert erscheint aber auch, dass sich ein solches Menschenrecht auf Arbeit neben Rechten auf eine Art soziale Grundversorgung steht. Es findet sich nämlich in direkter Nachbarschaft auch noch die folgende Bestimmung:

Artikel 25 der Allgemeinen Erklärung der Menschenrechte

1. Jedermann hat das auf einen für die Gesundheit und das Wohlergehen von sich und seiner Familie angemessenen Lebensstandard, einschließlich ausreichender Ernährung, Bekleidung, Wohnung, ärztlicher Versorgung und notwendiger sozialer Leistungen, sowie ferner das Recht auf Sicherheit im Falle von Arbeitslosigkeit, Krankheit, Invalidität, Verwitwung, Alter oder von anderweitigem Verlust seiner Unterhaltsmittel durch unverschuldete Umstände.
2. Mütter und Kinder haben Anspruch auf besondere Hilfe und Unterstützung. Alle Kinder, eheliche und außereheliche, genießen den gleichen sozialen Schutz.

Auch daraus wird klar, dass Arbeit – neben dem unstreitig dominierenden Aspekt des Gelderwerbs für ein selbstbestimmtes, würdiges Leben – auch noch eine darüber hinausgehende immaterielle Funktion hat. Denn eine materielle Absicherung der elementaren Bedürfnisse des Menschen ist ja auch in der eben genannten Bestimmung verankert. Es muss also Gründe neben der reinen materiellen Absicherung geben, warum ein Recht auf Arbeit als *eigenes* Menschenrecht anerkannt ist.[963] Deshalb wird auch im völkerrechtlichen Kontext anerkannt, dass die Arbeit eine bedeutende Bühne für jeden Menschen ist, sich in der Gesellschaft darzustellen und seine Persönlichkeit zu entwickeln, und sein gesellschaftlicher Status und seine Wertschätzung vom Innehaben einer angemessenen Arbeit abhängen.[964] Und damit ist auch ein direkter Bezug zur Menschenwürde gegeben.[965]

---

962 *Stern,* in: Ruland/Maydell/Papier (Hrsg.): FS Zacher, 1998, S. 1063 (1069).

963 In diese Richtung auch *Margalit,* Politik der Würde, 1997, S. 285.

964 *Tomuschat,* in: Rosas/Helgesen/Gomien (Hrsg.): Human Rights in a Changing East-West Perspective, 1990, S. 174 (182 f.), der auch zu Recht darauf hinweist, dass die starke Betonung der Arbeit für den sozialen Rang vielleicht eine „Verirrung" der Industrienationen unserer Epoche sein mag, nichtsdestotrotz aber als Fakt hinzunehmen ist.

965 *Tomuschat,* in: Rosas/Helgesen/Gomien (Hrsg.): Human Rights in a Changing East-West Perspective, 1990, S. 174 (186).

3. Der Internationale Pakt über wirtschaftliche, soziale und kulturelle Rechte

Wegen des engen Zusammenhangs mit der Allgemeinen Erklärung der Menschenrechte soll als nächster Punkt der Internationale Pakt über wirtschaftliche, soziale und kulturelle Rechte (IPWSKR) erörtert werden. Bei ihm handelt es sich um einen völkerrechtlichen Vertrag, der am 16.12.1966 von der Generalversammlung der UN verabschiedet wurde und – neben dem zeitgleich verabschiedeten Internationalen Pakt über bürgerliche und politische Rechte (IPBPR) – der verbindlichen Umsetzung der Menschenrechtserklärung von 1948 dient. Er wurde am 23.12.1973 von der Bundesrepublik ratifiziert.[966] Der Pakt ist ausweislich seines Art. 27 Abs. 1 am 03.01.1976 für Deutschland in Kraft getreten.[967] Insgesamt haben ihn bisher 164 Staaten ratifiziert.[968]

Im Gegensatz zum IPBPR gewährt der IPWSKR den Bürgern keine unmittelbaren Rechte, sondern wendet sich an die Staaten, wie sich aus Art. 2 Abs. 1 IPWSKR ergibt: „Jeder Vertragsstaat verpflichtet sich, einzeln und durch internationale Hilfe und Zusammenarbeit, insbesondere wirtschaftlicher und technischer Art, unter Ausschöpfung aller seiner Möglichkeiten Maßnahmen zu treffen, um *nach und nach* mit allen *geeigneten Mitteln*, vor allem durch gesetzgeberische Maßnahmen, die volle Verwirklichung der in diesem Pakt anerkannten Rechte zu erreichen." Zwar leidet der Vertrag unter einer chronischen Geringschätzung,[969] trotzdem lohnt sich ein Blick auf seinen Inhalt im Hinblick auf das Thema Arbeit.

Hier zeigt sich die generelle Zweiteilung der Menschenrechte in die bürgerlichen und politischen Rechte (im IPBPR geregelt) einerseits und die wirtschaftlichen und sozialen Rechte (im IPWSKR geregelt) andererseits. Herkömmlich werden erstere als echte Freiheitsrechte charakterisiert, wohingegen letztere

966 BGBl. 1973 II, S. 1569.

967 BGBl. 1976 II, S. 428.

968 Aktueller Stand unter: https://treaties.un.org/Pages/ViewDetails.aspx?src=TREATY&mtdsg_ no=IV-3&chapter=4&lang=en (abgerufen am 21.05.2017).

969 Vgl. etwa den Befund von *Simma*, in: Matscher (Hrsg.): Die Durchsetzung wirtschaftlicher und sozialer Grundrechte, 1991, S. 75 (79) „[…] that there hardly exists another human rights treaty which has been more frequently misinterpreted, downplayed or intentionally abused than the International Covenant on Economic, Social and Cultural Rights; characterized as the ultimate toothless tiger by some and as a Marxist Trojan Horse by others."

regelmäßig nur politische Verpflichtungen der unterzeichnenden Staaten auslösen, aber keine unmittelbaren Rechte für Individuen begründen sollen.[970]

Die Einhaltung der Verpflichtungen des Pakts wird vom UN-Ausschuss für wirtschaftliche, soziale und kulturelle Rechte überwacht. Mittlerweile ist sogar eine Individualbeschwerde möglich, nachdem ein Fakultativprotokoll zum IPWSKR[971] gem. seinem Art. 18 am 05.05.2013 in Kraft getreten ist (das aber von Deutschland bisher weder unterzeichnet noch ratifiziert wurde[972]).

a) Maßgeblicher Regelungsgehalt

Mit dem Recht auf Arbeit befasst sich vor allem Art. 6 IPWSKR:[973]

Artikel 6

(1) Die Vertragsstaaten erkennen das Recht auf Arbeit an, welches das Recht jedes einzelnen auf die Möglichkeit, seinen Lebensunterhalt durch frei gewählte oder angenommene Arbeit zu verdienen, umfasst, und unternehmen geeignete Schritte zum Schutz dieses Rechts.

(2) Die von einem Vertragsstaat zur vollen Verwirklichung dieses Rechts zu unternehmenden Schritte umfassen fachliche und berufliche Beratung und Ausbildungsprogramme sowie die Festlegung von Grundsätzen und Verfahren zur Erzielung einer stetigen wirtschaftlichen, sozialen und kulturellen Entwicklung und einer produktiven Vollbeschäftigung unter Bedingungen, welche die politischen und wirtschaftlichen Grundfreiheiten des einzelnen schützen.

Auffällig ist zunächst, dass das Recht der Arbeit in Teil III des Paktes, der die besonderen Rechte enthält, an erster Stelle steht. Zwar beschäftigt sich Art. 6 Abs. 1 IPWSKR vorwiegend mit dem materiellen Aspekt des Rechts auf Arbeit (Möglichkeit, seinen Lebensunterhalt zu verdienen), stellt aber durch die

---

970 *Maydell,* in: Konzen/Krebber/Raab u. a. (Hrsg.): FS Birk, 2008, S. 547; eine ausführlichere Gegenüberstellung sowie Kritik daran findet sich bei *Simma,* in: Ruland/Maydell/Papier (Hrsg.): FS Zacher, 1998, S. 867 (871 ff.).

971 UN-Resolution Nr. 63/117 vom 10.12.2008; deutscher Text unter http://www.institut-fuer-menschenrechte.de/fileadmin/user_upload/PDF-Dateien/Pakte_Konventionen/ICESCR/icescr_op1_dt.pdf (abgerufen am 21.05.2017).

972 Allerdings scheint Deutschland dem Individualbeschwerdeverfahren nicht gänzlich negativ gegenüberzustehen, wie sich aus seiner Stellungnahme im UN-Dokument E/CN.4/2000/49 ergibt.

973 Zu den verschiedenen Vorschlägen für seine Ausgestaltung siehe *Craven,* The International Covenant on Economic, Social, and Cultural Rights, 1995, S. 195 ff.

Formulierung „umfasst“ (bewusst[974]) klar, dass dies nicht der erschöpfende Gehalt des Rechts ist, Arbeit also in einem umfassenderen Sinne zu verstehen ist.[975]

Es wird anerkannt, dass der persönliche Aspekt der Arbeit, insbesondere die Entwicklung und Formung der Persönlichkeit, und Arbeit als Lebenszweck zunehmende Bedeutung erlangen,[976] sodass die Arbeit einen starken Bezug zur Menschenwürde aufweist.[977] Auch der UN-Ausschuss für Wirtschaftliche, Soziale und Kulturelle Rechte erkennt an, dass das Recht zu arbeiten fundamental für die Realisierung anderer Menschenrechte sowie untrennbar mit der Menschenwürde verbunden ist und ihr innewohnt; Arbeit sichert nicht nur das Überleben, sondern erlaubt auch, sich in der Gemeinschaft zu entwickeln und Anerkennung zu finden.[978]

Für die Konzeption und Auslegung des Paktes wurde und wird immer wieder auf die Vorschriften der ILO Bezug genommen. Dabei ist – wie bei allen Menschenrechten – zwischen drei Ebenen der Verpflichtungen zu unterscheiden: Auf erster Ebene sind die Rechte des Paktes zu achten (to respect), auf zweiter Ebene zu schützen (to protect) und auf dritter Ebene tatsächlich zu erfüllen (to fulfill).[979] So darf beispielsweise auf erster Ebene niemand an der Aufnahme einer selbst gewählten Arbeit gehindert werden. Auf zweiter Ebene muss das Recht auf Arbeit etwa durch staatliche Kündigungsschutzvorschriften geschützt

---

974 Die Verfasser des Paktes wollten nämlich gerade nicht den Eindruck erwecken, dass das Recht auf Arbeit mit der Möglichkeit, sich seinen Lebensunterhalt zu verdienen, identisch sei, vgl. *Craven,* The International Covenant on Economic, Social, and Cultural Rights, 1995, S. 196 f.

975 *Körner,* Das internationale Menschenrecht auf Arbeit, 2004, S. 21; *Dohmes-Ockenfels,* Die Rechte auf Arbeit und Bildung der Asylbewerber in der Europäischen Union, 1999, S. 95; vgl. auch Committee on Economic, Social and Cultural Rights, The Right to Work - General Comment No. 18, E/C.12/GC/18, S. 3 Nr. 4, verfügbar unter http://www.refworld.org/docid/4415453b4.html (abgerufen am 21.05.2017).

976 *Dohmes-Ockenfels,* Die Rechte auf Arbeit und Bildung der Asylbewerber in der Europäischen Union, 1999, S. 95.

977 *Craven,* The International Covenant on Economic, Social, and Cultural Rights, 1995, S. 194.

978 Committee on Economic, Social and Cultural Rights, The Right to Work - General Comment No. 18, E/C.12/GC/18, S. 2 Nr. 2.

979 Committee on Economic, Social and Cultural Rights, The Right to Work - General Comment No. 18, E/C.12/GC/18, S. 7 Nr. 22; *Körner,* Das internationale Menschenrecht auf Arbeit, 2004, S. 25; *Simma,* in: Ruland/Maydell/Papier (Hrsg.): FS Zacher, 1998, S. 867 (872).

werden. Und auf dritter Ebene muss der Staat durch Einsatz eigener Mittel etwa eine Arbeitsvermittlung und Weiterbildungsmöglichkeiten schaffen.

Zunächst enthält die Vorschrift das Recht zur Arbeit, also die Möglichkeit, eine Arbeit frei zu wählen und ohne Einmischung des Staates ausüben zu dürfen (vergleichbar der deutschen Berufsfreiheit in Art. 12 GG).[980] Damit geht aber keine Arbeitspflicht einher, geschützt ist die Freiheit, einen Arbeitsvertrag abzuschließen (oder eben auch nicht abzuschließen), da nur freiwillige Arbeit erfasst und geschützt ist.[981] Die Vorschrift umfasst daneben aber auch den Schutz vor willkürlicher Entlassung als Ausfluss des Rechts auf Arbeit.[982] Denn das Recht auf Arbeit muss durch die Staaten auch in der Beziehung zwischen Privatpersonen gewahrt werden.[983]

Dagegen wird schon aus dem Wortlaut von Art. 6 Abs. 2 klar, dass der IPWSKR ein Recht auf Arbeit i.S. eines Anspruchs auf Bereitstellung eines Arbeitsplatzes weder gewährt noch fordert.[984] Und trotzdem erhält dadurch das Recht, mit Arbeit versorgt zu werden, Anerkennung *neben* dem Recht zu arbeiten in Abs. 1.[985]

---

980 *Körner,* Das internationale Menschenrecht auf Arbeit, 2004, S. 21; *Dohmes-Ockenfels,* Die Rechte auf Arbeit und Bildung der Asylbewerber in der Europäischen Union, 1999, S. 96; Committee on Economic, Social and Cultural Rights, The Right to Work - General Comment No. 18, E/C.12/GC/18, S. 3 Nr. 6.

981 *Eichenhofer,* Soziale Menschenrechte im Völker-, europäischen und deutschen Recht, 2012, S. 101.

982 *Craven,* The International Covenant on Economic, Social, and Cultural Rights, 1995, S. 205, 221 ff.; *Tomuschat,* in: Rosas/Helgesen/Gomien (Hrsg.): Human Rights in a Changing East-West Perspective, 1990, S. 174 (196 f.); *Körner,* Das internationale Menschenrecht auf Arbeit, 2004, S. 22; *Dohmes-Ockenfels,* Die Rechte auf Arbeit und Bildung der Asylbewerber in der Europäischen Union, 1999, S. 103 f.; ebenso Committee on Economic, Social and Cultural Rights, The Right to Work - General Comment No. 18, E/C.12/GC/18, 2005, S. 3 Nr. 6.

983 *Dohmes-Ockenfels,* Die Rechte auf Arbeit und Bildung der Asylbewerber in der Europäischen Union, 1999, S. 103.

984 *Tomuschat,* in: Rosas/Helgesen/Gomien (Hrsg.): Human Rights in a Changing East-West Perspective, 1990, S. 174 (185); *Körner,* Das internationale Menschenrecht auf Arbeit, 2004, S. 22; die Frage war bei Erarbeitung des IPWSKR allerdings durchaus umstritten (Nachweise dazu bei *Dohmes-Ockenfels,* Die Rechte auf Arbeit und Bildung der Asylbewerber in der Europäischen Union, 1999, S. 101 f. und *Craven,* The International Covenant on Economic, Social, and Cultural Rights, 1995, S. 197).

985 *Craven,* The International Covenant on Economic, Social, and Cultural Rights, 1995, S. 199.

Der Pakt verlangt vor allem Schritte zur Erreichung von Vollbeschäftigung. Da aber selbst wirtschaftswissenschaftlich umstritten ist, welcher Weg zu Vollbeschäftigung führt, kann allenfalls eine Politik, die offen zugibt, sich nicht um das Schicksal der Arbeitslosen zu kümmern, gegen Art. 6 IPWSKR verstoßen.[986] Zudem muss der Pakt als weltumspannender Völkerrechtsvertrag so offen und vage formuliert sein, dass eine große Bandbreite von Wirtschafts- und Sozialpolitiken darunter gefasst werden kann, weil er sonst keine ausreichende Zustimmung finden würde.[987] Somit ergibt sich aus ihm zwar, dass die Staaten verpflichtet sind, für eine schrittweise Verwirklichung des Rechts auf Arbeit zu sorgen; dafür müssen sie auch schnellstmöglich Maßnahmen ergreifen, die auf die Erreichung von Vollbeschäftigung abzielen.[988] Trotzdem sind die Staaten wegen ihrer limitierten Ressourcen und Einflussmöglichkeiten nicht zu einem bestimmten Ergebnis, sondern lediglich (aber auch immerhin) zu Aktivitäten verpflichtet (vgl. Art. 2 Abs. 1 IPWSKR).[989] So müssen sie insbesondere eine Arbeitsmarktpolitik, die auf ökonomisches Wachstum abzielt, gewährleisten.[990] Dabei ist das Ziel der Vollbeschäftigung aber nur ein (wenn auch wichtiger) Aspekt des Rechts auf Arbeit im IPWSKR;[991] daneben müssen die Staaten Arbeitslose bei der Arbeitssuche unterstützen und den Arbeitsmarkt für alle Arbeitssuchenden öffnen.[992] Der ökonomische Aspekt, dass man von seiner Arbeit auch leben können soll, wird dagegen von Art. 7 IPWSKR genauer geregelt.

---

986 *Tomuschat,* in: Rosas/Helgesen/Gomien (Hrsg.): Human Rights in a Changing East-West Perspective, 1990, S. 174 (186); *Körner,* Das internationale Menschenrecht auf Arbeit, 2004, S. 23.

987 *Simma,* in: Matscher (Hrsg.): Die Durchsetzung wirtschaftlicher und sozialer Grundrechte, 1991, S. 75 (76).

988 Committee on Economic, Social and Cultural Rights, The Right to Work - General Comment No. 18, E/C.12/GC/18, 2005, S. 6 Nr. 19.

989 Kölner Gemeinschaftskommentar/*Blanke,* Art. 15, Rdnr. 23; *Dohmes-Ockenfels,* Die Rechte auf Arbeit und Bildung der Asylbewerber in der Europäischen Union, 1999, S. 105.

990 Committee on Economic, Social and Cultural Rights, The Right to Work - General Comment No. 18, E/C.12/GC/18, 2005, S. 8 Nr. 26.

991 *Craven,* The International Covenant on Economic, Social, and Cultural Rights, 1995, S. 204 f.

992 Committee on Economic, Social and Cultural Rights, The Right to Work - General Comment No. 18, E/C.12/GC/18, 2005, S. 4 Nr. 12.

b) Inländische Geltung und unmittelbare Anwendbarkeit

Der Pakt wurde durch das deutsche Zustimmungsgesetz geltendes innerstaatliches Recht.[993] Allerdings wendet er sich zunächst nur an die Vertragsstaaten und verlangt von ihnen geeignete Maßnahmen, um für Vollbeschäftigung zu sorgen und so jeden Bürger mit Arbeit zu versorgen; er ist nicht self-executing, sondern bedarf weiterer Umsetzungsmaßnahmen und begründet keine subjektiven Rechte.[994]

Es wäre trotzdem falsch, den Pakt als „zahnlosen Tiger" anzusehen.[995] Immerhin konkretisiert er die Allgemeine Erklärung der Menschenrechte – und den Menschenrechten kommt selbstverständlich auch auf nationaler Ebene eine große Bedeutung zu. In diesem Zusammenhang scheint es geboten, auf den Wortlaut und Gehalt von Art. 1 Abs. 2 GG hinzuweisen, wo es heißt, dass sich das Deutsche Volk – um die Menschenwürde zu achten und zu schützen – zu unverletzlichen und unveräußerlichen Menschenrechten als Grundlage jeder menschlichen Gemeinschaft, des Friedens und der Gerechtigkeit in der Welt bekennt. Auf diese Art und Weise werden die „unverletzlichen und unveräußerlichen Menschenrechte" mit ihrem vorgefundenen Inhalt in die Verfassungsordnung inkorporiert.[996] Ihre Bedeutung im nationalen Recht liegt dabei insbesondere darin, dass sie als „interpretationsleitender Maßstab" herangezogen werden können.[997]

Zudem scheint es ohnehin insgesamt fraglich, ob man die sozialen und wirtschaftlichen Menschenrechte wirklich von den bürgerlichen und politischen Freiheitsrechten trennen und als Menschenrechte zweiter Klasse einordnen kann (und soll), denn sämtliche Freiheitsrechte helfen dem Bürger wenig, wenn ihm die wirtschaftlichen und sozialen Voraussetzungen für ihren Gebrauch fehlen.[998] So könnte man etwa – aus der Sicht des nationalen Verfassungsrechts gedacht – aus der Berufsfreiheit des Art. 12 GG folgern, dass der Staat verpflichtet ist, nicht

---

993 *Kocher/Groskreutz/Nassibi u. a.*, Das Recht auf eine selbstbestimmte Erwerbsbiografie, 2013, S. 63; *Körner*, NZA 2011, S. 425 (429).

994 *Maydell*, in: Konzen/Krebber/Raab u. a. (Hrsg.): FS Birk, 2008, S. 547 (549); *Murswiek*, in: Isensee/Kirchhof (Hrsg.): Handbuch des Staatsrechts, Bd. IX, 2011, § 192 Rdnr. 49; *Sasse*, Die Berufsfreiheit und das Recht zu arbeiten, 2011, S. 99; *Stern*, in: Ruland/Maydell/Papier (Hrsg.): FS Zacher, 1998, S. 1063 (1069).

995 Vgl. auch *Simma*, in: Ruland/Maydell/Papier (Hrsg.): FS Zacher, 1998, S. 867 (868 ff.).

996 M/D/*Herdegen*, Art. 1 II GG, Rdnr. 7; BVerfGE 112, 1 (27).

997 M/D/*Herdegen*, Art. 1 II GG, Rdnr. 47; *Kocher/Groskreutz/Nassibi u. a.*, Das Recht auf eine selbstbestimmte Erwerbsbiografie, 2013, S. 63.

998 *Maydell*, in: Konzen/Krebber/Raab u. a. (Hrsg.): FS Birk, 2008, S. 547 (550).

nur den einzelnen nicht in seiner Berufsausübung zu beschränken, sondern vielmehr aktiv die Verwirklichung dieses Rechts fördern muss, damit der Bürger sich in der Arbeit als Mensch verwirklichen kann, was für seine persönliche Lebensführung entscheidend ist.[999]

Mögen die Bestimmungen des IPWSKR zur Arbeit auch nicht unmittelbar anwendbar sein, so gehören sie doch zur geltenden (objektiven) inländischen Rechtsordnung. Daher ist es im Sinne einer menschen- und völkerrechtsfreundlichen Auslegung geboten, den Stellenwert, den der IPWSKR der Arbeit zumisst, für die Auslegung des § 34 StGB bei der Bestimmung und Gewichtung des Erhaltungsinteresses zu berücksichtigen. Methodisch ist dies – wie oben gezeigt wurde[1000] – nicht nur möglich, sondern sogar geboten.

4. Die Europäische Menschenrechtskonvention in der Rechtsprechung des *EGMR*

Bei der Europäischen Menschenrechtskonvention handelt es sich um einen völkerrechtlichen Vertrag auf Ebene des Europarats. Sie ist am 03.09.1953 nach Ratifizierung von zehn Mitgliedsstaaten, darunter auch Deutschland,[1001] in Kraft getreten. Außer der Eigentumsgarantie (und selbst diese wurde erst in ein Zusatzprotokoll aufgenommen) enthält die EMRK keine wirtschaftlichen oder sozialen Grundrechte.[1002] Abgesehen vom Verbot der Zwangs- und Pflichtarbeit (Art. 4 Abs. 2, 3 EMRK) finden sich daher in der EMRK auch keine Rechte in Bezug auf die Arbeit. Insbesondere eine Garantie der Berufsfreiheit fehlt. Dies resultiert daraus, dass der EMRK (und dem *EGMR*) ursprünglich auch nicht zugedacht war, arbeitsrechtliche Fragen völkerrechtlich zu klären; diese Fragen sollten vielmehr zusammen mit anderen sozialen Rechten in die Europäische Sozialcharta (ESC) ausgelagert werden.[1003] Trotzdem äußert sich der *EGMR* regelmäßig auch zu Fragen des Arbeitsrechts, und zwar nicht nur im Hinblick auf die Vereinigungs- und Koalitionsfreiheit (Art. 9 EMRK) oder das Diskriminierungsverbot (Art. 14 EMRK), sondern auch in Bezug auf die Meinungsfreiheit (Art. 10 EMRK)[1004] oder – und das ist im hiesigen Zusammenhang besonders

---

999 *Maydell*, in: Konzen/Krebber/Raab u. a. (Hrsg.): FS Birk, 2008, S. 547 (550).

1000 Siehe dazu 1. c.

1001 BGBl. 1953 II, S. 685, berichtigt S. 953.

1002 *Wegener*, in: Ehlers (Hrsg.): Europäische Grundrechte und Grundfreiheiten, 2015, § 5 Rdnr. 1.

1003 *Nußberger*, RdA 2012, S. 270 (271).

1004 V.a. im Zusammenhang mit Whistleblowing, vgl. EGMR, Urt. v. 21.7.2011 – 28274/08 (Heinisch/Deutschland) = EGMR NJW 2011, 3501.

interessant – in Bezug auf Art. 8 EMRK (Recht auf Achtung des Privat- und Familienlebens). Der *EGMR* subsumiert nämlich in seiner jüngeren Rechtsprechung berufsgrundrechtliche Aspekte unter den Schutzbereich des Rechts auf Achtung des Privat- und Familienlebens.[1005] Damit füllt der *EGMR* eine wichtige Lücke, weil er effektiver Einfluss auf das innerstaatliche Recht nehmen kann als das für die „Rechtsprechung" im Bereich der ESC zuständige „Committee for Social Rights", das wegen der Unverbindlichkeit seiner Stellungnahmen bisher blass geblieben ist.[1006] Deshalb wird schon von einem – wenn auch nicht konkret in einem Artikel verankerten – „Konventionsgrundrecht der Berufsfreiheit" gesprochen.[1007]

Einerseits versucht der *EGMR* den materiellen (finanziellen) Aspekt der Berufsausübung durch Rückgriff auf die Eigentumsfreiheit, die in Art. 1 des Ersten Zusatzprotokolls zur EMRK gewährleistet wird, zu schützen.[1008] Andererseits hat der *EGMR* aber auch betont, dass die Möglichkeit, eine Berufstätigkeit aufzunehmen, die Chance beinhalte, Beziehungen zu anderen aufzubauen und seinen Lebensunterhalt zu verdienen, um so das von Art. 8 EMRK geschützte Privatleben nach den eigenen Vorstellungen gestalten zu können.[1009] Dies ist nur sachgerecht, denn zum Schutz des Privatlebens gehört auch die selbstbestimmte Lebensführung. Damit ist wiederum das Recht gemeint, sein Leben nach den eigenen Vorstellungen führen zu können. Ausdruck dieses Rechts ist damit auch die Entscheidung dafür bzw. dagegen, persönliche, wirtschaftliche, berufliche und gesellschaftliche Beziehungen zu anderen Personen zu unterhalten.[1010] Hier schließt sich der Kreis zu den beruflichen Gewährleistungen anderer Regelungen (wie etwa der Berufsfreiheit in Art. 12 GG), für die auch betont wird, dass sie einen spezifischen Persönlichkeitsbezug haben, indem sie dem Einzelnen eine selbstbestimmte Lebensführung ermöglichen.[1011] Auch dies ist wieder ein Indiz

1005 Sachs/*Mann*, Art. 12 GG, Rdnr. 8; *Grabenwarter/Pabel*, Europäische Menschenrechtskonvention, 2016, § 25 Rdnr. 37.

1006 *Nußberger*, RdA 2012, S. 270 (271).

1007 *Grabenwarter/Pabel*, Europäische Menschenrechtskonvention, 2016, § 25 Rdnr. 27.

1008 Dazu *Grabenwarter/Pabel*, Europäische Menschenrechtskonvention, 2016, § 25 Rdnr. 41; Dörr/Grote/Marauhn/*Richter*, Kap. 9, Rdnr. 50.

1009 EGMR, Urt. v. 27.7.2004 – 55480/00 (Sidabras u. Džiautas/Litauen); EGMR, Urt. v. 7.4.2005 – 70665/01 (Rainys u. Gasparavičius/Litauen); s.a. *Grabenwarter/Pabel*, Europäische Menschenrechtskonvention, 2016, § 25 Rdnr. 38; Dörr/Grote/Marauhn/*Richter*, Kap. 9, Rdnr. 50.

1010 EGMR EuGRZ 2006, 560; Karpenstein/Mayer/*Pätzold*, Art. 8, Rdnr. 14.

1011 Vgl. etwa BVerfGE 30, 292 (334); *Depenheuer*, in: Badura/Dreier (Hrsg.): FS 50 Jahre BVerfG, 2001, S. 241 (246).

dafür, dass sich Arbeit nicht in einem reinen Vermögensinteresse erschöpft, wenn staatliche Maßnahmen im Zusammenhang mit Arbeit an Art. 8 EMRK gemessen werden.

Aber auch Art. 6 EMRK (Recht auf ein faires Verfahren) wird vom *EGMR* im Zusammenhang mit arbeitsrechtlichen Streitigkeiten oftmals herangezogen. In einem Verfahren, in dem es um die Kündigung einer Botschaftsmitarbeiterin ging, wurde dieser von den litauischen Gerichten unter Hinweis auf die völkerrechtliche Immunität der Botschaft arbeitsrechtlicher Rechtschutz verweigert. Der *EGMR* stellte eine Verletzung von Art. 6 Abs. 1 EMRK, der den Zugang zum Gericht schützt, fest. Er sah dabei einen generellen Trend zur Einschränkung der völkerrechtlichen Immunität insbesondere im Arbeitsrecht, weil hier die Verweigerung gerichtlichen Schutzes für den Betroffenen besonders nachteilig sei.[1012] Auch hier wird wieder einmal deutlich, dass dem Arbeitsrecht und dem Arbeitsplatz eine wichtigere Bedeutung als etwa anderen „normalen" Zivilrechtsstreitigkeiten zugesprochen wird.

Einen sehr bemerkenswerten Aspekt enthält eine andere jüngere Entscheidung des *EGMR*. Das Gericht entschied mit Urteil vom 28.6.2012,[1013] dass Deutschland einem deutschen Arbeitnehmer, dessen Arbeitsverhältnis rechtswidrig gekündigt worden war,[1014] gem. Art. 41 EMRK eine gerechte Entschädigung für Vermögens- und *Nichtvermögens*schäden zu leisten habe. Der Beschwerdeführer, der als Organist und Chorleiter in einer Kirchengemeinde beschäftigt war, hatte neben dem Verdienst- und Rentenausfall auch Ersatz von Nichtvermögensschäden mit folgender Begründung beantragt: Er habe nicht nur seinen Arbeitsplatz verloren, sondern auch die Möglichkeiten, sich künstlerisch auszudrücken und die von ihm mitgestaltete Orgel zu bedienen, seine Freundschaften und familiären Beziehungen seien zerbrochen, er sei wegen Betrugs strafrechtlich verfolgt worden, habe seinen Lebensstandard drastisch zurückschrauben müssen und sei nicht mehr in der Lage, seinen Kindern Unterhalt zu zahlen und ihnen das Erlernen eines zweiten Instruments zu ermöglichen. Die deutsche Regierung bestritt

---

1012 EGMR, Urt. v. 23.3.2010 – 15869/02 (Cudak/Litauen); vgl. auch *Nußberger*, RdA 2012, S. 270 (274).

1013 EGMR, Urt. v. 28.6.2012 – 1620/03 (Schüth/Deutschland) = EGMR NZA 2013, 1425.

1014 Der EGMR stellte nämlich bereits mit Urteil vom 23.9.2010 (EGMR NZA 2011, 280 – Schüth/Deutschland) fest, dass die deutschen Arbeitsgerichte mit ihrer Entscheidung, dass die Kündigung des Beschwerdeführers rechtmäßig gewesen sei, Art. 8 EMRK verletzt hätten.

allein, dass diese Nichtvermögensschäden kausal mit der Konventionsverletzung durch die deutschen Gerichte zusammenhängen würden.[1015]

Der *EGMR* sprach dem Beschwerdeführer immerhin 40.000 Euro Entschädigung für Vermögens- und Nichtvermögensschäden zu, auch wenn er damit weit hinter den Forderungen des Beschwerdeführers zurückblieb.[1016] Leider lässt der Gerichtshof dabei aber offen, welche Beträge er jeweils für die materielle und die immaterielle Komponente ansetzt. Er stellt nur fest: „Hinzu kommt ein Nichtvermögensschaden, den der Bf. unzweifelhaft erlitten hat und dem die Feststellung der Konventionsverletzung im Urteil in der Hauptsache nicht abhelfen kann."[1017] Danach wird in Ausübung billigen Ermessens der Gesamtbetrag bestimmt.

Nun ist es sicherlich bedauernswert, dass es der Gerichtshof bei der apodiktischen Feststellung belässt, dem Beschwerdeführer sei „unzweifelhaft" ein Nichtvermögensschaden entstanden, und nicht weiter ausführt, worin dieser besteht. Umgekehrt darf man daraus wohl schließen, dass er dem Vortrag des Beschwerdeführers folgt. Die Feststellung liegt jedenfalls ganz auf der Linie der hiesigen Darstellung: Arbeit ist mehr als ein reines Vermögensinteresse. Wer seine Arbeit verliert, hat nicht lediglich einen materiellen Schaden. Dabei darf an die Ausführungen zu Beginn der Untersuchung erinnert werden: In der Arbeit kann sich der Mensch selbst verwirklichen, er kann soziale Kontakte pflegen, Arbeit ist Voraussetzung um ein vollwertiges Mitglied in der „Erwerbsgesellschaft" zu sein. Und genau dies erkennt der Gerichtshof an. Wer also im strafrechtlichen Schrifttum vertritt, dass es sich beim Erhalt des Arbeitsplatzes um ein reines Vermögensinteresse handle, müsste mit Widerspruch des *EGMR* rechnen.

Diese Ausführungen des *EGMR* sind auch für das inländische Recht bedeutsam, da die EMRK in ihrer Auslegung durch den *EGMR* auch für das deutsche Recht im Rahmen methodisch vertretbarer Gesetzesauslegung zu berücksichtigen ist.[1018] Dies bedeutet, dass die Ansicht des *EGMR*, dass durch einen

1015 Zumindest soweit die Stellungnahme in EGMR, Urt. v. 28.6.2012 – 1620/03 (Schüth/Deutschland) = EGMR NZA 2013, 1425 (1426) wiedergegeben ist.

1016 Die Konventionsverletzung der Arbeitsgerichte bestand darin, dass ihre Abwägung lückenhaft war; der *EGMR* konnte aber nicht feststellen, wie die Abwägung ausgegangen wäre, wenn sie ordnungsgemäß durchgeführt worden wäre. Es war also nicht klar, dass dem Beschwerdeführer sein Arbeitsplatz zu Unrecht genommen wurde, vielmehr wurde ihm nur eine Chance genommen, die schwer zu bemessen ist (EGMR NZA 2013, 1425 [1427]). Daraus resultieren die deutlichen Abschläge.

1017 EGMR, Urt. v. 28.6.2012 – 1620/03 (Schüth/Deutschland) = EGMR NZA 2013, 1425 (1427).

1018 Vgl. dazu BVerfGE 111, 307.

Arbeitsplatzverlust auch Nichtvermögensschäden eintreten können, auch für die Anwendung des § 34 StGB berücksichtigt werden kann und muss.

5. Europäische Sozialcharta (ESC)

Die Europäische Sozialcharta enthält 19 soziale und wirtschaftliche Rechte, die aus der EMRK 1950 noch ausgeklammert waren. Damit ist sie ausweislich ihrer Präambel das „sozialrechtliche Komplement zur EMRK".[1019] Sie wurde am 18.10.1961 in Turin von 13 Mitgliedsstaaten des Europarats unterzeichnet und trat am 26.02.1965 in Kraft.[1020] Sie wurde inhaltlich, aber auch in ihrem institutionellen Aufbau maßgeblich von den Übereinkommen und Empfehlungen der ILO beeinflusst.[1021] Am 01.07.1999 trat eine revidierte Fassung in Kraft.

Die ursprüngliche Fassung der ESC wurde von Deutschland unterzeichnet und 1964 ratifiziert,[1022] die revidierte Fassung wurde dagegen unterzeichnet, aber nach Kenntnis des Autors bisher nicht ratifiziert. Daher soll vorliegend von der alten, aber ratifizierten Fassung[1023] ausgegangen werden.

Die Einhaltung der Verpflichtungen der ESC wird durch den Europäischen Ausschuss für soziale Rechte kontrolliert. Die Kontrolle wird auf Basis von regelmäßig von den Staaten zu erstellenden Berichten ausgeübt.[1024] Das Protokoll über die Einführung eines Kollektivbeschwerdeverfahrens aus dem Jahr 1995 wurde von Deutschland bisher nicht ratifiziert.

a) Relevante Bestimmungen

Zunächst sollen die maßgeblichen Vorschriften genannt werden. In Teil I der Charta sind die „Rechte" aufgeführt:

> Die Vertragsparteien sind gewillt, mit allen zweckdienlichen Mitteln staatlicher und zwischenstaatlicher Art eine Politik zu verfolgen, die darauf abzielt, geeignete Voraussetzungen zu schaffen, damit die tatsächliche Ausübung der folgenden Rechte und Grundsätze gewährleistet ist:

1019 *Ipsen,* Völkerrecht, 2014, § 37 Rdnr. 13.

1020 Ausführlich zu ihrer Entstehung *Harris/Darcy,* The European Social Charter, 2001, S. 1 ff; *Neubeck,* Die Europäische Sozialcharta und deren Protokolle, 2002, S. 51 ff.

1021 Zu den Verbindungen und Überschneidungen zwischen der ESC und der Arbeit der ILO *Evju,* in: Däubler/Zimmer (Hrsg.): FS Lörcher, 2013, S. 146 ff.

1022 BGBl. 1964 II, 1261.

1023 Abgedruckt in BGBl. 1964 II, 1261.

1024 Zu den Kontrollverfahren der ESC ausführlich *Neubeck,* Die Europäische Sozialcharta und deren Protokolle, 2002, S. 82 ff.

1. Jedermann muß die Möglichkeit haben, seinen Lebensunterhalt durch eine frei übernommene Tätigkeit zu verdienen.
2. Alle Arbeitnehmer haben das Recht auf gerechte Arbeitsbedingungen.
3. Alle Arbeitnehmer haben das Recht auf sichere und gesunde Arbeitsbedingungen.
4. Alle Arbeitnehmer haben das Recht auf ein gerechtes Arbeitsentgelt, das ihnen und ihren Familien einen angemessenen Lebensstandard sichert.
5. Alle Arbeitnehmer und Arbeitgeber haben das Recht auf Freiheit zur Vereinigung in nationalen und internationalen Organisationen zum Schutz ihrer wirtschaftlichen und sozialen Interessen.
6. Alle Arbeitnehmer und Arbeitgeber haben das Recht auf Kollektivverhandlungen.
7. Kinder und Jugendliche haben das Recht auf besonderen Schutz gegen körperliche und sittliche Gefahren, denen sie ausgesetzt sind.
8. Arbeitnehmerinnen haben im Falle der Mutterschaft und in anderen geeigneten Fällen das Recht auf besonderen Schutz bei der Arbeit.
9. Jedermann hat das Recht auf geeignete Möglichkeiten der Berufsberatung, die ihm helfen soll, einen Beruf zu wählen, der seiner persönlichen Eignung und seinen Interessen entspricht.
10. Jedermann hat das Recht auf geeignete Möglichkeiten der Berufsausbildung.
11. Jedermann hat das Recht, alle Maßnahmen in Anspruch zu nehmen, die es ihm ermöglichen, sich des besten Gesundheitszustandes zu erfreuen, den er erreichen kann.
12. Alle Arbeitnehmer und ihre Angehörigen haben das Recht auf soziale Sicherheit.
13. Jedermann hat das Recht auf Fürsorge, wenn er keine ausreichenden Mittel hat.
14. Jedermann hat das Recht, soziale Dienste in Anspruch zu nehmen.
15. Jeder Behinderte hat das Recht auf berufliche Ausbildung sowie auf berufliche und soziale Eingliederung oder Wiedereingliederung ohne Rücksicht auf Ursprung und Art seiner Behinderung.
16. Die Familie als Grundeinheit der Gesellschaft hat das Recht auf angemessenen sozialen, gesetzlichen und wirtschaftlichen Schutz, der ihre volle Entfaltung zu sichern vermag.
17. Mütter und Kinder haben, unabhängig vom Bestehen einer Ehe und von familienrechtlichen Beziehungen, das Recht auf angemessenen sozialen und wirtschaftlichen Schutz.
18. Die Staatsangehörigen einer Vertragspartei haben das Recht, im Hoheitsgebiet jeder anderen Vertragspartei gleichberechtigt mit deren Staatsangehörigen jede Erwerbstätigkeit aufzunehmen, vorbehaltlich von Einschränkungen, die auf triftigen wirtschaftlichen oder sozialen Gründen beruhen.
19. Wanderarbeitnehmer, die Staatsangehörige einer Vertragspartei sind, und ihre Familien haben das Recht auf Schutz und Beistand im Hoheitsgebiet jeder anderen Vertragspartei.

Die daraus folgenden Verpflichtungen werden in Teil II konkretisiert, es werden Instrumente genannt, mittels derer die Staaten die Erreichung der in Teil

I genannten Ziele verfolgen können. Für das Recht auf Arbeit findet sich folgende Bestimmung:

> **Artikel 1 – Das Recht auf Arbeit**
> Um die wirksame Ausübung des Rechtes auf Arbeit zu gewährleisten, verpflichten sich die Vertragsparteien:
>
> 1. zwecks Verwirklichung der Vollbeschäftigung die Erreichung und Aufrechterhaltung eines möglichst hohen und stabilen Beschäftigungsstandes zu einer ihrer wichtigsten Zielsetzungen und Aufgaben zu machen;
> 2. das Recht des Arbeitnehmers wirksam zu schützen, seinen Lebensunterhalt durch eine frei übernommene Tätigkeit zu verdienen;
> 3. unentgeltliche Arbeitsvermittlungsdienste für alle Arbeitnehmer einzurichten oder aufrecht zu erhalten;
> 4. eine geeignete Berufsberatung, Berufsausbildung und berufliche Wiedereingliederung sicherzustellen oder zu fördern.

Daneben ist auch das Recht auf Soziale Sicherheit noch weiter ausgeführt:

> **Artikel 12 – Das Recht auf Soziale Sicherheit**
> Um die wirksame Ausübung des Rechtes auf Soziale Sicherheit zu gewährleisten, verpflichten sich die Vertragsparteien:
>
> 1. ein System der Sozialen Sicherheit einzuführen oder beizubehalten;
> 2. das System der Sozialen Sicherheit auf einem befriedigenden Stand zu halten, der zumindest dem entspricht, der für die Ratifikation des Übereinkommens (Nr. 102) der Internationalen Arbeitsorganisation über die Mindestnormen der Sozialen Sicherheit erforderlich ist;
> 3. sich zu bemühen, das System der Sozialen Sicherheit fortschreitend auf einen höheren Stand zu bringen;
> 4. durch den Abschluß geeigneter zwei- und mehrseitiger Übereinkünfte oder durch andere Mittel und nach Maßgabe der in diesen Übereinkünften niedergelegten Bedingungen Maßnahmen zu ergreifen, die folgendes gewährleisten:
>
> a) die Gleichbehandlung der Staatsangehörigen anderer Vertragsparteien mit ihren eigenen Staatsangehörigen hinsichtlich der Ansprüche aus der Sozialen Sicherheit einschließlich der Wahrung der nach den Rechtsvorschriften der Sozialen Sicherheit erwachsenen Leistungsansprüche, gleichviel wo die geschützten Personen innerhalb der Hoheitsgebiete der Vertragsparteien ihren Aufenthalt nehmen;
> b) die Gewährung, die Erhaltung und das Wiederaufleben von Ansprüchen aus der Sozialen Sicherheit, beispielsweise durch die Zusammenrechnung von Versicherungs- und Beschäftigungszeiten, die nach den Rechtsvorschriften jeder der Vertragsparteien zurückgelegt wurden.

Auffällig ist, dass sich ein Großteil der „Rechte" in Teil I auf Arbeitnehmer bzw. den Beruf bezieht. Arbeit ist also zentral für alle sozialen Rechte. Zudem fällt wiederum auf, dass ein alleiniges materielles Überleben an sich durch das Recht auf soziale Sicherheit gedeckt wäre. Trotzdem gibt es daneben – und zwar an vorderster Stelle – das Recht auf Arbeit. Der ESC lässt sich damit das Grundprinzip entnehmen, dass es Menschen möglich sein soll, durch eigene Arbeit ein Einkommen zu erzielen, das ihnen und ihrer Familie ein menschenwürdiges Leben ermöglicht.[1025] Nur den Menschen, denen es nicht möglich ist, selbst ein solches Einkommen zu erzielen, soll dann die Garantie eines Systems der sozialen Sicherheit auf Solidarbasis zugutekommen.[1026] Arbeit ist aber die erste Wahl.[1027]

Deswegen enthält Art. 1 Nr. 2 ESC das Recht zu arbeiten, also die Berufsfreiheit (daneben aber auch ein Verbot von Zwangsarbeit und ein Diskriminierungsverbot im Arbeitsverhältnis).[1028] Vor allem aber versucht die ESC in Art. 1 Nr. 1 das Recht auf Arbeit durch die Verpflichtung der Staaten zur Verfolgung einer Vollbeschäftigungspolitik zu erreichen.[1029] Diese Verpflichtung wird nicht im Hinblick auf die Erreichung bestimmter Ziele verstanden, sondern nur als eine Verpflichtung, überhaupt politisch tätig zu werden (ähnlich dem IPWSKR).[1030] Art. 1 Nr. 3, 4 ESC verlangen schließlich ergänzend und flankierend, dass die Staaten bei Arbeitslosigkeit vermittelnd und fördernd tätig werden.

b) Rechtsnatur und Verbindlichkeit

Hinsichtlich Teil I der ESC ergibt sich schon aus der einleitenden Formulierung, nach der die Parteien gewillt sind, eine Politik zu verfolgen, die geeignet ist, die im Folgenden genannten Ziele zu gewährleisten, dass es sich um politische Ziele,

---

1025 *Harris/Darcy*, The European Social Charter, 2001, S. 40.

1026 *Evju*, in: Däubler/Zimmer (Hrsg.): FS Lörcher, 2013, S. 146 (149).

1027 Dies mag die folgende Äußerung eines Mitgliedes der beratenden Versammlung zeigen: „Eine der wichtigsten sozialen Notwendigkeiten ist sicherlich die Bereitstellung und Garantie einer Lebensgrundlage für unsere arbeitenden Menschen. [...] Es ist ein sehr hartes Schicksal für arbeitswillige und -fähige Menschen, wenn sie nicht in der Lage sind, sich ihren Lebensunterhalt zu verdienen, von Lebens- und Existenzängsten überkommen werden und deswegen Minderwertigkeitsgefühle bekommen." (zitiert nach *Harris/Darcy*, The European Social Charter, 2001, S. 40; Übersetzung vom Autor).

1028 *Körner*, Das internationale Menschenrecht auf Arbeit, 2004, S. 34.

1029 *Ashiagbor*, in: Búrca/Witte/Ogertschnig (Hrsg.): Social Rights in Europe, 2005, S. 241 (242).

1030 *Harris/Darcy*, The European Social Charter, 2001, S. 41; *Körner*, Das internationale Menschenrecht auf Arbeit, 2004, S. 34.

aber keine subjektiven Rechte handelt.[1031] Dies wird durch Art. 20 ESC bestätigt, der als politische Kompromisslösung unter anderem bestimmt, dass die unterzeichnenden Staaten alle in Teil I aufgeführten Artikel als (politische) Ziele ansehen (Art. 20 Abs. 1 lit. a ESC), also nicht als echte rechtliche Gewährleistungen,[1032] und sich zwar nicht an alle Artikel von Teil II binden müssen, aber doch zumindest fünf von sieben „Kernartikeln" (Art. 1, 5, 6, 12, 13, 16 und 19 ESC) aussuchen müssen, die für sie bindend sind (vgl. Art. 20 Abs. 1 lit. b ESC). Auch Teil III des Anhangs zur ESC, in dem geregelt ist, dass es sich nur um rechtliche Verpflichtungen internationalen Charakters handelt, deren Durchführung ausschließlich der in ihrem Teil IV vorgesehenen Überwachung unterliegt, zeigt, dass aus der Charta keine individuellen Rechte folgen.[1033] Die ESC garantiert also insbesondere kein echtes Recht auf Arbeit im Sinne eines Anspruchs auf Verschaffung eines Arbeitsplatzes.[1034] Vielmehr sind die Staaten vor allem verpflichtet, eine schlüssige Wirtschaftspolitik zu verfolgen, die das Ziel hat, ein so hohes und stabiles Beschäftigungsniveau wie möglich zu erreichen. Die Verpflichtung geht also wiederum mehr dahin, überhaupt geeignete Mittel zu ergreifen, als dass sie bestimmte Ergebnisse verlangen würde.[1035]

Gleichwohl zeigt die ESC einmal mehr, wie wichtig das Thema Arbeit im internationalen Kontext genommen wird, auch wenn sich die praktische Umsetzung konkreter Rechte schwierig gestaltet. Nicht nur, dass das Recht auf Arbeit zu den Kernartikeln der Charta gehört, es steht auch noch – sowohl in Teil I als auch in Teil II – an erster Stelle der Charta. Dies folgt der Einsicht, dass Arbeit für die Persönlichkeit des Menschen zentral ist, das Recht auf Arbeit aber auch fundamental für die Wahrnehmung anderer in der ESC garantierter Rechte ist (wie z.B. das Recht auf gerechte, sichere und gesunde Arbeitsbedingungen).[1036]

1031 *Evju*, in: Däubler/Zimmer (Hrsg.): FS Lörcher, 2013, S. 146 (147); *Neubeck*, Die Europäische Sozialcharta und deren Protokolle, 2002, S. 165.

1032 Kölner Gemeinschaftskommentar/*Blanke*, Art. 15, Rdnr. 23; *Murswiek*, in: Isensee/Kirchhof (Hrsg.): Handbuch des Staatsrechts, Bd. IX, 2011, § 192 Rdnr. 49; *Sasse*, Die Berufsfreiheit und das Recht zu arbeiten, 2011, S. 178.

1033 *Wegener*, in: Ehlers (Hrsg.): Europäische Grundrechte und Grundfreiheiten, 2015, § 5 Rdnr. 64; *Tomuschat*, in: Rosas/Helgesen/Gomien (Hrsg.): Human Rights in a Changing East-West Perspective, 1990, S. 174 (177): „In other words, it was the intention of the drafters not to allow individuals to invoke the substance of the Charter."

1034 *Harris/Darcy*, The European Social Charter, 2001, S. 40.

1035 *Ashiagbor*, in: Búrca/Witte/Ogertschnig (Hrsg.): Social Rights in Europe, 2005, S. 241 (244).

1036 *Ashiagbor*, in: Búrca/Witte/Ogertschnig (Hrsg.): Social Rights in Europe, 2005, S. 241 (244); *Harris/Darcy*, The European Social Charter, 2001, S. 40.

Dass die ESC durch ihre Ratifizierung Teil der innerstaatlichen Rechtsordnung, also geltendes Recht geworden ist, dürfte unstrittig sein.[1037] Ob die ESC unmittelbar anwendbares Recht ist, ist dagegen umstritten;[1038] soweit dies von der h.M. verneint wird,[1039] wird sie aber trotzdem nicht in die völlige Bedeutungslosigkeit verbannt. Die Bundesrepublik Deutschland sei durch ihre Ratifizierung jedenfalls völkerrechtliche Verpflichtungen eingegangen, die auch von den Gerichten zu beachten seien; deshalb könne die ESC, wie auch das *BAG* betont,[1040] als objektives Recht eine erhebliche Bedeutung für die Auslegung von Gesetzen, insbesondere für die Lückenausfüllung und Rechtsfortbildung durch die Gerichte erlangen.[1041] Hier ist dann diejenige Auslegung zu wählen, die den Vorgaben der ESC am ehesten gerecht wird.[1042]

Auf EU-Ebene wird zudem die Bedeutung der ESC als politische Absichtserklärung deutlich, da sich die EU in der Präambel des EUV zur Bedeutung der sozialen Grundrechte, wie sie in der am 18. Oktober 1961 in Turin unterzeichneten Europäischen Sozialcharta festgelegt sind, bekennt.[1043] Auch in Art. 151 AEUV wird direkt auf sie Bezug genommen, freilich ohne ihre Rechte justiziabel zu machen.[1044]

Immerhin kann man für den Fortgang der Arbeit annehmen, dass das Recht auf Arbeit durch die ESC jedenfalls als bindende Zielvorstellung, als

---

1037 *Neubeck,* Die Europäische Sozialcharta und deren Protokolle, 2002, S. 159; vgl. bereits *Badura,* in: Blumenwitz/Randelzhofer (Hrsg.): FS Berber, 1973, S. 11 (41); missverständlich aber BVerfGE 58, 233 (254), wo es heißt, dass dahinstehen könne, ob die ESC „unmittelbar geltendes Bundesrecht" sei; gemeint ist wohl die unmittelbare Anwendbarkeit.

1038 Offen gelassen von BVerfGE 58, 233 (254).

1039 Vgl. nur *Neubeck,* Die Europäische Sozialcharta und deren Protokolle, 2002, S. 164 ff. m.w.N.

1040 BAG NZA 2003, 734 (739).

1041 *Löwisch/Caspers/Klumpp,* Arbeitsrecht, 2017, Rdnr. 174; *Zöllner/Loritz/Hergenröder,* Arbeitsrecht, 2015, § 11, Rdnr. 6; BVerfGE 88, 103 (112) hat offen gelassen, ob die ESC zur Auslegung des GG herangezogen werden kann, weil ihre Gewährleistungen jedenfalls nicht über die des im konkreten Fall entscheidenden Art. 9 Abs. 3 GG hinausgingen.

1042 *Brox/Rüthers/Henssler,* Arbeitsrecht, 2011, Rdnr. 97; *Neubeck,* Die Europäische Sozialcharta und deren Protokolle, 2002, S. 181; *Waltermann,* Arbeitsrecht, 2016, Rdnr. 131.

1043 Zur (begrenzten) Bedeutung und Tragweite *Neubeck,* Die Europäische Sozialcharta und deren Protokolle, 2002, S. 288 ff.

1044 *Neubeck,* Die Europäische Sozialcharta und deren Protokolle, 2002, S. 299.

schutzbedürftiger und schutzwürdiger Grundwert Bestandteil unserer Rechtsordnung geworden ist.[1045] Und damit kann ihr Bedeutungsgehalt auch bei der Anwendung und Auslegung des § 34 StGB berücksichtigt werden.

6. Zwischenergebnis

Die genannten völkerrechtlichen Verträge sind sämtlich kraft der Transformation durch das Zustimmungsgesetz nach Art. 59 Abs. 2 GG Bestandteil der deutschen Rechtsordnung geworden. Sie haben den Rang eines Bundesgesetzes. Mögen sie auch weit überwiegend keine konkreten unmittelbaren Rechte der Arbeitnehmer enthalten (insbesondere kein Recht auf Verschaffung eines Arbeitsplatzes), so betonen sie doch den fundamentalen Stellenwert von Arbeit und fordern umfassende Maßnahmen zur Verwirklichung eines möglichst hohen Beschäftigungsniveaus.[1046] Die umfassende Normierung eines solchen weit verstandenen Rechts auf Arbeit ist ein Beleg dafür, welch grundlegende Bedeutung diesem Recht in der internationalen Diskussion über Menschenrechte und Sozialpolitik zugewiesen wird.[1047] Dass Arbeit und Vollbeschäftigung vom Staat unbedingt zu verfolgende Ziele sind, kann als objektives Recht bei der Auslegung von Gesetzen berücksichtigt werden. Diese objektiven Gewährleistungen können dann auch Eingang in die Bestimmung des Erhaltungsinteresses bei § 34 StGB finden.

III. Recht der Europäischen Union

Auch im Recht der Europäischen Union finden sich zahlreiche Anhaltspunkte dafür, dass die Union dem Thema und Regelungsgegenstand Arbeit besondere Bedeutung zumisst. Dem europäischen Primär- und Sekundärrecht kommt bekanntermaßen Anwendungsvorrang vor kollidierendem nationalem Recht zu.[1048] Tatsächlich wird dies keine rechtlichen Auswirkungen für die vorliegende

1045 So bereits *Leipold,* AuR 19 (1971), S. 161 (165); dies gilt auch für die Unionsrechtsordnung, so lehnen sich doch viele Bestimmungen der EU-Grundrechtecharta an die ESC an.

1046 *Zacher,* in: Isensee/Kirchhof (Hrsg.): Handbuch des Staatsrechts, Bd. II, 2004, § 28 Rdnr. 159.

1047 *Nußberger,* in: Ennuschat/Geerlings/Mann (Hrsg.): GS Tettinger, 2007, S. 81 (92).

1048 BVerfGE 73, 339 (374 f.); 123, 267 (398, 400); 126, 286 (302); EuGH, Rs. 106/77 (Simmenthal), Slg.1978, 629, Rn. 21 ff.; dies kann als vollkommen anerkannt gelten; strittig ist allenfalls noch die Begründung dieses Anwendungsvorrangs, vgl. Callies/Ruffert/*Ruffert,* Art. 1 AEUV, Rdnr. 16; *Streinz,* Europarecht, 2016, Rdnr. 205 ff.

Untersuchung haben, weil das nationale Recht einen gleichwertigen Schutz der Arbeit bietet, wie später noch zu zeigen sein wird.

Trotzdem soll das Gemeinschaftsrecht hier erwähnt werden, denn die Union versteht sich ausdrücklich als staatenübergreifende Wertegemeinschaft,[1049] sodass sich aus der Tatsache, dass bestimmte Aspekte von und Rechte bezüglich der Arbeit gemeinschaftsrechtlich geregelt sind, immerhin der Schluss ziehen lässt, dass diese Aspekte in allen Mitgliedsstaaten der Union als wichtig und wesentlich angesehen werden. Insbesondere die EU-Grundrechtecharta kann „als ethisch fundiertes Leitbild für die Konturierung eines ‚Europäischen Gesellschaftsmodells' eine insgesamt verlässliche Ausgangsbasis" darstellen.[1050] Dementsprechend könnte es gerade auch im Hinblick auf Art. 1 Abs. 2 GG angemessen sein, die EU-Grundrechte als ergänzend und schutzverstärkend bei der Auslegung nationaler Grundrechte zu berücksichtigen.[1051] Zudem können sie als Ausdruck einer allgemeinen europäischen Werteordnung bei der Auslegung von Generalklauseln herangezogen werden.[1052]

1. Gemeinschaftscharta der Sozialen Grundrechte der Arbeitnehmer vom 9.12.1989

Ein erster Schritt zur Regelung sozialer Grundrechte auf Ebene der Europäischen Union war die Verabschiedung der Gemeinschaftscharta der sozialen Grundrechte der Arbeitnehmer auf der Ratstagung vom 9.12.1989. Mit ihr sollte die soziale Ausrichtung des europäischen Binnenmarktes gestärkt werden, soziale Fragen sollten den gleichen Stellenwert erhalten wie wirtschaftliche.[1053] Dementsprechend sollte die Charta „allen Arbeitnehmern der Europäischen Gemeinschaft Verbesserungen im sozialen Bereich vornehmlich hinsichtlich der Freizügigkeit, der Lebens- und Arbeitsbedingungen, des Gesundheitsschutzes und der Sicherheit in der Arbeitsumwelt, des sozialen Schutzes sowie der allgemeinen und beruflichen Bildung bringen."[1054] Sie umfasst die Abschnitte

---

1049 Meyer/*Meyer*, Präambel, Rdnr. 28; Streinz/*Streinz*, EUV Präambel, Rdnr. 5.

1050 *Tettinger*, NJW 2001, S. 1010 (1015).

1051 Meyer/*Borowsky*, Vor. Titel VII, Rdnr. 30; *Jarass*, Charta der Grundrechte der Europäischen Union, Art. 51 Rdnr. 30a.

1052 *Ritter*, NJW 2012, S. 1549 (1550 f.); in diese Richtung auch Meyer/*Borowsky*, Vor. Titel VII, Rdnr. 30; *Ehlers*, in: Ehlers (Hrsg.): Europäische Grundrechte und Grundfreiheiten, 2015, § 14 Rdnr. 39: gesamtes Gemeinschaftsrecht und nationales Recht unionsgrundrechtskonform auszulegen; abl. aber BAGE 140, 76.

1053 *Lunte*, JCSW 1998, S. 217 (218 f.); *Schulz*, Grundlagen und Perspektiven einer europäischen Sozialpolitik, 2003, S. 57; *Streinz*, Europarecht, 2016, Rdnr. 1165 f.

1054 Erwägungsgrund Nr. 7 der Charta (KOM (89) 248 endg.).

Freizügigkeit, Beschäftigung und Arbeitsentgelt, Verbesserung der Lebens- und Arbeitsbedingungen, sozialer Schutz, Koalitionsfreiheit und Tarifverhandlungen, berufliche Bildung, Gleichbehandlung von Männern und Frauen, Unterrichtung, Anhörung und Mitwirkung der Arbeitnehmer, Gesundheitsschutz und Sicherheit in der Arbeitsumwelt, Kinder- und Jugendschutz, ältere Menschen und Behinderte. Interessant ist, dass die Charta ihrem Wortlaut nach auf Arbeitnehmer beschränkt ist, anstatt alle EU-Bürger zu erfassen.[1055]

Auch diese Charta enthält aber in ihrem Titel I (Soziale Grundrechte der Arbeitnehmer) kein Recht auf Arbeit, sondern in Nr. 4 allein das Recht zu arbeiten (also nach deutschem Verständnis die Berufsfreiheit).

Da die Charta aber nicht einstimmig beschlossen wurde, blieb sie zunächst eine politische Absichtserklärung, wurde also keine verbindliche Rechtsquelle.[1056] Aber auch andernfalls ist fraglich, ob sie angesichts ihrer Weite überhaupt justiziabel und damit praktikabel gewesen wäre.[1057] Mittlerweile ist sie in den Vertrag über die Arbeitsweise der Europäischen Union (AEUV) im Titel X (Sozialpolitik) integriert, vgl. Art. 151 ff. AEUV, sodass sie wegen der ausdrücklichen Inbezugnahme bei der Auslegung von verbindlichen Rechtsakten nunmehr zu berücksichtigen ist.[1058] Gleichwohl liegt die Bedeutung der Charta weniger im rechtlichen Bereich, sondern vielmehr im politischen Bereich, weil sie entscheidende Impulse für die schrittweise rechtliche Ausgestaltung der Arbeits- und Sozialpolitik gegeben hat,[1059] sodass mittlerweile viele der in ihr proklamierten Ziele im Europäischen Primär- und Sekundärrecht, aber auch im nationalen Recht umgesetzt sind.

1055 *Schulz,* Grundlagen und Perspektiven einer europäischen Sozialpolitik, 2003, S. 58; tatsächlich gehen ihre Gewährleistungen aber über den Kreis der Arbeitnehmer hinaus (*Heinze,* in: Anzinger/Wank (Hrsg.): FS Wlotzke, 1996, S. 669 [671]).

1056 *Eichenhofer,* Soziale Menschenrechte im Völker-, europäischen und deutschen Recht, 2012, S. 164; Streinz/*Eichenhofer,* Art. 151 AEUV, Rdnr. 14; *Neubeck,* Die Europäische Sozialcharta und deren Protokolle, 2002, S. 303; *Schulz,* Grundlagen und Perspektiven einer europäischen Sozialpolitik, 2003, S. 59; a.A. wohl *Heinze,* in: Hanau/Heither/Kühling (Hrsg.): FS Dieterich, 1999, S. 215 (216): „verbindlich mit der Konsequenz einfachen Gesetzesrechtes festgeschrieben".

1057 Krit. zu ihrem Inhalt, der einen „illusionären politischen Zustand" abbilde, *Heinze,* in: Anzinger/Wank (Hrsg.): FS Wlotzke, 1996, S. 669 (671).

1058 Streinz/*Eichenhofer,* Art. 151 AEUV, Rdnr. 23; Grabitz/Hilf/Nettesheim/*Benecke,* Art. 151 AEUV, Rdnr. 18; *Streinz,* Europarecht, 2016, Rdnr. 1165.

1059 *Neubeck,* Die Europäische Sozialcharta und deren Protokolle, 2002, S. 303; *Schulz,* Grundlagen und Perspektiven einer europäischen Sozialpolitik, 2003, S. 63 f.

2. Die Europäischen Verträge (EUV und AEUV)

Sowohl der Vertrag über die Europäische Union (EUV) als auch der AEUV befassen sich mit der Arbeit bzw. der Beschäftigung.[1060] Bereits in der Präambel des EUV wird auf die Menschenrechte und die sozialen Grundrechte, wie sie in der Europäischen Sozialcharta und der Unionscharta der sozialen Grundrechte der Arbeitnehmer von 1989 niedergelegt sind, Bezug genommen. Damit bekennt sich die EU ausdrücklich zu sozialen Grundrechten.[1061] Art. 3 Abs. 1 EUV bestimmt als Ziele der Union die Förderung des Friedens, ihrer Werte und des Wohlergehens ihrer Völker. Dazu errichtet sie gem. Art. 3 Abs. 3 EUV einen Binnenmarkt und wirkt auf die Entwicklung eines nachhaltigen Wirtschaftswachstums auf der Grundlage einer sozialen Marktwirtschaft hin, die auf Vollbeschäftigung und sozialen Fortschritt abzielt.

Auch in der Präambel des AEUV wird als wesentliches Ziel der Union die stetige Verbesserung der Lebens- und Beschäftigungsbedingungen ihrer Völker genannt. Art. 9 AEUV bestimmt, dass die Union mit ihren Politiken und Maßnahmen den Erfordernissen im Zusammenhang mit der Förderung eines hohen Beschäftigungsniveaus Rechnung trägt. Art. 45–48 AEUV regeln die Arbeitnehmerfreizügigkeit. In den Art. 145 bis 150 AEUV enthält der Vertrag einen ganzen eigenen Titel über die Beschäftigungspolitik, der das allgemeine Ziel des hohen Beschäftigungsniveaus konkretisiert.[1062] Bereits die bloße Existenz eines eigenen Titels darf als inhaltliche Akzentsetzung verstanden werden.[1063] Dabei kann es nicht allein um die wirtschaftliche Prosperität der Union gehen, denn dafür existiert bereits Titel VIII des AEUV (Art. 119–144 AEUV), in dem die Wirtschafts- und Währungspolitik geregelt ist. Allerdings bleibt die Beschäftigungspolitik eine genuin mitgliedsstaatliche Aufgabe;[1064] die Aufgabe der Union besteht vor allem in einer Förderung und Unterstützung der Zusammenarbeit zwischen den Mitgliedsstaaten (vgl. Art. 147 Abs. 1 AEUV). Immerhin legt der

---

1060 Zum Schutz der Berufsfreiheit im Gemeinschaftsrecht (allerdings noch vor Inkrafttreten des Vertrages von Lissabon) umfassend *Borrmann,* Der Schutz der Berufsfreiheit im deutschen Verfassungsrecht und im europäischen Gemeinschaftsrecht, 2002, S. 141 ff.

1061 *Schulte,* in: Bundesministerium für Arbeit und Sozialordnung/Max-Planck-Institut für ausländisches und internationales Sozialrecht/Akademie der Diözese Rottenburg Stuttgart (Hrsg.): Soziale Grundrechte in der Europäischen Union, 2001, S. 25 (30); Streinz/*Streinz,* EUV Präambel, Rdnr. 8.

1062 *Wieland,* VVdStRL 59 (2000), S. 13 (29).

1063 Callies/Ruffert/*Krebber,* Art. 145 AEUV, Rdnr. 2.

1064 *Danwitz,* VVdStRL 59 (2000), S. 99 (111); *Herdegen,* Europarecht, 2016, § 26 Rdnr. 1.

Rat Leitlinien zur Beschäftigungspolitik fest, die die Mitgliedsstaaten bei ihrer Beschäftigungspolitik beachten müssen (Art. 148 Abs. 2 AEUV).

Im Titel X (Sozialpolitik) bekennt sich die Union in Art. 151 AEUV zu den Zielen, die in der ESC und in der Gemeinschaftscharta der sozialen Grundrechte der Arbeitnehmer von 1989 festgelegt sind. Um diese Ziele zu erreichen, unterstützt und ergänzt die Union gem. Art. 153 Abs. 1 AEUV die Tätigkeit der Mitgliedsstaaten etwa auf folgenden Gebieten: soziale Sicherheit und sozialer Schutz der Arbeitnehmer (lit. c), Schutz der Arbeitnehmer bei Beendigung des Arbeitsvertrages (lit. d) oder berufliche Eingliederung der aus dem Arbeitsmarkt ausgegrenzten Personen (lit. h). Damit betrifft die Sozialpolitik wiederum schwerpunktmäßig das Arbeitsrecht.[1065] Zwar werden durch Art. 151 AEUV keine Rechte des Einzelnen begründet, doch gelten die in der Vorschrift genannten Ziele als Auslegungs- und Interpretationsrahmen für Rechtsakte des Primär- und Sekundärrechts der Union.[1066]

In Art. 162 AEUV ist die Errichtung eines Europäischen Sozialfonds (ESF) vorgesehen, der dem Ziel dient, die Beschäftigungsmöglichkeiten der Arbeitskräfte zu verbessern und damit zur Hebung der Lebenshaltung beizutragen, indem die berufliche Verwendbarkeit und die berufliche und örtliche Mobilität der Arbeitskräfte gefördert wird und die Anpassung an die industriellen Wandlungsprozesse und an Änderungen der Produktionssysteme insbesondere durch berufliche Bildung und Umschulung erleichtert wird. Durch die Aufnahme des Beschäftigungstitels in die Primärverträge wurden die arbeitsmarktpolitischen Aufgaben des ESF noch verstärkt, sodass es sich um ein reines arbeitsmarkt- und beschäftigungspolitisches Finanzierungsinstrument handelt.[1067]

Mögen die Verträge auch wenig „echte“ materiell-rechtliche Regelungen zum Arbeitsrecht enthalten, so hat das Primärrecht doch erhebliche rechtliche und faktische Auswirkungen.[1068] Das deutsche Arbeitsrecht ist bereits in vielen Bereichen durch Sekundärrecht (für das die Verträge eine entsprechende Kompetenz enthalten) überlagert. Vor allem aber zeigt sich, dass Arbeitsrecht und Beschäftigungspolitik zwar originär in die Kompetenz der Mitgliedsstaaten fallen, gleichwohl diese Bereiche so wichtig sind, dass die Union hier eine Beratungs- und Koordinierungsfunktion übernehmen soll.

1065 *Sasse,* Die Berufsfreiheit und das Recht zu arbeiten, 2011, S. 377.

1066 Grabitz/Hilf/Nettesheim/*Benecke,* Art. 151 AEUV, Rdnr. 30 f.

1067 *Classen,* in: Oppermann/Classen/Nettesheim (Hrsg.): Europarecht, 2016, § 29 Rdnr. 22; *Herdegen,* Europarecht, 2016, § 25 Rdnr. 22.

1068 Dies konstatiert *Schaub,* in: Hanau/Heither/Kühling (Hrsg.): FS Dieterich, 1999, S. 519 (533) bereits für die Rechtslage vor Inkrafttreten des Vertrages von Amsterdam.

Insgesamt ist also das Ziel der Vollbeschäftigung auch im primären Unionsrecht fest verankert. Die Union sieht es als wichtiges Ziel an, so viele Menschen wie möglich in Lohn und Brot zu bringen. Allerdings wird dies als eine Angelegenheit der Wirtschafts-, Arbeitsmarkt- und Sozialpolitik betrachtet, ohne dass individuelle Rechte Einzelner begründet oder berührt werden.[1069]

3. Die EU-Grundrechtecharta

Die EU-Grundrechtecharta (GRC) ist am 01.12.2009 mit dem Vertrag von Lissabon in Kraft getreten (vgl. Art. 6 Abs. 1 EUV) und nunmehr verbindliches Primärrecht.[1070] Mit Art. 6 EUV soll die Union in programmatischer Hinsicht als Rechts- und Wertegemeinschaft positioniert werden; zudem sollen die in Art. 2 EUV genannten Werte konkretisiert werden, wozu insbesondere die Wahrung der Menschenrechte zählt.[1071] Die in der Charta aufgeführten Grundrechte sind nicht allein klassische Abwehrrechte, sondern vor allem auch wertentscheidende Grundsatznormen; damit strahlen sie auf das gesamt Unionsrecht aus und sind bei dessen Anwendung und Auslegung zu berücksichtigen.[1072]

Darüber hinaus enthalten viele EU-Grundrechte aber auch eine positive Verpflichtungsdimension. Es geht also um Leistungsfunktionen der Grundrechte, die weit überwiegend, aber nicht alleine in Schutzfunktionen bestehen.[1073] Ein besonders wichtiger Anwendungsfall ist der Schutz der Ausübung des grundrechtlichen Verhaltens gegen Beeinträchtigungen durch Privatpersonen (denn diese sind ja – wie nach nationalem Recht – nicht unmittelbar an die Grundrechte gebunden).[1074] Diese Leistungsgehalte sind zwar prinzipiell einklagbar,

---

1069 *Ashiagbor*, in: Búrca/Witte/Ogertschnig (Hrsg.): Social Rights in Europe, 2005, S. 241 (244): „The difference between the EU discourse and that contained in the ESC is that discussions on full employment are not conceptualized as concerning individual (or even collective) rights, but rather as a matter of economic, employment, and social policy, in particular, within the context of the European Employment Strategy and the Lisbon Strategy."

1070 Streinz/*Streinz*, Art. 6 EUV, Rdnr. 2; kurzer Überblick bei *Jarass*, Charta der Grundrechte der Europäischen Union, Einl. Rdnr. 6 ff.

1071 Grabitz/Hilf/Nettesheim/*Schorkopf*, Art. 6 EUV, Rdnr. 11; Streinz/*Streinz*, Präambel GR-Charta, Rdnr. 7.

1072 *Sasse*, Die Berufsfreiheit und das Recht zu arbeiten, 2011, S. 54; *Schröder*, JZ 2002, S. 849 (852).

1073 *Jarass*, EU-Grundrechte, 2005, § 5 Rdnr. 10.

1074 *Jarass*, EU-Grundrechte, 2005, § 5 Rdnr. 19.

allerdings kommt den Verpflichteten hier ein sehr weitgehender Gestaltungsspielraum zu, sodass nur selten eine Verletzung des Grundrechts festzustellen sein wird.[1075]

Im Verhältnis zu den nationalen Grundrechten gilt die GRC nur für die Union und ihre Stellen sowie die Mitgliedsstaaten, soweit sie Unionsrecht durchführen, Art. 51 Abs. 1 S. 1 GRC. Bei den Mitgliedsstaaten kann dies etwa der Fall sein, wenn unmittelbar anwendbare Verordnungen vollzogen werden, aber auch bei Umsetzungsakten von Richtlinien, sofern kein Umsetzungsspielraum besteht.[1076]

Auch in der GRC finden sich einige Bestimmungen, die sich mit der Arbeit auseinandersetzen. Dabei zeigt sich, dass der Schutz der Interessen des Individuums zunehmend aufgewertet wird und neben das Binnenmarktziel tritt,[1077] was sich auch in Erwägung Nr. 2 S. 3[1078] der Präambel zeigt. Hier wird wiederum auf die ESC Bezug genommen.

a) Berufsfreiheit

Für die vorliegende Arbeit sind zunächst die Bestimmungen zu den beruflichen Freiheiten von Relevanz:

Art. 15 Berufsfreiheit und Recht zu arbeiten

(1) Jede Person hat das Recht, zu arbeiten und einen frei gewählten oder angenommenen Beruf auszuüben.
(2) Alle Unionsbürgerinnen und Unionsbürger haben die Freiheit, in jedem Mitgliedstaat Arbeit zu suchen, zu arbeiten, sich niederzulassen oder Dienstleistungen zu erbringen.
(3) Die Staatsangehörigen dritter Länder, die im Hoheitsgebiet der Mitgliedstaaten arbeiten dürfen, haben Anspruch auf Arbeitsbedingungen, die denen der Unionsbürgerinnen und Unionsbürger entsprechen.

Art. 16 Unternehmerische Freiheit
Die unternehmerische Freiheit wird nach dem Unionsrecht und den einzelstaatlichen Rechtsvorschriften und Gepflogenheiten anerkannt.

1075 *Jarass*, EU-Grundrechte, 2005, § 7 Rdnr. 2.

1076 v. Münch/Kunig/*Kämmerer*, Art. 12 GG, Rdnr. 5.

1077 Meyer/*Bernsdorff*, Art. 15 GRC, Rdnr. 19a.

1078 „Sie [die Europäische Union, *Anm. d. Verf.*] stellt den Menschen in den Mittelpunkt ihres Handelns, indem sie die Unionsbürgerschaft und einen Raum der Freiheit, der Sicherheit und des Rechts begründet.“

Das Grundrecht der Berufsfreiheit ist zusammen mit seiner Erweiterung um die Unternehmerfreiheit in Art. 16 GRC das zentrale wirtschaftliche Grundrecht der GRC; Gewährleistungskern ist die wirtschaftliche Seite des „Strebens nach Glück" (pursuit of happiness).[1079] Dabei wird aber auch betont, dass die Erwerbstätigkeit zur Sicherung des Lebensunterhalts den Menschen in der modernen Gesellschaft sowohl in seiner Selbstwahrnehmung als auch in seiner objektiven Rolle in der Gemeinschaft prägt.[1080] Zudem gilt – wegen ihrer Universalität selbstverständlich – auch für das Unionsrecht, dass Arbeit ein wichtiger Aspekt der Menschenwürde ist.[1081] Sie dient einerseits der Existenzsicherung durch eigene Leistung, vermittelt andererseits aber auch soziale Identität in der Arbeitsgesellschaft, „in der sich der Großteil der erwachsenen Bevölkerung über die Teilnahme am Erwerbsleben definiert, da soziale Anerkennung und Teilhabe im Wesentlichen davon abhängen".[1082]

Der Normtext und die genauen Gewährleistungen von Art. 15 GRC waren während der Erarbeitung des Textes äußerst strittig. Auch hier kam es wieder zur Diskussion um die sozialen Grundrechte. Man einigte sich schließlich darauf, Art. 15 GRC als reines Freiheitsrecht auszugestalten und mit einigen Einzelgewährleistungen im Kapitel über Solidarität zu flankieren.[1083] Im Gegensatz zu den zuvor erwähnten völkerrechtlichen Übereinkommen – wie IPWSKR und ESC –, wollte man letztendlich das Stichwort „Recht auf Arbeit" noch nicht einmal in der Überschrift erwähnt wissen, damit nicht die falsche Vorstellung eines einklagbaren Rechts auf einen Arbeitsplatz erweckt werden könnte.[1084] Zwar soll sich nach den amtlichen Erläuterungen des Präsidiums des Konvents, der die Charta erarbeitet hat, Art. 15 Abs. 1 GRC an Art. 1 Abs. 2 ESC und an Nr. 4 der Gemeinschaftscharta der sozialen Grundrechte der Arbeitnehmer vom 9.12.1989 anlehnen,[1085] allerdings wurde während der Erarbeitung des endgültigen Textes der ursprünglich enthaltene Zusatz „... um seinen Lebensunterhalt zu bestreiten" gestrichen, um jeglichen Zusammenhang mit sozialen Gewährleistungen

1079 *Ruffert,* in: Ehlers (Hrsg.): Europäische Grundrechte und Grundfreiheiten, 2015, § 19 Rdnr. 1; Callies/Ruffert/*Ruffert,* Art. 15 GRC, Rdnr. 1.

1080 Meyer/*Bernsdorff,* Art. 15 GRC, Rdnr. 1.

1081 *Sasse,* Die Berufsfreiheit und das Recht zu arbeiten, 2011, S. 370.

1082 *Körner,* Das internationale Menschenrecht auf Arbeit, 2004, S. 12.

1083 Einen genaueren Überblick zur Diskussion und Entstehung der Vorschrift gibt Meyer/*Bernsdorff,* Art. 15 GRC, Rdnr. 5 ff.

1084 Kölner Gemeinschaftskommentar/*Blanke,* Art. 15, Rdnr. 2; Callies/Ruffert/*Ruffert,* Art. 15 GRC, Rdnr. 3; Meyer/*Bernsdorff,* Art. 15 GRC, Rdnr. 8.

1085 ABl. 2007 C 303/23 v. 14.12.2007.

zu beseitigen.[1086] Damit wird fraglich, ob wirklich auf diese genannten Bestimmungen zurückgegriffen werden kann.[1087] Richtig scheint insoweit die Feststellung zu sein, dass Art. 1 ESC umfassender ist als Art. 15 GRC, also zusätzliche Gewährleistungen enthält.[1088] In diesem Zusammenhang sollte auch die unterschiedliche Zielsetzung der beiden Werke berücksichtigt werden: Die GRC soll dem einzelnen Bürger echte, einklagbare Rechte gegenüber der Union und ihren Mitgliedsstaaten geben (vgl. Art. 51 Abs. 1 GRC); demgegenüber handelt es sich bei der ESC (und auch dem IPWSKR) primär um politische Zielverpflichtungen, die den Staat verpflichten zu handeln, aber nicht Individuen berechtigen.[1089]

Primäre Gewährleistung von Art. 15 Abs. 1 GRC ist damit das Recht zu arbeiten,[1090] also die Berufsfreiheit als reines Freiheits- und Abwehrrecht.[1091] Das Grundrecht verpflichtet zunächst die Union und ihre Stellen, aber auch die Mitgliedsstaaten, soweit sie Unionsrecht durchführen, Art. 51 Abs. 1 S. 1 GRC. Privatpersonen, im hiesigen Zusammenhang v.a. der Arbeitgeber, werden nicht verpflichtet.[1092] In Art. 15 Abs. 2 GRC wird auf die Grundfreiheiten der Arbeitnehmerfreizügigkeit, der Niederlassungs- und der Dienstleistungsfreiheit Bezug genommen.[1093]

Ein Recht auf Arbeit in einem anspruchsbegründenden Sinne (insbesondere i.S.d. Verschaffung eines Arbeitsplatzes) lässt sich aus Art. 15 GRC definitiv nicht ableiten.[1094] Dies ergibt sich schon klar aus seiner Entstehungsgeschichte; zudem

---

1086 Meyer/*Bernsdorff*, Art. 15 GRC, Rdnr. 9; Kölner Gemeinschaftskommentar/*Blanke*, Art. 15, Rdnr. 1.

1087 Verneinend etwa Kölner Gemeinschaftskommentar/*Blanke*, Art. 15, Rdnr. 20 .

1088 Meyer/*Bernsdorff*, Art. 15 GRC, Rdnr. 14.

1089 Kölner Gemeinschaftskommentar/*Blanke*, Art. 15, Rdnr. 23.

1090 Es kann für die hiesige Arbeit dahinstehen, ob der persönliche Anwendungsbereich des Art. 15 GRC nur abhängige Arbeitnehmer erfasst und selbstständig Tätige unter Art. 16 GRC fallen oder ob alle unter Art. 15 GRC fallen; vgl. dazu Callies/Ruffert/*Ruffert*, Art. 15 GRC, Rdnr. 4.

1091 *Jarass*, EU-Grundrechte, 2005, § 20 Rdnr. 3; *Sasse*, Die Berufsfreiheit und das Recht zu arbeiten, 2011, S. 379.

1092 *Jarass*, Charta der Grundrechte der Europäischen Union, Art. 15 Rdnr. 3.

1093 Ob dem Absatz überhaupt ein eigenständiger Regelungsgehalt neben den Grundfreiheiten zukommt und wie dieser aussehen könnte, ist umstritten (dazu etwa Kölner Gemeinschaftskommentar/*Blanke*, Art. 15, Rdnr. 50 ff.).

1094 Meyer/*Bernsdorff*, Art. 15 GRC, Rdnr. 15; Kölner Gemeinschaftskommentar/*Blanke*, Art. 15, Rdnr. 21; *Jarass*, Charta der Grundrechte der Europäischen Union, Art. 15 Rdnr. 12; *Ruffert*, in: Ehlers (Hrsg.): Europäische Grundrechte und Grundfreiheiten, 2015, § 19 Rdnr. 6; Callies/Ruffert/*Ruffert*, Art. 15 GRC, Rdnr. 6; Streinz/*Streinz*, Art. 15 GRC, Rdnr. 9.

werden die bekannten Argumente angeführt, nämlich dass die Verwirklichung des Rechts schlichtweg nicht möglich sei und ein solches Recht zudem mit der Bindung an die Garantien der Berufsfreiheit, der unternehmerischen Freiheit und der Eigentumsfreiheit kollidieren würde.[1095]

Prinzipiell ist aber auch für die Europäische Grundrechtsdogmatik anerkannt, dass sich aus dem Freiheitsrecht Schutzpflichten ergeben können, dass es also den Grundrechtsverpflichteten obliegen kann, für einen ausreichenden Schutz des Grundrechts gegen Beeinträchtigungen durch Private zu sorgen.[1096] Hierfür finden sich einige Konkretisierungen in den Art. 27–32 GRC.[1097] Für den praktisch wichtigsten Fall des Kündigungsschutzes existiert dort mit Art. 30 GRC eine Sonderregelung, sodass die Schutzfunktion des Art. 15 GRC hier verdrängt wird.[1098] Wie im nationalen Recht kann es erforderlich sein, privatverpflichtende Normen grundrechtskonform auszulegen.[1099] Die hier zum Tragen kommende Ausstrahlungs- oder mittelbare Drittwirkung der Grundrechte kann zu weitreichenden Bindungswirkungen auch Privater führen, insbesondere dort, wo die privatrechtliche Beziehung besonders asymmetrisch ausfällt, wie im Arbeitsrecht.[1100]

Zudem wird angenommen, dass zum sachlichen Schutzbereich des Art. 15 Abs. 1 GRC in einem sozialpolitischen Kontext auch der deutliche, wenn auch kaum justiziable Auftrag gehöre, für die realen Möglichkeiten der Berufsausübung zu sorgen, mithin Vollbeschäftigung zu verwirklichen.[1101] Dies ist

---

1095 Kölner Gemeinschaftskommentar/*Blanke,* Art. 15, Rdnr. 21; Meyer/*Bernsdorff,* Art. 15 GRC, Rdnr. 15; Streinz/*Streinz,* Art. 15 GRC, Rdnr. 9; ausführlich *Sasse,* Die Berufsfreiheit und das Recht zu arbeiten, 2011, S. 372 ff.

1096 *Jarass,* Charta der Grundrechte der Europäischen Union, Art. 15 Rdnr. 12; *Sasse,* Die Berufsfreiheit und das Recht zu arbeiten, 2011, S. 349; Streinz/*Streinz,* Art. 15 GRC, Rdnr. 12.

1097 *Jarass,* EU-Grundrechte, 2005, § 20 Rdnr. 19.

1098 Kölner Gemeinschaftskommentar/*Blanke,* Art. 15, Rdnr. 34; *Jarass,* Charta der Grundrechte der Europäischen Union, § 30 Rdnr. 4; *Sasse,* Die Berufsfreiheit und das Recht zu arbeiten, 2011, S. 351; a.A. *Rengeling/Szczekalla,* Grundrechte in der Europäischen Union, 2004, Rdnr. 1032: Art. 15 GRC vorrangig.

1099 *Jarass,* EU-Grundrechte, 2005, § 20 Rdnr. 3; *Jarass,* Charta der Grundrechte der Europäischen Union, Art. 15 Rdnr. 3.

1100 *Jarass,* Charta der Grundrechte der Europäischen Union, § 51 Rdnr. 31.

1101 *Ruffert,* in: Ehlers (Hrsg.): Europäische Grundrechte und Grundfreiheiten, 2015, § 19 Rdnr. 6; Callies/Ruffert/*Ruffert,* Art. 15 GRC, Rdnr. 6; in diese Richtung auch *Körner,* Das internationale Menschenrecht auf Arbeit, 2004, S. 37 f.; abl. *Sasse,* Die Berufsfreiheit und das Recht zu arbeiten, 2011, S. 375 f.

einerseits nur folgerichtig, denn die Berufsfreiheit wäre kaum etwas wert, wenn es eben keine Arbeitsplätze gäbe, an denen man sie ausüben könnte. In einem modernen Leistungsstaat ist die Diskussion um die sog. sozialen Grundrechte eben untrennbar mit den klassischen Abwehrrechten verbunden ist, weil auch aus diesen in immer größerem Umfang Teilhaberechte geworden sind, damit der Einzelne in die Lage versetzt wird, die ihm gewährten Freiheiten auch tatsächlich ausüben und nutzen zu können.[1102] Andererseits erscheint das Freiheitsrecht des Art. 15 GRC nicht der richtige Standort für eine derartige kaum justiziable Verpflichtung.[1103] Ein dementsprechender (politischer) Auftrag ist viel deutlicher im AEUV verankert.

Trotzdem kann festgehalten werden, dass sich die Grundrechtsrelevanz von Arbeit auch in der GRC zeigt.

b) Solidarrechte

Neben den Art. 15, 16 GRC finden sich aber auch unter dem Titel IV – Solidarität Bestimmungen zum Thema Arbeit. Nach den Gewährleistungen von Freiheit und Gleichheit knüpft dieser Titel an das dritte Schlagwort der Französischen Revolution, die Brüderlichkeit, an.[1104] Für dieses Kapitel ist die Unterscheidung zwischen Grundrechten und Grundsätzen wichtig. Grundrechte sind echte subjektiv-öffentliche Rechte, die dem Bürger einen Anspruch gegen den Staat einräumen;[1105] Grundsätze räumen dagegen keinen subjektiven Anspruch ein, sondern sie bilden als wertende Grundprinzipien Handlungsermächtigungen (vgl. Art. 52 Abs. 5 S. 1 GRC) und Auslegungsregeln (vgl. Art. 52 Abs. 5 S. 2 GRC).[1106] Abgesehen von den Problemen der Justiziabilität dieser Grundsätze kann jedenfalls festgehalten werden, dass sie eine nicht zu unterschätzende Wirkkraft bei der Auslegung bestehender Gesetze entfalten können.[1107]

1102 *Weiss*, AuR 2001, S. 374 (375).

1103 So auch *Sasse*, Die Berufsfreiheit und das Recht zu arbeiten, 2011, S. 375 f.

1104 *Kingreen*, in: Ehlers (Hrsg.): Europäische Grundrechte und Grundfreiheiten, 2015, § 22 Rdnr. 1.

1105 *Jarass*, EU-Grundrechte, 2005, § 7 Rdnr. 3.

1106 *Jarass*, EU-Grundrechte, 2005, § 7 Rdnr. 22 ff; *Kingreen*, in: Ehlers (Hrsg.): Europäische Grundrechte und Grundfreiheiten, 2015, § 22 Rdnr. 4; *Rengeling/Szczekalla*, Grundrechte in der Europäischen Union, 2004, Rdnr. 993.

1107 *Rengeling/Szczekalla*, Grundrechte in der Europäischen Union, 2004, Rdnr. 995.

Art. 27 Recht auf Unterrichtung und Anhörung der Arbeitnehmerinnen und Arbeitnehmer im Unternehmen
Für die Arbeitnehmerinnen und Arbeitnehmer oder ihre Vertreter muss auf den geeigneten Ebenen eine rechtzeitige Unterrichtung und Anhörung in den Fällen und unter den Voraussetzungen gewährleistet sein, die nach dem Unionsrecht und den einzelstaatlichen Rechtsvorschriften und Gepflogenheiten vorgesehen sind.

Art. 29 Recht auf Zugang zu einem Arbeitsvermittlungsdienst
Jeder Mensch hat das Recht auf Zugang zu einem unentgeltlichen Arbeitsvermittlungsdienst.

Art. 30 Schutz bei ungerechtfertigter Entlassung
Jede Arbeitnehmerin und jeder Arbeitnehmer hat nach dem Unionsrecht und den einzelstaatlichen Rechtsvorschriften und Gepflogenheiten Anspruch auf Schutz vor ungerechtfertigter Entlassung.

Art. 31 Gerechte und angemessene Arbeitsbedingungen

(1) Jede Arbeitnehmerin und jeder Arbeitnehmer hat das Recht auf gesunde, sichere und würdige Arbeitsbedingungen.
(2) Jede Arbeitnehmerin und jeder Arbeitnehmer hat das Recht auf eine Begrenzung der Höchstarbeitszeit, auf tägliche und wöchentliche Ruhezeiten sowie auf bezahlten Jahresurlaub.

Für die vorliegende Arbeit ist vor allem Art. 30 GRC, der Schutz vor ungerechtfertigter Entlassung vorsieht, bedeutsam. Die Vorschrift stützt sich auf Art. 24 der revidierten Europäischen Sozialcharta von 1996,[1108] die bislang allerdings von Deutschland noch nicht ratifiziert wurde, und gehört zu dem in Art. 153 Abs. 1 lit. d AEUV genannten Aufgabenbereich der Union.[1109] Der Schutz vor ungerechtfertigter Entlassung auf Unionsebene entspricht der völker- und menschenrechtlichen Entwicklung und ist untrennbar mit einer wirksamen Gewährleistung des Rechts zu arbeiten (Art. 15 GRC) verbunden.[1110] Mit Art. 30 GRC sollte eine wichtige Schutzvorschrift für Arbeitnehmer in der Charta verankert werden und zumindest in Umrissen ein klarer europäischer Gegenentwurf zum

---

1108 Streinz/*Streinz,* Art. 30 GR-Charta, Rdnr. 1; Text verfügbar unter http://conventions.coe.int/Treaty/ger/Treaties/Html/163.htm (abgerufen am 21.05.2017); unter anderem wurden in den Art. 24–31 ESC völlig neue Rechte eingeführt, die den gewandelten sozialen Verhältnissen in Europa Rechnung tragen sollen.

1109 Zur Entstehungsgeschichte der Vorschrift siehe nur Meyer/*Rudolf,* Art. 30 GRC, Rdnr. 1 ff.

1110 Meyer/*Rudolf,* Art. 30 GRC, Rdnr. 11.

amerikanischen Prinzip des „hire and fire" gemacht werden.[1111] Dies umso mehr, als die Vorschrift über die Gewährleistungen der Allgemeinen Erklärung der Menschenrechte und des IPWSKR hinausgeht.[1112]

Allerdings wird die Vorschrift erst durch eine weitere Ausgestaltung ihrer Inhalte durch Europarecht und mitgliedsstaatliches Recht mit Leben erfüllt,[1113] was dafür spricht, dass es sich um einen reinen Grundsatz handelt.[1114] Zum Teil wird aber auch angenommen, dass es sich wenigstens in einem Kernbereich willkürlicher Entlassungen um ein echtes Grundrecht handle.[1115]

Sein Schutzgehalt kann nicht nur durch ungerechtfertigte Entlassungen durch die Union selbst beeinträchtigt werden, sondern auch dadurch, dass die Grundrechtsverpflichteten keine Regelungen zum Schutz vor ungerechtfertigter Entlassung ergreifen (im Falle der Mitgliedsstaaten freilich wiederum nur, soweit es um die Durchführung von Unionsrecht geht).[1116] Materiell-rechtliche Kündigungsregelungen sind also solange nicht an Art. 30 GRC zu messen als die Union nicht selbst Vorschriften dazu erlassen hat.[1117] Auf europarechtlicher Ebene finden sich bisher allerdings nur punktuelle Regelungen eines besonderen Kündigungsschutzes, aber keine allgemeine Regelung, wann eine Kündigung ungerechtfertigt ist und was die Folge davon ist.[1118]

Art. 29 GRC enthält das Recht auf Zugang zu einem unentgeltlichen Arbeitsvermittlungsdienst und ist auf Art. 1 Nr. 3 ESC gestützt. Die Vorschrift konkretisiert das Ziel eines hohen Beschäftigungsniveaus bzw. der Vollbeschäftigung.[1119]

1111 Meyer/*Rudolf,* Art. 30 GRC, Rdnr. 17; Streinz/*Streinz,* Art. 30 GR-Charta, Rdnr. 3.

1112 Callies/Ruffert/*Krebber,* Art. 30 GRC, Rdnr. 1.

1113 Daher spricht Callies/Ruffert/*Krebber,* Art. 30 GRC, Rdnr. 1 von einer „leeren Hülle" bzw. einer „überflüssigen Norm" (Rdnr. 2).

1114 Schwarze/*Knecht,* Art. 30 GRC, Rdnr. 6.

1115 So etwa *Jarass,* EU-Grundrechte, 2005, § 30 Rdnr. 11.

1116 *Jarass,* Charta der Grundrechte der Europäischen Union, Art. 30 Rdnr. 9; bei rein nationalen Sachverhalten, die auch nicht in den Anwendungsbereich einschlägiger EU-Richtlinien, wie etwa der über Massenentlassungen oder bei Betriebsübergängen, fallen, ist Art. 30 GRC also schon gar nicht anwendbar (BAG NZA 2012, 286).

1117 Schwarze/*Rebhahn/Reiner,* Art. 151 AEUV, Rdnr. 13; dies ist bisher aber nur sehr partiell der Fall, etwa durch die Richtlinie zur Angleichung der Rechtsvorschriften der Mitgliedsstaaten über Massenentlassungen (RL 98/59/EG), die Richtlinie über die Wahrung von Ansprüchen der Arbeitnehmer beim Übergang von Unternehmen (RL 2001/23/EG) oder die Richtlinie über den Schutz der Arbeitnehmer bei Zahlungsunfähigkeit des Arbeitgebers (RL 2008/94/EG).

1118 Näher Callies/Ruffert/*Krebber,* Art. 30 GRC, Rdnr. 6 f.

1119 *Jarass,* EU-Grundrechte, 2005, § 30 Rdnr. 1 f.

Die Gewährleistung soll den Eintritt in die Erwerbstätigkeit erleichtern.[1120] Dementsprechend kann man hier ein Fragment des Rechts auf Arbeit erkennen.[1121] Die Vorschrift enthält ein echtes, einklagbares Recht in Form eines Teilhaberechts an bestehenden Einrichtungen, aber keinen Anspruch auf Schaffung neuer, zusätzlicher Vermittlungsdienste.[1122]

Trotzdem enthalten auch die Art. 29 und 30 GRC – die übrigens nach nationalem Recht unter dem Aspekt der Schutzpflicht in den Regelungsbereich der Berufsfreiheit fallen[1123] – kein Recht auf Arbeit im Sinne eines originären Leistungsrechts auf Bereitstellung oder Erhaltung eines Arbeitsplatzes.[1124]

Ergänzend ist für den hiesigen Kontext auch der folgende, ebenfalls unter Titel IV – Solidarität gefasste Artikel interessant:

Art. 33 Familien- und Berufsleben

(1) Der rechtliche, wirtschaftliche und soziale Schutz der Familie wird gewährleistet.
(2) Um Familien- und Berufsleben miteinander in Einklang bringen zu können, hat jeder Mensch das Recht auf Schutz vor Entlassung aus einem mit der Mutterschaft zusammenhängenden Grund sowie den Anspruch auf einen bezahlten Mutterschaftsurlaub und auf einen Elternurlaub nach der Geburt oder Adoption eines Kindes.

Bereits aus Absatz 2 wird klar, dass ein Zusammenhang zwischen dem Schutz des Familienlebens und dem Arbeitsplatz besteht. Letztlich kommt als Ziel zum Ausdruck, dass es der Mutter (oder dem Vater) ermöglicht werden soll, Kind und Beruf zu vereinen.[1125] Die Vorschrift lässt es also nicht allein damit bewenden, dass die Mutter überhaupt wirtschaftlich (finanziell) abgesichert wird, was so noch allgemein Abs. 1 formuliert, sondern es soll ihr gerade ermöglicht werden, ihre Arbeit beizubehalten und weiter auszuüben. Auch hierin kommt wieder zum Ausdruck, dass das Innehaben eines Arbeitsplatzes für die Mutter mehr bedeutet als reine wirtschaftliche Absicherung.

1120 Meyer/*Rudolf*, Art. 29 GRC, Rdnr. 6.

1121 Callies/Ruffert/*Krebber*, Art. 29 GRC, Rdnr. 1; Schwarze/*Ross*, Art. 29 GRC, Rdnr. 2.

1122 *Jarass*, Charta der Grundrechte der Europäischen Union, Art. 29 Rdnr. 2; Callies/Ruffert/*Krebber*, Art. 29 GRC, Rdnr. 4; Meyer/*Rudolf*, Art. 29 GRC, Rdnr. 7; Schwarze/*Ross*, Art. 29 GRC, Rdnr. 1.

1123 Dreier/*Wieland*, Art. 12 GG, Rdnr. 23.

1124 *Kingreen*, in: Ehlers (Hrsg.): Europäische Grundrechte und Grundfreiheiten, 2015, § 22 Rdnr. 15.

1125 *Jarass*, Charta der Grundrechte der Europäischen Union, Art. 33 Rdnr. 11.

In der GRC setzt sich damit abschließend die Beobachtung fort, dass die Arbeitsrechte gerade neben bzw. zusätzlich zu dem Recht auf soziale Sicherheit und auf Sozialleistungen, das allgemein nochmals in Art. 34 GRC geregelt ist, eingeräumt und geregelt werden.

4. Zwischenergebnis

Aus dem Unionsrecht lassen sich vor allem Forderungen nach einer (Voll-) Beschäftigungspolitik ableiten. Auch hier wird aber erkennbar, dass es nicht mehr allein um die Verwirklichung eines wirtschaftlich prosperierenden Binnenmarktes geht, sondern zunehmend das Individuum mit seinen Bedürfnissen in den Mittelpunkt gerückt wird, was nicht zuletzt in der Grundrechtecharta deutlich zum Ausdruck kommt. Dass Arbeit jedenfalls ein solches Bedürfnis ist, wird durch die soeben vorgestellten Bestimmungen deutlich anerkannt.

IV. Nationales Verfassungsrecht

Normenhierarchisch ist als nächste Ebene das nationale Verfassungsrecht zu behandeln. Dieses gibt sich beim Thema Arbeit eher schweigsam. „Arbeit" wird wörtlich in Art. 9 Abs. 3 GG erwähnt, in Art. 12 GG „verschämt" unter dem Topos „Berufsfreiheit" mehrmals genannt und schließlich spricht Art. 12a GG das „Arbeitsverhältnis" an.[1126] Im Folgenden soll gezeigt werden, dass das Interesse an Arbeit gleichwohl an einigen Stellen der Verfassung geschützt wird bzw. als schützenswertes Ziel impliziert wird.

1. Die Berufsfreiheit in Art. 12 GG

a) Zur Bedeutung der Vorschrift

Art. 12 GG ist die Zentralnorm des Grundgesetzes, wenn es um den Schutz des Berufes und der Arbeit geht. In Art. 12 Abs. 1 S. 1 GG heißt es: „Alle Deutschen haben das Recht, Beruf, Arbeitsplatz und Ausbildungsstätte frei zu wählen." Nach S. 2 kann die Berufsausübung aber durch oder aufgrund eines Gesetzes geregelt werden. Anders noch als Art. 163 der Weimarer Reichsverfassung[1127] enthält Art. 12 GG damit keine Forderung nach Arbeit für jedermann. Ein

1126 *Breinlinger,* in: Thüsing/Creutzfeldt/Hanau u. a. (Hrsg.): FS Bepler, 2012, S. 27.
1127 Art. 163 WRV: „Jeder Deutsche hat unbeschadet seiner persönlichen Freiheit die sittliche Pflicht, seine geistigen und körperlichen Kräfte so zu betätigen, wie es das Wohl der Gesamtheit erfordert. Jedem Deutschen soll die Möglichkeit gegeben werden, durch wirtschaftliche Arbeit seinen Unterhalt zu erwerben. Soweit ihm angemessene

maßgeblicher Grund dafür ist wiederum die Erkenntnis, dass Grundrechte „keine falschen Hoffnungen erwecken und nicht schön stilisierte Kulissen der Menschheitsbeglückung aufrichten“ sollen, „deren rechtlich greifbarer Wert hinter der Großartigkeit der Worte zurückbleiben muss“.[1128] Den Autoren des Grundgesetzes ging es v.a. um den Schutz vor staatlicher Reglementierung; eine Anreicherung mit sozialen Rechten in Anlehnung an Gewerkschaftsforderungen oder die internationale Menschenrechtsdimension wurde zwar diskutiert, aber verworfen.[1129]

Art. 12 GG erfasst die selbstständige wie die nichtselbstständige Tätigkeit. Das Grundrecht der Berufsfreiheit soll so für alle sozialen Schichten Bedeutung gewinnen, die Arbeit als Beruf für alle „gleichen Wert und gleiche Würde“ haben.[1130] Man kann daraus schließen, dass Beruf wie Arbeit letztlich auf der Menschenwürde des Art. 1 Abs. 1 GG gründen.[1131] Dementsprechend macht das *BVerfG* den „eigentlichen Kern der Gewährleistung dieses Grundrechts“ in seinem „personalen Kern“, in seinem „personalen Grundzug“ aus.[1132]

Wenn man untersucht, worin der besondere Wert der Berufsfreiheit, also des Rechts des Einzelnen, einen Beruf seiner Wahl zu ergreifen und darin glücklich zu werden, besteht, kann man eine dreifache Bedeutung des Grundrechts entdecken.[1133]

aa) Die freie Entfaltung der Persönlichkeit

Das *BVerfG* sieht die Bedeutung des Grundrechts *primär* in der spezifischen Form der Persönlichkeitsentfaltung, die der Einzelne im Beruf finden kann, und schlägt damit die Brücke zur Stellung der Arbeit in der Philosophie des

---

Arbeitsgelegenheit nicht nachgewiesen werden kann, wird für seinen notwendigen Unterhalt gesorgt.“

1128 *Badura,* in: Blumenwitz/Randelzhofer (Hrsg.): FS Berber, 1973, S. 11 (43); vgl. auch *Borrmann,* Der Schutz der Berufsfreiheit im deutschen Verfassungsrecht und im europäischen Gemeinschaftsrecht, 2002, S. 94; *Murswiek,* in: Isensee/Kirchhof (Hrsg.): Handbuch des Staatsrechts, Bd. IX, 2011, § 192 Rdnr. 50.

1129 Dazu m.w.N. *Bryde,* NJW 1984, S. 2177 (2179).

1130 BVerfGE 7, 377 (397).

1131 *Häberle,* JZ 1984, S. 345 (348).

1132 BVerfGE 50, 290 (364 f.).

1133 Diese Einteilung folgt maßgeblich *Depenheuer,* in: Badura/Dreier (Hrsg.): FS 50 Jahre BVerfG, 2001, S. 241 (245 ff.); ähnlich *Wieland,* VVdStRL 59 (2000), S. 13 (31) und Meder/Brechmann/*Schmidt am Busch,* Art. 167 BV, Rdnr. 1 zu Art. 167 BayVerf.

deutschen Idealismus.[1134] Bereits früh hat das *BVerfG* den Bezug der Arbeit zur Persönlichkeit des Menschen im Ganzen hergestellt.[1135] So heißt es in BVerfGE 30, 292 (334): „ […] schützt Art. 12 Abs. 1 GG die Freiheit des Bürgers, jede Tätigkeit, für die er sich geeignet glaubt, als Beruf zu ergreifen, d.h. zur Grundlage seiner Lebensführung zu machen und damit seinen Beitrag zur gesellschaftlichen Gesamtleistung selbst zu bestimmen. Das Grundrecht der Berufsfreiheit ist also *in erster Linie* persönlichkeitsbezogen. Es konkretisiert das Grundrecht auf freie Entfaltung der Persönlichkeit […] im Bereich der individuellen Leistung und Existenzerhaltung. Das Grundrecht der Berufsfreiheit ist in hohem Maße ‚zukunftsgerichtet'." Weiter heißt es in Entscheidungen des *BVerfG*: „ […] der ‚Beruf' wird in seiner Beziehung zur Persönlichkeit des Menschen im ganzen verstanden, die sich erst darin voll ausformt und vollendet, dass der Einzelne sich einer Tätigkeit widmet, die für ihn Lebensaufgabe und Lebensgrundlage ist."[1136] An anderer Stelle heißt es, dass „das Grundrecht des Art. 12 Abs. 1 GG die menschliche Persönlichkeit, die nach der Ordnung des Grundgesetzes der oberste Rechtswert ist, in einem für ihre Selbstbestimmung in der arbeitsteiligen Industriegesellschaft besonders wichtigen Bereich schützt".[1137] Das *BVerfG* sieht die Berufsarbeit also als ein wesentliches Stück der Persönlichkeitsentfaltung an und erkennt ihr deshalb im Rahmen der individuellen Lebensgestaltung des Einzelnen einen besonders hohen Rang zu.[1138] Dementsprechend steht sie in engem Zusammenhang mit den Gewährleistungen aus der Menschenwürde und dem Allgemeinen Persönlichkeitsrecht.[1139] Auch in der Literatur wird dieser Aspekt des Grundrechts betont, wenn es etwa heißt, dass das Grundrecht sowohl als Garantie selbstverantwortlicher Existenzgestaltung und individueller Persönlichkeitsentfaltung als auch als soziale Statusbestimmung des Einzelnen diene,[1140] oder dass sich im Beruf als Lebensaufgabe und Grundlage der

1134 *Depenheuer,* in: Badura/Dreier (Hrsg.): FS 50 Jahre BVerfG, 2001, S. 241 (245); krit. zu einer solchen Überbetonung des Aspekts der Persönlichkeitsentfaltung etwa *Hege,* Das Grundrecht der Berufsfreiheit im Sozialstaat, 1977, S. 60 ff.

1135 BVerfGE 7, 377 (397); M/D/*Scholz,* Art. 12 GG, Rdnr. 20.

1136 BVerfGE 7, 377 (397); 50, 290 (362).

1137 BVerfGE 41, 251 (263 f.).

1138 So zusammengefasst in BVerfGE 32, 54 (71).

1139 *Hufen,* NJW 1994, S. 2913 (2914); v. Mangoldt/Klein/Stark/*Manssen,* Art. 12 GG, Rdnr. 4; M/D/*Scholz,* Art. 12 GG, Rdnr. 20.

1140 *Depenheuer,* in: Badura/Dreier (Hrsg.): FS 50 Jahre BVerfG, 2001, S. 241 (246); M/D/*Scholz,* Art. 12 GG, Rdnr. 20; vgl. auch *Herzog,* in: Hanau/Heither/Kühling (Hrsg.): FS Dieterich, 1999, S. 1; *Hoffmann,* AöR 107 (1982), S. 177 (182).

wirtschaftlichen Existenz die Persönlichkeit „par excellence“ entfalte.[1141] Auch *Hufen* betont die Bedeutung des Grundrechts für den Kern menschlicher Selbstbestimmung und Selbstverwirklichung und bezieht sich hierbei bewusst auf *Hegel*.[1142] Zudem sei der Berufsfreiheit ein sozialer Bezug immanent, weil Beruf und Wirtschaft immer zugleich auch soziale Interaktionen seien.[1143]

Mögen sich in tatsächlicher Hinsicht auch die meisten Entscheidungen zu Art. 12 GG auf die selbstständig Tätigen beziehen, weist *Depenheuer* zurecht darauf hin, dass das Grundrecht seine Bedeutung ebenso für den angestellten Fließbandarbeiter entfaltet, denn auch dieser bildet sich in der Arbeit fort, gewinnt Selbstvertrauen und Selbstbewusstsein, indem er nicht anderen „auf der Tasche liegt“; Sinnerfüllung in der beruflichen Arbeit ist eben etwas anderes als Lebenserfüllung.[1144] Der Mensch gewinnt in der Arbeit immer einen Teil seiner Identität und Selbstachtung, er ist zur Arbeit verdammt und zugleich berufen; in ihr manifestieren sich Wert und Würde der Person.[1145] Gerade aus dieser sozialethischen Verwurzelung der beruflichen Tätigkeit in der individuellen Selbstverwirklichung in und durch Arbeit wird ein besonderer Rang des Grundrechts abgeleitet.[1146]

bb) Die Schaffung einer materiellen Lebensgrundlage

Daneben hat das Grundrecht auch eine ökonomische Komponente, d.h. es ist funktional auf Schaffung und Erhaltung eines Lebensunterhalts ausgerichtet.[1147] Dieser kommerzielle Aspekt darf aber zu keiner ideellen Geringschätzung des Grundrechts führen, denn schließlich setzt jede Freiheitsbetätigung eine materielle Lebensgrundlage voraus.[1148] So forderte etwa *Badura*[1149], dass die Berufsfreiheit zum „zentralen Freiheitsrecht der persönlichen Lebensführung“ werden müsse, weil sie für die meisten Menschen die materielle Daseinsgrundlage

1141 v. Münch/Kunig/*Kämmerer*, Art. 12 GG, Rdnr. 1.

1142 *Hufen*, NJW 1994, S. 2913 (2914) mit dem Verweis auf *Hegel*, Grundlinien der Philosophie des Rechts, 1986, § 196 ff.

1143 *Hufen*, NJW 1994, S. 2913 (2914).

1144 *Depenheuer*, in: Badura/Dreier (Hrsg.): FS 50 Jahre BVerfG, 2001, S. 241 (246).

1145 *Schneider*, VVdStRL 43 (1985), S. 7 (15).

1146 *Depenheuer*, in: Badura/Dreier (Hrsg.): FS 50 Jahre BVerfG, 2001, S. 241 (247).

1147 St. Rspr. des BVerfG seit BVerfGE 7, 377 (397); *Depenheuer*, in: Badura/Dreier (Hrsg.): FS 50 Jahre BVerfG, 2001, S. 241 (247); v. Mangoldt/Klein/Stark/*Manssen*, Art. 12 GG, Rdnr. 10.

1148 *Depenheuer*, in: Badura/Dreier (Hrsg.): FS 50 Jahre BVerfG, 2001, S. 241 (248).

1149 *Badura*, in: Hanau/Müller/Wiedemann u. a. (Hrsg.): FS Herschel, 1982, S. 21 (23).

darstelle. Genau dies unterscheide die Berufsfreiheit von der normalen wirtschaftlichen Betätigungsfreiheit: Sie dient der Daseinssicherung und Lebensführung.[1150] Auch das *BVerfG* erkannte frühzeitig an, dass „die große Mehrzahl der Staatsbürger ihre wirtschaftliche Existenzsicherung weniger durch privates Sachvermögen, sondern durch den Arbeitsertrag und die daran anknüpfende solidarisch getragene Daseinsvorsorge erlangt".[1151]

cc) Erwirtschaftung eines Bruttoinlandsprodukts als Grundbedingung des Sozialstaates

Zuletzt sollte man sich aber auch noch die soziale Dimension des Grundrechts bewusst machen. Denn der Staat kann nur dank der Arbeit seiner Bürger leben. Durch ihre Arbeit verdienen sie die Mittel, an denen der Staat durch Steuern partizipieren kann, die ihm wiederum die Erfüllung von Gemeinwohlaufgaben ermöglichen. Damit werden Beruf, Arbeit und Bildung zu den Grundlagen von Freiheit, Gleichheit und sozialer Sicherheit der Bürger.[1152] Zudem entlastet der Einzelne, indem er seine Lebensgrundlage selbst erwirtschaftet, die staatliche Gemeinschaft.[1153] In diesem Sinne kann man durchaus sagen, dass die Arbeit des Einzelnen auch einen Bezug zum Allgemeinwohl hat.[1154]

b) Die klassische freiheitsrechtliche Dimension

Doch was folgt nun aus dieser Bedeutung? Welche Schutzdimensionen hat die so wichtige Berufsfreiheit? In erster Linie ist Art. 12 GG liberales Freiheits- und Abwehrrecht, ohne umgekehrt das Recht zu beinhalten, in einem gewählten Beruf auch tatsächlich Arbeit und Verdienst zu finden.[1155] Erst recht ist damit kein Anspruch verbunden, einen bestimmten Arbeitsplatz eigener Wahl bereitgestellt zu bekommen.[1156] Es geht also darum, freien Zugang zur Arbeit zu schaffen und staatliche Hindernisse für die freie Berufsausübung zu verhindern. Dass dies aber noch nicht die volle Dimension des Grundrechts abdeckt, deutet sich

---

1150 *Badura,* in: Hanau/Müller/Wiedemann u. a. (Hrsg.): FS Herschel, 1982, S. 21 (28).

1151 BVerfGE 40, 65 (84); 42, 176 (190 f.).

1152 *Badura,* in: Hanau/Müller/Wiedemann u. a. (Hrsg.): FS Herschel, 1982, S. 21 (23); *Depenheuer,* in: Badura/Dreier (Hrsg.): FS 50 Jahre BVerfG, 2001, S. 241 (242).

1153 *Depenheuer,* in: Badura/Dreier (Hrsg.): FS 50 Jahre BVerfG, 2001, S. 241 (248).

1154 Und diese Bedeutung der Arbeit kann man ja bereits seit dem Mittelalter beobachten.

1155 *Borrmann,* Der Schutz der Berufsfreiheit im deutschen Verfassungsrecht und im europäischen Gemeinschaftsrecht, 2002, S. 47; M/D/*Scholz,* Art. 12 GG, Rdnr. 47.

1156 BVerfGE 84, 133 (146); vgl. ergänzend die Nachweise unter I. 4.

schon in der Formulierung des *BVerfG* an, dass Art. 12 Abs. 1 GG auch das Recht, einen Arbeitsplatz nach eigener Wahl anzunehmen, *beizubehalten* oder aufzugeben, schütze.[1157]

c) Art. 12 Abs. 1 GG als Teilhaberecht?

Es gibt in der Rechtsprechung des *BVerfG* sogar Ansätze, aus den Freiheitsverbürgungen der Grundrechte Teilhabeansprüche abzuleiten. So hat das Gericht etwa im Zusammenhang mit dem Ausbildungswesen ausgeführt, dass die Grundrechte zugleich eine objektive Wertordnung bilden, „die als verfassungsrechtliche Grundentscheidung für alle Bereiche des Rechts Geltung beansprucht, und dass daher die Grundrechte nicht nur Abwehrrechte des Bürgers gegen den Staat sind. Je stärker der moderne Staat sich der sozialen Sicherung und der kulturellen Förderung der Bürger zuwendet, desto mehr tritt im Verhältnis zwischen Bürger und Staat neben das ursprüngliche Postulat grundrechtlicher Freiheitssicherung vor dem Staat die komplementäre Forderung nach grundrechtlicher Verbürgung der Teilhabe an staatlichen Leistungen“.[1158] Denn das Grundrecht der freien Wahl der Ausbildungsstätte ziele seiner Natur nach auf freien Zugang zu Einrichtungen ab; es sei ohne die tatsächliche Voraussetzung, es in Anspruch nehmen zu können, wertlos.[1159] Dies folgt der Erkenntnis, dass Freiheitsgarantien generell nur in dem Maße etwas wert sind, in dem die Berechtigten auch sozial-reale Chancen haben, Gebrauch von diesen Freiheiten zu machen.[1160] Die Entscheidung bezog sich allerdings auf bereits vorhandene Studienplätze. Ob der Einzelne auch einen Anspruch auf die Schaffung neuer, zusätzlicher Studienplätze habe, ließ das Gericht offen, betonte aber jedenfalls den „Vorbehalt des Möglichen“.[1161] Der Teilhabeaspekt wird auch im Zusammenhang mit Arbeitsvermittlung angesprochen, wenn etwa angeführt wird, dass die Teilhabe an den (bestehenden!) Möglichkeiten staatlicher Arbeitsvermittlung grundrechtlich fundiert sein dürfte, was auch Art. 29 der GRC entspreche.[1162]

1157 BVerfGE 85, 360 (372 f.); 97, 169 (175); 108, 150 (165).

1158 BVerfGE 33, 303 (330).

1159 BVerfGE 33, 303 (331).

1160 *Borrmann,* Der Schutz der Berufsfreiheit im deutschen Verfassungsrecht und im europäischen Gemeinschaftsrecht, 2002, S. 93.

1161 BVerfGE 33, 303 (332 ff.); *Borrmann,* Der Schutz der Berufsfreiheit im deutschen Verfassungsrecht und im europäischen Gemeinschaftsrecht, 2002, S. 97.

1162 *Jarass/Pieroth,* GG, Art. 12 Rdnr. 24; Umbach/Clemens/*Umbach,* Art. 12 GG, Rdnr. 60 stützt dies maßgeblich auf das Sozialstaatsprinzip.

Für die vorliegende Untersuchung kann hieraus gefolgert werden: Einerseits wird anerkannt, dass ein Grundrecht der Berufsfreiheit nur dann einen Wert hat, wenn der einzelne überhaupt Arbeit haben kann; anderseits ergibt sich aus der bisherigen Rechtsprechung des *BVerfG* gerade nicht, dass der Bürger einen Anspruch auf Schaffung neuer Arbeitsplätze hätte.

d) Art. 12 GG als objektives Verfassungsrecht und daraus folgende Schutzpflichten

Aus der bereits im Absatz zuvor angesprochenen Erkenntnis, dass die Berufsfreiheit – wie alle Grundrechte – nicht nur ein subjektives Abwehrrecht konstituiert, sondern auch eine objektiv-rechtliche Wertentscheidung von besonderem Rang enthält,[1163] werden noch weitere Schlüsse gezogen, die deutlich in Richtung eines aktiven Schutzes der Berufsfreiheit zielen.

aa) Schutzpflichten

Auch wenn Art. 12 Abs. 1 GG keinen Anspruch auf einen konkreten Arbeitsplatz vermittelt, kommt in der Diskussion um das Recht auf Arbeit bzw. das Recht der Arbeit doch schlicht die Gefährdung und Schutzbedürftigkeit der abhängigen Arbeit zum Ausdruck. Diese Gesichtspunkte wurden durchaus gesehen und in dogmatischer Hinsicht in die grundrechtliche Schutzpflichtenlehre überführt.[1164] Denn Grundrechte dürfen nicht allein, wie *Rupp* es formulierte, „zu bloßen Schutzgehegen derjenigen werden, die sich ihre soziale Unabhängigkeit und die Beherrschung ihres Lebensraums noch bewahrt haben“.[1165] Daher ist es nicht nur Aufgabe der grundrechtlichen Freiheitsverbürgungen, den Staat am Eingriff in Freiheit zu hindern, sondern auch, ihn zu verpflichten, gefährdete Freiheit aktiv zu stützen, zu sichern und zu festigen.[1166] Deshalb entnehmen einige Art. 12 GG auch eine objektiv-rechtliche Pflicht des Staates, Arbeitsplätze zu schaffen.[1167] Ist für eine derartige Verpflichtung die Gewährleistung des Art. 12 Abs. 1 GG

1163 M/D/*Scholz,* Art. 12 GG, Rdnr. 4.

1164 *Depenheuer,* in: Badura/Dreier (Hrsg.): FS 50 Jahre BVerfG, 2001, S. 241 (259).

1165 *Rupp,* AöR 101 (1976), S. 161 (164).

1166 *Rupp,* AöR 101 (1976), S. 161 (179).

1167 *Häberle,* JZ 1984, S. 345 (352); v. Mangoldt/Klein/Stark/*Manssen,* Art. 12 GG, Rdnr. 11; *Schneider,* VVdStRL 43 (1985), S. 7 (21); dieser Auftrag dürfte wohl unbestritten sein, allerdings greifen andere Autoren zusätzlich oder ausschließlich auf das Sozialstaatsprinzip bzw. auf Art. 109 Abs. 2 GG zurück, vgl. etwa Stern/*Dietlein,* § 111, VI 2 a m.w.N.

richtigerweise aber nur ein Aspekt, kommt die Schutzpflichtdimension der Vorschrift vor allem dort voll zum Tragen, wo sozial unterschiedlich starke Antagonisten innerhalb eines Rechtsverhältnisses konkurrieren, wie dies insbesondere bei Arbeitgeber und Arbeitnehmer der Fall ist.[1168] Das *BVerfG* hat die grundrechtlichen Schutzpflichten maßgeblich im Abtreibungsurteil[1169] zu Art. 2 Abs. 2 GG i.V.m. Art. 1 Abs. 1 GG entwickelt.[1170] Damit erkennt das Gericht an, dass der Staat wegen des umfassenden Schutzauftrages der Grundrechte dazu verpflichtet sein kann, den Bürger mit rechtlichen Mitteln vor rechtswidrigen Zugriffen anderer Privater zu schützen. Im Regelungsbereich des Art. 12 GG ist der Gesetzgeber unter diesem Aspekt etwa zu einer angemessenen und fairen Gestaltung der innerbetrieblichen Arbeitsbeziehungen verpflichtet.[1171]

Dogmatische Konturen erlangt das Grundrecht auf freie Wahl des Arbeitsplatzes hinsichtlich seiner Schutzwirkung gegenüber Arbeitgeberkündigungen erstmals in BVerfGE 84, 133 betreffend die massenhafte Beendigung von Arbeitsverhältnissen des öffentlichen Dienstes der DDR im Zuge des Einigungsvertrages:[1172] Mit dem Schutz der freien Wahl eines Arbeitsplatzes sei neben der Entscheidung für eine konkrete Beschäftigung auch der Wille des einzelnen erfasst, diese Beschäftigung *beizubehalten* oder aufzugeben. Art. 12 GG schütze damit gegen alle staatlichen Maßnahmen, die in diese Wahlfreiheit eingriffen, er beinhalte aber ebenso wenig wie einen Anspruch auf Zuteilung eines konkreten Arbeitsplatzes eine Bestandsgarantie für einen einmal gewählten Arbeitsplatz. Das Grundrecht verleihe auch keinen unmittelbaren Schutz gegen Arbeitsplatzverlust aufgrund privater Dispositionen; hier ergebe sich für den Staat aus Art. 12 GG nur eine Schutzpflicht, der durch den bestehenden Kündigungsschutz hinreichend Rechnung getragen sei.[1173] Dem schloss sich auch schnell die Literatur an, sodass man es heute als Gemeingut ansehen kann, dass ein arbeitsrechtlicher Kündigungsschutz zur Erfüllung der staatlichen Schutzpflicht aus Art. 12 Abs. 1 GG geboten ist.[1174]

1168 BAGE 76, 155 (169); *Badura*, in: Hanau/Müller/Wiedemann u. a. (Hrsg.): FS Herschel, 1982, S. 21 (34); v. Münch/Kunig/*Kämmerer*, Art. 12 GG, Rdnr. 2.

1169 BVerfGE 39, 1 (insb. 41 f.).

1170 *Klein*, NJW 1989, S. 1633 (1634).

1171 Vgl. bereits *Badura*, in: Blumenwitz/Randelzhofer (Hrsg.): FS Berber, 1973, S. 11 (26 ff.).

1172 *Kühling*, in: Hanau/Heither/Kühling (Hrsg.): FS Dieterich, 1999, S. 325 (327).

1173 BVerfGE 84, 133 (146 f.); später ebenso BVerfGE 85, 360 (372 f.); 92, 140 (150); 97, 169 (175).

1174 Vgl. etwa *Gamillscheg*, Die Beendigung des Arbeitsverhältnisses, 2001, S. 41; *Gamillscheg*, Die Grundrechte im Arbeitsrecht, 1989, S. 58; *Hanau*, in: Hanau/Heither/

Eine solche Schutzpflicht ist auch dringend angeraten, denn wenn sich das Risiko, seinen einmal erhaltenen Arbeitsplatz grundlos wieder zu verlieren, außerhalb der grundrechtlichen Gewährleistung bewegen würde, hätte Arbeit als Beruf für den überwiegenden Teil der Bevölkerung nicht nur keinen „gleichen Wert", sondern das ganze Grundrecht bliebe wertlos;[1175] oder anders ausgedrückt: „Für den Arbeitslosen ist die Berufsfreiheit nutzlos."[1176] Die freie Wahl des Arbeitsplatzes macht schließlich nur dann Sinn, wenn man den so gewählten Arbeitsplatz nicht grundlos wieder verlieren kann.[1177] Dies gilt umso mehr als die Kündigungsfrage für einen Arbeitnehmer und seine Angehörigen wirtschaftlich zur Existenzfrage werden kann.[1178] Gute Gründe also, warum der Gesetzgeber dazu ermächtigt, aber auch berufen ist, den Inhalt der Berufsfreiheit aktiv und konstitutiv zu gestalten, auch wenn ihm dabei ein weiter Beurteilungs- und Handlungsspielraum zukommt.[1179] Denn – um es nochmals in den Worten *Hoffmann-Riems* auszudrücken – wenn „Freiheit als Möglichkeit zur Selbstverwirklichung verstanden [wird], so fordert ihre Sicherung für die Mehrzahl der Bevölkerung einen Schutz vorrangig am Arbeitsplatz".[1180]

Gleichwohl ist hinsichtlich des Kündigungsschutzes zu berücksichtigen, dass auch das Kündigungsrecht des Arbeitgebers von dessen Berufsfreiheit geschützt ist.[1181] Deswegen wird betont, dass sozialstaatliche Regelungen des Kündigungsschutzes wie im KSchG, SchwBehG oder MSchG nur mit Art. 12 GG vereinbar sind, weil hierfür gleichwertige soziale Gründe streiten.[1182] Auch das *BVerfG* sieht in den Kündigungsfällen auf beiden Seiten den Schutzbereich des Art. 12 GG als betroffen an (auf der einen Seite das Interesse des Arbeitnehmers, seinen Arbeitsplatz zu behalten, auf der anderen Seite das Interesse des Arbeitgebers,

---

Kühling (Hrsg.): FS Dieterich, 1999, S. 201 (209); *Jarass/Pieroth*, GG, Art. 12 Rdnr. 24; Umbach/Clemens/*Umbach*, Art. 12 GG, Rdnr. 34; Dreier/*Wieland*, Art. 12 GG, Rdnr. 152; abl. aber z.B. *Franzen*, in: Krause/Schwarze (Hrsg.): FS Otto, 2008, S. 71 (75); *Lindner*, RdA 2005, S. 166 (167 ff.).

1175 *Hoffmann*, AöR 107 (1982), S. 177 (185); v. Mangoldt/Klein/Stark/*Manssen*, Art. 12 GG, Rdnr. 10; restriktiver aber M/D/*Scholz*, Art. 12 GG, Rdnr. 57.

1176 *Hesse*, Grundzüge des Verfassungsrechts der Bundesrepublik Deutschland, 1999, Rdnr. 214.

1177 *Hanau*, in: Hanau/Heither/Kühling (Hrsg.): FS Dieterich, 1999, S. 201 (205).

1178 v. Mangoldt/Klein/Stark/*Manssen*, Art. 12 GG, Rdnr. 10.

1179 So bereits *Hoffmann-Riem*, in: Stödter/Thieme (Hrsg.): FS Ipsen, 1977, S. 385 (394 f.).

1180 *Hoffmann-Riem*, in: Stödter/Thieme (Hrsg.): FS Ipsen, 1977, S. 385 (397).

1181 BVerfGE 97, 169 (176); M/D/*Scholz*, Art. 12 GG, Rdnr. 58; *Papier*, DVBl. 1984, S. 801 (813).

1182 *Preis*, NZA 1997, S. 1256 (1257); M/D/*Scholz*, Art. 12 GG, Rdnr. 59.

nur die Arbeitnehmer zu beschäftigen, die er beschäftigen möchte, und auch nur in der von ihm gewünschten Anzahl), sodass letztlich ein Problem praktischer Konkordanz besteht. Die kollidierenden Grundrechtspositionen sind also in ihrer Wechselwirkung zu erfassen und so zu begrenzen, dass sie für alle Beteiligten möglichst weitgehend wirksam werden.[1183]

Stets ist also zu berücksichtigen, dass „Eingehung und Ausgestaltung von Arbeitsverhältnissen zweiseitige Wahrnehmungen des Grundrechts der Berufsfreiheit sind",[1184] es streitet für den Arbeitnehmer wie für den Arbeitgeber, sodass deren Positionen in einen angemessenen Ausgleich zu bringen sind, was durch den – grundsätzlich privatautonomen – Arbeitsvertrag erfolgt.[1185] Allerdings hat das *BVerfG* dieser Vertragsfreiheit Grenzen gesetzt: Der Vertrag müsse aus einer ungestörten, wahren Vertragsparität beider Teile hervorgehen und das Ergebnis strukturell gleicher Verhandlungsstärke sein; gegen Beeinträchtigungen der Berufsfreiheit wegen mangelnden Kräftegleichgewichts könne ein Einschreiten des Gesetzgebers geboten sein.[1186] Begründet wurde dies wiederum mit der objektiven Werteordnung, die in den Grundrechten zum Ausdruck komme und die mittels gesetzlicher Vorschriften, die sozialem und wirtschaftlichem Ungleichgewicht entgegenwirkten, zu verwirklichen sei.[1187] Auch unter Berücksichtigung des weiten gesetzgeberischen Gestaltungsspielraums könne der Staat verpflichtet sein, regelnd auf Privatrechtsbeziehungen einzuwirken, damit sich dort die Grundrechtsposition des Arbeitnehmers verwirklichen könne.[1188] Die verfassungsrechtliche Schutzpflicht sei jedenfalls dann verletzt, wenn die öffentliche Gewalt Schutzvorkehrungen entweder gänzlich unterlassen hat oder diese völlig ungeeignet oder unzulänglich sind.[1189] Ein solches Eingreifen ist sachgerecht, weil über den Arbeitsvertrag nicht immer ein strukturelles Gleichgewicht hergestellt werden kann – ist doch der Arbeitnehmer typischerweise in einer

---

1183 BVerfGE 97, 169 (176).

1184 *Papier*, DVBl. 1984, S. 801 (812).

1185 *Depenheuer*, in: Badura/Dreier (Hrsg.): FS 50 Jahre BVerfG, 2001, S. 241 (259); krit. zu dieser „Verdrängung von Art. 12 GG durch den Arbeitsvertrag aber *Hoffmann-Riem*, in: Stödter/Thieme (Hrsg.): FS Ipsen, 1977, S. 385 (391).

1186 BVerfGE 81, 242 ff.; krit. *Depenheuer*, in: Badura/Dreier (Hrsg.): FS 50 Jahre BVerfG, 2001, S. 241 (259).

1187 BVerfGE 81, 242 (254 f.).

1188 BVerfGE 81, 242 (255).

1189 BVerfGE 81, 242 (252 ff.); 88, 203 (254); 108, 150 (166); M/D/*Scholz*, Art. 12 GG, Rdnr. 4.

unterlegenen Stellung,[1190] die weder durch kollektivrechtliche Regelungen noch durch eine gute Beschäftigungslage völlig ausgeglichen wird.[1191] Die Tatsache, dass der Arbeitsnehmer dem Arbeitgeber typischerweise unterlegen und in gewisser Weise „ausgeliefert" ist, wird also auch durch das *BVerfG* anerkannt. Vor allem aber kann nach diesem Abschnitt festgehalten werden: Das Interesse an der Arbeit ist vom Staat zu schützen, auf seine Verwirklichung ist aktiv hinzuwirken; wenn etwa beim Kündigungsschutz das Interesse des Arbeitgebers, Arbeitnehmer zu kündigen und damit seine wirtschaftliche Betätigungsfreiheit auszuüben, mit dem Interesse des Arbeitnehmers am Erhalt seines Arbeitsplatzes abgewogen wird, zeigt dies doch ganz klar: Arbeit ist im Rahmen des Art. 12 GG ein verfassungsrechtlich anerkanntes Interesse. Genau dasselbe gilt dann aber auch für § 34 StGB und die dortige Interessenabwägung.

bb) Grundrechte als objektive Wertordnung

Über die Schutzpflichtenlehre hinaus erlangt die Berufsfreiheit aber auch noch auf der Ebene des einfachen Gesetzesrechts Bedeutung: Als Ausdruck einer objektiven Wertordnung, in deren Mittelpunkt sich die in der sozialen Gemeinschaft frei entfaltende Persönlichkeit und ihre Würde befindet,[1192] durchdringen die Grundrechte die Auslegung und Anwendung des Privatrechts, auch wenn sie selbstverständlich nicht unmittelbar Anwendung finden können.[1193] Das Instrument für die Anwendung der Grundrechte im Verhältnis zwischen Privaten ist ihre mittelbare Dritt- oder Ausstrahlungswirkung.[1194] Auch Art. 12 GG enthält

1190 *Badura,* in: Hanau/Müller/Wiedemann u. a. (Hrsg.): FS Herschel, 1982, S. 21 (29 f.); *Hoffmann-Riem,* in: Stödter/Thieme (Hrsg.): FS Ipsen, 1977, S. 385 (398); vgl. auch *Fabricius,* Menschenrechte und Europäische Politik, 1998, S. 150; v. Münch/Kunig/*Kämmerer,* Art. 12 GG, Rdnr. 2.

1191 BAGE 76, 155 (169).

1192 Dazu grundlegend die Lüth-Entscheidung des BVerfG, BVerfGE 7, 198 (insb. 204 f.).

1193 Stern/*Dietlein,* § 111, VI 4.

1194 *Borrmann,* Der Schutz der Berufsfreiheit im deutschen Verfassungsrecht und im europäischen Gemeinschaftsrecht, 2002, S. 99; *Hoffmann,* Berufsfreiheit als Grundrecht der Arbeit, 1981, S. 254; *Schneider,* VVdStRL 43 (1985), S. 7 (34); verkürzt ausgedrückt haben die beiden Gruppen „Schutzpflichten" und „mittelbare Drittwirkung" die gleiche Funktion und Stoßrichtung: Den betroffenen Grundrechtspositionen muss auch im Verhältnis zwischen Privaten Rechnung getragen werden. Dies kann durch den Gesetzgeber erfolgen – dann spricht man klassischerweise von Schutzpflichten – oder mittels Auslegung des vorhandenen Rechts (insbesondere der Generalklauseln) durch die Fachgerichte – dann meist als mittelbare Drittwirkung bezeichnet; s.a. BAG NZA 1995, 269 (271).

„eine klare materielle Wertentscheidung des Grundgesetzes für einen konkreten wichtigen Lebensbereich".[1195] Das *BVerfG* hat dementsprechend nicht allein den Gesetzgeber in der Pflicht gesehen, die Wertentscheidung des Art. 12 Abs. 1 GG zu sichern, sondern auch die Fachgerichte bei der Anwendung und Auslegung einfachen Gesetzesrechts, gerade auch von Kündigungsregelungen.[1196] Dies könne insbesondere über die Auslegung von Generalklauseln erfolgen oder indem vertraglichen Regelungen unter Rückgriff auf die §§ 138, 242 BGB ihre Wirkung versagt werde.[1197] Inwiefern die Berufsfreiheit hier Bedeutung erlangen kann und den Arbeitnehmer in seinem Interesse, sich selbst zu verwirklichen, schützt, mag ein kurzes Beispiel aus der Rechtsprechung des *BSG* zur Arbeitslosenversicherung zeigen:[1198]

In dem Verfahren war die Frage zu klären, ob der betroffene Arbeitslose eine ihm vom Arbeitsamt angebotene Arbeit annehmen musste oder ob er sie wegen eines wichtigen Grundes ablehnen durfte. Das *BSG* stellte zunächst fest, dass es im Recht der Arbeitslosenversicherung keinen Berufsschutz in dem Sinne gebe, dass der Betroffene einen Anspruch habe, nur in seinen erlernten Beruf vermittelt zu werden. Gleichwohl hat es bei der Bestimmung des wichtigen Grundes (der zur Ablehnung des Vermittlungsangebots berechtigt) ausgeführt, dass dafür auch die persönlichen Verhältnisse und Interessen des Arbeitslosen zu berücksichtigen seien, zu denen auch ein sachgerechter Vermittlungswunsch gehöre. Das Arbeitsamt habe zunächst zu prüfen, ob diesem Vermittlungswunsch nachgekommen werden könne. Dies ergebe sich insbesondere aus Art. 12 Abs. 1 GG.[1199] Dem Arbeitslosen wird also nicht zugemutet, jede beliebige Arbeit anzunehmen, sondern sein individuelles Interesse an einer bestimmten Art von Arbeit wird anerkannt. Er muss nicht einen beliebigen Arbeitsplatz annahmen, um seinen Anspruch auf Arbeitslosengeld nicht zu verlieren.

Würde man Art. 12 GG auf ein reines Vermögensinteresse (bzw. auf materielle Absicherung) reduzieren, wäre es wohl ausgeschlossen (zumal im Bereich der solidarischen Sozialversicherung), den Berufswunsch des Arbeitslosen zu

---

1195 BVerfGE 7, 377 (404).

1196 Vgl. BVerfGE 92, 140 (152 ff.).

1197 Vgl. BVerfGE 81, 242 (256); 92, 140 (150); 96, 152 (164); zum Teil wird dies auch als Schutzpflicht bezeichnet, die sich eben nicht an den Gesetzgeber, sondern an den Richter wendet.

1198 BSG, Urt. v. 19.06.1979 – 7 Rar 43/78 = BeckRS 1979, 00734; Ein zweites Beispiel wäre der Kündigungsschutz im Kleinbetrieb, der allerdings gesondert unter V. 3. b. behandelt wird.

1199 BSG, Urt. v. 19.06.1979 – 7 Rar 43/78 = BeckRS 1979, 00734.

berücksichtigen. Er müsste dann jede Arbeit (soweit sie nicht aus anderen Gründen unzumutbar ist) annehmen, mit der er sein materielles Auskommen verdienen könnte. Das *BSG* nimmt aber gerade Rücksicht auf die Persönlichkeit des Arbeitnehmers. In einer Werteordnung, die die Persönlichkeit des Einzelnen schätzt, soll diesem auch die Chance gegeben werden, eben diese Persönlichkeit in der Arbeit zu verwirklichen.

e) Direkte Geltung des Grundrechts zwischen Privaten?

Zur Abrundung soll nur kurz ein an sich schon lange überholter Punkt angesprochen werden, der gleichwohl ein Schlaglicht auf die Problematik der vorliegenden Untersuchung werfen kann. Das *BAG* hat in frühen Jahren im Anschluss an *Nipperdey*[1200] eine unmittelbare Geltung der Grundrechte im Arbeitsverhältnis, also zwischen Privaten angenommen.[1201] Diese Sicht ist zwar dogmatisch überholt;[1202] gleichwohl ist es doch interessant, dass immerhin Deutschlands höchstes Arbeitsgericht einmal auf die Idee kam, die Grundrechte direkt anzuwenden – und dies tat es sicher nicht zufällig, sondern vermutlich aus der Erkenntnis heraus, dass das Arbeitsverhältnis und der Arbeitsplatz besonders sensible Regelungsbereiche sind, in denen der Arbeitnehmer geschützt werden muss. Schließlich ist er existentiell auf den Arbeitsplatz angewiesen und der Arbeitgeber umgekehrt meist in einer überlegenen Verhandlungsposition. Dementsprechend ist es kein Zufall, dass ein solcher Versuch, die Grundrechte im Privatrecht direkt fruchtbar zu machen, ausgerechnet im Arbeitsrecht erfolgte. Zudem wurde damit der Grundstein für ein Grundrechtsverständnis gelegt, dass das Arbeitsrecht auch heute maßgeblich prägt – wenn auch auf anderem dogmatischem Weg.[1203] Kein anderes Privatrechtsgebiet ist derart „durchtränkt“[1204]

1200 *Nipperdey,* in: Neumann/Nipperdey/Scheuner (Hrsg.): Die Grundrechte, Bd. II, 1954, S. 20; *Nipperdey,* Grundrechte und Privatrecht, 1961, passim.

1201 Vgl. BAGE 1, 185 (193 ff.); 4, 240 ff.

1202 Ihre inhaltlichen Gedanken wurden aber in die dogmatisch überzeugenderen Kategorien der grundrechtlichen Schutzpflichten und der mittelbaren Drittwirkung der Grundrechte überführt.

1203 Zur Entwicklung und dem Einfluss der Lehre *Nipperdeys* auf die Rechtsprechung des *BAG* ausführlich *Fabisch,* Die unmittelbare Drittwirkung der Grundrechte im Arbeitsrecht, 2010, S. 147 ff.

1204 *Gamillscheg,* Die Grundrechte im Arbeitsrecht, 1989, S. 15; *Breinlinger,* in: Thüsing/Creutzfeldt/Hanau u. a. (Hrsg.): FS Bepler, 2012, S. 27 (39): „grundrechtsimprägniert“.

von den Wertungen der Grundrechte wie das Arbeitsrecht; keine andere Zivilgerichtsbarkeit ist derartig „grundrechtsfreudig" wie die Arbeitsgerichtsbarkeit.[1205]

f) Folgerung für die zu untersuchende Fallgestaltung

Bei der Frage, ob die Begehung einer Straftat zum Erhalt von Arbeitsplätzen über § 34 StGB gerechtfertigt werden kann, handelt es sich um die Anwendung einer einfachgesetzlichen Norm, die in hohem Maße auslegungsbedürftig und -fähig ist. Damit ist sie insbesondere auch grundrechtskonform auszulegen. Somit kann aber auch Art. 12 Abs. 1 GG auf Seiten des Arbeitnehmers berücksichtigt werden.

Das Interesse des Arbeitnehmers sei noch einmal eindrücklich durch die Worte des *BVerfG* beschrieben:

„Bei einer Regelung des Kündigungsschutzes sind auf Seiten des Arbeitnehmers gewichtige Belange in die Waagschale zu werfen. Berufliche Tätigkeit, für die Art. 12 Abs. 1 GG den erforderlichen Freiraum gewährleistet, kann er ausschließlich durch den Abschluß und den Fortbestand von Arbeitsverträgen realisieren (vgl. BVerfGE 81, 242 [254]). Der Arbeitsplatz ist die wirtschaftliche Existenzgrundlage für ihn und seine Familie. Lebenszuschnitt und Wohnumfeld werden davon bestimmt, ebenso gesellschaftliche Stellung und Selbstwertgefühl. Mit der Beendigung des Arbeitsverhältnisses wird dieses ökonomische und soziale Beziehungsgeflecht in Frage gestellt. Die Aussichten, eine ähnliche Position ohne Einbußen an Lebensstandard und Verlust von Nachbarschaftsbeziehungen zu finden, hängen vom Arbeitsmarkt ab. In Zeiten struktureller Arbeitslosigkeit sind sie vor allem für den älteren Arbeitnehmer schlecht. Gelingt es ihm nicht, alsbald einen neuen Arbeitsplatz zu finden, gerät er häufig in eine Krise, in der ihm durch die Leistungen der Arbeitslosenversicherung nur teilweise und auch nur für einen begrenzten Zeitraum geholfen wird."[1206]

Hinsichtlich der Schutzpflichten, die es aus Art. 12 GG ableitet, unterstreicht es noch einmal:

„In sachlicher Hinsicht geht es vor allem darum, Arbeitnehmer vor willkürlichen oder auf sachfremden Motiven beruhenden Kündigungen zu schützen [...]. Soweit unter mehreren Arbeitnehmern eine Auswahl zu treffen ist, gebietet der verfassungsrechtliche Schutz des Arbeitsplatzes in Verbindung mit dem Sozialstaatsprinzip ein gewisses Maß an sozialer Rücksichtnahme (vgl. BVerfGE 84, 133 [154 ff.]; BAGE 79, 128 [138]). Schließlich darf auch ein durch langjährige

---

1205 *Gamillscheg*, Die Grundrechte im Arbeitsrecht, 1989, S. 15 f.
1206 BVerfGE 97, 169 (177).

Mitarbeit erdientes Vertrauen in den Fortbestand eines Arbeitsverhältnisses nicht unberücksichtigt bleiben."[1207]

Dort, wo der Arbeitgeber aus willkürlichen oder sachfremden Motiven kündigt, verlangt Art. 12 GG also immer einen Schutz des Arbeitnehmers. Um genau eine solche Konstellation handelt es sich vorliegend aber, wenn der Arbeitgeber nur kündigen will, weil sich der Arbeitnehmer weigert, eine Straftat zu begehen. Damit zeigt sich, dass aus dem Blickwinkel von Art. 12 GG auch im konkreten Fall der Arbeitnehmer schutzbedürftig ist, das Verhalten des Arbeitgebers dagegen vom Gesetzgeber zu verhindern ist. Das Grundrecht ist hier also eindeutig zugunsten des Arbeitnehmers in die Waagschale zu werfen.

2. Das Sozialstaatsprinzip in Art. 20 Abs. 1 GG und 28 Abs. 1 GG

Aber auch in weiteren Verfassungsbestimmungen finden sich Anhaltspunkte zur Bestimmung des Interesses Arbeit. In den Art. 20 Abs. 1 und 28 Abs. 1 GG ist unter anderem das Sozialstaatsprinzip gewährleistet. Die Entscheidung für die Sozialstaatlichkeit stellt eine der wesentlichsten, aber auch eine der am schwierigsten auszulegenden und zu konkretisierenden sowie umstrittensten Aussagen unserer Verfassung dar.[1208] Seine zentrale Rolle besteht darin, „Wegweiser für die Politik" zu sein.[1209] Nichtsdestotrotz handelt es sich bei ihm nicht lediglich um einen unverbindlichen Programmsatz, sondern um echtes, unmittelbar geltendes und alle Staatsgewalt bindendes Verfassungsrecht.[1210] Es umfasst die objektiv-rechtliche Garantie und den objektiv-rechtlichen Schutz von sowie den objektiv-rechtlichen Auftrag zu sozialer Sicherheit, gerechter Sozialordnung und sozialer Gerechtigkeit.[1211] Auch wenn hier ein umfassender Verfassungsauftrag erteilt wird, begründet das Sozialstaatsprinzip keine sozialen Grundrechte[1212] und insbesondere auch kein verfassungsunmittelbares subjektiv-öffentliches

---

1207 BVerfGE 97, 169 (179).

1208 M/D/*Herzog/Grzeszick*, Art. 20 GG VIII, Rdnr. 1.

1209 *Badura*, DÖV 1989, S. 491 (492).

1210 *Badura*, DÖV 1989, S. 491 (493); M/D/*Herzog/Grzeszick*, Art. 20 GG VIII, Rdnr. 17; v. Münch/Kunig/*Schnapp*, Art. 20 GG, Rdnr. 49.

1211 BVerfGE 5, 85 (198); 22, 180 (204); 27, 253 (283); 33, 303 (334 f.).

1212 M/D/*Herzog/Grzeszick*, Art. 20 GG VIII, Rdnr. 27 ff; *Zacher*, in: Isensee/Kirchhof (Hrsg.): Handbuch des Staatsrechts, Bd. II, 2004, § 28 Rdnr. 113 ff.; vgl. aber BVerfGE 125, 175 (222), wo aus Art. 1 Abs. 1 GG i.V.m. dem Sozialstaatsprinzip das Grundrecht auf Gewährleistung eines menschenwürdigen Existenzminimums abgeleitet wird.

Recht auf Arbeit.[1213] Das Sozialstaatsprinzip enthält einen Gestaltungsauftrag an den Gesetzgeber,[1214] es verpflichtet ihn, für einen Ausgleich der sozialen Gegensätze zu sorgen, belässt ihm dabei aber einen weiten Umsetzungsspielraum;[1215] unmittelbare Handlungsanweisungen lassen sich aus ihm nicht ableiten.[1216]

Immerhin aber bildet das Sozialstaatsprinzip eine Richtschnur für Verwaltung und Gerichte, denn es ist ein Maßstab allen staatlichen Handelns.[1217] Für den Bürger kann das Sozialstaatsprinzip insbesondere dadurch Bedeutung erlangen, dass die Auslegung von einfachgesetzlichen Vorschriften sozialstaatskonform erfolgen muss.[1218]

a) Beschäftigungspolitik

Besondere Aufmerksamkeit erfährt das Sozialstaatsprinzip im Zusammenhang mit der hiesigen Untersuchung dadurch, dass das *BVerfG* wiederholt entschieden hat, dass dem Ziel, Massenarbeitslosigkeit zu bekämpfen, aufgrund des Sozialstaatsprinzips Verfassungsrang zukomme.[1219] Der Abbau von Arbeitslosigkeit ermögliche den zuvor Arbeitslosen, das Grundrecht aus Art. 12 GG zu verwirklichen, sich durch Arbeit in ihrer Persönlichkeit zu entfalten und darüber hinaus Achtung und Selbstachtung zu erfahren; insofern werde das gesetzliche Ziel auch von Art. 1 Abs. 1 und Art. 2 Abs. 1 GG getragen.[1220] Arbeitslosigkeit führe häufig zu existenzieller Bedrängnis; mit dem Verlust der wirtschaftlichen Lebensgrundlage könnten Beeinträchtigungen des Selbstwertgefühls und der Persönlichkeit einhergehen.[1221] Diesen Aspekt betont etwa *R. Scholz* stark, wenn

---

1213 M/D/*Scholz*, Art. 12 GG, Rdnr. 54.

1214 *Gamillscheg*, Die Beendigung des Arbeitsverhältnisses, 2001, S. 38 f; *Zacher*, in: Isensee/Kirchhof (Hrsg.): Handbuch des Staatsrechts, Bd. II, 2004, § 28 Rdnr. 122 m.w.N.

1215 BVerfGE 100, 271 (284).

1216 BVerfGE 65, 182 (193).

1217 *Zacher*, in: Isensee/Kirchhof (Hrsg.): Handbuch des Staatsrechts, Bd. II, 2004, § 28 Rdnr. 120.

1218 BVerfGE 3, 377 (381); *Badura*, DÖV 1989, S. 491 (493); *Däubler*, in: Iliopoulos-Strangas (Hrsg.): Soziale Grundrechte in Europa nach Lissabon, 2010, S. 111 (127); *Hesse*, Grundzüge des Verfassungsrechts der Bundesrepublik Deutschland, 1999, Rdnr. 208; *Wank*, Das Recht auf Arbeit im Verfassungsrecht und im Arbeitsrecht, 1980, S. 31; *Zacher*, in: Isensee/Kirchhof (Hrsg.): Handbuch des Staatsrechts, Bd. II, 2004, § 28 Rdnr. 123.

1219 BVerfGE 100, 271 (284); 103, 293 (307); 116, 202 (223).

1220 BVerfGE 100, 271 (284); 103, 293 (307); 116, 202 (223).

1221 BVerfGE 84, 133 (155); 100, 271 (287).

er feststellt, dass der soziale Staat auf Arbeitslosigkeit jedweder Form und Ursache zu reagieren habe, weswegen das Sozialstaatsprinzip eine aktive staatliche Vollbeschäftigungspolitik verlange, deren genaue Ausgestaltung freilich dem Gesetzgeber obliege.[1222]

Das Sozialstaatsprinzip erschöpft sich aber nicht allein in der finanziellen Unterstützung der Arbeitslosen, sondern verlangt auch das Bemühen um eine steigende Zahl von Arbeitsplätzen.[1223] Es genügt also nicht, die Menschen nur wirtschaftlich abzusichern; es ist sozialstaatlich geboten, dies gerade durch eigene Arbeit zu tun.

Dabei mag sicherlich eine wichtige, aber nicht ausschließliche Rolle spielen, dass auch die finanzielle Stabilität des Systems der sozialen Sicherung ein Gemeinwohlbelang von hoher Bedeutung ist,[1224] die letztlich nur durch die Arbeit der Bürger eines Staates dauerhaft gewährleistet werden kann.

Es kann jedenfalls festgehalten werden, dass der Gesetzgeber aufgrund des Sozialstaatsprinzips (i.V.m. Art. 12 GG) ein politisches Programm zu verfolgen hat, das für einen hohen Beschäftigungsgrad sorgt, damit das Freiheitsrecht des Art. 12 GG überhaupt tatsächlich ausgeübt werden kann und praktische Bedeutung erlangt.[1225] Ein hohes Beschäftigungsniveau ist dann wiederum eine materielle Voraussetzung für den sozialen Verfassungsstaat, die er wegen seiner beschränkten Einflussmöglichkeiten selbst nur begrenzt gewährleisten kann.[1226]

Der freiheitliche Sozialstaat des Grundgesetzes basiert schließlich auf der Annahme, dass jeder Erwachsene die Möglichkeit hat, den Unterhalt für sich und seine Familie selbst zu verdienen (wie es auch § 1 SGB I vorsieht).[1227] Damit geht aber auch die Verantwortung des Einzelnen zur Selbstfürsorge einher, die

---

1222 *Scholz,* in: Böckenförde/Jekewitz/Ramm (Hrsg.): Soziale Grundrechte, 1981, S. 75 (82); a.A. aber *Gamillscheg,* Die Beendigung des Arbeitsverhältnisses, 2001, S. 39; *Körner,* Das internationale Menschenrecht auf Arbeit, 2004, S. 16; *Sasse,* Die Berufsfreiheit und das Recht zu arbeiten, 2011, S. 356: kein verfassungsrechtliches Gebot staatlicher Vollbeschäftigungspolitik allein aus dem Sozialstaatsgebot.

1223 *Wieland,* VVdStRL 59 (2000), S. 13 (30).

1224 BVerfGE 70, 1 (26, 30); 77, 84 (107); 82, 209 (230); 103, 293 (307); 116, 202 (223).

1225 *Hesse,* Grundzüge des Verfassungsrechts der Bundesrepublik Deutschland, 1999, Rdnr. 214.

1226 *Wieland,* VVdStRL 59 (2000), S. 13 (26).

1227 *Zacher,* in: Isensee/Kirchhof (Hrsg.): Handbuch des Staatsrechts, Bd. II, 2004, § 28 Rdnr. 27.

im Wesentlichen nur durch Erwerbsarbeit wahrgenommen werden kann. Ist der Einzelne im Sozialstaat aber grundsätzlich auf Arbeit zu seiner Absicherung verwiesen, muss der Staat auch für Arbeit sorgen. Die Chance auf Erwerbsarbeit wird so zu einer zentralen Aufgabe des Staates.[1228] Zudem lassen sich die sozialen Sicherungssysteme nur aus Leistungen der Erwerbstätigen finanzieren,[1229] sodass Arbeit auch in diesem Sinne zentral und grundlegend für den Sozialstaat ist. Arbeit ist das Mittel der Wahl, um einen Sozialstaat unterhalten zu können – und zwar sowohl für den Staat als auch für den einzelnen Bürger, um sich selbst „würdevoll“ unterhalten zu können.[1230]

b) Unterstützende Maßnahmen für Arbeitslose

Zudem soll sich aus dem Sozialstaatsprinzip i.V.m. Art. 12 GG ein Anspruch des Einzelnen auf Maßnahmen, die die Arbeitslosigkeit abfedern und vor allem eine Wiedereingliederung in den Arbeitsmarkt erleichtern, ergeben.[1231] Denn man könnte auch argumentieren, dass es dem Grundsatz der Wahrung der Menschenwürde widersprechen würde, dem in Not Geratenen allein finanziell zu helfen, ohne ihm die Möglichkeit zu geben, sich aus dieser Abhängigkeit selbstverantwortlich wieder zu befreien.[1232] Derartige Maßnahmen könnten sein: Bereitstellen von Berufsberatung, Arbeitsvermittlung oder Ansprüche auf Umschulung und berufliche Weiterbildung.[1233]

1228 *Badura,* DÖV 1989, S. 491 (494); *Zacher,* in: Isensee/Kirchhof (Hrsg.): Handbuch des Staatsrechts, Bd. II, 2004, § 28 Rdnr. 28.

1229 *Zacher,* in: Isensee/Kirchhof (Hrsg.): Handbuch des Staatsrechts, Bd. II, 2004, § 28 Rdnr. 132 f.

1230 Es mag wiederum sein, dass etwa der Fließbandarbeiter seine Arbeit nicht als besonders würdevoll empfindet; ebenso mag es sein, dass es Menschen gibt, die zumindest oberflächlich glauben, allein durch den Bezug von Sozialleistungen ein zufriedeneres Leben zu haben als wenn sie arbeiten müssten; dass dies aber nicht für das Gros der Bevölkerung gilt und Arbeit grundsätzlich der beste Weg für den Menschen ist, materielle Absicherung, aber auch sich selbst zu verwirklichen, wurde bereits im ersten Abschnitt dieser Untersuchung erläutert.

1231 *Borrmann,* Der Schutz der Berufsfreiheit im deutschen Verfassungsrecht und im europäischen Gemeinschaftsrecht, 2002, S. 96.

1232 *Mrozynski,* § 1 Rdnr. 3.

1233 *Borrmann,* Der Schutz der Berufsfreiheit im deutschen Verfassungsrecht und im europäischen Gemeinschaftsrecht, 2002, S. 96.

3. Das Allgemeine Persönlichkeitsrecht in Art. 1 Abs. 1 und Art. 2 Abs. 1 GG

Etwas zu kurz kommt heutzutage das Recht auf Arbeit als Ausprägung des Allgemeinen Persönlichkeitsrechts.[1234] Man könnte sagen, dass der Gebrauch der persönlichen Fähigkeiten, um durch Arbeit seinen Lebensunterhalt zu verdienen, zu den elementarsten Äußerungen der Person im gesellschaftlichen Zusammenleben gehört.[1235] Arbeit ist schließlich auch ein „unentrinnbarer Schauplatz menschlicher Selbstverwirklichung".[1236] In seiner Bedeutung für die soziale Existenz des Einzelnen würde es die anderen Ausprägungen des Allgemeinen Persönlichkeitsrechts in aller Regel weit überragen.[1237] Immerhin findet man auch in den bekannten Grundrechtskommentaren die Feststellung, dass das Grundrecht der positiven Berufsfreiheit in engem Zusammenhang mit dem Recht auf freie Entfaltung der Persönlichkeit stehe; daher sei das Grundrecht vor allem persönlichkeitsbezogen, aber auch in Bezug auf die Menschenwürde gem. Art. 1 Abs. 1 GG zu verstehen.[1238] Auch deshalb wird dem Grundrecht aus Art. 12 GG ein besonderer Rang zugemessen.[1239] Zum Teil findet sich sogar direkt die Feststellung, dass es sich bei Art. 12 GG um eine besondere Ausprägung des Rechts auf freie Entfaltung der Persönlichkeit handle.[1240]

Den engen Bezug, den Beruf und Arbeit zu Art. 1 Abs. 1 und 2 Abs. 1 GG haben, hat auch das *BVerfG* früh erkannt und im Rahmen des Art. 12 GG immer wieder einen Bezug zur Persönlichkeit und Würde des Menschen hergestellt. Neben der Betonung, dass Arbeit als Beruf für alle den gleichen Wert und die gleiche Würde habe,[1241] hat es später ausgeführt, dass „das Grundrecht des Art. 12 Abs. 1 GG die menschliche Persönlichkeit, die nach der Ordnung des Grundgesetzes der oberste Rechtswert ist, in einem für ihre Selbstbestimmung in der arbeitsteiligen Industriegesellschaft besonders wichtigen Bereich schützt".[1242] Fester Bestandteil der verfassungsgerichtlichen Rechtsprechung ist

1234 Vgl. bereits oben B. VI. 1.

1235 *Leipold,* AuR 19 (1971), S. 161 (165).

1236 *Badura,* in: Blumenwitz/Randelzhofer (Hrsg.): FS Berber, 1973, S. 11 (12).

1237 *Leipold,* AuR 19 (1971), S. 161 (166).

1238 M/D/*Scholz,* Art. 12 GG, Rdnr. 9; grundsätzlich ebenso, aber krit. zur Orientierung der verfassungsrechtlichen Praxis an dem idealisierten Berufsbild der freien Berufe Dreier/*Wieland,* Art. 12 GG, Rdnr. 22.

1239 *Jarass/Pieroth,* GG, Art. 12 Rdnr. 2.

1240 Schmidt-Bleibtreu/Hofmann/Henneke/*Hofmann,* Art. 12 GG, Rdnr. 20.

1241 BVerfGE 7, 377 (397).

1242 BVerfGE 41, 251 (263 f.).

die Feststellung, dass Art. 12 GG das Grundrecht auf freie Entfaltung der Persönlichkeit im Bereich der individuellen Leistung und Existenzerhaltung konkretisiert.[1243] Da der Gesetzgeber mit der Bekämpfung von Arbeitslosigkeit zugleich dem einzelnen Arbeitslosen helfe, sich durch Arbeit in seiner Persönlichkeit zu entfalten und darüber Achtung und Selbstachtung zu erfahren, werde dieses gesetzgeberische Ziel auch von Art. 1 Abs. 1 und Art. 2 Abs. 1 GG getragen.[1244] Durch Arbeitslosigkeit würden nämlich Selbstachtung und Persönlichkeit des Einzelnen beeinträchtigt, denn „die Erfahrung, nicht gebraucht zu werden, kann in einer Gesellschaft, die den Wert des Einzelnen in hohem Maße an seiner beruflichen Leistung mißt, zu schweren seelischen Belastungen führen".[1245]

Auch in der Rechtsprechung des *BAG* ist der Menschenwürdebezug der Arbeit anerkannt, wenn es etwa heißt: „Das GG hat in seinen Art. 1 und 2 die Würde des Menschen und dessen Recht auf freie Entfaltung seiner Persönlichkeit zu zentralen Werten unserer Verfassung erhoben. Das Leben des Arbeitnehmers wird zu einem ganz wesentlichen Teil durch das Arbeitsverhältnis bestimmt und geprägt. Sein Selbstwertgefühl sowie die Achtung und Wertschätzung, die er in seiner Familie, bei seinen Freunden und Kollegen und überhaupt in seinem Lebenskreis erfährt, werden entscheidend mitbestimmt von der Art, wie er seine Arbeit leistet. Die Arbeit in seinem Arbeitsverhältnis stellt für den Arbeitnehmer zugleich eine wesentliche Möglichkeit zur Entfaltung seiner geistigen und körperlichen Fähigkeiten und damit zur Entfaltung seiner Persönlichkeit dar. Wird dem Arbeitnehmer diese Möglichkeit der Persönlichkeitsentfaltung durch Arbeitsleistung im Rahmen seines Arbeitsverhältnisses genommen, so berührt dies seine Würde als Mensch."[1246]

Dass das Allgemeine Persönlichkeitsrecht im Arbeitsverhältnis eine große Rolle spielt, zeigt etwa die ausdrückliche Anerkennung in § 75 Abs. 2 BetrVG, nach dem Arbeitgeber und Betriebsrat die freie Entfaltung der Persönlichkeit des Arbeitnehmers zu schützen und zu fördern haben. Zum Teil wird sogar angenommen, dass der gesamte arbeitsrechtliche Kündigungsschutz im Allgemeinen Persönlichkeitsrecht wurzle, weil der Arbeitnehmer nur dadurch die faktische Freiheit erlange, seine Rechte im Arbeitsverhältnis auszuüben.[1247]

1243 BVerfGE 30, 292 (334); 54, 301 (313); 59, 302 (315); 71, 183 (201); 75, 284 (112 f.); 97, 12 (25); 103, 172 (183).

1244 BVerfGE 100, 271 (284).

1245 BVerfGE 100, 271 (287).

1246 BAGE 48, 122 (138).

1247 *Franzen,* in: Krause/Schwarze (Hrsg.): FS Otto, 2008, S. 71 (82 ff.); dazu bereits unter B. IV. 1. b.

Diese Verknüpfung mit den höchsten Persönlichkeitswerten unserer Verfassung fügt sich in die Linie der hiesigen Untersuchung ein, die gerade einen personalen Aspekt der Arbeit neben dem materiellen Interesse an Gelderwerb postulieren und begründen will.

4. Art. 109 Abs. 2 GG

Oft wird eine Pflicht des Staates, Arbeitslosigkeit zu bekämpfen und für die Schaffung von Arbeitsplätzen zu sorgen, auch aus Art. 109 Abs. 2 GG i.V.m. dem Sozialstaatsprinzip gefolgert.[1248] In dieser Vorschrift wird die öffentliche Gewalt u.a. auf das Staatsziel der Beachtung der Erfordernisse des gesamtwirtschaftlichen Gleichgewichts rechtlich verbindlich verpflichtet.[1249] Dieser unbestimmte Verfassungsbegriff[1250] ist im Stabilitätsgesetz vom 08.06.1967 (StabG)[1251] genauer ausgeführt und konkretisiert.[1252] § 1 S. 2 StabG nennt als dafür anzustrebende Ziele die Stabilität des Preisniveaus, einen hohen Beschäftigungsstand, außenwirtschaftliches Gleichgewicht und stetiges und angemessenes Wirtschaftswachstum. Dahinter steht der Gesamtnormzweck des Art. 109 GG, nämlich Freiheit und sozialen Ausgleich, Wohlstand und Stabilität, also die Grundbedingungen für eine freiheitliche und solidarische Rechtsgemeinschaft dauerhaft zu schaffen.[1253] Aus dieser Vorschrift wird daher zum Teil abgeleitet, dass das „Recht auf Arbeit" als verbindliches Staatsziel für Bund und Länder normiert sei.[1254] Zum einen kann aber aus der Bestimmung – auch unter Bezugnahme auf die Gewährleistungen des Art. 12 GG – kein (auch nur relativer) Vorrang des Ziels Vollbeschäftigung gegenüber den anderen Zielen des „magischen Vierecks" abgeleitet werden.[1255] Zum anderen ergeben sich hieraus keine weitergehenden Gewährleistungen als die bereits bei den vorangegangenen Grundrechtsvorschriften angesprochenen. Schon aus dem Standort und Kontext der

---

1248 M/D/*Scholz,* Art. 12 GG, Rdnr. 55; Dreier/*Wieland,* Art. 12 GG, Rdnr. 26; *Wieland,* VVdStRL 59 (2000), S. 13 (36).

1249 Dreier/*Heun,* Art. 109 GG, Rdnr. 21; M/D/*Kube,* Art. 109 GG, Rdnr. 86.

1250 BVerfGE 79, 311 (338); 119, 96 (140); Dreier/*Heun,* Art. 109 GG, Rdnr. 22.

1251 BGBl. I, S. 582.

1252 v. Mangoldt/Klein/Stark/*Kirchhof,* Art. 109 GG, Rdnr. 42.

1253 M/D/*Kube,* Art. 109 GG, Rdnr. 106; *Wieland,* VVdStRL 59 (2000), S. 13 (36 f.).

1254 *Heinze,* in: Hanau/Heither/Kühling (Hrsg.): FS Dieterich, 1999, S. 215 (217).

1255 v. Mangoldt/Klein/Stark/*Manssen,* Art. 12 GG, Rdnr. 11; *Papier,* DVBl. 1984, S. 801 (811); M/D/*Scholz,* Art. 12 GG, Rdnr. 55; *Wank,* Das Recht auf Arbeit im Verfassungsrecht und im Arbeitsrecht, 1980, S. 63 f.; a.A. *Schneider,* VVdStRL 43 (1985), S. 7 (22).

Bestimmung kann abgeleitet werden, dass es maßgeblich um die Verfolgung einer Wirtschaftspolitik geht, die Vollbeschäftigung anstrebt.

5. Zwischenergebnis

Zusammenfassend ergibt der Befund für das deutsche Verfassungsrecht ebenfalls, dass Arbeit als wichtiges Interesse anerkannt wird; und zwar wiederum als eines, das sich nicht im materiellen Aspekt erschöpft, sondern enge Bezüge zum Allgemeinen Persönlichkeitsrecht und zur Menschenwürde hat. Arbeit ist für weite Teile der Bevölkerung die Grundlage, um überhaupt irgendeinen Lebensentwurf leben zu können. Aber auch der Staat mit seinen vielfältigen Gewährleistungen und die sozialen Systeme leben von der Arbeit der Bürger. Dementsprechend hat das Ziel der Vollbeschäftigung Verfassungsrang, unabhängig davon, in welcher Vorschrift man es nun genau verorten mag. Arbeit ist verfassungsrechtlich geschützt. Selbst das *BVerfG* erwähnt beiläufig, aber eben doch wortwörtlich den „verfassungsrechtlichen Schutz des Arbeitsplatzes".[1256] Darüber sollten mangelnde subjektiv-rechtliche Gewährleistungen nicht hinwegtäuschen, denn schließlich resultieren sie einzig und allein aus der Grenze des faktisch Machbaren für den Staat.

V. Einfaches Gesetzesrecht

Geht man nun in der Normenhierarchie wieder einen Schritt weiter, findet man auch im einfachgesetzlichen Recht etliche Anhaltspunkte für die grundlegende Bedeutung, die das Interesse Arbeit hat. So kann man etwa in den im Folgenden genauer vorgestellten Regelungen Aspekte eines (einfachgesetzlich umgesetzten) Rechts auf Arbeit finden:[1257]

1. Sozialgesetzbuch

Bevor sich die Untersuchung dem Arbeitsrecht als Kernmaterie dieses Abschnitts zuwendet, lohnt noch ein Blick in das Sozialgesetzbuch. Mit dessen Schaffung wurden erstmalig soziale Rechte umfassend (einfach-) gesetzlich normiert.[1258]

1256 BVerfGE 97, 169 (179).

1257 Siehe dazu auch *Scholz*, in: Böckenförde/Jekewitz/Ramm (Hrsg.): Soziale Grundrechte, 1981, S. 75 (78 f.).

1258 *Heinze*, in: Hanau/Heither/Kühling (Hrsg.): FS Dieterich, 1999, S. 215 (218); *Wank*, Das Recht auf Arbeit im Verfassungsrecht und im Arbeitsrecht, 1980, S. 45.

Einleitend heißt es in § 1 SGB I, dass das Recht des Sozialgesetzbuchs zur Verwirklichung sozialer Gerechtigkeit und sozialer Sicherheit Sozialleistungen einschließlich sozialer und erzieherischer Hilfen gestalten soll. Es soll unter anderem dazu beitragen, den Erwerb des Lebensunterhalts durch eine frei gewählte Tätigkeit zu ermöglichen, aber auch die Grundlagen für eine freie Entfaltung der Persönlichkeit schaffen. Damit setzt § 1 SGB I das verfassungsrechtliche Sozialstaatsgebot auf einfachgesetzlicher Ebene um.[1259] Bereits hier wird verdeutlicht, dass die Grundlage des Sozialstaates die Erwerbsgesellschaft ist, an der jeder Arbeitsfähige teilzunehmen hat, wobei ihm aber auch Hilfe der Gesellschaft bei der Erlangung eines Arbeitsplatzes zugutekommen soll.[1260]

Die dazu nachfolgend geregelten Rechte begründen nach § 2 Abs. 1 S. 2 SGB I Ansprüche aber nur insoweit, als deren Inhalt und Voraussetzungen durch den Besonderen Teil des SGB im Einzelnen bestimmt sind. Der Gesetzeswortlaut macht hier mehr Hoffnungen, als das Sozialrecht einzulösen in der Lage ist: Tatsächlich herrscht weitgehende Einigkeit, dass die sozialen „Rechte", die § 2 Abs. 1 SGB I ankündigt, keine Ansprüche des Einzelnen (subjektive Rechte) vermitteln, sondern objektives Recht darstellen.[1261] Ihre maßgebliche praktische Bedeutung erfahren sie dagegen in der von § 2 Abs. 2 SGB I angesprochenen Funktion: Sie sind bei der Auslegung der Vorschriften des SGB[1262] und bei Ermessensentscheidungen zu berücksichtigen; hier ist nämlich sicherzustellen, dass die sozialen Rechte möglichst weitgehend verwirklicht werden. Das bedeutet, dass die sozialen Rechte von der Verwaltung und den Gerichten im Rahmen der Rechtsanwendung in den Grenzen methodisch zulässiger Auslegung zu berücksichtigen sind.[1263]

Als solch ein soziales Recht statuiert § 3 SGB I das Recht auf Bildungs- und Arbeitsförderung. Für Arbeitswillige nennt § 3 Abs. 2 SGB I ein Recht auf Beratung (Nr. 1), individuelle Förderung bei der beruflichen Weiterbildung (Nr. 2), Hilfe bei der Erlangung und Erhaltung eines angemessenen Arbeitsplatzes (Nr. 3)

1259 LPK-SGB I/*Krahmer/Trenk-Hinterberger*, § 1 SGB I, Rdnr. 2; *Mrozynski*, § 1 SGB I, Rdnr. 1.

1260 Eichenhofer/Wenner/*Eichenhofer*, § 1 SGB I, Rdnr. 6.

1261 *Mrozynski*, § 2 SGB I, Rdnr. 12; Eichenhofer/Wenner/*Eichenhofer*, § 2 SGB I, Rdnr. 14 spricht von Individualrechten, auch wenn sie keine Anspruchsgrundlage darstellten.

1262 Aber auch bei der Auslegung anderer Gesetzesvorschriften kann ihre Berücksichtigung angezeigt sein, vgl. Eichenhofer/Wenner/*Eichenhofer*, § 2 SGB I, Rdnr. 7.

1263 Eichenhofer/Wenner/*Eichenhofer*, § 2 SGB I, Rdnr. 5; Gagel/*Gagel*, § 1 SGB III, Rdnr. 88; LPK-SGB I/*Krahmer/Trenk-Hinterberger*, § 2 SGB I, Rdnr. 6; *Mrozynski*, § 2 SGB I, Rdnr. 13 ff.

und wirtschaftliche Sicherung bei Arbeitslosigkeit oder Zahlungsunfähigkeit des Arbeitgebers (Nr. 4). Damit dient die Vorschrift sowohl der Umsetzung des aus Art. 12 GG folgenden Ziels, jedem Bürger den Erwerb seines Lebensunterhalts durch eine frei gewählte Tätigkeit zu ermöglichen, als auch dem aus Art. 2 Abs. 1 GG folgenden Recht auf freie Entfaltung der Persönlichkeit.[1264] Mit der Arbeitsförderung sind flankierende Maßnahmen zur Schaffung und Erhaltung von Arbeitsplätzen angesprochen.[1265]

Die hier interessierenden sozialen Rechte sind v.a. im SGB II (Grundsicherung für Arbeitssuchende) und SGB III (Arbeitsförderung) konkretisiert. In der Gesetzesbegründung dazu heißt es, dass hier in Konkretisierung des Sozialstaatsprinzips einzelne Leitideen aufgestellt würden, die auf den Einzelnen bezogen und als soziale Rechte formuliert seien (in Angleichung an die internationale Entwicklung etwa in der Allgemeinen Erklärung der Menschenrechte oder der Europäischen Sozialcharta), um den Status des Einzelnen als Träger von Rechten, die auf Teilhabe an der vom Staat geleisteten sozialen Förderung und Sicherung gerichtet seien, zu verdeutlichen.[1266]

Das Ziel der Arbeitsförderung wird in § 1 Abs. 1 SGB III folgendermaßen beschrieben: „Die Arbeitsförderung soll dem Entstehen von Arbeitslosigkeit entgegenwirken, die Dauer der Arbeitslosigkeit verkürzen und den Ausgleich von Angebot und Nachfrage auf dem Ausbildungs- und Arbeitsmarkt unterstützen. Dabei ist insbesondere durch die Verbesserung der individuellen Beschäftigungsfähigkeit Langzeitarbeitslosigkeit zu vermeiden. Die Gleichstellung von Frauen und Männern ist als durchgängiges Prinzip der Arbeitsförderung zu verfolgen. Die Arbeitsförderung soll dazu beitragen, dass ein hoher Beschäftigungsstand erreicht und die Beschäftigungsstruktur ständig verbessert wird. Sie ist so auszurichten, dass sie der beschäftigungspolitischen Zielsetzung der Sozial-, Wirtschafts- und Finanzpolitik der Bundesregierung entspricht.“ § 4 Abs. 1 SGB III stellt noch einmal ausdrücklich klar, dass Arbeitsvermittlung Vorrang vor Sozialleistungen hat. Es ist also vorrangige Aufgabe der Arbeitsförderung, einen Arbeitsplatz zu vermitteln und so Arbeitslosigkeit zu verhindern.[1267] Dementsprechend hat der Einzelne auch einen öffentlich-rechtlichen Anspruch auf Vermittlung.[1268]

1264 LPK-SGB I/*Buser*, § 3 SGB I, Rdnr. 2.
1265 LPK-SGB I/*Buser*, § 3 SGB I, Rdnr. 8.
1266 BT-Drs. VI/3764, S. 16 f.
1267 Brand/*Kühl*, § 4 SGB III, Rdnr. 2.
1268 Brand/*Brand*, § 35 SGB III, Rdnr. 2.

Auch im Rahmen der Arbeitsförderung sei zu berücksichtigen, dass in unserem Kulturkreis zu den wesentlichen Persönlichkeitswerten die Selbstverwirklichung in einem frei gewählten Beruf an einem frei gewählten Arbeitsplatz gehöre.[1269] Arbeitsförderung und -vermittlung seien so wichtig, weil ein Arbeitsplatz dem Menschen so viele Chancen böte, wobei hier wiederum auf soziologische Erkenntnisse zurückgegriffen wird:[1270] Erwerbschance, Versorgungschance, Lebensführungschance, Arbeitskraftverfeinerungschance, Arbeitskraftverwertungschance, Chance für Erfahrungen, Chance zur Selbst- und Fremdeinschätzung (Ansehen und Prestige), die Chance zur Selbstdarstellung und Selbstverwirklichung (Autonomie) sowie die Chance zu selbstbestimmter Durchsetzung eigener Gestaltungsvorstellungen (Autorität).[1271]

Ergänzend kommt wieder der kollektive Aspekt ins Spiel: Das gesamte System der sozialen Sicherheit ist auf ein hohes Beschäftigungsniveau angewiesen, weil es auf die Arbeitsgesellschaft zugeschnitten ist. Das Sozialrecht beruht auf der Annahme, dass jeder Arbeitsfähige den Lebensunterhalt für sich und seine Familie durch Arbeit zu verdienen hat. Nur wer dazu nicht fähig ist, kann Sozialleistungen beanspruchen.[1272] Daher soll das Arbeitsförderungsrecht das Ziel eines „hohen Beschäftigungsstandes" (§ 1 Abs. 1 S. 4 SGB III) verfolgen.

In diesen Ausführungen zum Sozialgesetzbuch findet sich also vieles sublimiert, was bereits in den vorhergehenden Abschnitten dieser Arbeit angeführt wurde, was als Bestätigung der bisherigen Zwischenergebnisse gesehen werden kann.

2. Das Arbeitsrecht als Ausprägung des Rechts der Arbeit

Wesentlicher Teil dieses Abschnitts ist selbstverständlich das Arbeitsrecht. Das Grundgesetz geht stillschweigend davon aus, dass gearbeitet wird und dass es ein vom bürgerlichen Recht zu unterscheidendes Recht mit eigener Gerichtsbarkeit gibt, das sich mit eben diesem Lebensbereich beschäftigt; schließlich wird das Arbeitsrecht in Art. 74 Abs. 1 Nr. 12 GG der konkurrierenden Gesetzgebung des Bundes zugewiesen[1273] und in Art. 95 Abs. 1 GG die Errichtung des Bundesarbeitsgerichts vorgesehen.[1274] Und tatsächlich hat das *BVerfG* dem Arbeitsrecht

1269 Gagel/*Gagel*, § 1 SGB III, Rdnr. 60.

1270 Dies deckt sich mit den unter B. III. genannten Funktionen von Arbeit.

1271 Gagel/*Gagel*, § 1 SGB III, Rdnr. 60 ff.

1272 *Eichenhofer*, Sozialrecht, 2015, Rdnr. 445.

1273 Ist also nach Ansicht der Verfassung nicht bereits umfassend in der Kompetenz für das Bürgerliche Recht nach Art. 74 Abs. 1 Nr. 1 GG enthalten.

1274 *Breinlinger*, in: Thüsing/Creutzfeldt/Hanau u. a. (Hrsg.): FS Bepler, 2012, S. 27.

bereits früh bescheinigt, es habe sich „zu einem selbständigen und eigenständigen Rechtsgebiet entwickelt, das neben dem bürgerlichen Recht steht".[1275]

a) Das materielle Individual- und Kollektivarbeitsrecht

Mag das Arbeitsrecht zwar grundsätzlich ein Teil des Zivilrechts sein, also durch Rechtsbeziehungen zwischen Privaten (Arbeitgeber und Arbeitnehmer) bestimmt sein, so lässt sich doch an seinen „Eigenheiten" exemplifizieren, welche Bedeutung der Position des Arbeitnehmers zugemessen wird.

Das ganze Arbeitsrecht hat sich geschichtlich[1276] aus dem Bestreben heraus entwickelt, die schwierige soziale Lage des Arbeitnehmers „mit den Mitteln des Rechts erträglicher zu machen und den Arbeitnehmer gegen die Nachteile und Gefahren seiner Stellung abzusichern".[1277] Alleine die Vertragsfreiheit ist wegen der Abhängigkeit des Arbeitnehmers nicht geeignet, für einen angemessenen Interessenausgleich zu sorgen.[1278] Ging es zu Anfang tatsächlich noch primär um die Sicherung der wirtschaftlichen Existenz, würde man modernes Arbeitsrecht falsch verstehen, wenn man es auch heute noch darauf reduzieren würde; das Arbeitsrecht widmet sich mittlerweile in steigendem Maße auch den Fragen des Schutzes und der Verwirklichung der Arbeitnehmerpersönlichkeit, woraus eine besondere qualitative Bedeutung resultiert.[1279] Arbeit ist keine Ware, sie ist durch ein Individuum zu leisten, sie ist besonders schutzwürdig wegen ihrer existentiellen, psychologischen und letztlich naturrechtlichen Dimension.[1280] In jedem Fall ist Arbeitsrecht also primär Arbeitnehmerschutzrecht.[1281]

Die Schutzbedürftigkeit und Unterlegenheit des Arbeitnehmers gegenüber dem Arbeitgeber resultieren daraus, dass der Arbeitgeber über die

---

1275 BVerfGE 7, 342 (348); aus etwas neuerer Zeit BVerfGE 77, 308 (329).

1276 Zur geschichtlichen Entwicklung s. *Zöllner/Loritz/Hergenröder*, Arbeitsrecht, 2015, § 3, Rdnr. 1 ff.

1277 *Zöllner/Loritz/Hergenröder*, Arbeitsrecht, 2015, § 1, Rdnr. 1.

1278 *Preis*, Arbeitsrecht I, 2017, Rdnr. 4; *Waltermann*, Arbeitsrecht, 2016, Rdnr. 79; *Zöllner/Loritz/Hergenröder*, Arbeitsrecht, 2015, § 1, Rdnr. 3 ff.

1279 *Zöllner/Loritz/Hergenröder*, Arbeitsrecht, 2015, § 2, Rdnr. 2.

1280 Vgl. *Eichenhofer*, Soziale Menschenrechte im Völker-, europäischen und deutschen Recht, 2012, S. 103.

1281 *Brox/Rüthers/Henssler*, Arbeitsrecht, 2011, Rdnr. 18; *Hromadka/Maschmann*, Arbeitsrecht Band 1, 2015, § 2 Rdnr. 4; *Preis*, Arbeitsrecht I, 2017, Rdnr. 1; *Waltermann*, Arbeitsrecht, 2016, Rdnr. 79: „Im Grunde genommen ist das gesamte Arbeitsrecht eine Antwort auf diese Erkenntnis [nämlich auf die strukturelle Unterlegenheit des einzelnen Arbeitnehmers, *Anm. d. Verf.*]."

Produktionsmittel und die Arbeitsplätze verfügt[1282] und der Großteil der Bevölkerung auf den Abschluss eines Arbeitsvertrages angewiesen ist, um von dem durch Arbeit erwirtschafteten Einkommen leben zu können.[1283] Zwar steht es dem Arbeitnehmer prinzipiell frei, einen Vertrag, der ihm nicht zusagt, nicht zu unterschreiben; diese Freiheit ist wegen des oben geschilderten Zwangs zumindest für einen Großteil der Arbeitnehmer allenfalls eine theoretische. Dort aber, wo der eine angewiesen ist zu nehmen, was der andere anbietet, besteht immer die Gefahr, dass „der Vertrag zum Diktat“ wird.[1284] Und diese faktischen Zwänge bestehen selbst in Zeiten der Vollbeschäftigung.[1285] Da der Gesetzgeber aus der historischen Erfahrung heraus um diese Abhängigkeit wusste, gestaltete er das Arbeitsrecht zu einem Großteil zwingend aus.[1286] Denn: „Wo dagegen die eigentliche rechtspolitische Aufgabe des Arbeitsrechts als Schutzrecht wahrzunehmen ist, muss es sich zwingende Wirkung beilegen.“[1287]

Zwar enthalten fast alle Bereiche des Zivilrechts in mehr oder weniger großem Maße zwingendes Recht, von dem (meist zugunsten einer Partei) nicht durch sonst aufgrund der Privatautonomie und Vertragsfreiheit mögliche rechtsgeschäftliche Regelung abgewichen werden kann; es gibt aber Bereiche, in denen der Gesetzgeber von solch einer strukturellen Unterlegenheit und Schutzbedürftigkeit einer Partei ausgeht, dass er weite Teile des betroffenen Rechtsgebiets zwingend ausgestaltet. Dazu zählt neben dem Verbraucherschutz- oder Mietrecht gerade auch das Arbeitsrecht.[1288] Zwar findet auch das ganze Arbeitsrecht seinen Ausgangspunkt zunächst im privatrechtsgeschäftlichen Arbeitsvertrag; dieser ist aber in vielfältiger Weise durch zwingendes Gesetzesrecht determiniert. Solche gesetzlichen Vorschriften, die sozialem und wirtschaftlichem Ungleichgewicht entgegenwirken, verwirklichen die objektiven Grundentscheidungen der verfassungsrechtlichen Grundrechte und damit zugleich das grundgesetzliche Sozialstaatsprinzip.[1289] So wird auch Art. 12 GG – wie weiter oben bereits erwähnt – die objektiv-rechtliche Pflicht des Staates entnommen,

1282 *Gamillscheg,* Die Grundrechte im Arbeitsrecht, 1989, S. 28.

1283 *Breinlinger,* in: Thüsing/Creutzfeldt/Hanau u. a. (Hrsg.): FS Bepler, 2012, S. 27 (30).

1284 *Gamillscheg,* Die Grundrechte im Arbeitsrecht, 1989, S. 29; vgl. auch BVerfGE 34, 307 (316), wo es heißt, dass der Arbeitsvertrag ein „unzureichendes Instrument zur Begründung eines sozial angemessenen Arbeitsverhältnisses“ sei.

1285 BAGE 76, 155 (169) für angestellte Piloten.

1286 *Gamillscheg,* Die Grundrechte im Arbeitsrecht, 1989, S. 30.

1287 *Zöllner/Loritz/Hergenröder,* Arbeitsrecht, 2015, § 7, Rdnr. 4.

1288 *Waltermann,* Arbeitsrecht, 2016, Rdnr. 152.

1289 BVerfGE 81, 242 (255); BAGE 76, 155 (167).

auf dem Gebiet des Arbeitsrechts für den Schutz der Arbeitskraft, des Arbeitsplatzes und der Arbeitsbedingungen zu sorgen, etwa durch Regelungen im Bereich des Kündigungsschutzes.[1290] Soweit keine gesetzlichen Regelungen existieren, ist es Aufgabe der Fachgerichte, über die Generalklauseln der §§ 138, 242 BGB die objektiven Wertentscheidungen der Grundrechte im Vertragsverhältnis zu realisieren.[1291] Insbesondere im Arbeitsrecht spielt dabei die richterliche Vertragskontrolle eine noch größere Rolle als im allgemeinen Zivilrecht, da das Schutzbedürfnis des strukturell unterlegenen Arbeitnehmers besonders groß und der Gesetzgeber zudem – trotz etlicher bestehender zwingender Regelungen – nach wie vor in großen Teilen untätig geblieben ist.[1292]

Dem Schutz vor dieser strukturellen Unterlegenheit dient gerade auch das Kollektivvertragssystem, ein Spezifikum des Arbeitsrechts. So soll etwa das kollektivrechtliche Tarifvertragssystem dafür sorgen, dass der Arbeitnehmer eine angemessene Gegenleistung für seine Arbeitsleistung erhält.[1293] Indem die Arbeitnehmer nicht als jeweils einzelne Verhandlungspartner, sondern zusammengeschlossen als Gewerkschaft auftreten, erhöhen sich ihre Verhandlungschancen.[1294]

Das einfachgesetzliche Arbeitsrecht geht also ebenfalls von der Erkenntnis aus, dass der Arbeitgeber etwas hat, was sein Vertragspartner unbedingt braucht: den Arbeitsplatz. Es versucht, einem potentiellen Ausnützen und Missbrauch dieser Machtstellung entgegenzuwirken. Dies zeigt für die hiesige Untersuchung eben zwei wichtige Erkenntnisse: Zum einen einmal mehr, dass Arbeit

---

1290 *Badura*, in: Blumenwitz/Randelzhofer (Hrsg.): FS Berber, 1973, S. 11 (20 ff.); *Schneider*, VVdStRL 43 (1985), S. 7 (42).

1291 BVerfGE 81, 242 (256); BAGE 76, 155 (168).

1292 BAGE 76, 155 (169); insbesondere konnte bisher ein einheitliches Arbeitsgesetzbuch nicht realisiert werden, obwohl es bereits früh entsprechende Vorstöße und Vorschläge gab (insbesondere den Entwurf der Arbeitsgesetzbuchkommission von 1977 und den Gegenentwurf der Gewerkschaften dazu); zuletzt gab es 2007 einen Gesetzesentwurf aus der Wissenschaft (*Henssler/Preis*, Entwurf eines Arbeitsvertragsgesetzes, 2014).

1293 *Eichenhofer*, Soziale Menschenrechte im Völker-, europäischen und deutschen Recht, 2012, S. 104; *Kühling*, in: Hanau/Heither/Kühling (Hrsg.): FS Dieterich, 1999, S. 325 (326); *Löwisch/Caspers/Klumpp*, Arbeitsrecht, 2017, Rdnr. 27; *Preis*, Arbeitsrecht I, 2017, Rdnr. 7; *Waltermann*, Arbeitsrecht, 2016, Rdnr. 79; das *BAG* geht aber davon aus, dass diese Unterlegenheit allein durch kollektivrechtliche Regelungen nicht beseitigt werden kann (BAGE 76, 155 [169]).

1294 *Brox/Rüthers/Henssler*, Arbeitsrecht, 2011, Rdnr. 30; *Zöllner/Loritz/Hergenröder*, Arbeitsrecht, 2015, § 1, Rdnr. 9.

ein besonders wichtiges Interesse für den Menschen ist; zum anderen, dass sich der Arbeitgeber in einer potentiellen Machtposition gegenüber dem untergebenen und auf die Arbeit angewiesenen Arbeitnehmer befindet und hier eine erhebliche Missbrauchsgefahr eben dieser Macht liegt.

b) Das Arbeitsschutzrecht

Die deutsche Rechtsordnung verfügt über ein umfassendes Arbeitsschutzrecht.[1295] Damit kommt der Gesetzgeber seiner verfassungsrechtlichen Schutzpflicht nach, die sich aus dem Sozialstaatsprinzip und den objektiv-rechtlichen Schutzgehalten der Grundrechte ergibt. Der dahinterstehende Grundgedanke ist, dass der Arbeitnehmer, der zur Sicherung seines Einkommens auf den Arbeitsplatz angewiesen ist, vor Schäden eben dort geschützt werden soll.[1296] Der Arbeitnehmer muss sich gänzlich in den Organisationsbereich des Arbeitgebers einfügen; dann ist der Arbeitgeber aber auch dafür verantwortlich, dass dem Arbeitnehmer aus dieser Organisationssphäre heraus keine Gefahren und Schäden entstehen.[1297]

c) Die eigene Arbeitsgerichtsbarkeit

Das Grundgesetz gibt bereits in seinem Art. 95 Abs. 1 vor, dass es nicht nur ein Bundesarbeitsgericht, sondern eine ganze eigene Arbeitsgerichtsbarkeit gibt.[1298] Dies ist nicht selbstverständlich, wenn man sich vergegenwärtigt, dass das Arbeitsrecht eigentlich ein Teilbereich des Zivilrechts ist und Zivilrechtsstreitigkeiten schließlich den ordentlichen Gerichten zugewiesen sind, § 13 GVG. Trotzdem haben die Autoren des Grundgesetzes die Arbeitsgerichtsbarkeit sogar verfassungsrechtlich abgesichert.[1299] Die Schaffung einer eigenen

---

1295 In der Verfassung findet sich dazu ausdrücklich allein der Kompetenztitel in Art. 74 Abs. 1 Nr. 12 GG.

1296 Kollmer/Klindt/Schucht/*Schmidt am Busch,* Einl A, Rdnr. 19.

1297 *Löwisch/Caspers/Klumpp,* Arbeitsrecht, 2017, Rdnr. 28; *Richardi,* in: Richardi/Wlotzke/Wißmann u. a. (Hrsg.): Münchner Handbuch Arbeitsrecht, Bd. 1, 2009, § 3 Rndr. 33.

1298 *Hanau,* in: Haesemann/Gennen/Bartenbach u. a. (Hrsg.): FS Bartenbach, 2005, S. 647.

1299 Die Geschichte der Arbeitsgerichtsbarkeit beginnt freilich schon wesentlich früher: Bereits in den Zunftgerichten des Mittelalters können Vorläufer der Arbeitsgerichte gesehen werden. Eine echte Arbeitsgerichtsbarkeit wurde erstmals in der Weimarer Republik durch das Arbeitsgerichtsgesetz vom 23.12.1926 (RGBl. 1926, S. 507) etabliert; weiterführend zur Geschichte der Arbeitsgerichtsbarkeit Germelmann/Matthes/Prütting/*Prütting,* Einleitung, Rdnr. 1 ff.; interessant ist auch, dass im

Arbeitsgerichtsbarkeit resultierte einmal aus der Überlegung, durch eine Besetzung der Richterbank mit Laienrichtern aus dem Kreis der Arbeitgeber und Arbeitnehmer das Vertrauen der rechtsschutzsuchenden Parteien in die Sachkunde des Gerichts zu stärken; zum anderen sollte wegen der besonderen sozialen Bedeutung des Arbeitsrechts eine schnellere Erledigung außerhalb des schwerfälligen normalen Zivilverfahrens geschaffen werden.[1300] Denn gerade bei Bestandsstreitigkeiten ist einerseits der Arbeitgeber wegen des Lohnrisikos (§ 615 BGB), andererseits aber auch der Arbeitnehmer wegen seines nach Art. 12 Abs. 1 GG geschützten Interesses, seinen Arbeitsplatz nicht grundlos zu verlieren, besonders auf eine schnelle Klärung angewiesen.[1301] Dieses Interesse an einer schnellen Klärung kommt in vielen Bestimmungen des ArbGG zum Ausdruck (vgl. etwa §§ 9 Abs. 1, 47 Abs. 1, 56 Abs. 1, 60 Abs. 1, 61a ArbGG). Generell trägt die Arbeitsgerichtsbarkeit vor allem dem Schutzgedanken gegenüber den Arbeitnehmern Rechnung.[1302]

Schließlich ist die eigene Arbeitsgerichtsbarkeit auch die logische Folge aus der Tatsache, dass sich das Arbeitsrecht zu einem weitgehend selbstständigen Rechtsgebiet entwickelt hat, in dem „Privatrecht und öffentliches Recht in ein Ganzes verwoben sind".[1303] Bereits früh stellte *Nipperdey* fest: „Die abhängige Arbeit hat sich zu einem eigenen Lebenskreis entwickelt, der das Arbeitsrecht zu einem besonderen Rechtskreis hat werden lassen, dem nur eine besondere Arbeitsgerichtsbarkeit entspricht."[1304]

Parlamentarischen Rat zunächst eine fakultative Errichtung der obersten Bundesgerichte präferiert wurde, man sich aber sehr schnell einigte, zumindest das Bundesarbeitsgericht zwingend vorzusehen, die anderen obersten Gerichte dagegen nicht, s. *Hanau*, in: Haesemann/Gennen/Bartenbach u. a. (Hrsg.): FS Bartenbach, 2005, S. 647 (648).

1300 *Opolony*, NZA 2004, S. 519 (523); Grunsky/Waas/Benecke/Greiner/*Waas*, § 1 ArbGG, Rdnr. 1; vgl. auch *Müller*, in: Deutscher Arbeitsgerichtsverband (Hrsg.): FS Arbeitsgerichtsverband, 1994, S. 105 (113): Die Ausgestaltung als eigene Fachgerichtsbarkeit entspreche „ihrer Bedeutung für das Arbeits- und Wirtschaftsleben und für die Gesamtgesellschaft"; für *Weth*, NZA 1998, S. 680 (684) hängt vor allem „Wohl und Wehe der deutschen Volkswirtschaft" von ihr ab; sie rechtfertige sich also aus ihrer Bedeutung für die Funktionstüchtigkeit unserer Volkswirtschaft heraus.

1301 *Opolony*, NZA 2004, S. 519 (521).

1302 Vgl. *Löwisch/Caspers/Klumpp*, Arbeitsrecht, 2017, Rdnr. 1688 f.

1303 BVerfGE 7, 342 (350).

1304 *Nipperdey*, zitiert nach BVerfGE 7, 342 (350).

Man darf also auch aus der Tatsache, dass für den Gegenstand „Arbeit" eine ganze eigene Gerichtsbarkeit geschaffen wurde, auf die Wichtigkeit und Relevanz dieses Lebensbereichs schließen.

3. Kündigungsschutz

Am plakativsten dürften Bestandteile eines „Rechts auf Arbeit" im Kündigungsschutzrecht verankert sein. Seiner aus Art. 12 Abs. 1 GG folgenden Schutzpflicht gegen Beeinträchtigungen des Berufs folgend,[1305] hat der Gesetzgeber einen umfassenden Kündigungsschutz etabliert, sodass das gesamte Recht der arbeitsrechtlichen Kündigung als ein „Recht des Kündigungsschutzes"[1306] und als „konkretisiertes Verfassungsrecht"[1307] erscheint.

Zwar gibt das geltende Recht dem Arbeitnehmer keinen Anspruch auf Abschluss eines Arbeitsvertrages; es gibt ihm aber immerhin das Recht, einen einmal erhaltenen Arbeitsplatz nicht grundlos zu verlieren.[1308] Der Arbeitgeber kann sich nicht nach freiem Belieben von seinem Arbeitnehmer lossagen.

a) *Allgemeiner und besonderer Kündigungsschutz*

Dieser Schutz ist am stärksten ausgeprägt im Anwendungsbereich des Kündigungsschutzgesetzes (KSchG),[1309] das als „Grundgesetz der Kündigungsbeschränkung"[1310] bezeichnet wird; aber auch im Bereich des besonderen Kündigungsschutzes etwa nach dem Mutterschutzgesetz (§ 9 MuSchG) oder dem Schwerbehindertenrecht (§§ 85 ff. SGB IX) finden sich maßgebliche Schutzvorschriften.

Zwar ist die Befugnis, einen Arbeitnehmer zu kündigen, auf Seiten des Arbeitgebers ebenfalls durch Art. 12 Abs. 1 GG (i.V.m. Art. 2 Abs. 1, 14 Abs. 1 GG) gedeckt;[1311] das Kündigungsschutzgesetz stellt hier aber praktische Konkordanz

---

1305 Vgl. dazu die Nachweise oben D. IV. 1. d. aa.

1306 *Preis,* Prinzipien des Kündigungsrechts bei Arbeitsverhältnissen, 1987, S. 54.

1307 *Preis,* NZA 1997, S. 1256 (1257).

1308 Man kann es mit *Lindner,* RdA 2005, S. 166 (168) auch so formulieren, dass der Arbeitnehmer gegen den Arbeitgeber nun auf einmal doch einen Anspruch *auf* das Arbeitsverhältnis hat, nämlich auf den Fortbestand über die Kündigung hinaus (weswegen *Lindner* a.a.O. eine Schutzpflicht zum Kündigungsschutz aus Art. 12 Abs. 1 GG als inkonsequent ablehnt).

1309 Aber nicht nur dort, umfassend zum Kündigungsschutz außerhalb des KSchG Ascheid/Preis/Schmidt/*Preis,* Grundlagen J, Rdnr. 1 ff.

1310 *Preis,* Prinzipien des Kündigungsrechts bei Arbeitsverhältnissen, 1987, S. 56.

1311 v. Hoyningen-Huene/*Krause,* § 1 KSchG, Rdnr. 12; M/D/*Scholz,* Art. 12 GG, Rdnr. 59.

mit der Grundrechtsposition des Arbeitnehmers her,[1312] indem es eine Kündigung grundsätzlich nur zulässt, wenn sie sozial gerechtfertigt ist, wofür es anerkennenswerte verhaltens-, personen- oder betriebsbedingte Gründe geben muss (vgl. § 1 Abs. 1, Abs. 2 S. 1 KSchG).[1313] Das KSchG ist damit in seiner Konzeption ein „Bestandsschutzgesetz".[1314]

Der allgemeine Kündigungsschutz will gerade die Abhängigkeit, in die der Arbeitnehmer durch sein Angewiesensein auf den Arbeitsplatz gerät, begrenzen.[1315] Es soll also demjenigen, der Erwerbsarbeit als seine Lebensgrundlage wählt (oder wählen muss), nicht zugemutet werden, dass sich sein Vertragspartner jederzeit ohne sachlichen Grund von der Beschäftigung lossagen kann.[1316] Schutzgut des allgemeinen Kündigungsschutzes ist damit der Bestand des Arbeitsverhältnisses als Grundlage der wirtschaftlichen und sozialen Existenz des Arbeitnehmers.[1317] Dementsprechend ist es auch nicht möglich, den allgemeinen Kündigungsschutz durch Vereinbarung einzuschränken.[1318]

Dass der allgemeine Kündigungsschutz erst nach einer Wartezeit von sechs Monaten (§ 1 Abs. 1 KSchG) und nicht im Kleinbetrieb (§ 23 Abs. 1 S. 2 KSchG) greift, findet seine Legitimation in den grundrechtlich ebenfalls geschützten gegenläufigen Interessen des Arbeitgebers.

1312 ErfK/*Oetker,* § 1 KSchG, Rdnr. 4.

1313 Dazu ausführlich ErfK/*Oetker,* § 1 KSchG, Rdnr. 61 ff.

1314 BVerfG NZA 2005, 41 (42); vgl. aber zur gegenläufigen Praxis, nach der es mehr ein „Abfindungsgesetz" (*Gamillscheg,* Die Beendigung des Arbeitsverhältnisses, 2001, S. 65) sei, ausführlicher unten E. IV. 2. a. bb. (2).

1315 *Richardi,* in: Richardi/Wlotzke/Wißmann u. a. (Hrsg.): Münchner Handbuch Arbeitsrecht, Bd. 1, 2009, § 3 Rdnr. 35.

1316 Däubler/Deinert/Zwanziger/*Deinert,* Einleitung Teil 1, Rdnr. 1; *Richardi,* in: Richardi/Wlotzke/Wißmann u. a. (Hrsg.): Münchner Handbuch Arbeitsrecht, Bd. 1, 2009, § 3 Rdnr. 35.

1317 *Brox/Rüthers/Henssler,* Arbeitsrecht, 2011, Rdnr. 463; KR/*Griebeling/Rachor,* § 1 KSchG, Rdnr. 27; v. Hoyningen-Huene/*Krause,* § 1 KSchG, Rdnr. 5, 8; *Löwisch/Caspers/Klumpp,* Arbeitsrecht, 2017, Rdnr. 679; krit. aber *Franzen,* in: Krause/Schwarze (Hrsg.): FS Otto, 2008, S. 71 (77 ff.), der die Legitimation des allgemeinen Kündigungsschutzes in der Wahrung des Allgemeinen Persönlichkeitsrechts des Arbeitnehmers sieht.

1318 BAG NZA 2010, 889 (890); KR/*Griebeling/Rachor,* § 1 KSchG, Rdnr. 31; v. Hoyningen-Huene/*Krause,* § 1 KSchG, Rdnr. 22.

b) Kündigungsschutz im Kleinbetrieb und vor Ablauf der Wartezeit

Mag der allgemeine Kündigungsschutz also nicht für alle Arbeitnehmer greifen, lässt sich an den von ihm nicht erfassten Arbeitnehmergruppen exemplifizieren, wie sich die Werteordnung der Grundrechte auf das einfache Gesetzesrecht auswirken kann. Angesprochen ist damit insbesondere der Kündigungsschutz im Kleinbetrieb.[1319]

Das KSchG gilt nicht für Betriebe, in denen in der Regel (nach aktueller Gesetzesfassung) nur bis zu fünf Arbeitnehmer beschäftigt sind (§ 23 Abs. 1 S. 2 KSchG). Die Regelung resultiert aus der Überlegung, dass der Inhaber eines Kleinbetriebes durch den Zwang zur Fortsetzung eines Arbeitsverhältnisses oder durch einen Kündigungsschutzprozess infolge der engeren Zusammenarbeit im Kleinbetrieb persönlich und meist auch finanziell und organisatorisch schwerer belastet ist als der Inhaber eines mittleren oder größeren Betriebes.[1320] Damit wiegt sein Interesse, einen Arbeitnehmer in Ausübung seiner wirtschaftlichen Betätigungs- und Berufsfreiheit zu kündigen, stärker.

Gleichwohl hat das *BVerfG* entschieden, dass die Kleinbetriebsklausel nur mit Art. 12 Abs. 1 GG vereinbar sei, weil auch der Arbeitnehmer im Kleinbetrieb bei einer Kündigung nicht völlig schutzlos gestellt sei.[1321] Zwar sei den Arbeitnehmern in einem Kleinbetrieb ein größeres Risiko hinsichtlich des Arbeitsplatzverlustes angesichts der oben genannten Interessen des Arbeitgebers zuzumuten; trotzdem seien auch diese Arbeitnehmer bei Kündigungen durch die zivilrechtlichen Generalklauseln der §§ 138, 242 BGB geschützt, in deren Rahmen der objektive Gehalt des Art. 12 Abs. 1 GG zu berücksichtigen sei.[1322] Dies dürfe zwar nicht dazu führen, dass faktisch eine Kontrolle der Kündigung nach dem KSchG stattfinde, aber trotzdem müsse der Arbeitnehmer vor auf willkürlichen oder sachfremden Erwägungen beruhenden Kündigungen geschützt werden.[1323] Ebenso sei wegen des verfassungsrechtlichen Schutz des Arbeitsplatzes (sic!) in Verbindung mit dem Sozialstaatsprinzip bei der Auswahl unter mehreren Arbeitnehmern ein Minimum an sozialer Rücksichtnahme zu beachten.[1324] Auch

---

1319 Dazu ausführlich KR/*Bader,* § 23 KSchG, Rdnr. 55 ff; *Wank,* in: Richardi/Wlotzke/Wißmann u. a. (Hrsg.): Münchner Handbuch Arbeitsrecht, Bd. 1, 2009, § 100 Rdnr. 1 ff.

1320 BT-Drs. 13/4612, S. 9; BVerfGE 97, 169 (177 f.); BAG NZA 2013, 726 (728 f.); ErfK/*Kiel,* § 23 KSchG, Rdnr. 1.

1321 BVerfGE 97, 169 (177).

1322 BVerfGE 97, 169 (178); aufgegriffen etwa in BAGE 97, 92.

1323 BVerfGE 97, 169 (178 f.).

1324 BVerfGE 97, 169 (179).

ein durch langjährige Berufstätigkeit erdientes Vertrauen in den Fortbestand des Arbeitsverhältnisses dürfe nicht unberücksichtigt bleiben.[1325] Dies zeigt doch ganz deutlich, dass selbst im Kleinbetrieb keine Rede davon sein kann, dass sich der Arbeitgeber nach völlig freiem Belieben vom Arbeitsvertrag lossagen kann.

In ähnlicher Weise ist ein „verfassungsrechtlicher" Kündigungsschutz gegen unsachliche und willkürliche Kündigungen auch während der sechsmonatigen Wartefrist des § 1 Abs. 1 KSchG geboten.[1326]

Auch hier wird also wieder deutlich, dass das Interesse des Arbeitnehmers an seinem Arbeitsplatz und damit das Interesse Arbeit besonders geschützt wird.

4. Der Beschäftigungsanspruch

Dass Arbeit mehr als ein reines Vermögensinteresse ist, zeigt sich vielleicht am deutlichsten an der (richterrechtlichen) Entwicklung und Begründung des allgemeinen Beschäftigungsanspruchs.[1327] Damit wird das Recht des Arbeitnehmers, in einem bestehenden Arbeitsverhältnis tatsächlich beschäftigt zu werden, bezeichnet.[1328] Das BGB kennt keinen solchen geschriebenen Anspruch. Trotzdem wurde er mit der Entscheidung des *BAG* vom 10. 11. 1955[1329] anerkannt. Er wurde in der Folge auf die Situation des Kündigungsschutzprozesses ausgeweitet,[1330] also selbst bei Unsicherheit über den Bestand des Arbeitsverhältnisses kann dem (ideellen!) Interesse des Arbeitnehmers an der Beschäftigung der Vorrang zukommen. Der (Weiter-) Beschäftigungsanspruch darf heute als allgemein anerkannt gelten.[1331] Auch wenn bezüglich der genauen Herleitung, insbesondere ob es sich um eine Haupt- oder Nebenleistungspflicht handelt, noch Uneinigkeit herrscht, wird der Anspruch jedenfalls immer maßgeblich mit den Art. 1 Abs. 1 und 2 Abs. 1 GG begründet,[1332] weil der Arbeitnehmer in der Arbeit

1325 BVerfGE 97, 169 (179).

1326 BVerfG NZA 2006, 913; ErfK/*Oetker*, § 1 KSchG, Rdnr. 32a.

1327 Vgl. dazu bereits die Nachweise und Zitate unter B. IV. 1. b.

1328 *Weber/Weber*, RdA 2007, S. 344.

1329 BAGE 2, 221.

1330 BAGE 48, 122.

1331 *Brox/Rüthers/Henssler*, Arbeitsrecht, 2011, Rdnr. 330; *Däubler*, Arbeitsrecht, 2015, Rdnr. 684; *Löwisch/Caspers/Klumpp*, Arbeitsrecht, 2017, Rdnr. 223; *Preis*, Arbeitsrecht I, 2017, Rdnr. 1417; *Waltermann*, Arbeitsrecht, 2016, Rdnr. 212; *Zöllner/Loritz/Hergenröder*, Arbeitsrecht, 2015, § 9, Rdnr. 21; abl. aber nach wie vor *Weber/Weber*, RdA 2007, S. 344 (346 f.).

1332 Wobei der Unterschied darin liegt, dass in BAGE 2, 221 (224) die Grundrechte noch direkt angewendet wurden, wohingegen in BAGE 48, 122 (134 f.) die Anspruchsgrundlage (entsprechend der zeitgemäßen Grundrechtsdogmatik) im Arbeitsvertrag

seine Persönlichkeit entfalte. Und das gilt – wie das *BAG* ausdrücklich feststellt – für jede Tätigkeit:

> *„Bei der persönlichkeitsrechtlichen Begründung des Beschäftigungsanspruchs aus der ideellen Interessenlage besteht grundsätzlich für jeden Arbeitnehmer ein Beschäftigungsanspruch aus dem Arbeitsverhältnis. Darauf, ob er höhere oder geringerwertige Arbeiten verrichten kann, ob er für seine Arbeit eine spezielle Vor- oder Ausbildung benötigt oder nicht, kann es nicht ankommen. Ebensowenig kann der Beschäftigungsanspruch davon abhängig gemacht werden, ob im Einzelfalle ein faktisches Interesse des Arbeitnehmers an der Arbeitsleistung besteht und ob sich die vertragsgemäße Arbeitsleistung nach dem subjektiven Empfinden des Arbeitnehmers als Last und Bürde oder als sinnvolle Entfaltung seiner Persönlichkeit darstellt. Der Anspruch auf Beschäftigung wird keinem Arbeitnehmer aufgezwungen, weil er als dispositiver Anspruch davon abhängt, ob der Arbeitnehmer verlangt, beschäftigt zu werden. Verlangt er seine vertragsgemäße Beschäftigung, so muß ihm dazu grundsätzlich auch Gelegenheit gegeben werden. Da schon das generelle ideelle Interesse zur Begründung des allgemeinen Beschäftigungsanspruchs genügt, kann es für den Beschäftigungsanspruch schließlich auch nicht entscheidend sein, ob der Arbeitnehmer durch die Nichtbeschäftigung einen konkreten Schaden erleidet. Schutzwerte Persönlichkeitsrechte des Arbeitnehmers, den der Arbeitgeber trotz Verlangens nicht beschäftigt, werden - soweit nicht überwiegende Interessen des Arbeitgebers entgegenstehen - stets verletzt, weil jeder Arbeitnehmer, der arbeiten will, im Rahmen seines Arbeitsvertrags dazu auch die Gelegenheit haben muß.“*[1333]

Daraus ergibt sich in erfreulicher Deutlichkeit, dass sich Arbeit bei Weitem nicht in einem reinen Interesse an der Lohnzahlung bzw. in der Sicherung einer materiellen Existenzgrundlage erschöpft.[1334] Wäre dem nicht so, gäbe es keinen Grund neben der Regelung des Annahmeverzugs in § 615 BGB eine Beschäftigungspflicht des Arbeitgebers anzunehmen.[1335] So aber wird anerkannt, dass dem Arbeitnehmer nicht die Möglichkeit genommen werden darf, seine Persönlichkeit in der Arbeitsleistung zu entfalten.[1336]

---

gesehen wurde, zu dessen Auslegung die Grundrechte in ihrer Funktion als objektive Wertentscheidung herangezogen wurden.

1333 BAGE 48, 122 (141).

1334 *Zöllner/Loritz/Hergenröder*, Arbeitsrecht, 2015, § 2, Rdnr. 2. verallgemeinern dies für das gesamte Arbeitsrecht: Wer das Arbeitsrecht allein auf die Sicherung der wirtschaftlichen Existenz beschränke, verstehe es völlig falsch.

1335 Auch *Körner*, Das internationale Menschenrecht auf Arbeit, 2004, S. 15 sieht darin eine Bestätigung des Wertewandels der Arbeit von der reinen Existenzsicherung zur „Sinnsicherung“.

1336 MüKo-BGB/*Müller-Glöge*, § 611, Rdnr. 973.

VI. Exkurs: Das Recht am Arbeitsplatz im Zivilrecht

Auch im Zivilrecht findet sich die Diskussion, ob es ein Recht am Arbeitsplatz gibt,[1337] deren Ergebnisse im Hinblick auf den Arbeitsplatz als Erhaltungsinteresse im Rahmen des § 34 StGB interessant sein könnten.

Im Zivilrecht stellt sich die Problematik vor allem bei § 823 Abs. 1 BGB, nämlich, ob der Arbeitsplatz ein von § 823 Abs. 1 BGB geschütztes Rechtsgut ähnlich dem Recht am eingerichteten und ausgeübten Gewerbebetrieb sein kann. Hierbei geht es um die Frage, ob es einen deliktischen Schadensersatzanspruch bei einem Eingriff in das „Recht am Arbeitsplatz" geben kann, was insbesondere für die Aussperrung im Arbeitskampf und die echte Druckkündigung diskutiert wird.[1338] In der letztgenannten Fallgestaltung geht es darum, dass der Arbeitgeber auf Druck eines Dritten, der mit Nachteilen für den Arbeitgeber droht, dem Arbeitnehmer kündigt, ohne dass es einen ordentlichen Kündigungsgrund gibt. Diese Kündigung kann als ordentliche oder – selten – außerordentliche Kündigung ausnahmsweise zulässig sein, wenn die dem Arbeitgeber drohenden Schäden so groß sind, dass es ihm nicht mehr zumutbar ist, sich schützend vor seinen Arbeitnehmer zu stellen.[1339] Virulent wird die Frage der Anerkennung als „sonstiges Recht" aber auch dann, wenn der betroffene Arbeitnehmer rechtswidrig gekündigt wird, aber noch nicht dem Kündigungsschutzregime des KSchG unterfällt, weil er die sechsmonatige Wartefrist des § 1 Abs. 1 KSchG noch nicht erfüllt hat oder in einem Kleinbetrieb i.S.d. § 23 KSchG arbeitet, weil dann kein Kündigungsschutz über das KSchG besteht.

Fraglich ist dann, ob der gekündigte Arbeitnehmer bei einer – sei es zu Recht oder Unrecht – erfolgten Kündigung Schadensersatzansprüche gegen den Dritten, der den für die Kündigung maßgeblichen Druck gegenüber dem Arbeitgeber ausgeübt hat, geltend machen kann. Vertragliche Ansprüche scheiden in der Regel aus, sodass nur der Anspruch aus § 823 Abs. 1 BGB bleibt, der allerdings keine reinen Vermögensinteressen schützt, weil das Vermögen als solches kein von § 823 Abs. 1 BGB geschütztes Rechtsgut ist.[1340] Schadensersatzansprüche kämen also nur dann in Betracht, wenn man das Recht am Arbeitsplatz

---

1337 Dazu umfassend etwa *Ebert,* Das "Recht am Arbeitsplatz", 1990, passim.

1338 *Ebert,* Das "Recht am Arbeitsplatz", 1990, S. 3 f.; *Dütz/Thüsing,* Arbeitsrecht, 2016, Rdnr. 74a f.

1339 Vgl. dazu ErfK/*Oetker,* § 1 KSchG, Rdnr. 183 ff.; *Schleusener,* NZA 1999, S. 1078 (1079).

1340 Vgl. statt vieler MüKo-BGB/*Wagner,* § 823 BGB, Rdnr. 370 m.w.N.

als absolutes Recht i.S.d. § 823 Abs. 1 BGB ansehen könnte. Ob das Recht am Arbeitsplatz ein solches absolutes Recht darstellt, ist durchaus umstritten.

1. Ablehnende Meinungen

Überwiegend wird ein solches absolutes Recht am Arbeitsplatz abgelehnt.[1341] Damit man ein absolutes Recht annehmen könne, müsse dies den anderen in § 823 Abs. 1 BGB genannten Rechtsgütern ähnlich sein, müsse also vor allem Zuweisungs- und Ausschließungsgehalt haben.[1342] Beim Arbeitsplatz gehe es aber primär um die schuldrechtlichen Rechte und Pflichten zwischen Arbeitgeber und Arbeitnehmer, insbesondere um die Beschäftigungspflicht des Arbeitgebers. Letztlich handle es sich also um Forderungen, denen aber anerkanntermaßen ein absoluter Zuweisungs- und Ausschließungsgehalt fehle.[1343] Denn seine Ansprüche und Positionen könne der Arbeitnehmer nur gegenüber dem Arbeitgeber, nicht aber gegenüber jedermann geltend machen.[1344] Ein solcher umfassender Schutz gegenüber Dritten ginge schließlich auch zu weit.[1345] Aus dem KSchG lasse sich nichts anderes folgern, denn dieses befasse sich allein mit der Unwirksamkeit einer Kündigung, nicht aber mit Schadensersatz; zudem sei es nicht für alle Arbeitnehmer anwendbar.[1346]

2. Zustimmende Meinungen

Insbesondere in der Kommentarliteratur zu § 104 BetrVG,[1347] der sich mit dem Sonderfall der Druckkündigung durch den Betriebsrat befasst, aber auch sonst

1341 Vgl. etwa *Gamillscheg*, Die Beendigung des Arbeitsverhältnisses, 2001, S. 29; *Körner*, Das internationale Menschenrecht auf Arbeit, 2004, S. 15; ErfK/*Preis*, § 619a BGB, Rdnr. 56; *Riesenhuber*, JZ 1999, S. 711 (715); MüKo-BGB/*Wagner*, § 823 BGB, Rdnr. 312; *Wesch*, Neue Arbeitskampfmittel am Beispiel von Betriebsbesetzungen und Betriebsblockaden, 1993, S. 169 f.; *Zöllner/Loritz/Hergenröder*, Arbeitsrecht, 2015, § 17, Rdnr. 1; *Zöllner*, in: Gamillscheg/Hueck/Wiedemann (Hrsg.): FS 25 Jahre BAG, 1979, S. 745 (749).

1342 MüKo-BGB/*Wagner*, § 823 BGB, Rdnr. 312; *Riesenhuber*, JZ 1999, S. 711 (715).

1343 *Riesenhuber*, JZ 1999, S. 711 (716).

1344 *Riesenhuber*, JZ 1999, S. 711 (716).

1345 *Zöllner/Loritz/Hergenröder*, Arbeitsrecht, 2015, § 17, Rdnr. 1.

1346 Dazu ausführlich *Wesch*, Neue Arbeitskampfmittel am Beispiel von Betriebsbesetzungen und Betriebsblockaden, 1993, S. 161.

1347 Vgl. Däubler/Kittner/Klebe/Wedde/*Bachner*, § 104 BetrVG, Rdnr. 12; Däubler/Deinert/Zwanziger/*Deinert*, § 104 BetrVG; KR/*Etzel/Rinck*, § 104 BetrVG, Rdnr. 76; Fitting/*Fitting*, § 104 BetrVG Rdnr. 11; HWGNRH/*Huke*, § 104 BetrVG, Rdnr. 17; a.A. etwa GK-BetrVG/*Raab*, § 104 BetrVG, Rdnr. 23.

wird von Teilen der Literatur vertreten, dass es sich beim Recht am Arbeitsplatz um ein von § 823 Abs. 1 BGB geschütztes Recht handle.[1348] Allerdings wird meist nicht begründet, warum dies so sein soll. Soweit doch eine Begründung erfolgt, wird einmal angeführt, dass der Arbeitsplatz durch das KSchG eine weitgehende Sicherung erfahren habe.[1349] Zum andere wird vorgetragen, dass das Recht am Arbeitsplatz als Gegenstück zum mittlerweile anerkannten Recht am eingerichteten und ausgeübten Gewerbebetrieb zuzulassen sei.[1350] Dass das Recht am Arbeitsplatz einen vertraglichen Entstehungsgrund habe, stehe der Einordnung als absolutes Recht nicht entgegen, wie ein Vergleich mit dem Pfandrecht, dem Nießbrauch oder der Dienstbarkeit an einer Sache zeige.[1351] Auch die Behauptung, dass das Recht nicht absolut gelte, liege zumindest bedenklich nahe an einem Zirkelschluss, weil ja gerade erst die Einordnung des Rechts am Arbeitsplatz als sonstiges Recht i.S.v. § 823 Abs. 1 BGB darüber entscheide, ob diesem Recht Wirkungen gegenüber jedermann zukämen oder nicht.[1352] Der Schutz habe sich bisher hauptsächlich gegenüber der Person des Arbeitgebers konzentriert, weil nur insofern ein Schutzbedürfnis gesehen wurde. Dieser relative Schutz werde aber vom Gesetzgeber aufgehoben, wenn das Bedürfnis an einem umfassenderen Schutz des Bestands des Arbeitsverhältnisses erkennbar werde, was etwa § 613a BGB (Rechte und Pflichten bei Betriebsübergang) zeige, mit dem der Gesetzgeber die ursprüngliche Relativität des Arbeitsverhältnisses zum ursprünglichen Arbeitgeber aufgehoben habe.[1353] Zu dem neuen Arbeitgeber bestand nie ein vertragliches Verhältnis. Das Arbeitsverhältnis werde insoweit verdinglicht. Verfassungsrechtlich spreche Art. 12 GG, der den Entschluss des Einzelnen schütze, eine konkrete Beschäftigungsmöglichkeit in dem gewählten Beruf beizubehalten, für die Anerkennung als absolutes Recht.[1354] Auch das allgemeine Persönlichkeitsrecht sei aus den Art. 1 Abs. 1 und 2 Abs. 1 GG hergeleitet worden, entsprechend müsse auch das Recht am Arbeitsplatz aus Art. 12

1348 Vgl. z.B. *Hueck/Nipperdey,* Lehrbuch des Arbeitsrechts II/2, 1970, S. 995 ff.; wohl auch *Brox/Rüthers/Henssler,* Arbeitsrecht, 2011, Rdnr. 824.

1349 *Nipperdey,* in: Paulssen/Richter/Freitag u. a. (Hrsg.): FS Sitzler, 1956, S. 79 (92).

1350 *Schleusener,* NZA 1999, S. 1078 (1081) m.w.N.

1351 *Schleusener,* NZA 1999, S. 1078 (1081).

1352 *Schleusener,* NZA 1999, S. 1078 (1081).

1353 *Schleusener,* NZA 1999, S. 1078 (1081); diese gewisse Verdinglichung erkennen etwa auch *Zöllner/Loritz/Hergenröder,* Arbeitsrecht, 2015, § 17, Rdnr. 1 an, auch wenn sie insgesamt ein absolutes Recht ablehnen.

1354 *Schleusener,* NZA 1999, S. 1078 (1081) unter Bezugnahme auf BVerfGE 84, 133, 146.

GG hergeleitet werden.[1355] Maßgeblich geschützt sei die Entschlussfreiheit des Arbeitnehmers[1356] und diese gelte gegenüber jedermann.

3. Die Rechtsprechung

Bereits das *RG* hat ausgeführt, dass die Arbeitskraft bzw. die Befugnis zur Erzielung von Einkommen durch Verwertung der eigenen Arbeitskraft nicht durch § 823 Abs. 1 BGB geschützt sei, da sich das „sonstige Recht" in § 823 Abs. 1 BGB nicht auf die allgemeinen Fähigkeiten und Kompetenzen des Menschen beziehe, die bloße Erwerbsaussichten begründen würden.[1357] Das *BAG* hat zunächst in einem obiter dictum 1970 vorsichtig geäußert, dass zumindest einiges dafür spreche, dass das Recht des Arbeitnehmers auf einen Arbeitsplatz ein absolutes Recht i.S.v. § 823 Abs. 1 BGB sei.[1358] Vage bleibt auch noch ein Urteil aus dem Jahre 1978, in dem es darum ging, ob sich ein Arbeitnehmer, dem rechtswidrig gekündigt wird, in einer Notwehrlage befindet und die Arbeit niederlegen darf. Das *BAG* führte hier aus, dass kein Recht am Arbeitsplatz i.S.e. notwehrfähigen Gutes bestehe.[1359] Dies ist aber ungenau, weil das *BAG* in der Begründung letztlich darauf abstellt, dass die Arbeitsniederlegung wohl nicht das relativ mildeste Mittel sei, vielmehr einstweiliger Rechtsschutz zu suchen sei.[1360] 1998 hat das *BAG* dann aber schließlich geäußert, dass es der Auffassung zuneige, weder das „Recht am Arbeitsplatz" im Sinne eines räumlich-gegenständlichen Bereichs, noch das „Recht am Arbeitsverhältnis" im Sinne eines alleinigen Verfügungsrechts des Arbeitnehmers als absolutes Recht i.S.d. § 823 Abs. 1 BGB anzuerkennen.[1361] Grund sei vor allem die mangelnde Ausschlussfunktion gegenüber jedermann, da sich die rechtlichen Schutzwirkungen des Arbeitsverhältnisses ausschließlich auf das Verhältnis gegenüber dem Arbeitgeber bezögen und damit nicht absolut seien.[1362] Das *BAG* ließ die Frage aber letztlich unentschieden, weil es sich jedenfalls um ein tatbestandlich offenes Rahmenrecht handle, bei dem die Rechtswidrigkeit nicht durch den Verletzungserfolg indiziert sei und im

---

1355 *Schleusener,* NZA 1999, S. 1078 (1081); in ähnlicher Richtung *Scholz,* in: Gamillscheg/Hueck/Wiedemann (Hrsg.): FS 25 Jahre BAG, 1979, S. 511 (527).

1356 *Schleusener,* NZA 1999, S. 1078 (1081).

1357 RGZ 51, 369, 372 ff.

1358 BAG NJW 1971, 480.

1359 BAGE 30, 50 (59).

1360 Siehe die Begründung in BAGE 30, 50 (59 f.).

1361 BAGE 89, 80 (89).

1362 BAGE 89, 80 (89).

entschiedenen Fall die Rechtswidrigkeit nicht positiv dargelegt worden war.[1363] Auch in einer Entscheidung aus dem Jahr 2007 ließ es das Gericht dahingestellt, ob der Arbeitsplatz ein „sonstiges Recht" i.S.v. § 823 Abs. 1 BGB sein kann.[1364] Zuletzt stellte es wiederum nur darauf ab, dass jedenfalls die Rechtswidrigkeit des Eingriffs nicht nachgewiesen sei, sodass dahinstehen könne, ob es sich um ein „sonstiges Recht" handle.[1365]

Die Instanzgerichte lehnen die Anerkennung – soweit dem Autor bekannt – durchgängig ab. Vor allem wegen der mangelnden Ausschlussfunktion des „Rechts am Arbeitsplatz" verweigerte etwa das *LG Frankfurt a.M.* die Anerkennung als „sonstiges Recht" i.S.v. § 823 Abs. 1 BGB.[1366] Im Ergebnis ebenso entschieden das *LAG Niedersachsen*,[1367] das *OLG Koblenz*,[1368] das *LAG Hessen*[1369] und das *LAG Düsseldorf*.[1370]

Damit scheint es nur noch eine Frage der Zeit, bis, aber nicht ob das *BAG* in entscheidungserheblicher Weise das „Recht am Arbeitsplatz" als sonstiges Recht i.S.d. § 823 Abs. 1 BGB ablehnen wird.

4. Analyse und Übertragbarkeit auf die hiesige Fragestellung

Die überwiegende Meinung im Zivilrecht nimmt also an, dass der Arbeitsplatz oder das Recht am Arbeitsplatz kein „sonstiges Recht" i.S.d. § 823 Abs. 1 BGB darstellen. Tragendes Argument ist dabei immer, dass es sich um kein absolutes Recht handle, das – wie etwa das Eigentumsrecht in § 903 BGB – Ausschlussrechte gegenüber jedermann gewähre. Vielmehr sei es ein Bündel schuldrechtlicher Pflichten, die auf die Person des Arbeitgebers fixiert seien.

Allerdings erkennt etwa *Wagner* auch an, dass ein Schadensersatzanspruch aus § 823 Abs. 1 BGB wegen Mobbings in Frage kommt, wenn der Arbeitnehmer von einem Dritten psychisch oder physisch drangsaliert wird, weil hier Körper oder Gesundheit, jedenfalls aber das Allgemeine Persönlichkeitsrecht verletzt

1363 BAGE 89, 80 (89 f.).
1364 BAG NZA 2007, 1167 (1168).
1365 BAG NJW 2014, 2669 (2671).
1366 LG Frankfurt a.M. NZA-RR 2000, 185 (186).
1367 LAG Niedersachsen BeckRS 1996, 30761966.
1368 OLG Koblenz NJW 2003, 1673 (1674).
1369 LAG Hessen BeckRS 2006, 41360.
1370 LAG Düsseldorf BeckRS 2013, 66880; damit ist auch die erheblich ältere Entscheidung des LAG Düsseldorf BB 1958, 268 überholt, in der es noch annahm, dass das Recht am Arbeitsplatz ein „sonstiges Recht" i.S.v. § 823 Abs. 1 BGB sei.

sein könnten.[1371] Daran wird immerhin deutlich, dass ein einheitliches Geschehen verschiedene Rechtsgüter beeinträchtigen und multiple Auswirkungen haben kann. Auch die hiesige Untersuchung vertritt schließlich die These, dass durch Arbeitslosigkeit die Gesundheit und das Allgemeine Persönlichkeitsrecht tangiert werden.

Was die Übertragbarkeit auf die strafrechtliche Diskussion angeht, darf nicht verkannt werden, dass sich die Diskussion nicht gegen die Anerkennung eines Rechts am Arbeitsplatz als solchem richtet, sondern vielmehr nur gegen die Anerkennung als absolutes Recht i.S.d. § 823 Abs. 1 BGB.[1372] Es mag für die zivilrechtliche Diskussion durchaus richtig sein, dass es sich beim Arbeitsverhältnis zuallererst um eine schuldrechtliche, vertragliche Beziehung zwischen Arbeitgeber und Arbeitnehmer handelt. Für das Strafrecht spielt diese Frage aber keine Rolle. Denn die Maßstäbe für Straf- und Deliktsrecht sind unterschiedlich. Dies mag man schon allein daran sehen, dass etwa das Vermögen als solches nicht von § 823 Abs. 1 BGB geschützt ist, es dagegen eine Vielzahl von Straftatbeständen gibt, die gerade das Vermögen als Gesamtheit (und nicht bloß einzelne Bestandteile davon) schützen, wie etwa Betrug oder Erpressung. Nun würde es den Stellenwert des „Interesses Arbeitsplatz" im Rahmen von § 34 StGB sicherlich stärken, wenn er auch einen deliktsrechtlichen Schutz gegenüber jedermann erfahren hätte; es kann aber eben nicht umgekehrt der Schluss gezogen werden, dass eine mangelnde Anerkennung im Deliktsrecht auch zur Unbeachtlichkeit für die strafrechtliche Rechtfertigung führen müsse. Denn im Strafrecht geht es zunächst nicht darum, wem gegenüber ein Interesse rechtlich anerkannt ist, sondern darum, ob es *überhaupt* rechtlich anerkannt ist.[1373] Viel wichtiger als

---

1371 MüKo-BGB/*Wagner*, § 823 BGB, Rdnr. 312.

1372 *Schleusener*, NZA 1999, S. 1078 (1081).

1373 Anders aber wohl *Mitsch*, JR 2013, S. 351 (354), der betont, dass das Rechtsgut Arbeitsplatz in einer rechtlichen Beziehung bestehe, die in ihrem Bestand davon abhängig sei, dass der Partner an ihr festhalte. Sage sich der Partner, etwa durch Kündigung, los, falle auch das Rechtsgut in sich zusammen. Es handle sich allenfalls um eine relative Rechtsstellung des Arbeitnehmers. Im Verhältnis zum Arbeitgeber versagt *Mitsch* a.a.O., S. 355 schließlich eine Notwehr- oder Notstandsbefugnis, weil Rechtsbehelfe vorrangig seien. Auf letzteres wird noch zurückzukommen sein. Allerdings greift die Charakterisierung des Arbeitsverhältnisses als Rechtsgut, das durch die einfache Lossagung des Vertragspartners zerstört werden könne, zu kurz. Wie gerade der ausgeprägte Kündigungsschutz zeigt, kann der Arbeitgeber nicht einfach einseitig die Rechtsposition des Arbeitnehmers zerstören. Ohne berechtigten Grund kann sich der Arbeitgeber nicht vom Arbeitsverhältnis lösen. Insofern hat das Arbeitsverhältnis partiell einen absoluten Schutz erfahren.

Umsetzung und Aktualisierung in einem absoluten, subjektiven Recht ist also die grundsätzliche Wertentscheidung unserer Rechtsordnung für Arbeit.[1374] Und hier dürfte nach den Ausführungen dieses Kapitels kein Zweifel bestehen, dass sowohl das Verfassungsrecht als auch gerade das soziale Arbeitsrecht zu einer sehr starken rechtlichen Anerkennung der Position des Arbeitnehmers geführt haben, mag diese rechtlich starke Stellung auch in erster Linie gegenüber dem Arbeitgeber ausgestaltet sein.

VII. Zwischenergebnis

Das Ergebnis dieses Kapitels steht in starkem Kontrast zu der bisherigen Geringschätzung, die das Interesse Arbeit in der strafrechtlichen Diskussion erfahren hat. Es hat sich gezeigt, dass Arbeit und Beruf mit vielfältigen und fundamentalen rechtlichen Gewährleistungen in Verbindung gebracht werden.

Zunächst einmal ist Arbeit ein Menschenrecht. In wichtigen, wenn auch praktisch zu wenig beachteten internationalen Völkerrechtsverträgen wird Arbeit als zentraler Bestandteil behandelt. Mögen sich daraus auch keine subjektiven Ansprüche ableiten lassen, so kommt man aber doch nicht umhin, anzuerkennen, dass diese Verträge objektiv geltendes inländisches Recht sind und Wertungen für die Anwendung und Auslegung von Gesetzen enthalten.

Der Beruf (auch des abhängig Tätigen) und seine Ausübung werden in vielfältigen Bestimmungen des (primären) Unionsrechts und des nationalen Verfassungsrechts geschützt. Nicht nur, dass die Berufsfreiheit (die auch positive Schutzpflichten erzeugt) ein eigenes Grundrecht bildet, ihr wird auch durchgängig ein enger Bezug zur Menschenwürde und dem Allgemeinen Persönlichkeitsrecht attestiert. Zwischen Sozialstaatsprinzip, gesamtwirtschaftlichem Gleichgewicht und Arbeit gibt es Zusammenhänge, sodass sich Forderungen nach Beschäftigungspolitik daraus ableiten lassen. Das ganze einfachgesetzliche Arbeitsrecht samt Kündigungsschutz wurde als „Arbeitnehmerschutzrecht“ entwickelt.

Betrachtet man all dies, scheint es schwer vorstellbar zu sein, dass sich das Interesse am Erhalt des Arbeitsplatzes im Rahmen des § 34 StGB aufgrund seiner Wertigkeit nie oder zumeist nicht soll durchsetzen können. Dies soll aber im nun folgenden Kapitel genauer untersucht werden.

1374 So auch *Cramer*, Vermögensbegriff und Vermögensschaden im Strafrecht, 1968, S. 240.

E. Anwendung der Notstandsregel auf den drohenden Arbeitsplatzverlust

Nachdem nun also aufgezeigt wurde, dass das Interesse an Arbeit, exemplifiziert maßgeblich am Innehaben eines Arbeitsplatzes, in der Rechtsordnung in vielfältiger Weise anerkannt ist, soll in diesem Kapitel konkret untersucht werden, ob sich dieses Interesse im Rahmen des § 34 StGB durchzusetzen vermag.

I. Das Erhaltungsinteresse

1. Der Arbeitsplatz als Erhaltungsrechtsgut

Durchgängig wird der Erhalt des eigenen Arbeitsplatzes oder fremder Arbeitsplätze als notstandsfähiges Rechtsgut i.S.d. § 34 StGB angesehen. Die Meinung vieler muss aber noch keine Gewähr für Richtigkeit sein, weswegen eine weitere Untersuchung veranlasst ist.

Auszugehen ist prinzipiell von der Feststellung, dass notstandsfähig jedes beliebige Rechtsgut ist, das an irgendeiner Stelle der Rechtsordnung (nicht notwendig strafrechtliche) Anerkennung gefunden hat.[1375]

a) Der Arbeitsplatz als reines Vermögensinteresse?

Zunächst ist noch einmal in Erinnerung zu rufen, dass bereits in den Teilen B. und D. herausgearbeitet wurde, dass sich Arbeit tatsächlich und rechtlich nicht in einem reinen Vermögensinteresse erschöpft. Nicht zu Unrecht hat bereits *Cramer* darauf hingewiesen, dass das Strafrecht mit der Behandlung der Arbeit als Ware anderen Rechtsbereichen „hinterherhinke".[1376] Die vorliegende Untersuchung möchte den personalen Aspekt der Arbeit ausdrücklich miteinbeziehen, weswegen im Anschluss an die Ausführungen des vorherigen Kapitels

---

1375 Ganz h.M., vgl. etwa Matt/Renzikowski/*Engländer*, § 34, Rdnr. 16; MüKo/*Erb*, § 34, Rdnr. 55; *Lenckner*, Der rechtfertigende Notstand, 1965, S. 74; *Meißner*, Die Interessenabwägungsformel in der Vorschrift über den rechtfertigenden Notstand (§ 34 StGB), 1990, S. 221; *Reichert-Hammer*, Politische Fernziele und Unrecht, 1991, S. 175; KK-OWiG/*Rengier*, § 16 OWiG, Rdnr. 5; LK/*Zieschang*, § 34, Rdnr. 22; zu möglichen Einschränkungen siehe bereits oben C. III. 2. d. aa.

1376 *Cramer*, Vermögensbegriff und Vermögensschaden im Strafrecht, 1968, S. 237.

das Erhaltungsinteresse Arbeit, das sich zumeist im Interesse am „Arbeitsplatz“ manifestieren wird, folgendermaßen definiert werden soll:

Der Arbeitsplatz ist die rechtlich geschützte Möglichkeit, sich eine materielle Lebensgrundlage zu erwirtschaften, Fertigkeiten zu entwickeln und zu schulen und sich darüber hinaus in immaterieller Hinsicht sinnvoll zu betätigen, seine Persönlichkeit zu entfalten und sich als vollwertiges Mitglied der Gesellschaft zu erfahren. Dies ist einerseits eine Position, die der Arbeitnehmer bereits jetzt inne hat, andererseits aber auch eine in gewissen Grenzen gesicherte Expektanz für die Zukunft.

Das materielle Interesse wird etwa in einem Beschluss des *OLG Oldenburg*[1377] zutreffend charakterisiert, wenn es ausführt, dass ein gesicherter Arbeitsplatz als ein Rechtsgut zu betrachten sei, dessen Wert gerade in Zeiten von Teilbeschäftigung den etwa des Sacheigentums weit übersteigen werde.[1378] Auch *Ulrich Weber* konstatiert die Bedeutung des Arbeitsplatzes, wenn er feststellt, dass die Drohung mit dem Arbeitsplatzverlust zwar nicht den Grad des § 35 StGB erreiche (Drohung mit Gefahr für Leben, Leib oder Freiheit), aber doch eine annähernd gleich gravierende Drucksituation darstelle.[1379]

Dies gilt umso mehr, als sich das Interesse am Arbeitsplatz eben nicht in einem reinen Vermögensinteresse erschöpft, was etwa in der Anerkennung des arbeitsrechtlichen Beschäftigungsanspruches deutlich wird. Diese Feststellung ist insofern wichtig, als dem Vermögen teilweise die Eigenschaft als notstandsfähiges Rechtsgut gänzlich abgesprochen,[1380] teilweise nur in verminderter Form zugesprochen wird.[1381] Diese Positionen können aber ohnehin nicht überzeugen.[1382] Es mag sicherlich richtig sein, dass das Vermögen in der Rangfolge der Rechtsgüter einen niedrigeren Rang einnimmt, als etwa Leib und Leben; das rechtfertigt

---

1377 OLG Oldenburg NJW 1978, 1869; abl. aber *Späth*, Rechtfertigungsgründe im Wirtschaftsstrafrecht, 2016, S. 296.

1378 Die Bedeutung des Arbeitseinkommens für die private Lebensgestaltung wird auch durch die Pfändungsvorschriften der ZPO anerkannt, indem das Gesetz die Pfändung des Einkommens in den §§ 850a bis 850i ZPO beschränkt und beispielsweise jedem Arbeitnehmer das unpfändbare Grundeinkommen von derzeit 1.073,88 Euro belässt (vgl. § 850c Abs. 1 S. 1 ZPO i.V.m. der Pfändungsfreigrenzenbekanntmachung vom 14.04.2015 [BGBl. I 2015, 619]).

1379 *Weber*, ZStW 96 (1984), S. 376 (397).

1380 So z.B. NK/*Neumann*, § 34, Rdnr. 102.

1381 Etwa von *Köhler*, Strafrecht. Allgemeiner Teil, 1997, S. 290.

1382 Vgl. dazu auch *Späth*, Rechtfertigungsgründe im Wirtschaftsstrafrecht, 2016, S. 130 ff.

aber nicht, es bereits vor der Interessenabwägung in seiner Notstandstauglichkeit zu schmälern. Das Vermögen ist in vielfältiger Weise geschützt, strafrechtlich insbesondere durch die §§ 253, 263, 266 StGB. Die Notstandsfähigkeit des Rechtsguts Vermögen differenziert zu betrachten, je nachdem, ob eine konkrete Rechtsposition oder lediglich ein Interesse betroffen ist,[1383] ist an dieser Stelle abzulehnen. Hier ist eine einheitliche Bestimmung vorzunehmen. Dass das Vermögen z.B. in §§ 253 und 263 StGB nur gegen spezifische Schädigungshandlungen *strafrechtlich* geschützt ist und im zu beurteilenden Fall eine u.U. nur zivilrechtswidrige Handlung vorlag, kann viel besser bei der Interessenabwägung berücksichtigt werden. Es bestehen zwar graduelle Unterschiede, aber das Vermögen ist in unserer Rechtsordnung definitiv als Wert anerkannt. Damit ist zunächst einmal auch die Befugnis, es vor Gefahren zu retten, eröffnet.[1384]

Deswegen ist auch dieselbe Position *Neumanns*[1385] zur Notstandsfähigkeit des Arbeitsplatzes abzulehnen,[1386] weil in den Ausführungen des letzten Kapitels deutlich geworden sein sollte, dass der Arbeitsplatz Anerkennung und Schutz durch unsere Gesamtrechtsordnung erfahren hat – und zwar nicht allein in seinen materiellen Aspekten. Prinzipiell ist der Arbeitsplatz also notstandsfähig.

b) Nur ein schuldrechtlicher Anspruch?

Gleichwohl könnten an diesem Ergebnis Zweifel aufkommen. Diese rühren daher, dass man das Arbeitsverhältnis ganz pragmatisch auch als reines Bündel von schuldrechtlichen Rechten und Pflichten sehen kann und zivilrechtlich wohl auch sehen muss. Dementsprechend würde etwa *Jakobs* die Notstandsfähigkeit des Arbeitsplatzes verneinen, weil er nur absolut geschützte Rechtspositionen (die also gegenüber jedermann geschützt sind) als notstandsfähig anerkennt.[1387] Tatsächlich könnte sich ein Hindernis aus folgender Überlegung ergeben: Für § 32 StGB ist weitgehend anerkannt, dass reine schuldrechtliche, v.a. vertragliche Ansprüche nicht notwehrfähig sind.[1388] Begründet wird dies damit, dass

1383 So aber NK/*Neumann,* § 34, Rdnr. 28 f.

1384 In diesem Sinne auch *Späth,* Rechtfertigungsgründe im Wirtschaftsstrafrecht, 2016, S. 114 f., 137.

1385 NK/*Neumann,* § 34, Rdnr. 26.

1386 Vgl. dazu oben C. III. 2. d. aa.

1387 *Jakobs,* Strafrecht, Allgemeiner Teil, 1993, Abschn. 13 Rdnr. 9.

1388 Ein notwehrfähiges Rechtsgut verneinen bereits *Engländer,* Grund und Grenzen der Nothilfe, 2008, S. 268 ff.; *Jakobs,* Strafrecht, Allgemeiner Teil, 1993, Abschn. 12 Rdnr. 5; *Felber,* Die Rechtswidrigkeit des Angriffs in den Notwehrbestimmungen, 1979, S. 182 ff., der allerdings Eingriffe in die Forderungszuständigkeit doch als

der Schutz i.S.d. § 32 StGB gerade durch ein subjektives Recht gegenüber dem Angreifer gewährleistet sein müsse, was prinzipiell bei allen absoluten Rechtsgütern der Fall sei.[1389] Schuldrechtliche Ansprüche hätten aber nach *Engländer* keine Schutz-, sondern eine Transferfunktion; sie bezweckten nicht den Schutz eines Gutes, sondern seine Übertragung.[1390] Für den Schutz dieses „Transfersystems“ sei aber Selbsthilfe nur im engen Rahmen des § 229 BGB zulässig,[1391] also nur zur vorläufigen Sicherung. Für die endgültige Durchsetzung sei der Gläubiger dann auf den Rechtsweg verwiesen. Im Gegensatz zu absoluten Rechtspositionen, die vom Einzelnen bereits vorgefunden würden und jenseits seiner Autonomie lägen, habe er es bei vertraglichen Beziehungen in der Hand, sich seinen Vertragspartner auszusuchen und entsprechende Sicherungsvorkehrungen gegen Vertragsstörungen zu treffen.[1392]

Dementsprechend könnte man auch die Notwehrfähigkeit des Arbeitsplatzes verneinen, weil man argumentieren könnte, dass allein die Gefahr der Nichterfüllung zukünftiger zivilrechtlicher Pflichten durch den Arbeitgeber im Raum steht (v.a. zukünftige Lohnzahlung und Beschäftigung) und diese nicht notwehrfähig sind.[1393]

---

notwehrfähig anerkennt; a.A. *Ladogny,* GA 1991, S. 300 (307 f.), der die Lösung aber in der Subsidiarität der Selbsthilfe zum gerichtlichen (Eil-) Rechtsschutz sieht; einen notwehrfähigen Angriff verneinen LK/*Rönnau/Hohn,* § 32, Rdnr. 105 und MüKo/*Erb,* § 32, S. 67 f., weil das Unterlassen einer Handlungspflicht (die Erfüllung der vertraglichen Verpflichtung) zwar einen Rechtsverstoß, aber keinen Verstoß gegen die allgemeine Friedenspflicht darstelle.

1389 *Engländer,* Grund und Grenzen der Nothilfe, 2008, S. 268; *Renzikowski,* Notstand und Notwehr, 1994, S. 226 f.

1390 *Engländer,* Grund und Grenzen der Nothilfe, 2008, S. 269.

1391 *Engländer,* Grund und Grenzen der Nothilfe, 2008, S. 270; *Jakobs,* Strafrecht, Allgemeiner Teil, 1993, Abschn. 12 Rdnr. 5; *Felber,* Die Rechtswidrigkeit des Angriffs in den Notwehrbestimmungen, 1979, S. 184.

1392 *Renzikowski,* Notstand und Notwehr, 1994, S. 228; ähnlich *Späth,* Rechtfertigungsgründe im Wirtschaftsstrafrecht, 2016, S. 161.

1393 So denn auch BAGE 30, 50 (59) = BAG NJW 1979, 236 (237); *Wesch,* Neue Arbeitskampfmittel am Beispiel von Betriebsbesetzungen und Betriebsblockaden, 1993, S. 154 ff.; zumindest im Verhältnis zum Arbeitgeber geht *Mitsch,* JR 2013, S. 351 (354 f.) von einem notwehrfähigen Rechtsgut aus, verneint aber wegen dem subsidiären Charakter der Selbsthilfe und der Verweisung auf den Rechtsweg eine Notwehrlage.

Diese Diskussion ist insofern von Interesse, als man auch ein notstandsfähiges Rechtsgut verneinen müsste, wenn man von einem Gleichlauf von notwehr- und notstandsfähigem Rechtsgut ausgeht.[1394]

Allerdings bestehen schon erhebliche Zweifel, ob man die vertraglichen Ansprüche im Rahmen eines so langfristigen und personenbezogenen Schuldverhältnisses wie dem Arbeitsverhältnis tatsächlich mit anderen einfachen schuldrechtlichen, etwa einmaligen Geldzahlungsansprüchen gleichstellen kann; so trägt das Argument, dass sich der Arbeitnehmer vertraglich gegen Störungen absichern könne, hier kaum, wenn man an die im letzten Kapitel bereits angedeutete strukturelle Unterlegenheit des Arbeitnehmers denkt. Für eine stärkere Rechtsposition spricht auch die Regelung des § 613a BGB, die bewirkt, dass das Arbeitsverhältnis auch gegenüber dritten Personen wirkt. Und nicht zuletzt vermittelt das KSchG einen starken Bestandsschutz.

Aber auch unabhängig davon ist die Notstandsfähigkeit des Arbeitsplatzes im Ergebnis zu bejahen: Notwehr und Notstand beruhen auf unterschiedlichen Prinzipien. Während die Notwehr der Verteidigung von Individualrechtsgütern und der Verteidigung der Rechtsordnung dient, beruht der rechtfertigende Notstand auf dem (formalen) Prinzip des überwiegenden Interesses.[1395] Es erscheint gerechtfertigt, das „schneidige Notwehrrecht" nur bei einem Angriff auf absolut geschützte Rechtspositionen zuzulassen, da es sehr weitreichende Eingriffsbefugnisse eröffnet und eine Interessenabwägung prinzipiell nicht kennt.[1396] Anders dagegen das Abwägungsprinzip des Notstandes: Es soll sich ein Interesse auf Kosten eines anderen durchsetzen können, wenn es eben nur erheblich mehr wiegt. Dieses erhebliche Überwiegen statuiert deutlich strengere Anforderungen als die Notwehrbefugnis. Die Anwendung des § 34 StGB muss deutlich strenger gehandhabt werden, weil beim Eingriff in die Rechte eines völlig Unbeteiligten das Rechtsverteidigungsinteresse wegfällt. Zugleich ist der prinzipielle Anwendungsbereich der Notstandsbefugnis deutlich weiter als der der Notwehr;[1397] die Vorschrift ist zugeschnitten auf Güter- und Interessenkollisionen jeder Art.[1398]

1394 So etwa *Jakobs*, Strafrecht, Allgemeiner Teil, 1993, Abschn. 13 Rdnr. 9.

1395 *Renzikowski*, Notstand und Notwehr, 1994, S. 28.

1396 Abgesehen von Einschränkungen bei der Gebotenheit im Falle eines groben Missverhältnisses zwischen angegriffenem Rechtsgut und den Folgen der Verteidigungshandlung.

1397 Zutreffend *Reichert-Hammer*, Politische Fernziele und Unrecht, 1991, S. 175: Die Notstandsregelung sei weiter in ihren Voraussetzungen, aber enger bzgl. der Intensität der gestatteten Abwehrmittel.

1398 Lackner/*Kühl*, § 34, Rdnr. 4; *Kaspar*, Strafrecht - Allgemeiner Teil, 2014, Rdnr. 306.

Erforderlich soll eben nur eine gegenwärtige Gefahr für ein wie auch immer geschütztes rechtliches Interesse sein. Alles andere ist dann eine Frage der Erforderlichkeit und der Interessenabwägung. Die Erwägungen, mit denen die oben genannten Autoren bereits ein notwehrfähiges Rechtsgut ausschließen, können im Rahmen des rechtfertigenden Notstandes an anderen Stellen berücksichtigt werden. Insbesondere in der Interessenabwägung ist eine Feinsteuerung möglich, die eine „Alles oder nichts"-Entscheidung gleich zu Beginn der Prüfung entbehrlich macht. Dementsprechend können auch Positionen prinzipiell notstandsfähig sein, die nicht notwehrfähig sind.[1399] Auch hier ist nochmals darauf hinzuweisen, dass nicht einzusehen ist, warum sich nicht ein relativ schwach geschütztes Interesse auf Kosten eines noch erheblich geringer geschützten Interesses soll durchsetzen können. Solche Fälle dürften praktisch im Rahmen des rechtfertigenden Notstandes deutlich häufiger vorkommen als im Rahmen der Notwehr, weil die Notstandsbefugnis auch im Ordnungswidrigkeitenrecht – im Gegensatz zur Notwehr[1400] – eine erhebliche praktische Bedeutung hat. Notwehr kommt hier meist nicht in Frage, weil die meisten Ordnungswidrigkeitentatbestände als abstrakte Gefährdungstatbestände Allgemeininteressen schützen, die nicht notwehrfähig sind.[1401] Für den rechtfertigenden Notstand des § 16 OWiG bleibt dagegen ein Anwendungsbereich und hier kommt eine Rechtfertigung eher in Frage als im Strafrecht, weil das durch das Ordnungswidrigkeitenrecht geschützte Eingriffsinteresse meist weniger stark wiegt als das strafrechtlich geschützte.[1402]

Bestätigt wird dieses Ergebnis auch dadurch, dass etwa die Durchsetzung eines zivilrechtlichen Honoraranspruchs für notstandsfähig gehalten wird.[1403] In BGHSt 1, 366 heißt es, dass eine Verletzung von Privatgeheimnissen jedenfalls dann gerechtfertigt sei, wenn der klagende Anwalt seinen Honoraranspruch nicht anders nachweisen könne. Hier – wie auch in der zustimmenden Kommentarliteratur – scheinen also keine Zweifel zu bestehen, dass auch ein schuldrechtlicher Anspruch notstandsfähig ist. Nun mag man einwenden, dass in dieser Fallgestaltung die Gefahr der Umgehung des staatlichen Gewaltmonopols nicht besteht, der auch die Vorschrift des § 229 BGB entgegenwirken möchte,

1399 MüKo/*Erb*, § 34, Rdnr. 55; *Reichert-Hammer*, Politische Fernziele und Unrecht, 1991, S. 175.

1400 KK-OWiG/*Rengier*, § 15 OWiG, Rdnr. 1.

1401 KK-OWiG/*Rengier*, § 15 OWiG, Rdnr. 8.

1402 Dazu näher unten IV. 3. b.

1403 BGHSt 1, 366 (368); LK/*Zieschang*, § 34, Rdnr. 22; MüKo/*Erb*, § 34, Rdnr. 55; einschränkend NK/*Neumann*, § 34, Rdnr. 25.

weil sich der Anwalt ja bereits im gerichtlichen Verfahren befindet. Dieser Einwand ändert aber nichts daran, dass nun einmal eine notstandsfähige Rechtsposition vorliegt.

Daran wird deutlich, dass der Gesichtspunkt der Durchbrechung des Gewaltmonopols nicht zum Ausschluss eines notstandsfähigen Rechtsguts führen kann; dies umso mehr, als *Keller* zutreffend darauf hinweist, dass theoretisch immer irgendein staatliches Verfahren zur Abwendung der Gefahr zur Verfügung stünde.[1404] Aus diesem Grunde kann es sich um keine absolute Grenze der Notstandsbefugnis handeln;[1405] vielmehr betrifft die Frage, inwieweit ein staatlich geordnetes Verfahren verfügbar ist und wie stark der Gesetzgeber dessen Vorrang ausgestaltet hat (etwa im Rahmen des § 229 BGB), Gesichtspunkte, die nach der hier vertreten Ansicht bei der Interessenabwägung, nach anderer Ansicht bei der Angemessenheit zu berücksichtigen sind, aber jedenfalls nicht von vornherein zu einem Ausschluss der Notstandsbefugnis führen können.

Darüber hinaus zeigt sich, dass zumeist nicht lediglich der schuldrechtliche Anspruch als solcher das betroffene Erhaltungsgut darstellt; vielmehr steckt dahinter meist ein umfassenderes Erhaltungsrechtsgut. Oft wird dies zumindest das Vermögen sein.[1406] Kann nämlich der Anspruch nicht realisiert werden, wird das Vermögen gemindert. Hierbei handelt es sich nicht lediglich um eine unsichere zukünftige Vermögensmehrung, sondern der Anspruch, der unterzugehen droht, ist bereits als solcher ein Bestandteil des Vermögens. Wenn aber im Rahmen des Betruges anerkannt ist, dass selbst Aussichten auf zukünftigen Vermögenszuwachs (Exspektanzen) vom Vermögensschutz des § 263 StGB umfasst werden, soweit ihnen der Geschäftsverkehr bereits aktuell Vermögenswert zumisst, weil sie mit hoher Wahrscheinlichkeit einen Vermögenszuwachs erwarten lassen,[1407] so muss doch das Arbeitsverhältnis, das einen weitgehenden

---

1404 *Keller,* Rechtliche Grenzen der Provokation von Straftaten, 1989, S. 319 f.; zust. *Pawlik,* Der rechtfertigende Notstand, 2002, S. 220.

1405 Denn eben diese theoretische Verfügbarkeit einer staatlichen Gefahrenabwehr ist jedem Notstandskonflikt immanent, vgl. *Pawlik,* Der rechtfertigende Notstand, 2002, S. 220.

1406 Dass dieser Aspekt oft übersehen wird, konstatiert bereits *Lenckner,* Der rechtfertigende Notstand, 1965, S. 74 Fn. 19 für die damalige Rechtsprechung.

1407 Vgl. etwa BGHSt 17, 147 (148); Matt/Renzikowski/*Saliger,* § 263, Rdnr. 163; SSW-StGB/*Satzger,* § 263, Rdnr. 153; wenn in der Aussicht auf Erlangung einer Stelle bereits ein Vermögenswert liegen kann (Nachweise bei OLG Hamburg NJW 1962, 1407 [1408]), dann erst recht in der Fortsetzung eines bereits bestehenden Arbeitsverhältnisses.

Bestandsschutz erfahren hat, erst recht diesem Schutz unterfallen. Dieser aktuelle Wert lässt sich auch im praktischen Leben beobachten: Würde das aktuelle Innehaben einer unbefristeten Anstellung nichts über die Vermögenslage einer Person aussagen, würde sich ein Großteil des Privatkreditgeschäfts der Banken erledigen, da diese für die Beurteilung der Bonität eines Kunden ganz wesentlich an den Bestand eines regulären Arbeitsverhältnisses anknüpfen. Jeder Vermieter sichert sich ab, indem er sich laufende Gehaltsnachweise vorlegen lässt. Dies zeigt par excellence, dass der Geschäftsverkehr aus dem Arbeitsvertrag auf einen regelmäßigen Vermögenszufluss schließt.

Dass solche Ansprüche als Bestandteil des Vermögens auch strafrechtlich anerkannt sind, ergibt sich schon aus der Betrugsdogmatik. Für § 263 StGB genügt es unzweifelhaft, wenn das Opfer um einen Anspruch gebracht wird, etwa weil es wegen einer Täuschung und eines entsprechenden Irrtums einen schuldrechtlichen Anspruch nicht realisiert.[1408] Es kann beim sog. Eingehungsbetrug ja sogar genügen, dass das Vermögen dadurch gemindert wird, dass dem einen vertraglichen Anspruch ein anderer, minderwertiger Anspruch gegenübersteht, weil der Vertragspartner etwa nicht leistungsfähig oder leistungswillig ist.[1409]

Dementsprechend ist auch ein sog. Arbeitsbetrug[1410] möglich, bei dem der Arbeitnehmer seine Arbeitsleistung erbringt, der Arbeitgeber aber hinsichtlich des Lohnanspruchs nicht leistungsfähig oder leistungswillig ist. Auch in diesem Fall wird im Rahmen des § 263 StGB ein Vermögensschaden angenommen.[1411] Der Arbeitsleistung des Arbeitnehmers kommt nach wirtschaftlicher Betrachtung Vermögenswert zu, jedenfalls soweit die erbrachte Tätigkeit typischerweise nur gegen Entgelt geleistet wird.[1412] Indem der Arbeitnehmer diese Leistung erbringt, also weggibt, wird sein Vermögen geschädigt, weil er über

---

1408 Vgl. etwa Schönke/Schröder/*Perron,* § 263, Rdnr. 58; Matt/Renzikowski/*Saliger,* § 263, Rdnr. 115.

1409 Vgl. zum Eingehungsbetrug etwa Matt/Renzikowski/*Saliger,* § 263, Rdnr. 236 ff.; SSW-StGB/*Satzger,* § 263, Rdnr. 257.

1410 Vgl. dazu nur LK/*Tiedemann,* § 263, Rdnr. 139a.

1411 RGSt 68, 380; BGH NStZ 2001, 258.

1412 BGH NStZ 2001, 258; *Heinrich,* GA 1997, S. 24 (26); *Kolb,* NZWiSt 2014, S. 344 (345); Matt/Renzikowski/*Saliger,* § 263, Rdnr. 169; SSW-StGB/*Satzger,* § 263, Rdnr. 157, 283; LK/*Tiedemann,* § 263, Rdnr. 138; für den Vermögenswert der Arbeitsleistung kommt es auch nicht darauf an, ob überhaupt ein (wirksames) Arbeitsverhältnis bestand, s. *Heinrich,* GA 1997, S. 24 (29 f.); zu Recht weist *Lampe,* in: Schroeder/Zipf (Hrsg.): FS Maurach, 1972, S. 375 (376) aber darauf hin, dass neben diesem wirtschaftlichen Aspekt auch ein personaler Aspekt eine Rolle spielt, der im Recht meist vernachlässigt wird.

seine Arbeitskraft nicht mehr frei zu eigenem Nutzen verfügen kann.[1413] Diese Minderung wird nicht durch seinen Entgeltzahlungsanspruch kompensiert, weil dieser wirtschaftlich gesehen nichts wert ist.[1414]

Ebenso ist der „Lohnwucher“[1415] (§ 291 Abs. 1 Nr. 3 StGB) anerkannt; auch eine „Arbeitserpressung“[1416] (§ 253 StGB) wird für möglich gehalten. Hier ist die Arbeitsleistung damit ebenfalls als Gegenstand des Vermögensschutzes anerkannt.

Dann kann aber auch kein Zweifel bestehen, dass die Weigerung des Arbeitgebers, das Arbeitsverhältnis in Zukunft fortzusetzen, insbesondere seinen Lohnzahlungsverpflichtungen in Zukunft nachzukommen, eine Gefahr für das Vermögen des Arbeitnehmers darstellt. Alles andere ließe sich mit der anerkannten Dogmatik der Vermögensdelikte nicht in Einklang bringen. An dieser Stelle ist aber nochmals darauf hinzuweisen, dass auch das Vermögen nach der hiesigen Konzeption nur einen Aspekt des umfassenderen Erhaltungsinteresses „Arbeitsplatz“ ausmacht. Der Vergleich sollte nur zeigen, dass allein die Tatsache, dass das Arbeitsverhältnis schuldrechtlich weitgehend „nur“ aus Ansprüchen besteht, nicht zwangsläufig dazu führt, ein notstandsfähiges Interesse zu verneinen.

In diesem Zusammenhang ist wiederum zu erwähnen, dass – im Gegensatz zu „normalen“ obligatorischen Ansprüchen – die Ansprüche aus dem Arbeitsverhältnis zugunsten des Arbeitnehmers auch in die Zukunft gerichtet einen weitgehenden Schutz erfahren haben: Der Arbeitnehmer darf nicht grundlos (noch nicht einmal im Kleinbetrieb) entlassen werden. Und selbst wenn er entlassen werden darf, so grundsätzlich nur mit entsprechender Kündigungsfrist. Insoweit greift es zu kurz, wenn *Mitsch* an der Charakterisierung des Arbeitsverhältnisses als Vermögensbestandteil zweifelt, weil das Arbeitsverhältnis in seinem Bestand als Rechtsgut allein davon abhängig sei, dass sich eine Partei nicht davon lossage.[1417] Ganz so grundlos geht es eben – rechtlich gesehen – nicht.

1413 RGSt 68, 380; BGH NStZ 2001, 258; *Fischer,* § 263 Rdnr. 100; *Heinrich,* GA 1997, S. 24 (28 f.); Matt/Renzikowski/*Saliger,* § 263, Rdnr. 168; insoweit wird also die Arbeitskraft sogar zu einem strafrechtlich geschützten Interesse.

1414 Schönke/Schröder/*Perron,* § 263, Rdnr. 155; SSW-StGB/*Satzger,* § 263, Rdnr. 283; LK/*Tiedemann,* § 263, Rdnr. 139a, 189.

1415 Siehe dazu etwa Gercke/Kraft/Richter/*Gercke,* 2. Kap., Rdnr. 695 ff.; SSW-StGB/*Saliger,* § 291, Rdnr. 16.

1416 Dazu etwa *Cramer,* Vermögensbegriff und Vermögensschaden im Strafrecht, 1968, S. 245 f.; *Lampe,* in: Schroeder/Zipf (Hrsg.): FS Maurach, 1972, S. 375 (386); *Zimmermann,* NStZ 2012, S. 211 (212).

1417 *Mitsch,* JR 2013, S. 351 (354).

Zuletzt kann der Gedanke, ein notstandsfähiges Rechtsgut mit Hinweis auf den Rechtsgedanken des § 229 BGB auszuschließen, aus noch einem anderen Grund nicht überzeugen: Das BGB mag vielleicht davon ausgehen, dass zivilrechtliche Ansprüche nicht derart wichtig sind, dass man sie eigenmächtig durchsetzen darf. Man darf nur handeln, um ihre gänzliche Vereitelung zu verhindern (etwa weil sich der Schuldner absetzt oder die Sache unterzugehen droht); sonst aber geht das Gesetz davon aus, dass es dem Schuldner zumutbar ist, die bloße Verzögerung der Befriedigung durch das staatliche Gerichtsverfahren hinzunehmen. Dies betrifft aber immer Situationen, in denen ein Konflikt – der Schuldner erfüllt nicht – bereits besteht. In den hier behandelten Nötigungskonstellationen geht es dagegen darum, dass es der Gläubiger (Arbeitnehmer) gar nicht so weit kommen lassen möchte, dass der Schuldner (Arbeitgeber) seine Pflichten zukünftig nicht mehr erfüllt. Er will den Konflikt nicht eigenmächtig lösen, sondern von vornherein verhindern. Und daran hat er auch ein wesentlich höheres Interesse als etwa bei der Abwicklung eines normalen schulrechtlichen Austauschverhältnisses: Dem Käufer einer Sache mag es zumutbar sein, die Übereignung und Herausgabe der Kaufsache einzuklagen: Sein Schaden durch die Verzögerung wird meist überschaubar sein. Vor allem aber ist der Käufer zukünftig nicht mehr auf das Wohlwollen des Verkäufers angewiesen.[1418] Der Konflikt hat sich mit Übereignung und Übergabe der Kaufsache erledigt. Käufer und Verkäufer können getrennte Wege gehen, ohne dass sie dadurch Nachteile erleiden. So einfach lässt sich ein Konflikt zwischen Arbeitnehmer und Arbeitgeber nicht lösen. Immerhin handelt es sich um ein Dauerschuldverhältnis. Der Arbeitnehmer ist fortlaufend und auch in Zukunft in die Organisationssphäre und -gewalt des Arbeitgebers eingebunden. Er ist für die Zukunft in hohem Maße vom Wohlwollen des Arbeitgebers abhängig.[1419] Überdies ist der Arbeitnehmer auf das Einkommen aus seinem Arbeitsverhältnis meist existentiell angewiesen, für ihn kann die Zeitspanne eines Gerichtsverfahrens eine erhebliche Belastung oder gar Krise bedeuten.[1420]

1418 Ein etwaiges Wohlwollen im Rahmen der Gewährleistungsansprüche soll hier der Einfachheit halber außen vor bleiben.

1419 Vgl. auch *Bülte,* Vorgesetztenverantwortlichkeit im Strafrecht, 2015, S. 397, der dieses Problem im Rahmen der Vorgesetztenverantwortlichkeit anspricht.

1420 Das war ja gerade auch eine Motivation, eine eigene Arbeitsgerichtsbarkeit zu schaffen, weil man zutreffend erkannte, dass es in Arbeitsrechtsstreitigkeiten schnellerer Lösungen bedarf als in sonstigen Zivilrechtsstreitigkeiten, s. dazu bereits oben D. V. 2. c.

§ 229 BGB und die Tatsache, dass es sich beim Arbeitsverhältnis „nur“ um ein Vertragsverhältnis handelt, vermögen also nicht zu begründen, warum der Arbeitsplatz aus dem Schutz des § 34 StGB ausscheiden sollte. Es bleibt vielmehr dabei: Der Arbeitsplatz ist ein notstandsfähiges Rechtsgut. Das soll aber wiederum nicht bedeuten, dass die vorgebrachten Einwände keine Bedeutung hätten; sie haben sie nur nicht an dieser Stelle. Insbesondere dem Gedanken des möglicherweise vorrangigen gerichtlichen Rechtsschutzes wird noch nachzugehen sein.

2. Der Grundfall: Das reguläre, unbefristete Arbeitsverhältnis

Damit ist also – in Übereinstimmung mit der bisher ergangenen Rechtsprechung und der weit überwiegenden Literatur – festzuhalten, dass der Arbeitsplatz in seiner Ausgestaltung als vertragliches Arbeitsverhältnis prinzipiell notstandsfähig ist. Bisher betreffen die Ausführungen aber nur den Normalfall des „rechtmäßigen“, nicht befristeten Arbeitsverhältnisses.

3. Das befristete Arbeitsverhältnis

Fraglich ist, welcher Schutz dem befristeten Arbeitsverhältnis zukommt. Nach dem oben Geschilderten muss klar sein, dass sich das Interesse auf den bereits bestehenden Arbeitsplatz beschränkt. Dagegen ist eine etwaige Beförderungsmöglichkeit oder eine Verlängerung einer Befristung nicht erfasst. Das Interesse an Arbeit hat vor allem für das bereits bestehende Arbeitsverhältnis rechtliche Anerkennung erfahren, am deutlichsten im Bereich des Kündigungsschutzes. Die allermeisten Vorschriften zum Schutz des Arbeitnehmers knüpfen an ein einmal entstandenes Arbeitsverhältnis an.

Das Interesse an der Erlangung eines Arbeitsplatzes wird zwar mittelbar durch Vorschriften, die auf die Erreichung von Vollbeschäftigung abzielen oder Unterstützung bei der Wiedererlangung eines Arbeitsplatzes vorsehen, geschützt; trotzdem ist dieses Interesse zu diffus, um eine notstandsfähige Position zu begründen. Vorschriften, die auf Vollbeschäftigung abzielen, richten sich an den Staat, schützen aber nicht primär ein Einzelinteresse. Und das Recht auf Zugang zu einem Arbeitsvermittlungsdienst etwa begründet nur das individuelle Recht auf ebenso eine Dienstleistung, aber nicht auf irgendeine konkrete Arbeitsstelle.

Die Vorschrift des § 34 StGB soll dazu dienen, Rechtsgüter und Freiheitsräume zu erhalten, nicht zufällig ist beim geschützten Interesse die Rede vom „Erhaltungsinteresse“. Solidarität durch Eingriff in fremde Rechte kann nur soweit gerechtfertigt werden, wie ein bereits vorhandener Güterbestand erhalten werden soll. Vor erheblichen Einbußen soll der Täter durch die mitmenschliche

Solidarität bewahrt werden, dagegen soll er sich nicht auf Kosten eines Unbeteiligten bereichern können.

Das bedeutet: Wird ein Arbeitnehmer, der eine befristete Stelle hat, zu einer Straftat genötigt, weil andernfalls seine Stelle nicht verlängert würde (ohne dass es bisher eine vertragliche Verlängerungsoption oder ähnliches gibt), handelt es sich bei dieser „Verlängerungsmöglichkeit" um kein notstandsfähiges Rechtsgut. Die Position, die der Arbeitnehmer innehat, ist nur das befristete Arbeitsverhältnis. Eine mögliche Verlängerung ist eine reine Chance, die sich im Regelfall auch nicht schon so verdichtet hat, dass man von einer (notstands-) rechtlich anzuerkennenden Exspektanz sprechen kann.

Im Falle einer unzulässigen Befristung greift zwar die Fiktion des § 16 S. 1 TzBfG und das Arbeitsverhältnis gilt als auf unbestimmte Zeit geschlossen. Allerdings ist eine Befristung bis zu zwei Jahren ohne sachlichen Grund (beliebig) möglich und darüber hinaus bleiben noch die sachlichen Gründe des § 14 Abs. 1 TzBfG. In all diesen Fällen einer rechtmäßigen Befristung endet das Arbeitsverhältnis mit Ablauf der vereinbarten Zeit bzw. mit Erreichen des Zwecks (§ 15 Abs. 1, 2 TzBfG). Dies bedeutet, dass der Arbeitnehmer über diesen Zeitpunkt hinaus grundsätzlich keine schutzwürdige Position mehr innehat. Das Arbeitsverhältnis endet selbst dann, wenn eine Möglichkeit zur Weiterbeschäftigung bestünde;[1421] auch ein Wiedereinstellungsanspruch des Arbeitnehmers besteht nicht.[1422] In diesem Zusammenhang führt das *BAG* auch aus, warum sich der Wiedereinstellungsanspruch nach einer betriebsbedingten Kündigung, deren Prognose sich als falsch erweist, nicht übertragen lasse:

> *„Der letztlich entscheidende, für die kündigungs- und grundrechtliche Wertung maßgebliche Gesichtspunkt ist aber der geringere arbeitsvertragliche Bestandsschutz, den ein Arbeitnehmer in einem befristeten Arbeitsverhältnis gegenüber einem Arbeitnehmer in einem unbefristeten Arbeitsverhältnis erwirbt. Durch die Kündigung eines unbefristeten Arbeitsverhältnisses wird dem Arbeitnehmer ein auf Dauer angelegter Besitzstand entzogen. Einen entsprechenden vertraglichen Besitzstand hat der in einem wirksam befristeten Arbeitsverhältnis stehende Arbeitnehmer nicht. Er befindet sich auf Grund eigener privater Disposition in einem Arbeitsverhältnis von begrenzter Dauer. Durch die ursprüngliche Befristung - dies gilt allerdings nicht ohne weiteres für die nachträgliche Befristung eines unbefristeten Arbeitsverhältnisses - wird anders als bei der Kündigung eines unbefristeten Arbeitsverhältnisses kein vorhandener Besitzstand beseitigt. Während der Arbeitgeber dem Arbeitnehmer durch den Abschluss eines unbefristeten Arbeitsverhältnisses eine Rechtsposition einräumt, auf Grund derer der Arbeitnehmer darauf vertrauen darf, dass er*

1421 ErfK/*Müller-Glöge*, § 15 TzBfG, Rdnr. 7.
1422 BAGE 100, 304 = BAG NZA 2002, 896.

ohne seine Zustimmung seinen Arbeitsplatz nur bei Vorliegen eines nach dem Kündigungsschutzgesetz anerkannten Kündigungsgrundes verlieren kann, ist dies bei einer wirksamen Befristungsabrede nicht der Fall. Hier muss vielmehr der Arbeitnehmer davon ausgehen, dass er auch bei einer nachträglichen Änderung der Verhältnisse seinen Arbeitsplatz verlieren wird und der Arbeitgeber nach Ablauf der Befristung in seiner Entscheidung frei ist, mit dem Arbeitnehmer einen erneuten Vertrag zu schließen oder dies nicht zu tun."[1423]

Das *BAG* geht also ebenso von einer von vornherein begrenzten Rechtsposition des Arbeitnehmers aus. Zwar kann die Berufung des Arbeitgebers auf die Befristung im Einzelfall rechtsmissbräuchlich sein; dies würde aber einen Vertrauenstatbestand des Arbeitnehmers dahingehend voraussetzen, dass das Arbeitsverhältnis sicher verlängert werde, wofür z.B. rein subjektive Erwartungen des Arbeitnehmers nicht ausreichen.[1424] Der Grundsatz bleibt also: Mit Ende der Befristung erlischt das Arbeitsverhältnis. Damit liegt aber auch nur bis dahin ein Interesse i.S.d. § 34 StGB vor, das in der Rechtsordnung eine Anerkennung gefunden hat. Wird also damit gedroht, ein zulässig befristetes Arbeitsverhältnis nicht zu verlängern, liegt schon keine Gefahr für ein notstandsfähiges Rechtsgut vor.

Wird dagegen mit der (grundsätzlich unzulässigen) Kündigung des befristeten Arbeitsverhältnisses vor dessen Ablauf gedroht, liegt wieder ein notstandsfähiges Rechtsgut vor, denn auch dieses Arbeitsverhältnis unterliegt vor seinem Ablauf allen arbeitsrechtlichen Schutzbestimmungen, insbesondere dem Kündigungsschutz.[1425] Gleichwohl wird zu bedenken sein, dass dessen Gewicht (also der konkrete Wert des Erhaltungsinteresses) im Rahmen der Interessenabwägung deutlich geringer ausfallen kann als es bei einem unbefristeten Arbeitsverhältnis der Fall wäre. Zudem sind die Erfolgsaussichten einer Klage vor den Arbeitsgerichten wegen der grundsätzlich nicht möglichen ordentlichen Kündigung noch einmal besser, was auch zu berücksichtigen sein wird.

Liegt dagegen eine unzulässige Befristung vor, z.B. weil die Zwei-Jahres-Grenze des § 14 Abs. 2 S. 1 TzBfG ohne sachlichen Grund überschritten wird, besteht kraft gesetzlicher Fiktion nach § 16 S. 1 TzBfG ein auf unbestimmte Zeit

---

1423 BAGE 100, 304 = BAG NZA 2002, 896 (899).

1424 ErfK/*Müller-Glöge*, § 15 TzBfG, Rdnr. 9.

1425 Der Bestandsschutz ist hier sogar noch stärker, da die ordentliche Kündigung grundsätzlich ausgeschlossen ist (sie kann aber gem. § 15 Abs. 3 TzBfG vereinbart werden). Ist die ordentliche Kündigung wirksam vereinbart, unterliegt sie, wie auch eine immer zulässige außerordentliche fristlose Kündigung dem normalen Kündigungsschutz.

geschlossener Arbeitsvertrag. Falls der Arbeitgeber hier mit einer Kündigung droht, liegt wieder ein notstandsfähiges Rechtsgut vor.

4. Die unterlassene Beförderung

Ein ähnlicher Fall ist die Drohung mit der Unterlassung einer Beförderung. Die konkrete Rechtsposition, die der Arbeitnehmer innehat, ist aber nur die aktuelle Position. Die Beförderung ist lediglich eine Chance. Dass eine Beförderung nicht klappt oder ein anderer Bewerber vorgezogen wird (mag es auch aus sachfremden Erwägungen sein), gehört zum allgemeinen Lebensrisiko, das der Arbeitnehmer nicht über eine Notstandstat auf andere oder die Allgemeinheit abwälzen kann. Etwas anderes könnte allenfalls dann gelten, wenn dem Arbeitnehmer die Position tatsächlich schon (vertraglich) zugesichert ist. Dann wäre allerdings spätestens im Rahmen der Interessenabwägung zu berücksichtigen, dass das Interesse lediglich an einer Verbesserung des Arbeitsplatzes (ein qualitatives Plus) wesentlich weniger wiegt als das Interesse, *überhaupt* einen Arbeitsplatz zu haben.

Diese Ausführungen decken sich auch mit der Position, die die Notstandsbefugnis auf die Erhaltung eines vorhandenen Wertebestandes beschränken will.[1426] Zu Recht wird hier anerkannt, dass man den Arbeitsplatz als vorhandenen Wert behandeln muss.[1427] Mit ihm ist als bereits jetzt existierendes, geschütztes Interesse aber nur die Möglichkeit verbunden, weiterhin in diesem Arbeitsverhältnis tätig zu sein und dafür bezahlt zu werden – aber eben grundsätzlich keine Aufstiegsmöglichkeit.

5. Das Schwarzarbeitsverhältnis

Ebenfalls problematisch könnte sein, ob Arbeit, die im Rahmen von sog. Schwarzarbeitsverhältnissen geleistet wird, ein von § 34 StGB geschütztes Interesse sein kann. Schwarzarbeit ist in § 1 SchwarzArbG legal definiert[1428] und im „klassischen" Fall dadurch gekennzeichnet, dass Werk- oder Dienstleistungen unter Verletzung von steuer- oder sozialrechtlichen Meldepflichten erbracht werden, um dadurch Leistungen zu erschleichen (z.B. Arbeitslosengeld) oder Zahlungspflichten zu vermeiden (z.B. Sozialversicherungsbeiträge).[1429] Dabei

---

1426 Schönke/Schröder/*Perron,* § 34, Rdnr. 1; MüKo/*Erb,* § 34, Rdnr. 57; G/J/W/*Dannecker,* § 34 StGB, Rdnr. 6.

1427 MüKo/*Erb,* § 34, Rdnr. 57.

1428 Zur Begriffbestimmung unter dem SchwarzArbG und zur Einbeziehung illegaler Beschäftigung Wabnitz/Janovsky/*Richtarsky,* 19. Kap., Rdnr. 2.

1429 *Wittig,* Wirtschaftsstrafrecht, 2017, § 34 Rdnr. 12.

macht es keinen Unterschied, ob es sich um ein freies Dienst- oder Werkverhältnis oder ein Arbeitsverhältnis handelt. Hier soll es primär um den Fall gehen, dass die Parteien ein solches Schwarzarbeitsverhältnis einvernehmlich (kollusiv) bei annähernd gleichberechtigter Verhandlungsposition vereinbaren („Klassische Schwarzarbeit"[1430]). Zur Veranschaulichung folgender Beispielsfall:

Der Pharmahersteller P möchte einen Kurierfahrer für eilige Medikamentenlieferungen anstellen. Bei den Einstellungsverhandlungen mit dem Interessenten I bringt dieser die Sprache darauf, ob diese Tätigkeit denn tatsächlich „angemeldet" sein müsse, denn ohne die ganzen „Formalia" wäre es doch viel günstiger. P und I einigen sich schließlich darauf, dass I „schwarz" beschäftigt wird, dafür aber bei seinem Lohn einen deutlichen „Risikozuschlag" erhält, den P wegen der ersparten Sozialversicherungsbeiträge leicht zahlen kann, und seinen Privat-PKW nutzt, wofür er nochmals eine großzügige „Entschädigung" bekommt. Konkret muss I genau von P vorgegebene Touren fahren und ist damit für seine gesamte Wochenarbeitszeit ausgelastet.

Fraglich ist nun, ob und inwieweit ein solches Schwarzarbeitsverhältnis unter dem Schutz der Rechtsordnung steht. Einerseits kann kein Zweifel bestehen, dass ein Schwarzarbeitsverhältnis rein faktisch ebenso in der Lage ist, die materiellen wie immateriellen Funktionen, die mit Arbeit verbunden sind, zu erfüllen. Auch hier hat der Arbeitnehmer die Möglichkeit, sich sinnvoll zu betätigen, einen kollektiven Sinnzusammenhang zu erfahren, soziale Kontakte zu pflegen, seine Fähigkeiten zu schulen, aber natürlich vor allem auch eine materielle Lebensgrundlage zu verdienen.

Zudem hat das *BAG*[1431] entschieden, dass eine Schwarzgeldabrede *im Arbeitsverhältnis* grundsätzlich nicht zur Nichtigkeit des gesamten Arbeitsvertrages führt. Vielmehr treffe die Nichtigkeitsfolge des § 134 BGB (wie auch des § 138 BGB) nur die Abrede, keine Steuern und Sozialversicherungsbeiträge abzuführen. Anderes soll nur gelten, wenn die Hinterziehung der Steuern und Sozialversicherungsbeiträge Hauptzweck der gesamten Vereinbarung gewesen sei.[1432] Begründet wird dies mit dem Sinn und Zweck der Verbotsnormen, gegen die

1430 So auch die Bezeichnung bei Wabnitz/Janovsky/*Richtarsky*, 19. Kap., Rdnr. 43; dort auch zur näheren Erläuterung.

1431 BAGE 105, 187 (191); daran hat auch die Einführung der Fiktion einer Nettolohnvereinbarung in § 14 Abs. 2 S. 2 SGB IV nichts geändert (vgl. auch BAGE 133, 332 [334]); ganz im Gegenteil: Die Vorschrift zeigt, dass auch der Gesetzgeber von einem grundsätzlich wirksamen Arbeitsvertrag ausgeht; anders, aber eben für ein freies Dienstverhältnis BAG NZA 2004, 808.

1432 BAGE 105, 187 (192).

verstoßen wird. Die §§ 266a StGB und 370 AO sollen den Anspruch der Solidargemeinschaft auf das Sozialversicherungsaufkommen bzw. den Anspruch des Fiskus am rechtzeitigen und vollständigen Aufkommen der Steuern sichern. Diesem Schutzzweck werde aber genügt, wenn allein die Schwarzgeldabrede nichtig sei. Der Arbeitsvertrag als solcher bleibe in seinem Bestand unberührt, schon allein weil ohne den Erfüllungsanspruch des Arbeitnehmers keine Sozialversicherungsbeiträge und Steuern anfielen. Andernfalls werde auch einseitig nur der Arbeitnehmer belastet. Insgesamt würden weder die genannten Vorschriften noch das SchwarzArbG die Arbeitsleistung an sich verbieten, sondern lediglich die Hinterziehung der Beiträge und Steuern.[1433]

Das *BAG* geht also ebenso wie die Literatur[1434] davon aus, dass es sich um ein wirksames Arbeitsverhältnis handelt, dem damit auch sämtliche arbeitsrechtlichen Schutzbestimmungen, v.a. auch der Kündigungsschutz zugutekommen. Dies würde dafür sprechen, ein notstandsfähiges Rechtsgut anzunehmen.

Damit stünde weiterhin im Einklang, dass auch im Rahmen der Vermögensdelikte weitgehend anerkannt ist, dass die Möglichkeit, die eigene Arbeitskraft zur Erbringung von Dienstleistungen einzusetzen (die Arbeitsleistung), zum Vermögen i.S. d. § 263 StGB gehört, wenn solche Leistungen üblicherweise nur gegen Entgelt erbracht werden.[1435] Ausgenommen sind nur rechts- oder sittenwidrige Tätigkeiten, ebenso wie umgekehrt die Entgeltforderung für eine solche Tätigkeit aus dem strafrechtlichen Schutz ausgeschlossen ist.[1436] Für den hier interessierenden Fall der Schwarzarbeit liegt aber – wie oben geschildert – kein nach § 134 BGB nichtiges Vertragsverhältnis vor. Die Leistung des Arbeitnehmers wie auch seine Lohnforderung sind strafrechtlich geschütztes Vermögen[1437]

1433 BAGE 105, 187 (191 ff.).

1434 Vgl. z.B. MüKo-BGB/*Armbrüster,* § 134, Rdnr. 77; ErfK/*Preis,* § 611 BGB, Rdnr. 342; Staudinger/*Richardi/Fischinger,* § 611, Rdnr. 262; *Trüg,* DStR 2011, S. 727.

1435 BGH NStZ 2001, 258; LK/*Tiedemann,* § 263, Rdnr. 138 jew. m.w.N.

1436 *Fischer,* § 263 Rdnr. 106; Matt/Renzikowski/*Saliger,* § 263, Rdnr. 170.

1437 So wohl auch *Fischer,* § 263 Rdnr. 106; a.A. etwa MüKo/*Hefendehl,* § 263, Rdnr. 473; LK/*Tiedemann,* § 263, Rdnr. 139; SSW-StGB/*Satzger,* § 263, Rdnr. 166, die allerdings alle davon ausgehen, dass die Forderung des Arbeitnehmers zivilrechtlich nichtig sei; außerdem ist zu beachten, dass im Gegensatz zur Tätigkeit eines Auftragskillers die Arbeitsleistung an sich nicht verboten oder sittenwidrig ist, sondern lediglich die Schwarzgeldabrede. Differenzierend zwischen selbstständigen Werk-/Dienstverträgen und Arbeitsverträgen aber *Kolb,* NZWiSt 2014, S. 344 (345): „Sollte die Rechtsprechung den Vergütungsanspruch des ‚schwarz' arbeitenden Arbeitnehmers aufrechterhalten, dürfte in diesen Fällen eine Strafbarkeit wegen Betruges weiterhin denkbar sein."

(auch im Rahmen eines nicht rein wirtschaftlichen Vermögensbegriffes), da die Forderung des Arbeitnehmers zivilrechtlich wirksam ist und eingeklagt werden kann.[1438]

Trotzdem bestehen gerade unter den maßgeblichen Wertungsgesichtspunkten des rechtfertigenden Notstandes erhebliche Bedenken gegen die Anerkennung eines „geschützten" Interesses im Rahmen von § 34 StGB. Zunächst ist schon einmal darauf hinzuweisen, dass die Argumentation anders ausfallen müsste, wenn sich das *BAG* der neueren Rspr. des *BGH*[1439] anschließen würde und auch im Rahmen von Arbeitsverträgen bei einem beidseitigen Verstoß gegen das SchwarzArbG von einem nichtigen Vertrag ausgehen würde. Dann müsste man in der Tat auch den strafrechtlichen Schutz versagen.

Aber auch bereits jetzt gilt: Für den hier interessierenden Fall der Drohung mit einer Kündigung kommt dem Schwarzarbeiter der normale Kündigungsschutz zugute, weil ja ein zivilrechtlich wirksames Arbeitsverhältnis besteht. Trotzdem macht es einen gewichtigen Unterschied, ob man dem Arbeitnehmer darüber hinaus mittels § 34 StGB einen eigenhändigen vorbeugenden Kündigungsschutz zubilligt: Möchte sich der Arbeitnehmer gerichtlich gegen eine zu Unrecht erfolgte Kündigung wehren, muss er damit zwangsläufig sein Schwarzarbeitsverhältnis aufdecken. Das bedeutet – von den persönlichen straf- und ordnungswidrigkeitenrechtlichen Folgen für Arbeitnehmer und Arbeitgeber einmal abgesehen – schon allein, dass Steuern und Sozialversicherungsbeiträge nachgefordert werden können und nachgezahlt werden müssen. Die Solidargemeinschaft kommt wenigstens nachträglich an ihr Recht. Würde man dem Arbeitnehmer dagegen die eigenhändige Lösung zugestehen, könnte er einerseits sein Risiko (den drohenden Arbeitsplatzverlust) durch den Eingriff in fremde Güter abwälzen, hätte aber auch kein Risiko, dass das Schwarzarbeitsverhältnis aufgedeckt wird. M.a.W.: Er hätte nur die Vorteile.

Dass dies für die Eingriffsbefugnis des rechtfertigenden Notstandes nicht richtig sein kann, ergibt sich aus seinem grundlegenden Legitimationsprinzip: Wie oben angesprochen gibt das Solidaritätsprinzip Grund, aber auch Grenzen der Notstandsregel vor. Es wäre nun aber niemandem zu vermitteln, warum eine Person, die vorher eben gerade jene Solidargemeinschaft durch Steuerhinterziehung und Beihilfe zum Vorenthalten von Sozialversicherungsbeiträgen geschädigt hat, die er nun in Anspruch nehmen möchte, mit seinen

1438 Und nur nichtige Forderungen sind aus dem geschützten Vermögen auszuscheiden, vgl. z.B. NK/*Kindhäuser*, § 263, Rdnr. 234.

1439 BGHZ 198, 141; BGH NJW 2014, 1805.

Risiken belasten dürfen sollte. Noch deutlicher wird dies, wenn es nicht mehr nur um ein Unterlassen der Abführung von Solidarabgaben geht, sondern noch eine darüber hinausgehende Schädigung durch die Erschleichung von Sozialleistungen hinzukommt, der Täter also arbeitslos gemeldet ist und zu Unrecht Arbeitslosengeld oder Sozialhilfe bezieht.

Zudem kann man argumentieren, dass die Arbeitsleistung an sich zwar „neutral“ ist, dass aber ein Schwarzarbeitsverhältnis rechtlich nicht anerkannt ist, sondern gerade bekämpft werden soll, wie § 1 Abs. 1 SchwarzArbG ausdrücklich betont.

Das reguläre Arbeitsrecht kommt dem Arbeitnehmer erst zugute, wenn das Schwarzarbeitsverhältnis aufgedeckt und legalisiert wird. Dies bedeutet ja nicht, dass dem Schwarzarbeiter der Schutz der Rechtsordnung gänzlich entzogen würde. Er erhält ja regulären Rechtsschutz, aber eben nur um den Preis, dass er sich in die Legalität zurück begibt. § 34 StGB ist dagegen eine Durchbrechung des staatlichen Gewaltmonopols, die sich nicht von selbst versteht und für Ausnahmefälle gedacht ist, in denen jedermann dem anderen ein Mindestmaß an Solidarität gewähren würde. Doch diese Solidarität kann nicht in Anspruch nehmen, wer sich gegen ihren Grundgedanken zunächst in Widerspruch gesetzt und nur auf die eigene Nutzenmaximierung getrachtet hat. Man könnte insoweit sagen, dass der Betroffene seinen Anspruch auf Mindestsolidarität verwirkt hat. Der Arbeitnehmer, der bewusst und freiwillig ein Schwarzarbeitsverhältnis eingegangen ist, kann sich nicht auf § 34 StGB berufen. Es liegt schon gar kein im Rahmen des § 34 StGB anzuerkennendes Erhaltungsinteresse vor.

Flankierend kann man noch eine praktische Überlegung anführen: Der Schwarzarbeiter hat in einem solch „paritätischen“ illegalen Beschäftigungsverhältnis ohnehin eine bessere Verhandlungsposition, da er dem Arbeitgeber durch die Aufdeckung der Schwarzarbeit auch erhebliche Unannehmlichkeiten bereiten kann. Dies sind freilich rein faktische Gesichtspunkte, die mit einer normativen Begründung nichts mehr zu tun haben. Trotzdem ist dieses Spiel faktischer Macht die Konsequenz der Begründung einer Beziehung außerhalb der Solidargemeinschaft.

Dementsprechend hätte im oben genannten Beispielsfall I keine notstandsfähige Rechtsposition. I und P haben sich einvernehmlich darauf geeinigt, eine Position „an der Rechtsordnung vorbei“ zu begründen, um ihren Vorteil auf Kosten anderer zu maximieren. Warum sollte nun I zu seinem Vorteil in die Güter und Interessen eben jener Mitbürger, zu deren Lasten er schon das Schwarzarbeitsverhältnis vereinbart hat, nochmals eingreifen dürfen? Ein solches Vorgehen wäre unter Solidaritätsgesichtspunkten nicht mehr vertretbar, eine solche

Handlungsregel, bei der nur eine Seite regelwidrig ihren Vorteil durchsetzt, wäre nicht verallgemeinerbar.

Anders könnten die Dinge freilich liegen, wenn der Arbeitgeber den Arbeitnehmer faktisch nötigt, als Scheinselbstständiger tätig zu werden. Hier liegen die Vorteile in der Regel beim Arbeitgeber, weil dieser weder Lohnsteuer noch Sozialversicherungsbeiträge abführen muss und das zwingende Arbeitsrecht umgehen kann. Rechtlich liegt bei entsprechender persönlicher Abhängigkeit und Weisungsgebundenheit in diesen Fällen ein Arbeitsverhältnis vor, weil es nicht auf die formale Bezeichnung, sondern die tatsächliche Ausgestaltung ankommt.[1440] Zwar liegt hier auch wieder ein Schwarzarbeitsverhältnis vor, allerdings scheint das Unrecht des Arbeitnehmers deutlich geringer zu wiegen: Solange der Scheinselbstständige seine Pflichten nach § 1 Abs. 2 SchwarzArbG erfüllt, fällt ihm kein Verstoß gegen das SchwarzArbG zur Last. Der Steuerschaden des Fiskus reduziert sich beispielsweise auf einen reinen Zins- bzw. Verspätungsschaden, wenn keine Einkommenssteuervorauszahlungen festgesetzt sind und die Einkommenssteuer erst am Ende des Veranlagungszeitraums statt wie die Lohnsteuer jeden Monat gezahlt wird. Was eine mögliche Hinterziehung von Sozialversicherungsbeiträgen angeht, liegt hier das wesentliche Unrecht beim Arbeitgeber, was schon die Ausgestaltung des § 266a StGB als Sonderdelikt des Arbeitgebers zeigt.[1441] Zwar soll der Arbeitnehmer bei *einvernehmlicher* (kollusiver) Vereinbarung eines Schwarzlohns Beihilfe zu § 266a StGB leisten können,[1442] allerdings muss eine aktive Förderung festgestellt werden können. Eine solche kann nach der Rspr. zwar auch in einem Unterlassen bestehen, allerdings wird der Arbeitnehmer i.d.R. keine Garantenstellung gegenüber der Sozialversicherung haben.[1443] Damit reicht etwa ein bloßes Dulden der Entgegennahme des Bar-Lohns nicht aus, um eine Teilnahmestrafbarkeit zu begründen.[1444] Dementsprechend werden in der Praxis kaum Ermittlungsverfahren gegen Arbeitnehmer wegen Beihilfe zu § 266a StGB eingeleitet.[1445] Beschränkt sich das Verhalten

---

1440 Siehe z.B. BGH NJW 2014, 1975 (1976); MüKo-BGB/*Müller-Glöge*, § 611, Rdnr. 172; Gercke/Kraft/Richter/*Richter*, 1. Kap., Rdnr. 57; SSW-StGB/*Saliger*, § 266a, Rdnr. 8; BeckOK-StGB/*Wittig*, § 266a, Rdnr. 5.

1441 Ihm obliegt es nämlich, die Beiträge zu berechnen, zu erklären und abzuführen; den dabei entstehenden Missbrauchsmöglichkeiten möchte § 266a StGB entgegenwirken, vgl. Gercke/Kraft/Richter/*Gercke*, 2. Kap., Rdnr. 9; NK/*Tag*, § 266a, Rdnr. 6.

1442 Wabnitz/Janovsky^3/*Boxleitner*, 17. Kap, Rdnr. 53; G/J/W/*Wiedner*, § 266a StGB, Rdnr. 86a; ausführlich *Wittig*, ZIS 2016, 700 (703 ff.).

1443 OLG Stuttgart wistra 2000, 392 f.

1444 OLG Stuttgart wistra 2000, 392 f. zum Beitragsbetrug.

1445 Wabnitz/Janovsky^3/*Boxleitner*, 17. Kap, Rdnr. 53 Fn. 74.

des Arbeitnehmers auf die Mitwirkung an der Scheinselbstständigkeit, erfüllt er aber sonst all seine sozial- und steuerrechtlichen Pflichten, erscheint es unangemessen, ihm einen Anspruch auf Mindestsolidarität gänzlich zu entziehen. Gleichwohl ist auch zu berücksichtigen, dass sich der Arbeitnehmer bei allem faktischen Zwang auch selbst in die unsichere Position des Scheinselbstständigen gebracht hat. Man wird ihm deshalb in höherem Maße zumuten können, etwa vorrangig staatliche Stellen anzurufen, insbesondere die Arbeitsgerichte. Denn, solange keine Behörden und keine Gerichte eingeschaltet sind, hat er faktisch auch nur das „scheinselbstständige Arbeitsverhältnis", ohne dass er und sein Arbeitgeber das zwingende Arbeitsrecht darauf anwenden würden. Er braucht erst den Rechtsschutz durch die staatlichen Behörden, um sein „schlummerndes" Arbeitsverhältnis zu aktivieren. Ein Scheinselbstständigenverhältnis ist nun einmal nicht so viel wert wie ein reguläres, offizielles und rechtmäßiges Arbeitsverhältnis. Dies mag zwar zulasten des Scheinselbstständigen gehen, der ohnehin meist der Verlierer solcher Vertragsverhältnisse ist; daran zeigt sich aber zugleich, dass er faktisch sowieso nie eine besonders komfortable Position innehatte, die es nun über § 34 StGB zu retten gäbe. Seine Position ändert sich erst mit einem Gang zu den Behörden – will der Scheinselbstständige also sein ihm rechtlich zustehendes Arbeitsverhältnis einfordern, muss er jedenfalls staatliche Stellen einschalten. Dann wird man ihm dies auch im Rahmen des Notstandes regelmäßig vorrangig zumuten können. Vor dieser rechtlichen Aktivierung seines Arbeitsverhältnisses scheint aber kein Raum für ein notstandsfähiges Rechtsgut zu bleiben.[1446]

6. Die Erhaltung fremder Arbeitsplätze

Zuletzt soll noch ein anderes Interesse angesprochen werden: Die Begehung einer Straftat oder Ordnungswidrigkeit könnte auch gerechtfertigt werden mit dem Argument, der Täter habe nur gehandelt, um fremde Arbeitsplätze zu erhalten. Diese Konstellation wird vor allem für das Umweltstrafrecht diskutiert, aber auch in anderen Bereichen des Wirtschaftsstrafrechts erwähnt.[1447]

1446 Am Rande mag vielleicht die – zugegebenermaßen äußerst paternalistische – Überlegung eine Rolle spielen, dass der Scheinselbstständige mit dem Erhalt seiner Scheinselbstständigkeit auch nicht viel gewinnen würde, weil er weiterhin ausgenutzt wird. Wo dies nicht der Fall ist, weil die Scheinselbstständigkeit für beide Seiten Vorteile bringt, besteht dagegen, wie oben ausgeführt, kein Grund, den Scheinselbstständigen doppelt profitieren zu lassen.

1447 Siehe z.B. NK/*Dannecker*, § 298, Rdnr. 84; *Tag*, Das Vorenthalten von Arbeitnehmerbeiträgen zur Sozial- und Arbeitslosenversicherung sowie das Veruntreuen von

a) Notstandshilfe für ein Individualrechtsgut?

In der Literatur wird die Ansicht geäußert, dass der Erhalt von Arbeitsplätzen häufig mit dem Interesse des Betriebsinhabers an Gewinnerzielung und Betriebsfortführung identisch sei; deswegen könne die Sicherung fremder, individueller Arbeitsplätze rechtlich nur über die Nothilfe nach § 34 StGB zu seinem Anliegen werden.[1448] Allerdings muss es nicht allein um den Betriebsinhaber gehen. Es kann beispielsweise auch ein Mitarbeiter in der Buchhaltung eine größere Verbindlichkeit in der Bilanz verschleiern, um die Überschuldung, das Insolvenzverfahren und den dadurch drohenden Verlust nicht nur seines, sondern auch der Arbeitsplätze der Kollegen abzuwenden.

b) Notstandshilfe für ein Kollektivrechtsgut?

Das *BayObLG* hat in seinem Beschluss von 1953[1449] noch ausdrücklich argumentiert, dass es sich beim Erhalt von Arbeitsplätzen um ein kollektives Rechtsgut handele. Denn, so argumentierte das Gericht, bei Annahme eines Individualrechtsguts sei nicht erklärbar, warum der einzelne Arbeitsplatz im großen Betrieb ein überwiegendes Interesse, im kleinen dagegen kein überwiegendes Interesse darstellen können sollte.[1450]

Dieser Frage kommt insofern eine Relevanz für die hiesige Untersuchung zu, als die Notstandsfähigkeit von Kollektivrechtsgütern teilweise verneint wird.[1451]

Arbeitsentgelt, 1994, S. 139; *Weber*, ZStW 96 (1984), S. 376 (395); BeckOK-StGB/*Wittig*, § 266a, Rdnr. 35; für das Wertpapierhandelsrecht Assmann/Schneider/*Assmann*, § 14, Rdnr. 178; für Falschangabedelikte BeckOK-GmbHG/*Dannecker/Müller*, § 82 GmbHG, Rdnr. 255; für das Steuerstrafrecht Joecks/Jäger/Randt/*Joecks*, § 369 AO, Rdnr. 95 f.; Kohlmann/*Ransiek*, § 370 AO, Rdnr. 632; aus der frühen Rspr. OLG Hamm NJW 1952, 838; BayObLG NJW 1953, 1602.

1448 LK/*Tiedemann*, Vor § 283, Rdnr. 118a; NK/*Kindhäuser*, Vor §§ 283 bis 283d, Rdnr. 112; vgl. auch *Krause*, Ordnungsgemäßes Wirtschaften und Erlaubtes Risiko, 1995, S. 384; *Späth*, Rechtfertigungsgründe im Wirtschaftsstrafrecht, 2016, S. 158.

1449 BayObLG NJW 1953, 1602.

1450 BayObLG NJW 1953, 1602 (1603): „Denn sonst wäre es in der Tat schwer zu verstehen, wieso der Anspruch einzelner Arbeitnehmer auf ihre Arbeitsstelle, wenn schon auf ihr individuelles Rechtsgut abgestellt würde, weniger schwer wiegen könnte als der von anderen, wieso insbes. dem kleinen Betrieb versagt würde, was dem großen zugestanden wäre."; ihm folgend MüKo/*Erb*, § 34, Rdnr. 188; Schönke/Schröder/*Perron*, § 34, Rdnr. 35; *Brettel/Schneider*, Wirtschaftsstrafrecht, 2014, § 2 Rdnr. 123.

1451 Vgl. dazu bereits oben C. III. 2. d. aa.

Zudem könnten sich daraus auch Rückschlüsse auf Bedeutung und Gewicht eines so verstandenen Erhaltungsinteresses ergeben.

c) Stellungnahme: Individualinteresse

Um zu überprüfen, ob diese Behauptung richtig ist, muss zunächst einmal bestimmt werden, was ein Rechtsgut überhaupt ist. Der Begriff wird meist vorausgesetzt, aber nicht definiert.[1452] Bei einem Rechtsgut handelt es sich sehr allgemein und formal gesprochen zunächst einmal um ein rechtlich geschütztes Gut oder Interesse; es wird also bereits an ein Werturteil der positiven Rechtsordnung angeknüpft.[1453] Davon ausgehend kann man weiter zwischen Individual- und Kollektiv- oder Universalrechtsgütern unterscheiden: Erstere dienen dem Interesse einer Einzelperson oder einer bestimmten Personengruppe, letztere der Allgemeinheit.[1454]

Eine weitergehende Definition mit materiellem Gehalt findet sich bei *Roxin*: Danach sind unter Rechtsgütern „alle Gegebenheiten oder Zwecksetzungen zu verstehen, die für die freie Entfaltung des Einzelnen, die Verwirklichung seiner Grundrechte und das Funktionieren eines auf dieser Zielvorstellung aufbauenden staatlichen Systems notwendig sind".[1455] Davon sind auch kollektive Rechtsgüter erfasst, wenngleich deren Begründung besonders kritikanfällig ist. [1456]

Nun geht es im vorliegenden Kontext nicht darum, den Rechtsgutsbegriff zur verfassungsrechtlichen Legitimation eines Straftatbestandes heranzuziehen. Für § 34 StGB ist vielmehr der Begriff des „Interesses" maßgeblich, der hier als Oberbegriff für rechtlich bewertete Güter und Handlungen zu verstehen ist.[1457]

Trotzdem kann mit den herkömmlich zum Rechtsgutsbegriff vertretenen Argumenten und Kriterien auch für das Interesse im Rahmen von § 34 StGB bestimmt werden, ob es sich um ein Individual- oder Kollektivinteresse handelt.

Nach der ausführlichen Untersuchung von *Hefendehl* sind für die Annahme eines kollektiven Rechtsguts drei Kriterien entscheidend: (1)

1452 *Greco,* in: Heinrich/Jäger/Achenbach u. a. (Hrsg.): FS Roxin 2011, 2011, S. 199 (203).

1453 MüKo/*Joecks,* Einl., Rdnr. 38; Matt/Renzikowski/*Renzikowski,* Einl., Rdnr. 8; *Hefendehl,* Kollektive Rechtsgüter im Strafrecht, 2002, S. 18.

1454 *Hefendehl,* Kollektive Rechtsgüter im Strafrecht, 2002, S. 19.

1455 *Roxin,* Strafrecht Allgemeiner Teil, Bd. 1, 2006, § 2 Rdnr. 7.

1456 *Roxin,* Strafrecht Allgemeiner Teil, Bd. 1, 2006, § 2 Rdnr. 10.

1457 *Gallas,* ZStW 80 (1968), S. 1 (27); G/J/W/*Dannecker,* § 34 StGB, Rdnr. 5; *Kindhäuser,* Strafrecht. Allgemeiner Teil, 2015, § 17 Rdnr. 17.

Nicht-Ausschließbarkeit von der Nutzung, (2) Nicht-Rivalität des Konsums und (3) Nicht-Distributivität.[1458] Das erste Kriterium meint, dass niemand von der Nutzung des betreffenden Kollektivrechtsguts ausgeschlossen werden kann.[1459] Das zweite Kriterium bedeutet, dass die Nutzung des Kollektivrechtsguts durch A die Nutzung desselben Rechtsguts durch B weder beeinträchtigt noch behindert.[1460] Das dritte Kriterium schließlich besagt, dass es bei einem Kollektivrechtsgut unmöglich sein muss, es in einzelne Teile zu zerlegen und einzelne Anteile davon Individuen zuzuordnen.[1461]

Wenn man nun an die verschiedenen Arbeitsplätze in einem Betrieb denkt, trifft keines dieser drei Kriterien zu: Die vorhandenen Arbeitsplätze können nur von einer begrenzten Anzahl von Personen genutzt werden (ebenso viele, wie Arbeitsplätze vorhanden sind); andere Personen sind dann von der Nutzung ausgeschlossen, sodass die Kriterien der Nicht-Ausschließbarkeit und der Nicht-Rivalität schon einmal nicht zutreffen (sonst gäbe es keine Arbeitslosen). Zudem kann das Rechtsgut aufgeteilt werden: Es kann ebenso vielen Personen ein einzelner Arbeitsplatz zugeteilt werden, wie Arbeitsplätze vorhanden sind. Auch die Nicht-Distributivität scheidet damit aus.

Anders könnte es sein, wenn man einen anderen Aspekt in den Fokus nimmt: Die Arbeitnehmer erwirtschaften ein Bruttoinlandsprodukt, ein Wirtschaftswachstum, sie sorgen für Steuern und Sozialabgaben. Ohne diese, von den Arbeitnehmern erwirtschafteten Leistungen würde der Staat nicht funktionieren, er hätte schlichtweg keine Mittel. Man könnte also Vollbeschäftigung respektive ein möglichst optimal funktionierendes Wirtschaftssystem als Kollektivinteresse ansehen, das für die Finanzierung der Sozialsysteme und des Staates sorgt. Für ein solches Interesse würden die obigen Kriterien *Hefendehls* zutreffen. Dieses hätte auch an vielen Stellen der Rechtsordnung Anerkennung erfahren, wie bereits im letzten Abschnitt dargestellt wurde.

Hier zeigt sich aber auch, dass das Interesse „Arbeitsplatz" und das Interesse „Erhalt eines Unternehmens" zu trennen sind. Es mag gesamtwirtschaftliche Interessen geben, Unternehmen zu erhalten und zu retten,[1462] dagegen handelt es sich bei dem Erhalt von Arbeitsplätzen um ein vorrangig individuelles Interesse. Dies dürfte sich aus den bisherigen Ausführungen zur Bedeutung der Arbeit für

1458 *Hefendehl,* Kollektive Rechtsgüter im Strafrecht, 2002, S. 111 f.

1459 *Hefendehl,* Kollektive Rechtsgüter im Strafrecht, 2002, S. 111 f.

1460 *Hefendehl,* Kollektive Rechtsgüter im Strafrecht, 2002, S. 112.

1461 *Hefendehl,* Kollektive Rechtsgüter im Strafrecht, 2002, S. 112.

1462 Andernfalls würde die Politik nicht große Summen Steuergeldes in die Anlockung neuer und die Rettung bestehender Unternehmen stecken.

den Menschen und zu ihrer rechtlichen Kodifizierung ergeben haben. Für das einzelne Individuum ist es wichtig, einen Arbeitsplatz, Verdienst und sinnvolle Betätigung zu haben. Dass dies auch positive gesamtwirtschaftliche Auswirkungen hat, ist nur eine – wenn auch höchst erwünschte – mittelbare Folge, wegen der alleine aber kein Notstandseingriff zulässig wäre, da die Notstandsregelung nach hiesigem Verständnis vom einzelnen Individuum und seiner Not aus zu begreifen ist. Die Notstandsbefugnis dient dem Erhalt der persönlichen Güter und der persönlichen Freiheit des Einzelnen, aber nicht der Gesamtfunktionstüchtigkeit des Gemeinwesens. Der Erhalt eines Unternehmens ist derart mittelbar positiv für einzelne Bürger, dass er unter Solidaritätsgesichtspunkten nicht geeignet ist, einem einzelnen Repräsentanten der Allgemeinheit einen ganz konkret spürbaren Eingriff abzuverlangen.

Dies bedeutet, dass etwa das Interesse „Erhalt von 500 Arbeitsplätzen" für § 34 StGB nur insoweit von Interesse ist, als es um Notstandshilfe in 500 Einzelfällen zum Erhalt der individuellen Arbeitsplätze gehen kann. Daran sah sich das *BayObLG*[1463] 1953 zwar noch gehindert, weil es mit der Annahme eines individuellen Rechtsguts meinte, nicht legitimieren zu können, warum der einzelne Arbeitsplatz im großen Betrieb ein überwiegendes Interesse, im kleinen dagegen nicht darstellen können sollte; doch dabei handelt es sich um ein allgemeines Notstandsproblem, nämlich inwieweit bei mehreren betroffenen (Erhaltungs-) Rechtsgutsinhabern eine Summierung, eine Aggregation über Personengrenzen hinweg möglich ist („Aggregationsproblem"[1464]). Muss also bei der hiesigen Prüfung jeweils auf den einzelnen Arbeitsplatz abgestellt werden oder dürfen die Interessen von 500 Arbeitnehmern, jeweils ihren einzelnen Arbeitsplatz zu erhalten, addiert werden? Tatsächlich scheint hier – wie schon das *BayObLG* anklingen ließ – zunächst das Problem einer beliebigen Zufälligkeit zu bestehen: Wieso sollte das Erhaltungsinteresse des Arbeitnehmers in einem kleinen Betrieb geringer wiegen als in einem großen? Diesbezüglich ist also der Arbeitnehmer von Zufälligkeiten abhängig. Umgekehrt ist der Duldungspflichtige aber ebenso von Zufälligkeiten abhängig, weil sich sein Eingriffsinteresse leichter durchsetzt, wenn es um den Erhalt nur weniger Arbeitsplätze geht. Dagegen hat er es schwerer, wenn sein Interesse einem großen Betrieb mit vielen Arbeitsplätzen gegenübersteht. Seine Duldungspflicht ist also auch von einer Zufälligkeit abhängig. Diese Zufälle neutralisieren sich dann quasi

1463 BayObLG NJW 1953, 1602 (1603).

1464 Terminologie von *Lübbe*, in: Hirsch/Neumann/Seelmann (Hrsg.): Solidariät im Strafrecht, 2013, S. 201.

gegenseitig.[1465] Die weitere Ausführung dieser Problematik gehört allerdings zur Interessenabwägung, genauer gesagt zum Ausmaß der drohenden Gefahr.[1466] An dieser Stelle genügt es festzustellen, dass es sich bei dem Aggregationsproblem um ein allgemeines Notstandsproblem handelt, das aber nicht dazu nötigt, ein Kollektivinteresse anzunehmen.

7. Implizit betroffene Rechtsgüter

Die hiesige Untersuchung geht davon aus, dass es ein eigenes, umfassendes Erhaltungsinteresse „Arbeit" gibt. Um dieses Interesse zu veranschaulichen, soll abschließend noch einmal kurz in Erinnerung gerufen werden, welche herkömmlich anerkannten Rechtsgüter jedenfalls immer auch betroffen sind, wenn es um den Verlust des Arbeitsplatzes geht, um so den Zugang zu diesem Interesse zu erleichtern.

a) Das Vermögen

Bereits oben wurde angesprochen, dass ein ganz wesentlicher Bestandteil des Arbeitsplatzes ein Vermögensinteresse ist. Mit Arbeit verdienen weite Teile der Bevölkerung ihre materielle Lebensgrundlage. Dieses verdiente Geld, wie auch der schuldrechtliche Entgeltanspruch und die Exspektanz auf die zukünftigen Lohnzahlungen gehören zum Vermögen, das strafrechtlich geschützt ist.[1467]

b) Das Allgemeine Persönlichkeitsrecht

Darüber hinaus ist noch ein weiteres Rechtsgut betroffen, sofern der Arbeitgeber sich weigert, den Arbeitnehmer weiter zu beschäftigen: das allgemeine Persönlichkeitsrecht mit seinem Bezug zur Menschenwürde. Dass der Arbeitnehmer ein Interesse hat, zu arbeiten, das über sein reines Zahlungsinteresse hinausgeht, ergibt sich am deutlichsten aus dem allgemeinen Beschäftigungsanspruch. Dieser wird eben ganz maßgeblich mit dem allgemeinen Persönlichkeitsrecht begründet, bei dem es sich um ein notstandsfähiges Rechtsgut handelt.[1468] Denn

---

1465 Ähnlich *Pawlik*, Der rechtfertigende Notstand, 2002, S. 167 für den Fall des Erhalts eines Vermögenswertes, der einem oder mehreren Eigentümern zusteht.

1466 Vgl. dazu unten IV. 2. b.

1467 Siehe dazu bereits unter 1.; ergänzend sei nochmals auf *Heinrich*, GA 1997, S. 24 verwiesen.

1468 Vgl. etwa BGH NJW 1979, 2053; *Heinrich*, Strafrecht – Allgemeiner Teil, 2016, Rdnr. 410; *Krey/Esser*, Deutsches Strafrecht. Allgemeiner Teil, 2016, Rdnr. 588; *Kühl*, Strafrecht. Allgemeiner Teil, 2017, § 8 Rdnr. 23.

zur freien Entfaltung der Persönlichkeit ist auch die Selbstverwirklichung durch Arbeit zu zählen.[1469]

c) *Die allgemeine Handlungsfreiheit bzw. Willensfreiheit*

Speziell in den Nötigungskonstellationen kommt darüber hinaus noch ein Interesse auf Erhaltungsseite ins Spiel: die allgemeine Handlungsfreiheit in Form der Willensfreiheit. Schließlich wird der Arbeitnehmer durch die Drohung mit dem Arbeitsplatzverlust dazu gebracht, eine ordnungs- oder strafrechtswidrige Handlung vorzunehmen, die er ohne diese Drohung nicht vornehmen würde.

Dabei handelt es sich unproblematisch um eine nach § 240 StGB strafbare Nötigung. Das von § 240 StGB geschützte Rechtsgut ist nach h.M. die Willensentschließungs- und Willensbetätigungsfreiheit.[1470] Droht der Arbeitgeber mit der Kündigung, stellt er damit ein zukünftiges Übel in Aussicht, auf dessen Eintritt er tatsächlich Einfluss hat. Bei der Kündigung handelt es sich zudem um ein empfindliches Übel. Ein Übel ist jede nachteilige Veränderung der Außenwelt.[1471] Empfindlich ist das Übel dann, wenn die Drohung bei objektiver Betrachtung geeignet ist, einen besonnenen Menschen in der konkreten Situation zu der vom Täter verlangten Handlung zu motivieren.[1472] Dass das Androhen des Verlusts der Arbeitsstelle ein solches empfindliches Übel ist, ist in Rspr.[1473] und Literatur[1474] anerkannt und bedarf nach den Ausführungen des vorherigen Kapitels keiner weiteren Erörterung mehr. Da es sich bei § 240 StGB um einen offenen Tatbestand handelt, muss zusätzlich die Rechtswidrigkeit der Nötigung positiv festgestellt werden, § 240 Abs. 2 StGB. Dafür kommt es auf die Mittel-Zweck-Relation an. Zu prüfen ist, ob die Verhaltensweise des Täters im Rahmen einer Gesamtabwägung sozial unerträglich ist und daher strafwürdiges Unrecht darstellt.[1475]

1469 Vgl. dazu bereits oben B. IV. 1. b. sowie speziell aus strafrechtlicher Perspektive *Cramer*, Vermögensbegriff und Vermögensschaden im Strafrecht, 1968, S. 240.

1470 BVerfGE 91, 1 (13); BGHSt 34, 71 (77); Schönke/Schröder/*Eser/Eisele*, § 240, Rdnr. 1; SSW-StGB/*Schluckebier*, § 240, Rdnr. 1; selbst wenn man das Rechtsgut einschränkend bestimmt, bleibt der hier interessierende Fall ganz klar erfasst; zu solchen einschränkenden Ansichten vgl. den Überblick bei MüKo/*Sinn*, § 240, Rdnr. 3 ff.

1471 Matt/Renzikowski/*Eidam*, § 240, Rdnr. 39; SSW-StGB/*Schluckebier*, § 240, Rdnr. 12.

1472 BGH NStZ 1982, 287; Lackner/Kühl/*Heger*, § 240, Rdnr. 13; SSW-StGB/*Schluckebier*, § 240, Rdnr. 12.

1473 BGH NJW 1993, 1807; NJW 1978, 1169.

1474 Matt/Renzikowski/*Eidam*, § 240, Rdnr. 41; Schönke/Schröder/*Eser/Eisele*, § 240, Rdnr. 9; *Fischer*, § 240 Rdnr. 33; MüKo/*Sinn*, § 240, Rdnr. 78.

1475 BGH NJW 2014, 401 (403); *Fischer*, § 240 Rdnr. 40.

Die Verwerflichkeit kann sich dabei insbesondere aus der rechtlichen Missbilligung des Nötigungsmittels oder des Nötigungszwecks ergeben.[1476] Im vorliegenden Fall mag zwar eine arbeitsrechtliche Kündigung an sich ein rechtlich legales Mittel sein, allerdings ist der Nötigungszweck, das Nötigungsziel, nämlich die Begehung einer Ordnungswidrigkeit oder Straftat, eindeutig rechtlich missbilligt. Damit ist aber auch die Zweck-Mittel-Relation verwerflich: Einen Menschen – durch welches Mittel auch immer – zur Begehung einer Ordnungswidrigkeit oder Straftat zu bringen, verletzt dessen Willensbetätigungsfreiheit in höchstem Maße und ist gerade im Hinblick auf die durch das OWiG und StGB zum Ausdruck kommenden Wertvorstellungen der Rechtsgemeinschaft sozial unerträglich und in höchstem Maße missbilligenswert.

Zumindest in den Nötigungskonstellationen wird also auch noch die Willensfreiheit des Genötigten in strafbarer Weise beeinträchtigt und verletzt. Dagegen dürfte sich der Genötigte nach § 32 StGB zumindest gegenüber dem Arbeitgeber wehren, da auch die Willensentschließungsfreiheit prinzipiell notwehrfähig ist;[1477] dann bildet diese Freiheit aber auch ein im Rahmen des § 34 StGB anzuerkennendes Erhaltungsinteresse.

An dieser Stelle noch ein ergänzendes Wort zum Nötigungsnotstand: Gegen die Rechtfertigungslösung wird angeführt, dass es der Träger des Eingriffsguts – im Gegensatz zu den sog. regulären Notstandsfällen – hier hinnehmen müsse, dass sich in der Person des Genötigten ein gezielter Angriff auf seine Person realisiere; dieser müsse also nicht nur eine Einbuße an seinen Gütern, sondern auch noch einen Angriff auf seine Person erdulden.[1478] Dieses Argument ist aber nicht in der Lage, einseitig gegen eine Rechtfertigung auszuschlagen, denn auch für den Genötigten bringt die Gefahrensituation des Nötigungsnotstands eine zusätzliche Härte mit sich: Er soll nicht nur gezwungen werden, den objektiv etwa durch wirtschaftliche Schwierigkeiten drohenden Arbeitsplatzverlust hinzunehmen, sondern er muss sich auch noch von einem Hintermann als Mittel zu dessen deliktischen Zwecken instrumentalisieren lassen. In diesem Sinne kann man genauso gut sagen, dass auch für ihn zu seiner objektiven Notlage noch ein Angriff auf seine Person hinzukommt. Und dies lässt sich – wie gerade

1476 *Rengier*, Strafrecht, Besonderer Teil II, 2017, § 23 Rdnr. 61.

1477 Matt/Renzikowski/*Engländer*, § 32, Rdnr. 12; Schönke/Schröder/*Perron*, § 32, Rdnr. 5a.

1478 Exemplarisch nochmals *Neumann*, JA 1988, S. 329 (334): Das „Sonderopfer" des Angegriffenen sei im Falle des Nötigungsnotstandes erheblich größer als in sonstigen Situationen des § 34 StGB, nämlich erhöht durch den Faktor „Verletzung der Person des Opfers".

gezeigt – auch konkret mit § 240 StGB begründen. Dann scheint das Argument des zusätzlichen Angriffs auf die Person aber nicht geeignet, den Ausschlag in die eine oder die andere Richtung zu geben.

Auch hier zeigt sich aber wieder, dass kein Grund besteht, dem Interesse Arbeit die Notstandsfähigkeit zu versagen, wenn es sich doch selbst bei der immer auch beeinträchtigten allgemeinen Handlungsfreiheit um ein notstandsfähiges Interesse handelt. Und dies ist auch in der umfassenden Interessenabwägung zu berücksichtigen.[1479]

II. Die gegenwärtige Gefahr

Das soeben erläuterte Erhaltungsinteresse müsste sich darüber hinaus auch in einer gegenwärtigen Gefahr befinden, um über § 34 StGB gerettet werden zu können.

1. Zum Maßstab der Gefährlichkeit

Die gegenwärtige Gefahr wurde bereits oben[1480] definiert. Verbreitet wird an dieser Stelle gefordert, die Notstandsgefahr müsse über das allgemeine Lebensrisiko hinausgehen.[1481] Richtigerweise ist damit lediglich gemeint, dass völlig abstrakte Risiken hier ausscheiden müssen;[1482] dagegen liegt eine Gefahr auch dort vor, wo es um Jedermanns-Gefahren wie etwa allgemeine Sozialnot oder eben auch den Verlust des Arbeitsplatzes geht, sofern sie sich im Einzelfall konkretisieren (ihre Besonderheiten sind vielmehr bei der Erforderlichkeit und der Interessenabwägung zu behandeln).[1483]

1479 Man könnte nun vielleicht daran denken, dass das Nachgeben gegenüber der Nötigung durch den Arbeitgeber wohl kaum geeignet sein kann, eben diese Beeinträchtigung der Willensfreiheit abzustellen; allerdings geht es dem Arbeitnehmer doch vor allem darum, seinen Arbeitsplatz nicht gegen seinen Willen zu verlieren. Und diese Gefahr für das umfassendere Erhaltungsinteresse kann er prinzipiell abwenden, indem er dem Ansinnen des Arbeitgebers nachkommt.

1480 Vgl. oben C. III. 2. b. bb.

1481 *Kühl,* Strafrecht. Allgemeiner Teil, 2017, § 8 Rdnr. 40; NK/*Neumann,* § 34, Rdnr. 40; *Pawlik,* Der rechtfertigende Notstand, 2002, S. 169.

1482 Anders aber *Reichert-Hammer,* Politische Fernziele und Unrecht, 1991, S. 180 ff. für besonders hochrangige Erhaltungsgüter.

1483 Klarstellend insb. MüKo/*Erb,* § 34, Rdnr. 72 ff.; ebenso *Kühl,* Strafrecht. Allgemeiner Teil, 2017, § 8 Rdnr. 40; *Reichert-Hammer,* Politische Fernziele und Unrecht, 1991, S. 182; *Späth,* Rechtfertigungsgründe im Wirtschaftsstrafrecht, 2016, S. 116; a.A. etwa *Pawlik,* Der rechtfertigende Notstand, 2002, S. 169.

An die Gefahr für die grundsätzliche Eröffnung der Notstandsregelung sind keine allzu hohen Anforderungen zu stellen. Dies ergibt sich schon daraus, dass nach der gesetzlichen Regelung der „Grad der drohenden Gefahr“ namentlich als Faktor erst für die Interessenabwägung genannt ist.[1484] Dies ist auch nur sachgerecht, denn bei besonders hochwertigen Rechtsgütern muss auch ein geringerer Gefahrengrad eine Rechtfertigung ermöglichen können.[1485] Dann sollte man aber die Gefahrenschwelle wiederum für alle Rechtsgüter gleich behandeln, weil eine „Gefahrenabstufung nach betroffenem Rechtsgut“ der Systematik des § 34 StGB widersprechen würde, indem die Bestimmung des Gefahrenbegriffs mit Gesichtspunkten der Interessenabwägung vermischt würde.[1486] Man kann sich hier also einstweilen damit begnügen, dass der Eintritt eines Schadens nicht ganz unwahrscheinlich ist.[1487]

2. Zur Gegenwärtigkeit der Gefahr

Dass der Schaden – der Verlust des Arbeitsplatzes – erst in der (näheren oder ferneren) Zukunft eintritt, steht der Gegenwärtigkeit der Gefahr nicht entgegen. Wie bereits oben erläutert wurde,[1488] geht es nur darum, ob ein sofortiges Handeln erforderlich ist, um den zukünftig drohenden Schaden abzuwenden. Es geht also weniger um die zeitliche Entfernung des Schadenseintritts als vielmehr um

---

1484 *Roxin*, Strafrecht Allgemeiner Teil, Bd. 1, 2006, § 16 Rdnr. 14; *Kaspar*, Strafrecht - Allgemeiner Teil, 2014, Rdnr. 311.

1485 Vgl. etwa *Kühl*, Strafrecht. Allgemeiner Teil, 2017, § 8 Rdnr. 40 f.; Schönke/Schröder/*Perron*, § 34, Rdnr. 15; dies kann man noch weiter untermauern: Zum einen zeigt schon die Existenz abstrakter Gefährdungsdelikte oder von Ordnungswidrigkeitenbeständen, dass bestimmte Rechtsgüter schon gegen abstrakte Gefahren geschützt werden sollen: Man denke etwa an das abgestufte System im Straßenverkehr: § 316 StGB schützt gegen abstrakte Gefahren, § 315c StGB gegen konkrete Gefahren und die §§ 223 ff., 303 StGB gegen die konkrete Verletzung der Personen- oder Sachwerte. Zum anderen ist auch im präventiven Bereich des Polizei- und Sicherheitsrechts anerkannt, dass die Gefahrenschwelle für eine Eingriffsbefugnis umso niedriger angesetzt werden kann, je höherwertig das gefährdete Rechtsgut ist (vgl. etwa BVerwGE 116, 347 [351 f.]; VGH Mannheim NVwZ-RR 2010, 55 [56]).

1486 Matt/Renzikowski/*Engländer*, § 34, Rdnr. 11.

1487 Matt/Renzikowski/*Engländer*, § 34, Rdnr. 11; *Jakobs*, Strafrecht, Allgemeiner Teil, 1993, Abschn. 13 Rdnr. 12; Schönke/Schröder/*Perron*, § 34, Rdnr. 15; *Roxin*, Strafrecht Allgemeiner Teil, Bd. 1, 2006, § 16 Rdnr. 14.

1488 Siehe C. III. 2. b. bb.

den Zwang zur Entscheidung und die Notwendigkeit sofortigen Handelns.[1489] Es muss die Zwangslage, jetzt zu handeln oder den Schaden hinzunehmen, eine gegenwärtige sein.[1490]

3. Die gegenwärtige Gefahr in den Nötigungskonstellationen

In den Nötigungskonstellationen dürfte eine solch gegenwärtige Gefahr relativ unproblematisch zu bejahen sein.

a) Die tatsächliche Nötigung

Wenn der Arbeitgeber von seinem Arbeitnehmer die Vornahme einer bestimmten Handlung verlangt und ihm androht, ihn bei Nichtausführung zu kündigen, kann der Arbeitnehmer nur jetzt sofort handeln, um seinen Arbeitsplatz zu sichern. Kommt er jetzt nicht dem Ansinnen des Arbeitgebers nach, besteht die nicht ganz unwahrscheinliche Möglichkeit, dass der Arbeitgeber dem Arbeitnehmer in allernächster Zukunft die schriftliche Kündigung aushändigt. Damit hätte der Arbeitnehmer dann aber zunächst einmal faktisch seinen Arbeitsplatz verloren. Greift er die Kündigung vor dem Arbeitsgericht nicht rechtzeitig an, wird bzw. bleibt die Kündigung wie ausgesprochen ex tunc wirksam. Die einzige Möglichkeit, das zu verhindern, ist es, jetzt das ordnungs- oder strafrechtswidrige Verhalten auszuführen. Dass es nicht völlig unwahrscheinlich ist, dass der Arbeitgeber eine so angedrohte Kündigung auch tatsächlich vollzieht, dürfte schon die allgemeine Lebenserfahrung lehren. Noch deutlicher mag die Beurteilung in Betrieben ausfallen, in denen derartige Praktiken üblich sind und der nun betroffene Arbeitnehmer dies weiß. In diesen Konstellationen ist zudem unzweifelhaft das allgemeine Lebensrisiko überschritten. Mag man einen Arbeitsplatzverlust infolge einer Unternehmensinsolvenz oder auch einer bloßen Umstrukturierung noch für allgemeines Lebensrisiko halten, so wird diese Grenze deutlich überschritten, wo diese Gefahr erst durch die rechtswidrige Nötigung des Arbeitgebers eintritt. Hier wird eine Sondergefahr für den betroffenen Arbeitnehmer begründet, in der der Arbeitnehmer – vorbehaltlich der weiteren Voraussetzungen des § 34 StGB – die Solidarität seiner Mitmenschen in Anspruch nehmen kann.

1489 Ausführlich und m.w.N. *Pawlik,* Der rechtfertigende Notstand, 2002, S. 177; *Kindhäuser,* Strafrecht. Allgemeiner Teil, 2015, § 17 Rdnr. 19.

1490 *Reichert-Hammer,* Politische Fernziele und Unrecht, 1991, S. 185.

b) Die lediglich erwartete Kündigung

Auf den ersten Blick etwas schwieriger sind Fälle, in denen es noch gar nicht zu einer Drohung des Arbeitsplatzverlustes gekommen ist, der Arbeitnehmer diese vielmehr nur erwartet.[1491] Bei genauerer Betrachtung ändert dies aber an der rechtlichen Behandlung nichts, sofern sich im Nachhinein herausstellt,[1492] dass der Arbeitnehmer berechtigterweise (also bei objektiver Einschätzung) von einer Drohung ausgehen durfte. Dafür ist nach der hier vertretenen Ansicht erforderlich, dass aus einer objektiven ex post-Perspektive ausreichende Anhaltspunkte für eine solche Gefahr vorliegen. Wenn sie dies tun, spielt es keine Rolle, ob sich nachträglich klären lässt, ob es zu einer solchen Drohung im konkreten Fall tatsächlich gekommen wäre oder nicht. Denn die Gefahrenprognose ist ex ante vorzunehmen und darf den Notstandstäter nicht belasten.

Konkret bedeutet dies etwa, dass der Arbeitnehmer in einem Betrieb, in dem schon wiederholt mit derartigen Nötigungsmitteln gearbeitet wurde, aus der ex post-Perspektive davon ausgehen darf, dass auch ihm bei einer Verweigerung des Verhaltens, das zur Verwirklichung eines Straftat- oder Ordnungswidrigkeitentatbestandes führt, mit Entlassung gedroht worden wäre und diese Drohung später auch umgesetzt worden wäre.[1493] Handelt es sich bei diesen Informationen dagegen um bloße Gerüchte, ist also die Tatsachenbasis für die Annahme der Gefahr falsch, geht dies zulasten des Notstandstäters. Dies kann etwa durch Befragung anderer Arbeitnehmers desselben Betriebes abgeklärt werden.[1494]

1491 Von einer solchen Konstellation geht wohl auch OLG Oldenburg NJW 1978, 1869 aus, wenn es dem Ausgangsgericht aufgibt, in tatsächlicher Hinsicht abzuklären, ob dem Arbeitnehmer bei Beharren auf Einwendungen gegen die ihm vom Arbeitgeber gegebene Anweisung arbeitsrechtliche Konsequenzen gedroht hätten; auch BayObLG NStZ-RR 1999, 312 verlangt für § 16 OWiG die sichere Feststellung, dass der Arbeitnehmer „im Fall weisungswidrigen Verhaltens mit der Kündigung ernsthaft zu rechnen hatte".

1492 Zur Beurteilungsperspektive vgl. bereits oben C. III. 2. b. bb.

1493 Zwar könnte man insofern sagen, dass der Arbeitnehmer noch nicht „*in* einer gegenwärtigen Gefahr" handelt, sondern bereits im Vorfeld, um eine solche gar nicht erst entstehen zu lassen; dies macht für die sachliche Anwendung des § 34 StGB bzw. des § 16 OWiG aber keinen Unterschied, vgl. dazu *Küper*, Der „verschuldete" rechtfertigende Notstand, 1983, S. 130 f.

1494 Vgl. auch BayObLG NStZ-RR 1999, 312: Zur Abklärung der Kündigungsgefahr sei regelmäßig der Unternehmer zu hören; zudem sei in der Regel der zuständige Sachbearbeiter des Gewerbeaufsichtsamtes zu vernehmen, ob die bisher durchgeführten Kontrollen des Unternehmens Anhaltspunkte für entsprechende Praktiken ergeben hätten.

Ebenso darf der Arbeitnehmer von einer Gefahr für seinen Arbeitsplatz ausgehen, wenn der Arbeitgeber ihm gegenüber zuvor schon einmal damit gedroht hat. Gibt es dagegen in der Vergangenheit keinerlei tatsächliche Anhaltspunkte dafür, dass es zu einer Kündigungsdrohung kommen könnte, hat der „vorauseilende Gehorsam" des Arbeitnehmers also keine tatsächliche Grundlage, ist, solange es nicht doch zu einer ausdrücklichen Drohung kommt, nur von einer Anscheinsgefahr auszugehen. Eine solche kann aber unter Solidaritätsgesichtspunkten keine Eingriffsbefugnis gegenüber unbeteiligten Dritten eröffnen.[1495]

4. Die gegenwärtige Gefahr in den sonstigen Fällen

Problematischer stellt sich die Beurteilung dagegen in den Fällen der „wirtschaftlichen" Gefahr für die Arbeitsplätze dar.

Sieht etwa ein Unternehmer durch die Erfüllung umweltrechtlicher Auflagen die wirtschaftliche Existenz seines Unternehmens und damit der Arbeitsplätze gefährdet oder glaubt ein Buchhalter die Insolvenz des Unternehmens, in dem er arbeitet, vorläufig durch eine Manipulation der Handelsbücher abwenden zu können, scheint es zunächst zwar noch relativ unproblematisch zu sein, dass hier auch eine Gefahr für die Arbeitsplätze in dem betreffenden Unternehmen besteht.[1496] Denn es ist nicht völlig unwahrscheinlich, dass bei einer Insolvenz des Unternehmens ein Großteil oder sogar alle Arbeitsplätze wegfallen, falls das Unternehmen nicht weitergeführt oder veräußert werden kann.

Schwieriger ist dagegen die Gegenwärtigkeit eben dieser Gefahr zu begründen. Sind die Arbeitsplätze bedroht, weil sich das Unternehmen wirtschaftlich im Niedergang befindet, wird es meist vielfältige Möglichkeiten geben, die wirtschaftliche Situation in nächster Zukunft zu stabilisieren. Kann das Unternehmen z.B. durch kurzfristige Einsparungen oder den Einzug von Forderungen seine Finanzlage stabilisieren, kann sich der Unternehmer oder ein leitender Angestellter nicht auf § 34 StGB berufen, um zu rechtfertigen, dass ein größerer Auftrag, der dem Unternehmen Erträge sichert, durch Bestechung erlangt wurde. Mag in einem solchen Fall die Schließung des Unternehmens und der Verlust der Arbeitsplätze ohne den Großauftrag auch nicht ganz unwahrscheinlich gewesen sein (eine Gefahr also zu bejahen sein), so war doch genau dieses Handeln (Bestechung, um den Auftrag zu erlangen) genau zum jetzigen Zeitpunkt noch nicht erforderlich, um die Gefahr abzuwenden. Die Gefahr hatte sich noch nicht so weit verdichtet, dass nur noch ein sofortiges Handeln sie

---

1495 Matt/Renzikowski/*Engländer,* § 34, Rdnr. 12; MüKo/*Erb,* § 34, Rdnr. 66 f.

1496 Vgl. etwa den Klausurfall bei *Reineke,* JuS 1992, S. 486 (487).

abwenden konnte. Dies ist also eine erste Stelle, an der Ordnungswidrigkeiten oder Straftaten, die angeblich begangen wurden, um den Niedergang eines Unternehmens und damit den Verlust von Arbeitsplätzen zu verhindern, von der Rechtfertigung ausgeschieden werden können. Die wirtschaftliche „Schieflage" muss sich tatsächlich schon so zugespitzt haben, dass ein weiteres Zuwarten (und damit das Ergreifen anderer, legaler Handlungsoptionen) nicht mehr möglich ist.

Trotzdem sind Fälle einer solch gegenwärtigen Gefahr denkbar. So mag etwa die wirtschaftliche Belastung durch die jetzige Erfüllung umweltrechtlicher Auflagen sofort zur Zahlungsunfähigkeit oder Überschuldung führen. Hier müssen sich nur die Umstände, die die Gefahr des Arbeitsplatzverlustes begründen (Eintritt der Zahlungsunfähigkeit bei Erfüllen der Auflagen), aus einer objektiven ex post-Betrachtung heraus als zutreffend erweisen. Dagegen entfällt die Gefahr nicht deswegen, weil kurz nach dem Handeln des Täters eine unerwartete Zahlung eingeht, die die Krise des Unternehmens abgewendet hätte.

Gleichwohl erscheint in diesen Fällen problematisch, dass der wirtschaftliche Niedergang eines Unternehmens und die damit verbundene Vernichtung der Arbeitsplätze in einer freien Marktwirtschaft zum normalen Wirtschaftsleben gehören. Mit anderen Worten: Die Tatsache, dass ein Unternehmen schließt und man den Arbeitsplatz verliert, gehört in der freien Marktwirtschaft zum allgemeinen Lebensrisiko.

In diesem Wissen scheint es nur logisch, die Notstandsbefugnis für solche Fälle auszuschließen, ist bei ihr doch immer in höchstem Maße begründungsbedürftig, warum der durch Zufall drohende Schaden zulasten eines fremden Rechtskreises abgewendet bzw. abgewälzt werden können sollte.[1497] Gerade für solch allgemeine Gefahren, wie der des Arbeitsplatzverlustes durch wirtschaftlichen Niedergang eines Unternehmens, scheint dies auf der Hand zu liegen. Dementsprechend schließt etwa *Pawlik* für ubiquitäre Risiken, wozu auch die Sozialnot gehöre, schon den Gefahrenbegriff aus, weil dieser notstandssystematisch zu interpretieren sei und nicht zu einer Eingriffsbefugnis in Fällen, die in einer bestimmten Gesellschaft zur Normalität gehören, führen dürfe.[1498]

Trotzdem kann es dogmatisch nicht befriedigen, diese Fälle bereits hier auszuscheiden.[1499] Eine Gefahr verliert nicht deswegen ihren Gefahrencharakter,

---

1497 Vgl. nochmals statt vieler NK/*Neumann*, § 34, Rdnr. 7.

1498 *Pawlik*, Der rechtfertigende Notstand, 2002, S. 169; ebenso LK/*Zieschang*, § 34, Rdnr. 38; a.A. etwa MüKo/*Erb*, § 34, Rdnr. 74.

1499 Ebenso MüKo/*Erb*, § 34, Rdnr. 74; *Meißner*, Die Interessenabwägungsformel in der Vorschrift über den rechtfertigenden Notstand (§ 34 StGB), 1990, S. 227.

weil der drohende Schaden bei jedermann oder ganz vielen Personen entstehen kann.[1500] Wenn man allgemeine Gefahren bzw. Gefahren, die das allgemeine Lebensrisiko nicht übersteigen, hier ausgrenzen möchte, mag das dem Ziel geschuldet sein, die echte Eingriffsbefugnis des rechtfertigenden Notstandes gar nicht erst zu eröffnen; wollte man deswegen aber die Gefahr verneinen, käme es zu einem Wertungswiderspruch mit dem notstandsfähigen Rechtsgut, denn dort wird der Kreis auch enorm weit gezogen.[1501] Nach hiesiger Konzeption ermöglicht die Notstandsregelung eine umfassende Interessenabwägung zugunsten jeglichen geschützten Interesses, ihr Anwendungsbereich ist eröffnet, sofern eben eine Gefahr für irgendein rechtlich geschütztes Interesse vorliegt. Alles andere ist der Prüfung der Notstandshandlung, also insbesondere ihrer Geeignetheit und Erforderlichkeit, und der Interessenabwägung vorbehalten. Mittels des Begriffes „Allgemeines Lebensrisiko" können aus dem Gefahrenbegriff also nur völlig abstrakte Risiken ausgeschieden werden, denen in unserer modernen Welt mehr oder weniger jedermann ausgeliefert ist, soweit sich diese nicht in einem schadensträchtigen Verlauf konkretisieren.[1502] Geht das Risiko aber darüber hinaus, liegt auch eine Gefahr vor. Dann ist jedoch genaues Augenmerk auf die Gegenwärtigkeit der Gefahr zu richten, zudem sind die Geeignetheit, die Erforderlichkeit und die Interessenabwägung genau zu prüfen.

III. Keine anderweitige Abwendbarkeit

Der nächste Prüfungspunkt betrifft die Frage, ob die Begehung der Straftat bzw. der Ordnungswidrigkeit ein geeignetes und erforderliches Mittel ist, um die gegenwärtige Gefahr des Arbeitsplatzverlustes abzuwenden.

1. Die Nötigungskonstellationen

Die praktisch bedeutsamere Konstellation dürften wiederum die Nötigungsfälle darstellen, in denen der Arbeitgeber also bei Androhung der Kündigung ein bestimmtes sorgfalts-, ordnungs- oder strafrechtswidriges Verhalten verlangt.

1500 So auch *Reichert-Hammer*, Politische Fernziele und Unrecht, 1991, S. 182; *Kühl*, Strafrecht. Allgemeiner Teil, 2017, § 8 Rdnr. 40; *Joerden*, GA 1991, S. 411 (412 f.).

1501 Ebenso *Reichert-Hammer*, Politische Fernziele und Unrecht, 1991, S. 182.

1502 Vollkommen zutreffend insoweit MüKo/*Erb*, § 34, Rdnr. 73; in diesem Sinne auch *Kühl*, Strafrecht. Allgemeiner Teil, 2017, § 8 Rdnr. 40.

a) *Geeignetheit*

In diesen Fällen dürfte kaum zweifelhaft sein, dass das Nachkommen gegenüber dem Ansinnen des Arbeitgebers, mithin die Begehung der (fahrlässigen) Ordnungswidrigkeit oder Straftat ein geeignetes Mittel ist, um die Gefahr abzuwenden. Tut der Arbeitnehmer, was von ihm verlangt wird, hat sich auch die Kündigung erledigt. Ob dies eine dauerhafte Lösung ist oder ob es später nicht möglicherweise wieder zu ähnlichen Drohungen kommt, spielt an dieser Stelle keine Rolle. Die gerade jetzt konkret im Raum stehende Kündigung kann so jedenfalls abgewendet werden.

b) *Erforderlichkeit*

Problematischer ist dagegen, ob es nicht ein milderes Mittel gibt, um die Kündigung abzuwenden. Wie bereits oben angesprochen wurde, ist hier im Rahmen des § 34 StGB ein strengerer Maßstab anzuwenden als bei § 32 StGB, weil es um den Eingriff in Rechtsgüter eines völlig unbeteiligten Dritten geht und zudem die Legitimation durch die Verteidigung der Rechtsordnung entfällt.[1503] Der Begründungsaufwand, warum der Notstandstäter seinen drohenden Schaden auf einen völlig Unbeteiligten soll abwälzen können, ist damit ungleich größer.

Milder sind natürlich insbesondere solche Mittel, die in gar keine Rechtsgüter eingreifen, wie etwa Ausweichen oder das Herbeiholen staatlicher Hilfe.[1504] So wurde etwa im Fall der Tötung des sog. Haustyrannen vom *BGH* (im Rahmen des § 35 StGB) angenommen, dass die Gefahr für die Ehefrau durch die Inanspruchnahme staatlicher und karitativer Hilfe anstatt durch die Tötung abwendbar gewesen wäre.[1505]

aa) *Exkurs: Der sog. Vorrang staatlicher Verfahren bzw. abschließende Verfahrensregelungen*

Die generelle Frage, wann die Möglichkeit der Inanspruchnahme staatlicher Verfahren die Notstandsbefugnis ausschließt, wird zum Teil bereits bei der

1503 *Kaspar*, Strafrecht - Allgemeiner Teil, 2014, Rdnr. 306; *Kühl*, Strafrecht. Allgemeiner Teil, 2017, § 8 Rdnr. 77; LK/*Zieschang*, § 34, Rdnr. 52.

1504 H.M., vgl. etwa MüKo/*Erb*, § 34, Rdnr. 94; gegen einen generellen Vorrang staatlicher Gefahrenabwehr allerdings *Pelz*, NStZ 1995, S. 305 (309).

1505 BGHSt 48, 255 (260).

Erforderlichkeit problematisiert,[1506] darüber hinaus spielt sie auch bei der Interessenabwägung oder bei der Angemessenheit des Mittels eine Rolle.

Richterweise ist dabei wie folgt vorzugehen: Eine Verortung bei der Angemessenheit scheidet nach hiesiger Sicht aus, weil der Angemessenheitsklausel keine eigenständige Bedeutung zukommt. Damit bleiben noch Erforderlichkeit und Interessenabwägung. Bei beiden Prüfungspunkten kommt nun staatlichen Verfahren eine wichtige Bedeutung zu, die aber in drei verschiedenen Aspekten liegt:

Im Rahmen der Erforderlichkeit geht es darum, ob ein staatliches Verfahren in gleicher Weise wie die private Notstandshandlung dazu geeignet ist, den drohenden Schaden von vornherein abzuwenden. Wenn dies der Fall ist, sind die staatlichen Instanzen vorrangig zur Schadensabwehr berufen, der private Eingriff ist nicht erforderlich (echter Vorrang staatlicher Verfahren). Dies hat seinen tieferen Sinn darin, dass die Notrechte allesamt eine Ausnahme vom staatlichen Gewaltmonopol darstellen. Dieses darf nur ausnahmsweise dort „umgangen" werden, wo die staatliche Hilfe zu spät käme, um einen drohenden Schaden zu verhindern.

Das bedeutet aber zugleich, dass es im Rahmen der Erforderlichkeit nur darum geht, ob ein staatliches Verfahren in gleicher Weise geeignet ist, den drohenden Schaden abzuwenden, ihn also *präventiv* zu verhindern. Ist es dies nicht, kann kein Zweifel bestehen, dass die Erforderlichkeit einer Notstandshandlung wegen des staatlichen Verfahrens nicht entfallen kann.

Dann kann aber immer noch ein zweiter Aspekt eine Rolle spielen, der allerdings erst bei der Interessenabwägung zu verorten ist: Durch ein effektives Rechtsschutzverfahren kann der drohende Schaden relativ gering gehalten werden, sodass der Betroffene diese Einbuße hinnehmen muss und nicht auf andere abwälzen kann. Dies ist später bei der konkret drohenden Rechtsgutsverletzung zu verorten.

Der dritte Aspekt schließlich betrifft die Frage, für die die Begrifflichkeit „Vorrang staatlicher Verfahren" zu allermeist und eigentlich gebraucht wird: Es kann Interessenkollisionen geben, die der Gesetzgeber bereits im Vorfeld abstrakt-generell gesetzlich geregelt hat. Wenn und soweit er den nun in concreto entstehenden Interessenkonflikt bereits antizipiert geregelt hat, muss ein Notstandseingriff ebenfalls ausscheiden, selbst wenn es dadurch zu einem Schaden kommt (Vorrang abschließender staatlicher Verfahrensregelungen). Dies hat

1506 Vgl. z.B. Matt/Renzikowski/*Engländer,* § 34, Rdnr. 21; *Kühl,* Strafrecht. Allgemeiner Teil, 2017, § 8 Rdnr. 86; SSW-StGB/*Rosenau,* § 34, Rdnr. 25.

seinen tieferen Sinn nun wiederum darin, dass der Gesetzgeber hier die Interessenabwägung, die eigentlich im Rahmen des § 34 S. 1 StGB immer für den konkreten Fall stattfindet, bereits selbst im Vorfeld in genereller Weise vorgenommen hat. Und diese Entscheidung des Gesetzgebers darf nun nicht über den freihändigen Notstandseingriff unterlaufen werden.[1507] Dies soll aber ebenfalls erst später im Rahmen der Interessenabwägung vertieft angesprochen werden.

bb) Im konkreten Fall

Hier ist nun aber bereits zu erörtern, ob die theoretische Möglichkeit, ein Rechtsschutzverfahren anzustrengen, bereits die Erforderlichkeit der Notstandshandlung ausschließen kann. Denn man könnte nun argumentieren, dass die Anrufung des Arbeitsgerichts, das eine Kündigung, die evident rechtswidrig ist, für unwirksam erklären würde, ein milderes Mittel wäre. Die Kündigung hätte dann das Arbeitsverhältnis nie beendet.

Dafür ist aber zunächst einmal zu untersuchen, wie sich das Kündigungsschutzverfahren auf den Status des Arbeitnehmers auswirkt. *Rechtlich* gesehen stellt der Arbeitsrichter eine „auf den Zeitpunkt der Kündigungserklärung rückbezogene Diagnose der Rechtslage“[1508] an. Stellt er dabei fest, dass die Kündigung damals unwirksam war, steht damit fest, dass der Arbeitnehmer alle Rechte aus dem Arbeitsverhältnis hat und immer gehabt hat; erachtet er dagegen die Kündigung als wirksam, wurde das Arbeitsverhältnis zum Kündigungstermin rechtswirksam aufgelöst.[1509]

Rein tatsächlich besteht allerdings das Problem, dass der Arbeitnehmer für die Dauer des Kündigungsrechtsstreits um seine Beschäftigungsmöglichkeit gebracht werden kann, selbst wenn später festgestellt wird, dass die Kündigung unwirksam war;[1510] auch eine spätere Wiedereingliederung kann erheblich erschwert sein bzw. der konkrete Arbeitsplatz kann schon anderweitig besetzt sein, sodass ein faktischer Verlust des konkreten Arbeitsplatzes eintritt.[1511]

Dieses Problem hat auch der Gesetzgeber gesehen und ist ihm zumindest im Anwendungsbereich des KSchG mit der Regelung des § 102 Abs. 5 BetrVG begegnet, die dem gekündigten Arbeitnehmer bei Einspruch des Betriebsrats

---

1507 *Pawlik*, Der rechtfertigende Notstand, 2002, S. 231.

1508 *Zöllner/Loritz/Hergenröder*, Arbeitsrecht, 2015, § 26, Rdnr. 83.

1509 *Zöllner/Loritz/Hergenröder*, Arbeitsrecht, 2015, § 26, Rdnr. 83.

1510 *Wank*, in: Richardi/Wlotzke/Wißmann u. a. (Hrsg.): Münchner Handbuch Arbeitsrecht, Bd. 1, 2009, § 99 Rdnr. 58; *Zöllner/Loritz/Hergenröder*, Arbeitsrecht, 2015, § 26, Rdnr. 84.

1511 *Zöllner/Loritz/Hergenröder*, Arbeitsrecht, 2015, § 26, Rdnr. 84.

und Erhebung der Kündigungsschutzklage einen Weiterbeschäftigungsanspruch einräumt. Damit soll eine anderweitige Besetzung des Arbeitsplatzes während der Unsicherheit des Kündigungsschutzprozesses verhindert werden.[1512]

Dass dem Arbeitnehmer damit erheblich geholfen wird, wird zwar noch eine große Rolle spielen, allerdings nicht an dieser Stelle. Das arbeitsgerichtliche Verfahren ist allein in der Lage, die zunächst bereits faktisch eingetretene Realisierung der Gefahr als rechtswidrig festzustellen und den Schaden (im besten Fall) zu einem vorübergehenden zu machen und nachträglich zu kompensieren. Dass aber ein Schaden, nämlich die Kündigung und der Verlust des Arbeitsplatzes, rein *faktisch* zunächst einmal eintritt, kann dieses Verfahren gerade nicht präventiv verhindern.[1513] Eine spätere gerichtliche Überprüfung der Kündigung mag zwar zu dem Ergebnis führen, dass die Kündigung unwirksam war und das Arbeitsverhältnis noch besteht; doch einmal abgesehen davon, dass längst nicht jeder Arbeitnehmer die Kündigung innerhalb der 3-Wochen-Frist des § 4 S. 1 KSchG (i.V.m. § 13 Abs. 1 S. 2 KSchG) angreifen wird, kann der nachträgliche Rechtsschutz nicht verhindern, dass zunächst der faktische Verlust der Beschäftigungsmöglichkeit und des Lohnes eintritt. Daran ändert selbst die theoretische Verfügbarkeit einstweiligen Rechtsschutzes nichts.[1514]

Generell kann nämlich die Möglichkeit *nachträglichen* Rechtsschutzes nicht die Erforderlichkeit entfallen lassen. Es wäre widersinnig, wenn die Realisierung der Gefahr geradezu Voraussetzung für ihre Abwendungsmöglichkeit wäre, wenn also die Kündigung erfolgen müsste, um angegriffen werden zu können. Dass es das Strafrecht soweit nicht kommen lassen will, zeigt etwa auch ein Vergleich mit der Schadensberechnung beim Betrug: Auch hier ist anerkannt, dass etwaige Schadensersatzansprüche den Vermögensschaden nicht ausschließen, weil letzterer ja gerade Voraussetzung des Schadensersatzanspruches ist, dieser also allenfalls eine nachträgliche Kompensation darstellt.[1515] In ähnlicher Weise kann man für den nachträglichen gerichtlichen Kündigungsschutz argumentieren.

Auch sonst geht es bei der Frage, inwieweit der Betroffene im Rahmen des § 34 StGB auf Ausweichen oder Herbeiholen behördlicher Hilfe, insbesondere

1512 *Wank*, in: Richardi/Wlotzke/Wißmann u. a. (Hrsg.): Münchner Handbuch Arbeitsrecht, Bd. 1, 2009, § 99 Rdnr. 3.

1513 So auch vollkommen zutreffend *Späth*, Rechtfertigungsgründe im Wirtschaftsstrafrecht, 2016, S. 295.

1514 Dazu ausführlicher unten IV. 2. a. bb. (7).

1515 Vgl. dazu nur BGHSt 57, 95 (114 f.); SSW-StGB/*Satzger*, § 263, Rdnr. 222; *Fischer*, § 263 Rdnr. 155.

von Polizei oder Gericht verwiesen werden kann, immer um die Frage, ob die Gefahr durch diese Behörden *präventiv* abgewendet werden könnte: Wenn man etwa verlangt, dass die tyrannisierte Ehefrau sich an die Polizei oder das Gericht wegen einer Anordnung nach dem Gewaltschutzgesetz wenden soll, so doch nur deswegen, weil hier präventiv potentiell weitere Gewalttätigkeiten verhindert werden können.[1516] Deshalb gilt auch, dass etwa ein gerichtliches Verfahren kein milderes Mittel ist, wenn es nicht rechtzeitig für Abhilfe sorgen kann, insbesondere, wenn sich die Gefahr zwischenzeitlich wesentlich erhöhen würde.[1517] Dies gilt umso mehr, wenn sich in der Zwischenzeit die Gefahr realisieren würde. Es erscheint geradezu als Selbstverständlichkeit, dass ein Vorrang eines gerichtlichen Verfahrens auch dort nicht angenommen werden kann, wo ein solches gar nicht zur Verfügung steht.[1518] Das gilt für den hiesigen Fall: Es gibt keine vorbeugende Kündigungsschutzklage, mit der der Arbeitnehmer etwa nach Ausspruch der Drohung, aber vor Erhalt des Kündigungsschreibens bereits die Unwirksamkeit der Kündigung feststellen bzw. dem Arbeitgeber die Kündigung untersagen lassen könnte. Er muss es erst zur Kündigung kommen lassen, um diese dann anzugreifen. Dementsprechend kann man mit *Preis* festhalten: „Einer der größten Mängel des deutschen Kündigungsschutzrechts ist, dass das gerichtliche Verfahren nur eine nachträgliche Wirksamkeitskontrolle ermöglicht. […] Dies führt dazu, dass der Arbeitnehmer aufgrund der Kündigung zunächst aus dem Arbeitsverhältnis ausscheiden muss."[1519]

Als milderes Mittel im Rahmen des rechtfertigenden Notstandes muss die Kündigungsschutzklage damit ausscheiden, denn hier können nur solche Handlungsoptionen Berücksichtigung finden, die gleichermaßen sicher, also geeignet sind, die Gefahr abzuwenden;[1520] alles andere ist dann eine Frage der

1516 Dabei sei einmal dahingestellt, inwieweit das tatsächlich zutreffend ist; so konnten etwa Polizei und Gericht trotz Kontaktsperre und Gefährderansprachen nicht verhindern, dass ein Mann seine getrennt lebende Frau am 14.10.2013 in München erstach (http://www.sueddeutsche.de/muenchen/toedliche-messerattacke-in-muenchen-mord-mit-ankuendigung-1.1794201; abgerufen am 02.07.2017). Insofern bestätigt sich die Feststellung etwa von *Krey/Esser*, Deutsches Strafrecht. Allgemeiner Teil, 2016, Rdnr. 629, dass die These der mangelnden Erforderlichkeit bei der Tötung des Familientyrannen zumindest bei brutalen Gewalttätern lebensfremd und fernliegend ist.

1517 LK/*Zieschang*, § 34, Rdnr. 52.

1518 *Reichert-Hammer*, Politische Fernziele und Unrecht, 1991, S. 195.

1519 *Preis*, Arbeitsrecht I, 2017, Rdnr. 3207 f.

1520 *Reichert-Hammer*, Politische Fernziele und Unrecht, 1991, S. 189; selbst wenn man hier strenger verfährt und den Notstandstäter auch auf mildere Mittel mit

Interessenabwägung, weil im Rahmen der Erforderlichkeit zunächst einmal die Geeignetheit und der Grundsatz des mildesten Mittels prinzipiell gleichrangig sind.[1521] Und dort wird dieser Gesichtspunkt selbstverständlich von maßgeblicher Bedeutung sein.

cc) Einschaltung des Betriebsrats

Von den Rechtsschutzverfahren zu unterscheiden ist ein Verfahren der betrieblichen Mitbestimmung: Die Unterrichtung und Anhörung des Betriebsrats nach § 102 BetrVG. Dieses Verfahren kann dem Arbeitnehmer ungemein helfen: Zum einen muss der Betriebsrat überhaupt angehört werden; eine ohne Anhörung ausgesprochene Kündigung ist unwirksam, § 102 Abs. 1 S. 2 BetrVG. Zum anderen hat der betroffene Arbeitnehmer, wenn der Betriebsrat der Kündigung rechtzeitig widerspricht und er rechtzeitig Klage nach dem KSchG erhebt, den Anspruch auf Weiterbeschäftigung nach § 102 Abs. 5 S. 1 BetrVG.

Dies hat auch für ein nachfolgendes Gerichtsverfahren große Bedeutung: Wurde der Betriebsrat tatsächlich nicht angehört, was sich in der Regel gut nachweisen lassen dürfte, wird die Kündigung ohne weiteres für unwirksam erklärt. Auch für ein etwaiges vorläufiges Rechtsschutzverfahren ist die Kündigung dann offensichtlich unwirksam.[1522]

Allerdings gibt es zunächst Ausnahmen: So muss etwa bei der Kündigung eines leitenden Angestellten gem. § 105 BetrVG der Betriebsrat nur unterrichtet (wobei der Kündigungsgrund nicht einmal mitgeteilt werden muss), nicht aber angehört werden.[1523] Zudem besteht nicht für alle Betriebe ein Betriebsrat, der dann auch angehört werden müsste. Gem. § 1 Abs. 1 BetrVG ist dieser nur in Betrieben zu bilden, in denen in der Regel mindestens fünf ständige nach dem BetrVG wahlberechtigte Arbeitnehmer beschäftigt sind. Und selbst außerhalb von Kleinbetrieben ist die Bildung eines Betriebsrats freiwillig, sodass es auch in größeren Betrieben nicht zwingend einen Betriebsrat geben muss.[1524] Rein

---

schlechteren Erfolgsaussichten verweist, ändert sich für den hiesigen Fall nichts, da die Kündigungsschutzklage den Schaden zunächst sicher gar nicht verhindern kann.

1521 Matt/Renzikowski/*Engländer,* § 34, Rdnr. 22; MüKo/*Erb,* § 34, Rdnr. 103; Schönke/Schröder/*Perron,* § 34, Rdnr. 20a; LK/*Zieschang,* § 34, Rdnr. 52; *Lenckner,* in: Küper (Hrsg.): FS Lackner, 1987, S. 95 (110).

1522 *Korinth,* Einstweiliger Rechtsschutz im Arbeitsgerichtsverfahren, 2015, 2. Teil Rdnr. 111.

1523 Ascheid/Preis/Schmidt/*Linck,* § 105 BetrVG, Rdnr. 3 f.

1524 *Preis,* Arbeitsrecht II, 2017, Rdnr. 1780.

tatsächlich gab es etwa im Jahr 2003 sogar nur in elf Prozent aller betriebsratsfähigen Betriebe einen Betriebsrat.[1525]

Zudem greift ein anderer, vorher bereits für die gerichtlichen Verfahren vorgebrachter Einwand: Selbst wenn die Anhörung des Betriebsrats unterlassen wurde und die ausgesprochene Kündigung daher offensichtlich unwirksam wäre, kann dies nichts an der Tatsache ändern, dass der Arbeitnehmer durch Kündigung zunächst einmal faktisch seinen Arbeitsplatz verliert. Auch ein Widerspruch des Betriebsrats und ein späteres, unter erleichterten Bedingungen stattgebendes Urteil stellen faktisch nur eine nachträgliche Wiedererlangung des Arbeitsplatzes dar (mag damit auch rechtlich feststehen, dass das Arbeitsverhältnis durchgehend bestanden hat).

Trotzdem kann einem solchen Vorgehen seine Relevanz für die hier zu untersuchende Fragestellung natürlich nicht abgesprochen werden. Bei bestehendem Betriebsrat könnte der Arbeitnehmer dem drohenden Arbeitgeber beispielsweise erst einmal entgegenhalten, dass einer solchen Kündigung der Betriebsrat nie zustimmen werde – in der Hoffnung, dass sich der Arbeitgeber dadurch von seiner Drohung abbringen lässt. In den meisten Fällen wird sich der Arbeitgeber davon allerdings nicht beeindrucken lassen – er zeigt ja schon durch seine Anweisung zu einem rechtswidrigen Verhalten und seine Drohung, dass er bereit ist, sich über gesetzliche Vorgaben hinwegzusetzen. Dann muss eine solche erleichterte Rechtsschutzmöglichkeit für den Arbeitnehmer aber jedenfalls bei der Interessenabwägung Berücksichtigung finden.

2. Sonstige Fälle

Schwieriger als die Nötigungsfälle zu beurteilen sind dagegen die Fälle, in denen der Arbeitsplatzverlust aufgrund wirtschaftlicher Entwicklungen droht. Insoweit könnte man z.B. an den Fall denken, in dem ein GmbH-Geschäftsführer (sei es auch mit Zustimmung der Gesellschafter) das Stammkapital der GmbH angreift, weil er hofft, dadurch kurzfristig das Unternehmen sanieren und eine Insolvenz abwenden zu können.

Ein wesentlicher Unterschied besteht hier schon einmal darin, dass die Gefahr diffuser ist als in den Nötigungskonstellationen. Dort geht die Gefahr ganz klar vom Arbeitgeber aus, dessen Unwille sicher besänftigt werden kann, indem der Arbeitnehmer der Weisung nachkommt. Im Falle eines insolvenzbedrohten Unternehmens ist die Herkunft der Gefahr dagegen wesentlich

---

1525 *Höland/Kahl/Zeibig*, Kündigungspraxis und Kündigungsschutz im Arbeitsverhältnis, 2007, S. 97.

schwerer zu identifizieren. Möglicherweise resultiert sie aus Misswirtschaft, vielleicht will die Bank einen langfristigen Kredit nicht mehr verlängern, oder es liegt einfach nur an hohen Außenständen aufgrund der schlechten Zahlungsmoral der Kunden. Oft werden auch mehrere dieser Probleme zusammenwirken. Wenn sich aber die Ursache der Gefahr nicht klar bestimmen lässt, ist auch die Feststellung, was zur Beseitigung der Gefahr geeignet und erforderlich ist, ungleich schwerer.

a) Geeignetheit

So könnte man etwa sagen, dass ein durch Bestechung erlangter, besonders lukrativer Auftrag das Unternehmen nicht lange wird retten können, wenn ein grundsätzliches Missmanagement vorherrscht. Und auch das formale Verschleiern der tatsächlich vorliegenden Überschuldung wird kaum geeignet sein, das Unternehmen und seine Arbeitsplätze auf Dauer zu retten.[1526]

Gleichwohl zeigt sich auch in diesen Beispielen, dass die Insolvenz des Unternehmens zumindest hinausgeschoben, der Erhalt des Unternehmens und seiner Arbeitsplätze zumindest auf Zeit gelingen kann. Fraglich ist daher, ob das für die Geeignetheit der Notstandshandlung ausreichen kann. Bereits oben[1527] wurde dargestellt, dass es im Rahmen der Geeignetheit darum geht, dem Eingriffsadressaten sinnlose Opfer zu ersparen. Daher sind bereits an dieser Stelle Handlungen auszuscheiden, durch welche die Rettungschance nicht oder nur ganz unerheblich erhöht wird. Umgekehrt muss es bei der Geeignetheit zunächst einmal genügen, wenn eine Gefahrabwendung durch die gewählte Rettungshandlung nicht ganz unwahrscheinlich ist; die genaue Größe der Rettungschance ist dann eine Frage der Interessenabwägung.[1528] Dort kann dann auch berücksichtigt werden, dass an die Wahrscheinlichkeit der tatsächlichen Gefahrabwendung

---

1526 Vgl. auch *Krause*, Ordnungsgemäßes Wirtschaften und Erlaubtes Risiko, 1995, S. 163 Fn. 42, der bei der Bestimmung des Rechtsguts des § 283 Abs. 1 StGB ausführt, dass das Interesse am Erhalt von Arbeitsplätzen nicht zu dem von der Vorschrift geschützten Rechtsgut zählt, da die Krise des Unternehmens schließlich bestehen bleibe, unabhängig davon, ob der Schuldner wirtschaftswidrige Verfügungen vornehme oder nicht. M.a.W.: Die Krise bleibt unabhängig davon bestehen, ob der Täter tatbestandliche, strafbare Handlungen vornimmt oder nicht. Dann können diese aber nicht geeignet sein, die Krise abzuwenden und damit Arbeitsplätze zu erhalten.

1527 C. III. 2. e. aa.

1528 Matt/Renzikowski/*Engländer*, § 34, Rdnr. 20; MüKo/*Erb*, § 34, Rdnr. 91; LK/*Zieschang*, § 34, Rdnr. 51; Schönke/Schröder/*Perron*, § 34, Rdnr. 19; siehe unten IV. 4. b.

umso geringere Anforderungen zu stellen sind, je größer die Gefahr und je höherwertiger das Erhaltungsrechtsgut ist.[1529]

Dementsprechend soll es z.B. bei Trunkenheitsfahrten zur Rettung eines Verletzten an der Geeignetheit fehlen, wenn lediglich ein für die Rettung *unwesentlicher Zeitgewinn* erreicht wird.[1530] Grundsätzlich scheint vor allem der sog. Mandantengeld-Fall des *BGH*[1531] vergleichbar, in dem ein Rechtsanwalt Mandantengelder zur Tilgung von Bankforderungen einsetzte, um den Zusammenbruch seiner Kanzlei zu verhindern und zudem das Ansehen seines Berufsstandes zu schützen. Der *BGH* erwähnt auch hier, dass die finanziellen Schwierigkeiten vor allem die Folge „unwirtschaftlicher Geldschöpfungspraktiken" seien und durch den Zugriff auf die Mandantengelder lediglich ein Gläubigerwechsel herbeigeführt, nicht aber die Schuldenlast verringert werden könne.[1532] Aus diesem Grund verneint er allerdings erst die Angemessenheit des Mittels. Für die hiesige Untersuchung ist an der Entscheidung und dem Echo, das sie in der Literatur erfahren hat, interessant, dass – entgegen dem *BGH* – der Veruntreuung der Mandantengelder großteils bereits die Eignung, einerseits das Ansehen der Anwaltschaft zu schützen[1533], aber andererseits etwa von *Küper*[1534] auch die Eignung, die Kanzlei zu erhalten, abgesprochen wird: Allein der Gläubigerwechsel könne die Schuldenlast insgesamt schließlich nicht verringern.[1535] Die Tat könne einzig ein geeignetes Mittel gewesen sein, um im Wege der Notstandshilfe die Gefahr für die Vermögensinteressen der Gläubiger (der Bank) zunächst abzuwenden.[1536]

1529 *Reichert-Hammer,* Politische Fernziele und Unrecht, 1991, S. 187.

1530 MüKo/*Erb,* § 34, Rdnr. 91; KK-OWiG/*Rengier,* § 16 OWiG, Rdnr. 17.

1531 BGH NJW 1976, 680.

1532 BGH NJW 1976, 680 (681).

1533 *Küper,* Der „verschuldete" rechtfertigende Notstand, 1983, § 104; Schönke/Schröder/*Perron,* § 34, Rdnr. 19; *Kühl,* Strafrecht. Allgemeiner Teil, 2017, § 8 Rdnr. 82; NK/*Neumann,* § 34, Rdnr. 61, der aber auch bereits schon die Notstandslage verneint; für Berücksichtigung erst bei der Interessenabwägung aber MüKo/*Erb,* § 34, Rdnr. 91.

1534 *Küper,* Der „verschuldete" rechtfertigende Notstand, 1983, S. 104 f.

1535 *Küper,* Der „verschuldete" rechtfertigende Notstand, 1983, S. 104 f.; nach *Meißner,* Die Interessenabwägungsformel in der Vorschrift über den rechtfertigenden Notstand (§ 34 StGB), 1990, S. 228 wird es in den Fällen der Not wegen eigener Illiquidität meist an der Eignung des Rettungsmittels fehlen.

1536 *Küper,* Der „verschuldete" rechtfertigende Notstand, 1983, S. 105; dies kann man durchaus mit den hiesigen Fallgestaltungen vergleichen, da auch im Handeln des Unternehmers oder Angestellten eine Nothilfe zugunsten der Arbeitnehmer gesehen werden kann.

Überträgt man dies auf die Fälle der versuchten Rettung eines Unternehmens, könnte man dementsprechend auch sagen, dass eine Verschleierung der Überschuldung nichts an ihrem Vorhandensein ändern kann; ebenso wenig wäre ein (als Untreue strafbares) Angreifen des Stammkapitals geeignet, die Schuldenlast des Unternehmens zu verringern. Die Überlegung kann aber in dieser Pauschalität nicht überzeugen: So zeigt bereits § 19 Abs. 1 InsO, dass die Überschuldung nur dann ein Grund ist, das Insolvenzverfahren zu eröffnen, wenn nicht die Fortführung des Unternehmens überwiegend wahrscheinlich ist. Darüber hinaus verlangt die Strafvorschrift des § 15a Abs. 1 S. 1 InsO nur, dass der Insolvenzantrag „ohne schuldhaftes Zögern", spätestens aber drei Wochen nach Eintritt des Insolvenzgrundes gestellt wird. Diese Frist will den Organen der Gesellschaft die Möglichkeit geben, sinnvolle Sanierungsversuche durchzuführen.[1537] Sie darf nur dann nicht ausgeschöpft werden, wenn sich bereits vor Ablauf der Frist zeigt, dass mit einer fristgerechten Sanierung nicht mehr ernstlich zu rechnen ist.[1538] Daran zeigt sich, dass das Gesetz selbst davon ausgeht, dass im Falle der Überschuldung eine erfolgreiche Unternehmensfortführung möglich sein kann. Und selbst im Falle der Insolvenzreife erkennt § 15a InsO die Möglichkeit an, dass die Insolvenz durch Sanierungsversuche abgewendet oder wieder beseitigt werden kann. Diese Wertung ist dann auch auf die Geeignetheit der Notstandshandlung zu übertragen. Wer durch eine Straftat den tatsächlichen Zusammenbruch des Unternehmens zumindest für eine nicht nur unerhebliche Zeit hinausschieben kann, unternimmt damit also zunächst eine geeignete Handlung, sofern es nicht völlig unwahrscheinlich erscheint, dass sich die wirtschaftliche Situation des Unternehmens wieder bessert. Immerhin kann es doch möglich sein, etwa mit dem angegriffenen Stammkapital so lange zu wirtschaften, bis ein neuer Kredit oder eine Umschuldung erreicht werden können. Auch die Verschleierung der Zahlungsunfähigkeit in Bilanzen und Aufstellungen kann einen Zeitgewinn bedeuten, während dem eine Rettung des Unternehmens möglich sein kann. Jedenfalls aber die bestechungsbedingte Erlangung eines Auftrages kann geeignet sein, eine wirtschaftliche Schieflage abzuwenden.[1539]

1537 BGHSt 48, 307 (310) m.w.N.; G/J/W/*Reinhard*, § 15a InsO, Rdnr. 116.

1538 BGHSt 48, 307 (310).

1539 Abl. aber *Krause*, Ordnungsgemäßes Wirtschaften und Erlaubtes Risiko, 1995, S. 400 (im Rahmen der Bestimmung der ordnungsgemäßen Wirtschaft bei § 283 StGB), weil in der Regel bereits bei Zahlung des Schmiergeldes erkennbar sei, dass dies nur mit sehr geringer Wahrscheinlichkeit oder gar nicht zu einer Vermögensmehrung führen werde.

In den allermeisten Fällen wird dies keine lang- oder auch nur mittelfristig erfolgreiche Maßnahme sein. Die tatsächliche Größe und Wahrscheinlichkeit der Rettungschance ist aber dann eine Frage der Interessenabwägung.[1540] Dort ist dann auch zu berücksichtigen, dass der Gesetzgeber mit dem Insolvenzverfahren, dem Verfahren bei Massenentlassungen nach dem KSchG, aber auch durch die Regelung der betriebsbedingten Kündigung möglicherweise staatlich geordnete Verfahren für die Bewältigung des Insolvenzfalles und seiner Konsequenzen bereitgestellt und dabei die betroffenen Belange abschließend abgewogen hat.[1541]

b) *Erforderlichkeit*

Mögen einzelne Tathandlungen noch geeignet sein, den Abbau von Arbeitsplätzen aufgrund wirtschaftlicher Probleme zu vermeiden, ist die Beurteilung der Erforderlichkeit noch diffiziler.

Es gilt also zu klären, ob es andere Maßnahmen gibt, um die wirtschaftliche Gefährdung des Unternehmens und seiner Arbeitsplätze abzuwenden, die aber dritte Personen oder die Allgemeinheit weniger beeinträchtigen. Im Gegensatz zu den Nötigungsfällen, wo der Arbeitnehmer die Gefahr der Kündigung tatsächlich nur effektiv durch ein Nachgeben abwenden kann, sind in den Fällen allgemeiner wirtschaftlicher Not andere, gleich effektive Abwendungsmittel zwanglos denkbar: So kann es etwa im Hinblick auf den Weiterbetrieb des Unternehmens und die Sicherstellung der Liquidität möglich sein, weitere Kredite zu erlangen oder bestehende zu verlängern. Besteht das Problem in säumigen Schuldnern könnte etwa auf Factoring-Anbieter zurückgegriffen werden, die die Forderungen kaufen und sofort Geldmittel an das Gläubiger-Unternehmen ausschütten. Es kann möglich sein, kurzfristig Kosten einzusparen, die nicht mit einer Kündigung von Arbeitnehmern einhergehen. Aber auch die (betriebsbedingte) Kündigung einiger Mitarbeiter kann ein milderes Mittel darstellen; allerdings wird eine dadurch eintretende Kostensenkung meist zu spät kommen bzw. wo sie rechtzeitig kommt, also auch etwaige Kündigungsfristen abgewartet werden können, wird es schon an der Gegenwärtigkeit der Gefahr fehlen.

Das ist nur ein kleiner Ausschnitt denkbarer Mittel, um die Aktiva zu erhöhen oder die Passiva kurzfristig zu verringern. Solche Maßnahmen werden vielfach im Drei-Wochen-Zeitraum des § 15a Abs. 1 S. 1 InsO möglich sein. Gleichwohl mögen einzelne Fälle vorstellbar sein, in denen keine derartigen Mittel verfügbar

1540 Dazu unter IV. 4. b.

1541 Siehe dazu IV. 7.

sind:[1542] Die Bank gewährt keinen weiteren Kredit mehr, ein Factoring-Unternehmen will die uneinbringlichen Forderungen nicht ankaufen, Kosten lassen sich kurzfristig nicht reduzieren. Hier mag es tatsächlich kein anderes, gleich sicheres Mittel geben, um die wirtschaftliche Misere abzuwenden, als etwa unter Verstoß gegen § 266 StGB das Stammkapital des Unternehmens anzugreifen oder durch Korruption einen Auftrag zu erlangen. In solch seltenen Fällen wird man die Erforderlichkeit gerade noch bejahen können. Gleichwohl wird eine Rechtfertigung, wenn das Unternehmen schon wirtschaftlich derartig mit dem Rücken zur Wand steht, an der Interessenabwägung scheitern.[1543]

Und selbst wo die wirtschaftliche Krise feststeht, kann es mildere Mittel geben, um das Unternehmen wirtschaftlich zu erhalten: So könnte etwa der Rechtfertigung einer Steuerhinterziehung durch einen Unternehmer entgegengehalten werden, dass er nach Festsetzung der Steuer beim Finanzamt beantragen könnte, die Steuer nach § 222 AO zu stunden. Eine andere Möglichkeit, um kurzfristig Kosten zu senken, wäre die Einführung von Kurzarbeit.[1544]

Daher kann man festhalten: Es mögen wenige, extreme Fälle denkbar sein, in denen die Rechtfertigung zum Erhalt fremder Arbeitsplätze noch nicht an der Geeignetheit und Erforderlichkeit scheitern; dann ist als nächster Schritt die Interessenabwägung durchzuführen. In aller Regel aber wird eine Rechtfertigung nach § 34 StGB aber bereits auf diesen Ebenen scheitern.

IV. Die Interessenabwägung

Damit kann sich die Untersuchung nun dem Kernstück des § 34 StGB, der Interessenabwägung, zuwenden. Hier kommt es nach h.M.[1545] zu der Gesamtabwägung des Interessenkonflikts in all seinen „positiven und negativen

---

1542 Abl. *Saliger*, Umweltstrafrecht, 2012, Rdnr. 262: „Überhaupt ist dem Argument der Arbeitsplatzsicherung mit Skepsis zu begegnen; denn nicht selten dürfte ein Blick in die Buchhaltung eines Unternehmens ergeben, wie fragwürdig das Argument in tatsächlicher Hinsicht ist."

1543 Vgl. dazu insbesondere unten IV. 7. c. zur Bedeutung des Insolvenzverfahrens.

1544 Zu den Voraussetzungen für die Einführung von Kurzarbeit siehe etwa *Linck*, in: Schaub/Koch/Linck u. a. (Hrsg.): Arbeitsrechtshandbuch, 2015, § 47 Rdnr. 1 ff.

1545 Vgl. etwa Matt/Renzikowski/*Engländer*, § 34, Rdnr. 23; MüKo/*Erb*, § 34, Rdnr. 105; SK-StGB/*Günther*, § 34, Rdnr. 38; *Küper*, GA 1983, S. 289 (295); *Lenckner*, Der rechtfertigende Notstand, 1965, S. 90; *Lenckner*, GA 1985, S. 295 (300 f.); Lackner/*Kühl*, § 34, Rdnr. 6; Schönke/Schröder/*Perron*, § 34, Rdnr. 22; *Reichert-Hammer*, Politische Fernziele und Unrecht, 1991, S. 196; SSW-StGB/*Rosenau*, § 34, Rdnr. 17; *Roxin*, Strafrecht Allgemeiner Teil, Bd. 1, 2006, § 16 Rdnr. 26; LK/*Zieschang*, § 34, Rdnr. 53.

Vorzugstendenzen"[1546]. Die Abwägung ist nach dem klaren Wortlaut und Willen des Gesetzgebers nicht auf eine Güterabwägung beschränkt.[1547] Richtigerweise sind dabei abstrakte Rechtsprinzipien nicht zu berücksichtigen, da sie den Rahmen und die Maßstäbe für die Abwägung liefern, dann aber nicht nochmals selbst Abwägungsfaktoren sein können.[1548] So dient etwa das Solidaritätsprinzip dazu, Notstandseingriffe in fremde Güter überhaupt erst zu legitimieren,[1549] während das Autonomieprinzip der Abwägung Grenzen setzt, indem etwa ein „wesentliches" Überwiegen erforderlich ist.[1550]

Aufgrund der Weite der Abwägungsfaktoren ist eine abschließende abstrakte Formel für die Abwägung nicht möglich; diese muss sich vielmehr aus der konkreten Situation heraus ergeben, wobei es praktisch kaum auszuschließen ist, dass das Ergebnis auch von den subjektiven Vorstellungen des Rechtsanwenders geprägt ist.[1551] Daher soll die vorliegende Untersuchung ohne weitere Umschweife auf die für die hier zu untersuchende Fallgestaltung relevanten Faktoren eingehen:

1. Rangverhältnis der kollidierenden Rechtsgüter

Bei der umfassenden Interessenabwägung ist einer der wichtigsten, auch gesetzlich namentlich aufgeführten Abwägungsfaktoren der (zunächst abstrakte) Rang der kollidierenden Rechtsgüter. Dieser Rang ist aus den konkreten Vorgaben der (Gesamt-) Rechtsordnung abzuleiten.[1552] Geht es beispielsweise um den Konflikt zweier strafrechtlich geschützter Rechtsgüter, so ist die Höhe der jeweiligen

1546 Die Formulierung geht zurück auf *Hubmann,* AcP 155 (1956), S. 85 (123).

1547 MüKo/*Erb,* § 34, Rdnr. 105; anders aber nach wie vor *Pawlik,* Der rechtfertigende Notstand, 2002, S. 140 ff.; vgl. auch *Renzikowski,* Notstand und Notwehr, 1994, S. 34 ff.

1548 Matt/Renzikowski/*Engländer,* § 34, Rdnr. 24; MüKo/*Erb,* § 34, Rdnr. 109; NK/*Neumann,* § 34, Rdnr. 66; *Pawlik,* Der rechtfertigende Notstand, 2002, S. 143; a.A. Schönke/Schröder/*Perron,* § 34, Rdnr. 38; *Roxin,* Strafrecht Allgemeiner Teil, Bd. 1, 2006, § 16 Rdnr. 46 ff.; LK/*Zieschang,* § 34, Rdnr. 68: Autonomieprinzip als eigener Abwägungsfaktor.

1549 Dazu ausführlich oben C. III. 2. c.

1550 MüKo/*Erb,* § 34, Rdnr. 109.

1551 MüKo/*Erb,* § 34, Rdnr. 105; SK-StGB/*Günther,* § 34, Rdnr. 38; KK-OWiG/*Rengier,* § 16 OWiG, Rdnr. 25; *Roxin,* Strafrecht Allgemeiner Teil, Bd. 1, 2006, § 16 Rdnr. 26; gleiches gilt selbstverständlich für die vorliegende Untersuchung.

1552 MüKo/*Erb,* § 34, Rdnr. 111; NK/*Neumann,* § 34, Rdnr. 71; *Koch,* ZStW 122 (2010), S. 804 (820); *Kühl,* Strafrecht. Allgemeiner Teil, 2017, § 8 Rdnr. 113; SSW-StGB/*Rosenau,* § 34, Rdnr. 18; LK/*Zieschang,* § 34, Rdnr. 56.

Strafdrohungen ein Indiz für die jeweilige Wertigkeit.[1553] Eine Abstufung lässt sich auch dort machen, wo das eine Rechtsgut strafrechtlich geschützt ist, das andere aber nicht.[1554] Wenn der Gesetzgeber als ultima ratio zum Schutzmittel der Strafe greift, scheint ihm das zu schützende Rechtsgut besonders wichtig zu sein. Gleichwohl gilt dieser Vorrang auch nicht uneingeschränkt,[1555] denn gerade den grundrechtlich geschützten Rechtsgütern kommt erhebliche Bedeutung zu.[1556] Eine weitere grundlegende Wertentscheidung unserer Rechtsordnung ist der aus Art. 1 Abs. 1 GG abgeleitete Vorrang jeglicher Personenwerte vor Sachwerten.[1557]

Dementsprechend kann man folgende „Grobeinteilung" machen:[1558]

Sachgüter, wie etwa Eigentum oder Vermögen, wiegen weniger als Persönlichkeitswerte. Unter diesen wiederum wiegt das Leben am schwersten, es folgen Gesundheit, persönliche Freiheit und sonstige Persönlichkeitswerte. Zudem wiegen echte Beeinträchtigungen solcher Rechtsgüter schwerer als die Verletzung reiner Ordnungsvorschriften (insbesondere im Rahmen des Ordnungswidrigkeitenrechts).[1559]

1553 RGSt 61, 242 (255); *Kühl,* Strafrecht. Allgemeiner Teil, 2017, § 8 Rdnr. 109; *Kaspar,* Strafrecht - Allgemeiner Teil, 2014, Rdnr. 318; aber eben auch nur ein Indiz, weil die Strafhöhe nicht allein vom Wert des bedrohten Rechtsguts, sondern auch von den Handlungsmodalitäten oder kriminalpolitischen Erwägungen bestimmt wird, vgl. etwa MüKo/*Erb,* § 34, Rdnr. 111; *Lenckner,* Der rechtfertigende Notstand, 1965, S. 157 f; SSW-StGB/*Rosenau,* § 34, Rdnr. 18; LK/*Zieschang,* § 34.

1554 *Kühl,* Strafrecht. Allgemeiner Teil, 2017, § 8 Rdnr. 112; wobei *Roxin,* Strafrecht Allgemeiner Teil, Bd. 1, 2006, § 16 Rdnr. 28 zutreffend darauf hinweist, dass dies keine Entscheidung über die „Wertschätzung" des betroffenen Rechtsguts beinhalten müsse, sondern auch aus dem ultima ratio-Charakter des Strafrechts folgen könne, wenn der Gesetzgeber glaube, das Rechtsgut durch andere Mittel ebenso gut schützen zu können.

1555 *Kühl,* Strafrecht. Allgemeiner Teil, 2017, § 8 Rdnr. 112, der als Beispiel das allgemeine Persönlichkeitsrecht nennt, das sich nicht dem Sacheigentum oder dem Vermögen unterzuordnen braucht.

1556 NK/*Neumann,* § 34, Rdnr. 71; LK/*Zieschang,* § 34.

1557 *Kühl,* Strafrecht. Allgemeiner Teil, 2017, § 8 Rdnr. 113; *Lenckner,* Der rechtfertigende Notstand, 1965, S. 157 f.; *Kaspar,* Strafrecht - Allgemeiner Teil, 2014, Rdnr. 319; SSW-StGB/*Rosenau,* § 34, Rdnr. 18; LK/*Zieschang,* § 34.

1558 Diese orientiert sich an MüKo/*Erb,* § 34, Rdnr. 112 und *Roxin,* Strafrecht Allgemeiner Teil, Bd. 1, 2006, § 16 Rdnr. 29.

1559 Göhler/*Gürtler,* § 16 OWiG, Rdnr. 7b.

a) Der Rang des Erhaltungsrechtsguts

Geht es nun also um die Bestimmung des Erhaltungsinteresses „Arbeitsplatz“, ist an dieser Stelle der richtige Platz, um die Erörterungen aus dem vorherigen Kapitel auszuwerten. Bisher war in Literatur und Rechtsprechung der Stellenwert des Rechtsgutes „Arbeitsplatz“ nicht hinreichend entwickelt und aus der Rechtsordnung abgeleitet. Diesen Beitrag versucht die vorliegende Arbeit zu leisten.

Immerhin äußerten sich einige Autoren bereits zu möglichen Ansatzpunkten.[1560] *Kühl*[1561] und *Perron*[1562] meinen etwa, dass die Sicherheit des Arbeitsplatzes als geschütztes Rechtsgut nicht aus einem erst geforderten Recht auf Arbeit abgeleitet werden könne, aber doch aus rechtlichen Vorschriften zum Erhalt von Arbeitsplätzen sowie aus dem Sozialstaatsprinzip des Art. 20 I GG. Auf die Gesetzesbestimmungen zum Schutz von Arbeitsplätzen hatten auch schon die frühen einschlägigen Gerichtsentscheidungen abgestellt.[1563] Auch die Sozialstaatsklauseln wurden schon früh bemüht.[1564]

Klar ist jedenfalls, dass es sich beim „Arbeitsplatz“ an sich um kein strafrechtlich geschütztes Rechtsgut oder Interesse handelt;[1565] es gibt keinen Straftatbestand, der Gefährdungen oder Verletzungen des Arbeitsplatzes oder der Arbeitskraft unter Strafe stellt.[1566] Allerdings sollte man beachten, dass es

---

1560 Vgl. bereits oben C. III. 1. b.

1561 *Kühl*, Strafrecht. Allgemeiner Teil, 2017, § 8 Rdnr. 28.

1562 Schönke/Schröder/*Perron*, § 34, Rdnr. 9.

1563 Vgl. OLG Hamm NJW 1952, 838; BayObLG NJW 1953, 1602.

1564 So BayObLG NJW 1953, 1602, das auf Art. 20 I GG, aber auch auf Art. 3 BayVerf abstellt.

1565 Auch im strafrechtlichen Schrifttum wird konstatiert, dass es auffällig sei, dass die Arbeitskraft als solche trotz ihrer erheblichen Bedeutung für den Einzelnen nicht strafrechtlich gegen Angriffe von außen geschützt werde, vgl. etwa *Heinrich*, GA 1997, S. 24; immerhin aber forderten bereits *Cramer*, Vermögensbegriff und Vermögensschaden im Strafrecht, 1968, S. 236 ff. und *Lampe*, in: Schroeder/Zipf (Hrsg.): FS Maurach, 1972, S. 375 (380) einen selbstständigen strafrechtlichen Schutz der Arbeitskraft.

1566 So enthalten die Körperverletzungsdelikte etwa keine explizite Qualifizierung, wenn durch die Verletzung Arbeitsunfähigkeit eintritt. Zwar wird bei der Auslegung des Begriffs Siechtum in § 226 Abs. 1 Nr. 1 StGB auch oder sogar maßgeblich auf die Erwerbsunfähigkeit abgestellt (vgl. BGH, NStZ 2007, 325 [326]; bereits das RG erkannte an, dass völliger Verlust der Arbeitsfähigkeit regelmäßig Siechtum bedeute, s. RGSt 72, 346; Schönke/Schröder/*Stree/Sternberg-Lieben*, § 226 Rdnr. 7); gleichwohl ist die Arbeitskraft oder der Arbeitsplatz bisher nirgends explizit strafrechtlich geschützt.

einzelne Aspekte des umfassenderen Interesses „Arbeitsplatz" gibt, die einen strafrechtlichen Schutz erfahren haben. So wurde insbesondere schon darauf hingewiesen, dass das Vermögen etwa im Rahmen der §§ 253, 263 StGB strafrechtlich geschützt ist. Zudem unterfällt der Lohnanspruch des Arbeitnehmers dem verfassungsrechtlichen Eigentumsbegriff des Art. 14 GG, sodass diese Position immerhin auch grundrechtlich geschützt ist.[1567] Ein weiterer wichtiger Bestandteil des Interesses Arbeit, nämlich das allgemeine Persönlichkeitsrecht, ist wiederum als solches nicht strafrechtlich geschützt; immerhin sind aber einzelne Bestandteile davon strafrechtlich geschützt, wie z.B. die Vertraulichkeit des Wortes in § 201 StGB.[1568] Zudem handelt es sich auch bei ihm um eine verfassungsrechtlich geschützte Position (Art. 2 Abs. 1 i.V.m. Art. 1 Abs. 1 GG), deren Rang wegen ihres Menschenwürdebezugs nicht geringzuschätzen ist.[1569] Diesen Menschenwürdebezug des Themas Arbeit stellt auch das *BAG*[1570] fest: „Die Arbeit in seinem Arbeitsverhältnis stellt für den Arbeitnehmer zugleich eine wesentliche Möglichkeit zur Entfaltung seiner geistigen und körperlichen Fähigkeiten und damit zur Entfaltung seiner Persönlichkeit dar. Wird dem Arbeitnehmer diese Möglichkeit der Persönlichkeitsentfaltung durch Arbeitsleistung im Rahmen seines Arbeitsverhältnisses genommen, so berührt dies seine Würde als Mensch."

An dieser Stelle ist eine kurze Auseinandersetzung mit den Aussagen *Späths* in dessen jüngst erschienener Monographie zum Erhaltungsinteresse „Arbeitsplatz" erforderlich.[1571] *Späth* teilt zwar auch in aller Deutlichkeit die Aussage, dass der Arbeitsplatz notstandsfähig ist;[1572] er begründet dies teilweise auch wie hier damit, dass es nicht bloß um das Interesse an der materiellen Gegenleistung gehe, sondern Arbeit auch die Entfaltung der Persönlichkeit bedeute.[1573] Gleichwohl meint er dann auf gut einer Seite begründen zu können, warum der Arbeitsplatz letztlich doch nur ein „relatives Erhaltungsgut"[1574] sei, das stärkeren Einschränkungen unterliege als andere Erhaltungsgüter.[1575] Zunächst werde der

---

1567 Der verfassungsrechtliche Eigentumsbegriff erfasst nämlich auch obligatorische Ansprüche, vgl. etwa M/D/*Papier*, Art. 14 GG, Rdnr. 201.

1568 Vgl. nur Schönke/Schröder/*Lenckner/Eisele*, § 201, Rdnr. 2.

1569 M/D/*Di Fabio*, Art. 2 GG, Rdnr. 127.

1570 BAGE 48, 122 (138).

1571 *Späth*, Rechtfertigungsgründe im Wirtschaftsstrafrecht, 2016, S. 159 ff., 292 ff.

1572 *Späth*, Rechtfertigungsgründe im Wirtschaftsstrafrecht, 2016, S. 158.

1573 *Späth*, Rechtfertigungsgründe im Wirtschaftsstrafrecht, 2016, S. 159.

1574 *Späth*, Rechtfertigungsgründe im Wirtschaftsstrafrecht, 2016, S. 294.

1575 *Späth*, Rechtfertigungsgründe im Wirtschaftsstrafrecht, 2016, S. 160 f.

Arbeitsplatz dadurch relativiert, dass er – anders als z.B. das Eigentum – lediglich durch das Sozialstaatsgebot verfassungsrechtlich abgesichert werde, bei dem es sich um eine bloße Staatszielbestimmung handle, die ohnehin restriktiv auszulegen sei; in sozialen Belangen bestehe auch keine umfassende Schutzpflicht des Staates.[1576] Sozialer und wirtschaftlicher Wandel seien immer mit dem Wegfall von Arbeitsplätzen verbunden; auch wenn der Gesetzgeber ihn nicht allgemein einkalkuliert habe, so sei er doch rechtlich gesehen gehalten, ihn eher zu akzeptieren, als den Verlust anderer Schutzinteressen, die im Grundgesetz verankert seien.[1577] Dies bedeutet beinahe eine Umkehrung der Argumentation der hiesigen Arbeit. Was hiergegen alles spricht, muss nicht im Einzelnen – wiederholend – erörtert werden, es findet sich oben in Kapitel D. Insbesondere wurde hier herausgearbeitet, in welch vielfältiger Weise das Interesse Arbeit anerkannt ist und welche Schutzpflichten bestehen. Hinzuweisen ist nur nochmals auf das Entscheidende: Ein echtes verfassungsrechtliches Recht auf Arbeit ist in einer freien Marktwirtschaft nicht zu gewährleisten, dies hat aber nichts mit einer „zweitklassigen" Bedeutung der Materie zu tun. Weiter trägt er vor, dass es sich beim Verlust des Arbeitsplatzes lediglich um die Realisierung eines vertraglichen Risikos handle, für das gesetzliche Regelungen (§ 1 Abs. 2, 3 KSchG) bestünden.[1578] Auch der Umstand, dass den Entgeltansprüchen der Arbeitnehmer in der Insolvenz kein Vorrang zukäme, spreche für eine geringere Schutzwürdigkeit.[1579] Es wird nicht ganz klar, wie diese Erwägungen den Rang des Erhaltungsrechtsguts von vornherein schmälern sollen. Der Arbeitsplatz wird für den Einzelnen nicht weniger wert, nur weil der Arbeitgeber in der wirtschaftlichen Krise betriebsbedingt kündigen kann. Es scheint dogmatisch unsauber, diese Frage diffus in die Interessenabwägung einzustellen. Die Problematik, dass einem Arbeitsverhältnis immer eine betriebsbedingte Kündigung immanent sein mag, ist zweifellos zu behandeln; es scheint aber verfehlt, diese theoretische Möglichkeit einem jeden Arbeitsplatz als Hypothek mitzugeben, völlig unabhängig davon, ob es um diese Kündigungsmöglichkeit im zu entscheidenden Notstandsfall überhaupt geht oder nicht. Exemplarisch: Wieso soll dem Arbeitnehmer, der bei Kündigungsdrohung zu einem rechtswidrigen Verhalten angewiesen wird, entgegengehalten werden können, sein Erhaltungsinteresse sei weniger wert, weil es immer das vertragliche Risiko einer Kündigung

---

1576 *Späth,* Rechtfertigungsgründe im Wirtschaftsstrafrecht, 2016, S. 160 f.
1577 *Späth,* Rechtfertigungsgründe im Wirtschaftsstrafrecht, 2016, S. 161.
1578 *Späth,* Rechtfertigungsgründe im Wirtschaftsstrafrecht, 2016, S. 161.
1579 *Späth,* Rechtfertigungsgründe im Wirtschaftsstrafrecht, 2016, S. 161.

gebe. Dies hat nichts mehr mit dem arbeitsvertraglichen Risiko zu tun, auf das sich der Arbeitnehmer bewusst eingelassen hätte. Umgekehrt wird die Untersuchung später noch zeigen, dass im Falle einer rechtmäßigen betriebsbedingten Kündigung die Berufung auf den Notstand zur Rettung von Arbeitsplätzen immer ausgeschlossen ist.[1580] Auf die Problematik des „nur schuldrechtlichen Erhaltungsguts“ wurde bereits oben eingegangen.[1581] *Späth* vermischt hier einige Gesichtspunkte, mit denen er ein „relatives Erhaltungsgut“ konstruiert und pauschal von einer geringeren Schutzwürdigkeit ausgeht, ohne dass diese dogmatisch überzeugend verortet werden kann.

Für den Fortgang der hiesigen Arbeit soll es dagegen dabei bleiben – ohne den Inhalt des letzten Kapitels noch einmal zu referieren –, dass es sich bei Arbeit jedenfalls nicht nur um einen Sachwert handelt, der Personen zugeordnet ist, sondern um einen Persönlichkeitswert an sich, sodass das Interesse an Arbeit beispielsweise den Wert des Vermögens abstrakt deutlich übersteigt. In den internationalen Menschenrechtsverträgen wie auch im nationalen Verfassungsrecht wird dieser Persönlichkeitsbezug deutlich anerkannt. Damit wird klar, dass sich Arbeit nicht in einem materiellen Interesse erschöpft, das etwa durch Lohnfortzahlungs- oder Schadensersatzansprüche oder gar staatliche Sozialleistungen substituiert werden könnte. Dieser Befund wird immerhin von einzelnen Stimmen im Strafrecht geteilt: So weist etwa *Lampe* darauf hin, dass die Arbeitskraft einen personalen Aspekt habe (als Fähigkeit, sich zu produzieren), ihre Verletzung insoweit Personendelikt sei, daneben aber auch einen wirtschaftlichen Aspekt habe (als Fähigkeit, etwas zu produzieren), womit sie in den Schutzbereich der Vermögensdelikte falle.[1582] Auch *Weber* erkennt den hohen Stellenwert von Arbeit an, wenn er davon ausgeht, dass im Falle der Drohung mit Arbeitsplatzverlust zwar keine den Grad des § 35 StGB erreichende Drucksituation (gegenwärtige, nicht anders abwendbare Gefahr für Leben, Leib oder Freiheit), aber doch eine annähernd gleich gravierende Drucksituation bestehe.[1583] *Reichert-Hammer* ordnet den Arbeitsplatzverlust den Fällen

---

1580 Dazu unten 7. c.

1581 Vgl. oben I. 1. b.

1582 *Lampe*, in: Schroeder/Zipf (Hrsg.): FS Maurach, 1972, S. 375 (378), der aber letztlich auch die Möglichkeit des Gelderwerbes als dominierend ansieht und die Arbeitskraft deswegen im Bereich der Vermögensdelikte schützen möchte.

1583 *Weber*, ZStW 96 (1984), S. 376 (397), der eine Rechtfertigung nach § 16 OWiG allerdings wegen des Nötigungsnotstandes verneint, weil der Täter auf die Seite des Unrechts trete, und dann wiederum – „falls man Zuwiderhandlungen von weisungsgebundenen Arbeitnehmern in Nötigungskonstellationen [...] nicht bereits als nach

„existentieller Individualnot" zu.[1584] Nochmals in Erinnerung gerufen sei auch das *OLG Oldenburg*, das bereits 1978 betonte, dass der gesicherte Arbeitsplatz als ein Rechtsgut zu betrachten sei, dessen Wert beispielsweise den eines Sacheigentums meist weit übersteigen werde.[1585]

Für den Wert des Erhaltungsinteresses ist aber nicht allein der Wert des Interesses „Arbeitsplatz" zu berücksichtigen: Für die Eingriffsseite ist schließlich anerkannt, dass nicht nur der Wert und Rang des unmittelbar verletzten Rechtsguts, sondern auch alle mittelbar betroffenen Rechtsgüter zu berücksichtigen sind.[1586] Dasselbe muss dann aber auch für die Erhaltungsseite gelten.[1587] Nach *Lenckner* ist es „selbstverständlich, daß die drohende Gefahr und der erforderliche Eingriff auch in ihren ‚Fernwirkungen' gesehen werden" müssen.[1588] Je bedeutsamer nämlich die sonstigen Interessen seien, die von der Integrität des unmittelbar betroffenen Guts abhingen, umso schutzwürdiger sei auch dieses selbst.[1589] Damit könnte z.B. auch berücksichtigt werden, dass der betroffene Arbeitnehmer (oder selbstverständlich auch die betroffene Arbeitnehmerin) der alleinige Ernährer (oder die alleinige Ernährerin) einer Familie ist, die ohne diese Einnahmequelle in finanzielle Not geraten würde. Dies sind allerdings Fragen, die besser unter dem Punkt „Individualisierung der Interessen" weiter unten[1590] erörtert werden sollten.

b) Der Rang der Eingriffsgüter

Es ist hier nicht möglich, aber auch nicht erforderlich, auf den abstrakten Rang sämtlicher denkbaren Eingriffsgüter einzugehen. Immerhin aber lassen sich mit Blick auf den rein abstrakten Wert einzelner betroffener Eingriffsrechtsgüter etliche „Notstandsfälle" bereits pauschal ausscheiden. Denn es kann Fälle geben, in denen das abstrakte Wertgefälle bereits derart groß ist, dass es allein den Ausgang der Interessenabwägung entscheidet.[1591]

---

§ 16 OWiG gerechtfertigt ansieht" – für den Ordnungswidrigkeitenbereich eine Anwendbarkeit von § 35 StGB aus dem im Text genannten Grund annimmt.

1584 *Reichert-Hammer*, Politische Fernziele und Unrecht, 1991, S. 272.

1585 OLG Oldenburg NJW 1978, 1869.

1586 *Kühl*, Strafrecht. Allgemeiner Teil, 2017, § 8 Rdnr. 108.

1587 Matt/Renzikowski/*Engländer*, § 34, Rdnr. 26; MüKo/*Erb*, § 34, Rdnr. 110; *Fischer*, § 34 Rdnr. 13; NK/*Neumann*, § 34, Rdnr. 69; KK-OWiG/*Rengier*, § 16 OWiG, Rdnr. 26.

1588 *Lenckner*, Der rechtfertigende Notstand, 1965, S. 100.

1589 *Lenckner*, Der rechtfertigende Notstand, 1965, S. 100.

1590 Siehe dazu unter 6.

1591 MüKo/*Erb*, § 34, Rdnr. 113.

So bedarf es wohl keiner weiteren Erörterung, dass Straftaten, die zum Erhalt des Arbeitsplatzes in das Rechtsgut Leben eingreifen würden, nie gerechtfertigt sein können. Wenn es schon keine Abwägung „Leben gegen Leben"[1592] gibt, weil es niemandem zugemutet werden kann, sein Leben solidarisch aufzuopfern, dann erst recht keine solche gegenüber dem Arbeitsinteresse. Dies gilt auch, soweit es um die Rechtfertigung eines ex ante gesehen (nur) lebensbedrohlichen Handlungsunrechts geht.[1593]

Auch wo auf Eingriffsseite die Rechtsgüter Gesundheit und körperliche Unversehrtheit auf dem Spiel stehen, scheidet jedenfalls bei konkreter Gefährdung[1594] eine Rechtfertigung aus. Denn diese Personenwerte gehen in ihrem Rang und ihrer Bedeutung anderen Persönlichkeitswerten, wie etwa dem Allgemeinen Persönlichkeitsrecht vor.[1595] Sie haben für jede Person in jeder denkbaren Situation denselben, einmaligen Wert, sodass es für ihre Schutzwürdigkeit auch nicht auf eine Individualisierung ankommt.[1596]

Dementsprechend hat auch der *BGH* eine Rechtfertigung in einem Fall ausgeschlossen, in dem die Gesundheit gegen das Interesse am Erhalt von Arbeitsplätzen stand:[1597] Durch gesundheitsschädliche Emissionen wurden bei den Anwohnern eines Betriebes Gesundheitsschäden wie Augentränen, Brennen im Hals, Hustenreiz, Kopfweh, Atem- und Schlafbeschwerden, Brechreiz und Übelkeit verursacht. Bei einer Einstellung des Betriebes wären möglicherweise die 500 Arbeitsplätze in dem Betrieb weggefallen, weswegen sich die Werksleitung zur Betriebseinstellung „nicht für befugt" hielt.[1598] Der *BGH* verneinte eine Rechtfertigung nach § 34 StGB, da die Sicherung der Arbeitsplätze und Aufrechterhaltung der Produktion „selbst im Hinblick darauf, daß die Gemeinschaft von der Leistungsfähigkeit der Industrie lebe, nicht dazu führen [dürfe], dass anwohnende Bürger Körperverletzungen hinnehmen müßten".[1599] Diese Wertung wird

---

1592 Vgl. dazu statt vieler NK/*Neumann,* § 34, Rdnr. 73; *Roxin,* Strafrecht Allgemeiner Teil, Bd. 1, 2006, § 16 Rdnr. 33 ff.

1593 Vgl. *Maiwald,* in: Albrecht/Ehlers/Lamott u. a. (Hrsg.): FS Schüler-Springorum, 1993, S. 475 (483), der aus diesem Grunde eine Entschuldigung im Leinenfänger-Fall ausschließt; dies muss dann erst recht auf Rechtfertigungsebene gelten.

1594 Genauer zum Grad der drohenden Gefahr sogleich unter 3. b.

1595 NK/*Neumann,* § 34, Rdnr. 72; s.a. *Maiwald,* in: Albrecht/Ehlers/Lamott u. a. (Hrsg.): FS Schüler-Springorum, 1993, S. 475 (484).

1596 *Lenckner,* Der rechtfertigende Notstand, 1965, S. 98.

1597 Dabei handelt es sich um den unter C. III. 1. a. dd. vorgestellten Fall.

1598 BGH MDR/D 1975, 723.

1599 BGH MDR/D 1975, 723.

zu Recht von der Literatur geteilt.[1600] Selbst wenn man Arbeit – wie hier – als Persönlichkeitswert begreift, ist sie für die Verwirklichung der persönlichen Freiheit, für jegliche dankbare Existenz weniger bedeutend als Gesundheit und körperliche Unversehrtheit, weswegen sie diesen Werten nachrangig sein muss.

Andere Rechtsgüter auf Eingriffsseite wird man dagegen schwerlich schon abstrakt so hoch bewerten können, dass sie ungeachtet der noch folgenden Kriterien stets das Erhaltungsinteresse Arbeit überwiegen. Zumindest spricht aber die Strafbewehrung – die ja immer vorhanden ist, wenn man es um die Frage der Rechtfertigung eines tatbestandlich strafbaren Verhaltens geht – für einen abstrakt relativ hohen Rang.[1601] Dementsprechend kommt eine Rechtfertigung im Bereich des Ordnungwidrigkeitenrechts eher in Frage, weil hier das Eingriffsinteresse zum Teil auch aufgrund des geringeren Wertes des Schutzgutes des jeweiligen Bußgeldtatbestandes weniger schwer wiegt,[1602] insbesondere wenn nur ordnungspolitische Allgemeininteressen betroffen sind, wie etwa die Einhaltung der Sperrzeiten (vgl. § 28 Abs. 1 Nr. 6 GastG).[1603] Wird beispielsweise der verantwortliche Kellner vom Geschäftsinhaber durch Kündigungsdrohung dazu genötigt, die Sperrzeit zu brechen, wiegt das Individualinteresse des Kellners an seinem Arbeitsplatz abstrakt höher als das Allgemeininteresse am Schutz der öffentlichen Sicherheit und Ordnung.

Insbesondere Universalrechtsgüter (oder Rechtsgüter der Allgemeinheit) sind differenzierend zu betrachten. Hier wird man keine pauschale Einordnung gegenüber Individualrechtsgütern vornehmen können.[1604] Denn zum Teil können sie eher Ordnungsbelange schützen, zum Großteil schützen sie aber mittelbar wiederum Individualrechtsgüter.

Von der hiesigen Sicht ausgehend können Rechtsgüter der Allgemeinheit den Individualinteressen durchaus im Einzelfall nachrangig sein. Dies folgt aus dem Verständnis der Notstandsnorm als eines konkreten personalen Konfliktes:

1600 Vgl. etwa Momsen/Grützner/*Rotsch*, 1. Kap B., Rdnr. 63; *Saliger*, Umweltstrafrecht, 2012, Rdnr. 261; ähnlicher Beispielsfall bei *Brettel/Schneider*, Wirtschaftsstrafrecht, 2014, § 2 Rdnr. 123.

1601 Dementsprechend leitet etwa *Kühl*, Strafrecht. Allgemeiner Teil, 2017, § 8 Rdnr. 112 aus § 324 StGB den Vorrang des Umweltmediums Wasser vor dem Erhalt von Arbeitsplätzen ab.

1602 *Mitsch*, Recht der Ordnungswidrigkeiten, 2005, § 9 Rdnr. 16.

1603 KK-OWiG/*Rengier*, § 16 OWiG, Rdnr. 29.

1604 *Küper*, Darf sich der Staat erpressen lassen?, 1986, S. 106; Schönke/Schröder/*Perron*, § 34, Rdnr. 43; KK-OWiG/*Rengier*, § 16 OWiG, Rdnr. 27.

Dieser besteht nämlich in der Frage, unter welchen Voraussetzungen dem einzelnen Menschen zugemutet werden kann, einen Eingriff in seine Rechtssphäre, in seine ganz konkreten Güter zu dulden, um damit ein wesentlich überwiegendes Interesse seines Mitbürgers zu retten. Ein echtes Solidaritätsopfer muss der Einzelne nur dort erbringen, wo er spürbar eigene Rechtsgüter oder Interessen aufopfern muss. Deshalb kann etwa im Rahmen einer uneidlichen Falschaussage das geschützte Rechtsgut der inländischen Rechtspflege[1605] abstrakt weniger schwer wiegen als das Interesse des genötigten Zeugen an seiner körperlichen Integrität, wenn ihm für den Fall wahrheitsgemäßer Aussage Schläge angedroht werden.[1606] Wird diese eine Aussage nun nach § 34 StGB gerechtfertigt, entsteht keiner konkreten Person eine Einbuße an ihren Gütern.[1607] Würden nun ständig Falschaussagen durch genötigte Zeugen vorkommen, wären weder die Funktionstüchtigkeit noch das Vertrauen in die Rechtspflege gewährleistet. Ein Staat ohne funktionierende Rechtspflege hätte sicherlich für die Bürger nachteilige und spürbare Folgen, indem es etwa zu Selbstjustiz kommt. Eine solche Verallgemeinerung darf aber dem einzelnen genötigten Zeugen nicht zur Last gelegt werden. Es geht um den einen, jetzt konkret vorliegenden Fall personaler Not. Hier verdient der genötigte Zeuge die Solidarität der Rechtsgemeinschaft umso mehr, als es eben keine konkrete Person gibt, bei der ein personales Solidaritätsopfer korrespondieren würde. Der Zeuge darf auch nicht – insoweit wieder parallel zum Nötigungsnotstand – als Mittel für generalpräventive Zwecke missbraucht werden. Um diese Ziele zu erreichen und straflosen Falschaussagen nicht Tür und Tor zu öffnen, ist der nötigende Hintermann verantwortlich zu machen. Dieser hat immerhin den Tatbestand der Nötigung nach § 240 StGB verwirklicht, sodass auch eine Freiheitsstrafe bis zu drei Jahren verhängt werden kann. Eine Strafbarkeit wegen Aussagedelikten käme weiterhin zumindest dann in Betracht, wenn man § 160 StGB

1605 Dazu MüKo/*Müller*, Vor §§ 153 ff., Rdnr. 7 ff.

1606 Anders freilich die h.M. insbesondere für den Meineid (allenfalls entschuldigender Notstand), vgl. z.B. RGSt 66, 98; 397; MüKo/*Erb*, § 34, Rdnr. 147; Schönke/Schröder/*Perron*, § 34, Rdnr. 41b; *Roxin*, Strafrecht Allgemeiner Teil, Bd. 1, 2006, § 16 Rdnr. 69.

1607 Soweit es durch die Falschaussage zu einer falschen Entscheidung kommt, die dann nachteilige Auswirkungen auf andere Individuen hat, greifen ergänzende Straftatbestände ein, wie z.B. §§ 164 oder 263 StGB, die wieder andere Rechtsgüter schützen und die Beurteilung anders ausfallen lassen.

auch auf den bösgläubig handelnden Zeugen anwenden würde.[1608] Für das einzelne Mitglied der solidarischen Rechtsgemeinschaft wird dieser Eingriff aber nicht spürbar, das Solidaritätsopfer, das der Beistand für den Genötigten verlangt, wird auf so viele Schultern verteilt, dass es individuell nicht mehr spürbar ist.[1609] Warum sollte dann aber nicht Rücksicht auf die Not des Genötigten genommen werden? Eine solche Sichtweise deckt sich auch mit Stimmen, die beim Eingriff in die Interessen mehrerer Personen keine Addition vornehmen wollen, weil es im Rahmen des § 34 StGB nur darum gehen kann, wie groß das Solidaritätsopfer des Einzelnen ist.[1610]

So kann man etwa im einführenden Fall 3 nach dem hiesigen Verständnis nicht allein aufgrund der abstrakten Rangfolge der betroffenen Interessen eine Rechtfertigung der S nach § 34 StGB ausschließen. Durch ihre Falschaussage beeinträchtigt die S die Rechtspflege. Dies führt indessen zumindest im hiesigen Fall nicht dazu, dass ein konkreter Mitbürger Einbußen an seinen Rechtsgütern erleiden muss. Dies könnte allenfalls bei einer Kumulation von Falschaussagen passieren; den Dammbruch zu verhindern, darf aber nicht einseitig zulasten des Genötigten versucht werden. Vielmehr muss der Hintermann G nach § 240 StGB (und gegebenenfalls § 160 StGB) verurteilt und so eine generalpräventive Wirkung erzielt werden. *Mittelbar* muss hier ein weiterer Umstand berücksichtigt werden: Zwar kommt es für § 153 StGB nicht darauf an, ob aufgrund der Falschaussage auch eine falsche Entscheidung getroffen wurde, es handelt sich also um ein abstraktes Gefährdungsdelikt;[1611] trotzdem kommt es für die

---

1608 So etwa BGHSt 21, 116 (118); *Rengier,* Strafrecht, Besonderer Teil II, 2017, § 49 Rdnr. 57; SK-StGB/*Rudolphi,* § 160, Rdnr. 4; SSW-StGB/*Sinn,* § 160, Rdnr. 5; a.A. (Gutgläubigkeit erforderlich) MüKo/*Müller,* § 160, Rdnr. 14; NK/*Vormbaum,* § 160, Rdnr. 16; soweit für das Erfordernis der Gutgläubigkeit mit der Ersatzfunktion für die mittelbare Täterschaft argumentiert wird, würde dies die hiesige Anwendung stützen, weil es sich – sofern man den Aussagenden als gerechtfertigt ansieht – um eine sonst als Fall der mittelbaren Täterschaft erfasste Konstellation handelt.

1609 Dementsprechend wird auch im Rahmen des Nötigungsnotstandes vollkommen zutreffend eine Rechtfertigung bei Eingriffen in Kollektivrechtsgüter teilweise für eher möglich erachtet, da kein Notwehrrecht eines betroffenen Individuums im Raum steht, vgl. etwa *Kaspar,* Strafrecht - Allgemeiner Teil, 2014, Rdnr. 327; *Rengier,* Strafrecht, Allgemeiner Teil, 2017, § 19 Rdnr. 55.

1610 Wie etwa *Merkel,* in: Albrecht (Hrsg.): Vom unmöglichen Zustand des Strafrechts, 1995, S. 171 (191 ff.); NK/*Neumann,* § 34, Rdnr. 70; Schönke/Schröder/*Perron,* § 34, Rdnr. 23; a.A. und m.w.N. MüKo/*Erb,* § 34, Rdnr. 110.

1611 BGH NJW 1999, 2378 (2380); Lackner/Kühl/*Heger,* Vor § 153, Rdnr. 1; MüKo/*Müller,* Vor §§ 153 ff., Rdnr. 18; SSW-StGB/*Sinn,* § 153, Rdnr. 2.

Interessenabwägung darauf an, in welcher Weise die Rechtspflege beeinträchtigt wird. Einerseits könnte man argumentieren, dass die Rechtspflege in einem Kernbereich beeinträchtigt würde, wenn es bei der Falschaussage zugleich um eine Strafvereitelung ginge; würde der staatliche Strafanspruch beeinträchtigt, würde damit inzident auch der strafrechtliche Rechtsgüterschutz beeinträchtigt. Vorliegend steht dagegen nur eine Ordnungswidrigkeit im Raum. Dass hier die staatliche Ordnung weit weniger beeinträchtigt wird, zeigt schon die Wertung des § 258 StGB, der eben nur eine Strafvereitelung, aber keine „Geldbußenvereitelung" kennt. Außerdem kommt es auch hinsichtlich der Geldbuße zu keiner falschen Entscheidung. Zudem ist darauf abzustellen, in welchem Maße durch die Falschaussage mittelbar Individualinteressen beeinträchtigt werden. Hier wird nur verhindert, dass ein Verhalten, das die Verkehrssicherheit beeinträchtigt und abstrakt zu Gefahren für andere Verkehrsteilnehmer führt, sanktioniert wird. Ein konkreter Schaden droht niemandem. Hätte G seine Auszubildende S dagegen dazu genötigt, in einem Zivilrechtsstreit über eine Forderung falsch auszusagen, droht eine ganz konkrete Gefährdung des Vermögens der anderen Partei. Dann gäbe es eine konkrete Person, die von der Falschaussage nachteilig betroffen wäre; dies verändert die rechtliche Beurteilung einmal dahingehend, dass S Beihilfe zum (u.U. versuchten) Prozessbetrug begehen würde; zum anderen und unabhängig davon ist diese schwerere mittelbare Auswirkung aber auch bei der Beurteilung der Rechtfertigung des Verstoßes gegen § 153 StGB zu berücksichtigen, sodass hier § 34 StGB eher ausscheidet.

In ähnlicher Weise lässt sich hinsichtlich eines solchen Rechtsgutes wie der Sicherheit des Straßenverkehrs[1612] argumentieren. Selbst wenn man hier allein auf ein Universalrechtsgut abstellen würde, müsste man doch anerkennen, dass zumindest mittelbar die dahinterstehenden Individualrechtsgüter der Verkehrsteilnehmer (insbesondere Leben, Leib und Eigentum) geschützt werden.[1613] Hier kann es aber – im Unterschied zu § 153 StGB – immer potentiell zu einem unmittelbar spürbaren Opfer des Mitbürgers der Solidargemeinschaft

---

1612 Falls man ein solches – allein oder ergänzend neben dem Schutz von Individualrechtsgütern – anerkennt. Zur diesbezüglichen Diskussion vgl. etwa MüKo/*Pegel*, § 315, Rdnr. 3 ff.

1613 *Lenckner*, GA 1985, S. 295 (298); meist werden die Sicherheit des Straßenverkehrs und daneben zusätzlich die genannten Individualrechtsgüter als geschützt angesehen, vgl. z.B. SSW-StGB/*Ernemann*, § 315c, Rdnr. 1; Lackner/Kühl/*Heger*, § 315c, Rdnr. 1; NK/*Zieschang*, § 315c, Rdnr. 6.

kommen.[1614] Dabei ist sicherlich zu berücksichtigen, dass diese Gefahr etwa bei Ordnungswidrigkeiten sehr abstrakt, bei § 316 StGB auch noch immer abstrakt (wenngleich typischerweise gefährlicher), bei § 315c StGB schon konkret und bei § 229 StGB dann schließlich sogar eingetreten ist. Damit steht aber zugleich fest, dass dies keine Frage der abstrakten Wertigkeit der abzuwägenden Güter ist, sondern eine Frage der Größe der Gefahr, auf die aber erst später einzugehen ist.

2. Ausmaß der konkret drohenden Rechtsgutsverletzungen

Der soeben vorgenommene abstrakte Gütervergleich ist nur ein erster Ausgangspunkt, es geht nämlich vor allem darum, ob das zu erhaltende Interesse in der konkreten Lebenssituation wesentlich schutzbedürftiger als das Eingriffsinteresse ist.[1615] Die abstrakte Rangfolge ist noch keine verbindliche Kollisionsordnung für den Konfliktfall, sondern begründet nur eine erste Vermutung, welches Interesse in der Regel höher zu bewerten ist.[1616] Ungeachtet des abstrakten Ranges, kann es beispielsweise sein, dass eine kurzzeitige Freiheitsberaubung gerechtfertigt ist, um einen hohen Sachschaden zu vermeiden,[1617] obwohl abstrakt die Persönlichkeitswerte höher wiegen. Es geht also um die Intensität und den Umfang des konkret drohenden Schadens.[1618]

Problematisch ist nun allerdings wieder, wie das jeweils in Rede stehende Interesse zu quantifizieren ist. An dieser Stelle ergeben sich auch vielfältige Überschneidungen, mit dem erst später in der Arbeit angesprochenen Punkt der „Individualisierung der Interessen". Immerhin wird man sagen können, dass der Wert des Arbeitsplatzes an sich mit zunehmender Dauer des Bestehens an Wert gewinnt. Dies zeigen die gesetzlichen Regelungen der Kündigungsfristen und

1614 Überspitzt formuliert ist damit Folgendes gemeint: Durch die Falschaussage der S im einführenden Fall 3 entsteht niemandem ein spürbarer Schaden (der Schaden für den Steuerzahler infolge des Freispruchs verteilt sich auf so viele Steuerpflichtige, dass er für den Einzelnen nicht mehr spürbar ist), es besteht noch nicht einmal eine abstrakte Gefahr dafür; dagegen besteht bei zu schnellem oder betrunkenem Fahren immer die abstrakte Gefahr eines Unfalls und damit von Schäden anderer Personen.

1615 *Kaspar,* Strafrecht - Allgemeiner Teil, 2014, Rdnr. 322; *Heinrich,* Strafrecht – Allgemeiner Teil, 2016, Rdnr. 424; *Lenckner,* GA 1985, S. 295 (299); *Lenckner,* Der rechtfertigende Notstand, 1965, S. 96 ff.; Schönke/Schröder/*Perron,* § 34, Rdnr. 25.

1616 *Küper,* Darf sich der Staat erpressen lassen?, 1986, S. 107; *Lenckner,* GA 1985, S. 295 (310).

1617 MüKo/*Erb,* § 34, Rdnr. 114; NK/*Neumann,* § 34, Rdnr. 72; *Roxin,* Strafrecht Allgemeiner Teil, Bd. 1, 2006, § 16 Rdnr. 31.

1618 *Kühl,* Strafrecht. Allgemeiner Teil, 2017, § 8 Rdnr. 120.

des Kündigungsschutzes: Während der ersten sechs Monate (Probezeit) greift das KSchG gar nicht (§ 1 Abs. 1 KSchG) und das Arbeitsverhältnis kann mit einer Frist von zwei Wochen gekündigt werden (§ 622 Abs. 3 BGB). Danach greift der allgemeine Kündigungsschutz und unabhängig davon verlängert sich die Kündigungsfrist mit zunehmender Dauer des Arbeitsverhältnisses (vgl. § 622 Abs. 2 S. 1 BGB).

a) Kriterien für den Wert des einzelnen Arbeitsplatzes

Wenn man nun konkret versucht, den Wert des einzelnen Arbeitsplatzes zu bestimmten, bietet sich zunächst sicherlich die monetäre Komponente an: In materieller Hinsicht entgeht dem Arbeitnehmer sein monatlicher Lohn. Droht also einem Arbeiter mit 2.000 Euro Bruttolohn im Monat die Kündigung, liegt es nahe, diesen Lohn als Wert seines Erhaltungsinteresses anzunehmen. Dann stellt sich aber die Folgefrage, für viele Monate dieser Schaden zu summieren wäre. Insofern könnte man an die Regelung des § 42 Abs. 2 S. 1 GKG denken, der den Streitwert für die Kündigungsschutzklage auf das Arbeitsentgelt für ein Vierteljahr festlegt. Wenn im Kündigungsschutzverfahren das Bestandsinteresse mit drei Monatsgehältern festgelegt wird, könnte man diese Wertung auch auf § 34 StGB übertragen. Gegen ein solches Vorgehen bestehen allerdings Bedenken: Bei der gesetzlichen Regelung handelt es sich um eine Pauschalierung aus sozialen und Effektivitätsgründen.[1619] Das tatsächliche Interesse am Bestand des Arbeitsverhältnisses wird dadurch nicht zwingend ausgedrückt.[1620] Im Strafrecht kommt es aber maßgeblich auf die faktische Situation an. Man müsste sich also vielmehr damit auseinandersetzen, für welche Dauer tatsächlich ein Lohnausfall drohen würde.

Noch schwieriger ist die Bestimmung des Wertes des immateriellen Interesses. Wie soll man den Wert von Persönlichkeitsentfaltung, Fortbildung, Schulung der eigenen Fähigkeiten, soziale Interaktion usw. messen? Man kann aber zumindest auch hier die Beeinträchtigung nach Dauer und Nachhaltigkeit quantifizieren.[1621]

1619 ErfK/*Koch*, § 12 ArbGG, Rdnr. 14.

1620 Dies zeigt sich schon daran, dass umstritten ist, ob es sich bei § 42 Abs. 2 S. 1 GKG um einen Regel- oder Höchststreitwert handelt. Das *BAG* geht von letzterem aus und setzt den Streitwert niedriger an, wenn das Arbeitsverhältnis zuvor weniger als zwölf Monate bestanden hat (vgl. etwa BAG NZA 1985, 369 [370]); bereits das zeigt, dass eine differenzierte Beurteilung des Bestandsinteresses angezeigt ist.

1621 MüKo/*Erb*, § 34, Rdnr. 115.

In jedem Fall kommt also der Frage, wie „nachhaltig" der Arbeitsplatzverlust wäre, maßgebliche Bedeutung zu. Diesbezüglich kann man versuchen, zwei Fragen abzuklären: Zum einen kann man untersuchen, wie leicht und schnell es dem Arbeitnehmer möglich wäre, wieder Arbeit zu finden; zum anderen könnte man fragen, wie groß die Chancen wären, dass der Arbeitnehmer seinen faktisch verlorenen Arbeitsplatz im Rahmen eines gerichtlichen Verfahrens wieder zurückerhält, weil der Schaden dann kein endgültiger wäre. Dagegen soll die Bedeutung, die der Arbeitsplatz für den einzelnen Betroffenen hat, erst später bei der Individualisierung der Interessen[1622] angesprochen werden.

aa) Die Verfügbarkeit einer anderen Arbeitsstelle

Anerkanntermaßen spielt die Quantifizierung des Schadens vor allem bei Vermögenswerten eine Rolle. So soll es bei der Interessenabwägung etwa darauf ankommen, ob eine bloß vorübergehende Blockierung von Geldmitteln oder deren endgültiger Verlust drohe.[1623] Auch die etwaige Unersetzlichkeit des Schadens, etwa einer Sache, die zerstört wird, kann an dieser Stelle eine Rolle spielen.[1624]

Dementsprechend liegt es nahe, das konkrete Erhaltungsinteresse etwa des Schauspielers, der an der renommiertesten Bühne der Welt arbeiten darf, als relativ hoch anzusehen: Wenn es sich tatsächlich um die renommierteste Bühne der Welt handelt, wird es keinen zweiten vergleichbaren Arbeitsplatz geben.[1625] Umgekehrt wird man das Erhaltungsinteresse des Arbeitnehmers umso geringer veranschlagen können, je schneller und leichter er einen anderen gleichwertigen Arbeitsplatz finden kann.[1626] Kann er schnell wieder an einem ähnlichen

---

1622 Vgl. dazu unter 6.

1623 Vgl. BGHSt 12, 299 gegenüber BGH NJW 1976, 680 (681); zust. zu dieser Differenzierung auch Schönke/Schröder/*Perron*, § 34, Rdnr. 26; LK/*Zieschang*, § 34, Rdnr. 63.

1624 Schönke/Schröder/*Perron*, § 34, Rdnr. 26; *Wessels/Beulke/Satzger*, Strafrecht Allgemeiner Teil, 2016, Rdnr. 459; LK/*Zieschang*, § 34, Rdnr. 63.

1625 Umgekehrt wird sich wohl oft auch feststellen lassen, dass ein so renommierter Schauspieler sicherlich auch an einer anderen Bühne eine Beschäftigung finden wird; zumindest der monetäre Aspekt wird hier sicherlich weitgehend ausgeglichen werden können.

1626 So denn auch zu Recht KK-OWiG/*Rengier*, § 16 OWiG, Rdnr. 42; *Späth*, Rechtfertigungsgründe im Wirtschaftsstrafrecht, 2016, S. 296 will dies bei der Erforderlichkeit der Notstandshandlung berücksichtigen; dies ist aber dogmatisch nicht überzeugend, denn das Erlangen eines anderen Arbeitsplatzes ist gerade keine mildere Möglichkeit, den konkreten, jetzt gefährdeten Arbeitsplatz zu erhalten; er will es denn auch – wie hier - zusätzlich im Rahmen der Interessenabwägung berücksichtigen; soweit er diesem Gesichtspunkt einfach nur ein verstärktes Gewicht im Rahmen der

Arbeitsplatz mit demselben Gehalt arbeiten, besteht sein materieller Schaden allenfalls in einer kurzen Tätigkeitslücke. Wird beispielsweise einem derzeit gefragten Diplomingenieur bei einem Automobilhersteller mit Kündigung gedroht, ist sein drohender Schaden sehr gering, wenn er ohne Probleme sofort bei der Konkurrenz unterkommen kann, weil sein Berufsstand sehr gefragt ist.

Hier liegt das Problem freilich mehr im tatsächlichen Bereich begründet. Wie soll ein Gericht, das über die Anwendung von § 34 StGB zu befinden hat, abklären, wie leicht der Arbeitnehmer wieder eine Stelle gefunden hätte? Dieses Problem lässt sich aber lösen. Abgesehen von einer – natürlich nur freiwillig möglichen – Mitwirkung des betroffenen Arbeitnehmers bei dieser Frage, bleibt die Möglichkeit, eine Auskunft bei der Bundesagentur für Arbeit einzuholen. Dies bedeutet zwar einen gewissen Aufwand, wird aber in anderen Bereichen des Strafrechts auch praktiziert: Beim Straftatbestand der Unterhaltsverpflichtung nach § 170 StGB kann sich der Täter auch strafbar machen, wenn er zwar tatsächlich nicht leistungsfähig ist, etwa weil er arbeitslos ist, aber durch Verwertung seiner Arbeitskraft zumutbar Einkünfte erzielen könnte.[1627] Dazu sind aber im Urteil Feststellungen notwendig, welches Einkommen der Unterhaltsverpflichtete nach seinen beruflichen Fähigkeiten und Möglichkeiten unter Berücksichtigung der Arbeitsmarktlage hätte erzielen können.[1628] Auch hier muss also festgestellt werden, ob und wann es nach den aktuellen Gegebenheiten des Arbeitsmarktes möglich gewesen wäre, einen zumutbaren Arbeitsplatz zu bekommen. In der Praxis wird dazu vor allem eine Anfrage bei der örtlichen Arbeitsagentur eingeholt. Dies wäre für die bei § 34 StGB anzustellende Abwägung und Schadensprognose ebenso möglich.

Zuzugeben ist sicherlich, dass dies zu erheblichem praktischen Aufwand führen kann, falls sich allzu viele Angeklagte bei berufsbegleitend begangenen Straftaten schutzweise auf § 34 StGB berufen würden. Dabei sollte aber nicht übersehen werden, dass solche Schutzbehauptungen oftmals bereits aus anderen Gründen aus § 34 StGB herausfallen werden, sodass es auf die Abklärung dieses Punkts gar nicht ankommt.

Interessenabwägung beimessen will (darauf deuten seine Ausführungen auf S. 159 hin), liegt dies vollkommen im Einklang mit der hiesigen Sicht.

1627 Vgl. etwa Schönke/Schröder/*Lenckner/Bosch,* § 170, Rdnr. 21; MüKo/*Ritscher,* § 170, Rdnr. 38; SSW-StGB/*Wittig,* § 170, Rdnr. 11.

1628 BayObLG NJW 1990, 3284; OLG Koblenz NStZ 2011, 423; Schönke/Schröder/*Lenckner/Bosch,* § 170, Rdnr. 22; MüKo/*Ritscher,* § 170, Rdnr. 48.

bb) Die Wiedererlangung des alten Arbeitsplatzes (Kündigungsschutz)

Ein für das ganze Thema zentraler Einwand soll an dieser Stelle nun endlich ausführlicher angesprochen werden: Man könnte dem Arbeitnehmer zulasten seines Erhaltungsinteresses vorhalten, dass er Kündigungsschutzklage erheben könnte, so seinen Arbeitsplatz „zurückerhalten" und damit seinen Schaden gering halten könnte. Denn eine Kündigung, die allein deswegen ausgesprochen wird, weil der Arbeitnehmer nicht bereit ist, eine Straftat zu begehen, verstößt jedenfalls gegen die guten Sitten und ist damit nach § 138 BGB nichtig.[1629] Damit kommt es noch nicht einmal darauf an, ob der Genötigte vom zeitlichen und sachlichen Anwendungsbereich des Kündigungsschutzgesetzes erfasst ist, denn auf die Unwirksamkeit der Kündigung gem. § 138 BGB kann sich jeder Arbeitnehmer berufen.[1630] Idealiter könnte also jeder Arbeitnehmer gegen eine solche Kündigung erfolgreich vor den Arbeitsgerichten klagen. Zugleich könnte der Arbeitnehmer seinen Weiterbeschäftigungsanspruch geltend machen, sodass er auch keinen faktischen Verlust des Arbeitsplatzes fürchten müsste. Dementsprechend konstatiert *Mitsch*: „Nicht anders als bei der Notwehr (§ 32 StGB) ist auch beim rechtfertigenden Notstand der Vorrang und die Ausschließlichkeit der Gefahrbekämpfung im Rahmen besonderer staatlich organisierter Verfahren zu beachten: Der Verlust eines Arbeitsplatzes ist Folge arbeitsrechtlich relevanter Akte, in der Regel einer Kündigung, deren Rechtsgültigkeit und Rechtmäßigkeit mit einer Kündigungsschutzklage zur Überprüfung in einem arbeitsgerichtlichen Verfahren gestellt werden kann. Gibt das Arbeitsgericht der Klage wegen Unwirksamkeit der Kündigung statt, hat der Arbeitnehmer seinen Arbeitsplatz nicht verloren."[1631] Noch rigoroser ist *Rudolphi*: Der Arbeitnehmer müsse keine wirksame Kündigung erwarten, da er das Befolgen einer Anweisung zu gesetzwidriger Tätigkeit arbeitsrechtlich verweigern dürfe,[1632] also käme auch keine Rechtfertigung in Frage.

1629 Dies dürfte kaum weiterer Begründung bedürfen, vgl. etwa v. Hoyningen-Huene/*Hoyningen-Huene*, § 13 KSchG, Rdnr. 61; *Linck*, in: Schaub/Koch/Linck u. a. (Hrsg.): Arbeitsrechtshandbuch, 2015, § 129 Rdnr. 7; *Urban*, Der Kündigungsschutz außerhalb des Kündigungsschutzgesetzes, 2001, S. 125; sittenwidrig ist die Kündigung z.B. dann, wenn sie auf einem verwerflichen Motiv, wie z.B. Rachsucht, beruht oder aus sonstigen Gründen dem Anstandsgefühl aller billig und gerecht Denkenden widerspricht (BAGE 97, 92 [99]).

1630 Insofern stellt sich kein Abgrenzungsproblem zum KSchG, vgl. etwa *Preis*, NZA 1997, S. 1256 (1265).

1631 *Mitsch*, JR 2013, S. 351 (355 f.).

1632 *Rudolphi*, Fälle zum Strafrecht. Allgemeiner Teil, 2000, S. 204.

(1) Rechtlich abschließende Verfahrensregelung bzw. rechtlich einkalkulierte Folge?

Zunächst einmal soll hier begründet werden, warum diese Frage nicht den Fallgruppen „einkalkulierte Folge einer gesetzlichen Regelung“ bzw. „abschließende rechtliche Verfahrensregelung“ zuzuordnen ist.[1633] Dort nämlich, wo der Gesetzgeber an bestimmte Härten oder Notlagen gedacht, diese aber bewusst in Kauf genommen bzw. zu ihrer Lösung ein bestimmtes Verfahren geschaffen hat, kommt eine Rechtfertigung im Wege des Notstandes nicht in Betracht.[1634] Dementsprechend hat das *BayObLG* bereits früh zutreffend festgestellt: „Die Einführung und Durchführung von Vorschriften über die Verhütung von Unfällen, über sonstige Maßnahmen des Arbeitsschutzes, sei es in gesundheitlicher, sozialer oder sittlicher Beziehung, auch von Vorschriften rein wirtschaftlicher Art, wie die Einführung, Änderung oder Aufhebung von Schutzzöllen, sind seit jeher, um die Allgemeinheit zu schützen oder ihr auch nur zu nützen, vom Gesetzgeber im Bewußtsein verfügt worden, daß damit einzelnen Opfer zugemutet werden müssen, die bis zum Verlust von Arbeitsplätzen, ja sogar bis zur Schließung einzelner Betriebe reichen können.“[1635] Der Ausschluss reicht aber eben nur so weit, wie auch der Gesetzgeber bestimmte Folgen tatsächlich einkalkuliert hat.

Um eine nicht mehr einkalkulierte Konstellation handelt es sich aber, wenn der Arbeitnehmer für den Fall, dass er die Begehung einer rechtswidrigen Handlung verweigert, den Verlust seines Arbeitsplatzes fürchten muss.[1636]

Auch unter dem Gesichtspunkt „rechtlich geordnete Verfahren“ geht es um die Frage, inwieweit sich der Gesetzgeber bereits einer Abwägung der widerstreitenden Interessen angenommen und dafür Rechtsbehelfe geschaffen hat. So ist etwa wirtschaftlichen Härten, die aus Steuerzahlungen resultieren, durch Stundung, Zahlungsaufschub oder Erlass (§§ 222 ff. AO) zu begegnen.[1637] Das Kündigungsschutzverfahren kann allerdings keine derartige Sperrwirkung entfalten. Es kann – im Gegensatz zu dem gerade geschilderten Beispiel aus dem

---

1633 Vgl. dazu bereits oben III. 1. b. aa.

1634 Üblicherweise wird dies bei der Angemessenheit verortet; zur hiesigen Sicht (Verortung bei der Interessenabwägung) siehe unten 7.

1635 BayObLG NJW 1953, 1602 (1603).

1636 So auch vollkommen zutreffend KK-OWiG/*Rengier*, § 16 OWiG, Rdnr. 42.

1637 Joecks/Jäger/Randt/*Joecks*, § 369 AO, Rdnr. 96; Kohlmann/*Ransiek*, § 370 AO, Rdnr. 632; KK-OWiG/*Rengier*, § 16 OWiG, Rdnr. 43.

Steuerrecht – den Eintritt der Härte, nämlich des Arbeitsplatzverlustes, nicht von vornherein verhindern oder abmildern. Zudem hat der Gesetzgeber durch die grundsätzliche Bereitstellung arbeitsrechtlichen Rechtsschutzes nicht abschließend über den Konflikt entschieden. Wäre dies nämlich so, gäbe es einen rechtfertigenden Notstand nie, denn für jede Notlage steht theoretisch ein rechtlich geordnetes Verfahren zur Verfügung.[1638] Eben diese theoretische Verfügbarkeit einer staatlichen Gefahrenabwehr ist jedem Notstandskonflikt immanent, weswegen es sich um keine absolute Grenze der Notstandsbefugnis handeln kann.[1639] Es ist vielmehr genau zu untersuchen, wieweit die „Sperrwirkung" des staatlichen Verfahrens tatsächlich reicht.

Es mag nun sein, dass der Gesetzgeber für den Fall des wirtschaftlich bedingten Wegfalls von Arbeitsplätzen oder der Unternehmensinsolvenz Regelungen getroffen hat, die deren Folgen abschließend regeln;[1640] allein die Möglichkeit, gegen eine rechtswidrige Handlung zu klagen, kann die Notstandsbefugnis dagegen nicht kategorisch ausschließen. Andernfalls dürfte man nie Sachwerte im Wege des Notstandes retten, weil es hier theoretisch immer Herausgabe- oder Schadensersatzansprüche gäbe, die vor Gericht geltend gemacht werden könnten. Dass der Bestohlene die Möglichkeit hat, gegen den Dieb auf Herausgabe der Sache zu klagen, bedeutet aber noch lange nicht, dass der Gesetzgeber den Bestohlenen zum Erhalt seiner Sache allein auf dieses rechtliche Verfahren verweisen will.

Richtigerweise handelt es sich bei der Kündigungsschutzklage um keine abschließende Regelung, sondern nur um eine Möglichkeit, wie der Arbeitnehmer seinen Schaden möglichst gering halten kann. Dabei kommt es aber wiederum nicht allein darauf an, dass dieses Verfahren theoretisch zur Verfügung steht, sondern vor allem darauf, ob es dem Arbeitnehmer auch faktisch zumutbar ist. Dafür sollen im Folgenden Kriterien genannt werden. Zuvor soll aber auch noch ein Blick auf die Rechtswirklichkeit des Kündigungsschutzes geworden werden.

1638 *Keller,* Rechtliche Grenzen der Provokation von Straftaten, 1989, S. 319 f.; zust. *Pawlik,* Der rechtfertigende Notstand, 2002, S. 220.

1639 *Pawlik,* Der rechtfertigende Notstand, 2002, S. 220.

1640 Dazu später unter 7.

(2) Empirische Daten

Aus jüngerer Zeit gibt es empirische Untersuchungen zu Kündigungspraxis und Kündigungsschutz im Arbeitsverhältnis,[1641] deren Daten Aufschluss geben können über die Rechtswirklichkeit hinsichtlich des Kündigungsschutzes.

Interessant ist zunächst einmal, dass eine Arbeitgeberbefragung im Jahr 2001 ergab, dass lediglich 11% aller Arbeitgeberkündigungen klageweise angegriffen wurden.[1642] Dabei ist die Klagequote in kleineren Unternehmen niedriger als in größeren.[1643] Gleichsam ist die Klagequote in Unternehmen mit Betriebsrat höher als in solchen ohne Betriebsrat.[1644] Nur 18% der klagenden Arbeitnehmer machten in erster Instanz einen Weiterbeschäftigungsanspruch geltend.[1645]

Auffallend ist hinsichtlich des Ausgangs des Rechtsstreits, dass nur 4,9% der 2015 vor die Arbeitsgerichte gekommenen Kündigungsschutzklagen durch streitiges Urteil erledigt wurden; weit überwiegende Erledigungsart war mit 79,1% der Vergleich.[1646] In der Praxis beinhaltet der Vergleich fast immer eine Beendigung des Arbeitsverhältnisses,[1647] in mindestens 75% der Fälle gegen Zahlung einer Abfindung.[1648]

Die durchschnittliche Verfahrensdauer für Kündigungsschutzklagen lag im Jahr 2015 deutschlandweit bei 2,6 Monaten;[1649] überhaupt liegt die durchschnittliche

---

1641 *Höland/Kahl/Zeibig,* Kündigungspraxis und Kündigungsschutz im Arbeitsverhältnis, 2007, passim sowie *Pfarr/Ullmann/Bradke u. a.,* Der Kündigungsschutz zwischen Wahrnehmung und Wirklichkeit, 2005, passim.

1642 *Pfarr/Ullmann/Bradke u. a.,* Der Kündigungsschutz zwischen Wahrnehmung und Wirklichkeit, 2005, S. 58.

1643 *Pfarr/Ullmann/Bradke u. a.,* Der Kündigungsschutz zwischen Wahrnehmung und Wirklichkeit, 2005, S. 59.

1644 *Pfarr/Ullmann/Bradke u. a.,* Der Kündigungsschutz zwischen Wahrnehmung und Wirklichkeit, 2005, S. 64.

1645 *Höland/Kahl/Zeibig,* Kündigungspraxis und Kündigungsschutz im Arbeitsverhältnis, 2007, S. 199; erstaunlicherweise besteht kaum ein Unterschied zwischen dem allgemeinen Weiterbeschäftigungsanspruch und dem nach § 102 Abs. 5 BetrVG, obwohl letzterer relativ leicht durchzusetzen wäre.

1646 Statistisches Bundesamt, Rechtspflege. Fachserie 10 Reihe 2.8, 2016, S. 26.

1647 *Höland/Kahl/Zeibig,* Kündigungspraxis und Kündigungsschutz im Arbeitsverhältnis, 2007, S. 148 sprechen von insgesamt 95%; bei Kleinstbetrieben mit 1–5 Beschäftigten sogar 100% (a.a.O., S. 153 f.).

1648 *Höland/Kahl/Zeibig,* Kündigungspraxis und Kündigungsschutz im Arbeitsverhältnis, 2007, S. 156.

1649 Statistisches Bundesamt, Rechtspflege. Fachserie 10 Reihe 2.8, 2016, S. 48.

Dauer der erstinstanzlichen arbeitsgerichtlichen Urteilsverfahren[1650] (einschließlich vorläufigem Rechtsschutz) in Deutschland mit 3 Monaten recht niedrig.[1651] Die durchschnittliche Verfahrensdauer steigt aber bei den Verfahren, die tatsächlich durch streitiges Endurteil erledigt werden, deutlich auf 6,6 Monate (bzw. in Bayern 8,3 Monate) an.[1652] Wird die Bestandsstreitigkeit mit einer Zahlungsklage kombiniert, erhöht sich diese Dauer noch einmal auf 7,3 Monate (bzw. in Bayern 9,4 Monate).[1653]

Als Quintessenz lassen sich zwei Aussagen festhalten: Die wenigsten Kündigungen werden klageweise angegriffen und selbst dort, wo es zu einem Rechtsstreit kommt, endet dieser meist mit einem Verlust des Arbeitsplatzes im Wege eines Vergleichs gegen Abfindung.[1654] Nun mag es sicherlich viele Fälle geben, in denen der Arbeitnehmer die Kündigung schlicht als gerechtfertigt ansieht und sie deswegen nicht angreift (vor allem bei betriebsbedingten Kündigungen); daneben sind aber noch andere Gründe zu vermuten, die den Arbeitnehmer von einer Kündigungsschutzklage abhalten. Dem soll im Folgenden noch näher nachgegangen werden.

(3) Das „Machtgefälle“

Diesbezüglich spielt – gleichsam einer „Hintergrundstimmung“ – sicherlich die Tatsache eine Rolle, dass zwischen Arbeitgeber und Arbeitnehmer rein faktisch ein erhebliches Machtgefälle besteht. Denn zum einen bleibt der Befund, dass der einzelne Arbeitnehmer meist existentiell auf den Arbeitsplatz angewiesen ist, wohingegen der Arbeitgeber den einzelnen Arbeitnehmer in der Regel ohne

1650 Bestandsstreitigkeiten werden nach § 2 Abs. 1 Nr. 3b, Abs. 5 ArbGG im Urteilsverfahren erledigt.

1651 Statistisches Bundesamt, Rechtspflege. Fachserie 10 Reihe 2.8, 2016, S. 46.

1652 Statistisches Bundesamt, Rechtspflege. Fachserie 10 Reihe 2.8, 2016, S. 48.

1653 Statistisches Bundesamt, Rechtspflege. Fachserie 10 Reihe 2.8, 2016, S. 48.

1654 Dies erkennt übrigens auch die Rechtsprechung an: In Fällen, in denen wegen der Verhängung eines Fahrverbots die Kündigung droht, kann von der Verhängung abgesehen werden; der arbeitsgerichtliche Rechtsschutz gewähre nämlich – möge die Kündigung allein wegen des Fahrverbots auch rechtswidrig sein – nicht unbedingt eine vollständige oder ausreichende Kompensation, weil derartige Verfahren oftmals mit einem Vergleich endeten (OLG Celle NStZ-RR 1996, 182; OLG Brandenburg NStZ-RR 2004, 93; prinzipiell ebenso OLG Bamberg NZV 2010, 46 [47], das dem Arbeitnehmer das Fahrverbot aber bei einer offensichtlich rechtswidrigen Kündigung doch zumuten will, weil hier in Wahrheit gar kein Verlust des Arbeitsplatzes drohe).

größere Probleme austauschen kann.[1655] Zum anderen stellt die wirtschaftliche und „intellektuelle“[1656] Unterlegenheit des Arbeitnehmers ein grundsätzliches Problem dar. Gemeint sein soll damit das Phänomen, dass typischerweise der Arbeitgeber über bessere Ressourcen hinsichtlich der Beurteilung von Rechtsfragen und des „Durchstehens“ von Rechtsstreitigkeiten verfügt. Dies mag vielleicht nicht für den kleinen Handwerksbetrieb zutreffen, dagegen sehr wohl für große Aktiengesellschaften, die dutzende Juristen in ihrer Rechtsabteilung beschäftigen. Man muss den Arbeitgeber zwar nicht gleich zur „sozialen Macht“ erklären, weil er sich zwischen Bürger und Staat schiebe und einen dem Staat vergleichbaren Einfluss auf den Arbeitnehmer auszuüben imstande sei;[1657] trotzdem sind die zur Begründung von *Gamillscheg*[1658] angeführten Gesichtspunkte, nämlich die allgemeine Organisationsgewalt des Arbeitgebers einschließlich der Erteilung von Weisungen und eben auch die Drohung mit dem Verlust des Arbeitsplatzes, vollkommen zutreffend und begründen am Ende eben doch eine faktische Macht des Arbeitgebers.[1659]

(4) Angewiesensein auf das weitere Wohlwollen des Arbeitgebers

Damit ist man schon bei dem nächsten faktischen Problem, das aus den Eigenheiten des Arbeitsverhältnisses resultiert, angelangt: Der Arbeitnehmer muss sich komplett in eine fremde Organisationssphäre eingliedern, es entsteht ein faktisches Verhältnis von Über- und Unterordnung, wie es sonst dem bürgerlichen Recht fremd ist; und von dieser Eingliederung wird der Mensch als komplette Person erfasst: „Sich, also als Mensch insgesamt, mit seinem mehr oder weniger unversehrten Körper, seiner unantastbaren Würde, seiner unverletzlichen Freiheit und allen seinen garantierten Grundrechten. […] Wahr indes

---

1655 Dies trifft selbstverständlich etwa auf einen Leiter der Produktentwicklung weniger zu als auf einen Fließbandarbeiter oder Fahrer; gerade letztere sind aber das „Zielpublikum“ der vorliegenden Untersuchung.

1656 Die Bezeichnung stammt von *Gamillscheg,* Die Grundrechte im Arbeitsrecht, 1989, S. 30, scheint aber heute nicht mehr ganz passend, wenn er vor allem auf die fehlende Schulbildung des Arbeiters abstellt; richtiger erscheint es vielmehr, damit fehlende Rechtskenntnis zu bezeichnen (so etwa auch *Gamillscheg,* Die Beendigung des Arbeitsverhältnisses, 2001, S. 67).

1657 So aber der umstrittene Ansatz von *Gamillscheg,* Die Grundrechte im Arbeitsrecht, 1989, S. 30 f., der damit die analoge Geltung der Grundrechte gegenüber dem Arbeitgeber begründen möchte.

1658 *Gamillscheg,* Die Grundrechte im Arbeitsrecht, 1989, S. 35.

1659 Für das Beamtenrecht spricht dies auch *Bülte,* Vorgesetztenverantwortlichkeit im Strafrecht, 2015, S. 397 f. bei der Begrüdung einer Vorgesetztenverantwortlichkeit an.

bleibt, dass mit dem Moment der Arbeitsaufnahme aus dem freien, selbstbestimmten Rechtssubjekt ein weisungsgebundener Arbeitnehmer wird, ein von seinem Vertragspartner oder dessen Erfüllungsgehilfen abhängiger Mensch."[1660]

Innerhalb des Über-Unterordnungsverhältnisses[1661] ist der Arbeitnehmer in gewissen Grenzen dem Willen des Arbeitgebers ausgeliefert bzw. umgekehrt formuliert: auf dessen Wohlwollen angewiesen. Dementsprechend stellt das Arbeitsrecht im laufenden Arbeitsverhältnis mehr eine Hintergrundkulisse dar; muss es aktiviert werden, wird dies meist als schwere Belastung des Arbeitsverhältnisses angesehen, was auch die hohe Zahl von Abfindungsvergleichen selbst in aussichtsreichsten bzw. sogar nach gewonnenen Kündigungsschutzprozessen zeigt.[1662] Befragte Arbeitsrichter vermuten als wichtigsten Grund dafür die Belastung des Verhältnisses zwischen Arbeitgeber und Arbeitnehmer.[1663] Auf ein erheblich belastetes Klima deutet auch die Tatsache hin, dass nur wenige Arbeitnehmer ihren Weiterbeschäftigungsanspruch geltend machen.[1664] Dementsprechend wird auch das KSchG als ein „Abfindungs- und kein Bestandsschutzgesetz" bezeichnet.[1665]

Auch wenn das Arbeitsverhältnis nunmehr prinzipiell als schuldrechtliches (Dauer-) Austauschverhältnis angesehen wird,[1666] unterscheidet es sich von sonstigen schuldrechtlichen Verträgen doch durch seinen personalen Charakter, weil es regelmäßig zu einer deutlich engeren und intensiveren Beziehung zwischen den Vertragspartnern führt als andere Schuldverhältnisse;[1667] Gegenstand

---

1660 *Breinlinger,* in: Thüsing/Creutzfeldt/Hanau u. a. (Hrsg.): FS Bepler, 2012, S. 27 (31).

1661 In der arbeitsrechtlichen Literatur wird vorsichtiger formuliert, dass sich „ein gewisser Unterordnungscharakter nicht leugnen lasse", vgl. *Preis,* Arbeitsrecht I, 2017, Rdnr. 127; *Zöllner/Loritz/Hergenröder,* Arbeitsrecht, 2015, § 14, Rdnr. 42.

1662 *Breinlinger,* in: Thüsing/Creutzfeldt/Hanau u. a. (Hrsg.): FS Bepler, 2012, S. 27 (36); *Höland/Kahl/Zeibig,* Kündigungspraxis und Kündigungsschutz im Arbeitsverhältnis, 2007, S. 148; *Zöllner/Loritz/Hergenröder,* Arbeitsrecht, 2015, § 26, Rdnr. 82.

1663 Daneben die faktische Ausgliederung aus dem Betrieb und das Interesse an einer Abfindung, das aber wohl auch wieder aus der Erwartung eines zerrütteten Arbeitsverhältnisses resultiert, s. *Höland/Kahl/Zeibig,* Kündigungspraxis und Kündigungsschutz im Arbeitsverhältnis, 2007, S. 138.

1664 *Höland/Kahl/Zeibig,* Kündigungspraxis und Kündigungsschutz im Arbeitsverhältnis, 2007, S. 199.

1665 *Gamillscheg,* Die Beendigung des Arbeitsverhältnisses, 2001, S. 65; ähnlich *Brox/Rüthers/Henssler,* Arbeitsrecht, 2011, Rdnr. 465.

1666 Zur früher h.M., die im Arbeitsverhältnis ein personengebundenes Gemeinschaftsverhältnis sah, vgl. *Preis,* Arbeitsrecht I, 2017, Rdnr. 126.

1667 *Preis,* Arbeitsrecht I, 2017, Rdnr. 128.

des Arbeitsverhältnisses ist also nicht lediglich die Arbeit als Vermögenswert, sondern ein „Mensch als Person".[1668]

Es steht also zu vermuten, dass einige Arbeitnehmer einen Rechtsstreit entweder ganz unterlassen oder sich zumindest mit einer Abfindung vertrösten lassen, weil sie ohnehin nicht mehr an eine weitere gedeihliche Zusammenarbeit mit dem Arbeitgeber bzw. an eine Rückkehr unter zumutbaren Bedingungen glauben.[1669] Was hilft ihnen eine Rückkehr an ihren Arbeitsplatz nach einem Rechtsstreit, wenn sie dort nun laufend Repressionen ausgeliefert sind?[1670]

(5) Zeitdruck (Gefahr der Wirksamkeitsfiktion)

Ein weiteres Problem ist, dass der Arbeitnehmer die Unwirksamkeit der Kündigung innerhalb der Dreiwochenfrist des § 4 KSchG geltend machen muss. Er steht also unter erheblichem Zeitdruck. Versäumt er diese Frist, greift hinsichtlich des allgemeinen Kündigungsschutzes, aber auch hinsichtlich der Sittenwidrigkeit der Kündigung die Wirksamkeitsfiktion des § 7 S. 1 KSchG.[1671] Diese Gefahr der Wirksamkeitsfiktion ist ein Risikofaktor für den weiteren Bestand des Arbeitsverhältnisses, weil sie bei nicht rechtzeitiger Klage zu dessen rechtswirksamer Beendigung führt, das Interesse Arbeit in diesem Fall verloren wäre.

(6) Beweislast

Ein weiteres Problem ist, dass sich insbesondere außerhalb des Anwendungsbereichs des KSchG die Beweislage für den Arbeitnehmer äußerst prekär gestaltet. Während im Anwendungsbereich des KSchG die Vorschrift des § 1 Abs. 2 S. 4 KSchG gilt, nach der der Arbeitgeber die Tatsachen, die die Kündigung sachlich rechtfertigen, nachweisen muss, gilt diese Vorschrift weder für eine „normale" außerordentliche, fristlose Kündigung noch für eine sittenwidrige Kündigung.

Die Wirksamkeit der außerordentlichen Kündigung aus wichtigem Grund richtet sich allein nach § 626 BGB,[1672] unabhängig davon, ob das KSchG

1668 *Zöllner/Loritz/Hergenröder,* Arbeitsrecht, 2015, § 14, Rdnr. 41.

1669 *Gamillscheg,* Die Beendigung des Arbeitsverhältnisses, 2001, S. 67; *Höland/Kahl/Zeibig,* Kündigungspraxis und Kündigungsschutz im Arbeitsverhältnis, 2007, S. 85.

1670 Die vielfach zu subtil ablaufen, um justiziabel zu sein (vgl. auch *Bülte,* Vorgesetztenverantwortlichkeit im Strafrecht, 2015, S. 397), oder gar rechtmäßig sind.

1671 Däubler/Deinert/Zwanziger/*Däubler,* § 13 KSchG, Rdnr. 21; KR/*Friedrich/Treber,* § 13 KSchG, Rdnr. 159; v. Hoyningen-Huene/*Hoyningen-Huene,* § 13 KSchG, Rdnr. 63.

1672 Däubler/Deinert/Zwanziger/*Däubler,* § 13 KSchG, Rdnr. 9; KR/*Fischermeier,* § 626 BGB, Rdnr. 1 ff; KR/*Friedrich/Rinck,* § 13 KSchG, Rdnr. 33.

anwendbar ist oder nicht, weil § 13 Abs. 1 S. 1 KSchG bestimmt, dass das Recht zur außerordentlichen Kündigung durch das KSchG nicht berührt wird. Bei § 626 BGB ist der Kündigende, im hiesigen Fall also der Arbeitgeber, dafür darlegungs- und beweispflichtig, dass ein wichtiger Grund vorliegt.[1673] Zudem muss er gem. § 626 Abs. 2 S. 3 BGB dem Arbeitnehmer auf dessen Verlangen hin den Kündigungsgrund unverzüglich schriftlich mitteilen. Hier wird sich der Arbeitgeber schwertun, einen Grund zu finden, den er vorschieben kann und der eine fristlose Kündigung tragen würde. Insofern kommt der Arbeitnehmer hier noch nicht in größere Beweisnöte.

Allerdings kann der Arbeitgeber auch mit einer ordentlichen Kündigung drohen. Hier ist zwar im Anwendungsbereich des Kündigungsschutzgesetzes § 1 Abs. 2 S. 4 KSchG einschlägig, nach dem der Arbeitgeber die Tatsachen zu beweisen hat, die die Kündigung bedingen, die also Grundlage für eine sozial gerechtfertigte Kündigung sein sollen;[1674] trotzdem erfasst auch diese Vorschrift wieder nicht alle Arbeitnehmergruppen, denn sowohl im Kleinbetrieb als auch vor Ablauf der Wartezeit des § 1 Abs. 1 KSchG kommt die Vorschrift nicht zur Anwendung (in letzterem Fall kann der Arbeitgeber sogar relativ kurzfristig mit einer Kündigungsfrist von zwei Wochen kündigen). In diesen Fällen besteht zwar ein eingeschränkter, verfassungsrechtlich gebotener Mindestkündigungsschutz über die §§ 138, 242 BGB,[1675] in dessen Rahmen aber nur eine Missbrauchs- und Willkürkontrolle erfolgt. Vor Ablauf der Wartezeit bzw. im Kleinbetrieb kann damit grundsätzlich ohne Angabe von Gründen[1676] oder etwa allein wegen „Vertrauensverlustes" gekündigt werden, selbst wenn die Gründe dafür nicht verifizierbar sind.[1677] Dass beispielsweise der Arbeitgeber während der Probezeit das erforderliche Vertrauensverhältnis nicht habe aufbauen können und deswegen gekündigt habe, lässt nach dem *BAG* den Willkürvorwurf entfallen, ohne dass der Arbeitgeber dies weiter beweisen müsste.[1678] In den vorliegenden

---

1673 Ascheid/Preis/Schmidt/*Vossen*, § 626 BGB, Rdnr. 173; ErfK/*Müller-Glöge*, § 626 BGB, Rdnr. 234.

1674 Hier spielt es keine Rolle, wie sich sittenwidrige und „nur" sozialwidrige Kündigung zueinander verhalten; es geht nur darum, dass der Arbeitgeber im Anwendungsbereich des KSchG einen personen-, verhaltens- oder betriebsbedingten Kündigungsgrund darlegen muss, soll seine Kündigung vor Gericht bestehen.

1675 Vgl. dazu bereits oben D. V. 3. b.

1676 BAG, Urt. v. 16.01.2003, AP KSchG 1969 § 1 Gemeinschaftsbetrieb Nr. 1; v. Hoyningen-Huene/*Hoyningen-Huene*, § 13 KSchG, Rdnr. 83.

1677 Siehe z.B. BAG NZA 2002, 87; *Linck*, in: Schaub/Koch/Linck u. a. (Hrsg.): Arbeitsrechtshandbuch, 2015, § 129 Rdnr. 9.

1678 BAG NJOZ 2010, 2078 (2082).

Konstellationen würde das Arbeitsgericht die Kündigung für nach § 138 Abs. 1 BGB unwirksam erklären, wenn es zu der Überzeugung käme, dass dem Arbeitnehmer tatsächlich nur wegen der Weigerung, eine Straftat zu begehen, gekündigt wurde; allerdings ist der Arbeitnehmer für den Ausnahmetatbestand der sittenwidrigen Kündigung darlegungs- und beweispflichtig.[1679] Der Arbeitgeber muss zwar zunächst auf den schlüssigen Sachvortrag des Arbeitnehmers, er sei gekündigt worden, weil er sich geweigert habe, ein gesetzeswidriges Verhalten auszuführen, substantiiert erwidern;[1680] tut er dies aber, indem er beispielsweise mit einem allgemeinen Vertrauensverlust argumentiert, ist der Arbeitnehmer wiederum beweispflichtig für die Widerlegung dieser Einlassung, mithin für den Nachweis der sittenwidrigen Motivation.[1681] Damit stellt sich die Frage, wie der Arbeitnehmer als Partei die innere Tatsache nachweisen soll, dass die Kündigung auf einer verwerflichen Gesinnung beruht, insbesondere wenn der Arbeitgeber einen anderen „legalen" Grund vorschiebt.[1682] Zudem ist außerhalb des KSchG grundsätzlich noch nicht einmal eine Abmahnung erforderlich,[1683] deren Fehlen die Argumentation des Arbeitnehmers stützen könnte.

Welche realistischen Prozesschancen hat der Arbeitnehmer aber dann, wenn es genügt, dass der Arbeitgeber auf den schlüssigen Vortrag des Klägers hin erwidert, er habe gekündigt, weil er das Vertrauen gegenüber seinem Arbeitnehmer verloren habe und dazu allerlei Unbestimmtes vorschiebt?

(7) Dauer und Vollstreckbarkeit

Ein weiteres Problem, das bereits oben angesprochen wurde, besteht darin, dass es dem Arbeitnehmer mithilfe der Gerichte nicht möglich ist, den faktischen Arbeitsplatzverlust sofort zu beseitigen.

Gerichtsverfahren dauern, wenngleich der Kläger bei Bestandsstreitigkeiten vor den Arbeitsgerichten noch in einer vergleichsweise komfortablen Situation ist, weil hier der Gesetzgeber eine vorrangige Erledigung angeordnet hat (vgl. § 61a ArbGG). Dementsprechend ist die durchschnittliche Verfahrensdauer vor den Arbeitsgerichten relativ niedrig. Wie die oben genannten Zahlen aber auch zeigen, dürfte diese schnelle Verfahrenserledigung den meist erfolgenden

1679 BAGE 97, 92 (101) zu § 242 BGB; KR/*Friedrich/Rinck*, § 13 KSchG, Rdnr. 139, 156; ErfK/*Kiel*, § 13 KSchG, Rdnr. 14; *Preis*, NZA 1997, S. 1256 (1269).

1680 *Preis*, NZA 1997, S. 1256 (1270).

1681 Vgl. BAGE 97, 92 (103) zu § 242 BGB.

1682 KR/*Friedrich/Treber*, § 13 KSchG, Rdnr. 157; v. Hoyningen-Huene/*Hoyningen-Huene*, § 13 KSchG, Rdnr. 59.

1683 MüKo-BGB/*Hergenröder*, § 23 KSchG, Rdnr. 36.

Vergleichsschlüssen geschuldet sein. Wo der Arbeitnehmer dagegen auf ein Urteil angewiesen ist, muss er durchschnittlich länger als ein halbes Jahr auf das Urteil warten.[1684]

Während dieser Dauer ist es für den Arbeitnehmer auch nicht immer gewährleistet, eine vorläufige Sicherung seiner Interessen zu erreichen. Vorläufiger Rechtsschutz hilft nicht immer weiter: Zwar behält der Arbeitnehmer, wenn ihm der Arbeitgeber während eines laufenden Kündigungsschutzprozesses zu Unrecht den Arbeitsplatz verweigert, seinen Entgeltanspruch nach § 615 S. 1 BGB, weil der Arbeitgeber nach neuerer Rechtsprechung des *BAG* durch die Nichtbereitstellung des Arbeitsplatzes nach §§ 293, 296 BGB in Annahmeverzug gerät;[1685] diesen Anspruch muss der Arbeitnehmer aber, sofern der Arbeitgeber nicht freiwillig zahlt, auch erst klageweise geltend machen. Bis es zu einem Urteil (oder Vergleich) kommt und dieses vollstreckt werden kann, muss der Arbeitnehmer auf seinen Lohn verzichten. Einstweiliger Rechtsschutz kommt für Geldforderungen grundsätzlich nur im Wege des Arrestes in Betracht; damit kann allerdings keine (vorläufige) Befriedigung, sondern allein eine Sicherung der späteren Zwangsvollstreckung aus dem Hauptsacheverfahren bewirkt werden. Da der Arbeitnehmer aber gerade auf eine vorläufige Befriedigung durch Lohnzahlung existentiell angewiesen sein kann, kommt ausnahmsweise auch eine einstweilige (Leistungs-) Verfügung nach § 62 Abs. 2 ArbGG i.V.m. § 940 ZPO in Betracht, die auf (teilweise) Erfüllung gerichtet ist.[1686] Für den Anspruch auf Zahlung des Arbeitsentgelts nach ausgesprochener Kündigung bedeutet dies, dass eine einstweilige Anordnung nur in Betracht kommt, wenn der Arbeitnehmer darlegt, dass die Kündigung unwirksam ist, der Arbeitgeber im Annahmeverzug ist und er vor allem zur Bestreitung seines Unterhalts dringend auf die Entgeltzahlung angewiesen ist, also eine existentielle wirtschaftliche Notlage droht (was etwa ausscheiden kann, wenn er anderweitig finanzielle

---

1684 Vgl. auch *Berkowsky*, in: Richardi/Wlotzke/Wißmann u. a. (Hrsg.): Münchner Handbuch Arbeitsrecht, Bd. 1, 2009, § 126 Rdnr. 4: „Wegen der langen Verfahrensdauer [...] dauert es zuweilen Jahre, bis der Arbeitgeber tatsächlich weiß, ob der Kläger eigentlich noch sein Arbeitnehmer ist oder nicht – allen Beschleunigungsvorstellungen zum Trotz."

1685 BAGE 141, 340 (342); BAG NZA 2014, 540 (545); das Ergebnis wird auch von der Literatur geteilt, allerdings zum Teil abweichend begründet, dazu weiterführend ErfK/*Preis*, § 615 BGB, Rdnr. 29 ff.

1686 Germelmann/Matthes/Prütting/*Germelmann*, § 62 ArbGG, Rdnr. 98; *Korinth*, Einstweiliger Rechtsschutz im Arbeitsgerichtsverfahren, 2015, 2. Teil Rdnr. 232.

Unterstützung bekommen kann[1687]).[1688] Zudem wird im Regelfall nicht die volle Höhe zuzusprechen sein, sondern nur der Betrag, der für den Lebensunterhalt unbedingt notwendig ist, wofür die Pfändungsfreigrenzen der ZPO bzw. die Höhe des Arbeitslosengeldes einen Anhaltspunkt geben können.[1689]

Hinsichtlich des immateriellen Interesses,[1690] sich weiterhin an seiner Arbeitsstätte tatsächlich betätigen zu dürfen und beschäftigt zu werden, kommt grundsätzlich ebenfalls der Erlass einer einstweiligen (Regelungs-)Verfügung (§ 62 Abs. 2 ArbGG i.V.m. § 940 ZPO) zur Sicherung des allgemeinen Weiterbeschäftigungsanspruchs in Betracht;[1691] dieser ist allerdings außerhalb des Anwendungsbereichs von § 102 Abs. 5 S. 1 BetrVG an enge Voraussetzungen geknüpft: Der Arbeitnehmer muss glaubhaft machen, dass eine Beschäftigungslage zweifelsfrei besteht, die Kündigung also offensichtlich unwirksam ist, und dass er keine Möglichkeit hat, die Beschäftigung im Hauptsacheverfahren in angemessener Zeit durchzusetzen.[1692] Alternativ muss er einen wirklich gravierenden Eingriff in sein Persönlichkeitsrecht geltend machen, sodass sich ein „gesteigertes Beschäftigungsinteresse"[1693] ergibt.[1694] Dazu reicht aber die alleinige Tatsache der vorübergehenden Nichtbeschäftigung nicht aus.[1695] Das bedeutet, der Arbeitnehmer muss glaubhaft machen, dass er zur Erhaltung seiner beruflichen Qualifikation

1687 Dafür sollen auch Leistungen der Bundesagentur für Arbeit in Betracht kommen, weil der Arbeitnehmer auf sie einen einklagbaren Rechtsanspruch habe (vgl. LAG Köln BeckRS 2002, 41071), nicht dagegen nachrangige Ansprüche gegen den Sozialhilfeträger (Grunsky/Waas/Benecke/Greiner/*Benecke*, § 62 ArbGG, Rdnr. 39; Germelmann/Matthes/Prütting/*Germelmann*, § 62 ArbGG, Rdnr. 104).

1688 Germelmann/Matthes/Prütting/*Germelmann*, § 62 ArbGG, Rdnr. 104; *Korinth*, Einstweiliger Rechtsschutz im Arbeitsgerichtsverfahren, 2015, 2. Teil Rdnr. 247.

1689 *Korinth*, Einstweiliger Rechtsschutz im Arbeitsgerichtsverfahren, 2015, 2. Teil Rdnr. 242; Germelmann/Matthes/Prütting/*Germelmann*, § 62 ArbGG, Rdnr. 104; Grunsky/Waas/Benecke/Greiner/*Benecke*, § 62 ArbGG, Rdnr. 38.

1690 Das LAG Berlin-Brandenburg NZA-RR 2011, 551 (552) erkennt etwa an, dass sich ein völlig freigestellter Arbeitnehmer nicht mehr im Arbeitsleben verwirklichen und seine soziale Stellung nach außen hin nicht mehr halten kann.

1691 *Vossen*, in: Stahlhacke/Preis/Vossen (Hrsg.): Kündigung und Kündigungsschutz im Arbeitsverhältnis, 2015, Rdnr. 2285; offen gelassen von BAGE 48, 122 (129 f.).

1692 ErfK/*Kiel*, § 4 KSchG, Rdnr. 46; *Linck*, in: Schaub/Koch/Linck u. a. (Hrsg.): Arbeitsrechtshandbuch, 2015, § 125 Rdnr. 18.

1693 LAG Berlin-Brandenburg NZA-RR 2011, 551 (552).

1694 *Korinth*, Einstweiliger Rechtsschutz im Arbeitsgerichtsverfahren, 2015, 2. Teil Rdnr. 114; *Vossen*, in: Stahlhacke/Preis/Vossen (Hrsg.): Kündigung und Kündigungsschutz im Arbeitsverhältnis, 2015, Rdnr. 2285 f.

1695 Vgl. etwa LAG Hamm NZA-RR 1998, 422.

oder zur Verwirklichung seines Persönlichkeitsrechts gerade auf die vorläufige Beschäftigung bis zu einer Entscheidung in der Hauptsache angewiesen ist.[1696] Die Darlegungslast obliegt in diesen Fällen dem Arbeitnehmer.[1697]

Soweit ein Betriebsrat besteht[1698] und dieser der *ordentlichen* Kündigung widersprochen hat, richtet sich der Weiterbeschäftigungsanspruch nach § 102 Abs. 5 S. 1 BetrVG. Hat der Betriebsrat der Kündigung widersprochen und der Arbeitnehmer rechtzeitig Klage nach dem Kündigungsschutzgesetz erhoben, lässt sich dieser Weiterbeschäftigungsanspruch im Wege des einstweiligen Rechtsschutzes unter leichteren Voraussetzungen durchsetzen. Insbesondere soll als Verfügungsgrund genügen, dass andernfalls durch Zeitablauf der Beschäftigungsanspruch bis zum Abschluss des Kündigungsschutzprozesses vereitelt würde.[1699] Voraussetzung für den Anspruch nach § 102 Abs. 5 S. 1 BetrVG ist aber, dass der Arbeitnehmer in den sachlichen und persönlichen Anwendungsbereich des KSchG fällt und zumindest auch die Sozialwidrigkeit der Kündigung nach § 1 KSchG rügt.[1700]

Inwieweit dem Arbeitnehmer unter dem Aspekt der Dauer des Verfahrens eine Kündigungsschutzklage zumutbar ist, wird maßgeblich vom Einzelfall abhängen, insbesondere davon, wie gut seine Beweislage ist und inwieweit der Arbeitgeber bereit ist, es auf ein Gerichtsverfahren bis zum Urteil ankommen zu lassen. Das wird wiederum entscheidend davon abhängen, ob ein Betriebsrat zu beteiligen war und das KSchG auf den betroffenen Arbeitnehmer anzuwenden ist.

1696 LAG Berlin-Brandenburg NZA-RR 2011, 551 (552).

1697 *Korinth,* Einstweiliger Rechtsschutz im Arbeitsgerichtsverfahren, 2015, 2. Teil Rdnr. 115; Germelmann/Matthes/Prütting/*Germelmann,* § 62 ArbGG, Rdnr. 108.

1698 Nochmals sei darauf hingewiesen, dass die Bildung des Betriebsrats trotz Erfüllung der Voraussetzungen des § 1 Abs. 1 BetrVG freiwillig ist, sodass es auch in größeren Betrieben nicht unbedingt einen Betriebsrat geben muss (vgl. etwa *Preis,* Arbeitsrecht II, 2017, Rdnr. 1780).

1699 Genauer und m.w.N. zum Streitstand *Korinth,* Einstweiliger Rechtsschutz im Arbeitsgerichtsverfahren, 2015, 2. Teil Rdnr. 168 f.

1700 ErfK/*Kania,* § 102 BetrVG, Rdnr. 33; *Korinth,* Einstweiliger Rechtsschutz im Arbeitsgerichtsverfahren, 2015, Rdnr. 2. Teil Rdnr. 158 ff; *Vossen,* in: Stahlhacke/Preis/Vossen (Hrsg.): Kündigung und Kündigungsschutz im Arbeitsverhältnis, 2015, Rdnr. 2231.

(8) Kosten

Zuletzt besteht noch das faktische Hindernis, dass ein Rechtsstreit immer Geld kostet. Die Verfahrens- und Anwaltskosten der obsiegenden Partei hat normalerweise die unterlegene Partei zu tragen (vgl. § 91 Abs. 1 ZPO). Für das arbeitsgerichtliche Verfahren gelten diese Vorschriften grundsätzlich auch, § 46 Abs. 2 ArbGG. Allerdings gibt es arbeitsrechtliche Modifikationen. Erstens sind die Gerichtskosten niedriger als bei den ordentlichen Gerichten, weil die streitwertabhängige Verfahrensgebühr niedriger ist.[1701] Zweitens ist kein Gerichtskostenvorschuss vom Kläger zu zahlen, § 11 GKG. Und drittens hat die obsiegende Partei keinen Anspruch auf Erstattung der ihr entstandenen Kosten für die Hinzuziehung eines Prozessbevollmächtigten oder Beistandes, § 12a Abs. 1 S. 1 ArbGG. Die Vorschrift gilt auch für vorprozessuale Kosten, wenn es anschließend zu gar keinem Prozess kommt.[1702] Mit der Regelung sollte ursprünglich das (erstinstanzliche) arbeitsgerichtliche Verfahren verbilligt und das Kostenrisiko für den Kläger gesenkt werden.[1703] Sie führt allerdings auch dazu, dass der Kläger einer aussichtsreichen Kündigungsschutzklage weiß, dass er seine Anwaltskosten auch bei Obsiegen selbst tragen muss, und benachteiligt ihn damit.[1704] Immerhin muss sich der Kläger vor den Arbeitsgerichten nicht zwingend durch einen Anwalt vertreten lassen, sondern kann den Rechtsstreit selbst führen, § 11 Abs. 1 S. 1 ArbGG. Zudem gibt es erweiterte Vertretungsmöglichkeiten, so kann der Kläger z.B. auch durch einen Gewerkschaftsvertreter vertreten werden, § 11 Abs. 2 S. 2 Nr. 4 ArbGG. Darüber hinaus kann einer bedürftigen Partei nach § 11a Abs. 1 S. 1 ArbGG ein Rechtsanwalt beigeordnet und Prozesskostenhilfe nach § 11a Abs. 3 ArbGG gewährt werden. Nicht zuletzt werden mittlerweile auch einige Arbeitnehmer über eine Rechtsschutzversicherung für arbeitsrechtliche Streitigkeiten verfügen. Nichtsdestotrotz bleibt die faktische Tatsache, dass die mögliche Kostentragungspflicht manchen Arbeitnehmer vor dem Gang zum Anwalt und zum Arbeitsgericht abschrecken wird, zumal

---

1701 Einzelheiten bei Germelmann/Matthes/Prütting/*Germelmann,* § 12 ArbGG, Rdnr. 5 ff. oder Grunsky/Waas/Benecke/Greiner/*Waas,* § 12 ArbGG, Rdnr. 2 ff.

1702 BAG AP ArbGG 1953 § 61 Kosten Nr. 14; Grunsky/Waas/Benecke/Greiner/*Waas,* § 12a ArbGG, Rdnr. 12.

1703 Germelmann/Matthes/Prütting/*Germelmann,* § 12a ArbGG, Rdnr. 1; Grunsky/Waas/Benecke/Greiner/*Waas,* § 12a ArbGG, Rdnr. 1.

1704 So auch *Brox/Rüthers/Henssler,* Arbeitsrecht, 2011, Rdnr. 1080; ErfK/*Koch,* § 12a ArbGG, Rdnr. 2.

Kündigungsschutzverfahren ohne Prozessvertretung heute kaum noch stattfinden.[1705]

(9) Zwischenfazit

An dieser Stelle lässt sich bereits festhalten: Viele Arbeitnehmer werden rechtlich gesehen gute Ausgangsbedingungen für einen Kündigungsstreit haben, insbesondere wenn für sie das KSchG anwendbar ist und ein Betriebsrat besteht. Trotzdem gibt es eine Gruppe von Personen, die nicht in solch einer komfortablen Ausgangsposition ist, weil sie nicht unter den persönlichen oder sachlichen Anwendungsbereich des KSchG fällt. Über die bereits angesprochenen Personengruppen (Probezeit, Kleinbetrieb) hinaus, können als weiteres Beispiel Angestellte in leitender Position i.S.d. § 14 Abs. 2 KSchG angeführt werden: Zwar ist auf diese der allgemeine Kündigungsschutz grundsätzlich anwendbar (§ 14 Abs. 2 S. 1 KSchG), trotzdem können sie ihren Arbeitsplatz grundlos verlieren, weil der Arbeitgeber nämlich auch nach einer rechtswidrigen Kündigung im Kündigungsschutzprozess einen Auflösungsantrag nach § 9 KSchG stellen kann, den er gem. § 14 Abs. 2 S. 2 KSchG nicht begründen muss. Damit haben leitende Angestellte (schon konzeptionell, nicht nur faktisch) keinen Bestands-, sondern lediglich einen Abfindungsschutz.[1706] Insoweit können sie – entgegen *Mitsch*[1707] – nicht einfach mit einem Rechtsbehelf ihr Bestandsinteresse „Arbeitsplatz" sichern.

In jedem Fall aber kostet ein Rechtsstreit immer Zeit und Geld – wenn auch weniger als in sonstigen Zivilrechtsstreitigkeiten. Zudem darf nicht übersehen werden, dass eine echte Wiederkehr an den früheren Arbeitsplatz auf dem Rechtsweg tatsächlich so gut wie nie zu erreichen ist. Und sollte der alte Arbeitsplatz wiedergewonnen werden, sind die Aussichten für das weitere „Klima" am Arbeitsplatz alles andere als rosig. Man kann also durchaus sagen, dass in den meisten Fällen mit einer Kündigung, mag sie auch noch so rechtswidrig sein, der Arbeitsplatz faktisch verloren ist. Eine andere, davon zu unterscheidende Frage ist freilich, inwieweit das Strafrecht unter normativierenden Einschränkungen diese faktische Gegebenheit anerkennen kann. Für diese Frage wird

---

1705 Nach *Höland/Kahl/Zeibig*, Kündigungspraxis und Kündigungsschutz im Arbeitsverhältnis, 2007, S. 123 f. reichten 2003 lediglich 12% der Arbeitnehmer ihre Kündigungsschutzklage persönlich ein, 76% dagegen durch ihren Anwalt. Im Güte- und Kammertermin verstärken sich diese Quoten noch.

1706 Ascheid/Preis/Schmidt/*Biebl*, § 14 KSchG, Rdnr. 29; MüKo-BGB/*Hergenröder*, § 14 KSchG, Rdnr. 2.

1707 *Mitsch*, JR 2013, S. 351 (355 f.).

sicherlich auch noch zu berücksichtigen sein, dass maßgeblich das immaterielle Interesse am Arbeitsplatz betroffen ist. Das materielle Interesse wird im Kündigungsschutzprozess weitergehend befriedigt, da der Arbeitnehmer während der Dauer des Verfahrens seinen Lohnanspruch behält und selbst bei einem Kündigungsvergleich meist eine Abfindung erhalten wird. Aber selbst wo aus den oben genannten Gründen gar kein Rechtsbehelf ergriffen wird, kann zumindest das materielle Interesse auch noch anderweitig befriedigt werden, worauf im Folgenden eingegangen werden soll.

cc) Sozialleistungen

Hinsichtlich dieses materiellen Aspekts der Arbeit könnte man auch deshalb geneigt sein, den Schaden als nicht besonders groß anzusehen, weil der Arbeitsplatzverlust in unserem Sozialstaat regelmäßig nicht zu einem echten „Leibesnotstand" führen wird:[1708] Wer arbeitslos wird, bekommt schließlich Arbeitslosengeld nach den §§ 136 ff. SGB III und die Grundsicherung für Arbeitssuchende nach den §§ 7 ff. SGB II („Hartz IV"). Nonchalant könnte man also sagen: Verhungern muss jedenfalls niemand. Dies ist zwar richtig, gibt aber nicht die ganze Wahrheit wieder. Zunächst erhält Arbeitslosengeld nur, wer die Anwartschaftszeit von zwölf Monaten nach § 142 Abs. 1 S. 1 SGB III erstmalig erfüllt hat. Es kann aber auch sein, dass der Arbeitnehmer bereits zuvor arbeitslos war und die maximale Bezugsdauer nach § 147 SGB III ausgeschöpft hat, im aktuellen Arbeitsverhältnis aber die Anwartschaftszeit von zwölf Monaten nicht erneut erfüllt hat, sodass er keinen erneuten Anspruch auf Arbeitslosengeld erworben hat. Zudem besteht für den Arbeitnehmer das Risiko, das Arbeitslosengeld erst nach einer Sperrfrist zu bekommen: Wird einem Arbeitnehmer aus einem verhaltensbedingten Grund gekündigt und hat er damit die Arbeitslosigkeit vorsätzlich oder grob fahrlässig herbeigeführt, kann ihm die Bundesagentur für Arbeit das Arbeitslosengeld für maximal 12 Wochen sperren (§ 159 Abs. 1 Nr. 1, Abs. 3 S. 1 SGB III). Schiebt nun der Arbeitgeber eine verhaltensbedingte ordentliche oder außerordentliche Kündigung vor, läuft der Arbeitnehmer also Gefahr, zunächst einmal kein Arbeitslosengeld zu bekommen. Allerdings kommt dem Arbeitnehmer zugute, dass die Arbeitsagentur die Rechtmäßigkeit der Kündigung im Regelfall nachprüfen muss, unabhängig davon, ob sie vor den Arbeitsgerichten noch angreifbar ist.[1709] Dazu muss sie den Sachverhalt von Amts wegen aufklären (§ 20 SGB X) und die objektive Beweislast liegt bei ihr.[1710]

1708 *Mitsch*, JR 2013, S. 351 (356); *Winkelbauer*, wistra 1988, S. 16 (18).
1709 Gagel/*Winkler*, § 159 SGB III, Rdnr. 109.
1710 Gagel/*Winkler*, § 159 SGB III, Rdnr. 200.

Selbst wenn es der Arbeitnehmer unterlässt, Kündigungsschutzklage zu erheben, führt dies zu keiner Sperrzeit.[1711] Kommt die Arbeitsagentur also im Rahmen der ihr selbst obliegenden, eigenständigen Prüfung zu dem Ergebnis, dass keine wirksame verhaltensbedingte Kündigung vorliegt, wird sie keine Sperrfrist erteilen, selbst wenn der Arbeitnehmer die rechtswidrige Kündigung klaglos hingenommen hat. Und sogar wenn der Arbeitnehmer eine Sperrfrist erhalten sollte, bleibt ihm immer noch die Möglichkeit, die Grundsicherung nach dem SGB II zu beantragen. In diesem Kontext stellt – anders als bei der Sperrfrist – das Veranlassen einer verhaltensbedingten Kündigung auch keine Pflichtverletzung nach § 31 Abs. 1 Nr. 2 SGB II dar,[1712] die zu einer 30%igen Leistungskürzung nach § 31a Abs. 1 S. 1 SGB II führen würde. Im schlimmsten Fall muss sich der Arbeitnehmer also mit dem vollen Grundsicherungsbetrag begnügen, der zumindest konzeptionell ausreichen sollte, um das Existenzminimum abzudecken.[1713] Dementsprechend ist die Feststellung, dass niemand verhungern muss, weil er seinen Arbeitsplatz verliert, durchaus richtig. Abgesehen davon, dass dies allein den materiellen Aspekt von Arbeit betrifft, führt aber der Rückschritt zu Hartz IV zu erheblichen Einschränkungen im bisherigen Lebensstandard. Man denke etwa an das Familienheim, dessen Kredit nicht mehr getilgt werden kann, oder die Ausbildung für die Kinder, die nicht mehr bezahlt werden kann. Inwieweit dies normativ dazu führen darf, in fremde Interessen einzugreifen, um die eigenen zu retten, ist damit freilich noch nicht entschieden. Dies ist eben gerade erst durch Abwägung zu ermitteln. Allerdings erscheint es nicht richtig, eine mögliche Rechtfertigung allein aufgrund der Möglichkeit, Sozialleistungen zu beziehen, gänzlich auszuschließen. Der Verlust des regulären Einkommens kann für den Einzelnen eine erhebliche Härte darstellen. Dies soll aber erst später bei der „Individualisierung der Interessen" erörtert werden. Gleichwohl bleibt festzuhalten, dass durch Sozialleistungen ein wesentlicher Teil der materiellen Not abgewendet und verhindert werden kann, was in der Interessenabwägung zulasten des Erhaltungsinteresses „Arbeitsplatz" ausschlägt. Man sollte bei dieser Überlegung aber zumindest im Hinterkopf behalten, dass auch auf diese Weise mittelbar ein Eingriff in die Ressourcen des Sozialstaats erfolgt, der sich nur eben auf sehr viele Schultern verteilt und für den einzelnen nicht spürbar wird.

1711 BSG NZA-RR 2003, 162 (163); NZA-RR 1997, 109; ErfK/*Rolfs*, § 159 SGB III, Rdnr. 9.

1712 Gagel/*Lauterbach*, § 31 SGB II, Rdnr. 54.

1713 Vgl. aber auch BVerfGE 125, 175 – Hartz IV zur (unzureichenden) Berechnung dieses Existenzminimums.

b) Quantifizierung bei der Notstandshilfe zugunsten fremder Arbeitsplätze

Wurde nun also versucht, den Wert des einzelnen Arbeitsplatzes etwas genauer zu bestimmen, stellt sich bei dem Erhalt fremder Arbeitsplätze die Frage, ob im Rahmen des Erhaltungsinteresses nur auf den einzelnen Arbeitsplatz abzustellen ist oder eine Addition der Einzelinteressen zulässig ist.

Nach überwiegender Ansicht soll hier bei mehreren betroffenen Rechtsgütern auf Erhaltungsseite eine Addition vorzunehmen sein.[1714] Nach anderer Ansicht soll eine solche Addition abzulehnen sein.[1715] Dies wirkt in der Tat zunächst überzeugend, wenn man den Notstandskonflikt als einen Fall individueller Not begreift. Dann kann es nur darauf ankommen, inwieweit dem *Einzelnen* ein so erheblicher (erheblich überwiegender) Schaden droht, dass er die Solidarität seines Mitbürgers verlangen kann.[1716] Für seine Bedürfnisse kommt es nicht darauf an, ob andere Arbeitsplätze auch noch betroffen sind. Trotzdem scheint dieses Argument nicht zwingend zu sein. Wenn man es aus der Perspektive des Duldungspflichtigen sieht, der ein Solidaritätsopfer erbringen soll, macht es keinen Unterschied, ob es um ein erheblich überwiegendes Einzelinteresse oder um jeweilige Einzelinteressen, die erst, aber auch immerhin in ihrer Summe wesentlich überwiegen, geht. Wenn durch einen einheitlichen Eingriff in meine Interessen, die Interessen mehrerer anderer Personen, die in ihrer Summe wesentlich überwiegen, gerettet werden können, gebietet es ein Mindestmaß an Solidarität ebenso, diesen Personen durch mein einheitliches Opfer zu helfen, wie einer Person gegenüber bei einem ihr individuell drohenden, erheblichen Schaden. Denn umgekehrt würde auch ich gerne als potentiell Berechtigter in einer solchen Situation von der Regelung des § 34 StGB profitieren. Es ist immer von Zufälligkeiten abhängig, ob auf Erhaltungsseite ein wesentlich überwiegendes Interesse streitet, daran ändert auch die Addition der Einzelinteressen verschiedener Personen nichts.[1717] Dementsprechend lässt sich eine Ordnungswidrigkeit

---

1714 So etwa *Lenckner,* Der rechtfertigende Notstand, 1965, S. 100; *Pawlik,* Der rechtfertigende Notstand, 2002, S. 167 f; *Jakobs,* Strafrecht, Allgemeiner Teil, 1993, Abschn. 13 Rdnr. 32; MüKo/*Erb,* § 34, Rdnr. 110; LK/*Zieschang,* § 34, Rdnr. 55; Matt/Renzikowski/*Engländer,* § 34, Rdnr. 26; für *Joerden,* GA 1993, S. 245 (Fn. 2) liegt es ohne weiteres auf der Hand, dass auf Erhaltungsseite eine Addition der Interessen vorzunehmen ist, was wohl auch seinem utilitaristischen Grundansatz geschuldet ist.

1715 NK/*Neumann,* § 34, Rdnr. 70 für die Eingriffs- wie auch für die Erhaltungsseite.

1716 So auch NK/*Neumann,* § 34, Rdnr. 70.

1717 Vgl. *Pawlik,* Der rechtfertigende Notstand, 2002, S. 168: „Für den begünstigten Rechtsgutsinhaber liegt darin einer jener glücklichen Zufälle, die auch eine normativierende Strafrechtswissenschaft anzuerkennen hat.“

oder Straftat tatsächlich umso leichter rechtfertigen, je mehr Arbeitsplätze damit erhalten werden sollen. Dem *BayObLG*[1718] ist entgegenzuhalten, dass dies vielleicht als Begleiterscheinung zu einer faktischen Bevorzugung größerer Betriebe führen mag; dies ist aber allein der Tatsache geschuldet, dass in diesen Fällen auch zahlenmäßig mehr Fälle individueller Not vorliegen. Das Unternehmen ist also kein Selbstzweck (außer vielleicht für seinen Inhaber), sondern es geht nur um Notstandshilfe für die betroffenen Arbeitnehmer. Richtigerweise sind mehrere bedrohte Arbeitsplätze also in ihrer Bedeutung als konkret betroffenen Erhaltungsinteresse also zu addieren.[1719]

c) Das Eingriffsinteresse

In gleicher Weise ist das Eingriffsinteresse in seiner konkreten Schutzwürdigkeit zu bestimmen, dies kann hier aber nicht allgemein und abstrakt für alle in Betracht kommenden Fallgestaltungen geleistet werden.

Immerhin wurde bereits klargestellt, dass die Abwägung mit bestimmten, insbesondere höchstpersönlichen Rechtsgütern schon aufgrund von deren abstraktem Rang nicht zugunsten des Interesses Arbeit ausfallen kann.[1720] Dort wurde auch schon für den einführenden Fall 3 eine Beurteilung der konkreten Schutzwürdigkeit für das Eingriffsgut „Rechtspflege" vorgenommen.

3. Grad der drohenden Gefahr

Der zweite im Gesetz genannte und wichtige Abwägungsfaktor ist der Grad der drohenden Gefahr. Zu untersuchen ist also, wie wahrscheinlich ein Schadenseintritt sowohl auf Seiten des Erhaltungsguts als auch auf Seiten des Eingriffsguts ist.[1721] Auch wenn die Größe der Gefährdung des Erhaltungsguts immer in Relation zur Größe der Rettungschance durch die Notstandshandlung zu setzen ist,[1722] soll der Übersichtlichkeit halber die Größe der Rettungschance als eigener Punkt unter 4. behandelt werden.

Das Erhaltungsinteresse ist umso schutzwürdiger, je größer die Bedrohung für es ist, also je mehr sich die Schadenswahrscheinlichkeit zu einer Schadensgewissheit verdichtet; auf Eingriffsseite kann die Notstandstat dagegen umso eher

---

1718 BayObLG NJW 1953, 1602 (1603).

1719 Im Ergebnis wie hier *Späth*, Rechtfertigungsgründe im Wirtschaftsstrafrecht, 2016, S. 160; a.A. aber *Brettel/Schneider*, Wirtschaftsstrafrecht, 2014, § 2 Rdnr. 123.

1720 Vgl. oben IV. 1. b.

1721 SK-StGB/*Günther*, § 34, Rdnr. 44.

1722 MüKo/*Erb*, § 34, Rdnr. 130; NK/*Neumann*, § 34, Rdnr. 80.

hingenommen werden, je geringer die Gefahr eines tatsächlich eintretenden Schadens oder Verletzungserfolges ist.[1723]

a) Grad der Gefahr für das Erhaltungsgut

In den Fällen, in denen der Arbeitgeber mit Kündigung und Entlassung droht, kann von einer sehr konkreten Gefahr ausgegangen werden. Die Chancen, eine Kündigung später vor dem Arbeitsgericht erfolgreich angreifen zu können, ändert nichts daran, dass sich die Gefahr dafür zunächst einmal faktisch realisieren müsste.

Der Grad der Gefahr dürfte insbesondere in Betrieben, in denen derartige Drohungspraktiken schon öfter in der Vergangenheit erfolgreich praktiziert wurden, größer sein. Ganz generell wird die Gefahr der rechtswidrigen Kündigung in Unternehmen größer sein, die regelmäßig Verstöße gegen arbeitsrechtliche Schutznormen begehen. Dies kann etwa durch Befragung des Gewerbeaufsichtsamtes abgeklärt werden.[1724]

Schwieriger stellt sich die Beurteilung dagegen bei allgemeiner wirtschaftlicher Misere dar. Geht es darum, dass ein Unternehmen nicht mehr rentabel produzieren kann, gestaltet sich die Prognose, ob, wann und wie viele Arbeitsplätze wegfallen, kompliziert. Werden etwa Steuern hinterzogen oder Sozialversicherungsbeiträge vorenthalten mit dem Argument, andernfalls wäre das Unternehmen zahlungsunfähig gewesen, muss damit noch nicht feststehen, dass in diesem Fall auch Arbeitsplätze (und vor allem nicht alle) weggefallen wären. So kann etwa selbst im Falle der Insolvenz das Unternehmen u.U. mit allen Angestellten fortgeführt werden. Trotzdem lehrt die Lebenserfahrung, dass – sofern Kosten eingespart werden müssen – meist Arbeitsplätze wegfallen. Je nach Größe der wirtschaftlichen Krise scheint es durchaus plausibel, dass einige, sofern die Existenz des ganzen Unternehmens auf dem Spiel steht auch alle, Arbeitsplätze wegfallen und damit in hohem Maße gefährdet sind. In diesen Fallgestaltungen würde es also – sofern die Rechtfertigung nicht bereits bei früheren Prüfungsschritten scheitert – insbesondere darum gehen, festzustellen, wie weit sich die wirtschaftliche Krise des Unternehmens schon zugespitzt hat.

1723 Matt/Renzikowski/*Engländer,* § 34, Rdnr. 28; Schönke/Schröder/*Perron,* § 34, Rdnr. 27.

1724 BayObLG NStZ-RR 1999, 312.

b) Grad der Gefahr für das Eingriffsgut

Auf der anderen Seite gilt wiederum, dass die Tat umso leichter zu rechtfertigen ist, je geringer die Gefahr für das Eingriffsgut ist. Daher können vor allem Taten, die lediglich zu einer abstrakten Gefahr für das geschützte Eingriffsgut führen, gerechtfertigt werden, wenn umgekehrt eine konkrete Gefahr für das Erhaltungsgut droht, selbst wenn dieses abstrakt weniger wiegt.[1725] So soll etwa eine abstrakt gesundheitsgefährliche Umweltstraftat zu rechtfertigen sein, wenn sie einen so gut wie sicheren Vermögensverlust durch Konkurs abwende.[1726] Auch *Maiwald*[1727] zieht in Erwägung, dass der drohende Arbeitsplatzverlust einen Verstoß gegen Sorgfaltspflichten im Verkehr (wie im Leinenfänger-Fall) nach § 34 StGB rechtfertigen könne, wenn die Gefahr eines Unfalls ganz gering wäre und die drohenden Schäden nur wenig erheblich wären.

Diese Überlegung gewinnt vor allem im Verkehrsordnungswidrigkeitenrecht große Bedeutung.[1728] Auch das Ordnungswidrigkeitenrecht bezweckt Rechtsgüterschutz;[1729] insbesondere im Bereich des Straßenverkehrs umschreiben die Ordnungswidrigkeitentatbestände Verhaltensweisen, deren materieller Unrechtsgehalt (zumindest auch) in der Gefährdung von Leben, Leib, Gesundheit und Eigentum liegt.[1730] Das bedeutet, dass es prinzipiell um gleich bedeutsame Schutzobjekte gehen kann wie im Strafrecht. Trotzdem kann die Schaffung solcher Gefahren auch zum Schutz von Sachwerten gerechtfertigt sein, wie sich aus der Wertung des § 38 Abs. 1 StVO ergibt, der die Verwendung von Blaulicht

---

1725 MüKo/*Erb*, § 34, Rdnr. 134; NK/*Neumann*, § 34, Rdnr. 81; Schönke/Schröder/*Perron*, § 34, Rdnr. 28; *Roxin*, Strafrecht Allgemeiner Teil, Bd. 1, 2006, § 16 Rdnr. 43; LK/*Zieschang*, § 34, Rdnr. 60; dies dürfte auch der gesetzgeberischen Intention entsprechen, betont doch die Begründung des E 1962, dass „das Interesse, eine unmittelbar drohende Verletzung von Einzelpersonen abzuwenden, es rechtfertigen [werde], einer zur Verhütung abstrakter Gefahren ergangenen Vorschrift, selbst wenn sie [...] höheren Werten als dem Schutz einer Einzelperson dient, zuwiderzuhandeln" (BT-Drs. IV/650, S. 159).

1726 *Kühl*, Strafrecht. Allgemeiner Teil, 2017, § 8 Rdnr. 116.

1727 *Maiwald*, in: Albrecht/Ehlers/Lamott u. a. (Hrsg.): FS Schüler-Springorum, 1993, S. 475 (484).

1728 *Kühl*, Strafrecht. Allgemeiner Teil, 2017, § 8 Rdnr. 118; *Roxin*, Strafrecht Allgemeiner Teil, Bd. 1, 2006, § 16 Rdnr. 43.

1729 *Roxin*, Strafrecht Allgemeiner Teil, Bd. 1, 2006, § 2 Rdnr. 62.

1730 *Cramer*, Grundbegriffe des Rechts der Ordnungswidrigkeiten, 1971, S. 62; *Günther*, in: Sieber/Dannecker/Kindhäuser u. a. (Hrsg.): FS Tiedemann, 2008, S. 165 (168); *Mitsch*, Recht der Ordnungswidrigkeiten, 2005, § 3 Rdnr. 9; *Roxin*, Strafrecht Allgemeiner Teil, Bd. 1, 2006, § 2 Rdnr. 131.

und Einsatzhorn nicht nur zur Rettung von Menschenleben, sondern auch zur Erhaltung „bedeutender Sachwerte" zulässt.[1731]

Dies ergibt sich daraus, dass sich Ordnungswidrigkeiten meist hinsichtlich des Grades der drohenden Gefahr von den Straftaten unterscheiden. Ordnungswidrigkeiten sind zu allermeist als schlichte Tätigkeits- und abstrakte Gefährdungsdelikte ausgestaltet,[1732] sodass die tatbestandliche Beeinträchtigungsintensität geringer ist als in Fällen konkreter Gefährdung oder gar Verletzung. Das tatbestandliche Verhalten ist erfahrungsgemäß generell gefährlich für Rechtsgüter, weswegen der Gesetzgeber es unabhängig von einem Gefahren- oder Verletzungserfolg unter Strafe gestellt hat;[1733] der Rechtsgüterschutz wird quasi vorverlagert.[1734] Das zu schützende Rechtsgut ist in diesen Tatbeständen nicht einmal mehr genannt, sondern nur noch gesetzgeberisches Motiv bei der Schaffung des Tatbestandes.[1735] Regeln, die Geschwindigkeitsverstöße oder Trunkenheitsfahrten verbieten, folgen zwar der Erkenntnis, dass zu schnelles oder betrunkenes Fahren typischerweise Gefahren für Leib und Leben anderer Verkehrsteilnehmer mit sich bringt, weswegen solche Verhaltensweisen aus generalpräventiven Gründen „absolut tabuisiert" werden sollen;[1736] trotzdem kommt es bei solch ordnungswidrigem Verhalten tatsächlich meist zu keiner konkreten Gefährdung oder Schädigung. Dem entspricht es, wenn man Ordnungswidrigkeiten als „Delikte ohne unmittelbar verletztes Opfer"[1737] bezeichnet. Das bedeutet, dass es – wenn der Täter aus seiner Notlage heraus solch ein lediglich abstrakt gefährliches Verhalten ausübt – kein duldungspflichtiges Individuum gibt, das ein konkretes Solidaritätsopfer erbringen müsste. Und das spricht wiederum dafür, dass man in solchen Situationen wesentlich eher Solidarität mit dem Täter üben kann, als wenn es einen Verletzten oder auch nur konkret Gefährdeten gibt.[1738]

1731 *Dencker,* JuS 1979, S. 779 (780).

1732 KK-OWiG/*Mitsch,* Einl., Rdnr. 114; *Weber,* ZStW 96 (1984), S. 376 (396); LK/*Weigend,* Einl, Rdnr. 20.

1733 Schönke/Schröder/*Eisele,* Vorbem. §§ 13 ff., Rdnr. 129; *Jescheck/Weigend,* Lehrbuch des Strafrechts, 1996, § 26 II 2; *Roxin,* Strafrecht Allgemeiner Teil, Bd. 1, 2006, § 10 Rdnr. 124, § 11 Rdnr. 153; LK/*Weigend,* Einl, Rdnr. 9.

1734 Göhler/*Gürtler,* Vor § 1, Rdnr. 7.

1735 *Roxin,* Strafrecht Allgemeiner Teil, Bd. 1, 2006, § 2 Rdnr. 68.

1736 *Roxin,* Strafrecht Allgemeiner Teil, Bd. 1, 2006, § 11 Rdnr. 160.

1737 *Günther,* in: Sieber/Dannecker/Kindhäuser u. a. (Hrsg.): FS Tiedemann, 2008, S. 165 (168); zust. KK-OWiG/*Mitsch,* Einl., Rdnr. 115.

1738 Anerkannt ist jedenfalls, dass die Begehung eines abstrakten Gefährdungsdelikts deutlich leichter gerechtfertigt werden kann als die eines konkreten Gefährdungs- oder Verletzungsdelikts, vgl. nur Schönke/Schröder/*Perron,* § 34, Rdnr. 28 m.w.N.

Folgerichtig ist auch anerkannt, dass selbst eine strafbare Trunkenheitsfahrt nach § 316 StGB gerechtfertigt sein kann, wenn es um die Rettung von Leib oder Leben eines Menschen geht und nach den Umständen des Einzelfalls eine konkrete Gefährdung anderer Verkehrsteilnehmer aus ex ante-Sicht nach objektiver Betrachtung unwahrscheinlich ist.[1739] Für diese Prognose kommt es auf Kriterien wie etwa Grad der Alkoholisierung, Art und Länge der Fahrtstrecke, Verkehrslage oder die Sichtverhältnisse an.[1740] Hier steht die lediglich abstrakte Gefährdung anderer Verkehrsteilnehmer einer ganz konkreten Gefahr für eine bestimmte Person gegenüber. Wegen der objektiven ex ante-Betrachtung kommt es dementsprechend auch nicht darauf an, ob es aus ex post-Betrachtung doch zu einer konkreten Gefährdung anderer kam.[1741]

Dies bedeutet etwa konkret für den einführenden Fall 1: A begeht tatbestandlich eine Ordnungswidrigkeit nach § 8a Abs. 2 Nr. 1 FPersG i.V.m. Art. 6 VO (EG) Nr. 561/2006, indem er vorsätzlich seine Lenkzeiten überschreitet. Schon ausweislich der Erwägungsgründe soll die Verordnung die allgemeine Straßenverkehrssicherheit erhöhen, insbesondere übermüdungsbedingte Unfälle verhindern; daneben soll sie die sozialen Bedingungen für Berufskraftfahrer verbessern.[1742] Durch die Begehung der Ordnungswidrigkeit drohen also allenfalls abstrakte Gefahren für Leib, Leben und Eigentum anderer Verkehrsteilnehmer. Gleichwohl kommt es entscheidend darauf an, ob aus objektiver ex ante-Sicht trotzdem eine konkrete Gefährdung anderer Verkehrsteilnehmer nahelag (über ein allgemeines Unfallrisiko hinaus, das im Straßenverkehr immer besteht). Dies dürfte im Fall auszuschließen sein: A hatte seine Lenkzeiten gerade erschöpft, sodass er die zulässige Grenze nur um die 45 Minuten der Fahrt überschreitet. 50 Kilometer sind für die sonstigen Strecken eines Berufskraftfahrers auch keine besonders weite Distanz. Zudem wählt A extra eine wenig befahrene Strecke,

---

1739 Matt/Renzikowski/*Engländer,* § 34, Rdnr. 28; MüKo/*Erb,* § 34, Rdnr. 134; *Lenckner,* GA 1985, S. 295 (297 f.); NK/*Neumann,* § 34, Rdnr. 81; Schönke/Schröder/*Perron,* § 34, Rdnr. 28; SSW-StGB/*Rosenau,* § 34, Rdnr. 27; *Rosenkötter/Louis,* Das Recht der Ordnungswidrigkeiten, 2011, Rdnr. 155; *Roxin,* Strafrecht Allgemeiner Teil, Bd. 1, 2006, § 16 Rdnr. 43 ff.; BayObLG NJW 2000, 888; OLG Köln NStZ 2006, 526 (527).

1740 MüKo/*Erb,* § 34, Rdnr. 133; NK/*Neumann,* § 34, Rdnr. 81; Schönke/Schröder/*Perron,* § 34, Rdnr. 28; vgl. auch BayObLG NJW 1991, 1626 (1627); KK-OWiG/*Rengier,* § 16 OWiG, Rdnr. 33 ff.

1741 *Kühl,* Strafrecht. Allgemeiner Teil, 2017, § 8 Rdnr. 117; NK/*Neumann,* § 34, Rdnr. 81; KK-OWiG/*Rengier,* § 16 OWiG, Rdnr. 35.

1742 Vgl. auch Erbs/Kohlhaas/*Häberle,* Vor Art. 1 VO (EG) 561/2006, Rdnr. 3.

was die Gefahr eines Unfalls weiter verringert. Demgegenüber droht für A ganz konkret die Entlassung.

Wo rein formale Ordnungsverstöße in Rede stehen, kann eine Rechtfertigung ebenfalls großzügiger erfolgen, weil hier keine nennenswerte Gefahrensteigerung für Individualinteressen eintritt.[1743] Wird etwa dem Arbeitnehmer, dem seine Fahrerlaubnis entzogen wurde, die Kündigung angedroht für den Fall, dass er sich weigere, eine kurze Kurierfahrt mit dem Auto zu unternehmen, so ist das Fahren zwar nach § 21 Abs. 1 Nr. 1 StVG strafbar; solange der Fahrer aber tatsächlich fahrtüchtig ist, droht niemandem eine (über das normale Verkehrsrisiko hinausgehende) Gefahr. Hier wird also im Regelfall eine Rechtfertigung in Betracht kommen.[1744]

4. Größe der Rettungschance

Wurde bereits bei der Geeignetheit der Notstandshandlung festgestellt, dass dem Duldungspflichtigen sinnlose Opfer erspart werden sollen, geht es nun bei der Interessenabwägung darum, dass das Solidaritätsopfer dem Eingriffsadressaten umso eher zumutbar ist, je größer die Rettungschance für das Erhaltungsgut ist. Je sicherer die Rettung des Erhaltungsinteresses durch den Eingriff ist, desto eher kann dieser gerechtfertigt werden; wo nur geringe Rettungschancen bestehen, muss auch mit der Eingriffsbefugnis sehr zurückhaltend umgegangen werden.[1745]

An dieser Stelle drängt sich der Unterschied zwischen den Nötigungskonstellationen und den übrigen Fällen wirtschaftlicher Not auf.

a) Die Nötigungskonstellationen

Rührt die Gefahr für den Arbeitsplatz von der Kündigungsdrohung des Arbeitgebers her, kann der Arbeitnehmer diese Gefahr mit an Sicherheit grenzender Wahrscheinlichkeit ausräumen, indem er der Weisung nachkommt. Seine Rettungschance ist damit sehr hoch. Ob es möglicherweise am nächsten Tag wieder zu derselben Nötigungssituation kommt, also letztendlich doch keine langfristige

1743 MüKo/*Erb*, § 34, Rdnr. 136.

1744 So wohl auch MüKo/*Erb*, § 34, Rdnr. 136; OLG Düsseldorf v. 10.12.1975 – 2 Ss 993/75 (VM 1976, 27) sah jedenfalls ein Fahren ohne Fahrerlaubnis zur Verteidigung des Eigentums (Vertreibung von Dieben) als gerechtfertigt an.

1745 MüKo/*Erb*, § 34, Rdnr. 130; *Kühl*, Strafrecht. Allgemeiner Teil, 2017, § 8 Rdnr. 123; Schönke/Schröder/*Perron*, § 34, Rdnr. 29; SSW-StGB/*Rosenau*, § 34, Rdnr. 28; *Wessels/Beulke/Satzger*, Strafrecht Allgemeiner Teil, 2016, Rdnr. 459; LK/*Zieschang*, § 34, Rdnr. 66.

Sicherung erreichbar ist, spielt für die Rechtfertigung der jetzt konkret in Rede stehenden Ordnungswidrigkeit oder Straftat keine Rolle. Denn die konkret jetzt drohende Kündigung kann nun einmal abgewendet werden.

b) Die übrigen Fälle

Erwartungsgemäß schwieriger zu beurteilen sind die Fälle wirtschaftlichen Zwangs, in denen der wirtschaftlich bedingte Abbau von Arbeitsplätzen droht. In diesen Fällen werden oftmals schon Geeignetheit und Erforderlichkeit der Notstandshandlung zu verneinen sein.[1746] Mögen in diesem Fall das Vorenthalten von Sozialversicherungsbeiträgen nach § 266a StGB und die Hinterziehung von Einkommens- oder Körperschaftssteuer nach § 370 AO vielleicht noch geeignet sein, den kurzfristigen Eintritt der (tatsächlichen) Zahlungsunfähigkeit abzuwenden, so wird es damit doch mittel- und langfristig zu keiner Sanierung und damit einer echten Rettung des Unternehmens kommen. Die Schuldenlast wird schließlich nicht verringert, sondern bestehende Zahlungspflichten nur eigenmächtig hinausgeschoben; zudem drohen bei Aufdeckung der Taten hohe Nachzahlungen und zusätzliche Sanktionen, die das Unternehmen erst recht in wirtschaftliche Schwierigkeiten bringen würden.

Im einführenden Fall 4 etwa kann zwar L durch die Freigabe des Duftsprays seinen Arbeitsplatz zunächst hinsichtlich der Entlassungs*drohung* relativ sicher retten, indem er der Forderung des Vorstandes nachkommt; diesbezüglich ist die Rettungschance sehr hoch (die Interessenabwägung scheitert indessen daran, dass aus ex ante-Sicht eines objektiven Beobachters mit dem Wissen des L eine Gefährdung der Gesundheit [also eines hochrangigen Rechtsguts] von Benutzern des Duftsprays nicht ausgeschlossen werden kann). Daneben droht die Gefahr für den Arbeitsplatz aber auch wegen des fraglichen wirtschaftlichen Fortbestandes des Unternehmens. Diesbezüglich ist aber weder für L noch für den Vorstand aus ex ante-Perspektive sicher zu erwarten, dass die Markteinführung des Duftsprays das Unternehmen wirtschaftlich tatsächlich retten wird. Es ist vollkommen unsicher, wie gut sich der Spray überhaupt verkauft und welche Einnahmen damit erzielt werden können. Insbesondere bei unausgereiften oder gar schädlichen Produkten ist vielmehr sogar ein zusätzlicher Schaden für das betroffene Unternehmen zu erwarten. Für eine derart vage Hoffnung darf aber nicht die Gesundheit anderer riskiert werden.

An dieser Stelle wird die Interessenabwägung also in aller Regel zulasten des Interesses „Erhalt von Arbeitsplätzen" gehen, weil die Rettungschance doch so

1746 Vgl. dazu oben III. 2.

gering ist, dass andere Abwägungsfaktoren kaum mehr zu einem wesentlichen Überwiegen werden führen können.

5. Gefahrtragungspflichten und Vorverschulden

Ein weiterer Gesichtspunkt der Abwägung ist, ob der Täter eine besondere Rechtspflicht hat, erhöhte Gefahren zu tragen, oder ihm ein Vorverschulden hinsichtlich der Notstandslage zur Last fällt. Der in § 35 Abs. 1 S. 2 StGB für den entschuldigenden Notstand ausdrücklich geregelte Gesichtspunkt lässt sich auf § 34 StGB übertragen und im Rahmen der Abwägung berücksichtigen.[1747] Primär angesprochen sind damit Angehörige bestimmter Berufsgruppen, wie etwa Feuerwehrleute oder Polizisten,[1748] aber auch Garanten.[1749]

Gleichwohl könnte man argumentieren, dass es sich beim Arbeitsverhältnis um eine vertragliche Bindung handle, der Arbeitnehmer sich seinen Arbeitgeber also bewusst ausgesucht habe, und dann eben auch mit den Konsequenzen leben müsse, die sich aus seiner Wahl ergeben.[1750] Dementsprechend sind die Arbeitnehmer an das wirtschaftliche Schicksal ihres Unternehmens gebunden; geht dieses in die Insolvenz oder muss es wirtschaftlich bedingt Arbeitsplätze abbauen, müssen die Arbeitnehmer dieses Risiko hinnehmen; dass dies so ist, bestätigen die Regelungen des KSchG: Arbeitnehmer können gem. § 1 Abs. 2 S. 1 Alt. 3 KSchG (unter Berücksichtigung der Sozialauswahl) jederzeit betriebsbedingt gekündigt werden. Können sie also nicht mehr wirtschaftlich beschäftigt werden, müssen sie gehen. Diese Wertung darf nicht umgangen werden, indem der Arbeitsplatz freihändig über § 34 StGB gerettet würde. Selbst bei Massenentlassungen sehen die §§ 17 ff. KSchG zwar bestimmte Anzeigepflichten vor, dies ändert aber nichts daran, dass die Kündigungen, soweit sie eben betriebsbedingt erforderlich sind, von den Betroffenen grundsätzlich hingenommen werden müssen.

Eine so verstandene Gefahrtragungspflicht geht allerdings nicht so weit, dass ein Arbeitnehmer auch rechtswidrige Drohungen seines Vertragspartners

---

1747 MüKo/*Erb*, § 34, Rdnr. 150; *Kühl*, Strafrecht. Allgemeiner Teil, 2017, § 8 Rdnr. 147; Schönke/Schröder/*Perron*, § 34, Rdnr. 34; *Roxin*, Strafrecht Allgemeiner Teil, Bd. 1, 2006, § 16 Rdnr. 65; *Wessels/Beulke/Satzger*, Strafrecht Allgemeiner Teil, 2016, Rdnr. 459; LK/*Zieschang*, § 34, Rdnr. 67.

1748 *Roxin*, Strafrecht Allgemeiner Teil, Bd. 1, 2006, § 16 Rdnr. 65 f.

1749 Für diese ist die erhöhte Gefahrtragungspflicht im Rahmen des § 34 StGB allerdings umstrittener, siehe dazu m.w.N. MüKo/*Erb*, § 34, Rdnr. 151.

1750 In diese Richtung dann auch tatsächlich *Späth*, Rechtfertigungsgründe im Wirtschaftsstrafrecht, 2016, S. 161.

aushalten müsste. Wo also der Arbeitgeber mit der Kündigung droht (und sei es auch nur eine betriebsbedingte, aber sozialwidrige), wird das vom Arbeitnehmer zu tragende Risiko überschritten. Dies deckt sich mit der Aussage für die klassischen Gefahrtragungspflichtigen (wie Feuerwehrmänner, Polizisten, Ärzte oder Richter), dass diese nur *berufstypische* Risiken in erhöhtem Maße zu tragen hätten.[1751] Dass das Unternehmen, in dem jemand arbeitet, am Markt nicht besteht, mag noch ein typisches Risiko eben des vom Arbeitnehmer bewusst eingegangenen Arbeitsverhältnisses sein, schließlich hat niemand ein Anrecht auf einen stets und dauerhaft solventen Vertragspartner; dass derselbe Arbeitnehmer aber mit dem Verlust des Arbeitsplatzes dazu genötigt wird, rechtswidrige Taten zu begehen, geht dagegen über dieses Risiko hinaus, weswegen es legitim ist, in einer solchen Situation Solidarität zu beanspruchen.

Das Risiko einer betriebsbedingten Kündigung soll nach der hiesigen Konzeption allerdings nicht als eine besondere Gefahrtragungspflicht verstanden werden, sondern erst im Anschluss unter 7. c. angesprochen werden, weil es sich dabei möglicherweise um einen Gesichtspunkt handelt, der nicht als *einer* von mehreren in der Interessenabwägung zu berücksichtigen ist, sondern die Interessenabwägung gänzlich verdrängen könnte.

Ein anderer Gesichtspunkt, unter dem der Notstandstäter gehalten sein kann, ein höheres Risiko auf sich zu nehmen, ist ein etwaiges Vorverschulden. So ist bei einer absichtlichen Herbeiführung der Notstandssituation eine Rechtfertigung gänzlich ausgeschlossen.[1752] Dies dürfte in den hier zu untersuchenden Fällen praktisch kaum vorkommen.

In Fällen einer sonst pflichtwidrig herbeigeführten Notstandslage herrscht heute weitgehende Einigkeit, dass die Berufung auf rechtfertigenden Notstand durch den Täter nicht gänzlich ausgeschlossen ist;[1753] trotzdem reduzieren sich seine Schutzwürdigkeit und seine Eingriffsbefugnisse im Rahmen der Interessenabwägung.[1754] Vor dem Hintergrund des Solidaritätsprinzips ist diese Lösung

---

1751 BGH NJW 1964, 730 (731); MüKo/*Erb*, § 34, Rdnr. 150; *Kühl*, Strafrecht. Allgemeiner Teil, 2017, § 8 Rdnr. 147; Schönke/Schröder/*Perron*, § 34, Rdnr. 34; SSW-StGB/*Rosenau*, § 34, Rdnr. 29; *Roxin*, Strafrecht Allgemeiner Teil, Bd. 1, 2006, § 16 Rdnr. 66.

1752 MüKo/*Erb*, § 34, Rdnr. 141; Matt/Renzikowski/*Engländer*, § 34, Rdnr. 37; *Kühl*, Strafrecht. Allgemeiner Teil, 2017, § 8 Rdnr. 142; *Küper*, Der „verschuldete" rechtfertigende Notstand, 1983, S. 33; krit. *Pawlik*, Der rechtfertigende Notstand, 2002, S. 294.

1753 NK/*Neumann*, § 34, Rdnr. 93; KK-OWiG/*Rengier*, § 16 OWiG, Rdnr. 50; *Roxin*, Strafrecht Allgemeiner Teil, Bd. 1, 2006, § 16 Rdnr. 60.

1754 BGH NJW 1989, 2479 (2481); *Bernsmann*, "Entschuldigung" durch Notstand, 1989, S. 395; G/J/W/*Dannecker*, § 34 StGB, Rdnr. 29; *Dencker*, JuS 1979, S. 779 (780);

folgerichtig: Das lediglich pflichtwidrige Herbeiführen der Notstandslage allein kann keinen gänzlichen Ausschluss des Solidaritätsanspruchs bewirken; trotzdem können Außenstehende in dem Maße weniger für die Gefahr und den Schaden verantwortlich gemacht bzw. in Anspruch genommen werden, in dem diese eben ihren Ursprung in der Sphäre des nun in Not Befindlichen haben.[1755]

Dieser Gedanke kann auch für die hiesige Untersuchung eine Rolle spielen, was folgendes Beispiel veranschaulichen möge:

Arbeitnehmer A ist im letzten Monat etliche Male zu spät zur Arbeit erschienen und ist deswegen auch schon abgemahnt worden. Als sein Chef, der Spediteur S, an einem Abend, an dem schon alle seine Fahrer ihre gesetzlich zulässigen Lenkzeiten erreicht haben, noch einen Fahrer für eine dringende Fuhre braucht, ruft er A an und befiehlt ihm, diese Fuhre zu übernehmen. A hat an diesem Abend zuhause bereits Alkohol konsumiert (BAK 0,8‰) und will deswegen nicht mehr fahren. Daraufhin droht ihm S die sofortige Kündigung an, schließlich könne er ihn wegen der wiederholten Verstöße gegen seine arbeitsvertraglichen Pflichten ohne Probleme kündigen. S hat sich gezielt A ausgesucht, weil ihm bewusst ist, dass er den A wegen der Möglichkeit, ihm zu kündigen, in der Hand hat.

In diesem Fall steht zwar wiederum das Interesse „Arbeitsplatz" auf Seiten des A auf dem Spiel, das an sich gegenüber dem Interesse an der Sicherheit des Straßenverkehrs mit den lediglich abstrakten Gefahren für Individualrechtsgüter höher wiegt. Trotzdem ist hier auch die konkrete Schutzwürdigkeit des Interesses miteinzubeziehen, für das die (Mit-)Verschuldung der Notstandslage eine Rolle spielt. A hat sich durch seine arbeitsvertraglichen Pflichtverstöße selbst in die Zwangslage gebracht, dass S ihn wegen eines verhaltensbedingten Grundes kündigen könnte. Hätte A sich dagegen zuvor pflichtgemäß verhalten, hätte S nicht das Drohpotential der „offiziell rechtmäßigen" Kündigung. Dass A nun in der Gefahr des Arbeitsplatzverlustes schwebt, hat er sich also auch selbst zuzuschreiben. Wenn S den A ohnehin rechtmäßig kündigen könnte, ist

---

MüKo/*Erb*, § 34, Rdnr. 142; *Jescheck/Weigend*, Lehrbuch des Strafrechts, 1996, § 33 IV 3 c; *Kühl*, Strafrecht. Allgemeiner Teil, 2017, § 8 Rdnr. 142; NK/*Neumann*, § 34, Rdnr. 95; Schönke/Schröder/*Perron*, § 34, Rdnr. 42; KK-OWiG/*Rengier*, § 16 OWiG, Rdnr. 54; LK/*Zieschang*, § 34, Rdnr. 70; Matt/Renzikowski/*Engländer*, § 34, Rdnr. 37 will in diesen Fällen eine Rechtfertigung nur zum Schutz gegen Lebensgefahren und Gefahren einer gravierenden Gesundheits- oder Freiheitsbeeinträchtigung zulassen.

1755 So etwa auch Matt/Renzikowski/*Engländer*, § 34, Rdnr. 37; NK/*Neumann*, § 34, Rdnr. 95.

nicht einzusehen, warum fremde Personen gefährdet werden sollten, um dieses Arbeitsverhältnis zu erhalten.

In Fällen allgemeiner wirtschaftlicher Not werden die schlechte Situation des Unternehmens und die damit einhergehende Gefährdung der dortigen Arbeitsplätze oftmals auch auf einem Verschulden der Unternehmensleitung beruhen. Ein solches Verschulden kann indes nur das Erhaltungsinteresse des Betriebsinhabers an seinem Unternehmen mindern. Bezüglich der betroffenen Arbeitsplätze handelt es sich um Notstandshilfe.[1756] Hierbei gilt aber, dass dem in Not Befindlichen ein Verschulden seines Notstandshelfers grundsätzlich nicht schadet.[1757] Sein Solidaritätsanspruch und seine Not werden nicht weniger gewichtig, weil sich ein anderer pflichtwidrig verhalten hat. Der Wert des Arbeitsplatzes des einzelnen Beschäftigten wird also zunächst nicht weniger wert, nur weil die Unternehmensleitung schlecht wirtschaftet. Allerdings gilt dies richtigerweise nur für ein Verschulden, das sich der in Not Befindliche nicht zurechnen lassen muss. Wann er sich ein solches Verschulden zurechnen lassen muss, ist umstritten. Überwiegend wird faktisch darauf abgestellt, dass der Hilfsperson die Kompetenz zur Eingehung einer Notstandsgefahr übertragen wurde.[1758]

Dementsprechend kann man hier argumentieren: Die Arbeitnehmer binden sich mit Abschluss des Arbeitsvertrages bewusst an das arbeitgebende Unternehmen. Sie wissen, dass sie und ihre Arbeitsplätze vom wirtschaftlichen Erfolg des Unternehmens abhängig sind. Für dessen Geschäftsführung sind aber andere Personen zuständig, in deren Hände sie wohl oder übel ihr wirtschaftliches Schicksal legen müssen. Wie bereits oben bei den Gefahrtragungspflichten angesprochen, sind die Arbeitnehmer eben mit dem wirtschaftlichen Schicksal ihres Arbeitgebers notwendig verbunden. Dessen Misere wird zu ihrer eigenen. Hat also beispielsweise ein Unternehmer durch unordentliche Buchführung dazu beigetragen, dass etliche Forderungen nicht mehr nachvollzogen und geltend gemacht werden können und droht deswegen nun die Insolvenz, mindert dieses Verschulden der Unternehmensleitung auch die konkrete Schutzwürdigkeit der Arbeitsplätze der Angestellten.

1756 Siehe dazu bereits oben I. 6.

1757 Matt/Renzikowski/*Engländer*, § 34, Rdnr. 38; MüKo/*Erb*, § 34, Rdnr. 140; *Kühl*, Strafrecht. Allgemeiner Teil, 2017, § 8 Rdnr. 146; NK/*Neumann*, § 34, Rdnr. 97; KK-OWiG/*Rengier*, § 16 OWiG, Rdnr. 56; *Roxin*, Strafrecht Allgemeiner Teil, Bd. 1, 2006, § 16 Rdnr. 62.

1758 *Küper*, Der „verschuldete" rechtfertigende Notstand, 1983, S. 151 ff; KK-OWiG/*Rengier*, § 16 OWiG, Rdnr. 56; *Roxin*, Strafrecht Allgemeiner Teil, Bd. 1, 2006, § 16 Rdnr. 63; a.A. *Dencker*, JuS 1979, S. 779 (781): § 278 BGB analog.

Auch an diesem Punkt zeigt sich wieder, dass Unternehmensrettungen, die infolge mangelnder Wettbewerbsfähigkeit notwendig werden, nur in den allerseltensten Fällen ein Fall für § 34 StGB sind. Dieser Gesichtspunkt ist zudem eng verzahnt mit dem unter 7. folgenden Abschnitt über Insolvenzverfahren und betriebsbedingte Kündigung.

6. Individualisierung der Interessen

Ein nächster Schritt in der Interessenabwägung, der eng mit der Feststellung der Größe der konkret drohenden Rechtsgutsverletzung zusammenhängt, der Übersichtlichkeit halber aber als eigener Punkt besprochen werden soll, ist die Individualisierung der betroffenen Interessen.[1759] Es geht also darum festzustellen, ob das betroffene Interesse (auf Erhaltungs- wie auch Eingriffsseite) für seinen Inhaber einen besonderen Wert hat, sodass ihn der Verlust dieses Interesses besonders hart treffen würde. Dies resultiert daraus, dass die Rechtsordnung Rechtsgüter gerade auch in ihrer Zuordnung zu ihren Trägern schützt.[1760] Zudem folgt dies aus der Begründung des Notstandes mit dem Solidaritätsprinzip. Damit ist aber auch klar, dass es nicht um ein reines Affektionsinteresse gehen kann, sondern nur um eine Bedeutung, die die Rechtsordnung nach objektiven Maßstäben anerkennen kann.[1761] Das klassische Beispiel ist die Rettung des Manuskripts einer Doktorarbeit, deren maßgeblicher Wert in ihrem geistigen Gehalt liegt, wohingegen sich das Erhaltungsinteresse auf den Wert des Papiers beschränken würde, wenn eine Zweitschrift existieren würde.[1762] Im Folgenden sollen einige Kriterien angesprochen werden, mittels derer der individuelle Wert des

1759 Matt/Renzikowski/*Engländer,* § 34, Rdnr. 29; MüKo/*Erb,* § 34, Rdnr. 137; *Kühl,* Strafrecht. Allgemeiner Teil, 2017, § 8 Rdnr. 159; *Lenckner,* Der rechtfertigende Notstand, 1965, S. 98 ff.; NK/*Neumann,* § 34, Rdnr. 82; Schönke/Schröder/*Perron,* § 34, Rdnr. 33; *Roxin,* Strafrecht Allgemeiner Teil, Bd. 1, 2006, § 16 Rdnr. 71; die individuelle Bedeutung erkennt auch *Pawlik,* Der rechtfertigende Notstand, 2002, S. 165 Fn. 61 an, allerdings im Rahmen der Erheblichkeit des drohenden Schadens als Eingangsschwelle für die Notstandsbefugnis überhaupt; gegen Berücksichtigung aber *Renzikowski,* Notstand und Notwehr, 1994, S. 63 f.

1760 MüKo/*Erb,* § 34, Rdnr. 138; *Lenckner,* GA 1985, S. 295 (311); Schönke/Schröder/*Perron,* § 34, Rdnr. 33.

1761 MüKo/*Erb,* § 34, Rdnr. 138; *Kühl,* Strafrecht. Allgemeiner Teil, 2017, § 8 Rdnr. 159; Schönke/Schröder/*Perron,* § 34, Rdnr. 33; *Roxin,* Strafrecht Allgemeiner Teil, Bd. 1, 2006, § 16 Rdnr. 71.

1762 MüKo/*Erb,* § 34, Rdnr. 138; NK/*Neumann,* § 34, Rdnr. 82; *Roxin,* Strafrecht Allgemeiner Teil, Bd. 1, 2006, § 16 Rdnr. 71.

Arbeitsplatzes unter objektiven Maßstäben berücksichtigt werden kann. Dass dies prinzipiell möglich ist, zeigt bereits § 1 Abs. 3 S. 1 KSchG, der die Dauer der Betriebszugehörigkeit, das Lebensalter, die Unterhaltspflichten und die Schwerbehinderung der Arbeitnehmer als Kriterien benennt, anhand derer im Rahmen der Sozialauswahl bei betriebsbedingter Kündigung zu ermitteln ist, wie sehr die einzelnen Arbeitnehmer auf den Arbeitsplatz angewiesen sind. Diese Kriterien eignen sich selbstverständlich auch hervorragend für die strafrechtliche Bestimmung des konkreten Erhaltungsinteresses. Darüber hinaus können einige Aspekte zum Tragen kommen, die bereits in Teil B III. bei den Faktoren, die die individuellen Auswirkungen der Arbeitslosigkeit betreffen, erwähnt wurden.

a) Substituierbarkeit durch andere Vermögensquellen

Ähnlich zu dem bereits oben angesprochenen Punkt, ob eine anderweitige Arbeitsstelle verfügbar ist,[1763] kann man zunächst fragen, ob zumindest der materielle Aspekt des Erhaltungsinteresses des Arbeitnehmers substituierbar ist. Es geht also darum, wie sehr er auf das Arbeitseinkommen angewiesen ist. Verfügt der Arbeitnehmer über umfassende Ersparnisse, auf die er zur Bestreitung seines Lebensunterhalts zurückgreifen kann, wiegt sein persönlicher Schaden deutlich weniger, als wenn der Arbeitslohn seine einzige Geldquelle ist. Gleiches kann für einen Arbeitnehmer gelten, der zusätzliche Einkünfte aus freiberuflicher Tätigkeit erzielt und problemlos von dieser Einkommensart leben kann. Solche Voraussetzungen werden aber wohl die wenigsten Arbeitnehmer, die in eine Nötigungssituation kommen, mitbringen. Bereits oben wurde darauf hingewiesen, dass eine gewisse Substitution immer durch staatliche Sozialleistungen möglich ist. Trotzdem bedeutet dies mitunter erhebliche finanzielle Einbußen (von den sozialen und psychischen Auswirkungen einmal abgesehen). Es kann nicht nur eine Einschränkung des Lebensstils bedeuten, sondern auch zum faktischen Verlust wichtiger Güter führen: So kann es beispielsweise sein, dass der Arbeitnehmer seinen Hauskredit nicht mehr weiterbezahlen kann und seinen Wohnraum verliert. Mit der Grundsicherung für Arbeitssuchende, die etwa für einen Alleinstehenden gem. § 20 Abs. 2 S. 1 SGB II 364 Euro beträgt, lässt sich überleben, der bisherige Lebensstandard aber sicher nicht halten. Aber selbst bei Bezug von Arbeitslosengeld reduziert sich die Einkommenshöhe erheblich, da der allgemeine Leistungssatz lediglich 60 Prozent (bzw. 67 Prozent beim erhöhten Leistungssatz) des pauschalierten Nettoentgelts beträgt (§ 149 SGB III). Trotzdem kommt man nicht umhin, anzuerkennen, dass sich damit

1763 Dazu oben IV. 2. a. aa.

der materielle Aspekt des Arbeitsplatzverlustes vergleichsweise gut kompensieren lässt. Zugleich ist diese Kompensation aber in Dauer und Höhe begrenzt und kann so natürlich ein unbefristetes Arbeitsverhältnis nicht ersetzen. Und auch wenn es im Rahmen des Notstandes um einen Fall konkreter Not einer einzelnen Person geht und um den ihr drohenden Schaden, kann man doch mittelbar berücksichtigen, dass diese Kompensation schließlich zulasten der Allgemeinheit und der Solidargemeinschaft geht. Sie muss schließlich für die Sozialleistungen aufkommen. Überspitzt formuliert: Es kann sinnvoller sein, einen einzelnen, relativ gering wiegenden Eingriff insbesondere in Rechtsgüter der Allgemeinheit zuzulassen, wenn dadurch ein reguläres Beschäftigungsverhältnis gerettet wird, aus dem der Allgemeinheit weiterhin Steuern und Sozialversicherungsbeiträge zufließen, statt dass sie mit den Kosten der Arbeitslosigkeit belastet wird.

b) Arbeitsmarktchancen

Eng mit diesem Punkt hängt die Frage zusammen, wie leicht es für den von der drohenden Kündigung betroffenen Arbeitnehmer wäre, wieder eine neue Stelle zu erlangen. Dies wurde bereits oben angesprochen,[1764] lässt sich aber auch noch weiter auf den konkreten Einzelfall beziehen. So wird es für einen 60-Jährigen schwieriger sein, eine neue Beschäftigung zu finden als für einen 30-Jährigen. Eine Mutter mit zwei Kleinkindern wird sich schwerer tun, erneut eine (Teilzeit-) Beschäftigung zu finden, als eine kinderlose Frau. Ein Ingenieur ist derzeit gefragter als ein ungelernter Arbeiter. Gesundheitlich eingeschränkte Arbeitnehmer werden auch erhebliche Probleme haben, wieder in ein unbefristetes Arbeitsverhältnis zu kommen. Für einen solchen Arbeitnehmer hat es eine ganz andere Bedeutung, einen regulären Arbeitsplatz zu haben, als für einen gefragten und gesunden Ingenieur im besten Berufsalter.

c) Konkreter Kündigungsschutz

In gleicher Weise lässt sich an dieser Stelle berücksichtigen, wie ausgeprägt der Kündigungsschutz des konkret betroffenen Arbeitnehmers ist. Unterfällt er dem persönlichen und sachlichen Anwendungsbereich des KSchG, sind seine Chancen, die Kündigung erfolgreich vor Gericht anzufechten, wesentlich höher als bei einer reinen Missbrauchs- und Willkürkontrolle nach den §§ 138, 242 BGB, bei der der Arbeitgeber allerlei Kündigungsgründe vorschieben kann.

1764 Siehe oben IV. 2. a. aa.

d) Unterhaltspflichten

Ein weiteres mögliches Kriterium bei der Individualisierung ist das Vorhandensein von Unterhaltspflichten. Dies trägt auch dem Umstand Rechnung, dass auf Erhaltungsseite auch mittelbar betroffene Interessen miteinzubeziehen sind[1765] (konkret nämlich die der Unterhaltsberechtigten). Dass hier Unterhaltspflichten zu berücksichtigen sind, ergibt sich schon aus der gesetzgeberischen Wertung zum Pfändungsschutz bei Arbeitseinkommen. Hier zeigt § 850c Abs. 1 S. 2 ZPO, dass die Pfändungsfreigrenze für jede unterhaltsberechtigte Person steigt. Die gesetzliche Wertung zeigt, dass das Unterhaltsbedürfnis der Unterhaltsberechtigten anerkannt wird, auch wenn es dazu führt, dass der vollstreckende Schuldner in geringerem Maße befriedigt wird. Diese Wertung lässt sich auch auf den rechtfertigenden Notstand übertragen, denn auch hier geht es darum, inwieweit das Interesse des Arbeitnehmers an seinem Lohn den Vorrang vor anderen Interessen oder Rechtsgütern genießen kann. Und sein Lohninteresse darf als umso höherwertiger angesehen werden, je mehr Unterhaltspflichten er hat und je mehr Personen in ihrem Wohl von dem Einkommen abhängig sind.

e) Grad der Selbstverwirklichung

Schwieriger ist es, das immaterielle Interesse an der Arbeit zu individualisieren und dabei aber noch objektiv nachvollziehbare Maßstäbe zu geben. Die Frage, wie sehr etwa jemand „an seiner Arbeit hängt" entzieht sich einer rationalen, objektiv messbaren Beurteilung. Immerhin aber kann man versuchen, einzelne Berufsbilder zu identifizieren, innerhalb derer sich der Arbeitnehmer typischerweise mehr selbstverwirklicht als in anderen, mit anderen Worten: in denen der immaterielle Aspekt eine größere Rolle spielt. Während der Fließbandarbeiter in der Fabrik wohl hauptsächlich (wenn auch nicht ausschließlich!) arbeiten wird, weil er damit Geld verdient, wird für den Musiker oder Schauspieler der immaterielle Aspekt der Selbstverwirklichung deutlich mehr im Vordergrund stehen. Dies deckt sich mit der geschichtlichen Entwicklung des allgemeinen Beschäftigungsanspruchs: Dieser wurde zu Beginn für Arbeitnehmergruppen entwickelt, die ein besonderes Beschäftigungsinteresse geltend machen konnten, wie etwa Schauspieler im Rahmen eines Bühnenengagementvertrages.[1766] Es lässt sich

1765 Matt/Renzikowski/*Engländer*, § 34, Rdnr. 26; MüKo/*Erb*, § 34, Rdnr. 110; *Fischer*, § 34 Rdnr. 13; *Lenckner*, Der rechtfertigende Notstand, 1965, S. 100; NK/*Neumann*, § 34, Rdnr. 69; KK-OWiG/*Rengier*, § 16 OWiG, Rdnr. 26.

1766 *Reichold*, in: Richardi/Wlotzke/Wißmann u. a. (Hrsg.): Münchner Handbuch Arbeitsrecht, Bd. 1, 2009, § 84 Rdnr. 4.

durchaus objektiv nachvollziehen, dass gerade in den künstlerischen Berufen das immaterielle Interesse, sich darzustellen und seine Talente zu entfalten, oftmals wichtiger sein wird als der monetäre Aspekt. Dementsprechend kann für diese Personengruppen die finanzielle Entschädigung etwa durch Arbeitslosengeld den Arbeitsverlust nicht ausreichend kompensieren.

f) Zwischenergebnis

In diesem Abschnitt wurden einige mögliche Kriterien aufgezeigt, mit denen man versuchen kann, der einzelfallbezogenen Interessenabwägung im Rahmen des § 34 StGB gerecht zu werden. Es sollte zumindest deutlich geworden sein, dass der Wert eines Arbeitsplatzes nicht allein abstrakt betrachtet werden kann, sondern immer auf die Besonderheiten der einzelnen Arbeitsstelle, aber auch der Lebenssituation des einzelnen Arbeitnehmers einzugehen ist.

7. Abschließende Verfahrensregelungen

Oftmals bei der Angemessenheitsklausel, teilweise aber auch im Rahmen der Interessenabwägung wird angesprochen, dass eine Rechtfertigung nach § 34 StGB dort ausscheiden müsse, wo das Gesetz eine abschließende Verfahrensregelung oder abschließende Eingriffsbefugnisse bereitstelle. Dogmatisch kommt diesem Vorrang staatlicher Verfahren eine fundamentale Bedeutung zu, denn wo der Gesetzgeber bereits eine bestimmte, den Konfliktfall regelnde (Verfahrens-) Lösung geschaffen hat, fehlt es schon an einem „normativ beachtlichen Notstandskonflikt“[1767] zwischen den Bürgern. Der Gesetzgeber hat mit der Regelung gezeigt, dass er einen bestimmten Konflikt in einer bestimmten Weise regeln will, und diese Wertung darf nicht durch die freihändige Konfliktlösung des § 34 StGB umgangen werden.[1768] Richtigerweise ist dieser Punkt im Rahmen der Interessenabwägung anzusprechen (siehe dazu bereits oben III 1 b aa).[1769]

Es wurde für die Kündigungsschutzklage bereits oben unter IV 2 a bb darauf hingewiesen, dass diese zunächst einmal nur eine Möglichkeit ist, den Schaden für den Arbeitnehmer gering zu halten. Teilweise wird trotzdem für den

---

1767 *Pawlik,* Der rechtfertigende Notstand, 2002, S. 219.

1768 MüKo/*Erb,* § 34, Rdnr. 187 ff.; *Kühl,* Strafrecht. Allgemeiner Teil, 2017, § 8 Rdnr. 176; *Pawlik,* Der rechtfertigende Notstand, 2002, S. 218 f.; KK-OWiG/*Rengier,* § 16 OWiG, Rdnr. 41.

1769 Schönke/Schröder/*Perron,* § 34, Rdnr. 35, 41; a.A. *Späth,* Rechtfertigungsgründe im Wirtschaftsstrafrecht, 2016, S. 121 f.: eigentliche Bedeutung der Angemessenheitsklausel des § 34 S. 2 StGB.

Arbeitsplatzverlust argumentiert, dass eine Berufung auf § 34 StGB generell ausscheide, weil der Vorrang und die Ausschließlichkeit staatlicher Verfahren bei der Gefahrbekämpfung zu beachten seien.[1770]

Allerdings scheinen die bisher unter diesem Aspekt diskutierten Fälle mit dem gerichtlichen Kündigungsschutz nicht vergleichbar.

a) Die typischen Beispiele

Als Schulbeispiele für solche abschließenden Verfahrensregelungen werden regelmäßig zwei Beispiele genannt:[1771]

Das erste entstammt dem Umweltrecht. Es kann etwa dazu kommen, dass ein Betrieb bei Erfüllung der umweltrechtlichen Auflagen nicht mehr rentabel arbeiten kann; kommt der Anlagenbetreiber hier den Auflagen nicht nach oder unterlässt er es, eine bestimmte Erlaubnis einzuholen, scheidet prinzipiell eine Berufung auf § 34 StGB zur Rechtfertigung begangener Umweltstraftaten aus.[1772] Hier geht es darum, dass der Gesetzgeber bestimmte nachteilige Folgen, insbesondere wirtschaftliche Belastungen, bei Schaffung einer bestimmten Norm bereits bewusst in Kauf genommen und in genereller Form mitabgewogen hat.[1773] M.a.W.: Die wirtschaftliche Belastung des Einzelnen wird einem höheren Ziel, wie etwa dem des Umweltschutzes, untergeordnet. Diese Entscheidung darf nicht über den rechtfertigenden Notstand unterlaufen werden. Zudem gibt es hier oft auch noch ein konkretes behördliches Verfahren, in dem die Belange des Betreibers berücksichtigt werden.[1774] So können beispielsweise bei einer nach dem BImSchG genehmigungsbedürftigen Anlage gem. § 17 Abs. 1 BImSchG

1770 So etwa *Mitsch,* JR 2013, S. 351 (355); NK/*Neumann,* § 34, Rdnr. 119 f.; Schönke/Schröder/*Perron,* § 34, Rdnr. 41; *Pawlik,* Der rechtfertigende Notstand, 2002, S. 231 ff.

1771 Exemplarisch etwa *Kühl,* Strafrecht. Allgemeiner Teil, 2017, § 8 Rdnr. 176 ff.; NK/*Neumann,* § 34, Rdnr. 119 f.; Schönke/Schröder/*Perron,* § 34, Rdnr. 41.

1772 Vgl. etwa *Maurach/Zipf,* Strafrecht Allgemeiner Teil, TBd. 1, 1992, § 27 Rdnr. 14; *Kühl,* Strafrecht. Allgemeiner Teil, 2017, § 8 Rdnr. 176; *Rudolphi,* Fälle zum Strafrecht. Allgemeiner Teil, 2000, S. 203 f.; *Saliger,* Umweltstrafrecht, 2012, Rdnr. 262; *Wittig,* Wirtschaftsstrafrecht, 2017, § 7 Rdnr. 4.

1773 Wie hier G/J/W/*Dannecker,* § 34 StGB, Rdnr. 25; Schönke/Schröder/*Perron,* § 34, Rdnr. 35; in der Sache ebenso, aber bei der Angemessenheitsklausel verortend MüKo/*Erb,* § 34, Rdnr. 187 ff.; *Rengier,* Strafrecht, Allgemeiner Teil, 2017, § 19 Rdnr. 56; Momsen/Grützner/*Rotsch,* 1. Kap B., Rdnr. 63; *Wittig,* Wirtschaftsstrafrecht, 2017, § 7 Rdnr. 3.

1774 *Pawlik,* Der rechtfertigende Notstand, 2002, S. 232.

nachträglich Anordnungen getroffen werden, um die Einhaltung immissionsschutzrechtlicher Pflichten sicherzustellen (z.B. Einbau einer leistungsfähigeren Filteranlage). Eine solche Anordnung muss aber nach § 17 Abs. 2 S. 1 BImSchG unterbleiben, wenn sie unverhältnismäßig wäre, was insbesondere in Frage kommt, wenn der mit der Erfüllung der Auflage verbundene Aufwand außer Verhältnis zu dem angestrebten Erfolg steht. Hier hat also die zuständige Behörde bereits im Verfahren zum Erlass der Anordnung die finanziellen Belange des Anlagenbetreibers, wie etwa Investitionskosten, Produktionsausfälle und Folgekosten, zu berücksichtigen.[1775] Gelangt sie nun zu dem Ergebnis, dass die finanziellen Nachteile für den Anlagenbetreiber hinter den Belangen der Allgemeinheit oder der Nachbarn zurückstehen müssen, muss der Anlagenbetreiber diese Entscheidung hinnehmen. Er kann die Anordnung gerichtlich überprüfen lassen, sofern aber auch das Gericht zu der Ansicht kommt, dass die finanziellen Lasten zu Recht als nachrangig angesehen wurden, kann sich der Anlagenbetreiber darüber nicht unter Berufung auf § 34 StGB hinwegsetzen, weil ihm eine Erfüllung der Anordnung den Weiterbetrieb der Anlage und des Unternehmens wirtschaftlich unmöglich gemacht hätte und er seinen Betrieb verloren hätte. Die Entscheidung der Fachbehörde ist dann auch für den Strafrichter bindend.[1776] Etwas anderes kann allenfalls in Not- und Katastrophenfällen gelten, da diese Situation im Genehmigungsverfahren nicht geregelt werden konnten.[1777] Dies bestätigt die Regelung des § 8 Abs. 2 WHG für das Wasserrecht, nach der keiner Erlaubnis oder Bewilligung solche Gewässerbenutzungen bedürfen, die der Abwehr einer gegenwärtigen Gefahr für die öffentliche Sicherheit dienen, sofern der drohende Schaden schwerer wiegt als die mit der Benutzung verbundenen nachteiligen Veränderungen von Gewässereigenschaften.

Das zweite Beispiel betrifft den zu Unrecht verurteilten Straftäter. Er darf sich nicht etwa auf eigene Faust befreien. Wurde er rechtskräftig verurteilt, muss er dieses Ergebnis grundsätzlich hinnehmen. Er bleibt allenfalls auf das

---

1775 Vgl. etwa *Jarass*, BImSchG, § 17 Rdnr. 45.

1776 MüKo/*Alt*, § 324, Rdnr. 84; Schönke/Schröder/*Heine/Hecker*, § 324, Rdnr. 13; *Saliger*, Umweltstrafrecht, 2012, Rdnr. 262; *Späth*, Rechtfertigungsgründe im Wirtschaftsstrafrecht, 2016, S. 125 ff.

1777 Schönke/Schröder/*Heine/Hecker*, § 324, Rdnr. 13; *Späth*, Rechtfertigungsgründe im Wirtschaftsstrafrecht, 2016, S. 126 weist zurecht darauf hin, dass es eigentlich aber nur darum geht, inwieweit bestimmte Gesichtspunkte in der Behördenentscheidung bereits berücksichtigt wurden bzw. werden konnten; und gerade das, was sich kurzfristig und unerwartet ergibt, kann zu einem früheren Zeitpunkt nicht berücksichtigt werden.

Wiederaufnahmeverfahren verwiesen.[1778] Bei den Regelungen zu Rechtskraft und Rechtsmitteln, einschließlich des Wiederaufnahmeverfahrens, handelt es sich um eine wohldifferenzierte Abwägung zwischen dem Grundsatz der Einzelfallgerechtigkeit und dem Grundsatz der Rechtssicherheit, die beide aus dem Rechtsstaatprinzip folgen.[1779] Diese Abwägung hat der Gesetzgeber abschließend abstrakt-generell festgelegt. Seine Abwägung geht dahin, dass sich bei einem rechtskräftig Verurteilten die Rechtssicherheit grundsätzlich durchsetzt. Nur bei bestimmten, besonders schweren Verfahrensfehlern wird dieser Grundsatz zugunsten des Verurteilten durchbrochen, weil hier die Einzelfallgerechtigkeit höher wiegt als die Rechtssicherheit. Liegt nun aber kein so schwerer Fehler vor, muss der Verurteilte seine Strafe hinnehmen. Sein Interesse an der Freiheit kann sich nicht gegen das Allgemeininteresse der Rechtssicherheit und des Bestandes staatlicher Entscheidungen durchsetzen.

Dies zeigt übrigens einmal mehr, dass die vorrangigen staatlichen Verfahrensregelungen richtigerweise bei der Interessenabwägung und nicht bei der Angemessenheitsklausel zu verorten sind,[1780] da sie eben selbst eine vorweggenommene Interessenabwägung darstellen. Sie „schweben" nicht gleichsam einer zweiten Prüfungsstufe über der Interessenabwägung nach § 34 S. 1 StGB; sie ersetzen bzw. verdrängen diese vielmehr, wenn und soweit sie einschlägig sind. Es wäre inkonsequent, zunächst im Rahmen des § 34 S. 1 StGB die Freiheitsinteressen des Verurteilten erheblich überwiegen zu lassen, um dann erst im Rahmen des § 34 S. 2 StGB festzustellen, dass die Notstandshandlung aber wegen der abschließenden Regelungen der StPO kein angemessenes Mittel sei. Richtigerweise muss das Interesse an Rechtssicherheit und dem Bestand und der Verlässlichkeit staatlicher Entscheidungen bereits bei der Interessenabwägung nach § 34 S. 1 StGB berücksichtigt werden. Und für diese Bewertung ist weder der Notstandstäter noch der (neue) Strafrichter zuständig, weil diese Bewertung

1778 *Kühl,* Strafrecht. Allgemeiner Teil, 2017, § 8 Rdnr. 178; NK/*Neumann,* § 34, Rdnr. 119; Schönke/Schröder/*Perron,* § 34, Rdnr. 41; *Rengier,* Strafrecht, Allgemeiner Teil, 2017, § 19 Rdnr. 57.

1779 Meyer-Goßner/*Schmitt,* Vor § 359 Rdnr. 1; *Roxin/Schünemann,* Strafverfahrensrecht, 2017, § 57 Rdnr. 1; ausführlich dazu auch SSW-StPO/*Kaspar,* Vor §§ 359 ff., Rdnr. 5 ff.

1780 So etwa auch *Meißner,* Die Interessenabwägungsformel in der Vorschrift über den rechtfertigenden Notstand (§ 34 StGB), 1990, S. 248; Schönke/Schröder/*Perron,* § 34, Rdnr. 41, 47; LK/*Zieschang,* § 34, Rdnr. 67, 80; anders aber etwa Matt/Renzikowski/*Engländer,* § 34, Rdnr. 35; MüKo/*Erb,* § 34, Rdnr. 184; Göhler/*Gürtler,* § 16 OWiG, Rdnr. 12; NK/*Neumann,* § 34, Rdnr. 119.

abschließend durch den Gesetzgeber als demokratisch legitimiertem Souverän getroffen worden ist.

b) Die Verfügbarkeit staatlichen Rechtsschutzes als abschließende Verfahrensregelung?

Damit bleibt nun unter Vergleich zu den obigen beiden Beispielen zu prüfen, inwieweit die Verfügbarkeit staatlichen Rechtsschutzes die Notstandsbefugnis auszuschließen vermag. Allein die theoretische Verfügbarkeit eines staatlichen Rechtsschutzverfahrens kann die Notstandsbefugnis aber schwerlich generell ausschließen, denn wie *Keller*[1781] zutreffend bemerkt, steht theoretisch immer irgendein staatliches Verfahren zur Abwendung der Gefahr zur Verfügung: Man kann die Polizei rufen, die dann auf Grundlage der polizeilichen Generalklausel einschreitet. Man kann jede Ungerechtigkeit mittels gerichtlicher Klage überprüfen lassen; mit dem Gewaltmonopol des Staates korreliert schließlich ein allgemeiner Rechtsgewährungsanspruch des Bürgers. Würde dies ausreichen, um die Berufung auf die Notstandsregel auszuschließen, bliebe kein Anwendungsbereich mehr für § 34 StGB übrig.[1782] Dies kann nicht richtig sein; daher kann es nur darum gehen, genau zu untersuchen, *wie weit* die „Sperrwirkung" des staatlichen Verfahrens tatsächlich reicht.

Pawlik behandelt im Zusammenhang mit der Sperrwirkung staatlicher Verfahren auch die verfahrensordnungswidrige Verschaffung von Vorteilen und bildet verkürzt folgenden Fall:[1783] G hatte S ein Darlehen gewährt, das S bereits lange zurückgezahlt hatte; nach Gs Tod fand sein Erbe E den Darlehensvertrag und forderte in Unkenntnis der bereits erfolgten Rückzahlung nochmals die Zahlung des Darlehensbetrages. S seinerseits fand die Quittung über die erfolgte Rückzahlung nicht mehr und sah sich – um nicht doppelt in Anspruch genommen zu werden – gezwungen, im Prozess des E gegen ihn eine gefälschte Quittung vorzulegen. *Pawlik* konstatiert zu Recht, dass die Urkundenfälschung nicht über § 34 StGB zu rechtfertigen ist.[1784] Dasselbe nimmt er an, soweit S die gefälschte Quittung bereits vor einem möglichen Prozess verwendet, um E von vornherein von einer Klage abzuhalten, weil es nicht darauf ankommen könne,

1781 *Keller*, Rechtliche Grenzen der Provokation von Straftaten, 1989, S. 319 f.; zust. *Pawlik*, Der rechtfertigende Notstand, 2002, S. 220.

1782 *Keller*, Rechtliche Grenzen der Provokation von Straftaten, 1989, S. 320; *Pawlik*, Der rechtfertigende Notstand, 2002, S. 220.

1783 *Pawlik*, Der rechtfertigende Notstand, 2002, S. 231 ff.

1784 *Pawlik*, Der rechtfertigende Notstand, 2002, S. 232.

ob die Quittung am Tag vor oder nach der Klageerhebung benutzt werde; in beiden Fällen dürfe der Schuldner die Beweislage nicht freihändig korrigieren.[1785]

Hier bestehen durchaus Parallelen zu den Fällen der rechtswidrigen Kündigung: Man könnte sich ebenso auf den Standpunkt stellen, dass der Arbeitnehmer das arbeitsgerichtliche Verfahren aushalten müsse und ihm nicht gleichsam im Vorfeld „aus dem Weg gehen" dürfe, indem er dem nötigenden Ansinnen des Arbeitgebers nachkommt.

Trotzdem besteht hier ein wesentlicher Unterschied: In dem von *Pawlik* geschilderten Fall wird die Gefahr für das Vermögen des Schuldners erst mit Erhebung der Klage, also innerhalb des staatlichen Verfahrens relevant; ohne dieses Verfahren und eine entsprechende Verurteilung kann sie sich auch nicht realisieren. Man kann nun aber schwerlich das staatliche Verfahren als rechtswidrige Gefahr sehen, die sich der Schuldner mit beliebigen Mitteln vom Hals schaffen darf. Wenn sich aber Gefährder und Gefährdeter erst einmal im staatlichen Verfahren befinden, ist es nur logisch, dass sie auch an dessen Spielregeln gebunden sind, die der Gesetzgeber geregelt hat. Wenn der Schuldner die Gefahr (Verurteilung) nicht mit den ihm durch die ZPO zur Verfügung gestellten Beweismittel abwenden kann, darf er nicht auf § 34 StGB zurückgreifen; *insoweit* hat der Gesetzgeber eine abschließende Regelung getroffen, die nicht jedes Mittel zulässt – mag es dadurch auch im Einzelfall zu einem materiell unrichtigen Ergebnis kommen.

Im Falle des Arbeitnehmers wären die Rollen dagegen umgedreht: Der Arbeitsplatz wird zunächst einmal faktisch verloren, es bedarf keines geordneten Verfahrens unter staatlicher Aufsicht, um die Kündigung durchzusetzen. Wäre dies so, könnte der Arbeitnehmer darauf vertrauen, dass in diesem Verfahren auch seine Interessen und Argumente berücksichtigt würden und sein Rechtsverlust allenfalls danach eintreten könnte. Tatsächlich genügt aber die Aushändigung einer schriftlichen Kündigung, damit der Arbeitsplatz zunächst verloren ist. Die Gefahr realisiert sich völlig unabhängig vom staatlichen Verfahren. Dass später in einem Kündigungsschutzprozess möglicherweise festgestellt wird, dass das Arbeitsverhältnis nie beendet wurde, kann diesen faktischen Verlust zunächst nicht ändern.

Es kann daher auch keine Rede davon sein, dass der Gesetzgeber jegliche Gefahrabwendung für den Arbeitsplatz abschließend dem Kündigungsschutzprozess zugewiesen hat. Dieses Verfahren ist dem Justizgewährungsanspruch des Bürgers geschuldet, ohne dass allein deswegen eine Abwendung des Verlustes im

---

1785 *Pawlik*, Der rechtfertigende Notstand, 2002, S. 234.

Rahmen des § 34 StGB ausgeschlossen wäre. Zwar wurde bereits oben[1786] darauf hingewiesen, dass das Arbeitsrecht und die Arbeitsgerichtsbarkeit in besonderer Weise der Schutzbedürftigkeit des Arbeitnehmers Rechnung tragen, der Gesetzgeber hier also durchaus eine Wertung zum Ausdruck bringt; gleichwohl hat er damit nicht den hier zu untersuchenden Fall der rechtswidrigen Drohung abschließend erfasst. Dieser liegt außerhalb des „normalen" Risikos.[1787]

c) *Insbesondere das Insolvenzverfahren und die betriebsbedingte Kündigung*

Die obigen Ausführungen beziehen sich jedoch weitgehend auf die Gefahr des Arbeitsplatzverlustes durch eine rechtswidrige Kündigung.

Für andere Fälle des drohenden Arbeitsplatzverlustes, insbesondere solche, die aus wirtschaftlichen Zwängen heraus resultieren, lassen sich dagegen gesetzliche Wertungen finden, die auch bei der Interessenabwägung des § 34 StGB zu berücksichtigen sind und ein wesentlich überwiegendes Interesse des Arbeitnehmers möglicherweise ausschließen können.

Es wurde schon mehrmals betont, dass der wirtschaftliche Niedergang eines Unternehmens, der zur gänzlichen Schließung des Unternehmens oder auch nur zum Abbau eines Teils der Arbeitsplätze führt, in einer (auch sozialen) Marktwirtschaft etwas normales ist. Zu Recht weist *Erb*[1788] darauf hin, dass eine Dispensierung von Vorschriften, die sich finanziell nachteilig auf den Betrieb auswirken, über die §§ 16 OWiG, 34 StGB zu Nachteilen bei den übrigen Wettbewerbern führen würde.[1789] Schließlich müssen die finanziellen Belastungen, die sich aus Regelungen zum Arbeits-, Umwelt- oder Wettbewerbsschutz ergeben, von allen getragen werden. Und genau dies will der Gesetzgeber um des Arbeits-, Umwelt- und Wettbewerbsschutz Willen als höherem Ziel den Betrieben auch zumuten.[1790] Eine Anwendung der Notstandsregeln kommt damit nur

---

1786 Vgl. oben D. V. 2. und 3.

1787 So auch KK-OWiG/*Rengier*, § 16 OWiG, Rdnr. 42: „Um eine weitere außerhalb der gesetzlichen Berechnung liegende Konstellation handelt es sich, wenn ein Arbeitnehmer für den Fall, dass er – möglicherweise infolge einer Weisung – die Begehung einer ordnungswidrigen Handlung verweigert, den Verlust des Arbeitsplatzes befürchten muss […]."

1788 MüKo/*Erb*, § 34, Rdnr. 188; ebenso *Brettel/Schneider*, Wirtschaftsstrafrecht, 2014, § 2 Rdnr. 123.

1789 *Späth*, Rechtfertigungsgründe im Wirtschaftsstrafrecht, 2016, S. 161 will diesen Umstand als weiteren Faktor im Rahmen der Interessenabwägung berücksichtigen, der zulasten des Erhaltungsinteresses gehe.

1790 Vgl. bereits BayObLG NJW 1953, 1602 (1603).

dort in Frage, wo die wirtschaftliche Belastung aus atypischen, vom Gesetzgeber nicht einkalkulierten Vorfällen resultiert, wie etwa einem Betriebsunfall.[1791]

Damit argumentieren auch *Brettel/Schneider*:[1792] Würde man es zulassen, durch den rechtfertigenden Notstand von rechtlichen Verhaltensregeln zu befreien, wären massive Wettbewerbsverzerrungen zu erwarten; insbesondere hätten Rechtstreue erhebliche Nachteile zu befürchten, da sie die Freiheitseinschränkungen durch die Befolgung der Regeln hinnehmen müssten. Eine Rechtfertigung komme daher auch dann nicht in Betracht, wenn die Negativkonsequenzen einer Normbefolgung groß und die eines rettenden Normverstoßes nur gering wären.

Diese Stellungnahmen gehen zutreffend von dem Grundsatz aus, dass sich allgemeine wirtschaftliche Härten grundsätzlich nicht mittels Notstandsbefugnis abwenden lassen.[1793] Die vorliegende Untersuchung will diese Einsicht systematisch mit der Sperrwirkung abschließender Verfahrensregelungen begründen: Denn für genau diese Situation (ein Unternehmen kann im regulären Geschäftsbetrieb nicht mehr rentabel arbeiten) hat der Gesetzgeber ein Regelungsregime mit spezieller Schutzrichtung vorgesehen:

Für Unternehmen (aber auch für Privatpersonen) ist die Situation der drohenden oder tatsächlichen Zahlungsunfähigkeit bzw. Überschuldung, die in einer freien Marktwirtschaft unvermeidbar ist, gesetzlich geregelt: Das Gesetz sieht für diese Situation nämlich die Durchführung des Insolvenzverfahrens vor (§§ 11 ff. InsO). Nach der Vorstellung des Gesetzgebers hat im Fall der Unternehmensinsolvenz nicht der Markt versagt, sondern der Schuldner; dem Insolvenzrecht geht es nun darum, den versagenden Schuldner aus dem Markt zu nehmen und die finanziellen Verhältnisse des Schuldners marktgerecht umzugestalten.[1794]

1791 Adick/Bülte/*Krell*, 7. Kap., Rdnr. 78; G/J/W/*Dannecker*, § 34 StGB, Rdnr. 32; MüKo/*Erb*, § 34, Rdnr. 189; Lackner/Kühl/*Heger*, § 324, Rdnr. 14; NK/*Neumann*, § 34, Rdnr. 120; Schönke/Schröder/*Perron*, § 34, Rdnr. 35; KK-OWiG/*Rengier*, § 16 OWiG, Rdnr. 41; Momsen/Grützner/*Rotsch*, 1. Kap B., Rdnr. 63; *Saliger*, Umweltstrafrecht, 2012, Rdnr. 262; *Tiedemann*, Wirtschaftsstrafrecht AT, 2014, Rdnr. 307; *Wittig*, Wirtschaftsstrafrecht, 2017, § 7 Rdnr. 4.

1792 *Brettel/Schneider*, Wirtschaftsstrafrecht, 2014, § 2 Rdnr. 123.

1793 So bereits *Lenckner*, Der rechtfertigende Notstand, 1965, S. 117 f; *Weber*, ZStW 96 (1984), S. 376 (395); vgl. auch *Winkelbauer*, wistra 1988, S. 16 (18) speziell für § 266a StGB: Eine Rechtfertigung scheide aus, „da es nicht Aufgabe der Sozialversicherung sein kann, zur Sanierung notleidender Unternehmen beizutragen".

1794 MüKo-InsO/*Ganter/Lohmann*, § 1 InsO, Rdnr. 43.

Der Wettbewerb zwischen gesunden und insolventen Unternehmen soll nicht zugunsten letzterer verzerrt werden.[1795]

Das zeigt einmal, dass der Gesetzgeber die Unternehmensinsolvenz bewusst in Kauf nimmt; zum anderen zeigt sich aber auch, dass der Gesetzgeber abschließend geregelt hat, was in einem Fall der Zahlungsunfähigkeit bzw. Überschuldung zu tun ist.[1796] Für diesen Fall des Schuldnerversagens hat der Gesetzgeber die Interessen der Gläubiger als vorrangig angesehen: Das Insolvenzverfahren dient dazu, die Gläubiger eines Schuldners gemeinschaftlich zu befriedigen, indem das Vermögen des Schuldners verwertet und der Erlös verteilt oder in einem Insolvenzplan eine abweichende Regelung insbesondere zum Erhalt des Unternehmens getroffen wird (§ 1 S. 1 InsO). Zudem wird dem redlichen Schuldner Gelegenheit gegeben, sich von seinen restlichen Verbindlichkeiten zu befreien (§ 1 S. 2 InsO). Oberstes Ziel ist aber die Gläubigerbefriedigung.[1797]

Wenn nun für ein Unternehmen der Insolvenzgrund der Zahlungsunfähigkeit oder Überschuldung besteht, muss das Insolvenzverfahren beantragt werden. Diese Pflicht ist sogar strafbewehrt (§ 15a Abs. IV, V InsO), um ab dem Eintritt der Insolvenz die Gläubigerinteressen bestmöglich zu schützen; selbst die in § 1 S. 1 InsO genannte Fortführung des Unternehmens wird vom Gesetz nur als eine alternative Möglichkeit der Gläubigerbefriedigung angesehen.[1798]

1795 MüKo-InsO/*Ganter/Lohmann*, § 1 InsO, Rdnr. 43; Uhlenbruck/*Pape*, § 1 InsO, Rdnr. 6; dies ist ja auch genau das Argument, das im strafrechtlichen Schrifttum gegen eine Rechtfertigung angebracht wird.

1796 Interessanterweise geht *Späth*, Rechtfertigungsgründe im Wirtschaftsstrafrecht, 2016, S. 152 ff. auf diese Frage überhaupt nicht ein, obwohl er ausdrücklich abschließende Verfahrensregelungen problematisiert; er schreibt allerdings zuvor (S. 134), dass auch die Regelungssysteme des Zwangsvollstreckungs- und Insolvenzrechts die Notstandsbefugnis unberührt ließen, weil diese nur die Folgen eines Vermögensverlustes regelten, nicht dagegen die Frage, wann in die Vermögensverteilung eingegriffen werden dürfe; dass diese Sicht nach hiesiger Meinung zu kurz greift, wird im Text durch Erläuterung von Sinn und Zweck des Insolvenzverfahrens deutlich gemacht.

1797 MüKo-InsO/*Ganter/Lohmann*, § 1 InsO, Rdnr. 20; Braun/*Kießner*, § 1 InsO, Rdnr. 2.

1798 BT-Drucks. 12/2443, S. 93; Braun/*Kießner*, § 1 InsO, Rdnr. 2; Uhlenbruck/*Pape*, § 1 InsO, Rdnr. 1; LK/*Tiedemann*, Vor § 283, Rdnr. 3; MüKo-InsO/*Ganter/Lohmann*, § 1 InsO, Rdnr. 2, die aber in Rdnr. 85 davon sprechen, dass eine reine Instrumentalisierung dem Sanierungsgedanken der InsO nicht gerecht werde und die Sanierung des insolventen Unternehmens daher zumindest ein nachgeordnetes oder partielles Verfahrensziel darstelle (aber eben nur, sofern das Unternehmen sanierungsfähig ist und die Sanierung in gleicher Weise geeignet ist, die Gläubigerinteressen zu befriedigen; damit sind aber wiederum die Gläubigerinteressen die maßgebliche Maxime).

Dementsprechend schützt auch das Insolvenzstrafrecht (v.a. § 15a Abs. IV, V InsO, §§ 283 ff. StGB) nach h.M. die Vermögensinteressen der Gläubiger in Form der gemeinschaftlichen Befriedigung ihrer geldwerten Ansprüche gegen den Schuldner.[1799] Der Schuldner, der versagt hat, verliert seine Befugnis, über die Insolvenzmasse zu verfügen (vgl. § 80 Abs. 1 InsO). Stattdessen ist der Insolvenzverwalter zuständig, der vom Gläubigerausschuss überwacht wird (§ 69 S. 1 InsO). Dieser Gläubigerausschuss ist es auch, der berufen ist, zu entscheiden, ob das Unternehmen stillgelegt oder fortgeführt werden soll (§ 157 S. 1 InsO). Aber selbst wenn der Schuldner das Unternehmen in Eigenverwaltung (§§ 270 ff. InsO) fortführen darf, setzt dies die Anordnung durch das Insolvenzgericht und die Beteiligung des vorläufigen Gläubigerausschusses voraus (§ 270 Abs. 1, 3 InsO). Zudem wird ein Sachwalter eingesetzt, der den Schuldner überwacht (§§ 270c, 274 InsO) und die Interessen der Gläubiger wahrt.

In dieser Situation regelt die InsO auch die Interessen der Arbeitnehmer. Rechtlich gesehen kommt ihnen allerdings kein herausgehobener Stellenwert zu: Zwar hieß es im ursprünglichen Regierungsentwurf der Insolvenzordnung in § 1 Abs. 2 S. 1 InsO: „Die Interessen des Schuldners und seiner Familie sowie die Interessen der Arbeitnehmer des Schuldners werden im Verfahren berücksichtigt."[1800] Aber nicht nur, dass dieser Text nicht in das endgültig beschlossene Gesetz übernommen wurde; die Bundesregierung erwähnt dann in ihrer Begründung sogar umgekehrt explizit, dass das Insolvenzverfahren nicht dazu dienen soll, „das Arbeitsplatzinteresse der Arbeitnehmer gegenüber Rentabilitätsgesichtspunkten durchzusetzen".[1801] Die Interessen der Arbeitnehmer würden durch das KSchG, § 613a BGB und das BetrVG berücksichtigt.[1802] Für das geltende Insolvenzrecht wurde dann sogar noch stärker darauf geachtet, dass das Insolvenzarbeitsrecht die Abwicklung der Insolvenz nicht durch die bestehenden Arbeitsverhältnisse behindert.[1803] Auch im Insolvenzstrafrecht kommt den

1799 BGHSt 28, 371 (373); Dannecker/Knierim/Hagemeier/*Dannecker/Hagemeier*, 1. Kap., Rdnr. 36; Schönke/Schröder/*Heine/Schuster*, Vorbem. §§ 283 ff., Rdnr. 2; NK/*Kindhäuser*, Vor §§ 283 bis 283d, Rdnr. 19; MüKo/*Radtke/Petermann*, Vor §§ 283 ff., Rdnr. 11; LK/*Tiedemann*, Vor § 283, Rdnr. 45; *Wittig*, Wirtschaftsstrafrecht, 2017, § 23 Rdnr. 6.

1800 BT-Drucks. 12/2443, S. 9 f.

1801 BT-Drucks. 12/2443, S. 76.

1802 BT-Drucks. 12/2443, S. 108.

1803 MüKo-InsO/*Ganter/Lohmann*, § 1 InsO, Rdnr. 4.

Arbeitnehmerinteressen kein gegenüber den sonstigen Gläubigern herausgehobener Schutz zu.[1804]

Im Regelungskonzept der InsO sind die Interessen der Arbeitnehmer folgendermaßen berücksichtigt: Für die Zeit vor der Insolvenz zählen die Arbeitnehmer mit ihren Lohnforderungen zu den „normalen" Insolvenzgläubigern (vgl. auch § 108 Abs. 3 InsO).[1805] Nach der Eröffnung des Insolvenzverfahrens bestehen die Arbeitsverhältnisse zunächst einmal gem. § 108 Abs. 1 S. 1 InsO mit Wirkung für die Masse fort (vgl. § 55 Abs. 1 Nr. 2 InsO).[1806] Sie können allerdings gem. § 113 InsO vereinfacht gekündigt werden, wobei aber ein materieller Kündigungsgrund erforderlich ist, der zumeist in einer betriebsbedingten Kündigung liegen wird, insbesondere wenn der Betrieb eingestellt wird.[1807] Wird ein vorläufiger Insolvenzverwalter bestellt, kann dieser auch vor Eröffnung des Insolvenzverfahrens bei Weiterbeschäftigung der Arbeitnehmer zugunsten der Insolvenzmasse Masseverbindlichkeiten nach § 55 Abs. 3 S. 2 InsO begründen. Soweit die Arbeitnehmer in dieser Zeit Insolvenzgeld nach den §§ 165 ff. SGB III statt der Lohnzahlung aus der Masse erhalten, gehen ihre Ansprüche zwar nach § 169 S. 1 SGB III auf die Bundesagentur für Arbeit über; diese gilt dann aber nur mehr als normale Insolvenzgläubigerin, § 55 Abs. 3 S. 1 InsO. So werden die finanziellen Interessen der Arbeitnehmer durch die Solidargemeinschaft aufgefangen und die Insolvenzmasse wird nicht mit den Löhnen belastet, sodass eine Unternehmensfortführung erleichtert wird.[1808]

Bei all dem ist freilich zu beachten, dass das ganze Insolvenzrecht mit seinem abschließenden Regelungsregime dem Schuldner beim Vorliegen der Insolvenzgründe noch einen gewissen Spielraum bietet: So ist für den Insolvenzeröffnungsgrund der Zahlungsunfähigkeit (§ 17 InsO) anerkannt, dass dieser nicht vorliegt, wenn es sich nur um eine vorübergehende Zahlungsstockung handelt.[1809] Eine solche liegt vor, wenn die Liquiditätslücke innerhalb derer Zeit

---

1804 Dannecker/Knierim/Hagemeier/*Dannecker/Hagemeier,* 1. Kap., Rdnr. 40; Schönke/Schröder/*Heine/Schuster,* Vorbem. §§ 283 ff., Rdnr. 2; MüKo/*Radtke/Petermann,* Vor §§ 283 ff., Rdnr. 12; G/J/W/*Reinhart,* Vor §§ 283ff, Rdnr. 1; LK/*Tiedemann,* Vor § 283, Rdnr. 51.

1805 MüKo-InsO/*Ehricke,* § 38 InsO, Rdnr. 22; Andres/Leithaus/*Leithaus,* § 38 InsO, Rdnr. 4.

1806 MüKo-InsO/*Hefermehl,* § 55 InsO, Rdnr. 170.

1807 Andres/Leithaus/*Andres,* § 113 InsO, Rdnr. 15.

1808 MüKo-InsO/*Ganter/Lohmann,* § 1 InsO, Rdnr. 75; Gagel/*Peters-Lange,* § 165 SGB III, Rdnr. 9.

1809 BGHZ 163, 134 (139 f.); Braun/*Bußhardt,* § 17 InsO, Rdnr. 8 ff.; Andres/Leithaus/*Leithaus,* § 17 InsO, Rdnr. 2; Uhlenbruck/*Mock,* § 17 InsO, Rdnr. 26.

überwunden werden kann, die eine kreditwürdige Person benötigt, um sich die benötigten Mittel zu leihen, wofür nach Ansicht des *BGH* in Anlehnung an die Frist des § 15a Abs. 1 S. 1 InsO drei Wochen erforderlich, aber auch ausreichend sind.[1810] Aber selbst wenn eine dauerhafte Liquiditätslücke besteht, liegt keine Zahlungsunfähigkeit vor, sofern die Unterdeckung weniger als zehn Prozent beträgt, es sei denn, es zeichnet sich bereits ab, dass die Lücke demnächst mehr als zehn Prozent erreichen wird; Zahlungsunfähigkeit ist demnach erst anzunehmen, wenn die Liquiditätslücke zehn Prozent oder mehr beträgt, sofern nicht ausnahmsweise mit an Sicherheit grenzender Wahrscheinlichkeit zu erwarten ist, dass die Liquiditätslücke demnächst vollständig beseitigt werden wird und den Gläubigern ein Zuwarten nach den besonderen Umständen des Einzelfalls zuzumuten ist.[1811]

Der Insolvenzeröffnungsgrund der Überschuldung ist schon nach dem Gesetzeswortlaut nur bei negativer Fortführungsprognose einschlägig. § 19 Abs. 2 S. 1 InsO definiert die Zahlungsunfähigkeit nämlich so: Überschuldung liegt vor, wenn das Vermögen des Schuldners die bestehenden Verbindlichkeiten nicht mehr deckt, es sei denn, die Fortführung des Unternehmens ist nach den Umständen überwiegend wahrscheinlich. Somit ist für die (insolvenzrechtliche) Überschuldungsermittlung und damit auch für das Vorliegen eines Insolvenzgrundes nicht allein die rechnerische Überschuldung, sondern vor allem die Fortführungsprognose entscheidungserheblich.[1812] Sie fällt positiv aus, wenn durch die Finanzplanung des Unternehmens plausibel gemacht werden kann, dass das finanzielle Gleichgewicht im Prognosezeitraum gewahrt bleibt oder wiedererlangt wird.[1813] Nach h.M. muss der Schuldner dafür voraussichtlich wenigstens für die nächsten 12 Monate über ausreichende Liquidität verfügen.[1814]

Zusammengefasst bedeutet dies: In dem Moment, in dem ein Unternehmen zahlungsunfähig oder überschuldet ist, muss ohne schuldhaftes Zögern Antrag auf Eröffnung des Insolvenzverfahrens gestellt werden. Von nun an geht es um die bestmögliche Berücksichtigung der Gläubigerinteressen. Der bisherige Unternehmensinhaber hat versagt und verliert seine Befugnis, das Unternehmen

---

1810 BGHZ 163, 134; BGH NZI 2007, 36 (37).

1811 BGHZ 163, 134 (142 f.); BGH NZI 2007, 36 (37); 579 (581).

1812 Braun/*Bußhardt,* § 19 InsO, Rdnr. 11 f.; Uhlenbruck/*Mock,* § 19 InsO, Rdnr. 39 ff.; *Wittig,* Wirtschaftsstrafrecht, 2017, § 23 Rdnr. 43.

1813 Braun/*Bußhardt,* § 19 InsO, Rdnr. 14.

1814 Andres/Leithaus/*Leithaus,* § 19 InsO, Rdnr. 6; zu den alternativ vorgeschlagenen Prognosezeiträumen vgl. den kurzen Überblick bei Braun/*Bußhardt,* § 19 InsO, Rdnr. 32.

weiter zu führen. Nunmehr gibt das Insolvenzrecht die Spielregeln vor. Zuständig für den weiteren Geschäftsgang des Unternehmens sind Insolvenzgericht, (vorläufiger) Insolvenzverwalter und die Gläubigerorgane. Der Schuldner selbst kann und darf keine Sanierungsversuche mehr vornehmen. Für die hiesige Fragestellung kann damit im Ergebnis dahinstehen, ob etwa die (als Untreue strafbare) existenzgefährdende Antastung des Stammkapitals einer GmbH überhaupt geeignet und erforderlich ist, eine Unternehmensinsolvenz abzuwenden. Denn die InsO zeigt jedenfalls, dass der bisherige Unternehmensinhaber (einschließlich seiner Organe) sobald die tatsächliche Zahlungsunfähigkeit oder Überschuldung eingetreten ist, gar nicht mehr handeln darf.[1815] Die InsO stellt insoweit in der Tat eine abschließende Verfahrensregelung dar. Der Gesetzgeber hat hier die Interessen der Gläubiger höher gewichtet als das Interesse des Schuldners an der unkontrollierten Fortführung seines Unternehmens. Die Zwänge des Schuldners werden aber bereits bei der Feststellung des Insolvenzeröffnungsgrundes angemessen berücksichtigt. Wer etwa wegen eines kurzfristigen Ausfalls eines Schuldners eine geringfügige Liquiditätslücke hat oder sich zumindest binnen drei Wochen anderweitig Mittel besorgen kann, muss nicht sofort Insolvenz anmelden. Dem Schuldner wird also die Möglichkeit gegeben, eine Sanierung zu versuchen. Wenn es sich aber um keine kurzzeitige Krise, sondern um ein strukturelles, längerfristiges Problem handelt, soll der nicht wettbewerbsfähige Schuldner aus dem Wettbewerb ausscheiden – und das mit möglichst glimpflichen Folgen für seine Gläubiger. Daran zeigt sich, dass insolvenzrechtlich eine angemessene Abwägung der Interessen von Schuldner (Unternehmer) und Gläubigern stattfindet.

Bei dieser Abwägung hat sich der Gesetzgeber gegen eine Privilegierung der Arbeitnehmerinteressen entschieden. Diese sind lediglich wie sonstige Gläubiger berechtigt. Soweit sie im Falle der Fortführung des Arbeitsverhältnisses berechtigt sind, aus der Masse vorrangig befriedigt zu werden, hat dies seinen Sinn darin, dass sie schließlich durch ihre Arbeitsleistung auch den Wert der Masse nach Eröffnung des Insolvenzverfahrens erhöhen. Ihre Interessen sind damit aber abschließend berücksichtigt. Daneben ist ein Rückgriff auf § 34 StGB

1815 Zwar lassen einzelne Normen dem Unternehmer noch eine gewisse Frist für Sanierungsbemühungen (z.B. § 15a Abs. 1 S. 1 InsO), aber hier ist immer anhand der konkreten Normen und Straftatbestände zu entscheiden, ob tatbestandlich bereits eine Strafbarkeit ausscheidet (im Rahmen der Insolvenzstraftaten etwa, indem für den Krisenbegriff bei Überschuldung auch auf die Fortführungsprognose abzustellen ist); als generelle Wertung kann jedenfalls festgehalten werden, dass die Krise nicht durch die Begehung von Straftaten abgewendet werden kann.

nicht möglich, weil seine Interessenabwägung wegen der Prärogative des Gesetzgebers nicht anders ausgehen kann.[1816] Die Unternehmensinsolvenz darf also nicht mit dem Argument der Arbeitsplatzerhaltung umgangen werden.

Doch selbst, wo die Zahlungsunfähigkeit noch nicht eingetreten ist, sondern nur droht, hat das Gesetz dem Schuldner ein Verfahren vorgegeben, in dem dieser die Gefahr der Unternehmensschließung abwenden kann: Er kann nämlich auch bereits bei drohender Zahlungsunfähigkeit den Antrag auf Eröffnung des Insolvenzverfahrens stellen, § 18 Abs. 1 InsO. Auf diese Weise sollen rechtzeitig rechtliche und wirtschaftliche Maßnahmen auch zum Schutz des Schuldners mithilfe eines erfahrenen (vorläufigen) Insolvenzverwalters ergriffen werden, sodass bereits im Vorfeld der unmittelbaren Krise reagiert werden kann und sich die Chancen erhöhen, das betroffene Unternehmen zu erhalten.[1817] Zwar wird man dem Arbeitgeber zugestehen müssen, dass die Begehung einer Straftat, um den Abbau von Arbeitsplätzen zu verhindern, noch das kurzfristig effektivere Mittel darstellt: Denn auch wenn er im Falle des Insolvenzverfahrens wegen drohender Zahlungsunfähigkeit an einigen Stellen bevorzugt wird, etwa indem er selbst einen Insolvenzplan vorlegen darf (§ 218 Abs. 1 InsO) und die Option zur Eigenverwaltung hat (§ 270 ff. InsO), bleibt doch die Gefahr, dass im Rahmen des Insolvenzverfahrens Arbeitsplätze abzubauen sind, was über § 113 InsO noch erleichtert wird.

Hier kommt nun aber noch eine andere Wertung ins Spiel, die auch für „gesunde" Unternehmen gilt: In einer Marktwirtschaft gibt es weder eine Garantie für den Bestand eines Unternehmens noch für den Erhalt eines Arbeitsplatzes. Der Unternehmer kann für den Erhalt seines Unternehmens nichts aus dem Argument der Erhaltung der Arbeitsplätze herleiten, weil dieses „abgeleitete Recht" (die Notstandshilfe) nicht weiter reichen kann, als es für die Arbeitnehmer selbst reicht. Und diese haben eben keinen Anspruch auf den wirtschaftlichen Erhalt des Arbeitsplatzes, wie insbesondere die Regelung der betriebsbedingten Kündigung zeigt. Der Arbeitgeber hat jederzeit die Möglichkeit, einen Arbeitnehmer betriebsbedingt zu kündigen, wenn er für diesen keine Beschäftigungsmöglichkeit mehr hat (vgl. § 1 Abs. 2 S. 1, Abs. 3 S. 1 KSchG). Dies kann aus äußerem Druck resultieren, kann aber auch auf der eigenen wirtschaftlichen Disposition des Arbeitgebers beruhen (außer- oder innerbetriebliche Ursache).[1818] Schließlich ist dessen Recht, seinen Betrieb zu verkleinern und

---

1816 Adick/Bülte/*Krell*, 7. Kap., Rdnr. 78.

1817 Braun/*Bußhardt*, § 18 InsO, Rdnr. 2; Andres/Leithaus/*Leithaus*, § 18 InsO, Rdnr. 2.

1818 BAGE 92, 79; BAG NZA 2008, 821 (823); MüKo-BGB/*Hergenröder*, § 1 KSchG, Rdnr. 286; Ascheid/Preis/Schmidt/*Kiel*, § 1 KSchG, Rdnr. 473 ff.

Arbeitnehmern deswegen zu kündigen, auch grundrechtlich geschützt.[1819] Hier wird den sozialen Belangen des Arbeitnehmers nur dadurch Rechnung getragen, dass bei einer Auswahl unter mehreren Arbeitnehmern derjenige gekündigt werden muss, der am wenigsten auf den Arbeitsplatz angewiesen ist (Sozialauswahl).[1820] Muss allen gekündigt werden, gibt es auch keine Sozialauswahl und die Interessen der Arbeitnehmer werden allein im Insolvenzverfahren – wie oben geschildert – berücksichtigt.

Daraus ergibt sich nun: Wenn der Unternehmer durch Misswirtschaft[1821] oder äußere wirtschaftliche Gründe (z.B. Rückgang der Nachfrage oder der Aufträge) gezwungen ist, Arbeitsplätze abzubauen oder das Unternehmen ganz einzustellen, können diese Folgen der freien unternehmerischen Tätigkeit nicht dadurch abgewendet werden, dass in die Rechtsgüter Dritter eingegriffen wird. Gegen diese Form der Beeinträchtigung hat der Gesetzgeber dem Arbeitnehmer nämlich keinen Schutz zugestanden. Dieser muss die betriebsbedingte Kündigung vielmehr (grundsätzlich) entschädigungslos hinnehmen.[1822] Wenn der Arbeitnehmer selbst den Arbeitsplatz im Falle einer betriebsbedingten Kündigung rechtmäßig verlieren kann und muss, kann aber auch die Befugnis des Arbeitgebers (oder eines sonstigen Notstandshelfers) nicht weiter reichen. Oder anders ausgedrückt: Gegen den betriebsbedingten Verlust des Arbeitsplatzes ist der Arbeitnehmer nicht geschützt. Der Arbeitnehmer ist mit seinem Arbeitsplatz immer an den wirtschaftlichen Erfolg des Arbeitgebers gebunden und von diesem abhängig.

Hier zeigen sich nun auch die Unterschiede zur nötigenden Kündigungsdrohung: Die Nötigung mit einer rechtswidrigen Kündigung ist keine normale und gewollte Folge unseres Wirtschaftssystems. Dementsprechend schützen die geltenden Gesetze auch davor. Während eine betriebsbedingte Kündigung sogar nach dem KSchG ausdrücklich zulässig ist, ist eine nötigende Kündigung nach § 138 Abs. 1 BGB sittenwidrig. Letztere ist also eindeutig rechtlich missbilligt, sodass sie eine Gefahr darstellt, die der Arbeitnehmer dort im Wege der Notstandsbefugnis abwenden darf, wo ihm bei Hinnahme der Kündigung

---

1819 Ascheid/Preis/Schmidt/*Kiel*, § 1 KSchG, Rdnr. 444; ErfK/*Oetker*, § 1 KSchG, Rdnr. 4.

1820 ErfK/*Oetker*, § 1 KSchG, Rdnr. 300.

1821 Wobei es alleine schon schwierig sein dürfte, festzustellen, wann tatsächlich von Misswirtschaft oder von Fehlern in der Unternehmensführung gesprochen werden kann, da unternehmerische Tätigkeit notwendig immer Risiken beinhaltet und auch betriebswirtschaftlich nicht immer sicher feststehen dürfte, welche Maßnahmen richtig sind.

1822 MüKo-BGB/*Hergenröder*, § 1 KSchG, Rdnr. 285.

ein erheblich überwiegender Schaden droht. Für erstere zeigt der Gesetzgeber hingegen, dass diese hinzunehmen ist. Wenn der Arbeitsplatz im Falle einer betriebsbedingten Kündigung schon in einem Kündigungsschutzprozess nicht zu retten wäre, darf dieses Ergebnis nicht im Vorfeld durch eine eigenmächtige Notstandsmaßnahme des Arbeitnehmers korrigiert werden. Und ebenso wenig darf dies der Arbeitgeber als Notstandshelfer tun.

Soweit der Arbeitgeber berechtigterweise Arbeitnehmer betriebsbedingt kündigen will, diese Situation aber dazu ausnutzt, einzelne Arbeitnehmer zu nötigen, indem er etwa Arbeitnehmern mit der Kündigung droht, die im Rahmen der Sozialauswahl nicht gekündigt werden dürften, liegt dagegen wieder eine gesetzesinadäquate Gefahr vor, weil das KSchG nur die sozialverträgliche betriebsbedingte Kündigung zulässt.

Spätestens an diesem Punkt wird klar, dass eine Rechtfertigung von Straftaten oder Ordnungswidrigkeiten zur Erhaltung von Arbeitsplätzen aufgrund wirtschaftlicher Schwierigkeiten im Regelfall nie zulässig sein wird. Dagegen kommt sie in Frage, sofern in den Nötigungskonstellationen nach den in diesem Kapitel behandelten Kriterien der Arbeitsplatz ein erheblich überwiegendes Interesse darstellt.

V. Subjektives Rechtfertigungselement

Der Vollständigkeit halber ist noch anzufügen, dass der Täter in Kenntnis der Notstandslage handeln muss. In den Nötigungsfällen wird die Rettung des Arbeitsplatzes ohnehin meist das einzige Motiv zur Begehung der Ordnungswidrigkeit oder Straftat sein. Aber auch in den sonstigen Fällen – so sie denn nicht wie in aller Regel bereits im objektiven Rechtfertigungstatbestand scheitern – wird der Täter „zur Abwendung der Gefahr" handeln, sodass sich hier keine Probleme ergeben werden.

VI. Exkurs: Irrtümer

Schließlich soll noch kurz angesprochen werden, wie sich eventuelle Irrtümer des Arbeitnehmers auf seine Strafbarkeit auswirken. Dabei ist den normalen Regeln im Rahmen des Irrtums über einen Rechtfertigungsgrund zu folgen. Hierbei lassen sich zwei Grundkonstellationen unterscheiden: der Irrtum über die tatsächlichen Voraussetzungen eines anerkannten Rechtfertigungsgrundes (sog. Erlaubnistatbestandsirrtum) und der Irrtum über die Existenz oder Reichweite eines Rechtfertigungsgrundes (sog. Erlaubnisirrtum).[1823] Für einen

---

1823 Vgl. etwa *Kühl*, Strafrecht. Allgemeiner Teil, 2017, § 13 Rdnr. 67; *Roxin*, Strafrecht

Erlaubnistatbestandsirrtum wird nicht viel Raum bleiben. Möglich könnte aber immerhin sein, dass der Arbeitnehmer annimmt, er werde gekündigt, wenn er ein ordnungswidriges oder strafbares Verhalten nicht ausführe, tatsächlich aber aus der Sicht eines objektiven Beobachters keinerlei Kündigung drohte. Ebenso könnte der Notstandstäter eine wirtschaftliche Gefährdung des Unternehmens und seiner Arbeitsplätze fälschlicherweise annehmen. In beiden Fällen würde allerdings nur dann ein Erlaubnistatbestandsirrtum vorliegen, wenn bei unterstellter Annahme der Gefahr die sonstigen Voraussetzungen des rechtfertigenden Notstandes vorliegen würden. Gerade in der zuletzt genannten Konstellation werden aber trotz Annahme einer wirtschaftlichen Krise nach dem unter IV. Gesagten die Voraussetzungen des rechtfertigenden Notstandes nicht vorliegen, weil kein erheblich überwiegendes Interesse vorliegt. Sollte sich der Täter dennoch für zum Handeln berechtigt halten, ist dies als bloßer Erlaubnisirrtum zu behandeln.[1824] Rein praktisch wird also allenfalls die Anwendung von § 17 StGB wegen eines Verbotsirrtums in Form eines Erlaubnisirrtums in Frage stehen, insbesondere, weil der Täter fehlerhaft angenommen hat, dass sich sein Arbeitsplatzinteresse im Rahmen des § 34 StGB durchsetzen könne. Eine Entschuldigung käme hier nur dann in Betracht, wenn dieser Irrtum für den Täter unvermeidbar gewesen wäre. Die Unvermeidbarkeit kann hier nicht im Detail geklärt werden. Die Rspr. verlangt jedenfalls, dass der Täter trotz der ihm nach den Umständen des konkreten Falles, seiner Persönlichkeit sowie seines Lebens- und Berufskreises zuzumutenden Anspannung seines Gewissens die Einsicht in das Unrecht seines Handelns nicht zu gewinnen vermochte, was wiederum voraussetzt, dass er alle seine geistigen Erkenntniskräfte eingesetzt und etwa aufkommende Zweifel durch Nachdenken oder erforderlichenfalls durch Einholung von Rat beseitigt hat.[1825] Nach diesen Grundsätzen wird der Erlaubnisirrtum oftmals vermeidbar sein und damit nach § 17 S. 2 StGB nur zu einer fakultativen Strafmilderung führen; gänzlich ausgeschlossen werden kann die Unvermeidbarkeit aber nicht, zumal etwa der genötigte Arbeitnehmer unter starkem zeitlichem Druck steht.[1826]

Allgemeiner Teil, Bd. 1, 2006, § 14 Rdnr. 79; *Wessels/Beulke/Satzger*, Strafrecht Allgemeiner Teil, 2016, Rdnr. 693, 708.

1824 Vgl. dazu etwa *Rengier*, Strafrecht, Allgemeiner Teil, 2017, § 31 Rdnr. 12; Schönke/Schröder/*Sternberg-Lieben/Schuster*, § 17, Rdnr. 11; *Wessels/Beulke/Satzger*, Strafrecht Allgemeiner Teil, 2016, Rdnr. 708.

1825 BGHSt 21, 18 (20); BGH NStZ 2013, 461; 2000, 307 (309).

1826 BGH MDR/D 1975, 723 (724) billigte im damaligen Fall sogar der Werksleitung, die sich für nicht befugt hielt, die gesundheitsgefährdende Produktion einzustellen, weil

VII. Zwischenergebnis

In diesem Kapitel wurde aufgezeigt, wie die Notstandsregel auf den Fall des drohenden Arbeitsplatzverlustes angewendet werden kann. Insbesondere wurden maßgebliche Bewertungskriterien für die Interessenabwägung aufgezeigt. Aus der Struktur der Notstandsregel mit ihrer Abwägung sämtlicher Umstände des Einzelfalls heraus ergibt sich, dass ein schematisches Ergebnis nicht möglich ist. Zumindest aber lassen sich gewisse „Grundlinien" festhalten.

Der Arbeitsplatz beschränkt sich nicht auf ein reines Vermögensinteresse. Vielmehr handelt es sich auch um einen immateriellen Persönlichkeitswert. Aber selbst der materielle Aspekt wird in seiner Wertigkeit in vielen Fällen den Wert eines einzelnen Vermögens- oder Eigentumsgegenstandes weit übersteigen. Wie hoch der konkrete Wert dieses Interesses ist, hängt natürlich maßgeblich davon ab, inwieweit es substituierbar ist, insbesondere, wie einfach ein anderer vergleichbarer Arbeitsplatz gefunden werden könnte. Ein weiterer entscheidender Faktor ist, wie effektiv der Kündigungsschutz im Einzelfall wäre: Insbesondere bei Anwendbarkeit des KSchG wird es dem Arbeitgeber kaum möglich sein, die rechtswidrige Kündigung vor Gericht durchzusetzen, sodass der Arbeitnehmer gute Chancen hat, seinen Arbeitsplatz zurückzuerhalten. Auch dies ist aber immer eine Frage des Einzelfalls. Die Möglichkeit einer Kündigungsschutzklage ist nicht geeignet, die Interessenabwägung generell zulasten des Arbeitnehmers zu entscheiden, weil es vielfältige Hemmnisse gibt, was auch empirische Untersuchungen nahelegen. Insbesondere in der Probezeit, in Kleinbetrieben oder bei leitenden Angestellten ist es schwierig, die Rechtswidrigkeit der Kündigung nachzuweisen. Unabhängig davon lassen sich Eingriffe in Leib und Leben anderer Personen schon wegen der abstrakten Höherwertigkeit dieser Rechtsgüter niemals rechtfertigen. Der Eingriff in Sachwerte könnte dagegen zumindest bei Bagatelltaten leichter gerechtfertigt werden. Soll in Universalrechtsgüter eingegriffen werden, ist genau zu untersuchen, inwieweit dadurch mittelbar andere Personen beeinträchtigt werden. Wo sich ein konkret Duldungspflichtiger nicht ausmachen lässt, kommt ein Notstandseingriff wiederum eher in Frage. Relevanz wird der Rechtfertigungsmöglichkeit aber vor allem im Rahmen des § 16 OWiG für das Ordnungswidrigkeitenrecht zukommen. Da hier der Grad der drohenden Gefahr regelmäßig deutlich niedriger ist als im Strafrecht, geht die Interessenabwägung leichter zugunsten des Täters aus. Zuletzt sind auch

---

sonst der Betrieb hätte eingestellt werden müssen, einen unvermeidbaren Verbotsirrtum zu, was allerdings schwerlich überzeugen kann.

mittelbare Beeinträchtigungen zu berücksichtigen, so etwa die Interessen von Unterhaltsberechtigten des Arbeitnehmers.

In Fällen der wirtschaftlichen Bedrohung von Arbeitsplätzen ist eine Rechtfertigung erheblich schwieriger zu erreichen, als in den Fällen der Drohung mit einer rechtswidrigen Kündigung. Die Feststellung von Geeignetheit, Erforderlichkeit und der Größe der Rettungschance ist erheblich schwieriger. Vor allem aber gibt es zwei zentrale Wertungen: Zum einen ist der Arbeitnehmer an das wirtschaftliche Schicksal seines Betriebes gebunden. Wie die Möglichkeit der betriebsbedingten Kündigung zeigt, ist der Arbeitsplatz nur solange etwas wert, wie der Arbeitgeber auch tatsächlich eine Beschäftigungsmöglichkeit hat. Wo wegen einer wirtschaftlichen Flaute oder wegen Misswirtschaft durch die Unternehmensführung der Abbau von Arbeitsplätzen droht, kann diese Entwicklung nicht zugunsten Einzelner durch Notstandsmaßnahmen abgewendet werden. Zum anderen setzen die Regelungen des Insolvenzrechts der Abwägung Grenzen: Wo ein Unternehmen überschuldet oder zahlungsunfähig ist, muss das Insolvenzverfahren eröffnet werden. Von nun an geht es um die Sicherung der Gläubigerinteressen. Der Schuldner (wie auch ein etwaiger Notstandshelfer) ist nicht mehr für die Führung und das Ergreifen von Sanierungsmaßnahmen zuständig. Dies schließt es aus, dass seine Interessen an der Fortführung des Betriebes, wie auch die seiner Arbeitnehmer, am Erhalt ihrer Arbeitsplätze überwiegen könnten. Die Interessen der Arbeitnehmer sind durch das Insolvenzrecht abschließend berücksichtigt und abgewogen.

Kurz zusammengefasst bedeutet dies: In den Fällen wirtschaftlicher Not wird sich ein Notstandseingriff abgesehen von unvorhergesehenen Not- und Katastrophenfällen niemals über § 34 StGB rechtfertigen lassen. Wo die Gefahr für den Arbeitsplatz aber aus einer Kündigungsdrohung resultiert, bleibt ein gewisser Anwendungsbereich für die Notstandsbefugnis. Wo der Arbeitnehmer existentiell auf seinen Arbeitsplatz angewiesen ist und durch die Begehung der Straftat oder insbesondere der Ordnungswidrigkeit kein großer und vor allem kein konkreter Schaden droht, spricht aus hiesiger Sicht einiges für eine Rechtfertigung. Sofern der eigentlich Schuldige, nämlich der drohende Hintermann, dann konsequent zur Verantwortung gezogen wird, droht auch kein Dammbruch. Wird er – was dann angesichts des Strafbarkeitsdefizits des Arbeitnehmers unkompliziert möglich ist – als mittelbarer Täter bestraft, wird die strafrechtliche Verantwortung dort verortet, wo sie hingehört, und die Rechtsordnung muss sich nicht auf Kosten des genötigten Arbeitnehmers bewähren.

F. Exkurs: Unzumutbarkeit sorgfaltsgemäßen Verhaltens

Auch wenn zu Beginn der Untersuchung das Thema dahingehend eingegrenzt wurde, dass die Unzumutbarkeit sorgfaltsgemäßen Verhaltens nicht behandelt werden soll, soll dieser Punkt der Vollständigkeit halber auch nicht vollkommen außen vor bleiben; dies umso mehr, als sich viele der bisherigen zu § 34 StGB gefundenen inhaltlichen Erkenntnisse auf diese Figur übertragen lassen.

I. Einordnung der Figur

Die Unzumutbarkeit sorgfaltsgemäßen Verhaltens kann zwar nach h.M. keinen allgemeinen übergesetzlichen Entschuldigungsgrund bilden;[1827] nach überwiegender Ansicht kann sie aber die Schuld bei Fahrlässigkeits- und Unterlassungsdelikten entfallen lassen.[1828] Allerdings ist umstritten, ob die Unzumutbarkeit die Handlungspflicht[1829] bzw. den Maßstab für die vom Täter zu fordernde Sorgfalt begrenzt[1830] oder ob es sich um einen eigenen Entschuldigungsgrund[1831] handelt.

1827 RGSt 66, 397; *Krey/Esser,* Deutsches Strafrecht. Allgemeiner Teil, 2016, Rdnr. 771; Schönke/Schröder/*Lenckner/Sternberg-Lieben,* Vorbem. §§ 32 ff., Rdnr. 122/123; KK-OWiG/*Rengier,* Vor §§ 15, 16, Rdnr. 62; LK/*Rönnau,* Vor § 32, Rdnr. 327; *Roxin,* Strafrecht Allgemeiner Teil, Bd. 1, 2006, § 22 Rdnr. 142 f.; *Wessels/Beulke/Satzger,* Strafrecht Allgemeiner Teil, 2016, Rdnr. 676; anders aber *Cramer,* Grundbegriffe des Rechts der Ordnungswidrigkeiten, 1971, S. 73 für Ordnungswidrigkeiten: allgemeiner Entschuldigungsgrund.

1828 *Rengier,* Strafrecht, Allgemeiner Teil, 2017, § 52 Rdnr. 87; *Roxin,* Strafrecht Allgemeiner Teil, Bd. 1, 2006, § 24 Rdnr. 122; LK/*Vogel,* § 15, Rdnr. 312; gänzlich abl. aber etwa *Achenbach,* JURA 1997, S. 631 (635); MüKo/*Duttge,* § 15, Rdnr. 209: „Leerformel"; *Maiwald,* in: Albrecht/Ehlers/Lamott u. a. (Hrsg.): FS Schüler-Springorum, 1993, S. 475 (485 ff.); *Momsen,* Die Zumutbarkeit als Begrenzung strafrechtlicher Pflichten, 2006, S. 461 f.; *Maurach/Gössel/Zipf,* Strafrecht Allgemeiner Teil, TBd. 2, 2014, § 44 Rdnr. 59 ff.; SK-StGB/*Rudolphi/Hoyer,* Anhang zu § 16, Rdnr. 103, die a.a.O. Rdnr. 104 für eine prozessuale Lösung über § 153 StPO plädieren; dagegen wiederum zu Recht LK/*Vogel,* § 15, Rdnr. 312.

1829 So etwa *Krey/Esser,* Deutsches Strafrecht. Allgemeiner Teil, 2016, Rdnr. 1173; Schönke/Schröder/*Lenckner/Sternberg-Lieben,* Vorbem. §§ 32 ff., Rdnr. 125.

1830 So Matt/Renzikowski/*Gaede,* § 15, Rdnr. 60; *Jescheck/Weigend,* Lehrbuch des Strafrechts, 1996, § 57 IV.

1831 Dafür *Kühl,* Strafrecht. Allgemeiner Teil, 2017, § 17 Rdnr. 97; SSW-StGB/*Momsen,* § 15, Rdnr. 87; *Wessels/Beulke/Satzger,* Strafrecht Allgemeiner Teil, 2016, Rdnr. 676;

Richtigerweise hat die Figur eine Doppelfunktion, d.h. ihr Grundgedanke kann einmal bereits die strafrechtlichen Handlungspflichten begrenzen, kann andererseits aber auch einen eigenständigen Entschuldigungsgrund darstellen.[1832] Gerade in den hier zu untersuchenden Fallgestaltungen lässt sich etwa beim einführenden Fall 4 sehr wohl feststellen, dass sich die Frage der vom Täter zu beobachtenden Sorgfalt davon trennen lässt, ob man dem Täter bei Verletzung dieser Sorgfalt angesichts seiner persönlichen Zwangslage einen so erheblichen Schuldvorwurf machen kann, dass Kriminalstrafe legitimierbar ist. In dem Beispielsfall hätte die im Verkehr erforderliche Sorgfalt verlangt, dass L den Duftspray nicht ohne weitere Tests freigibt, wenn er den Verdacht hat, dass dieser zu Gesundheitsschädigungen führen kann. Es ist also vollkommen klar, was L eigentlich hätte tun müssen. Dass er im Falle der Anwendung dieser Sorgfalt mit negativen Konsequenzen rechnen muss, kann an dieser Pflicht nichts ändern. Dies kann vielmehr nur ein Grund sein, warum die Rechtsordnung nachsichtiger mit ihm umgehen kann, wenn er diese Sorgfalt nicht beachtet.

Mit der Unzumutbarkeit normgemäßen Verhaltens sollen Fälle erfasst werden, in denen es dem Täter wegen außergewöhnlicher Umstände (Ermüdungs-, Erregungs- oder Drucksituationen, die den §§ 20, 33, 35 StGB nahekommen)[1833] besonders schwer ist, die Sorgfaltspflicht zu erfüllen.[1834] Diese außergewöhnlichen Umstände können die Schuld so stark mindern, dass sie wegen Geringfügigkeit unter die Strafwürdigkeitsschwelle sinkt;[1835] zudem ist Strafe in solchen Fällen weder general- noch spezialpräventiv erforderlich.[1836]

Den Ausgangspunkt für die Diskussion dieser Figur bildet derselbe Fall, der auch erstmals die in der hiesigen Arbeit untersuchte Frage aufgreift: der Leinenfänger-Fall des Reichsgerichts (RGSt 30, 25). Dort ging es schließlich darum, dass der Kutscher sein Gespann auf Befehl seines Dienstherrn mit einem Leinenfänger bespannte, obwohl er um die Gefahren dieses Pferdes wusste, weil er im Falle einer Gehorsamsverweigerung mit dem Verlust des Arbeitsplatzes rechnen musste. „Hiernach war zu erwägen, ob es dem Angeklagten als Pflicht

---

Wortmann, Inhalt und Bedeutung der »Unzumutbarkeit normgemässen Verhaltens« im Strafrecht, 2002, S. 118 ff.

1832 NK/*Paeffgen*, Vor §§ 32 ff, Rdnr. 255; LK/*Rönnau*, Vor § 32, Rdnr. 336; *Roxin*, Strafrecht Allgemeiner Teil, Bd. 1, 2006, § 24 Rdnr. 128; Schönke/Schröder/*Sternberg-Lieben/Schuster*, § 15, Rdnr. 204.

1833 SK-StGB/*Rudolphi/Hoyer*, Anhang zu § 16, Rdnr. 101.

1834 MüKo/*Duttge*, § 15, Rdnr. 206.

1835 *Roxin*, Strafrecht Allgemeiner Teil, Bd. 1, 2006, § 24 Rdnr. 123.

1836 LK/*Vogel*, § 15, Rdnr. 312.

zugemutet werden konnte, eher dem Befehl seines Dienstherrn sich zu entziehen und den Verlust seiner Stellung auf sich zu nehmen, als durch Benutzung des ihm zugewiesenen Pferdes zum Fahren bewusster Weise die Möglichkeit der körperlichen Verletzung eines anderen zu setzen, oder ob er diese letztere Rücksicht [...] zurückstehen lassen durfte [...]."[1837]

Auch in diesem Fall ist letztlich klar, dass das *RG* in der Verwendung des Pferdes trotz Kenntnis seiner Gefährlichkeit für umstehende Passanten eine Verletzung der Sorgfaltspflicht gesehen hat. Zu prüfen ist aber, ob der drohende Arbeitsplatzverlust nicht ein Umstand ist, der den Schuldvorwurf gegenüber dem Kutscher deutlich geringer ausfallen lässt. Er hat die umstehenden Passanten schließlich nicht aus Sorglosigkeit und Gleichgültigkeit gefährdet, sondern weil er sich in einer persönlichen Zwangslage befand.

II. Voraussetzungen

Bei der Unzumutbarkeit normgemäßen Verhalts geht es also um notstandsähnliche Fälle.[1838] Einerseits wird die enge Beziehung zu § 35 StGB betont und daher verlangt, dass ganz außergewöhnliche Umstände vorliegen müssen, die es dem Fahrlässigkeits- oder Unterlassungstäter ganz besonders schwer gemacht haben, seine Sorgfalts- und Handlungspflichten zu erfüllen.[1839] Voraussetzung für den Entschuldigungsgrund ist jedenfalls immer, dass der Fahrlässigkeitstäter handelt (bzw. der Unterlassungstäter nicht handelt), um ein eigenes rechtlich billigenswertes Interesse zu erhalten.[1840] Auch hier läuft es dann aber im Ergebnis auf eine Abwägung der widerstreitenden Interessen hinaus, weil danach zu fragen ist, ob eben dem durch die Fahrlässigkeit bedrohten Rechtsgut oder den rechtlich anerkannten Belangen des Täters der Vorrang einzuräumen ist.[1841] Bei der Frage der Zumutbarkeit ist also der Grad der Gefahr für das vom Fahrlässigkeitstatbestand geschützte Rechtsgut gegen die Erheblichkeit des Nachteils abzuwägen,

---

1837 RGSt 30, 25 (28).

1838 MüKo/*Duttge,* § 15, Rdnr. 208; *Roxin,* Strafrecht Allgemeiner Teil, Bd. 1, 2006, § 24 Rdnr. 123; LK/*Vogel,* § 15, Rdnr. 312; gegen eine Erweiterung über § 35 StGB hinaus aber *Momsen,* Die Zumutbarkeit als Begrenzung strafrechtlicher Pflichten, 2006, S. 461; *Wortmann,* Inhalt und Bedeutung der »Unzumutbarkeit normgemässen Verhaltens« im Strafrecht, 2002, S. 129 f.

1839 MüKo/*Duttge,* § 15, Rdnr. 208; Matt/Renzikowski/*Gaede,* § 15, Rdnr. 60; *Rengier,* Strafrecht, Allgemeiner Teil, 2017, § 52 Rdnr. 87; LK/*Rönnau,* Vor § 32, Rdnr. 337.

1840 MüKo/*Duttge,* § 15, Rdnr. 208; *Kühl,* Strafrecht. Allgemeiner Teil, 2017, § 17 Rdnr. 97; KK-OWiG/*Rengier,* § 10 OWiG, Rdnr. 44.

1841 MüKo/*Duttge,* § 15, Rdnr. 208.

der dem Täter bei Unterlassung der sorgfaltswidrigen Handlung droht.[1842] Der Täter ist umso eher entschuldigt, je größer der ihm drohende Nachteil und je geringer die Gefahr nach Art, Umfang und Grad der Wahrscheinlichkeit des Erfolgseintritts ist.[1843]

Damit geht es im Ergebnis um Fälle, in denen das Erhaltungsinteresse nicht gewichtig genug ist, sich im Rahmen des rechtfertigenden Notstandes durchzusetzen, aber auch nicht von den abschließend aufgezählten Rechtsgütern des entschuldigenden Notstandes erfasst ist.[1844] Daran zeigt sich, dass sich letztlich dieselben Kriterien anwenden lassen, wie sie auch für die Interessenabwägung des § 34 StGB oben entwickelt wurden, und dass es allenfalls darum geht, inwieweit der Maßstab der Abwägung ein anderer ist.

Im Anschluss an den Leinenfänger-Fall wird auch als häufigster Beispiels- oder Anwendungsfall der drohende Arbeitsplatzverlust genannt.[1845] Für den Leinenfänger-Fall wird allerdings übereinstimmend konzediert, dass nach heutiger Rechtslage mit dem modernen Arbeitsrecht und –rechtsschutz keine Entschuldigung mehr in Frage komme.[1846]

III. Anwendung

Ein solch pauschaler Ausschluss des Entschuldigungsgrundes kann allerdings ebenso wenig überzeugen wie ein genereller Ausschluss des § 34 StGB mit dem Argument des Kündigungsschutzes. Wie oben gezeigt wurde, ist der Kündigungsschutz nicht in der Lage zunächst einmal den faktischen Verlust des Arbeitsplatzes zu verhindern. Zudem verfügen nicht alle Arbeitnehmergruppen über einen hinreichend sicheren Kündigungsschutz. Und selbst wo der

---

1842 LK/*Rönnau,* Vor § 32, Rdnr. 337.

1843 LK[11]/*Hirsch,* Vor § 32, Rdnr. 207; Schönke/Schröder/*Lenckner/Sternberg-Lieben,* Vorbem. §§ 32 ff., Rdnr. 126

1844 *Mitsch,* Recht der Ordnungswidrigkeiten, 2005, § 10 Rdnr. 26.

1845 Etwa von *Kühl,* Strafrecht. Allgemeiner Teil, 2017, § 17 Rdnr. 97; Schönke/Schröder/*Lenckner/Sternberg-Lieben,* Vorbem. §§ 32 ff., Rdnr. 126; KK-OWiG/*Rengier,* Vor §§ 15, 16, Rdnr. 63; *Rengier,* Strafrecht, Allgemeiner Teil, 2017, § 52 Rdnr. 88.

1846 MüKo/*Duttge,* § 15, Rdnr. 209; *Jescheck/Weigend,* Lehrbuch des Strafrechts, 1996, § 57 IV; LK/*Rönnau,* Vor § 32, Rdnr. 337; *Roxin,* Strafrecht Allgemeiner Teil, Bd. 1, 2006, § 24 Rdnr. 123; anders noch *Cramer,* Grundbegriffe des Rechts der Ordnungswidrigkeiten, 1971, S. 73; vorsichtiger auch *Maiwald,* in: Albrecht/Ehlers/Lamott u. a. (Hrsg.): FS Schüler-Springorum, 1993, S. 475 (483); krit. zur „optimistischen Annahme", dass das moderne Kündigungsschutzrecht einen echten Entlassungsdruck gar nicht mehr aufkommen lasse, *Achenbach,* JURA 1997, S. 631 (636 Fn. 68).

Arbeitsplatz klageweise zurückerlangt werden kann, dürfte die weitere „Arbeitsplatzqualität“ erheblich beeinträchtigt sein. Im Einzelfall dürfte die Unzumutbarkeit normgemäßen Verhaltens bei Fahrlässigkeits- und Unterlassungstaten also zu prüfen sein.

Der drohende Verlust des Arbeitsplatzes ist in der Regel ein außergewöhnlicher Umstand, der den Arbeitnehmer in eine schwere persönliche Konfliktsituation bringt.[1847] Schließlich bedeutet der Verlust einer Festanstellung nicht nur erhebliche Einkommenseinbußen, sondern auch eine nicht zu unterschätzende Beeinträchtigung der Arbeitnehmerpersönlichkeit. Auch wenn in Deutschland die Arbeitslosenraten (zumindest offiziell-statistisch) nicht so groß sind wie in anderen Ländern dieser Welt, nimmt auch hierzulande die prekäre Beschäftigung immer mehr zu und es wird für viele Arbeitnehmergruppen schwierig, nach einer Entlassung wieder ein vergleichbares Arbeitsverhältnis zu finden. Das Arbeitsverhältnis gibt aber nicht nur den Raum, sich finanziell ein Leben, in dem man sich als Persönlichkeit nach seinen Wünschen entfalten kann, zu ermöglichen, sondern gibt dem Menschen überhaupt den Raum, sich sinnvoll zu betätigen, Selbstwertgefühl aufzubauen und sich als Mitglied der Erwerbsgesellschaft zu erfahren. Nur für denjenigen, der persönlich kaum auf seinen Arbeitsplatz angewiesen ist, etwa weil er ohne Probleme einen neuen finden kann, mag eine derartige Drucksituation ausscheiden.

Sofern also im Rahmen des rechtfertigenden Notstandes kein erhebliches Überwiegen des Erhaltungsinteresses „Arbeitsplatz“ angenommen wurde,[1848] ist nun auf Ebene der Schuld wiederum eine Abwägung vorzunehmen. Dabei kann ein einfaches Überwiegen des Interesses „Arbeitsplatz“ ausreichen. Denn zum einen kann man im Rahmen der Fahrlässigkeits- und Unterlassungstraftaten großzügiger mit einem Strafbarkeitsausschluss verfahren, da bei ihnen der (Handlungs-) Unrechts- und Schuldgehalt geringer ist als bei den vorsätzlichen Begehungsdelikten;[1849] zum anderen bedeutet der bloße Schuldausschluss nicht,

---

1847 So auch *Weber,* ZStW 96 (1984), S. 376 (397); gegen Entschuldigung aber *Maiwald,* in: Albrecht/Ehlers/Lamott u. a. (Hrsg.): FS Schüler-Springorum, 1993, S. 475 (485 ff.), der allerdings auch außerhalb des § 35 StGB generell keine Entschuldigung zugestehen will.

1848 Für den Leinenfänger-Fall ausdrücklich etwa *Murmann,* Grundkurs Strafrecht, 2015, § 30 Rdnr. 26; *Roxin,* Strafrecht Allgemeiner Teil, Bd. 1, 2006, § 24 Rdnr. 123; SK-StGB/*Rudolphi/Hoyer,* Anhang zu § 16, Rdnr. 102.

1849 Vgl. dazu bzgl. Fahrlässigkeitsdelikten *Jescheck/Weigend,* Lehrbuch des Strafrechts, 1996, § 54 I 2; Schönke/Schröder/*Lenckner/Sternberg-Lieben,* Vorbem. §§ 32 ff., Rdnr. 126; *Rengier,* Strafrecht, Allgemeiner Teil, 2017, § 52 Rdnr. 5; *Roxin,* Strafrecht Allgemeiner Teil, Bd. 1, 2006, § 24 Rdnr. 79 f; LK/*Vogel,* § 15, Rdnr. 8; auch BGHSt 32,

dass sich der Täter rechtmäßig verhalten hat – sodass etwa auch kein Notwehrrecht bestünde –, sondern es bleibt bei der Beurteilung als Unrecht und es wird nur im Einzelfall Nachsicht mit dem Täter geübt. Seine Strafbarkeit wird also erst auf einer anderen Wertungsstufe ausgeschieden. So wird dem Täter, der etwa durch eine Fahrlässigkeitstat seinen Arbeitsplatz retten möchte, nicht attestiert, dass er sich rechtmäßig, also richtig verhalten habe, sondern es wird ihm nach wie vor vorgehalten, dass er strafrechtswidrig, also falsch gehandelt hat, man ihm aber angesichts seiner außergewöhnlichen Drucksituation seine Schwäche ausnahmsweise nachsieht.[1850] Handelt der Täter nämlich in einer solchen Drucksituation, ist Strafe aus spezial- und generalpräventiven Gründen nicht erforderlich.[1851] Man kann es auch so formulieren, dass sich der Täter angesichts des heteronomen Entscheidungsdrucks nicht mit dem Unrecht persönlich identifiziert hat.[1852] Sofern durch das Handeln des Täters ein Angriff auf Individualinteressen droht, kann sich der Betroffene unter dem Schutz des § 32 StGB wehren, da eben ein *rechtswidriger* Angriff vorliegt.

Reicht also ein einfaches Überwiegen aus, ist damit aber immer noch nicht gesagt, dass das Arbeitsplatzinteresse im Einzelfall auch überwiegt. Hierfür kommt es wiederum auf die unter E. IV. erläuterten Kriterien an.

IV. Ausblick

Ergibt schließlich auch diese Prüfung, dass eine gänzliche Entschuldigung des Arbeitnehmers ausscheidet, bleibt selbstverständlich – und dies auch für vorsätzliche Begehungsdelikte – die Möglichkeit, die durch die Drucksituation doch erheblich verminderte Schuld im Rahmen einer Verfahrenseinstellung nach §§ 153, 153a StPO oder zumindest bei der Strafzumessung zu berücksichtigen.[1853]

---

48 (57) nimmt ein „Verhältnis des Schwächeren zum Stärkeren" zwischen Fahrlässigkeit und Vorsatz an; für Unterlassungsdelikte zeigt dies schon die fakultative Milderungsmöglichkeit nach § 13 Abs. 2 StGB, die auf der Annahme einer verminderten Unrechts- und Schuldgehalts beruht, *Jescheck/Weigend*, Lehrbuch des Strafrechts, 1996, § 58 V 1; *Kühl*, Strafrecht. Allgemeiner Teil, 2017, § 18 Rdnr. 6b; Schönke/Schröder/*Lenckner/Sternberg-Lieben*, Vorbem. §§ 32 ff., Rdnr. 125; *Roxin*, Strafrecht Allgemeiner Teil, Bd. 2, 2003, § 31 Rdnr. 239.

1850 LK/*Rönnau*, Vor § 32, Rdnr. 336; *Welzel*, Das deutsche Strafrecht. Eine systematische Darstellung, 1967, § 23 II 2.

1851 So zutreffend LK/*Vogel*, § 15, Rdnr. 312.

1852 NK/*Paeffgen*, Vor §§ 32 ff, Rdnr. 242 m.w.N.

1853 Immerhin dies gesteht auch *Maiwald*, in: Albrecht/Ehlers/Lamott u. a. (Hrsg.): FS Schüler-Springorum, 1993, S. 475 (487) dem Täter zu.

Auch eine Verwarnung mit Strafvorbehalt nach § 59 StGB kann die angemessene Lösung darstellen.[1854] So können besondere Umstände i.S.d. § 59 Abs. 1 S. 1 StGB insbesondere darin liegen, dass die Tat aus einer Konfliktlage entstanden ist, namentlich aus einer unerwarteten und unausweichlichen Situation, die an Rechtfertigungs- oder Entschuldigungsgründe heranreicht.[1855]

Eine Einstellung nach § 153 Abs. 1 StPO setzt insbesondere voraus, dass die Schuld als gering anzusehen wäre. Dies ist dann der Fall, wenn die Schuld im Vergleich mit sonstigen Vergehen gleicher Art nicht unerheblich unter dem Durchschnitt liegt.[1856] Zur Beurteilung kann wiederum auf die Kriterien in § 46 Abs. 2 StGB zurückgegriffen werden,[1857] so z.B. Motiv und Gesinnung oder das Maß der Pflichtwidrigkeit.[1858] Spätestens hier wird man nicht umhin können, dem Arbeitnehmer ein geringeres Schuldmaß zuzugestehen, weil er schließlich nicht aus rechtsfeindlicher Gesinnung, sondern nur aus einer persönlichen Not- und Drucksituation heraus gehandelt hat.

Dass im Straf- und Ordnungswidrigkeitenrecht die Sanktionsfolgen nicht um jeden Preis durchgesetzt werden sollen, sondern auf den Erhalt des Arbeitsplatzes Rücksicht genommen wird, ergibt sich zuletzt beispielsweise auch aus der Rechtsprechung zum Absehen von einem Fahrverbot: Hier können (eng begrenzte) Ausnahmen gemacht werden, wenn dem Betroffenen infolge des Fahrverbots Arbeitsplatz- oder sonstiger wirtschaftlicher Existenzverlust droht und diese Konsequenz nicht durch zumutbare Vorkehrungen abgewendet oder vermieden werden kann.[1859] Auch hier zeigt sich zuletzt ein Ansatzpunkt dafür, dass das Straf- und Ordnungswidrigkeitenrecht Rücksicht auf den Arbeitsplatz nimmt und seine Sanktionen sogar zurücknehmen kann, um dessen Verlust zu verhindern.

1854 Ein Beispielsfall im Zusammenhang mit dem Erhalt fremder Arbeitsplätze wäre etwa BGH NStZ 1997, 189, wo eine Rechtfertigung zwar kurz und knapp abgelehnt wurde, § 59 StGB aber zumindest vom Ausgangsgericht angewandt wurde.

1855 Schönke/Schröder/*Stree/Kinzig*, § 59, Rdnr. 12

1856 KK-StPO/*Diemer*, § 153, Rdnr. 12; Meyer-Goßner/*Schmitt*, § 153, Rdnr. 4; SSW-StPO/*Schnabl/Vordermayer*, § 153, Rdnr. 9.

1857 KK-StPO/*Diemer*, § 153, Rdnr. 12; Meyer-Goßner/*Schmitt*, § 153, Rdnr. 4.

1858 SSW-StPO/*Schnabl/Vordermayer*, § 153, Rdnr. 9.

1859 KG VRS 2014, 127, 312; OLG Celle NStZ-RR 1996, 182; OLG Oldenburg NZV 1993, 198; OLG Bamberg NZV 2010, 46.

G. Ergebnis

Zuletzt sollen die Ergebnisse der Arbeit noch einmal zusammengefasst und davon ausgehend die einleitenden Fälle gelöst werden.

I. Zusammenfassende Thesen

- Nicht zuletzt durch die Aufwertung, die die Erwerbsarbeit im Laufe der Zeit erfahren hat, stellt sie heute ein menschliches Grundbedürfnis dar. In unserer erwerbszentrierten Gesellschaft ist Arbeit zu einem Wert an sich geworden. Ihr Fehlen – die Arbeitslosigkeit – kann zu Ausgrenzung und Stigmatisierung führen.
- Arbeit ist nicht allein ein Vermögensinteresse. Sie erfüllt auch wichtige psychische und soziale Bedürfnisse und hat damit einen Bezug zum Allgemeinen Persönlichkeitsrecht und zur psychischen Gesundheit.
- Das Interesse „Arbeitsplatz" lässt sich daher als die rechtlich geschützte Möglichkeit, sich eine materielle Lebensgrundlage zu erwirtschaften, Fertigkeiten zu entwickeln und zu schulen, sich darüber hinaus in immaterieller Hinsicht sinnvoll zu betätigen und als vollwertiges Mitglied der Gesellschaft zu erfahren, definieren.
- Wenn es um den Erhalt dieses Interesses geht, kann allein die Tatsache, dass ein Arbeitnehmer auf Weisung seines Vorgesetzten handelt, keine rechtfertigende Wirkung entfalten.
- Eine Rechtfertigung von Straftaten zum Erhalt des Arbeitsplatzes kann allein über die Regelung des rechtfertigenden Notstandes erreicht werden, wobei hier die drohenden persönlichen Konsequenzen mit den durch die Ordnungswidrigkeit oder Straftaten verbundenen Gefahren für andere abzuwägen sind.
- Die Notstandsbefugnis in § 16 OWiG und § 34 StGB lässt sich richtigerweise allein mit dem Solidaritätsgedanken legitimieren, dem deshalb wichtige Bedeutung für die Auslegung und Anwendung der Vorschriften zukommt.
- Der Nötigungsnotstand ist als Anwendungsfall des rechtfertigenden Notstandes zu behandeln, ohne dass ein „Handeln auf der Seite des Unrechts" zulasten des Notstandstäters zu berücksichtigen wäre, da es keinen Grund gibt, dem in Not Befindlichen das Unrecht des nötigenden Hintermannes zuzurechnen; vielmehr hat auch der Genötigte den uneingeschränkten Solidaritätsanspruch.

- Die Bestimmung des Erhaltungsinteresses „Arbeitsplatz" ist mit Blick auf die gesamte inländische Rechtsordnung vorzunehmen. Zwar gibt es kein (Grund-) Recht auf Arbeit i.e.S., gleichwohl hat das Interesse Arbeit an etlichen prominenten Stellen Anerkennung erfahren.
- Insbesondere in den internationalen Menschenrechtsverträgen ist seine überragende Bedeutung unumstritten. Da diese objektives, inländisch geltendes Recht sind, sind sie auch zur Auslegung des § 34 StGB heranzuziehen.
- Im nationalen Verfassungsrecht wird das Interesse Arbeit ebenfalls an etlichen Stellen anerkannt, auch wenn sich kein soziales Grundrecht auf Arbeit im Grundgesetz findet. Insbesondere im Rahmen der Berufsfreiheit des Art. 12 GG wird aber der Persönlichkeitsbezug des Grundrechts anerkannt, das einen engen Bezug zum Allgemeinen Persönlichkeitsrecht und zur Menschenwürde hat. Dementsprechend hat der Staat die Berufsfreiheit nicht nur zu achten, sondern auch aktiv zu fördern und gegen Beeinträchtigungen Privater zu schützen. Dieser Auftrag richtet sich auch an die Gerichte, die die Bedeutung der Berufsfreiheit, von der die abhängige Arbeit miterfasst ist, bei der Auslegung und Anwendung des einfachen Gesetzesrechts zu beachten haben. Daher ist die persönlichkeitsbezogene Dimension des Art. 12 GG auch bei der Auslegung von § 34 StGB durch den Strafrichter zu berücksichtigen.
- Einfachgesetzlich wird das Interesse am Arbeitsplatz insbesondere durch das materielle und prozessuale Arbeits(schutz)recht mit dem Kündigungsschutzrecht anerkannt; auch hier erschöpft sich das Interesse Arbeit nicht im finanziellen Aspekt, wie etwa die Anerkennung des Allgemeinen Beschäftigungsanspruchs zeigt.
- Dies ist bei der konkreten Bestimmung des Erhaltungsinteresses „Arbeit" im Rahmen des § 34 StGB zu berücksichtigen; doch selbst wenn man nur auf den materiellen Aspekt abstellt, überwiegt der Wert eines regulären Arbeitsplatzes oft den Wert etwa eines Sacheigentums. Unabhängig davon ist die Notstandsbefugnis zunächst einmal in jedem Fall eröffnet, da auch das Vermögen oder nur schuldrechtliche Ansprüche geschützt werden.
- Als notstandsfähiges Rechtsgut kommt insbesondere das bestehende, unbefristete Arbeitsverhältnis in Betracht. Bei einer (zulässigen) Befristung besteht kein Anspruch auf eine Verlängerung, sodass insoweit auch kein notstandsfähiges Rechtsgut vorliegt. Auch das Schwarzarbeitsverhältnis ist kein notstandsfähiges Rechtsgut, da der Arbeitnehmer, der insoweit bewusst die Solidargemeinschaft verlässt, nicht danach deren Schutz in Anspruch nehmen kann; dem „gezwungenen" Schwarzarbeiter ist dagegen zuzumuten, das

Arbeitsverhältnis zunächst zu legalisieren, also vor Gericht zu gehen, um den Wert eines regulären Arbeitsverhältnisses zu realisieren.

- Bei der Rettung eines Betriebes samt den dort vorhandenen Arbeitsplätzen kann es immer nur um eine Notstandshilfe zugunsten der betroffenen Arbeitnehmer gehen.
- Eine gegenwärtige Gefahr i.S.d. § 34 StGB liegt in den Nötigungskonstellationen unproblematisch vor; aber auch dort, wo es nur um eine wirtschaftliche Bedrohung der Arbeitsplätze geht, wird sich eine gegenwärtige Gefahr meist noch bejahen lassen.
- In den Nötigungskonstellationen ist die Begehung der Straftat oder Ordnungswidrigkeit ein geeignetes und auch erforderliches Mittel, um den Arbeitsplatzverlust abzuwenden; insbesondere kann eine Kündigungsschutzklage den zunächst eintretenden Arbeitsplatzverlust nicht präventiv verhindern, das Erhaltungsinteresse also nicht effektiv retten. In den Fällen wirtschaftlicher Not wird die Begehung der Straftat oder Ordnungswidrigkeit oftmals schon kein geeignetes Mittel sein, die Krise abzuwenden. Meist werden sich zudem im Rahmen der Erforderlichkeit andere, straflose Handlungsmöglichkeiten aufzeigen lassen, die zunächst hätten ergriffen werden können, um die Krise abzuwenden.
- Im Rahmen der umfassenden Interessenabwägung ist zur Bestimmung des abstrakten Wertes des Erhaltungsinteresses Arbeit auf die Gesamtrechtsordnung und damit auch auf die Gewährleistungen der Bestimmungen auf Völkerrechts- und Verfassungsrechtsebene zurückzugreifen, die sich mit Arbeit beschäftigen. Auch wenn das Interesse Arbeit nicht strafrechtlich geschützt ist, weist es einen hohen Grundrechtsbezug zu Menschenwürde und Allgemeinem Persönlichkeitsrecht auf, wodurch es sich in seiner Wertigkeit von einem reinen Vermögens- oder Sachinteresse stark abhebt.
- Trotzdem lässt sich bereits nach der abstrakten Wertigkeit von Erhaltungs- und Eingriffsgut festhalten, dass Eingriffe in Leib oder Leben nie zur Erhaltung des Arbeitsplatzes gerechtfertigt werden können; dagegen kommt eine Rechtfertigung tendenziell bei Eingriffen in Kollektivrechtsgüter oder bei einem Verstoß gegen Ordnungsvorschriften eher in Betracht.
- Darüber hinaus ist immer der konkrete Wert des zu erhaltenden Arbeitsplatzes zu bestimmen. Hierfür kommt es maßgeblich darauf an, wie einfach der Betroffene einen anderweitigen Arbeitsplatz erlangen könnte und wie gut seine Chancen stehen, den alten Arbeitsplatz im Rahmen des Kündigungsschutzes wiederzuerlangen. Hierbei ist zu beachten, dass es – unabhängig von der formalen Rechtslage - Faktoren gibt, die dem Arbeitnehmer die Kündigungsschutzklage und die gänzliche Wiedererlangung seiner alten Position faktisch erheblich erschweren. Zu einem generell bestehenden Machtgefälle

kommt hinzu, dass der Arbeitnehmer auch in Zukunft auf das Wohlwollen des Arbeitgebers angewiesen ist, die Gefahr der Wirksamkeitsfiktion nach § 7 KSchG besteht, die Beweissituation für den Arbeitnehmer schwierig sein kann und er zudem immer mit einem Kostenrisiko (selbst für den Fall des Obsiegens) belastet ist. Dies wird belegt durch den empirischen Befund, dass – wohl maßgeblich aus diesen Gründen – dementsprechend viele Kündigungen nicht angegriffen werden und darüber hinaus viele Kündigungsprozesse mit einem Vergleich statt der Wiedererlangung des alten Arbeitsplatzes enden. Trotzdem wird der Arbeitnehmer oftmals darauf zu verweisen sein, dass er die offensichtlich rechtswidrige Kündigung vor den Arbeitsgerichten anficht statt die rechtswidrige Tat zu begehen, weil er auch so gute Chancen hat, seinen Schaden gering zu halten, und seine Erhaltungsinteresse damit weniger wiegt als das Eingriffsinteresse.

- Zwar wird der Verlust des Arbeitsplatzes durch Sozialleistungen in seinem materiellen Aspekt abgefedert; diese können aber sachlich und zeitlich begrenzt sein und ermöglichen jedenfalls keine vollständige Kompensation des Verlustes – schon gar nicht in immaterieller Hinsicht.
- Geht es um den Erhalt mehrerer Arbeitsplätze, sind diese zur Bestimmung des Erhaltungsinteresses zu addieren.
- Bei dem Abwägungsfaktor „Grad der drohenden Gefahr" ist in den Nötigungsfällen auf Erhaltungsseite von einer hohen Gefahr auszugehen; auf Eingriffsseite ist der Grad der drohenden Gefahr insbesondere bei Ordnungswidrigkeiten und abstrakten Gefährdungsdelikten geringer, sodass hier eher eine Rechtfertigung in Frage kommt.
- Hinsichtlich des Grades der Rettungschance ist zu berücksichtigen, dass die Begehung der Straftat oder Ordnungswidrigkeit in den Nötigungsfällen ein relativ sicheres Mittel ist, um die Gefahr abzuwenden. In den Fällen wirtschaftlicher Bedrohung der Arbeitsplätze wird sich die Rettungschance dagegen oftmals als minimal darstellen.
- Für die Individualisierung des Interesses Arbeit kommt es darauf an, wie sehr der Arbeitnehmer auf das Arbeitseinkommen angewiesen ist, wie groß seine Arbeitsmarktchancen sind, wie gut sein konkreter Kündigungsschutz ist, welche Unterhaltspflichten an sein Einkommen anknüpfen und wie hoch der Grad der Selbstverwirklichung im konkreten Beruf ist.
- Im Rahmen der Interessenabwägung ist zu berücksichtigen, dass der Gesetzgeber abschließende Verfahrensregelungen geschaffen haben kann, in denen er bestimmte Interessenkonflikte abschließend geregelt hat, sodass ein Rückgriff auf § 34 StGB ausscheidet. Das Kündigungsschutzverfahren stellt aber keine solche Regelung dar, sondern stellt lediglich den grundrechtlich

geschuldeten Rechtsschutz dar, sodass die Kündigungsschutzklage auch unter diesem Aspekt die Rechtfertigung in den Nötigungskonstellationen nicht pauschal ausschließt.

- In den Fällen der wirtschaftlichen Not und Krise hat der Gesetzgeber dagegen das Insolvenzverfahren vorgesehen, um Unternehmen, die in der Marktwirtschaft nicht bestehen, geordnet abzuwickeln. Hier ist genau der Fall, dass Unternehmen in wirtschaftliche Not geraten, gesetzlich geregelt worden, wobei auch die Interessen der Arbeitnehmer des betroffenen Unternehmens mitbedacht worden sind. Der Gesetzgeber hat sich entschieden, diese nicht konkurrenzfähigen Unternehmen aus dem Markt zu nehmen und die Interessen der Gläubiger so gut wie möglich durch die geordnete Abwicklung zu schützen. Dies ist eine echte abschließende Verfahrensregelung, die freihändige Sanierungsversuche des Unternehmensinhabers ausschließt. Damit kommt auch eine Rechtfertigung von Straftaten oder Ordnungswidrigkeiten über § 34 StGB bzw. § 16 OWiG, die begangen werden, um das Unternehmen zu erhalten, nicht in Betracht. Dies ergibt sich letztlich auch aus den kündigungsrechtlichen Bestimmungen zur betriebsbedingten Kündigung: Eine Kündigung aus betrieblichen Gründen hat der Arbeitnehmer im Rahmen ordnungsgemäßer Sozialauswahl hinzunehmen.
- Soweit eine Rechtfertigung mangels wesentlichen Überwiegens bei den Nötigungsfällen im Rahmen des rechtfertigenden Notstandes ausscheidet, kommt zumindest bei Fahrlässigkeits- und Unterlassungsdelikten noch eine Entschuldigung wegen der Unzumutbarkeit normgemäßen Verhaltens in Betracht. Hierbei gelten dieselben Erwägungen wie bei der Interessenabwägung im Rahmen des rechtfertigenden Notstandes, allerdings genügt ein einfaches Überwiegen.
- Darüber hinaus kann die Motivation des Handelns zum Erhalt von Arbeitsplätzen bei der Strafzumessung oder bei der Einstellung des Strafverfahrens nach Opportunitätsgrundsätzen berücksichtigt werden.

Damit hat sich am Ende gezeigt, dass sämtliche Einwände, die gegen eine Rechtfertigung von Straftaten zum Erhalt von Arbeitsplätzen über § 34 StGB vorgebracht werden, berechtigt sind. Gleichwohl werden sie oftmals zu sehr verabsolutiert, ohne dass auf den jeweiligen Einzelfall Rücksicht genommen wird. Es ist deshalb in jedem einzelnen Fall genau zu prüfen, ob etwa der Einwand, dass es letztlich „nur“ um ein Vermögensinteresse gehe oder dass der Arbeitnehmer mittels Kündigungsschutzklage seinen Arbeitsplatz schnell zurückerhalten könne, tatsächlich geeignet ist, ein erheblich überwiegendes Interesse des Arbeitnehmers auszuschließen.

Dass am Ende kein eindeutiges Ergebnis steht, hat auch den Verfasser dieser Untersuchung zunächst mit einer gewissen Unzufriedenheit zurückgelassen. Das Ergebnis, dass es auf sämtliche Umstände des Einzelfalls ankommt, sagt alles und nichts. Doch ist dieses Ergebnis nun einmal der zugrundeliegenden und zu untersuchenden Norm, § 34 StGB, geschuldet, die prinzipiell auch (fast) alles ermöglicht – je nachdem, wie die Abwägung, in die sämtliche Umstände des Einzelfalls einzubeziehen sind, ausgeht. § 34 StGB ist also eine Norm der Einzelfallgerechtigkeit, weswegen es konsequenterweise zur Beurteilung eben auch immer auf den jeweiligen Einzelfall ankommt. Immerhin hat die vorliegende Arbeit versucht, Anhaltspunkte für die Durchführung dieser Einzelfallabwägung zu geben, etwa bei der Bestimmung des Erhaltungsinteresses und bei den sonstigen für die Interessenabwägung zu berücksichtigenden Kriterien.

II. Lösung der Ausgangsfälle

Am Ende der Untersuchung lassen sich damit nun auch die Ausgangsfälle abschließend beurteilen.

In Fall 1 hat A tatbestandlich eine Ordnungswidrigkeit nach § 8a Abs. 2 Nr. 1 FPersG i.V.m. Art. 6 VO (EG) Nr. 561/2006 begangen, indem er vorsätzlich seine Lenkzeiten überschritten hat. Fraglich ist nun, ob sein Verhalten über § 16 OWiG gerechtfertigt werden kann, schließlich hat A die Fahrt nur gemacht, um nicht gekündigt zu werden und seinen Arbeitsplatz zu erhalten. Richtigerweise ist die Tatsache, dass es sich um einen Fall des Nötigungsnotstandes handelt, nicht geeignet, die Notstandsbefugnis generell auszuschließen, und schlägt auch nicht gesondert zulasten des Erhaltungsinteresses zu Buche.

Der Arbeitsplatz kommt anerkanntermaßen als notstandsfähiges Rechtsgut in Betracht. Durch die Drohung mit der Kündigung bestand für den Arbeitsplatz auch aus Sicht eines objektiven Beobachters ex post eine gegenwärtige Gefahr, weil S zuvor schon mehrere Fahrer „gefeuert" hatte. Diese Gefahr konnte A allein dadurch abwenden, dass er sofort die Fuhre übernahm, er musste also in diesem Moment handeln, weswegen auch die Gegenwärtigkeit der Gefahr zu bejahen ist. Da A seinen Arbeitgeber so von der Kündigung abhalten konnte, war seine Notstandshandlung auch geeignet i.S.d. § 16 OWiG. Hinsichtlich der Erforderlichkeit darf konstatiert werden, dass es keine andere, weniger in fremde Rechtsgüter eingreifende Handlung gegeben hätte, um die Gefahr abzuwenden. Einen präventiven Kündigungsschutz gibt es schließlich nicht. Insbesondere die Kündigungsschutzklage kann zunächst einmal den Eintritt des Arbeitsplatzverlustes nicht verhindern, sondern setzt ihn gerade voraus.

Im Rahmen der Interessenabwägung ist einmal mehr darauf hinzuweisen, dass sich auch bei scheinbar einfachen Tätigkeiten die Arbeit doch nicht in einem reinen Vermögensinteresse erschöpft. Auch eine Anstellung als LKW-Fahrer ermöglicht es dem A beispielsweise, seine Rolle als Ernährer der Familie auszufüllen und daraus Selbstwertgefühl zu ziehen. Arbeiten zu können und zu dürfen erfüllt auch immateriellen Bedürfnisse, die sich dem Bereich des allgemeinen Persönlichkeitsrechts zuordnen lassen. Wenn man nun As Interesse am Erhalt des Arbeitsplatzes individualisiert, ist in Rechnung zu stellen, dass A angesichts der Arbeitsmarktlage schlechte Chancen haben wird, einen anderweitigen Arbeitsplatz zu finden: Er ist ungelernt und die Konkurrenz unter den Kraftfahrern ist groß. Aber auch seine Chancen, den einmal verlorenen Arbeitsplatz wiederzuerlangen, stünden relativ schlecht. Zunächst besteht das allgemeine Problem, dass er als Ausländer über keine Kenntnisse des deutschen Rechtssystems verfügt. Er wird möglicherweise gar nicht wissen, dass er sich gegen eine Kündigung in der Probezeit wehren kann, möglicherweise auch nicht, dass er das innerhalb von drei Wochen tun muss. Weiterhin fällt A nicht in den persönlichen Anwendungsbereich des KSchG, weil er die Wartezeit von sechs Monaten noch nicht erfüllt hat. Das bedeutet, S könnte dem A relativ beliebig kündigen. Zwar würde das ArbG eine Kündigung, die ausgesprochen wurde, weil A sich weigerte, eine Ordnungswidrigkeit zu begehen, auch in der Probezeit für nichtig nach § 138 Abs. 1 BGB erklärt, allerdings müsste A vor Gericht letztendlich beweisen können, dass dies allein der Grund war und es keinen anderen, zulässigen Grund gab. Würde S etwa vortragen, dass er allgemein mit As Zuverlässigkeit unzufrieden war, sich Kunden beschwert hätten, Lieferungen zu spät ankamen etc., müsste A alle diese Einwände ausräumen. In dieser Zeit eines möglichen Prozesses wird S vermutlich auch keinen Lohn zahlen. Zwar behält A seinen Lohnanspruch nach § 615 BGB, aber auch diesen Lohn muss er dann erst einklagen. Für die Dauer eines Prozesses würde damit A, aber vor allem auch seine Familie mit Frau und drei Kindern, die einzige Einkommensquelle verlieren. Dieser Verlust kann auch nicht ohne weiteres durch Sozialleistungen kompensiert werden. A hat die Anwartschaftszeit für Arbeitslosengeld nicht erfüllt, sodass ihm lediglich ein Anspruch auf die Grundsicherung für Arbeitssuchende („Hartz IV“) bleibt.[1860]

1860 Dieser ist auch nicht nach § 7 Abs. 1 S. 2 Nr. 2 SGB II ausgeschlossen, weil sich As Aufenthaltsrecht nicht mehr allein aus dem Zweck der Arbeitssuche ergibt, sondern er bereits als Arbeitnehmer in der BRD aufenthaltsberechtigt war (vgl. die Rückausnahme in § 7 Abs. 1 S. 2 Nr. 1 SGB II, der nur Ausländer ausschließt, die in der BRD nicht Arbeitnehmer sind).

Angesichts dessen, dass es bei der Regelung des rechtfertigenden Notstandes auch immer darum geht, dass die Solidarität der Mitmenschen in Anspruch genommen wird, um einen Schaden im Einzelfall abzuwenden, scheint naheзuliegen, diese Mitmenschen eher mit der Hinnahme einer sehr abstrakten Gefährdung des Straßenverkehrs, bei der sich bereits im Vorfeld sagen ließ, dass es mit großer Wahrscheinlichkeit zu keinen Schäden kommen wird, zu belasten, als dem Arbeitnehmer die Rechtfertigung zu versagen und ihn darauf zu verweisen, dass er im Notfall von Hartz IV hätte leben müssen, was am Ende doch auch nur wieder zu einer Belastung derselben Solidargemeinschaft führt, anstatt dass der Arbeitnehmer sich selbst versorgt und darüber hinaus Beiträge und Steuern für die Solidargemeinschaft gezahlt werden.

Wendet man nun den Blick dem Eingriffsinteresse zu, besteht dieses in der Erhöhung der Verkehrssicherheit, indem übermüdungsbedingte Unfälle verhindert werden. Mittelbar sind damit Leben, körperliche Unversehrtheit und Eigentum geschützt. Insbesondere Leib und Leben wiegen abstrakt sicher höher als der Arbeitsplatz. Im Rahmen der Abwägung ist aber maßgeblich zu berücksichtigen, dass für diese Güter allenfalls eine sehr abstrakte Gefahr besteht. Aus objektiver ex ante-Sicht war eine konkrete Gefährdung anderer Verkehrsteilnehmer (über ein allgemeines Unfallrisiko hinaus, das im Straßenverkehr immer besteht) weitestgehend auszuschließen: A hatte seine Lenkzeiten gerade erschöpft, sodass er die zulässige Grenze nur um die 45 Minuten der Fahrt überschreitet. 50 Kilometer sind für die sonstigen Strecken eines Berufskraftfahrers auch keine besonders weite Distanz. Zudem wählt A extra eine wenig befahrene Strecke, was die Gefahr eines Unfalls weiter verringert. Konkrete Einbußen muss also kein Solidaritätspflichtiger befürchten.

Keinen Einfluss auf die Abwägung hat die Tatsache, dass es sich um einen Nötigungsnotstand handelt. Die Rechtsordnung wird durch eine Rechtfertigung des A nicht grundsätzlich in Frage gestellt, zumindest nicht mehr als in anderen Fällen, in denen tatbestandliches, aber gerechtfertigtes Verhalten vorliegt. Richtigerweise ist die Sanktionierung aber bei S anzusiedeln, der schließlich maßgeblicher „Veranlasser" der Ordnungswidrigkeit ist. Insgesamt erscheint es angemessener, bei ihm spezial- und generalpräventiv anzusetzen. Er sollte davon abgehalten werden, weiterhin Fahrer unter Überschreitung der Lenkzeiten einzusetzen. Und auch andere Spediteure sollten davon abgehalten werden. Der einzelne angestellte LKW-Fahrer wird im Regelfall kein Interesse daran haben, seine Lenkzeiten zu überschreiten und mehr zu arbeiten, als er muss. Dass auch der Gesetzgeber den Arbeitgeber des Kraftfahrers in die Pflicht nehmen will, zeigt ein Blick in § 8a Abs. 1 Nr. 2 FPersG, wo nämlich (in der Reihenfolge vor dem Fahrer) geregelt ist, dass auch der Unternehmer, der nicht für Einhaltung der zulässigen Lenkzeiten sorgt, ordnungswidrig handelt. In diesem Fall beträgt die Geldbuße sogar bis zu fünfzehntausend Euro, während die Höchstgrenze für Zuwiderhandlungen des Fahrers bei einem Drittel, nämlich fünftausend Euro liegt (§ 8a Abs. 4 FPersG). Das maßgebliche Unrecht liegt also auch nach der Wertung des Gesetzgebers beim Unternehmer. Damit genügt es aber auch im hiesigen Fall, wenn gegen S eine Geldbuße verhängt wird.

Im Übrigen wäre die jetzige Rechtfertigung des A kein „Persilschein" für die unbegrenzte weitere Begehung von Ordnungswidrigkeiten. Insbesondere, wenn für A nach sechs Monaten das KSchG greift, verbessern sich seine Prozesschancen deutlich, sodass es ihm eher zumutbar ist, den Klageweg zu beschreiten, was in der Interessenabwägung maßgeblich zu berücksichtigen wäre.

Für die konkrete, hier einzig und allein zu untersuchende Ordnungswidrigkeit kann A aber über § 16 OWiG gerechtfertigt werden, da er schließlich auch subjektiv allein handelte, um seinen Arbeitsplatz zu erhalten.

In Fall 2 begeht G tatbestandlich (mindestens) eine Straftat nach § 266a Abs. 1 StGB (i.V.m. § 14 Abs. 1 Nr. 1 StGB), indem er es unterlässt, die fälligen Sozialversicherungsbeiträge abzuführen. Dies tut er, um den Geschäftsbetrieb und damit auch die Arbeitsplätze der 50 Arbeitnehmer aufrechtzuerhalten. Daher ist wiederum fraglich, ob diese Straftat über § 34 StGB im Wege der Nothilfe, für die möglicherweise von der Arbeitslosigkeit bedrohten Arbeitnehmer gerechtfertigt werden kann. Zwar handelt es sich bei deren Arbeitsplätzen um ein notstandsfähiges Rechtsgut, zu dessen Gunsten prinzipiell auch eine Notstandshilfe möglich ist. Allerdings dürfte die Notstandshandlung des G, das Vorenthalten der Sozialversicherungsbeiträge, schon nicht erforderlich gewesen sein (wenngleich geeignet). Zunächst hätte G nämlich versuchen müssen, die offenen Forderungen gegen Kunden einzuziehen. Möglicherweise hätte er die Forderungen an ein Factoring-Unternehmen verkaufen können. Auch die Möglichkeit einer weiteren Kreditaufnahme wäre zu prüfen gewesen. Bevor nicht alle möglichen, rechtlich erlaubten Mittel ausgeschöpft sind, um an Liquidität zu gelangen, kann diese nicht durch die Verletzung strafrechtlich abgesicherter Zahlungspflichten gesucht werden. Schließlich hat der Gesetzgeber durch die Strafbewehrung gezeigt, dass die Zahlungspflicht zugunsten der Sozialversicherungen sogar vorrangig sein soll. Aber selbst wenn man nicht bereits an der Erforderlichkeit scheitern würde, könnte spätestens die Interessenabwägung nicht mehr zu Gunsten von G ausgehen: Das Interesse am Erhalt unrentabler, nicht wettbewerbsfähiger Unternehmen wird von unserer Rechtsordnung auf Dauer nicht geschützt. Eine Wirtschaftsflaute und mangelnde Zahlungsmoral oder Liquidität auf Kundenseite treffen alle Unternehmen. Der Wettbewerb darf nun aber nicht dadurch verzerrt werden, dass man über die Dispensierung von Zahlungspflichten mittels

§ 34 StGB einzelnen Unternehmen Wettbewerbsvorteile verschafft. Gelingt es tatsächlich nicht, andere Geldquellen aufzutun und die Liquidität des Unternehmens wiederherzustellen, bleibt nur der Weg ins Insolvenzverfahren. Und wo überhaupt noch Geld vorhanden ist, zeigt die Strafbewehrung, dass jedenfalls das Abführen der Sozialversicherungsbeiträge eine vorrangig vom Unternehmen zu erfüllende Pflicht ist. Wo überhaupt kein Geld mehr verfügbar ist und auch kurzfristig keine Mittel mehr am Kapitalmarkt besorgt werden können, ist das Unternehmen ohnehin insolvenzreif. Dann aber dürfen die Regeln des Insolvenzrechts, die dem Ziel der bestmöglichen Gläubigerbefriedigung dienen, nicht umgangen werden. In diesem Fall wiegen gesetzlich angeordnet die Interessen der Gläubiger höher als das Interesse des Schuldners an der eigenmächtigen Fortführung des Betriebes, woran auch die Arbeitsplätze gebunden sind.

Daher dürfte es insgesamt ausgeschlossen sein, Straftaten nach § 266a StGB über § 34 StGB wegen des Ziels der Unternehmens- und Arbeitsplatzerhaltung zu rechtfertigen.

In Fall 3 begeht die Sekretärin S tatbestandlich eine Straftat nach § 153 StGB, insbesondere ist es dafür nicht erforderlich, dass es tatsächlich zu einer falschen Entscheidung kommt. S tut dies wiederum nur, weil G ihr androht, sie andernfalls zu kündigen.

Hinsichtlich Notstandslage und Notstandshandlung gilt zunächst das für Fall 1 bereits Ausgeführte entsprechend. Ob die Falschaussage der S gerechtfertigt ist, hängt damit von der Interessenabwägung ab. Was zunächst den abstrakten Rang der betroffenen Interessen angeht, lässt sich nach hiesigem Verständnis nicht generell sagen, dass das Universalrechtsgut „Rechtspflege" Individualinteressen überwiegt, auch wenn der Gesetzgeber mit der Mindeststrafe von drei Monaten einen Hinweis auf die besondere Wertigkeit des Interesses gegeben hat. Vielmehr ist genau zu prüfen, inwieweit dahinter mittelbar wiederum geschützte Individualinteressen stehen, da es sich bei der Notstandsregel um einen Personenkonflikt handelt: Es geht um die Frage, inwieweit einer konkreten anderen Person Einbußen an ihren Rechtsgütern zum Schutz des in Not Befindlichen zugemutet werden können.

Durch ihre Falschaussage beeinträchtigt die S die Rechtspflege. Dies führt aber zumindest im hiesigen Fall nicht dazu, dass ein konkreter Mitbürger Einbußen an seinen Rechtsgütern erleiden muss. Dies könnte allenfalls bei einer Kumulation von Falschaussagen passieren; den Dammbruch zu verhindern, darf aber nicht einseitig zulasten des Genötigten versucht werden. Zwar ist die Funktionstüchtigkeit der Rechtspflege strafrechtlich geschützt, der Arbeitsplatz an sich aber nicht, was zunächst für eine deutliche Höherwertigkeit der Rechtspflege spricht, allerdings dürften für die erhebliche und umfassende

Kriminalisierung der Falschaussagedelikte auch generalpräventive Gründe eine Rolle spielen. Zudem gibt es ja noch weitere Faktoren im Rahmen der Abwägung zu berücksichtigen: So sind der Gefahrengrad und das Ausmaß des konkreten Schadens auf Erhaltungs- wie Eingriffsseite zu bestimmen: Würde die S der Nötigung nicht nachkommen, würde sie sicher ihren Arbeitsplatz verlieren. Der betriebliche Anwendungsbereich des KSchG ist nicht eröffnet, da im Betrieb nur fünf Arbeitnehmer beschäftigt sind. Damit verschlechtern sich ihre Aussichten, erfolgreich gegen die Kündigung vorzugehen ebenso wie in Fall 1 während der Probezeit. Zudem hat G angekündigt, der S ein schlechtes Arbeitszeugnis zu schreiben, wogegen sie zwar wiederum klagen könnte, was ihr aber zunächst die Suche nach einem anderen Arbeitsplatz deutlich erschweren würde. Da sie auch nicht auf anderweitige Vermögenswerte zur Bestreitung ihres Lebensunterhaltes zurückgreifen kann, wäre für sie der individuelle Schaden sehr groß. Auf der Eingriffsseite droht eine Beeinträchtigung der Funktionstüchtigkeit der Rechtspflege durch die Falschaussage der S. Gleichwohl handelt es sich bei § 153 StGB lediglich um ein abstraktes Gefährdungsdelikt, dass also unabhängig davon eingreift, ob es tatsächlich zu einem konkreten Schaden kommt. Das pönalisierte Verhalten ist typischerweise für das schützende Rechtsgut gefährlich, muss es aber im Einzelfall nicht sein. Damit ist der Gefahrengrad für das zu schützende Rechtsgut niedriger. Ex post hat sich ja sogar bestätigt, dass die Rechtsprechung trotzdem richtig funktioniert hat, da G zutreffend verurteilt wurde. Dies war sogar schon ex ante zu erwarten, weil es die Aussage des Polizisten gab und die Justiz den Angaben von Polizisten regelmäßig glaubt. Darüber hinaus sind aber auch die mittelbar drohenden Folgen zu berücksichtigen. Selbst wenn G zu Unrecht freigesprochen worden wäre, wäre nur eine Verurteilung wegen einer Ordnungswidrigkeit vereitelt worden. Dies ist nach der gesetzlichen Wertung des § 258 StGB weit weniger schlimm als eine Strafvereitelung. Zudem ist darauf abzustellen, in welchem Maße durch die Falschaussage mittelbar Individualinteressen beeinträchtigt zu werden drohen. Würde G zu Unrecht freigesprochen, würde nur verhindert, dass ein Verhalten, das die Verkehrssicherheit beeinträchtigt und abstrakt zu Gefahren für andere Verkehrsteilnehmer führt, sanktioniert wird. Ein konkreter Schaden droht aber auch von diesem Verhalten niemandem, weswegen der Gesetzgeber es wiederum nur als Ordnungswidrigkeit ausgestaltet hat. Hätte G seine Auszubildende S dagegen dazu genötigt, in einem Zivilrechtsstreit über eine Forderung falsch auszusagen, würde eine ganz konkrete Gefährdung des Vermögens der anderen Partei drohen. Dann gäbe es eine konkrete Person, die von der Falschaussage nachteilig betroffen wäre; dies verändert die rechtliche Beurteilung einmal dahingehend, dass S Beihilfe zum (u.U. versuchten) Prozessbetrug begehen würde; zum anderen und unabhängig davon ist diese schwerere mittelbare Auswirkung aber auch bei der Beurteilung der Rechtfertigung des Verstoßes gegen § 153 StGB zu berücksichtigen, sodass hier § 34 StGB eher ausscheidet. Im hiesigen Fall sprechen aber m.E. die besseren Gründe dafür, die S zu rechtfertigen. Generalpräventive Argumente sind beim Hintermann G zu verorten. Dieser ist nach § 240 StGB (und gegebenenfalls § 160 Abs. 1 Hs. 2 StGB) zu verurteilen. Er ist derjenige, der die Falschaussage erst in Gang setzt, er beherrscht das Geschehen, indem er die S unter Druck setzt und dank des Damoklesschwertes „Arbeitsplatzverlust" steuern kann, und ihm käme die Falschaussage schließlich auch zugute.

Da die S subjektiv gerade handelte, um die Gefahr des Arbeitsplatzverlustes abzuwenden, war ihre Falschaussage in diesem Einzelfall aus hiesiger Sicht gerechtfertigt.

In Fall 4 hat L den Tatbestand der fahrlässigen Körperverletzung gem. § 229 StGB verwirklicht. Obwohl er deutliche Anhaltspunkte dafür hatte, dass der Duftspray zu Gesundheitsschäden bei den Verbrauchern führen könnte, erteilte er die Freigabe für die Produktion. Durch diese objektive Sorgfaltswidrigkeit kam es objektiv vorhersehbar zu den Gesundheitsschäden bei den Verbrauchern. L hätte die Freigabe zumindest nicht ohne weitere Tests erteilen dürfen, wenn er schon Bedenken hat, ob der Spray zu Schleimhautreizungen führt. Da seine Freigabe erforderlich war, ist auch die Kausalität unproblematisch zu bejahen.

Fraglich ist nun aber wieder, ob L gerechtfertigt ist, schließlich erteilt er die Freigabe einerseits, weil er nicht möchte, dass sein Unternehmen wegen mangelndem Umsatzes Arbeitnehmer entlässt, und andererseits, weil er befürchtet, selbst gekündigt zu werden, wenn er sich nicht so verhält, wie die Unternehmensleitung es wünscht.

Damit kommt § 34 StGB zur Rettung des eigenen Arbeitsplatzes, aber auch zur Rettung der fremden Arbeitsplätze im Wege der Notstandshilfe in Betracht. Sowohl sein eigener Arbeitsplatz als auch die Arbeitsplätze der anderen Mitarbeiter des Unternehmens sind notstandsfähige Erhaltungsgüter. Angesichts der drohenden Kosteneinsparungen, wenn nicht alsbald ein wirtschaftlicher Erfolg mit dem neuen Produkt erzielt wird, kann man auch eine gegenwärtige Gefahr annehmen. Die Geeignetheit der Notstandshandlung wird man noch bejahen können, weil durch zusätzliche Einnahmen aus dem Verkauf des neuen Produkts Einnahmen zu erwarten sind, die zumindest kurz- oder mittelfristig zum Arbeitsplatzerhalt beitragen können. Bei der Erforderlichkeit stellen sich dagegen große Zweifel ein. Dass ein Unternehmen zu wenig Einnahmen oder zu hohe Ausgaben hat, kann ebenso viele Ursachen haben, wie es auch Möglichkeiten gibt, dies zu ändern. Diese anderen Möglichkeiten liegen aber weitgehend nicht in der Hand von L, sodass es zumindest für ihn wohl keine andere

Möglichkeit gibt, die Gefahr für die anderen Mitarbeiter abzuwenden. Dies deutet bereits auf einen anderen Gesichtspunkt hin, der aber erst bei der Interessenabwägung zu verorten ist.

Auch hinsichtlich des eigenen Arbeitsplatzes ist eine gegenwärtige Gefahr zu bejahen. Erteilt L nicht jetzt die geforderte Freigabe, erscheint es nicht ganz unwahrscheinlich, dass er gekündigt wird. Erteilt er die Freigabe dagegen, kann er damit die Kündigung abwenden. Ein milderes Mittel, wie er das erreichen könnte, ist nicht ersichtlich. Insbesondere nachträglicher Rechtsschutz könnte die Gefahr nicht beseitigen.

Allerdings geht die Interessenabwägung zulasten der Arbeitsplätze aus. Ihnen steht als Eingriffsgut die Gesundheit einer Vielzahl von Verbrauchern gegenüber. Dieses Rechtsgut nimmt einen hohen Rang ein, wie sich schon allein aus Art. 2 Abs. 2 S. 1 GG ergibt. Zudem ist es nicht nur zu einer abstrakten Gefahr, sondern zu einer konkreten Beeinträchtigung der Gesundheit gekommen, was bereits im Vorfeld absehbar war. Zwar war die Schädigung nicht besonders intensiv, aber doch so erheblich, dass eine ärztliche Behandlung notwendig war. Demgegenüber wiegen die Arbeitsplatzinteressen der Arbeitnehmer geringer. Auch der *BGH* hat (wenngleich im Rahmen des Umfangs der Garantenpflichten) ausgeführt, dass bei einer Abwägung dem Schutz der Verbraucher vor Gesundheitsschäden Vorrang vor den wirtschaftlichen Interessen des vertreibenden Unternehmens zukomme; etwas anderes könne allenfalls dann gelten, wenn den Verbrauchern nur ganz geringfügige Nachteile drohten, der Nichtverkauf des fraglichen Produkts für das Unternehmen dagegen mit schwerwiegenden, womöglich existenzgefährdenden Folgen verbunden wäre.[1861] Dies ist hier aber nicht der Fall. In Rede steht nur ein Arbeitsplatzabbau, dagegen keine komplette Unternehmensinsolvenz. Dass ein Unternehmen wirtschaftlich nicht auf Dauer erfolgreich ist und deswegen betriebsbedingte Kündigungen erforderlich werden, ist eine dem Arbeitsverhältnis immanente „Schwäche". Eine Garantie des Arbeitsplatzes gegen betriebsbedingte Kündigungen gibt es nach unserer geltenden Wirtschafts- und Rechtsordnung nicht. Wenn tatsächlich betriebsbedingte Kündigungen erforderlich werden, müssen die Arbeitnehmer diese hinnehmen (zumindest bei korrekter Sozialauswahl). Dann kommt aber auch keine Notstandshilfe in Frage. Zudem wäre höchst fraglich, ob der Verkauf der Duftsprays überhaupt die erhofften Einnahmen bringen würde, zumal wenn das Unternehmen durch Bekanntwerden der Atemwegsbeschwerden schlechte Presse bekommt.

Auch bezüglich des eigenen Arbeitsplatzes von L geht die Abwägung zu seinen Lasten aus. Sofern hier eine Kündigung als Maßregelung im Raum steht, ist

---

1861 BGHSt 37, 106 (122) – Lederspray.

diese zwar rechtlich nicht mehr zulässig, also keine rechtlich in Kauf genommene Konsequenz; gleichwohl kann sich sein Interesse wiederum nicht gegen die Gesundheitsinteressen der geschädigten Verbraucher durchsetzen. Zunächst einmal ist seine Kündigung keineswegs sicher: Für das betroffene Unternehmen wäre es schwer, L zu ersetzen, sodass es nicht sicher erscheint, dass die Drohung tatsächlich in die Tat umgesetzt würde. Die Realisierung der Gefahr ist also nicht sicher. Aber selbst wenn L seinen Arbeitsplatz faktisch verlieren würde, könnte er den Verlust relativ gut kompensieren, weil seine Arbeitsmarktchancen gut sind und er über ausreichend Vermögen verfügt, um zumindest den Einkommensaspekt des Interesses Arbeit zu ersetzen, zumal er keine Unterhaltspflichten hat. Dagegen hätte er wohl schlechte Chancen, seinen Schaden durch Erhebung einer Kündigungsschutzklage gering zu halten. Das KSchG ist zwar prinzipiell anwendbar, sodass der Arbeitgeber zunächst einen ausreichenden personen-, verhaltens- oder betriebsbedingten Kündigungsgrund vortragen müsste, allerdings dürfte L als Abteilungsleiter zu den leitenden Angestellten nach § 14 Abs. 2 KSchG gehören,[1862] sodass sein Arbeitsverhältnis trotz Sozialwidrigkeit der Kündigung auf Antrag des Arbeitgebers gem. §§ 9 Abs. 1 S. 2, 14 Abs. 2 S. 2 KSchG ohne weitere Begründung vom Gericht gegen Abfindung aufgelöst werden könnte. Trotzdem kann insgesamt das Interesse des L am Erhalt seines Arbeitsplatzes das Interesse der geschädigten Verbraucher nicht erheblich überwiegen, eine Rechtfertigung über § 34 StGB scheidet damit aus.

Man könnte im Weiteren allerdings noch prüfen, ob L zumindest entschuldigt sein könnte wegen der Unzumutbarkeit normgemäßen Verhaltens. Dies stellt beim Fahrlässigkeitsdelikt einen übergesetzlichen Entschuldigungsgrund dar. Dazu müsste L in einer außergewöhnlichen Drucksituation, die § 35 StGB zumindest nahe kommt, zur Rettung eines anerkennenswerten Interesses gehandelt haben. Hier ist allerdings schon fraglich, ob die Drucksituation ausreichend groß ist, um eine Entschuldigung annehmen zu können. Immerhin wäre es für L wohl ohne größere Probleme möglich, einen vergleichbaren anderen Arbeitsplatz zu finden. Selbst wenn man angesichts der Unannehmlichkeiten, die ein Arbeitsplatzverlust mit sich bringt, eine solche Drucksituation noch bejahen würde, würde das Interesse des L jedenfalls die für die Verbraucher drohenden Gefahren für deren hochrangiges Rechtsgut Gesundheit nicht überwiegen. Dementsprechend kommt eine gänzliche Entschuldigung nicht in Betracht. Immerhin aber könnte man an eine Verfahrenseinstellung denken oder seine Drucksituation zumindest im Rahmen der Strafzumessung berücksichtigen.

1862 MüKo-BGB/*Hergenröder*, § 14 KSchG, Rdnr. 17.

Literaturverzeichnis

Achenbach, Hans, Fahrlässigkeit, Schuld und Unzumutbarkeit normgemäßen Verhaltens, Das Leinenfänger-Urteil (RGSt 30, 25), JURA 1997, S. 631–637.

Adick, Markus/Bülte, Jens (Hrsg.), Fiskalstrafrecht, Straftaten gegen staatliche Vermögenswerte, Heidelberg 2015 (zitiert: Adick/Bülte).

Albrecht, Peter-Alexis (Hrsg.), Vom unmöglichen Zustand des Strafrechts, Frankfurt am Main, New York 1995.

Anders, Günther, Die Antiquiertheit des Menschen, Band 2, Über die Zerstörung des Lebens im Zeitalter der dritten industriellen Revolution, 4. Aufl., München 2013.

Andres, Dirk/Dahl, Michael/Leithaus, Rolf (Hrsg.), Insolvenzordnung, Kommentar, 3. Aufl., München 2014 (zitiert: Andres/Leithaus).

Arendt, Hannah, Vita activa oder Vom tätigen Leben, 21. Aufl., München 1981.

Aristoteles, Politik, Schriften zur Staatstheorie, Stuttgart 1989.

Ascheid, Reiner/Preis, Ulrich/Schmidt, Ingrid (Hrsg.), Kündigungsrecht, Großkommentar zum gesamten Recht der Beendigung von Arbeitsverhältnissen, 5. Aufl., München 2017 (zitiert: Ascheid/Preis/Schmidt).

Ashiagbor, Diamond, The Right to Work, in: *Búrca, Gráinne de/Witte, Bruno de/-Ogertschnig, Larissa* (Hrsg.), Social rights in Europe, Oxford, New York 2005, S. 241–259.

Aßländer, Michael S., Bedeutungswandel der Arbeit, Versuch einer historischen Rekonstruktion, München 2005.

Aßländer, Michael S., Wirtschaft, Berlin 2013.

Assmann, Heinz-Dieter/Schneider, Uwe H. (Hrsg.), Wertpapierhandelsgesetz, Kommentar, 6. Aufl., Köln 2012 (zitiert: Assmann/Schneider).

Bader, Peter/Etzel, Gerhard/Fischermeier, Ernst u.a. (Hrsg.), KR, Gemeinschaftskommentar zum Kündigungsschutzgesetz und zu sonstigen kündigungsschutzrechtlichen Vorschriften, 11. Aufl., Köln 2016 (zitiert: KR).

Badura, Peter, Grundfreiheiten der Arbeit, Zur Frage einer Kodifikation "sozialer Grundrechte", in: *Blumenwitz, Dieter/Randelzhofer, Albrecht* (Hrsg.), Festschrift für Friedrich Berber zum 75. Geburtstag, München 1973, S. 11–45.

Badura, Peter, Arbeit als Beruf (Art. 12 Abs. 1 GG), in: *Hanau, Peter/Müller, Gerhard/Wiedemann, Herbert u. a.* (Hrsg.), Festschrift für Wilhelm Herschel zum 85. Geburtstag, München 1982, S. 21–35.

Badura, Peter, Der Sozialstaat, DÖV 1989, S. 491–499.

Battis, Ulrich (Hrsg.), Bundesbeamtengesetz, Kommentar, 5. Aufl., München 2017 (zitiert: Battis).

Baumann, Mareike, Selbst- und Fremdbilder von Arbeitslosigkeit, Frankfurt a.M. 2010.

Baurmann, Michael, Der Markt der Tugend, Recht und Moral in der liberalen Gesellschaft; eine soziologische Untersuchung, Tübingen 1996.

Becker, Werner, Über den sozialen Status der Arbeit, in: *Kodalle, Klaus-Michael* (Hrsg.), Arbeit und Lebenssinn, Eine aktuelle Herausforderung in historischer und systematischer Perspektive, Kritisches Jahrbuch der Philosophie - Beiheft 3/2001, Würzburg 2001, S. 127–134.

Bentele, Max, Das Recht auf Arbeit in rechtsdogmatischer und ideengeschichtlicher Entwicklung, Zürich 1949.

Bernsmann, Klaus, "Entschuldigung" durch Notstand, Studien zu § 35 StGB, Köln, Berlin, Bonn, München 1989.

Birk, Rolf, Arbeitnehmerschutz - Vom internationalen zum supranationalen Recht, ZfA 1991, S. 356–365.

Bismarck, Otto von, Gesammelte Werke (Friedrichsruher Ausgabe), Band 9, Berlin 1926.

Böckenförde, Ernst-Wolfgang, Die sozialen Grundrechte im Verfassungsgefüge, in: *Böckenförde, Ernst-Wolfgang/Jekewitz, Jürgen/Ramm, Thilo* (Hrsg.), Soziale Grundrechte, Heidelberg, Karlsruhe 1981, S. 7–16.

Böhmert, Sabine, Das Recht der ILO und sein Einfluss auf das deutsche Arbeitsrecht im Zeichen der europäischen Integration, Baden-Baden 2002.

Bohnert, Joachim, Kommentar zum Ordnungswidrigkeitengesetz, 4. Aufl., München 2016 (zitiert: Bohnert).

Borrmann, Alexandra, Der Schutz der Berufsfreiheit im deutschen Verfassungsrecht und im europäischen Gemeinschaftsrecht, Eine rechtsvergleichende Studie, Berlin 2002.

Borst, Otto, Alltagsleben im Mittelalter, Frankfurt a.M. 1983.

Brand, Christian/Lenk, Maximilian, Probleme des Nötigungsnotstands, JuS 2013, S. 883–886.

Brand, Jürgen (Hrsg.), Sozialgesetzbuch, Arbeitsförderung. SGB III. Kommentar, 7. Aufl., München 2015 (zitiert: Brand).

Braun, Eberhard (Hrsg.), Insolvenzordnung, 7. Aufl., München 2017 (zitiert: Braun).

Brettel, Hauke/Schneider, Hendrik, Wirtschaftsstrafrecht, Baden-Baden 2014.

Britz, Gabriele, Freie Entfaltung durch Selbstdarstellung, Eine Rekonstruktion des allgemeinen Persönlichkeitsrechts aus Art. 2 I GG, Tübingen 2007.

Brox, Hans/Rüthers, Bernd/Henssler, Martin, Arbeitsrecht, 19. Aufl., Stuttgart 2016.

Bryde, Brun-Otto, Artikel 12 Grundgesetz - Freiheit des Berufs und Grundrecht der Arbeit, NJW 1984, S. 2177–2184.

Bülte, Jens, Vorgesetztenverantwortlichkeit im Strafrecht, Baden-Baden 2015.

Bünemann, Benjamin/Hömpler, Lars, Nötigungsnotstand bei Gefahr für nichthöchstpersönliche Rechtsgüter, JURA 2010, S. 184–187.

Burzan, Nicole, Die Absteiger: Angst und Verunsicherung in der Mitte der Gesellschaft, APuZ 33–34/2008, S. 6–12.

Calliess, Christian/Ruffert, Matthias (Hrsg.), EUV/AEUV, Das Verfassungsrecht der Europäischen Union mit Europäischer Grundrechtecharta, 5. Aufl., München 2016 (zitiert: Callies/Ruffert).

Cicero, Marcus Tullius, Vom rechten Handeln, 2. Aufl., Zürich [u.a.] 1964.

Committee on Economic, Social and Cultural Rights, The Right to Work - General Comment No. 18, E/C.12/GC/18 2005.

Coninx, Anna, Das Solidaritätsprinzip im Lebensnotstand, Zufall, rationale Entscheidung und Verteilungsgerechtigkeit, Bern 2012.

Coninx, Anna, Zufall und Verteilungsgerechtigkeit - Grundlagen für eine kontraktualistische Begründung von Solidaritätspflichten in Notstandssituationen, in: *Hirsch, Andreas von/Neumann, Ulfrid/Seelmann, Kurt* (Hrsg.), Solidarität im Strafrecht, Zur Funktion und Legitimation strafrechtlicher Solidaritätspflichten, Baden-Baden 2013, S. 175–200.

Conze, Werner, Arbeit, in: *Brunner, Otto/Conze, Werner/Koselleck, Reinhart* (Hrsg.), Geschichtliche Grundbegriffe, Historisches Lexikon zur politisch-sozialen Sprache in Deutschland, Band 1, 4. Aufl., Stuttgart 1994, S. 154–215.

Cramer, Peter, Vermögensbegriff und Vermögensschaden im Strafrecht, Bad Homburg [u.a.] 1968.

Cramer, Peter, Grundbegriffe des Rechts der Ordnungswidrigkeiten, Eine Einführung an Hand von Fällen, Stuttgart, Berlin, Köln, Mainz 1971.

Craven, Matthew C.R., The International Covenant on Economic, Social, and Cultural Rights, A Perspective on its Development, Oxford, New York 1995.

Dann, Matthias, Korruption im Notstand - Zur Rechtfertigung von Schmiergeld- und Bestechungszahlungen, wistra 2011, S. 127–132.

Dannecker, Gerhard/Knierim, Thomas/Hagemeier, Andrea (Hrsg.), Insolvenzstrafrecht, 2. Aufl., Heidelberg [u.a.] 2012 (zitiert: Dannecker/Knierim/Hagemeier).

Danwitz, Thomas von, Arbeitsmarkt und staatliche Lenkung, VVdStRL 59 (2000), S. 99–142.

Däubler, Wolfgang, Der Schutz der sozialen Grundrechte in der Rechtsordnung Deutschlands, in: *Iliopoulos-Strangas, Julia* (Hrsg.), Soziale Grundrechte in Europa nach Lissabon, Eine rechtsvergleichende Untersuchung der nationalen Rechtsordnungen und des europäischen Rechts, Baden-Baden 2010, S. 111–163.

Däubler, Wolfgang, Arbeitsrecht, 11. Aufl., Frankfurt am Main 2015.

Däubler, Wolfgang/Kittner, Michael/Klebe, Thomas/Wedde, Peter (Hrsg.), BetrVG. Betriebsverfassungsgesetz, Kommentar für die Praxis. Mit Wahlordnung und EBR-Gesetz, 15. Aufl., Frankfurt am Main 2016 (zitiert: Däubler/Kittner/Klebe/Wedde).

Delonge, Franz-Benno, Die Interessenabwägung nach § 34 StGB und ihr Verhältnis zu den übrigen strafrechtlichen Rechtfertigungsgründen, München 1988.

Dencker, Friedrich, Der verschuldete rechtfertigende Notstand - BayObLG, NJW 1978, 2046, JuS 1979, S. 779–783.

Depenheuer, Otto, Freiheit des Berufs und Grundfreiheiten der Arbeit, in: *Badura, Peter/Dreier, Horst* (Hrsg.), Festschrift 50 Jahre Bundesverfassungsgericht, Tübingen 2001, S. 241–271.

Dohmes-Ockenfels, Daniela, Die Rechte auf Arbeit und Bildung der Asylbewerber in der Europäischen Union, Berlin 1999.

Dorndorf, Eberhard, Vertragsdurchsetzung als Funktion des Kündigungsschutzes, ZfA 1989, S. 345–376.

Dörr, Oliver/Grote, Rainer/Marauhn, Thilo (Hrsg.), EMRK/GG, Konkordanzkommentar zum europäischen und deutschen Grundrechtsschutz, 2. Aufl., Tübingen 2013 (zitiert: Dörr/Grote/Marauhn).

Dörre, Klaus, Armut, Abstieg, Unsicherheit, APuZ 33–34/2008, S. 3–6.

Dreier, Horst (Hrsg.), Grundgesetz, Kommentar, Band 1, 3. Aufl., Tübingen 2013 (zitiert: Dreier).

Drzewicki, Krzysztof, The Right to Work and Rights in Work, in: *Eide, Asbjørn/Krause, Catarina/Rosas, Allan* (Hrsg.), Economic, Social and Cultural Rights, A textbook, Dordrecht, Boston, London, 1995, S. 169–188.

Dütz, Wilhelm/Thüsing, Gregor, Arbeitsrecht, 21. Aufl., München 2016.

Ebert, Christoph, Das "Recht am Arbeitsplatz", Ein sonstiges Recht im Sinne des § 823 Abs. 1 BGB?, Pfaffenweiler 1990.

Ehlers, Dirk (Hrsg.), Europäische Grundrechte und Grundfreiheiten, 4. Aufl., Berlin 2015.

Eichenhofer, Eberhard, Soziale Menschenrechte im Völker-, europäischen und deutschen Recht, Tübingen 2012.

Eichenhofer, Eberhard, Sozialrecht, 9. Aufl., Tübingen 2015.

Eichenhofer, Eberhard, Recht auf Arbeit im aktivierenden Wohlfahrtsstaat - internationale Garantie und inländisches Recht, in: *Däubler, Wolfgang/Zimmer, Reingard* (Hrsg.), Arbeitsvölkerrecht, Festschrift für Klaus Lörcher, Baden-Baden 2013, S. 203–216.

Eichenhofer, Eberhard/Wenner, Ulrich (Hrsg.), Kommentar zum Sozialgesetzbuch I, IV, X, Köln 2012 (zitiert: Eichenhofer/Wenner).

Eide, Asbjørn/Krause, Catarina/Rosas, Allan (Hrsg.), Economic, Social and Cultural Rights, A textbook, Dordrecht, Boston, London 1995.

Engländer, Armin, Rechtsbegründung durch aufgeklärtes Eigeninteresse, JuS 2002, S. 535–540.

Engländer, Armin, Grund und Grenzen der Nothilfe, Tübingen 2008.

Engländer, Armin, Die Anwendbarkeit von § 34 StGB auf intrapersonale Interessenkollisionen, GA 2010, S. 15–26.

Erbs, Georg/Kohlhaas, Max (Hrsg.), Strafrechtliche Nebengesetze, 212. EL Januar 2017 Bd. 17, München 2016 (zitiert: Erbs/Kohlhaas).

Evju, Stein, The European Social Charter and the International Labour Organisation - interlinks past and present, in: *Däubler, Wolfgang/Zimmer, Reingard* (Hrsg.), Arbeitsvölkerrecht, Festschrift für Klaus Lörcher, Baden-Baden 2013, S. 146–153.

Fabisch, Dieter, Die unmittelbare Drittwirkung der Grundrechte im Arbeitsrecht, Die Auswirkungen der von Hans Carl Nipperdey begründeten Lehre auf die Rechtsprechung des Bundesarbeitsgerichts, Frankfurt am Main, New York 2010.

Fabricius, Fritz, Menschenrechte und Europäische Politik, Der rechtspolitische Status von Arbeitnehmern in der Europäischen Union, Baden-Baden 1998.

Fabricius, Fritz, Menschenrechte als Rahmenordnung für eine vom Privatkapitalismus geprägte Marktwirtschaft als Weltwirtschaft unter besonderer Berücksichtigung der Rechtsstellung des Arbeitnehmers, in: *Klebe, Thomas/Wedde, Peter/Wolmerath, Martin* (Hrsg.), Recht und soziale Arbeitswelt, Festschrift für Wolfgang Däubler zum 60. Geburtstag, Frankfurt am Main 1999, S. 19–30.

Fabricius, Fritz, Menschenrechte als Rahmenordnung für eine vom Privatkapitalismus geprägte Marktwirtschaft als Weltwirtschaft unter besonderer Berücksichtigung der Rechtsstellung des Arbeitnehmers, in: *Klebe, Thomas/Wedde, Peter/Wolmerath, Martin* (Hrsg.), Recht und soziale Arbeitswelt, Festschrift für Wolfgang Däubler zum 60. Geburtstag, Frankfurt am Main 1999, S. 19–30.

Felber, Roland, Die Rechtswidrigkeit des Angriffs in den Notwehrbestimmungen, Zugleich ein Beitrag zur ratio des Notwehrrechts, München 1979.

Filgut, Esther, Der Nötigungsnotstand als Rechtfertigungsgrund, Berlin 2003.

Fischer, Thomas, Strafgesetzbuch und Nebengesetze, 64. Aufl., München 2017.

Fitting, Karl/Engels, Gerd/Schmidt, Ingrid/Trebinger, Yvonne/Linsenmaier, Wolfgang, Betriebsverfassungsgesetz, Handkommentar, 27. Aufl., München 2014 (zitiert: Fitting).

Fossier, Robert, Das Leben im Mittelalter, München, Zürich 2008.

Franzen, Martin, Das Persönlichkeitsrecht des Arbeitnehmers als Grundlage des arbeitsrechtlichen Kündigungsschutzes, in: *Krause, Rüdiger/Schwarze, Roland* (Hrsg.), Festschrift für Hansjörg Otto zum 70. Geburtstag am 23. Mai 2008, Berlin, 2008, S. 71–91.

Freund, Georg, Strafrecht. Allgemeiner Teil, 2. Aufl., Berlin [u.a.] 2008.

Frisch, Wolfgang, Grund- und Grenzprobleme des sog. subjektiven Rechtfertigungselements, in: *Küper, Wilfried* (Hrsg.), Festschrift für Karl Lackner zum 70. Geburtstag am 18. Februar 1987, Berlin [u.a.] 1987, S. 113–148.

Frisch, Wolfgang, Notstandsregelungen als Ausdruck von Rechtsprinzipien, in: *Paeffgen, Hans-Ullrich* (Hrsg.), Strafrechtswissenschaft als Analyse und Konstruktion, Festschrift für Ingeborg Puppe zum 70. Geburtstag, Berlin 2011, S. 425–450.

Frister, Helmut, Strafrecht. Allgemeiner Teil, Ein Studienbuch, 7. Aufl., München 2015.

Füllsack, Manfred, Arbeit, Wien 2009.

Gagel, Alexander/Knickrehm, Sabine/Deinert, Olaf (Hrsg.), SGB II/SGB III, Grundsicherung und Arbeitsförderung. Kommentar, 64. Aufl., München 2017 (zitiert: Gagel).

Gallas, Wilhelm, Der dogmatische Teil des Alternativ-Entwurfs, ZStW 80 (1968), S. 1–33.

Gamillscheg, Franz, Die Grundrechte im Arbeitsrecht, Berlin 1989.

Gamillscheg, Franz, 50 Jahre deutsches Arbeitsrecht im Spiegel einer Festschrift, RdA 2005, S. 79–88.

Gamillscheg, Katharina, Die Beendigung des Arbeitsverhältnisses, Bestandsschutz und Mobilitätsinteresse des Arbeitnehmers in Abwägung zum Organisationsinteresse des Arbeitgebers, Berlin 2001.

Geiger, Rudolf, Grundgesetz und Völkerrecht mit Europarecht, Die Bezüge des Staatsrechts zum Völkerrecht und Europarecht, 6. Aufl., München 2013.

Gercke, Björn/Kraft, Oliver/Richter, Marcus (Hrsg.), Arbeitsstrafrecht, Strafrechtliche Risiken und Risikomanagement, Heidelberg 2012 (zitiert: Gercke/Kraft/Richter).

Germelmann, Claas-Hinrich/Künzl, Reinhard/Müller-Glöge, Rudi/Prütting, Hanns/Schlewing, Anja/Spinner, Günter (Hrsg.), Arbeitsgerichtsgesetz, Kommentar, 8. Aufl., München 2013 (zitiert: Germelmann/Matthes/Prütting).

Gierke, Otto von, Deutsches Privatrecht, Allgemeiner Teil und Personenrecht, Leipzig 1895.

Göhler, Erich/Gürtler, Franz/Seitz, Helmut/Bauer, Martin (Hrsg.), Gesetz über Ordnungswidrigkeiten, 17. Aufl., München 2017 (zitiert: Göhler).

Grabenwarter, Christoph/Pabel, Katharina, Europäische Menschenrechtskonvention, 6. Aufl., München 2016.

Grabitz, Eberhard/Nettesheim, Martin/Hilf, Meinhard (Hrsg.), Das Recht der Europäischen Union, 61. Aufl., München 2017 (zitiert: Grabitz/Hilf/Nettesheim).

Graf, Jürgen Peter/Jäger, Markus/Wittig, Petra (Hrsg.), Wirtschafts- und Steuerstrafrecht, Kommentar, 2. Aufl., München 2017 (zitiert: G/J/W).

Greco, Luís, Gibt es Kriterien zur Postulierung eines kollektiven Rechtsguts?, in: *Heinrich, Manfred/Jäger, Christian/Achenbach, Hans u. a.* (Hrsg.), Strafrecht als Scientia Universalis, Festschrift für Claus Roxin zum 80. Geburtstag am 15. Mai 2011, Berlin [u.a.] 2011, S. 199–214.

Grimm, Jacob/Grimm, Wilhelm, Deutsches Wörterbuch, Fotomechanischer Nachdruck der Erstausgabe 1935, München 1999.

Grobe, Thomas G., Sterben Arbeitslose früher?, in: *Hollederer, Alfons/Brand, Helmut* (Hrsg.), Arbeitslosigkeit, Gesundheit und Krankheit, Bern 2006, S. 75–83.

Grunsky, Wolfgang/Waas, Bernd/Benecke, Martina/Greiner, Stefan (Hrsg.), Arbeitsgerichtsgesetz, Kommentar, 8. Aufl., München 2014 (zitiert: Grunsky/Waas/Benecke/Greiner).

Günther, Hans-Ludwig, Strafrechtswidrigkeit und Strafunrechtsausschluß, Köln, München [u.a.] 1983.

Günther, Hans-Ludwig, Die Ordnungswidrigkeit - Delikt ohne unmittelbar verletztes individuelles Opfer -, in: *Sieber, Ulrich/Dannecker, Gerhard/Kindhäuser, Urs u. a.* (Hrsg.), Strafrecht und Wirtschaftsstrafrecht, Dogmatik, Rechtsvergleich, Rechtstatsachen. Festschrift für Klaus Tiedemann zum 70. Geburtstag, Köln, München 2008, S. 165–170.

Gurevič, Aron Ja, Stumme Zeugen des Mittelalters, Weltbild und Kultur der einfachen Menschen, Weimar [u.a.] 1997.

Häberle, Peter, Arbeit als Verfassungsproblem, JZ 1984, S. 345–355.

Haft, Fritjof, Strafrecht. Allgemeiner Teil, Eine Einführung für Anfangssemester, 9. Aufl, München 2004.

Hanau, Peter, Verfassungsrechtlicher Kündigungsschutz, in: *Hanau, Peter/Heither, Friedrich/Kühling, Jürgen* (Hrsg.), Richterliches Arbeitsrecht, Festschrift für Thomas Dieterich zum 65. Geburtstag, München 1999, S. 201–214.

Hanau, Peter, Die verfassungsrechtliche Bestandsgarantie der Arbeitsgerichtsbarkeit, in: *Haesemann, Manfred/Gennen, Klaus/Bartenbach, Britta u. a.* (Hrsg.), Festschrift für Kurt Bartenbach zum 65. Geburtstag am 9. Dezember 2004, Köln u.a. 2005, S. 647–655.

Hannich, Rolf (Hrsg.), Karlsruher Kommentar zur Strafprozessordnung, Mit GVG, EGGVG und EMRK, 7. Aufl., München 2013 (zitiert: KK-StPO).

Harris, David J./Darcy, John, The European Social Charter, 2. Aufl., Ardsley, New York 2001.

Hassemer, Winfried, Freistellung des Täters aufgrund von Drittverhalten, in: *Eser, Albin/Schittenhelm, Ulrike/Schumann, Heribert* (Hrsg.), Festschrift für Theodor Lenckner zum 70. Geburtstag, München 1998, S. 97–117.

Hefendehl, Roland, Kollektive Rechtsgüter im Strafrecht, Köln 2002.

Hege, Hans, Das Grundrecht der Berufsfreiheit im Sozialstaat, Berlin 1977.

Hegel, Georg Wilhelm Friedrich, Grundlinien der Philosophie des Rechts, Frankfurt am Main 1986.

Hegel, Georg Wilhelm Friedrich, Phänomenologie des Geistes, Hamburg 1988, Nachdruck 2011.

Heinrich, Bernd, Die Arbeitsleistung als betrugsrelevanter Vermögensbestandteil, GA 1997, S. 24–36.

Heinrich, Bernd, Strafrecht – Allgemeiner Teil, 5. Aufl., Stuttgart 2016.

Heintschel-Heinegg, Bernd von (Hrsg.), Strafgesetzbuch, Kommentar, 2. Aufl., München 2015 (zitiert: BeckOK-StGB).

Heinze, Meinhard, Die Gemeinschaftscharta der sozialen Grundrechte der Arbeitnehmer und die Vertragsrevision des Unionsvertrages 1996, in: *Anzinger, Rudolf/Wank, Rolf* (Hrsg.), Entwicklungen im Arbeitsrecht und Arbeitsschutzrecht, Festschrift für Otfried Wlotzke zum 70. Geburtstag, München 1996, S. 669–682.

Heinze, Meinhard, Gefahren für die sozialen Grundrechte in Deutschland, in: *Hanau, Peter/Heither, Friedrich/Kühling, Jürgen* (Hrsg.), Richterliches Arbeitsrecht, Festschrift für Thomas Dieterich zum 65. Geburtstag, München 1999, S. 215–229.

Henning, Hansjoachim, Sozio-ökonomische Hintergründe der Realisierungsversuche des Rechts auf Arbeit, in: *Ryffel, Hans/Schwartländer, Johannes* (Hrsg.), Das Recht des Menschen auf Arbeit, Kehl am Rhein, Strassburg 1983, S. 31–52.

Henssler, Martin/Preis, Ulrich, Entwurf eines Arbeitsvertragsgesetzes, München 2016.

Herdegen, Matthias, Europarecht, 18. Aufl., München 2016.

Herzberg, Rolf Dietrich, Mittelbare Täterschaft bei rechtmäßig oder unverboten handelndem Werkzeug, Berlin 1967.

Herzog, Roman, Zur Zukunft der Arbeit, in: *Hanau, Peter/Heither, Friedrich/-Kühling, Jürgen* (Hrsg.), Richterliches Arbeitsrecht, Festschrift für Thomas Dieterich zum 65. Geburtstag, München 1999, S. 1–7.

Hess, Harald/Worzalla, Michael/Glock, Dirk/Nicolai, Andrea/Rose, Franz-Josef/Huke, Kristina (Hrsg.), BetrVG, Kommentar, 9. Aufl., Köln 2014 (zitiert: HWGNRH).

Hesse, Konrad, Grundzüge des Verfassungsrechts der Bundesrepublik Deutschland, Neudruck der 20. Aufl., Heidelberg 1999.

Hobbes, Thomas, Leviathan, Stuttgart 1980.

Hoerster, Norbert, Ethik und Interesse, Stuttgart 2003.

Höffe, Otfried, Lexikon der Ethik, 7. Aufl., München 2008.

Hoffmann, Gerd, Berufsfreiheit als Grundrecht der Arbeit, Baden-Baden 1981.

Hoffmann, Gerd, Die objektiv-rechtliche Einwirkung der Berufsfreiheit auf arbeits-, sozial- und ausbildungsrechtliche Freiheitsprobleme, AöR 107 (1982), S. 177–214.

Hoffmann-Holland, Klaus, Strafrecht. Allgemeiner Teil, 3. Aufl., Tübingen 2015.

Hoffmann-Riem, Wolfgang, Die grundrechtliche Freiheit der arbeitsteiligen Berufsausübung, in: *Stödter, Rolf/Thieme, Werner* (Hrsg.), Hamburg, Deutschland, Europa, Beiträge zum deutschen und europäischen Verfassungs-, Verwaltungs- und Wirtschaftsrecht; Festschrift für Hans Peter Ipsen zum siebzigsten Geburtstag, Tübingen 1977, S. 385–407.

Höland, Armin/Kahl, Ute/Zeibig, Nadine, Kündigungspraxis und Kündigungsschutz im Arbeitsverhältnis, Eine empirische Praxisuntersuchung aus Sicht des arbeitsgerichtlichen Verfahrens, Baden-Baden 2007.

Hollederer, Alfons, Arbeitslosigkeit und Gesundheit, Ein Überblick über empirische Befunde und die Arbeitslosen- und Krankenkassenstatistik, MittAB 2002, S. 411–428.

Hollederer, Alfons, Arbeitslos - Gesundheit los - chancenlos?, IAB-Kurzbericht 2003, S. 1–7.

Hollederer, Alfons, Psychische Gesundheit im Fall von Arbeitslosigkeit, Praktische Arbeitsmedizin 2008, S. 29–32.

Hollederer, Alfons/Brand, Helmut (Hrsg.), Arbeitslosigkeit, Gesundheit und Krankheit, Bern 2006.

Hoyer, Andreas, Die strafrechtliche Verantwortlichkeit innerhalb von Weisungsverhältnissen, Sonderregeln für Amts- und Wehrdelikte und ihre Übertragbarkeit auf privatrechtliche Organisationen, München 1998.

Hoyningen-Huene, Gerrick von/Linck, Rüdiger (Hrsg.), Kündigungsschutzgesetz, Kommentar, 15. Aufl., München 2013 (zitiert: v. Hoyningen-Huene).

Hromadka, Wolfgang, Unternehmerische Freiheit - ein Problem der betriebsbedingten Kündigung?, ZfA 2002, S. 383–396.

Hromadka, Wolfgang/Maschmann, Frank, Arbeitsrecht Band 1, Individualarbeitsrecht, 6. Aufl., Heidelberg 2015.

Hruschka, Joachim, Rettungspflichten in Notstandssituationen, JuS 1979, S. 385–393.

Hruschka, Joachim, Strafrecht nach logisch-analytischer Methode, Systematisch entwickelte Fälle mit Lösungen zum Allgemeinen Teil, 2. Aufl., Berlin, New York 1987.

Hubmann, Heinrich, Grundsätze der Interessenabwägung, AcP 155 (1956), S. 85–134.

Hubmann, Heinrich, Das Persönlichkeitsrecht, 2. Aufl., Köln [u.a.] 1967.

Hueck, Alfred/Nipperdey, Hans Carl, Lehrbuch des Arbeitsrechts II/2, Kollektives Arbeitsrecht, 7. Aufl., Berlin, Frankfurt a.M. 1970.

Hufen, Friedhelm, Berufsfreiheit - Erinnerung an ein Grundrecht, NJW 1994, S. 2913–2922.

Hufen, Friedhelm, Staatsrecht II, Grundrechte, 5. Aufl., München 2016.

Iliopoulos-Strangas, Julia (Hrsg.), Soziale Grundrechte in Europa nach Lissabon, Eine rechtsvergleichende Untersuchung der nationalen Rechtsordnungen und des europäischen Rechts, Baden-Baden 2010.

Ipsen, Knut, Völkerrecht, 6. Aufl., München 2014.

Isensee, Josef, Verfassung ohne soziale Grundrechte, Ein Wesenszug des Grundgesetzes, Der Staat 1980, S. 367–384.

Isensee, Josef/Kirchhof, Paul (Hrsg.), Handbuch des Staatsrechts der Bundesrepublik Deutschland, 3. Aufl., Heidelberg 2003 ff. (zitiert: *Bearbeiter*, in: Isensee/Kirchhof).

Jäger, Christian, Examens-Repetitorium Strafrecht Allgemeiner Teil, 8. Aufl., Heidelberg [u.a.] 2017.

Jähnke, Burkhard/Laufhütte, Heinrich Wilhelm/Odersky, Walter (Hrsg.), Strafgesetzbuch, Leipziger Kommentar, 11. Aufl., Berlin 2005 ff. (zitiert: LK^{11}).

Jahoda, Marie, Wieviel Arbeit braucht der Mensch?, Arbeit und Arbeitslosigkeit im. 20. Jahrhundert, Weinheim, Basel 1983.

Jahoda, Marie/Lazarsfeld, Paul F./Zeisel, Hans, Die Arbeitslosen von Marienthal, Ein soziographischer Versuch über die Wirkungen langandauernder Arbeitslosigkeit, Nachdruck, Frankfurt am Main 2009.

Jakobs, Günther, Strafrecht, Allgemeiner Teil, Die Grundlagen und die Zurechnungslehre. Lehrbuch, 2. Aufl., Berlin [u.a.] 1993.

Jarass, Hans D., EU-Grundrechte, Ein Studien- und Handbuch, München 2005 (zitiert: Jarass, EU-Grundrechte).

Jarass, Hans D., Bundes-Immissionsschutzgesetz, Kommentar unter Berücksichtigung der Bundes-Immissionsschutzverordnungen, der TA Luft sowie der TA Lärm, 11. Aufl., München 2015 (zitiert: Jarass, BImSchG).

Jarass, Hans D., Charta der Grundrechte der Europäischen Union, 3. Aufl., München 2016 (zitiert: Jarass, Charta der Grundrechte der Europäischen Union).

Jarass, Hans D./Pieroth, Bodo, Grundgesetz für die Bundesrepublik Deutschland, Kommentar, 14. Aufl., München 2016 (zitiert: Jarass/Pieroth, GG).

Jauernig, Othmar (Hrsg.), Bürgerliches Gesetzbuch, Mit Allgemeinem Gleichbehandlungsgesetz (Auszug), 16. Aufl., München 2015 (zitiert: Jauernig).

Jescheck, Hans Heinrich/Weigend, Thomas, Lehrbuch des Strafrechts, Allgemeiner Teil, 5. Aufl., Berlin 1996.

Joecks, Wolfgang, Strafgesetzbuch, Studienkommentar, 11. Aufl., München 2014.

Joecks, Wolfgang/Jäger, Markus/Randt, Karsten (Hrsg.), Steuerstrafrecht, Mit Zoll- und Verbrauchsteuerstrafrecht, 8. Aufl, München 2015 (zitiert: Joecks/Jäger/Randt).

Joecks, Wolfgang/Miebach, Klaus (Hrsg.), Münchener Kommentar zum Strafgesetzbuch, 3. Aufl., München 2017 ff. (zitiert: MüKo).

Joerden, Jan C., § 34 Satz 2 StGB und das Prinzip der Verallgemeinerung, GA 1991, S. 411–427.

Joerden, Jan C., Interessenabwägung im rechtfertigenden Notstand bei mehr als einem Eingriffsopfer, GA 1993, S. 245–261.

Joerden, Jan C., Anmerkung zum Urteil des BGH v. 28.8.1996 - 3 StR 180/96, JR 1999, S. 120–122.

Kaesler, Dirk, Max Weber, München 2011.

Kant, Immanuel, Kant's Gesammelte Schriften „Akademieausgabe“, Berlin 1900 ff.

Kant, Immanuel, Eine Vorlesung über Ethik, Neuausg., Frankfurt am Main 1990.

Kant, Immanuel, Was ist Aufklärung?, Ausgewählte kleine Schriften, Hamburg 1999.

Karpenstein, Ulrich/Mayer, Franz C. (Hrsg.), EMRK, Konvention zum Schutz der Menschenrechte und Grundfreiheiten, 2. Aufl., München 2015 (zitiert: Karpenstein/Mayer).

Kaspar, Johannes, Strafrecht - Allgemeiner Teil, Eine Einführung, Baden-Baden 2015.

Kelker, Brigitte, Der Nötigungsnotstand, Berlin 1993.

Keller, Rainer, Rechtliche Grenzen der Provokation von Straftaten, Berlin 1989.

Kersting, Wolfgang, Wohlgeordnete Freiheit, Immanuel Kants Rechts- und Staatsphilosophie, 3. Aufl., Paderborn 2007.

Kieselbach, Thomas (Hrsg.), Youth Unemployment and Health, A comparison of six European countries, Opladen 2000.

Kieselbach, Thomas/Beelmann, Gert, Arbeitslosigkeit und Gesundheit: Stand der Forschung, in: *Hollederer, Alfons/Brand, Helmut* (Hrsg.), Arbeitslosigkeit, Gesundheit und Krankheit, Bern 2006, S. 13–31.

Kindhäuser, Urs, Strafrecht. Allgemeiner Teil, 7. Aufl., Baden-Baden 2015.

Kindhäuser, Urs/Neumann, Ulfrid/Paeffgen, Hans-Ullrich (Hrsg.), Nomos Kommentar zum Strafgesetzbuch, 4. Aufl., Baden-Baden 2013 (zitiert: NK).

Kirchhof, Hans-Peter/Stürner, Rolf/Eidenmüller, Horst (Hrsg.), Münchener Kommentar zur Insolvenzordnung, 3. Aufl., München 2013 ff. (zitiert: MüKo-InsO).

Däubler, Wolfgang/Deinert, Olaf/Zwanziger, Bertram (Hrsg.), KSchR. Kündigungsschutzrecht, Kündigungen und andere Formen der Beendigung des Arbeitsverhältnisses, 10. Aufl., Frankfurt am Main 2017 (zitiert: Däubler/Deinert/Zwanziger).

Klages, Helmut, Die Entwicklung der Industriegesellschaft und die Menschenrechte auf Eigentum und Arbeit, in: *Ryffel, Hans/Schwartländer, Johannes* (Hrsg.), Das Recht des Menschen auf Arbeit, Kehl am Rhein, Strassburg 1983, S. 13–30.

Klein, Eckart, Grundrechtliche Schutzpflicht des Staates, NJW 1989, S. 1633–1640.

Koch, Burkhard, Überlegungen zur Rechtmäßigkeit der Verteidigung in Notwehr bei unvermeidbarem Eingriff in Rechte Dritter, ZStW 122 (2010), S. 804–833.

Kocher, Eva/Groskreutz, Henning/Nassibi, Ghazaleh/u.a., Das Recht auf eine selbstbestimmte Erwerbsbiografie, Arbeits- und sozialrechtliche Regulierung für Übergänge im Lebenslauf: Ein Beitrag zu einem Sozialen Recht der Arbeit, Baden-Baden 2013.

Kocka, Jürgen, Thesen zur Geschichte und Zukunft der Arbeit, APuZ B21 2001, S. 8–13.

Kocka, Jürgen, Arbeit früher, heute, morgen: Zur Neuartigkeit der Gegenwart, in: *Kocka, Jürgen/Offe, Claus* (Hrsg.), Geschichte und Zukunft der Arbeit, Frankfurt a.M., New York 2000, S. 476–492.

Kocka, Jürgen, Mehr Last als Lust, Arbeit und Arbeitsgesellschaft in der europäischen Geschichte, Köln 2006.

Kocka, Jürgen/Offe, Claus (Hrsg.), Geschichte und Zukunft der Arbeit, Frankfurt a.M., New York 2000.

Kodalle, Klaus-Michael (Hrsg.), Arbeit und Lebenssinn, Eine aktuelle Herausforderung in historischer und systematischer Perspektive, Kritisches Jahrbuch der Philosophie - Beiheft 3/2001, Würzburg 2001.

Köhler, Michael, Strafrecht. Allgemeiner Teil, Berlin 1997.

Kohlmann, Günter/Hilgers-Klautzsch, Brigitte/Kutzner, Lars/Heuel, Ingo/Matthes, Marko/Peters, Sebastian/Ransiek, Andreas/Schauf, Jörg (Hrsg.), Steuerstrafrecht mit Ordnungswidrigkeitenrecht und Verfahrensrecht, Kommentar zu den §§ 369–412 AO, 55. EL August 2016, Köln (zitiert: Kohlmann).

Kolb, Stefan, Die Auslegung des Vermögensbegriffs im Rahmen des Betrugstatbestandes im Lichte der Änderung der zivilrechtlichen Rechtsprechung zur Schwarzarbeit, NZWiSt 2014, S. 344–345.

Kollmer, Norbert/Klindt, Thomas/Schucht, Carsten (Hrsg.), Arbeitsschutzgesetz, Mit BetrSichV, BaustellV, BildscharbV, LasthandhabV, PSA-BV, BiostoffV, MuSchArbV, LärmVibrationsArbSchV, OStrV, ArbMedVV, ArbStättV. Kommentar, 3. Aufl., München 2016 (zitiert: Kollmer/Klindt/Schucht).

Korinth, Michael H., Einstweiliger Rechtsschutz im Arbeitsgerichtsverfahren, 3. Aufl., Köln 2015.

Körner, Marita, Das internationale Menschenrecht auf Arbeit, Völkerrechtliche Anforderungen an Deutschland, Berlin 2004.

Körner, Marita, Mindestlohnanforderungen im internationalen Arbeitsrecht, NZA 2011, S. 425–430.

Korte, Marcus, Das Handeln auf Befehl als Strafausschliessungsgrund, Die Wirkung des Befehls im Deutschen Recht und im Römischen Statut für den internationalen Strafgerichtshof, Baden-Baden 2004.

Krahmer, Utz/Trenk-Hinterberger, Peter (Hrsg.), Sozialgesetzbuch I, Allgemeiner Teil. Lehr- und Praxiskommentar, 3. Aufl., Baden-Baden 2014 (zitiert: LPK-SGB I).

Krause, Daniel-Marcus, Ordnungsgemäßes Wirtschaften und Erlaubtes Risiko, Grund- und Einzelfragen des Bankrotts (§ 283 StGB) - zugleich ein Beitrag zur Dogmatik des Konkursstrafrechts, Berlin 1995.

Krause, Peter, Die Lehre von der Arbeit in der Philosophie des Deutschen Idealismus und ihre Bedeutung für das Recht, Saarbrücken 1965.

Krey, Volker, Der Fall Peter Lorenz - Probleme des rechtfertigenden Notstandes bei der Auslösung von Geiseln, ZRP 1975, S. 97–101.

Krey, Volker, Examensklausur Strafrecht, Fall zu Problemen des rechtfertigenden und entschuldigenden Notstandes, JURA 1979, S. 316–326.

Krey, Volker/Esser, Robert, Deutsches Strafrecht. Allgemeiner Teil, Studienbuch in systematischer-induktiver Darstellung, 6. Aufl., Stuttgart 2016.

Kroll, Lars Eric/Lampert, Thomas, Arbeitslosigkeit, prekäre Beschäftigung und Gesundheit, GBE kompakt 2012, S. 1–9.

Kühl, Kristian, Naturrechtliche Grenzen strafwürdigen Verhaltens, in: *Seebode, Manfred* (Hrsg.), Festschrift für Günter Spendel zum 70. Geburtstag am 11. Juli 1992, Berlin, New York 1992, S. 75–98.

Kühl, Kristian, Zur rechtsphilosophischen Begründung des rechtfertigenden Notstandes, in: *Eser, Albin/Schittenhelm, Ulrike/Schumann, Heribert* (Hrsg.), Festschrift für Theodor Lenckner zum 70. Geburtstag, München 1998, S. 143–158.

Kühl, Kristian, Freiheit und Solidarität bei den Notrechten, Rechtsphilosophische Überlegungen auf der Basis der praktischen Philosophie Kants, in: *Weigend, Thomas/Küpper, Georg* (Hrsg.), Festschrift für Hans Joachim Hirsch zum 70. Geburtstag am 11. April 1999, Berlin, New York 1999, S. 259–276.

Kühl, Kristian, Strafrecht. Allgemeiner Teil, 8. Aufl., München 2017.

Kühl, Kristian, Zur Anwendung des Solidaritätsbegriffs auf die unterlassene Hilfeleistung nach § 323c StGB, in: *Hirsch, Andreas von/Neumann, Ulfrid/Seelmann, Kurt* (Hrsg.), Solidarität im Strafrecht, Zur Funktion und Legitimation strafrechtlicher Solidaritätspflichten, Baden-Baden, 2013 S. 93–102.

Kühl, Kristian, Zur Legitimität der Strafvorschrift „Unterlassene Hilfeleistung", in: *Freund, Georg/Murmann, Uwe*/Bloy René u. a. (Hrsg.), Grundlagen und Dogmatik des gesamten Strafrechtssystems, Festschrift für Wolfgang Frisch zum 70. Geburtstag, Berlin 2013, S. 785–795.

Kühling, Jürgen, Die Berufsfreiheit des Arbeitnehmers, in: *Hanau, Peter/Heither, Friedrich/Kühling, Jürgen* (Hrsg.), Richterliches Arbeitsrecht, Festschrift für Thomas Dieterich zum 65. Geburtstag, München 1999, S. 325–335.

Küper, Wilfried, Das »Wesentliche« am »wesentlich überwiegenden Interesse«, Zur Interpretation der Interessenabwägungsformel des § 34 StGB, GA 1983, S. 289–298.

Küper, Wilfried, Der „verschuldete" rechtfertigende Notstand, Zugleich ein Beitrag zur „actio illicita in causa", Berlin 1983.

Küper, Wilfried, Darf sich der Staat erpressen lassen?, Zur Problematik des rechtfertigenden Nötigungsnotstandes, Heidelberg 1986.

Küper, Wilfried, Grundsatzfragen der "Differenzierung" zwischen Rechtfertigung und Entschuldigung, Nostand, Pflichtenkollision, Handeln auf dienstliche Weisung, JuS 1987, S. 81–92.

Küper, Wilfried, Besprechung von Brigitte Kelker, Der Nötigungsnotstand, GA 1995, S. 138–141.

Küper, Wilfried, Immanuel Kant und das Brett des Karneades, Das zweideutige Notrecht in Kants Rechtslehre, Heidelberg 1999.

Küper, Wilfried, Von Kant zu Hegel, Das Legitimationsproblem des rechtfertigenden Notstandes und die freiheitsphilosophischen Notrechtslehren, JZ 2005, S. 105–115.

Lackner, Karl/Kühl, Kristian (Hrsg.), Strafgesetzbuch, Kommentar, 28. Aufl., München 2014 (zitiert: Lackner/Kühl).

Ladogny, Otto, Notwehr gegen Unterlassen, - Zugleich ein Beitrag zur Subsidiarität der Notwehr gegenüber gerichtlichem (Eil-) Rechtsschutz, GA 1991, S. 300–320.

Lampe, Ernst-Joachim, Der strafrechtliche Schutz der Arbeitskraft, in: *Schroeder, Friedrich-Christian/Zipf, Heinz* (Hrsg.), Festschrift für Reinhart Maurach zum 70. Geburtstag, Karlsruhe, 1972, S. 375–389.

Landmann, Robert von/Rohmer, Gustav/Beckmann, Martin (Hrsg.), Gewerbeordnung und ergänzende Vorschriften, 73. EL., München 2016 (zitiert: Landmann/Rohmer).

Lange, Cornelia/Lampert, Thomas, Die Gesundheit arbeitsloser Frauen und Männer, Erste Auswertungen des telefonischen Gesundheitssurveys 2003, Bundesgesundheitsbl - Gesundheitsforsch - Gesundheitsschutz 2005, S. 1256–1264.

Lange, Klaus, Soziale Grundrechte in der deutschen Verfassungsentwicklung und in den derzeitigen Länderverfassungen, in: *Böckenförde, Ernst-Wolfgang/Jekewitz, Jürgen/Ramm, Thilo* (Hrsg.), Soziale Grundrechte, Heidelberg, Karlsruhe 1981, S. 49–60.

Lange, Richard, Terrorismus kein Notstandsfall?, Zur Anwendung des § 34 StGB im öffentlichen Recht, NJW 1978, S. 784–786.

Larenz, Karl/Canaris, Claus-Wilhelm, Lehrbuch des Schuldrechts, Besonderer Teil; 2. Halbband, 13. Aufl., München 1994.

Laufhütte, Heinrich/Möhrenschlager, Manfred, Umweltstrafrecht in neuer Gestalt, ZStW 92 (1980), S. 912–972.

Laufhütte, Heinrich Wilhelm/Rissing-van Saan, Ruth/Tiedemann, Klaus (Hrsg.), Strafgesetzbuch, Leipziger Kommentar, 12. Aufl., Berlin [u.a.] 2006 ff. (zitiert: LK).

Le Goff, Jacques, Der Mensch des Mittelalters, Essen 2004.

Lehleiter, Gunther, Der rechtswidrige verbindliche Befehl, Strafrechtsdogmatische Untersuchung, demonstriert am Beispiel des militärischen Befehls, Frankfurt am Main [u.a.] 1995.

Leinemann, Wolfgang/Schütz, Friedrich, Wirkungen der IAO-Übereinkommen auf das Recht der Bundesrepublik Deutschland, Das IAO-Übereinkommen Nr. 132 über den bezahlten Jahresurlaub und die Rechtsprechung des Bundesarbeitsgerichts zum Urlaubsrecht, ZfA 1994, S. 1–18.

Leipold, Dieter, Einstellungsfragebögen und das Recht auf Arbeit, AuR 19 (1971), S. 161–167.

Lenckner, Theodor, Der rechtfertigende Notstand, Tübingen 1965.

Lenckner, Theodor, Der Grundsatz der Güterabwägung als Grundlage der Rechtfertigung, GA 1985, S. 295–313.

Lenckner, Theodor, Das Merkmal der "Nicht-anders-Abwendbarkeit" der Gefahr in den §§ 34, 35 StGB, in: *Küper, Wilfried* (Hrsg.), Festschrift für Karl Lackner zum 70. Geburtstag am 18. Februar 1987, Berlin [etc.] 1987, S. 95–112.

Lenckner, Theodor, Der "rechtswidrige verbindliche Befehl" im Strafrecht - nur noch ein Relikt?, in: *Küper, Wilfried/Welp, Jürgen* (Hrsg.), Beiträge zur Rechtswissenschaft, Festschrift für Walter Stree und Johannes Wessels zum 70. Geburtstag, Heidelberg, 1993 S. 223–240.

Lindner, Josef Franz, Grundrechtsfestigkeit des geltenden Kündigungsschutzes?, RdA 2005, S. 166–170.

Lindner, Josef Franz/Möstl, Markus/Wolff, Heinrich Amadeus (Hrsg.), Verfassung des Freistaates Bayern, Kommentar, 2. Aufl., München 2017 (zitiert: Lindner/Möstl/Wolff).

Locke, John, Über die Regierung, Stuttgart 1992.

Löwisch, Manfred/Caspers, Georg/Klumpp, Steffen, Arbeitsrecht, Ein Studienbuch, 11. Aufl., München 2017.

Lübbe, Weyma, Das Aggregatinsproblem: Grundlagentheoretische Überlegungen zur Güterabwägung in Notstandslagen, in: *Hirsch, Andreas von/Neumann, Ulfrid/Seelmann, Kurt* (Hrsg.), Solidarität im Strafrecht, Zur Funktion und Legitimation strafrechtlicher Solidaritätspflichten, Baden-Baden 2013, S. 201–214.

Lunte, Stefan, Die »Sozialcharta« der Europäischen Gemeinschaft - eine Bilanz aus sozialethischer Sicht, JCSW 1998, S. 217–225.

Maiwald, Manfred, Die Unzumutbarkeit - Strafbegrenzendes Prinzip bei den Fahrlässigkeitsdelikten?, in: *Albrecht, Peter-Alexis/Ehlers, Alexander P.F./Lamott, Franziska* u. a. (Hrsg.), Festschrift für Horst Schüler-Springorum, Zum 65. Geburtstag, Köln 1993, S. 475–491.

Mangoldt, Hermann v./Klein, Friedrich/Starck, Christian (Hrsg.), GG, Kommentar zum Grundgesetz, 6. Aufl., München 2010 (zitiert: v. Mangoldt/Klein/Stark).

Margalit, Avishai, Politik der Würde, Über Achtung und Verachtung, Berlin 1997.

Marx, Karl/Engels, Friedrich, Werke (MEW), Band 19, 9. Aufl., Berlin 1989.

Marx, Karl/Engels, Friedrich, Werke (MEW), Band 42, 2. Aufl., Berlin 2005.

Marx, Karl/Engels, Friedrich, Werke (MEW), Band 23 (= Das Kapital Band 1), 39. Aufl., Berlin 2008.

Matt, Holger/Renzikowski, Joachim (Hrsg.), Strafgesetzbuch, Kommentar, München 2013 (zitiert: Matt/Renzikowski).

Herzog, Roman/Scholz, Rupert/Herdegen, Matthias/Klein, Hans H. (Hrsg.), Maunz, Dürig, Herzog Grundgesetz, Kommentar, 79. EL, Stand 12/2016, München 2016 (zitiert: M/D).

Maurach, Reinhart/Gössel, Karl Heinz/Zipf, Heinz, Strafrecht Allgemeiner Teil, TBd. 2, Erscheinungsformen des Verbrechens und Rechtsfolgen der Tat, 8. Aufl., Heidelberg 2014.

Maurach, Reinhart/Zipf, Heinz, Strafrecht Allgemeiner Teil, TBd. 1, Grundlehren des Strafrechts und Aufbau der Straftat, 8. Aufl., Heidelberg 1992.

Maurer, Hartmut, Allgemeines Verwaltungsrecht, 18. Aufl., München 2011.

Maydell, Bernd von, Europäischer Grundrechtsschutz und soziale Grundrechte, in: *Konzen, Horst/Krebber, Sebastian/Raab, Thomas u. a.* (Hrsg.), Festschrift für Rolf Birk zum siebzigsten Geburtstag, Tübingen 2008, S. 547–556.

Meder, Theodor/Brechmann, Winfried (Hrsg.), Die Verfassung des Freistaates Bayern, Kommentar, 5. Aufl., Stuttgart [u.a.] 2014 (zitiert: Meder/Brechmann).

Meier, Bernd-Dieter, Strafrecht: Der standhafte Kassierer, JuS 1989, S. 992–997.

Meißner, Andreas, Die Interessenabwägungsformel in der Vorschrift über den rechtfertigenden Notstand (§ 34 StGB), Berlin 1990.

Merkel, Reinhard, Zaungäste? Über die Vernachlässigung philosophischer Argumente in der Strafrechtswissenschaft (und einige verbreitete Mißverständnisse zu § 34 S. 1 StGB), in: *Albrecht, Peter-Alexis* (Hrsg.), Vom unmöglichen Zustand des Strafrechts, Frankfurt am Main, New York 1995, S. 171–196.

Merkel, Rudolf, Die Kollision rechtmäßiger Interessen und die Schadensersatzpflicht bei rechtmäßigen Handlungen, Straßburg 1895.

Meyer, Frank, Die Problematik des Nötigungsnotstands auf der Grundlage eines Solidaritätsprinzips, GA 2004, S. 356–369.

Meyer, Frank, Ausschluss und Minderung strafrechtlicher Verantwortung bei Handeln auf Weisung, GA 2012, S. 556–573.

Meyer, Jürgen (Hrsg.), Charta der Grundrechte der Europäischen Union, 4. Aufl., Baden-Baden 2014 (zitiert: Meyer).

Meyer-Goßner, Lutz/Schmitt, Bertram (Hrsg.), StPO, Gerichtsverfassungsgesetz, Nebengesetze und ergänzende Bestimmungen, 60. Aufl., München 2017 (zitiert: Meyer-Goßner).

Mezger, Edmund, Mittelbare Täterschaft und rechtswidriges Handeln, ZStW 52 (1932), S. 529ff.

Mitsch, Wolfgang, Recht der Ordnungswidrigkeiten, 2. Aufl., Berlin 2005.

Mitsch, Wolfgang, Strafbarer Arbeitnehmerwiderstand gegen Arbeitsplatzabbau – Dargestellt am Beispiel des »Bossnapping«, JR 2013, S. 351–357.

Mitsch, Wolfgang, Notwehr gegen juristische Personen, NZWiSt 2015, S. 259–262.

Mohr, Gisela, Erwerbslosigkeit, Arbeitsplatzunsicherheit und psychische Befindlichkeit, Frankfurt a.M. [u.a.] 1997.

Mommsen, Theodor, Römische Geschichte, 6. Aufl., München 2001.

Momsen, Carsten, Die Zumutbarkeit als Begrenzung strafrechtlicher Pflichten, Baden-Baden 2006.

Momsen, Carsten/Grützner, Thomas (Hrsg.), Wirtschaftsstrafrecht, Handbuch für die Unternehmens- und Anwaltspraxis, München 2013 (zitiert: Momsen/Grützner).

Moser, Johannes, Jeder, der will, kann arbeiten, Die kulturelle Bedeutung von Arbeit und Arbeitslosigkeit, Wien 1993.

Mrozynski, Peter, SGB I, Allgemeiner Teil. Kommentar, 5. Aufl., München 2014.

Müller, Gerhard, Zur Geschichte der Arbeitsgerichtsbarkeit seit 1945, in: Deutscher Arbeitsgerichtsverband (Hrsg.), Die Arbeitsgerichtsbarkeit, Festschrift zum 100jährigen Bestehen des Deutschen Arbeitsgerichtsverbandes, Neuwied 1994, S. 105–127.

Müller, Matthias, Übungsklausur für Examenskandidaten: "Verfolgung mit Folgen", JURA 2005, S. 635–642.

Müller-Glöge, Rudi/Preis, Ulrich/Schmidt, Ingrid (Hrsg.), Erfurter Kommentar zum Arbeitsrecht, 17. Aufl., München 2017 (zitiert: ErfK).

Münch, Ingo von/Kunig, Philip (Hrsg.), Grundgesetz, Kommentar, 6. Aufl., München 2012 (zitiert: v. Münch/Kunig).

Murmann, Uwe, Grundkurs Strafrecht, Allgemeiner Teil, Tötungsdelikte, Körperverletzungsdelikte, 3. Aufl., München 2015.

Murphy, Gregory C./Athanasou, James A., The effect of unemployment on mental health, Journal of Occupational and Organizational Psychology 1999, S. 83–99.

Mutz, Gerd, Paradigmenwechsel in der Arbeitsgesellschaft, in: *Kodalle, Klaus-Michael* (Hrsg.), Arbeit und Lebenssinn, Eine aktuelle Herausforderung in historischer und systematischer Perspektive, Kritisches Jahrbuch der Philosophie - Beiheft 3/2001, Würzburg 2001, S. 109–125.

Negt, Oskar, Arbeit und menschliche Würde, 2. Aufl., Göttingen 2002.

Neubeck, Xenia, Die Europäische Sozialcharta und deren Protokolle, Einfluss und Bedeutung der sozialrechtlichen Bestimmungen der Europäischen Sozialcharta auf das deutsche Recht und auf das Recht der Europäischen Union, Frankfurt a.M. 2002.

Neumann, Franz L./Nipperdey, Hans Carl/Scheuner, Ulrich (Hrsg.), Die Grundrechte, Handbuch der Theorie und Praxis der Grundrechte. Bd. II, Berlin 1954.

Neumann, Ulfrid, Der strafrechtliche Nötigungsnotstand - Rechtfertigungs- oder Entschuldigungsgrund, JA 1988, S. 329–335.

Neumann, Ulfrid, Der Rechtfertigungsgrund der Kollision von Rettungsinteressen, Rechte, Pflichten und Interessen als Elemente der rechtfertigenden „Pflichtenkollision“, in: *Schünemann, Bernd/Achenbach, Hans/Bottke, Wilfried u. a.* (Hrsg.), Festschrift für Claus Roxin zum 70. Gebrutstag am 15. Mai 2001, Berlin 2001, S. 421–439.

Neumann, Ulfrid, Buchbesprechung zu Pawlik, Michael: Der rechtfertigende Notstand. Zugleich ein Beitrag zum Problem strafrechtlicher Solidaritätspflichten, ZStW 116 (2004), S. 751–762.

Neumann, Ulfrid, Die rechtsethische Begründung des "rechtfertigenden Notstands" auf der Basis von Utilitarismus, Solidaritätsprinzip und Loyalitätsprinzip, in: *Hirsch, Andreas von/Neumann, Ulfrid/Seelmann, Kurt* (Hrsg.), Solidarität im Strafrecht, Zur Funktion und Legitimation strafrechtlicher Solidaritätspflichten, Baden-Baden 2013, S. 155–174.

Nippel, Wilfried, Erwerbsarbeit in der Antike, in: *Kocka, Jürgen/Offe, Claus* (Hrsg.), Geschichte und Zukunft der Arbeit, Frankfurt a.M., New York 2000, S. 54–66.

Nipperdey, Hans Carl, Der Arbeitskampf als unerlaubte Handlung - Grundsätzliches zur Frage seiner Rechtswidrigkeit, in: *Paulssen, Hans Constantin/Richter, Willi/Freitag, Walter u. a.* (Hrsg.), Sozialpolitik, Arbeits- und Sozialrecht, Festschrift für Friedrich Sitzler zu seinem 75. Geburtstag, Stuttgart 1956, S. 79–112.

Nipperdey, Hans Carl, Grundrechte und Privatrecht, Krefeld 1961.

Nußberger, Angelika, Arbeit als Fluch und Segen. Völker- und verfassungsrechtliche Regelungen zum Recht auf Arbeit und Verbot der Zwangsarbeit, in: *Ennuschat, Jörg/Geerlings, Jörg/Mann, Thomas* (Hrsg.), Wirtschaft und Gesellschaft im Staat der Gegenwart, Gedächtnisschrift für Peter J. Tettinger, Köln, München 2007, S. 81–102.

Nußberger, Angelika, Auswirkungen der Rechtsprechung des Europäischen Gerichtshofs für Menschenrechte auf das deutsche Arbeitsrecht, RdA 2012, S. 270–277.

Oexle, Otto Gerhard, Arbeit, Armut, ›Stand‹ im Mittelalter, in: *Kocka, Jürgen/Offe, Claus* (Hrsg.), Geschichte und Zukunft der Arbeit, Frankfurt a.M., New York 2000, S. 67–79.

Opolony, Bernhard, 25 Jahre ArbGG 1979 - Ein Blick zurück nach vorn, NZA 2004, S. 519–524.

Oppermann, Thomas/Classen, Claus Dieter/Nettesheim, Martin (Hrsg.), Europarecht, Ein Studienbuch, 7. Aufl., München 2016 (zitiert: Bearbeiter, in: Oppermann/Classen/Nettesheim).

Ostendorf, Heribert, Die strafrechtliche Rechtmäßigkeit rechtswidrigen hoheitlichen Handelns, JZ 1981, S. 165–175.

Palandt, Bürgerliches Gesetzbuch: BGB, Mit Nebengesetzen, 76. Aufl., München 2017 (zitiert: Palandt).

Papier, Hans-Jürgen, Art. 12 GG - Freiheit des Berufs und Grundrecht der Arbeit, DVBl. 1984, S. 801–814.

Päpstlicher Rat für Gerechtigkeit und Frieden (Hrsg.), Kompendium der Soziallehre der Kirche, Freiburg u.a. 2006.

Paul, Karsten Ingmar/Batinic, Bernad, The need for work: Jahoda's latent functions of employment in a representative sample of the German population, Journal of Organizational Behavior 2010, S. 45–64.

Paul, Karsten Ingmar/Hassel, Alice/Moser, Klaus, Die Auswirkungen von Arbeitslosigkeit auf die psychische Gesundheit, Befunde einer quantitativen Forschungsintegration, in: *Hollederer, Alfons/Brand, Helmut* (Hrsg.), Arbeitslosigkeit, Gesundheit und Krankheit, Bern 2006, S. 35–51.

Paul, Karsten Ingmar/Moser, Klaus, Unemployment impairs mental health: Meta-analyses, Journal of Vocational Behavior 2009, S. 264–282.

Pawlik, Michael, Der rechtfertigende Notstand, Zugleich ein Beitrag zum Problem strafrechtlicher Solidaritätspflichten, Berlin 2002.

Pawlik, Michael, Erlaubte aktive Sterbehilfe? Neuere Entwicklungen in der Auslegung von § 216 StGB, in: *Zöller, Mark A./Hilger, Hans/Küper, Wilfried u. a.*

(Hrsg.), Gesamte Strafrechtswissenschaft in internationaler Dimension, Festschrift für Jürgen Wolter zum 70. Geburtstag am 7. September 2013, Berlin 2013, S. 627–642.

Pelz, Christian, Notwehr- und Notstandsrechte und der Vorrang obrigkeitlicher Hilfe, NStZ 1995, S. 305–309.

Perdomo-Torres, Jorge F., Die Duldungspflicht im rechtfertigenden Notstand, Baden-Baden 2011.

Pfarr, Heide/Ullmann, Karen/Bradke, Marcus/Schneider, Julia/Kimmich, Martin/Bothfeld, Silke, Der Kündigungsschutz zwischen Wahrnehmung und Wirklichkeit, Betriebliche Erfahrungen mit der Beendigung von Arbeitsverhältnissen, München und Mering 2005.

Pitschas, Rainer, Berufsfreiheit und Berufslenkung, Berlin 1983.

Pitschas, Rainer, Der "neue" soziale Rechtsstaat. Vom Wandel der Arbeits- und Sozialverfassung des Grundgesetzes, in: *Ruland, Franz/Maydell, Bernd von/Papier, Hans-Jürgen* (Hrsg.), Verfassung, Theorie und Praxis des Sozialstaats, Festschrift für Hans F. Zacher zum 70. Geburtstag, Heidelberg 1998, S. 755–775.

Polo, Marco, Il Milione, Die Wunder der Welt, Zürich 1983.

Prast, Franz, Leben ohne Arbeit?, Arbeitslosigkeit als sozialpolitische Herausforderung, in: *Rehm, Johannes/Ulrich, Hans Günter* (Hrsg.), Menschenrecht auf Arbeit?, Sozialethische Perspektiven, Stuttgart 2009, S. 39–49.

Preis, Ulrich, Prinzipien des Kündigungsrechts bei Arbeitsverhältnissen, München 1987.

Preis, Ulrich, Der Kündigungsschutz außerhalb des Kündigungsschutzgesetzes, NZA 1997, S. 1256–1270.

Preis, Ulrich, Arbeitsrecht I, Individualarbeitsrecht. Lehrbuch für Studium und Praxis, 5. Aufl., Köln 2017.

Preis, Ulrich, Arbeitsrecht II, Kollektivarbeitsrecht. Lehrbuch für Studium und Praxis, 4. Aufl., Köln 2017.

Puppe, Ingeborg, Strafrecht Allgemeiner Teil im Spiegel der Rechtsprechung, 3. Aufl., Baden-Baden 2016.

Ramm, Thilo, Das Recht auf Arbeit und die Gesellschaftsordnung, in: *Ryffel, Hans/Schwartländer, Johannes* (Hrsg.), Das Recht des Menschen auf Arbeit, Kehl am Rhein, Strassburg 1983, S. 65–96.

Rawls, John, Eine Theorie der Gerechtigkeit, Frankfurt am Main 1979.

Rehm, Johannes/Ulrich, Hans Günter (Hrsg.), Menschenrecht auf Arbeit?, Sozialethische Perspektiven, Stuttgart 2009.

Reichert-Hammer, Hansjörg, Politische Fernziele und Unrecht, Ein Beitrag zur Lehre von der Strafrechtswidrigkeit unter besonderer Berücksichtigung der Verwerflichkeitsklausel des § 240 Abs. 2 StGB, Berlin 1991.

Reineke, Peter, Der verseuchte Neckar - Bericht über eine Strafrechtsklausur, JuS 1992, S. 486–491.

Rengeling, Hans-Werner/Szczekalla, Peter, Grundrechte in der Europäischen Union, Charta der Grundrechte und Allgemeine Rechtsgrundsätze, Köln u.a. 2004.

Rengier, Rudolf, Strafrecht, Allgemeiner Teil, 9. Aufl., München 2017.

Rengier, Rudolf, Strafrecht, Besonderer Teil II, Delikte gegen die Person und die Allgemeinheit, 18. Aufl., München 2017.

Renzikowski, Joachim, Notstand und Notwehr, Berlin 1994.

Renzikowski, Joachim, Solidarität in Notsituationen - Ein historischer Überblick von Thomas v. Aquin bis Hegel, in: *Hirsch, Andreas von/Neumann, Ulfrid/Seelmann, Kurt* (Hrsg.), Solidarität im Strafrecht, Zur Funktion und Legitimation strafrechtlicher Solidaritätspflichten, Baden-Baden 2013, S. 13–34.

Richardi, Reinhard/Wlotzke, Otfried/Wißmann, Hellmut/Oetker, Hartmut (Hrsg.), Münchener Handbuch zum Arbeitsrecht, 3. Aufl., München 2009.

Riedel, Eibe H., Theorie der Menschenrechtsstandards, Funktion, Wirkungsweise und Begründung wirtschaftlicher und sozialer Menschenrechte mit exemplarischer Darstellung der Rechte auf Eigentum und Arbeit in verschiedenen Rechtsordnungen, Berlin 1986.

Riesenhuber, Karl, Die Rechtsbeziehungen zwischen Arbeitnehmern, Streit und Recht am Arbeitsplatz, JZ 1999, S. 711–718.

Ritter, Thomas, Europarechtsneutralität mitgliedstaatlicher Generalklauseln?, NJW 2012, S. 1549–1551.

Robert Koch Institut (Hrsg.), Gesundheit in Deutschland, Gesundheitsberichterstattung des Bundes, Berlin 2006.

Rohbeck, Johannes, Umwertung der Arbeit, in: *Kodalle, Klaus-Michael* (Hrsg.), Arbeit und Lebenssinn, Eine aktuelle Herausforderung in historischer und systematischer Perspektive, Kritisches Jahrbuch der Philosophie - Beiheft 3/2001, Würzburg 2001, S. 135–144.

Rosas, Allan/Helgesen, Jan E./Gomien, Donna (Hrsg.), Human rights in a changing East-West perspective, London, New York 1990.

Rose, Uwe/Jacobi, Frank, Gesundheitsstörungen bei Arbeitslosen, Ein Vergleich mit Erwerbstätigen im Bundesgesundheitssurvey 98, Arbeitsmedizin. Sozialmedizin. Umweltmedizin 2006, S. 556–564.

Rosenkötter, Günter/Louis Jürgen, Das Recht der Ordnungswidrigkeiten, Lehrbuch mit Fallbeispielen und Mustern, 7. Aufl., Stuttgart u.a. 2011.

Rousseau, Jean-Jacques, Der Gesellschaftsvertrag oder Die Grundsätze des Staatsrechts, Stuttgart 1971.

Rousseau, Jean-Jacques, Emile oder über die Erziehung, Stuttgart 2004.

Roxin, Claus, Alles, was unrecht ist, Frankfurter Allgemeine Zeitung, 09.12.2002, Nr. 286, Seite 38.

Roxin, Claus, Die notstandsähnliche Lage - ein Strafunrechtsausschließungsgrund?, in: *Oehler, Dietrich/Herzberg, Rolf Dietrich* (Hrsg.), Festschrift für Dietrich Oehler zum 70. Geburtstag, Köln 1985, S. 181–196.

Roxin, Claus, Strafrecht Allgemeiner Teil, Bd. 1, Grundlagen. Der Aufbau der Verbrechenslehre, 4. Aufl., München 2006.

Roxin, Claus, Strafrecht Allgemeiner Teil, Bd. 2, Grundlagen. Besondere Erscheinungsformen der Straftat, München 2003.

Roxin, Claus/Schünemann, Bernd, Strafverfahrensrecht, Ein Studienbuch, 29. Aufl., München 2017.

Rudolphi, Hans-Joachim (Hrsg.), Systematischer Kommentar zum Strafgesetzbuch, 8. Aufl., 148. EL, Stand 12/2014, Neuwied 2014 (zitiert: SK-StGB).

Rudolphi, Hans-Joachim, Fälle zum Strafrecht. Allgemeiner Teil, 5. Aufl., München 2000.

Rupp, Hans Heinrich, Vom Wandel der Grundrechte, AöR 101 (1976), S. 161–201.

Ryffel, Hans/Schwartländer, Johannes (Hrsg.), Das Recht des Menschen auf Arbeit, Kehl am Rhein, Strassburg 1983.

Sachs, Michael (Hrsg.), Grundgesetz, 7. Aufl., München 2014 (zitiert: Sachs).

Sachße, Christoph/Tennstedt, Florian, Geschichte der Armenfürsorge in Deutschland, Band 1: Vom Spätmittelalter bis zum 1. Weltkrieg, Stuttgart u.a. 1980.

Säcker, Franz Jürgen/Rixecker, Roland (Hrsg.), Münchener Kommentar zum Bürgerlichen Gesetzbuch, 7. Aufl., München 2015 ff. (zitiert: MüKo-BGB).

Saliger, Frank, Umweltstrafrecht, München 2012.

Saliger, Frank, Kontraktualistische Solidarität: Argumente des gegenseitigen Vorteils, in: *Hirsch, Andreas von/Neumann, Ulfrid/Seelmann, Kurt* (Hrsg.), Solidarität im Strafrecht, Zur Funktion und Legitimation strafrechtlicher Solidaritätspflichten, Baden-Baden 2013, S. 61–76.

Samuel, Lenia, The long Way towards more Social Rights in Europe, in: *Däubler, Wolfgang/Zimmer, Reingard* (Hrsg.), Arbeitsvölkerrecht, Festschrift für Klaus Lörcher, Baden-Baden 2013, S. 137–145.

Sasse, Thorsten, Die Berufsfreiheit und das Recht zu arbeiten, Eine Analyse des Artikels 15 der Charta der Grundrechte der Europäischen Union, Frankfurt am Main 2011.

Satzger, Helmut/Schluckebier, Wilhelm/Widmaier, Gunter (Hrsg.), StGB, Kommentar, 3. Aufl., Münster, Köln 2016 (zitiert: SSW-StGB).

Satzger, Helmut/Schluckebier, Wilhelm/Widmaier, Gunter (Hrsg.), StPO, Kommentar, 2. Aufl., Köln 2015 (zitiert: SSW-StPO).

Schaffstein, Friedrich, Der Maßstab für das Gefahrurteil beim rechtfertigenden Notstand, in: *Frisch, Wolfgang/Schmid, Werner* (Hrsg.), Festschrift für Hans-Jürgen Bruns zum 70. Geburtstag, Köln 1978, S. 89–106.

Schaub, Günter, Arbeits- und Sozialrecht auf dem Weg nach Europa, in: *Hanau, Peter/Heither, Friedrich/Kühling, Jürgen* (Hrsg.), Richterliches Arbeitsrecht, Festschrift für Thomas Dieterich zum 65. Geburtstag, München 1999, S. 519–548.

Schaub, Günter/Koch, Ulrich/Linck, Rüdiger/Treber, Jürgen/Vogelsang, Hinrich (Hrsg.), Arbeitsrechts-Handbuch, Systematische Darstellung und Nachschlagewerk für die Praxis, 16. Aufl., München 2015.

Schleusener, Axel Aino, Rechtsschutzmöglichkeiten bei einer Druckkündigung gegenüber dem Druckausübenden, Zugleich zum Recht am Arbeitsplatz als sonstigem Recht i.S. des § 823 I BGB, NZA 1999, S. 1078–1083.

Schmidhäuser, Eberhard, Strafrecht. Allgemeiner Teil, Studienbuch, Tübingen 1982.

Schmidt-Bleibtreu, Bruno/Hofmann, Hans/Henneke, Hans-Günter (Hrsg.), GG, Kommentar zum Grundgesetz, 13. Aufl., Köln 2014 (zitiert: Schmidt-Bleibtreu/Hofmann/Henneke).

Schneider, Hans-Peter, Artikel 12 GG - Freiheit des Berufs und Grundrecht der Arbeit, VVdStRL 43 (1985), S. 7–47.

Scholz, Rupert, Bundesarbeitsgericht und Arbeitsverfassung, in: *Gamillscheg, Franz/Hueck, Götz/Wiedemann, Herbert* (Hrsg.), 25 Jahre Bundesarbeitsgericht, München 1979, S. 511–540.

Scholz, Rupert, Das Recht auf Arbeit. Verfassungsrechtliche Grundlagen. Möglichkeiten und Grenzen der Kodifikation, in: *Böckenförde, Ernst-Wolfgang/Jekewitz, Jürgen/Ramm, Thilo* (Hrsg.), Soziale Grundrechte, Heidelberg, Karlsruhe 1981, S. 75–89.

Scholz, Rupert, Arbeitsverfassung, Grundgesetzreform und Landesverfassungsrecht, RdA 1993, S. 249–257.

Schölz, Joachim/Lingens, Eric (Hrsg.), Wehrstrafgesetz, 4. Aufl., München 2000 (zitiert: Schölz/Lingens^{4}).

Schönke, Adolf/ Schröder, Horst (Hrsg.), Strafgesetzbuch, Kommentar, 29. Aufl., München 2014 (zitiert: Schönke/Schröder).

Schröder, Meinhard, Wirkungen der Grundrechtscharta in der europäischen Rechtsordnung, JZ 2002, S. 849–854.

Schulte, Bernd, Sozialpolitische Zielsetzungen des EG-Vertrages, in: Bundesministerium für Arbeit und Sozialordnung/Max-Planck-Institut für ausländisches und internationales Sozialrecht/Akademie der Diözese Rottenburg Stuttgart (Hrsg.), Soziale Grundrechte in der Europäischen Union, Baden-Baden 2001, S. 25–45.

Schulz, Otto, Grundlagen und Perspektiven einer europäischen Sozialpolitik, Die Verhandlungen und Ergebnisse der Regierungskonferenzen von Maastricht, Amsterdam und Nizza, Köln u.a. 2003.

Schumacher, Egbert, Arbeitslosigkeit und psychische Gesundheit, Ergebnisse der Forschung, München 1986.

Schumann, Heribert, Strafrechtliches Handlungsunrecht und das Prinzip der Selbstverantwortung der Anderen, Tübingen 1986.

Schwarze, Jürgen (Hrsg.), EU-Kommentar, 3. Aufl., Baden-Baden 2012 (zitiert: Schwarze).

Schweitzer, Michael/Dederer, Hans-Georg, Staatsrecht III, Staatsrecht. Völkerrecht. Europarecht, 11. Aufl., Heidelberg 2016.

Segbers, Franz, „Erinnere Dich daran, dass du selbst ein Sklave, eine Sklavin in Ägypten warst…“ (Dtn 5, 15), Biblische Impulse für Humanität in der Arbeit, in: *Rehm, Johannes/Ulrich, Hans Günter* (Hrsg.), Menschenrecht auf Arbeit?, Sozialethische Perspektiven, Stuttgart 2009, S. 11–38.

Selenko, Eva/Batinic, Bernad/Paul, Karsten, Does latent deprivation lead to psychological distress? Investigating Jahoda's model in a four-wave study, Journal of Occupational and Organizational Psychology 2011, S. 723–740.

Senge, Lothar (Hrsg.), Karlsruher Kommentar zum Gesetz über Ordnungswidrigkeiten, 4. Aufl., München 2014 (zitiert: KK-OWiG).

Senghaas-Knobloch, Eva, Arbeitskraft ist mehr als eine Ware. Arbeiten in der postfordistischen Dienstleistungsgesellschaft, APuZ 2011, S. 24–31.

Simma, Bruno, The implementation of the International Covenant on Economic, Social and Cultural Rights, in: *Matscher, Franz* (Hrsg.), Die Durchsetzung wirtschaftlicher und sozialer Grundrechte, Eine rechtsvergleichende Bestandsaufnahme, Kehl am Rhein, Strassburg, Arlington 1991, S. 75–94.

Simma, Bruno, "Die vergessenen Rechte": Bemühungen zur Stärkung des VN-Sozialpakts, in: *Ruland, Franz/Maydell, Bernd von/Papier, Hans-Jürgen* (Hrsg.), Verfassung, Theorie und Praxis des Sozialstaats, Festschrift für Hans F. Zacher zum 70. Geburtstag, Heidelberg 1998, S. 867–882.

Smith, Adam, Untersuchung über Wesen und Ursachen des Reichtums der Völker, Tübingen 2012.

Späth, Florian Jochen, Rechtfertigungsgründe im Wirtschaftsstrafrecht, Berlin 2016.

Stahlhacke, Eugen/Preis, Ulrich/Vossen, Reinhard (Hrsg.), Kündigung und Kündigungsschutz im Arbeitsverhältnis, 11. Aufl., München 2015.

Starrin, Bengt/Rantakeisu, Ulla/Forsberg, Erik/Kalander-Blomqvist, Marina, Understanding the health consequences of unemployment - the finance/shame model, in: *Kieselbach, Thomas* (Hrsg.), Youth Unemployment and Health, A comparison of six European countries, Opladen 2000, S. 35–42.

Statistisches Bundesamt (Hrsg.), Datenreport 2013, Ein Sozialbericht für die Bundesrepublik Deutschland, Bonn 2013.

Statistisches Bundesamt, Rechtspflege. Fachserie 10 Reihe 2.8, Arbeitsgerichte, Wiesbaden 2016.

Staudinger, Julius von (Hrsg.), Kommentar zum Bürgerlichen Gesetzbuch, mit Einführungsgesetz und Nebengesetzen, Neubearbeitung 2011, Berlin 2011.

Steinert, Heinz, Max Webers unwiderlegbare Fehlkonstruktionen, Die protestantische Ethik und der Geist des Kapitalismus, Frankfurt a.M. u.a. 2010.

Steinmetz, Bernd, Über den Wandel der Arbeit und das Problem der Arbeitslosigkeit, Münster 1997.

Stern, Klaus, Zur Universalität der Menschenrechte, in: *Ruland, Franz/Maydell, Bernd von/Papier, Hans-Jürgen* (Hrsg.), Verfassung, Theorie und Praxis des Sozialstaats, Festschrift für Hans F. Zacher zum 70. Geburtstag, Heidelberg 1998, S. 1063–1079.

Stern, Klaus (Hrsg.), Das Staatsrecht der Bundesrepublik Deutschland, Band IV/1. Die einzelnen Grundrechte. Der Schutz und die freiheitliche Entfaltung des Individuums, München 2006 (zitiert: Stern).

Stratenwerth, Günter, Verantwortung und Gehorsam, Zur strafrechtlichen Wertung hoheitlich gebotenen Handelns, Tübingen 1958.

Stratenwerth, Günter/Kuhlen, Lothar, Strafrecht Allgemeiner Teil, Die Straftat, 6. Aufl., München 2011.

Streinz, Rudolf, Europarecht, 10. Aufl., Heidelberg 2016.

Streinz, Rudolf (Hrsg.), EUV/AEUV, Vertrag über die Europäische Union und Vertrag über die Arbeitsweise der Europäischen Union, 2. Aufl., München 2012 (zitiert: Streinz).

Swoboda, Sabine, Nachbarschaft mit Gartenzwerg, JURA 2007, S. 224–230.

Tag, Brigitte, Das Vorenthalten von Arbeitnehmerbeiträgen zur Sozial- und Arbeitslosenversicherung sowie das Veruntreuen von Arbeitsentgelt, Untersuchungen zu 266a StGB, Heidelberg 1994.

Tettinger, Peter J., Die Charta der Grundrechte der Europäischen Union, NJW 2001, S. 1010–1015.

Tettinger, Peter J./Stern, Klaus (Hrsg.), Kölner Gemeinschaftskommentar zur Europäischen Grundrechte-Charta, München 2006 (zitiert: Kölner Gemeinschaftskommentar).

Tettinger, Peter J./Wank, Rolf/ Ennuschat, Jörg, Gewerbeordnung, Kommentar, 8. Aufl., München 2011 (zitiert: Tettinger).

Thees, Thomas, Das Arbeitnehmer-Persönlichkeitsrecht als Leitidee des Arbeitsrechts, Persönlichkeitsschutz und Persönlichkeitsentfaltung im Arbeitsverhältnis, Berlin 1995.

Thiele, Wolfgang, Konkretisierungen des Rechts auf Arbeit im Arbeitsrecht?, in: *Ryffel, Hans/Schwartländer, Johannes* (Hrsg.), Das Recht des Menschen auf Arbeit, Kehl am Rhein, Strassburg 1983, S. 97–110.

Tiedemann, Klaus, Wirtschaftsstrafrecht AT, Einführung und Allgemeiner Teil mit wichtigen Rechtstexten, 4. Aufl., Köln 2014.

Tomuschat, Christian, The Right To Work, in: *Rosas, Allan/Helgesen, Jan E./-Gomien, Donna* (Hrsg.), Human rights in a changing East-West perspective, London, New York, 1990 S. 174–201.

Treitschke, Heinrich von, Der Socialismus und seine Gönner, Preuß. Jbb. 34 (1875), S. 67–110.

Trüg, Gerson, Die Schwarzlohnabrede - Faktizität und Geltung, DStR 2011, S. 727–730.

Uhlenbruck, Wilhelm/Hirte, Heribert/Vallender, Heinz (Hrsg.), Insolvenzordnung, Kommentar, 14. Aufl., München 2015 (zitiert: Uhlenbruck).

Umbach, Dieter C./Clemens, Thomas (Hrsg.), Grundgesetz, Mitarbeiterkommentar und Handbuch, Heidelberg 2002 (zitiert: Umbach/Clemens).

Urban, Sandra, Der Kündigungsschutz außerhalb des Kündigungsschutzgesetzes, Das Arbeitsverhältnis im Spannungsfeld zwischen Kündigungsfreiheit und Kündigungsschutz, Berlin 2001.

van Dülmen, Richard, »Arbeit« in der frühneuzeitlichen Gesellschaft, Vorläufige Bemerkungen, in: *Kocka, Jürgen/Offe, Claus* (Hrsg.), Geschichte und Zukunft der Arbeit, Frankfurt a.M., New York 2000, S. 80–87.

Verdross, Alfred/Simma, Bruno, Universelles Völkerrecht, Theorie und Praxis, 3. Aufl., Berlin 1984.

Vilmar, Fritz/Kißler, Leo, Arbeitswelt, Grundriß einer kritischen Soziologie der Arbeit, Opladen 1982.

Wabnitz, Heinz-Bernd/Janovsky, Thomas (Hrsg.), Handbuch des Wirtschafts- und Steuerstrafrechts, 3. Aufl., München 2007 (zitiert: Wabnitz/Janovsky[3]).

Wabnitz, Heinz-Bernd/Janovsky, Thomas (Hrsg.), Handbuch des Wirtschafts- und Steuerstrafrechts, 4. Aufl., München 2014 (zitiert: Wabnitz/Janovsky).

Waltermann, Raimund, Arbeitsrecht, 18. Aufl., München 2016.

Wank, Rolf, Das Recht auf Arbeit im Verfassungsrecht und im Arbeitsrecht, Königstein/Ts 1980.

Wannenwetsch, Bernd, "Im Schweisse Deines Angesichts sollst Du Dein Brot essen.", Der Aufstieg des ‚animal laborans' als Abstieg des ‚politischen Tieres', in: *Kodalle, Klaus-Michael* (Hrsg.), Arbeit und Lebenssinn, Eine aktuelle Herausforderung in historischer und systematischer Perspektive, Kritisches Jahrbuch der Philosophie - Beiheft 3/2001, Würzburg 2001, S. 77–89.

Warr, Peter B., Work, unemployment and mental health, Oxford, New York 1987.

Warr, Peter B., Work, happiness, and unhappiness, Mahwah, New Jersey 2007.

Weber, Andreas/Hörmann, Georg/Heipertz, Walther, Arbeitslosigkeit und Gesundheit aus sozialmedizinischer Sicht, Deutsches Ärzteblatt 2007, S. 2957–2962.

Weber, Hansjörg/Weber, Jörg-Andreas, Zur Dogmatik eines allgemeinen Beschäftigungsanspruchs im Arbeitsverhältnis, RdA 2007, S. 344–352.

Weber, Max, Wirtschaft und Gesellschaft, Grundriss der verstehenden Soziologie, 5. Aufl., Tübingen 1980.

Weber, Max, Die protestantische Ethik und der Geist des Kapitalismus, 4. Aufl., München 2013.

Weber, Ulrich, Examensklausur Strafrecht, Das Urteil, JURA 1984, S. 367–381.

Weber, Ulrich, Konzeption und Grundsätze des Wirtschaftsstrafrechts (einschließlich Verbraucherschutz), Dogmatischer Teil II: Das Wirtschaftsstrafrecht und die allgemeinen Lehren und Regeln des Strafrechts, ZStW 96 (1984), S. 376–416.

Weiss, Manfred, Grundrechte-Charta der EU auch für Arbeitnehmer?, AuR 2001, S. 374–380.

Weiss, Manfred, Globalisierung des Arbeitsrechts und der Arbeitsbeziehungen: Von bloßer Normsetzung zu kollektiven Strukturen, in: *Schubert, Jens M.* (Hrsg.), Anforderungen an ein modernes kollektives Arbeitsrecht, Festschrift für Otto Ernst Kempen, Baden-Baden 2013, S. 384–400.

Welzel, Hans, Das deutsche Strafrecht. Eine systematische Darstellung, 10. Aufl., Berlin 1967.

Wesch, Martin, Neue Arbeitskampfmittel am Beispiel von Betriebsbesetzungen und Betriebsblockaden, Berlin 1993.

Wessels, Johannes/Beulke, Werner/Satzger, Helmut, Strafrecht Allgemeiner Teil, Die Straftat und ihr Aufbau, 46. Aufl., Heidelberg 2016.

Weth, Stephan, Besonderheiten der Arbeitsgerichtsbarkeit, NZA 1998, S. 680–688.

Wieland, Joachim, Arbeitsmarkt und staatliche Lenkung, VVdStRL 59 (2000), S. 13–55.

Wiese, Günther/Kreutz, Peter/Oetker, Hartmut/Raab, Thomas/Weber, Christoph/Franzen, Martin/Gutzeit, Martin/Jacobs, Matthias (Hrsg.), GK-BetrVG, Betriebsverfassungsgesetz. Gemeinschaftskommentar, 10. Aufl., Köln 2014 (zitiert: GK-BetrVG).

Wisskirchen, Alfred, Die normensetzende und normenüberwachende Tätigkeit der Internationalen Arbeitsorganisation (IAO), Rechtsfragen und praktische Erfahrungen, ZfA 2003, S. 691–733.

Wittig, Petra, Die Strafbarkeit der Beihilfe zum Vorenthalten und Veruntreuen von Arbeitsentgelt gem. §§ 266a Abs. 1, 27 StGB, ZIS 2016, S. 700–706.

Wittig, Petra, Wirtschaftsstrafrecht, 4. Aufl., München 2017.

Wortmann, Lars, Inhalt und Bedeutung der »Unzumutbarkeit normgemässen Verhaltens« im Strafrecht, Baden-Baden 2002.

Xenophon, Ökonomische Schriften, Griechisch und deutsch, Berlin 1992.

Ziemons, Hildegard/Jaeger, Carsten (Hrsg.), GmbHG, Beck'scher Online-Kommentar, Ed. 29, Stand: 01.05.2017, München 2017 (zitiert: BeckOK-GmbHG).

Zimmer, Reingard, Wirkungsweise, Auslegung und Implementierung der Standards der internationalen Arbeitsorganisation in Deutschland, in: *Däubler, Wolfgang/Zimmer, Reingard* (Hrsg.), Arbeitsvölkerrecht, Festschrift für Klaus Lörcher, Baden-Baden 2013, S. 29–41.

Zimmermann, Till, Anmerkung zu BGH 3 StR 467/10, NStZ 2012, S. 211–213.

Zippelius, Reinhold, Rechtsphilosophie, Ein Studienbuch, 6. Aufl., München 2011.

Zöllner, Wolfgang, Die Stellung des Arbeitnehmers in Betrieb und Unternehmen, in: *Gamillscheg, Franz/Hueck, Götz/Wiedemann, Herbert* (Hrsg.), 25 Jahre Bundesarbeitsgericht, München 1979, S. 745–771.

Zöllner, Wolfgang/Loritz, Karl-Georg/Hergenröder, Curt Wolfgang, Arbeitsrecht, 7. Aufl., München 2015.

SCHRIFTEN ZUM STRAFRECHT UND STRAFPROZESSRECHT

Herausgegeben von Manfred Maiwald und Carsten Momsen

Band 1 Christian-Peter Frees: Die steuerrechtliche Selbstanzeige. Zur kriminalpolitischen Zweckmäßigkeit des § 371 AO. 1991.

Band 2 Norbert Joachim: Der Hörensagenbeweis im Strafverfahren. 1991.

Band 3 Alfred A. Göbel: Die Einwilligung im Strafrecht als Ausprägung des Selbstbestimmungsrechts. 1991.

Band 4 Karl-Heinz Vehling: Die Abgrenzung von Vorbereitung und Versuch. 1991.

Band 5 Heiko Hartmut Lesch: Das Problem der sukzessiven Beihilfe. 1992.

Band 6 Dirk Schwerdtfeger: Besondere persönliche Unrechtsmerkmale. 1992.

Band 7 Stefan Göhring: Polizeiliche Kontrollstellen und Datenverarbeitung. § 163 d StPO und novellierte Polizeigesetze der Länder zwischen Strafverfolgung, Gefahrenabwehr und vorbeugender Straftatenbekämpfung. 1992.

Band 8 Werner Kemper: Horizontale Teilrechtskraft des Schuldspruchs und Bindungswirkung im tatrichterlichen Verfahren nach der Zurückverweisung. §§ 353, 354 Abs. 2 StPO. 1993.

Band 9 Ovvadias Namias: Die Zurechnung von Folgeschäden im Strafrecht. 1993.

Band 10 Jan Zopfs: Unfallflucht bei eindeutiger Haftungslage? Unverzüglichkeitsgebot und Wahlmöglichkeit in § 142 Abs. 2 und 3 StGB. 1993.

Band 11 Stefan Hiebl: Ausgewählte Probleme des Akteneinsichtsrechts nach § 147 StPO. 1994.

Band 12 Ralf Krack: List als Straftatbestandsmerkmal. Zugleich ein Beitrag zu Täuschung und Irrtum beim Betrug. 1994.

Band 13 Henning Radtke: Zur Systematik des Strafklageverbrauchs verfahrenserledigender Entscheidungen im Strafprozeß. 1994.

Band 14 Bernd J. A. Müssig: Schutz abstrakter Rechtsgüter und abstrakter Rechtsgüterschutz. Zu den materiellen Konstitutionskriterien sog. Universalrechtsgüter und deren normentheoretischem Fundament – am Beispiel der Rechtsgutsbestimmung für die §§ 129, 129a und 324 StGB. 1994.

Band 15 Heinz Koriath: Über Beweisverbote im Strafprozeß. 1994.

Band 16 Burkhard Niepoth: Der untaugliche Versuch beim unechten Unterlassungsdelikt. 1994.

Band 17 Karsten Altenhain: Die Strafbarkeit des Teilnehmers beim Exzeß. 1994.

Band 18 Ina Walbaum: Schuldspruch in der Revisionsinstanz nach freisprechendem Urteil des Tatgerichts. 1996.

Band 19 Birgit Dalbkermeyer: Der Schutz des Beschuldigten vor identifizierenden und tendenziösen Pressemitteilungen der Ermittlungsbehörden. 1994.

Band 20 Thomas Hackner: Der befangene Staatsanwalt im deutschen Strafverfahrensrecht. 1995.

Band 21 Hartmut Loritz: Kritische Betrachtungen zum Wert des strafprozessualen Zwischenverfahrens. 1996.

Band 22 Heinz-Hermann Berghof: Therapie und Strafe im Betäubungsmittelrecht. Recht und Wirklichkeit der Behandlung Drogenabhängiger unter besonderer Berücksichtigung der §§ 35 ff BtMG. 1995.

Band 23 Oliver Mertens: Strafprozessuale Grundrechtseingriffe und Bindung an den Wortsinn der ermächtigenden Norm. 1996.

Band 24 Sönke Bahnsen: Das Akteneinsichtsrecht der Verteidigung im Strafverfahren. Dogmatische Grundlagen und Einzelprobleme im Lichte einer rechtsstaatlichen Verfahrensgestaltung. 1996.

Band 25 Dirk Schwieger: Der Vorteilsbegriff in den Bestechungsdelikten des StGB. 1996.

Band 26 Stephanie Meinecke: Die Auswirkungen von Verfahrensfehlern auf die Strafbarkeit nach den Aussagedelikten. 1996.

Band 27 Ute Lambrecht: Strafrecht und Disziplinarrecht. Abhängigkeiten und Überschneidungen. 1997.

Band 28 Carsten Momsen: Verfahrensfehler und Rügeberechtigung im Strafprozeß. Die Strukturen der Revisionsberechtigung unter besonderer Berücksichtigung des Begriffs "Rechtsnormen, die lediglich zugunsten des Angeklagten gegeben sind" in § 339 StPO. 1997.

Band 29 Ursula Epp: Die Abgeordnetenbestechung – § 108 e StGB. 1997.

Band 30 Bernd Scheiff: Wann beginnt der Strafrechtsschutz gegen kriminelle Vereinigungen (§ 129 StGB)? 1997.

Band 31 Ulrike Fontaine: Max Grünhut (1893-1964). Leben und wissenschaftliches Wirken eines deutschen Strafrechtlers jüdischer Herkunft. 1998.

Band 32 Claudia Keiser: Das Kindeswohl im Strafverfahren. Zur Notwendigkeit eines am Kindeswohl orientierten Umgangs mit minderjährigen Opfern und Zeugen, den Möglichkeiten de lege lata und den Erfordernissen de lege ferenda. 1998.

Band 33 Wiebke Schürer-Mohr: Erlaubte Risiken. Grundfragen des "erlaubten Risikos" im Bereich der Fahrlässigkeitsdogmatik. 1998.

Band 34 Stephan Voigtel: Zum Freibeweis bei Entscheidungen der Strafvollstreckungskammer. Eine Untersuchung zu ausgewählten Fragen des Beweisrechts im gerichtlichen Verfahren in Strafvollstreckungs- und Strafvollzugssachen. 1998.

Band 35 Volkmar Wißgott: Das Beweisantragsrecht im Strafverfahren als Kompensation der richterlichen Inquisitionsmaxime. Die Judikatur des Reichsgerichts zum strafprozessualen Beweisrecht. 1998.

Band 36 Susanne Merz: Strafrechtlicher Ehrenschutz und Meinungsfreiheit. 1998.

Band 37 Uwe Schlömer: Der elektronisch überwachte Hausarrest. Eine Untersuchung der ausländischen Erfahrungen und der Anwendbarkeit in der Bundesrepublik Deutschland. 1998.

Band 38 Michael Liedke: Die Vermögensstrafe gemäß § 43a StGB in ihrer kriminalpolitischen Bedeutung. 1999.

Band 39 Danja Domeier: Gesundheitsschutz und Lebensmittelstrafrecht. Zur Konkretisierung der Verkehrspflichten und ihrer Strafbewehrung, insbesondere mit Blick auf §§ 8 ff. LMBG. 1999.

Band 40 Ritva Westendorf: Die Pflicht zur Verhinderung geplanter Straftaten durch Anzeige. Eine kritische Betrachtung der §§ 138, 139 StGB im Kontext der Unterlassungsdelikte. 1999.

Band 41 Hans Theile: Tatkonkretisierung und Gehilfenvorsatz. 1999.

Band 42 Nicole Lange: Vorermittlungen. Die Behandlung des staatsanwaltschaftlichen Vorermittlungsverfahrens unter besonderer Berücksichtigung von Abgeordneten, Politikern und Prominenten. 1999.

Band 43 Tanja Gunder: Der Umgang mit Kindern im Strafverfahren. Eine empirische Untersuchung zur Strafverfolgung bei Sexualdelinquenz. 1999.

Band 44 Sven-Markus Thiel: Die Konkurrenz von Rechtfertigungsgründen. 2000.

Band 45 Jan Schlüter: Die Strafbarkeit von Unternehmen in einer prozessualen Betrachtung nach dem geltenden Strafprozeßrecht. 2000.

Band 46 Detlef Heise: Der Insiderhandel an der Börse und dessen strafrechtliche Bedeutung. Eine Untersuchung des neuen deutschen Insiderrechts speziell unter Bezugnahme auf die strafrechtstheoretischen und strafrechtsdogmatischen Grundlagen. 2000.

Band 47 Hermann Wichmann: Das Berufsgeheimnis als Grenze des Zeugenbeweises. Ein Beitrag zur Lehre von den Beweisverboten. 2000.

Band 48 Rainer T. Cherkeh: Betrug (§ 263 StGB), verübt durch Doping im Sport. 2000.

Band 49 Kristian Hohn: Die Zulässigkeit materieller Beweiserleichterungen im Strafrecht. Eine Untersuchung über Erscheinungsformen und Grenzen der Lösung beweisrechtlicher Probleme im materiellen Strafrecht. 2000.

Band 50 Malte Rabe von Kühlewein: Der Richtervorbehalt im Polizei- und Strafprozeßrecht. 2001.

Band 51 Donata Meinecke: Die Gesetzgebungssystematik der Versuchsstrafbarkeit von Verbrechen und Vergehen im StGB. 2001.

Band 52 Joachim Bock: Begriff, Inhalt und Zulässigkeit der Beweislastumkehr im materiellen Strafrecht. 2001.

Band 53 Gabriele Rose: Grenzen der journalistischen Recherche im Strafrecht und Strafverfahrensrecht. 2001.

Band 54 Wiebke Reitemeier: Täuschungen vor Abschluß von Arbeitsverträgen. Zum Verhältnis zwischen dem Straftatbestand des Betrugs und dem Anfechtungsrecht wegen arglistiger Täuschung (§§ 263 Abs. 1 StGB, 123 Abs. 1 Alt. 1 BGB). 2001.

Band 55 Peter Rackow: Das DNA-Identitätsfeststellungsgesetz und seine Probleme. 2001.

Band 56 Frank Zschieschack: Geiselnahme und erpresserischer Menschenraub (§§ 239a, 239b StGB) im Zwei-Personen-Verhältnis. 2001.

Band 57 Natascha Sëyfi: Das Sicherungsverfahren (§§ 413 - 416 StPO). 2002.

Band 58 Dirk Seiler: Die *Sperrwirkung* im Strafrecht. 2002.

Band 59 Dorothee Sydow: Die actio libera in causa nach dem Rechtsprechungswandel des Bundesgerichtshofs. 2002.

Band 60 Inga Metrikat: Die Unterbringung in einer Entziehungsanstalt nach § 64 StGB – Eine Maßregel im Wandel? Eine vergleichende, empirische Untersuchung zur Entscheidung des Bundesverfassungsgerichts vom 16.03.1994, BVerfGE 91, 1 ff. 2002.

Band 61 Sabine Caroline Bechtoldt: Die Erledigungserklärung im Maßregelvollzug des § 63 StGB. Eine empirische Untersuchung der Erledigungserklärung und zugleich rechtsdogmatische Erörterung ihrer Rechtskraftproblematik. 2002.

Band 62 Sandra Schulte-Nover: Strafrichter in Deutschland und England. Ein systematischer Rechtsvergleich im Hinblick auf die richterlichen Kompetenzen im Strafverfahren. 2003.

Band 63 Tim Schurig: Belehrung und Beratung des Beschuldigten über sein Aussageverhalten. Eine gemeinsame Aufgabe von Gericht und Verteidigung? 2003.

Band 64 Markus Laski: Die strafrechtlichen Bezüge des Bundes-Bodenschutzgesetzes. 2003.

Band 65 Gunnar Lüer: Die Versäumung im Berufungsverfahren. Das strafprozessuale Anwesenheitsprinzip im Spannungsfeld von autonomer Subjektstellung und öffentlichen Interessen am Beispiel des § 329 Abs. 1,2 StPO. 2003.

Band 66 Thomas Grützner: Die Sanktionierung von Submissionsabsprachen. Eine Untersuchung der bestehenden Möglichkeiten einer Bekämpfung von Submissionsabsprachen unter besonderer Berücksichtigung des § 298 StGB. 2003.

Band 67 Bettina Noltenius: Kriterien der Abgrenzung von Anstiftung und mittelbarer Täterschaft. Ein Beitrag auf der Grundlage einer personalen Handlungslehre. 2003.

Band 68 Bettina Kraft: Tendenzen in der Entwicklung des Jugendstrafrechts seit der Jugendgerichtsbewegung. 2004.

Band 69 Jessica Däbritz: Die Bestimmung strafbaren fahrlässigen Verhaltens in der Forschung am Beispiel ärztlicher Humanerprobungen. Ein Beitrag zur methodischen Ermittlung und inhaltlichen Bestimmung von Sorgfaltspflichten in der Humanforschung. 2004.

Band 70 Maike Steenbock: Über die Unfallflucht als Straftat. Eine kritische Untersuchung zum Zusammenhang der Strafbarkeit der Unfallflucht mit den Besonderheiten des Straßenverkehrs. 2004.

Band 71 Holger Mann: Beschleunigungspotential im Jugendstrafverfahren. 2004.

Band 72 Dorothee Krutisch: Strafbarkeit des unberechtigten Zugangs zu Computerdaten und -systemen. 2004.

Band 73 Heinz-Helmut Fuhrmann: Das Begehen der Straftat gem. § 25 Abs. 1 StGB. Unter besonderer Berücksichtigung der sogenannten "eigenhändigen" Delikte. 2004.

Band 74 Gerwin M. Moldenhauer: Eine Verfahrensordnung für Absprachen im Strafverfahren durch den Bundesgerichtshof? 2004.

Band 75 Dirk Busch: Konzernuntreue. Eine Untersuchung spezifischer Untreuestrafbarkeit innerhalb von Konzernverbindungen mit Aktiengesellschaften und Gesellschaften mit beschränkter Haftung. 2004.

Band 76 Mitsuru Iijima: Die Entwicklung des strafrechtlichen Unrechtsbegriffs in Japan. Eine kritische Betrachtung aus strafrechtsdogmatischer und rechtsphilosophischer Perspektive. 2004.

Band 77 Lena Barbara Kötter: Private Elemente in der Strafvollstreckung. Zur Privatisierung von Bewährungshilfe, Gerichtshilfe und gemeinnütziger Arbeit. 2004.

Band 78 Martin Maria Laufen: Der Wucher (§ 291 Abs. 1 Satz 1 StGB). Systematische Einordnung und dogmatische Struktur. 2004.

Band 79 Maike Aselmann: Die Selbstbelastungs- und Verteidigungsfreiheit. Ein Beitrag zu den Garantiewirkungen von Verfahrensrechten im Hinblick auf die Beweiswürdigung, Strafzumessung und Strafbarkeit des Beschuldigten im Strafprozess. 2004.

Band 80 Ingmar Wolf: Graffiti als kriminologisches und strafrechtsdogmatisches Problem. 2004.

Band 81 Misuk Son: Straftatfolgen im deutschen und koreanischen Strafrecht. Ein prinzipieller Vergleich. 2004.

Band 82 Matthias Saal: Die Beteiligung an einer Schlägerei (§ 231 StGB). Ein Plädoyer für die Streichung der schweren Folge. 2004.

Band 83 Michael Stüber: Die Entwicklung des Prinzips der Unmittelbarkeit im deutschen Strafverfahren. 2005.

Band 84 Patrick Gerberding: Das Rechtsmittelsystem im US-amerikanischen Strafverfahren. Eine rechtsvergleichende Betrachtung. 2005.

Band 85 Rouven Seeberg: Aufgedrängte Nothilfe, Notwehr und Notwehrexzess. 2005.

Band 86 Andre Knoerchen: Schadenswiedergutmachung über anwaltliche Schlichtungsstellen. Rechtsökonomische Analyse eines Modellprojekts. 2005.

Band 87 Andreas Quante: Sanktionsmöglichkeiten gegen juristische Personen und Personenvereinigungen. 2005.

Band 88 Gundula Momsen-Pflanz: Die sportethische und strafrechtliche Bedeutung des Dopings. Störung des wirtschaftlichen Wettbewerbs und Vermögensrelevanz. 2005.

Band 89 Klaus Kleinbauer: Rechtsmittelverzicht und Rechtsmittelzurücknahme des Beschuldigten im Strafprozeß. 2006.

Band 90 Manuel Fumagalli: Rechtsprobleme vorgeburtlicher Diagnoseverfahren. Die personenrechtliche Begründung von Pränataldiagnostik und Präimplantationsdiagnostik. 2006.

Band 91 Matthias Dann: Staatliche Tatprovokation im deutschen, englischen und schottischen Recht. Rechtsvergleichende Untersuchung unter besonderer Berücksichtigung europäischer und internationaler Entwicklungslinien. 2006.

Band 92 Shahryar Ebrahim-Nesbat: Die Herausbildung der strafrechtlichen Teilnahmeformen im 19. Jahrhundert. 2006.

Band 93 Christoph Paglotke: Notstand und Notwehr bei Bedrohungen innerhalb von Prozesssituationen. 2006.

Band 94 Sebastian Olk: Die Abgabe von Sacherklärungen des Angeklagten durch den Verteidiger. 2006.

Band 95 Bernadette Pape: Legalverhalten nach Sexualdelinquenz. Eine empirische Analyse der Delinquenzkarrieren nach Sexualstraftaten an Kindern. 2007.

Band 96 Uttam Das: Möglichkeiten der Angleichung materiellen Strafrechts zwischen England und Deutschland im Rahmen des Art. K 31 EUV. 2007.

Band 97 Dennis Miller: Die Beteiligung am Verbrechen nach italienischem Strafrecht. Ein Beitrag zur Geschichte und Gegenwart von Einheits- und Differenzierungsmodellen der strafbaren Beteiligung mehrerer Personen. 2007.

Band 98 Michael Nehring: Kriminelle und terroristische Vereinigungen im Ausland. Auslegung und Analyse des im Zuge der Terrorismusbekämpfung nach dem 11. September 2001 geschaffenen § 129b Strafgesetzbuch. 2007.

Band 99 Bernadette Berger: Das Gesinnungsmoment im Strafrecht. 2008.

Band 100 Peter Rackow: Neutrale Handlungen als Problem des Strafrechts. 2007.

Band 101 Simone Mölders: Bestechung und Bestechlichkeit im internationalen geschäftlichen Verkehr. Zur Anwendbarkeit des § 299 StGB auf Sachverhalte mit Auslandsbezug. 2009.

Band 102 Anke David: Die Entwicklung des Mordtatbestandes im 19. Jahrhundert. 2009.

Band 103 Arne Habenicht: Die Beteiligung an sexuellen Gewalttaten. 2009.

Band 104 Marwan Hamdan: Drittmittelforschung in der Medizin. Eine Gratwanderung zwischen strafbarer Vorteilsannahme und verfassungsgarantierter Forschungsfreiheit. 2009.

Band 105 Carl-Friedrich von Scherenberg: Die sozialethischen Einschränkungen der Notwehr. 2009.

Band 106 Andreas Poppe: Die Akzessorietät der Teilnahme. Eine kritische Analyse der dogmatischen Grundlagen. 2011.

Band 107 Jonathan Burmeister: Die schuldangemessene Bewertung von Ehrenmorden im deutschen Strafrecht. Differenzierte Schuldmerkmale auf Tatbestandsebene bei sonstigen niedrigen Beweggründen. 2011.

Band 108 Philipp Reinhold: Amtsträgerbestechung. Unrechtsgehalt und Grenzen der §§ 331 ff. StGB. 2011.

Band 109 Simone Reiß: Verbotsirrtum und Subventionsbetrug. Unter Berücksichtigung der Besonderheiten bei der betrügerischen Erlangung von EU-Subventionen. 2012.

Band 110 Johannes Altenburg: Die Unlauterkeit in § 299 StGB. Ein Beitrag zur Harmonisierung von Strafrecht und Wettbewerbsrecht. 2012.

Band 111 Christoph Skoupil: Handeltreiben mit Betäubungsmitteln. Strafbarkeitsvorverlagerungen vor und nach der Entscheidung des Großen Senats für Strafsachen vom 26.10.2005. 2012.

Band 112 Frederike Wewerka: Internal Investigations. Private Ermittlungen im Spannungsfeld von strafprozessualen Grundsätzen und Anforderungen eines globalisierten Wirtschaftsstrafverfahrens. Eine Problemanalyse unter besonderer Berücksichtigung des Falles Siemens. 2012.

Band 113 Lena Witzmann: Die gemeinsame Verhandlung. Eine Untersuchung des Öffentlichkeitsgrundsatzes, des Opportunitätsprinzips, des Anwesenheitsrechts und des Fairnessgrundsatzes im verbundenen Verfahren. 2012.

Band 114 Lea Boller: Der unbefugte Gebrauch von Kraftfahrzeugen und Fahrrädern – § 248b StGB. 2013.

Band 115 Nina Wadle: Privatisierung im deutschen Strafvollzug. 2013.

Band 116 Annik Lamshöft: Das Modell des vereinfachten Ablehnungsverfahrens. Ein Gegenentwurf zur strafprozessualen Fristenlösung des Bundesgerichtshofs. 2013.

Band 117 Christine Marie Shavers: Criminal Law Dealing with Hate Crimes. Functional Comparative Law. 2014.

Band 118 Philipp Christoph Kleinherne: Garantenstellung und Notwehrrecht. Zugleich ein Beitrag zum Entstehen und Erlöschen von Garantenstellungen. 2014.

Band 119 Kerstin Petermann: Strafverteidigung in Wirtschaftsstrafverfahren zwischen Rechtsmissbrauch, Konflikt und Konsens. 2015.

Band 120 Michaela Gorius: Die Strafbarkeit des Prinzipals im Lichte des § 299 StGB. Eine Untersuchung de lege lata et ferenda unter besonderer Berücksichtigung des Rechtsguts der Norm und der Strafbarkeit von Organen der Kapital- und Personengesellschaften. 2015.

Band 121 Frédéric Schneider: Die Organ- und Vertreterhaftung im deutschen Strafrecht. Eine Untersuchung zur Konzeption der Rechtsfigur und deren Folgen in der praktischen Rechtsanwendung. 2015.

Band 122 Neele Marleen Schlenker: § 237 StGB – Das Verbot der Zwangsheirat. 2016.

Band 123 Julia Hugendubel: Tätertypologien in der Wirtschaftskriminologie. Instrument sozialer Kontrolle. 2016.

Band 124 Marcelle Janina Gatter: Die Ausgestaltung von Mitarbeiterbefragungen bei unternehmensinternen Ermittlungen und die Selbstbelastungsfreiheit. Eine rechtstheoretische und rechtsdogmatische Untersuchung unter besonderer Berücksichtigung der Belehrungen. 2016.

Band 125 Felix Doege: Die Bedeutung des nemo-tenetur-Grundsatzes in nicht von Strafverfolgungsorganen geführten Befragungen. 2016.

Band 126 Amelie Rösl: Arbeitserpressung. Zum Vermögenswert abgenötigter Leistungen. 2017.

Band 127 Laura Sophia Schumann: Das mittels List erschlichene Einverständnis im Rahmen des § 239 I Alt. 2 StGB. 2018.

Band 128 Nicole Reh: Die Wiedergutmachung im Wirtschaftsstrafverfahren. Eine qualitativ-empirische Erhebung über die Bedeutung und die Funktionalität der Wiedergutmachung in der wirtschaftsstrafrechtlichen Praxis. 2018.

Band 129 Florian Richter: Rechtfertigender Notstand zur Erhaltung von Arbeitsplätzen? Zur Notstandsfähigkeit des Interesses an der Arbeit. 2019.

www.peterlang.com

www.ingramcontent.com/pod-product-compliance
Ingram Content Group UK Ltd.
Pitfield, Milton Keynes, MK11 3LW, UK
UKHW021828290926
8980IPUK00004B/331